Rechtspopulismus in Einwanderungsgesellschaften

Heinz Ulrich Brinkmann ·
Isabelle-Christine Panreck
(Hrsg.)

Rechtspopulismus in Einwanderungsgesellschaften

Die politische Auseinandersetzung um Migration und Integration

Hrsg.
Heinz Ulrich Brinkmann
Alfter, Deutschland

Isabelle-Christine Panreck
Westfälische Wilhelms-Universität Münster
Münster, Deutschland

ISBN 978-3-658-23400-3 ISBN 978-3-658-23401-0 (eBook)
https://doi.org/10.1007/978-3-658-23401-0

Die Deutsche Nationalbibliothek verzeichnet diese Publikation in der Deutschen Nationalbibliografie; detaillierte bibliografische Daten sind im Internet über http://dnb.d-nb.de abrufbar.

Springer VS

Springer VS ist ein Imprint der eingetragenen Gesellschaft Springer Fachmedien Wiesbaden GmbH und ist ein Teil von Springer Nature
Die Anschrift der Gesellschaft ist: Abraham-Lincoln-Str. 46, 65189 Wiesbaden, Germany

Inhalt

lem gegen das »Fremde« richtet. In den Blick geraten (geflüchtete) MigrantInnen, denen der Erhalt »ungerechtfertigter Privilegien« vorgeworfen wird. MigrantInnen sehen sich seitens der RechtspopulistInnen oft der Anschuldigung der generellen Integrationsverweigerung ausgesetzt – nicht das Verhalten des Einzelnen, sondern seine Zugehörigkeit zu einer konstruierten, homogenisierten Gruppe dient als Grundlage der Verdächtigung. Verschärfend führt die diffuse Angst vor Terror zur Bewertung von Migration als »Sicherheitsrisiko«. Kurzum: Migration erscheint aus dieser Perspektive gemeinhin als Belastung der einheimischen Bevölkerung (vgl. T. Lochocki 2014, S. 3, 6–8; T. Lochocki 2012; F. Decker 2006b, S. 12, 14).

Neben den MigrantInnen übernehmen die politischen und wirtschaftlichen Eliten eine Sündenbockfunktion: »Denen da oben« wird unterstellt, die Situation »hier unten« entweder nicht zu kennen, einfach nicht zur Kenntnis zu nehmen, oder aber bewusst zu vernachlässigen – was sich auf den Arbeitsmarkt, die Sozialpolitik und die gefühlte »Konkurrenz« durch MigrantInnen gleichermaßen bezieht. Hieraus leitet sich die oft vertretene These ab, wonach es die Kombination von Arbeitsmarktsituation oder sozialpolitischen Themen mit Zuwanderungs- oder Integrationsthemen ist, die den Zulauf rechtspopulistischer Organisationen und ihren »Argumentationen« besonders stark ausfallen lässt (vgl. de Vries und Hoffmann 2016, S. 20–27, 29 f.).

2 Rechtspopulismus – ein Flächenphänomen?

Die Wahl Donald Trumps in den *USA* glich einem Paukenschlag. Nicht nur war sie von BeobachterInnen lange nicht ernsthaft in Erwägung gezogen worden, sondern sie schien auch in Europa Wirkung zu zeigen. Die – teils extremistischen – PopulistInnen im rechten Parteienspektrum reagierten mit höchst erfreuten Reaktionen, wie der Beifall für Trump beim sogenannten »Gipfel der Rechtspopulisten« (Bender 2017) unter Federführung von Frauke Petry Ende Januar 2017 in Koblenz erhellte. Ist es dabei übertrieben, festzustellen, Trump sei in seiner Kommunikation deutlich rücksichtsloser und vulgärer als viele der RechtspopulistInnen in Europa? Fest steht: Sein Wahlerfolg war ein Hoffnungszeichen für die RechtspopulistInnen und sorgte (zumindest kurzfristig) für ihren Aufschwung in Westeuropa – wo die Europäische Union sowieso schon mit gravierenden Problemen politischer wie ökonomischer Kohärenz zu kämpfen hat.

Vor dem Hintergrund der Wahl Trumps blickte Europa mit Bedenken auf die Wahlen in *Frankreich* 2017: Sollte der Front National (FN) bzw. der Rassemblement National (RN) zu einem starken Einflussfaktor auf politische Institutionen in einem der Motoren Europas werden? Die für Europa richtungsweisenden

Inhalt

Migration und Rechtspopulismus – zwei Seiten einer Medaille?

Eine gängige These der Rechtspopulismusforschung auf dem Prüfstand

Isabelle-Christine Panreck und Heinz Ulrich Brinkmann

1 Aufstieg des Rechtspopulismus

Ob die Präsidentschaft Trumps, der britische EU-Austritt (Brexit), der Rassemblement National (RN)[1] in Frankreich, Geert Wilders in den Niederlanden oder die Wahlerfolge der Alternative für Deutschland (AfD) – populistische Organisationen wie Argumentationen prägen die Bühnen der massenmedialen Öffentlichkeit. Dabei sinken nicht nur die Wahlbeteiligung und das politische Interesse in vielen Ländern seit Jahrzehnten, auch das Vertrauen in Parteien und PolitikerInnen – vor allem in deren Problemlösungskompetenz – nimmt ab; die deutlich artikulierte Unzufriedenheit mit dem Funktionieren der politischen Institutionen und AkteurInnen steigt an.[2] Die Kritik zielt meist nicht auf die Abschaffung der Demokratie, sondern die Output-Leistungen der politischen Institutionen sowie die zahlreichen Skandale, Vetternwirtschaft und sogar Korruption geraten ins Fadenkreuz der KritikerInnen. Trotz aller über einen längeren Zeitraum artikulierten Beanstandungen haben sich in den Augen vieler WählerInnen das Agieren von Parteien und PolitikerInnen sowie der Output des politischen Systems zumindest nicht verbessert.

Wenngleich es verkürzt ist, den Erfolg populistischer Parteien primär den »abgehängten« Sozialschichten zuzuschreiben, offenbaren Studien eine gesellschaftliche Verunsicherung in weiten Teilen der Unter- und Mittelschichten Westeuropas (vgl. de Vries und Hoffman 2016, S. 15–17, 29 f., 32; W. Merkel 2016, S. 12). Auf dem Nährboden aus Globalisierungsängsten, den Gefühlen ökonomischer Benachteiligung und des nicht nur wirtschaftlichen, sondern auch kulturellen Auseinanderdriftens von »oben« und »unten« keimt eine Neiddebatte, die sich vor al-

1 Bis zur Umbenennung Juni 2018 trug die Partei den Namen Front National (FN).
2 Vgl. bereits H. Kriesi (1998, S. 3 f.); für die neuere Entwicklung vgl. C. Foster (2017).

H. U. Brinkmann und I.-C. Panreck (Hrsg.), *Rechtspopulismus in Einwanderungsgesellschaften*, https://doi.org/10.1007/978-3-658-23401-0_1

lem gegen das »Fremde« richtet. In den Blick geraten (geflüchtete) MigrantInnen, denen der Erhalt »ungerechtfertigter Privilegien« vorgeworfen wird. MigrantInnen sehen sich seitens der RechtspopulistInnen oft der Anschuldigung der generellen Integrationsverweigerung ausgesetzt – nicht das Verhalten des Einzelnen, sondern seine Zugehörigkeit zu einer konstruierten, homogenisierten Gruppe dient als Grundlage der Verdächtigung. Verschärfend führt die diffuse Angst vor Terror zur Bewertung von Migration als »Sicherheitsrisiko«. Kurzum: Migration erscheint aus dieser Perspektive gemeinhin als Belastung der einheimischen Bevölkerung (vgl. T. Lochocki 2014, S. 3, 6–8; T. Lochocki 2012; F. Decker 2006b, S. 12, 14).

Neben den MigrantInnen übernehmen die politischen und wirtschaftlichen Eliten eine Sündenbockfunktion: »Denen da oben« wird unterstellt, die Situation »hier unten« entweder nicht zu kennen, einfach nicht zur Kenntnis zu nehmen, oder aber bewusst zu vernachlässigen – was sich auf den Arbeitsmarkt, die Sozialpolitik und die gefühlte »Konkurrenz« durch MigrantInnen gleichermaßen bezieht. Hieraus leitet sich die oft vertretene These ab, wonach es die Kombination von Arbeitsmarktsituation oder sozialpolitischen Themen mit Zuwanderungs- oder Integrationsthemen ist, die den Zulauf rechtspopulistischer Organisationen und ihren »Argumentationen« besonders stark ausfallen lässt (vgl. de Vries und Hoffmann 2016, S. 20–27, 29 f.).

2 Rechtspopulismus – ein Flächenphänomen?

Die Wahl Donald Trumps in den *USA* glich einem Paukenschlag. Nicht nur war sie von BeobachterInnen lange nicht ernsthaft in Erwägung gezogen worden, sondern sie schien auch in Europa Wirkung zu zeigen. Die – teils extremistischen – PopulistInnen im rechten Parteienspektrum reagierten mit höchst erfreuten Reaktionen, wie der Beifall für Trump beim sogenannten »Gipfel der Rechtspopulisten« (Bender 2017) unter Federführung von Frauke Petry Ende Januar 2017 in Koblenz erhellte. Ist es dabei übertrieben, festzustellen, Trump sei in seiner Kommunikation deutlich rücksichtsloser und vulgärer als viele der RechtspopulistInnen in Europa? Fest steht: Sein Wahlerfolg war ein Hoffnungszeichen für die RechtspopulistInnen und sorgte (zumindest kurzfristig) für ihren Aufschwung in Westeuropa – wo die Europäische Union sowieso schon mit gravierenden Problemen politischer wie ökonomischer Kohärenz zu kämpfen hat.

Vor dem Hintergrund der Wahl Trumps blickte Europa mit Bedenken auf die Wahlen in *Frankreich* 2017: Sollte der Front National (FN) bzw. der Rassemblement National (RN) zu einem starken Einflussfaktor auf politische Institutionen in einem der Motoren Europas werden? Die für Europa richtungsweisenden

Wahlen fanden April bis Juni 2017 statt (Präsidentenamt und Nationalversammlung).[3] Bereits seit der französischen Präsidentschaftswahl (1. Wahlgang: 17,9 %) und der kurz darauf folgenden Wahl zur Nationalversammlung (1. Wahlgang: 13,6 %) – der wichtigsten Parlamentskammer – des Jahres 2012 verzeichnete der FN unter Führung der Familie Le Pen einen ebenso stetigen wie starken Aufstieg. Der Bereich Migration/Integration spielte von Anfang an eine wichtige Rolle in der Parteirhetorik. Seitdem befindet sich der FN quantitativ in der Spitzengruppe des französischen Parteiensystems – mit dem Potenzial, die Balance zwischen den beiden traditionellen Gruppierungen der linken Parteien und der bürgerlich-konservativen Parteien nachhaltig durcheinander zu bringen. 2017 erwies sich schließlich als ein Jahr voller Überraschungen: Der FN konnte Erfolge verbuchen, wenngleich nur in der Präsidentschaftswahl (1. Wahlgang: 21,3 %; 2. Wahlgang: 33,9 %; Wahl zur Nationalversammlung, 1. Wahlgang: 13,2 %); aber der plötzliche Aufstieg von Emmanuel Macron im 1. Wahlgang und seine Wahl zum Präsidenten im 2. Wahlgang tarierten die Kräfteverhältnisse im französischen Parteiensystem weitgehend neu aus. Die Sozialistische Partei (PS) hatte sich selbst zerlegt und der bürgerliche bzw. gaullistische Kandidat François Fillon hatte sich angeschlagen durch (s)einen Sumpf finanzieller Affären kämpfen müssen.

Zwar gab es nach 1945 schon relevante rechtspopulistische oder sogar radikale Parteien bzw. Bewegungen in Europa (gerade in *Frankreich,* beginnend mit dem kurzzeitig erfolgreichen Poujadismus: 11,6 % in der Wahl zur Nationalversammlung 1956; darunter das Parlamentsmitglied Jean-Marie Le Pen), aber sie erreichten auf den jeweiligen nationalen Ebenen nie eine solche flächendeckende Wählerunterstützung wie in der jüngsten Vergangenheit (z. B. *Italien,* vor 2018), und meist handelte es sich um kleinere Länder (z. B. *Belgien, Niederlande, Schweiz*). *Deutschland* schien entgegen dem europäischen Trend lange gegen rechtspopulistische Bewegungen gefeit, da hier aufgrund der Erfahrungen mit dem »Dritten Reich« die Reflexe gegen alles weiter rechts Stehende sehr ausgeprägt waren bzw. sind (vgl. Jesse und Panreck 2017, S. 69; F. Decker 2016, S. 235). Je nach perzipiertem Grad des Radikalismus rechter Parteien bekamen sie nur einen geringen Stimmenanteil, oder verschwanden selbst nach Erfolgen auf der Bundesländer-Ebene wieder recht bald – wie im Fall der Hamburgischen Schill-Partei. Mit der Flüchtlingsdebatte des Jahres 2015 hat sich dies geändert: Anfangs hatten die im Oktober 2014 beginnenden Demonstrationen der »Patriotischen Europäer gegen die Islamisierung des Abendlandes« (Pegida) in Dresden und lokaler Schwesterorganisationen – gegen MigrantInnen und Integration sowie gegen die Migrations- und Integrationspolitik von Bund und Ländern – nur einen lokalen bzw. allenfalls regionalen Rückhalt erkennen lassen, obwohl es bereits 2014 größere

3 Vgl. den Länderbeitrag Frankreich von Uwe Backes.

Zuwanderungsbewegungen gegeben hatte. Auf einen größeren Rückhalt in der Bevölkerung oder gar auf eine Verstetigung des Protestes deutete nicht viel hin. Seit dem Führungswechsel und Rechtsruck der bis dahin überwiegend euroskeptischen Alternative für Deutschland (AfD) gibt es aber nun eine bundesweit tätige Partei, die die Aversionen – gegen alles, was mit Migration, Integration, Flüchtlingen zusammenhängt – nicht nur bündelt, sondern verstärkt und ins Zentrum ihres Wirkens als politische Partei stellt; rassistische Untertöne waren und sind Publikationen der AfD und Verlautbarungen ihrer Führungspersonen nicht fremd (vgl. F. Decker 2015, S. 83–87).

Die AfD ist derzeit eine (rechts-)populistische Partei, die nach dem Schwenk zur »Anti-Migrationspartei« durchaus Tendenz zum Extremismus aufweist – etwa mit Blick auf die Initiatoren der »Erfurter Resolution« (vgl. Jesse und Panreck 2017, S. 73). Mit den Wahlergebnissen in den fünf Landtagswahlen des Jahres 2016[4] – von 12,6 % in Rheinland-Pfalz bis zu 24,3 % in Sachsen-Anhalt – zeigte sich bereits: Die AfD erzielt nicht nur in Umfragen und Wahlen eine beachtliche Resonanz, sondern entzieht letztlich (fast) allen Parteien (von der NPD bis zu eklatanten Verlusten der »Linken«) in relevantem Umfang Stimmen und erschwert sogar Regierungsbildungen. In den vier Landtagswahlen des Jahres 2017 errang sie zwar aufgrund von Polarisierungen zwischen CDU und SPD nur zwischen 5,9 % und 7,4 %, sie zog aber mit den in der Bundestagswahl vom 24.09.2017 errungenen 12,6 % (West: 10,7 %; Ost: 21,9 %) als drittstärkste Fraktion in den Bundestag ein.[5] Erstmals nach 1945 ist es einer im rechten Spektrum angesiedelten populistischen Partei gelungen, auch auf der Bundesebene Resonanz und (zumindest indirekten) Einfluss zu gewinnen. Der Erfolg der AfD scheint ebenfalls durch eine Kombination von Kritik an demokratischen Institutionen und an Migration/Integration zustande gekommen zu sein; eine Verstärkerrolle spielte hierbei die Flucht- und Migrationsdebatte 2015/2016 sowie die über weite Strecken vehement geführte Diskussion über die Rolle des Islam in der Gesellschaft und vor allem über den Umgang mit der Bedrohung des radikalen Islamismus. Wiederum vermischen sich wirtschaftliche und gesellschaftliche Änderungsprozesse.

Auch in anderen Ländern – sogar in traditionell sich als tolerant sehenden Ländern wie in *Skandinavien* und den *Niederlanden* – hat die Flüchtlingsfrage bzw. die Integrationsproblematik zu einem Anstieg rechtspopulistischer Parteien und Organisationen geführt.[6] Es war vor allem die öffentliche Sichtbarkeit von Flücht-

4 Allerdings hatte die AfD bereits in den Landtagswahlen des Jahres 2014 in den drei ostdeutschen Bundesländern hohe Stimmenergebnisse erzielt: Brandenburg 12.2 %; Sachsen 9,7 %; Thüringen 10,6 %.

5 Vgl. den Länderbeitrag Deutschland von Eckhard Jesse; E. Holtmann 2018, S. 58–62, 72–93, 108–111.

6 Zu einem vergleichsweise frühen Zeitpunkt zeigt T. Lochocki (2014, S. 3, 6–8; 2012) dies auf.

lingen aus dem Nahen Osten (seit 2015) und aus Subsahara-Afrika, die zu politischen Konflikten führte; diese wurden vor allem dann scharf ausgetragen, wenn es um die Einschätzung des Islam ging (vgl. J. Gmeiner 2015, S. 104–106).

Die *britische* Brexit-Entscheidung vom 23. 06. 2016 brachte bereits klare Frontstellungen auf der nationalen Ebene hervor (vgl. R. Sturm 2016, S. 879, 881 f., 884 f., 890 f.; s. a. de Vries und Hoffmann 2016, S. 21 f.): Die United Kingdom Independence Party (UKIP) ist eine Anti-Einwanderer- und Anti-London-/Anti-EU-Protestpartei, die ihre Brexit-Kampagne überwiegend mit dem Thema »Einwanderung« bestritt; sie wandte sich primär an die männlichen weißen Arbeiterwähler mit geringeren Bildungsabschlüssen (die sich ausgegrenzt fühlten, und die die UKIP als die Nichtgehörten bezeichnete), und kam dadurch in Labour-Hochburgen gut an.[7] Auch innerhalb der Unterhausfraktion der Conservative Party spielte der von vielen als unbefriedigend empfundene Kompromiss zur EU-Zuwanderung eine wesentliche Rolle bei den fraktionsinternen Konfliktlinien um die Frage des Brexit.

Osteuropa stellt einen abweichenden Fall dar:[8] Rechtspopulistische Parteien gehören dort zum parteienpolitischen Mainstream; vom ökonomischen und gesellschaftlichen Selbstverständnis her vertreten sie eher linke – allerdings national partikulare oder sogar nationalistische – Positionen (vgl. Frölich-Steffen und Rensmann 2005, S. 7). Zwar gibt es dort kaum MigrantInnen – es besteht sogar eine ausgesprochene Verweigerungshaltung gegenüber der Aufnahme von Flüchtlingen von außerhalb der EU (am stärksten ausgeprägt gegenüber MuslimInnen), die auf einem breiten gesellschaftlichen Konsens beruht (vgl. Helbling und Strijbis 2018, S. 17–21, 25–31). Die diesbezüglichen Problematiken von Migration/Integration sind in diesen Ländern nicht existent, und vor allem gibt es dort keine vergleichbare innerstaatliche Polarisierung über dieses »issue«.

3 Wirtschaftspolitik, Arbeitsmarkt, Sozialpolitik

Insbesondere in Europa verzeichnet die wirtschaftlich motivierte Kritik einen deutlichen Anstieg: Obwohl beispielsweise in Deutschland die Gesamtheit der ArbeitnehmerInnen bereits seit den 1980er Jahren ein Absinken ihrer Realeinkommen (Indikator für die reale Kaufkraft) hinnehmen muss, haben die Einkommensunterschiede zwischen oberen und unteren Einkommensgruppen seit den 1990er Jahren – vor allem seit 2000 – deutlich zugenommen[9]; diese persistierende,

7 Vgl. den Länderbeitrag Großbritannien von Roland Sturm.
8 Vgl. den Buchbeitrag zu Osteuropa von Klaus von Beyme.
9 Vor allem die mittleren und unteren Einkommensschichten sind demzufolge von sinkenden Realeinkommen betroffen.

sogar steigende Einkommensungleichheit wird denn auch zunehmend von breiten Teilen der Bevölkerung als ungerecht empfunden. Über längere Zeiträume kam es seit Ende der 1990er Jahre sogar zu einer deutlichen Zunahme der relativen Einkommensarmut (d. h. weniger als 60 % des durchschnittlichen Haushaltseinkommens) (vgl. Noll und Weick 2005, S. 3–6). Parallel dazu erfolgten gravierende Einschnitte in die sozialen Sicherungssysteme (vgl. C. Foster 2017, S. 20), die in Deutschland unter den Schlagworten »Hartz IV« und »Agenda 2010« firmieren. Diese Entwicklungen werden in der Bevölkerung kritisch wahrgenommen (vgl. A. Scheuer 2005, S. 8, 10 f.; F. Decker 2006b, S. 14 f.). Ähnliche Entwicklungen lassen sich in anderen Industrieländern – teilweise sogar drastischer[10] – beobachten (vgl. W. Merkel 2016, S. 12; Inglehart und Norris 2016, S. 10 f.).

Der Glaube, dass es ihnen selbst und ihren Kindern in Zukunft einmal besser gehen könnte, ist den unteren Sozialschichten und vielen in den mittleren Sozialschichten abhandengekommen (vgl. W. Merkel 2016, S. 12). Der bisher stillschweigend vorausgesetzte Gesellschaftsvertrag (vgl. J.-J. Rousseau 1762) wird ausgehöhlt – weite Teile der Bevölkerung fühlen sich ausgeschlossen und suchen politische Unterstützung bei Kräften außerhalb des etablierten Institutionengefüges. Verschärft wird das Problem durch den wirtschaftlichen Abschwung in den Regionen der »alten Industrien«, wo die ökonomische wie soziale Lage den Betroffenen kaum noch Perspektiven bietet (vgl. D. Eribon 2016). Dies gilt vor allem dann, wenn die soziale Absicherung etwa für Arbeitslose kaum vorhanden ist (USA) oder plötzlich einschneidend gekürzt wird (Hartz IV in Deutschland). Diese ökonomische Verunsicherung muss aber – wie sich im Falle Deutschlands bei der AfD-Wählerschaft zeigt – nicht mit eigener wirtschaftlicher Betroffenheit z. B. durch Arbeitsplatzverlust oder »atypische Beschäftigung« einhergehen bzw. in der sozialen Unterschicht seinen Schwerpunkt haben, sondern kann durch die Perzeption einer evtl. drohenden Gefährdung, allgemeine Globalisierungsangst, tieferliegende Verunsicherung, Statusängste und sozialpolitische Einschnitte auch bei Normalbeschäftigten hervorgerufen sein (vgl. K. Bergmann et al. 2017, S. 71 f.; F. Decker 2017, S. 13).

Mit dem Fortbestehen gesellschaftlicher Segregationserscheinungen, dem vermutlichen Andauern der derzeitigen internationalen Wanderungsbewegungen sowie Terrorakten bieten sich rechtspopulistischen Parteien günstige Kontextbedingungen für Angriffe auf die »etablierten« Parteien. Nicht nur auf untere Sozialschichten bzw. Bildungsferne (wenngleich diese durch den Wegfall von Arbeitsplätzen für Geringqualifizierte vom wirtschaftlichen Strukturwandel am stärksten betroffen sind) und auf Personen mit dumpfen Politikaversionen üben einfache Lösungen für gesellschaftliche Probleme – zum eigenen Vorteil und auf

10 Vgl. den Länderbeitrag USA von Heinz Ulrich Brinkman, Abschnitt 4.4.

Kosten anderer – eine gewisse Anziehungskraft aus (vgl. W. Merkel 2016, S. 12). Das seit den 1980er Jahren zunehmende ökonomische bzw. soziale »cleavage« in den westlichen Industriegesellschaften spielt in den Perzeptionen von sozialem Abstieg eine wichtige Rolle, und mündet in artikulierte Aversionen bzw. Aktionen gegen alle potenziellen KonkurrentInnen – insbesondere MigrantInnen (vgl. B. Meuleman 2018, S. 188f., 196f., 202–205). Öffentlich artikulierte Aversionen und praktizierte physische Abgrenzungsbereitschaft sind ebenso zu beobachten wie die Abwendung von Teilen der Wählerschaft linker (PCF/KPF; britische Labour Party) bzw. eher linker (USA: Democratic Party) Parteien bzw. von ProtestwählerInnen linker Parteien (»Die Linke«) und deren Hinwendung zu rechtspopulistischen Parteien oder zu rechtpopulistischen KandidatInnen (Marine Le Pen vom Front National; Donald Trump von der Republikanischen Partei). Die These Lipsets aus dem Jahr 1963 erscheint in ihrer Tendenz auch heute noch relevant: Radikale rechte Bewegungen ziehen vorrangig die Unzufriedenen, ökonomisch Verunsicherten, wenig Gebildeten und sozial Isolierten an (vgl. S. M. Lipset 1963, S. 178f.).

Wie sehr wirtschaftliche Lage und Sozialpolitik mit Migration/Integration zusammenhängen und die Wählerresonanz populistischer Parteien bestimmen, zeigte sich nicht nur in den USA 2016, sondern auch in Deutschland 2017[11]: Deutschland hatte zwar *formal* seine Flüchtlingspolitik nicht geändert, wohl aber tolerierte die Bundesregierung eindeutig die rigorosen Abschottungsmaßnahmen der südöstlichen EU-Mitglieder gegen Flüchtlinge aus Syrien und dem Irak. Wenngleich die Unterstützung für die Alternative für Deutschland zu Beginn des Jahres 2017 zu bröckeln begann, erreichte sie im Bundestagswahlkampf 2017 hohe mediale Präsenz und Rückenwind vieler WählerInnen. Der zwischenzeitliche Abschwung in der Wählergunst ist – neben dem kurzzeitigen Abklingen der Flucht- und Migrationsdebatte und den innerparteilichen Schlammschlachten – wohl auch auf die Nominierung des langjährigen EU-Parlamentspräsidenten Martin Schulz zum Parteivorsitzenden und Kanzlerkandidaten der SPD zurückzuführen. Die (inzwischen als Strohfeuer entlarvte) Beliebtheit der Sozialdemokraten – immerhin lagen sie in den einschlägigen Wahlumfragen kurzfristig etwa gleichauf mit der Union – mag auch auf die propagierte neue Sozialpolitik zurückzuführen sein, die in völligem Gegensatz zu dem von SPD-Kanzler Gerhard Schröder (1998–2005) eingeschlagenen Weg stand; diese Politik (z.B. Agenda 2010/Hartz IV) hatte zu dramatischen Verlusten in der SPD-Stammwählerschaft in den Wahlen aller Ebenen und zu gravierenden Kompetenz- sowie Vertrauensverlusten geführt (vgl. M. Lewandowsky 2017, S. 10). Bei vielen WählerInnen kam diese (Teil-)Rücknahme rigider Sozialkürzungen gut an, wobei angesichts des plötzlichen Wandels von

11 Vgl. Anmerkung 4.

SPD und Schulz sowie angesichts der wenig konkreten Ankündigungen Unsicherheiten blieben, das diesbezügliche Vertrauen in die SPD wohl auch nicht anstieg. Außerdem verkündete die SPD unter Schulz das Ziel, stärkste Partei und damit Kanzlerpartei zu werden – eine perzipierte Chance auf Machterringung erhöht die Wählerresonanz für die darum ringenden beiden Lager (und vor allem für die stärkste Partei innerhalb eines Lagers).

4 Kulturelle Faktoren

4.1 Rechtspopulismus und gesellschaftliche Unzufriedenheit

Die von den BürgerInnen perzipierte zunehmende ökonomische Ungleichheit mündet vor dem Hintergrund der angespannten Situation auf dem Arbeitsmarkt sowie der Kürzungen im Sozialbereich in Enttäuschungen und/oder Frustrationen. Diese richten sich primär gegen die für diese Entwicklungen sowie die dahinter stehenden Politiken von Globalisierung und Immigration als verantwortlich angesehenen PolitikerInnen. Hinzu kommen die Angst vor Terrorismus und seit dem wirtschaftlichen Desaster von 2007/2008 die deutliche Furcht vor nicht vorhersehbaren (und nicht selbst verschuldeten) volkswirtschaftlichen Entwicklungen, die weite Teile der Bevölkerung schädigen – wobei letztgenannte ebenfalls als weitgehendes Versagen der Politik perzipiert wird. Politische UnternehmerInnen von der rechten Seite des politischen Spektrums stoßen in diese Lücke, indem sie die Unzufriedenheit weiter Teile der Bevölkerung für ihre eigenen Zwecke gegen die politischen und gesellschaftlichen Eliten (inkl. Medien) einsetzen. Zumindest teilweise können sie diese Entwicklung zum Vorteil ihrer (rechtspopulistischen) Parteien und Führungspersonen instrumentalisieren. Diese Entwicklung begünstigt – zumindest in Europa und den USA – eher rechts- als linkspopulistische Parteien, da die Berufung auf nationalstaatliche Zuständigkeiten und auf Migration als ein relevanter Verursacher bei den WählerInnen eher verfangen als »Patentrezepte« auf linkspopulistischer Seite. RechtspopulistInnen verschärfen dabei die Konflikte, von denen sie profitieren.

Die Sehnsucht nach einer überschaubaren, geordneten Welt, ohne Multikulturalismus, ohne »fremde« Einflüsse in Form von MigrantInnen ebenso wie von außen kommender politischer oder wirtschaftlicher Einflüsse – kurz: eine diffuse Angst vor dem Ungewissen und dem »Fremden«, das Gefühl von Hilflosigkeit und Ausgeliefertsein, das Zurücksehnen der Sicherheit schützender nationaler Grenzen und schützender Sozialsysteme üben eine große Anziehungskraft auf Personen aus, die von Globalisierung oder anderer Internationalisierung negativ betroffen sind oder die befürchten, irgendwann vielleicht betroffen zu sein. Es handelt sich also um die Perzeption, kulturelle und wirtschaftliche[12] Globalisierungs- bzw. ModernisierungsverliererInnen zu sein (vgl. T. Spier 2006, S. 48–56; W. Merkel 2016, S. 12 f.). Weder Kritik an den konkreten Ausprägungen der politischen Institutionen noch Kritik an der Einwanderung bzw. an den EinwanderInnen münden jedoch automatisch in die Unterstützung rechtspopulistischer Organisationen bzw. Personen. Erst in Kombination mit der perzipierten Bedrohung von Arbeitsplatz, sozialem Status, gesellschaftlichen Wandlungsprozessen (die zum Beispiel zu einer Bedrohung der eigenen, überschaubaren Welt führen) sowie mit einer deutlichen Ablehnung gegen »die da oben«, dem Establishment (in Wirtschaft, Politik und Medien), können sich RechtspopulistInnen Resonanz verschaffen – und Unterstützung in Form von Wählerstimmen sowie von Einstellungen bzw. Verhaltensweisen (vgl. C. Foster 2017, S. 19). Möglichkeiten und Grenzen nationalstaatlicher Souveränität haben sich in West- und in Osteuropa ebenso wie in den USA zu einem in der Bevölkerung wie in der Politik zentralen Konfliktfeld entwickelt (vgl. Helbling und Strijbis 2018, S. 7 f.).

AnhängerInnen rechtspopulistischer Parteien und Bewegungen halten weiterhin an Nationalstaat, Patriotismus und traditionellen Wertmustern fest. Wer sich durch repräsentative Institutionen und Verfahren nicht mehr vertreten fühlt, wendet sich von »denen da oben« ab, und wählt aus Protest oder aus ideologischer Überzeugung rechtspopulistische Parteien. Es verbreitet sich die Meinung, dass die »politische Elite« nichts anderes als eine abgehobene, herrschende »politische Klasse« ist, die letztlich nur um sich selbst kreist, aber die »wahre« Bevölkerungsmeinung außer Acht lässt (vgl. J.-W. Müller 2016, S. 42–45, 52 f.).[13] Es handele sich um »eine einheitliche Gruppe realitätsferner Kosmopoliten …, welche den Bezug zur nicht minder homogenen … Bevölkerung verloren hat« (Helbling und Strijbis 2018, S. 7). Das Volk werde insofern Opfer einer Allianz von Establishment und Minderheiten. Der Rechtspopulismus grenzt sich zum Linkspopulismus in erster Linie dadurch ab, dass er nicht nur gegen »die da oben« ist, sondern auch gegen »die da draußen« (vgl. M. Lewandowsky 2017, S. 5); das Volk werde nicht nur durch das Establishment, sondern auch durch »kulturell Fremde« in seiner Souveränität bedroht. Der rechtspopulistische Kampf gegen »Überfremdung« ist nichts anderes als eine spezifische Xenophobie, die sich nicht nur gegen MigrantInnen (gegen MuslimInnen allerdings am stärksten) richtet, sondern auch gegen ethnische, religiöse und Lebensstil-Minderheiten der autochthonen Bevölkerung.

12 Dass dies überwiegend nicht zutrifft, stellen Strijbis und Teney (2016, S. 26) dar.

13 Zur Abgrenzung von »Demokratie« und »Populismus« sowie zur Operationalisierung von »Volk« im Ideenkonstrukt von PopulistInnen – vor allem von RechtspopulistInnen – vgl. S. T. Franzmann (2017).

Kern des Populismusbegriffes ist somit die Gegenüberstellung eines idealisierten, homogenen »einfachen« und »rechtschaffenen« Volkes – ohne Interessensunterschiede zwischen Schichten, Berufsgruppen etc. – zu einer ebenso homogenen, aber korrupten Elite (vgl. F. Decker 2006b, S. 12; T. Spier 2006, S. 37, 50 f.; Jagers und Walgrave 2007, S. 321–325).[14] Der »politischen Klasse« müsse diese Macht genommen und an den demokratischen Souverän – »das Volk« – zurückgegeben werden.[15] Das »Volk« wird gleichgesetzt mit der »schweigenden Mehrheit«, »dem hart arbeitenden Volk«, dem »einfachen Mann« bzw. dem »kleinen Mann auf der Straße« und seinem »gesunden Menschenverstand«. Und dieses (wahre) Volk könne nur von den PopulistInnen (egal ob rechte oder linke) repräsentiert werden (vgl. J.-W. Müller 2016, S. 26, 44–49, 54). Aus dem Gefühl, von denen allein gelassen zu werden, die doch die politischen (auch wirtschaftlichen) Geschicke des Landes bestimmen müssten, entsteht bald das Gefühl eines allgemeinen Repräsentationsdefizites politischer Institutionen und Organisationen. Die Anti-Establishment-Propaganda und letztlich die von einem hypothetischen Volkswillen ausgehenden Positionen rechtspopulistischer Parteien setzten sich allmählich in Teilen der Bevölkerungen fest.

4.2 Die Relevanz der Migrationsdebatte

Die Wahlen in den Jahren 2016 bis 2018 – aber auch die generellen innenpolitischen Kontroversen in den Ländern ohne nationale Wahlen in diesem Zeitraum – verdeutlichen, wie sehr die Politik von der Migrationsdebatte beeinflusst wurde (vgl. Falter und Stern 2018): Selbst in denjenigen Ländern (so in Deutschland), in denen die größeren bzw. etablierten Parteien sich auf klassische Themen beispielsweise der Wirtschafts- und Sozialpolitik konzentrierten, beeinflusste die Migrationskontroverse Wahlentscheidungen und Bewertungen von Regierungs- wie Oppositionsparteien. Negieren »etablierte« Parteien in der Bevölkerung virulente Themen, werden sie von Teilen der Bevölkerung nicht als responsiv bzw. repräsentativ angesehen, so kann dies zum Aufstieg einer Konkurrenz führen (vgl. Helbling und Strijbis 2018, S. 15 f.).[16] Unabhängig von den offiziellen Positionen der nationalen Regierungen und der EU ist die Tendenz erkennbar, MigrantInnen

14 Vgl. den Bucheitrag von Isabelle-Christine Panreck.

15 Zur Rolle der Führerfiguren dabei vgl. B. Moffitt (2016, S. 51–68), F. Decker (2006b, S. 17–19, 26) und T. Spier (2006, S. 37 f., 50).

16 Die zeigt sich in so unterschiedlichen politischen Systemen wie den USA (Aufstieg von Trump innerhalb der Republikanischen Partei) und Deutschland (Aufstieg der AfD seit den Landtagswahlen 2014).

(vor allem geflüchtete) vom eigenen Territorium fernzuhalten. Die Konflikte zwischen der EU und einigen Mitgliedsstaaten bzw. der Mitgliedsstaaten untereinander drehen sich inzwischen primär um die Frage, wie Flüchtlinge auf die einzelnen Länder zu verteilen sind – nachdem der Umgang mit Migrationsbewegungen im Allgemeinen in eine Art »Schweigen im Konsens« mündete, der die Barrieren gegen Wanderungsbewegungen möglichst von den EU-Außengrenzen wegverlagerte bzw. deren Betreten des EU-Territorium möglichst umfassend verhinderte.

Die Konflikte um Migration und Integration werden nicht einfach wieder verschwinden oder leichter händelbar erscheinen, und insofern rechtspopulistischen Parteien und sonstigen rechtspopulistischen Organisationen weiterhin Angriffsfläche bzw. Ansatzpunkte bieten: Denn erstens wird die Heterogenität von Gesellschaft auch in Zukunft sichtbar sein, und zweitens ist die Massenzuwanderung in den 2010er Jahren nach Europa keine vorübergehende Erscheinung. Europa (vor allem Deutschland) muss sich auf eine entsprechende langfristige Entwicklung einrichten, wenngleich Migrationsgründe und Herkunftsländer wechseln können. Die Wanderungsbewegungen aus Subsahara-Afrika aufgrund von zunehmenden Umweltschäden in den Subsistenz-Landwirtschaften, Regierungsversagen in vielen Bereichen und dem unfairen Welthandel sowie von diesen Faktoren mit verursachter, verschärfter Massenarmut werden eher zunehmen. Die deutlich stärkeren Massenzuwanderungen aus (Bürger-)Kriegsländern wie derzeit Irak, Syrien und Libyen können sich verstärken, aber auch auf andere Länder ausweiten.

5 Kulturelle und ökonomische Beweggründe – ein Abwägungsversuch

Wie der Vergleich der wirtschaftlichen und sozialen Entwicklungen in westlichen Industriegesellschaften erhellt, destabilisieren die unübersichtlichen wirtschaftlichen und gesellschaftlichen Entwicklungen festgezurrte Lebensentwürfe. Sowohl erlebter als auch befürchteter sozialer Abstieg ist weit verbreitet (vgl. R. A. Römhildt 2017, S. 35; W. Merkel 2016, S. 12). Werden nun »ökonomische/wirtschaftliche Unsicherheitsthese« und »kulturelle Gegenreaktionsthese« abgewogen hinsichtlich ihrer Rolle für den Aufstieg des Rechtspopulismus, so zeigt sich auf den ersten Blick kein eindeutiges Ergebnis (vgl. Inglehart und Norris 2016, S. 2–5, 9–18, 28–31):

- Kulturelle Faktoren erweisen sich als ein starker Prädiktor für die Unterstützung und Wahl populistischer Parteien und Personen. Es handelt sich hierbei um Gegenreaktionen zum Wertwandel und zu den gesellschaftlichen Veränderungen seit den 1960er Jahren. Mit der zunehmenden Bedeutung von

Migration/Integration in Europa und den USA stiegen die nativistisch begründeten Konflikte und das rechtspopulistische Wählerpotential deutlich an. In Westeuropa, aber sogar im deutlich weniger betroffenen Osteuropa, teilweise selbst in den USA, standen ab 2015 vor allem die massiven Migrationsbewegungen der vor Bürgerkriegen und Unterdrückung fliehenden MuslimInnen aus dem Nahen Osten im Mittelpunkt; die politischen Konflikte wurden insbesondere dann scharf geführt, wenn es um die Einschätzung des Islam bzw. um Flüchtlinge muslimischen Glaubens ging. Ferner spielen in den USA schon seit langem größere Migrationsbewegungen aus Lateinamerika eine Rolle, und in Westeuropa in den letzten Jahrzehnten Familienzusammenführungen sowie Fluchtbewegungen aus Subsahara-Afrika. Nicht so bedeutend wie Migration/Integration, aber immer noch ein relevanter Einflussfaktor sind Skepsis oder sogar Ablehnung gegenüber supranationalen Institutionen und Vereinbarungen.

- Wirtschaftliche und sozialpolitische Faktoren spielen vor allem in den unteren Sozialschichten, bei den von Kürzungen der Sozialleistung essentiell Betroffenen, unter aktuellen Globalisierungsverlierern und bei sich ökonomisch gefährdet Fühlenden (bis in die Mittelschicht hinein) eine Rolle. Die in den letzten Jahrzehnten gewachsene Einkommensdifferenz vor allem zwischen den unteren sowie mittleren Einkommensgruppierungen und den obersten wenigen Prozent sorgt ebenfalls für weit verbreiteten Unmut – und Unverständnis, dass die Politik dieses Problem nicht angeht, offenbar noch nicht einmal für relevant hält. Generell ist die Zufriedenheit mit den Output-Leistungen des politischen Systems deutlich gesunken.

Folglich können sich kulturelle Faktoren in Verbindung mit ökonomischen und sozialpolitischen Einflüssen – gefiltert durch bestimmte demographische Faktoren und traditionalistische Einstellungen – zugunsten einer rechtspopulistischen Wahl auswirken (vgl. Inglehart und Norris 2016, S. 28–31). Diese WählerInnen fühlen sich tendenziell wirtschaftlich benachteiligt oder gefährdet, kommen mit den kulturellen Veränderungen nicht zurecht – sie wollen ihr Land wieder zu den »guten alten Zeiten« zurückführen, mit traditionalistischen Werten und ethnisch weitgehend homogenen Bevölkerungen.

6 Zum Begriffspaar »Migration« und »Integration«

Widmet sich der Band dem Begriff »Populismus« in einem eigenen Kapitel, soll das Begriffspaar »Migration« und »Integration« knapp an dieser Stelle erläutert werden. Mit *Migration* wird ganz allgemein eine Zu- oder Abwanderung bezeichnet. Im Rahmen des Buchthemas wird Binnenmigration (also innerhalb eines abgegrenzten Gebietes, z. B. eines Staates) außer Acht gelassen; das Augenmerk liegt allein auf Wanderungsbewegungen zwischen Staaten. Von Letzteren spielen weit überwiegend nur die längerfristigen oder dauerhaften Migrationsbewegungen – bzw. beim Thema »Rechtspopulismus« primär die Zuwanderungen – eine Rolle, die sich auf die Lebensläufe der Wandernden in Form einer Verlagerung ihres Lebensmittelpunktes auswirken. Sie bedeuten das Verlassen eines Rechtsverbandes und die Aufnahme in einen anderen Rechtsverband. Die Ursachen der Migration sind insbesondere Arbeitsmigration, Flucht und Vertreibung, die einzelnen Arten von Asylersuchen sowie Familiennachzug (vgl. Sauer und Brinkmann 2016, Abschnitt 3).

Die *Integration* setzt zeitlich nach der Migration an. Gemeinhin geht es bei Integration um das Verhältnis von ZuwanderInnen und deren Nachkommen auf der einen, und der aufnehmenden Gesellschaft auf der anderen Seite.[17] Eine solche Fragestellung befasst sich mit den Bedingungen des Zusammenlebens und der Teilhabeprozesse in den unterschiedlichsten Teilbereichen einer Einwanderungsgesellschaft, inwieweit MigrantInnen also Teil dieser Gesellschaften sind. Die Spanne reicht dabei

- von weitgehend voneinander abgeschlossenen Subkulturen stark fragmentierter Gesellschaften, in denen sich die Kontakte der einzelnen Subkulturen auf das funktional Unvermeidliche beschränken (insbesondere Bildungssysteme, Arbeitsplätze, Konsumsphäre, öffentlicher Raum): Diese Art der Separation mündet oft in Begriffe wie »Parallelgesellschaften« und »nicht gelungene Integration«;
- über das Zusammenleben von aufzunehmenden Gruppen und aufnehmender Gesellschaft auf gemeinsamer Grundlage und in gegenseitigem Respekt, bei der die Aufzunehmenden lediglich die Minimalbedingungen der Aufnahmegesellschaft akzeptieren müssen, aber ihre kulturellen oder religiösen Besonderheiten beibehalten: eine partielle Akkulturation von Aufnahmegesellschaft und MigrantInnen, die möglicherweise so weit miteinander verschmelzen, dass als Synthese eine neue (veränderte) Gesamtgesellschaft entsteht;
- bis hin zur Assimilation, in der sich die MigrantInnen völlig oder zumindest weitgehend an die aufnehmende Gesellschaft angleichen, von dieser also nicht mehr bzw. zumindest kaum noch zu unterscheiden sind: eine einseitige Anpassung der MigrantInnen, ohne eine Veränderung der Aufnahmegesellschaft.

17 Für eine ausführliche Erörterung zentraler Theorien der Integration von MigrantInnen vgl. S. Hans (2016).

Analog zum Begriff »Migration« verstehen wir in diesem Buch unter *MigrantInnen* bzw. *Personen mit Migrationshintergrund* alle selbst Migrierten (erste Generation), unabhängig von deren Einwanderungsgrund und von ihrer Staatsangehörigkeit (vor allem also, ob sie noch die Staatsangehörigkeit des Entsendelandes von sich bzw. von ihren Vorfahren besitzen, oder die des Ankunftslandes bzw. derzeitigen Wohnsitzes angenommen haben). Außerdem zählen dazu die Nachkommen der selbst Zugewanderten; in diese Gruppierung werden auch Personen einbezogen, die nur einen teilweisen Migrationshintergrund haben (also aus Beziehungen zwischen MigrantInnen und Ursprungsbevölkerung hervorgegangen sind). Allerdings gibt es keine über Ländergrenzen hinweg einheitliche Definition von »MigrantInnen«. Am gebräuchlichsten ist die Erfassung von erster und zweiter Generation. Manche Staaten verstehen lediglich die selbst Zugewanderten als MigrantInnen. In Frankreich ist die Erhebung des Migrationshintergrunds offiziell verpönt – was allerdings die Benachteiligung von aus bestimmten Regionen stammenden EinwanderInnern und deren Nachkommen nicht verhindert. In der deutschen amtlichen Statistik (die AussiedlerInnen und SpätaussiedlerInnen mit einbezieht) erstreckt sich die Definition von »Migrationshintergrund« – je nach Vorliegen einer ausländischen Staatsangehörigkeit der Vorfahren – üblicherweise auf die ersten zwei bis drei Generationen, beginnend mit einem Zuzug ab dem 1.1.1950.[18]

Aber sogar innerhalb der einzelnen Länder wird der Begriff »MigrantInnen/Personen mit Migrationshintergrund« nicht einheitlich gehandhabt: Empirische Untersuchungen bzw. Publikationen können sich nicht nur von der jeweiligen amtlichen Statistik unterscheiden, sondern auch untereinander (manchmal selbst zwischen einzelnen Kapiteln einer Publikation). Konkrete Fragestellungen, unterschiedliche theoretische Ausgangspunkte oder einfach forschungspraktische Überlegungen können unterschiedliche Operationalisierungen bedingen.

7 Aufbau des Buches und AutorInnen

Die folgenden Beiträge lassen sich in zwei Gruppen einordnen. Im allgemeinen Teil arbeiten die Beiträge analytische und komparative Aspekte des Geflechts von Migration und Rechtspopulismus auf. Im Hauptteil des Buches werden in Länderstudien (überwiegend in Einzelkapiteln) die Positionen der populistischen, teils extremistischen Parteien des rechten Spektrums behandelt. Die Auswahl der Länderstudien orientiert sich an folgenden Kriterien:

18 Für eine ausführliche Diskussion der Operationalisierung von »Migrationshintergrund« im deutschen Kontext vgl. Sauer und Brinkmann (2016, Abschnitt 4).

- »klassische« und neuere Einwanderungsländer mit quantitativ relevanten Migrationsgruppen;
- rechtspopulistische Parteien, die bei Wahlen oder »auf der Straße« sichtbar sind, und aktuell oder potenziell als Einflussfaktoren perzipiert werden;
- in den Augen der Öffentlichkeit wird ein Zusammenhang zwischen Einwanderung bzw. Integration und Rechtspopulismus gesehen.

Den Anfang macht der Beitrag von *Isabelle-Christine Panreck* über begriffliche und theoretische Grundlagen. So gehe der Aufschwung der Populismusforschung nicht mit der Entwicklung eines einheitlichen Paradigmas einher. Panreck fragt nach den historischen Wurzeln des Populismusbegriffs und beleuchtet die verschiedenen Ansätze anhand der zentralen Konfliktlinien um den Gegensatz von Volk versus Elite, die Rolle der Parteiführung, die Funktion der Massenmedien sowie die Bedeutung von Krisen (wobei der Migrationsfrage besondere Berücksichtigung zukommt). Im Zentrum stehen hierbei die Konzepte des Populismus als »dünne Ideologie«, als Stil sowie als Logik des Politischen. Überdies beleuchtet Panreck das Verhältnis der verwandten Begriffe »Populismus« und »Extremismus«.

Dietmar Loch widmet sich in seinem länderübergreifenden und komparatistisch angelegten Beitrag dem parteiförmigen Populismus in Westeuropa. Wenngleich Loch zwischen Links- und Rechtspopulismus unterscheidet, liegt der Schwerpunkt auf rechtspopulistischen Parteien sowie auf ihrem Aufstieg und ihrer Verankerung in den westeuropäischen Parteiensystemen. Gemeinsamkeiten werden ebenso herausgearbeitet wie nationale Spezifika, wobei Loch die sozioökonomischen, soziokulturellen und politischen Implikationen des Rechtspopulismus analysiert. Als unabhängige Variabel zur Erklärung des Erstarkens rechtspopulistischer Parteien zieht Loch die gesellschaftlichen Kontexte der jeweiligen Länder heran und er prüft gängige Theorien – etwa die cleavage-Theorie nach Lipset und Rokkan (1967) – auf ihre Aktualität.

Steht der Rechtspopulismus in Einwanderungsgesellschaften im Mittelpunkt dieses Bandes, mag der Beitrag *Klaus von Beymes* über die Entwicklungen in Osteuropa überraschen, sind die osteuropäischen Gesellschaften doch keine klassischen Einwanderungsgesellschaften. Dennoch darf die Region nicht fehlen. Mit dem Ziel, einen ersten Blick auf den osteuropäischen Rechtspopulismus zu werfen, bindet Klaus von Beyme die aktuellen rechtspopulistischen Strömungen in Osteuropa in den Kontext der Transformationsforschung ein. Haftet dem Rechtspopulismusbegriff auch eine negative Konnotation an, fragt Beyme neben den Risiken nach den Chancen von Populismus, ohne den Konsolidierungsstand der jungen osteuropäischen Demokratien zu ignorieren.

Den Abschnitt der Länderstudien eröffnet *Eckhard Jesse* mit seiner Analyse rechtspopulistischer Strömungen in Deutschland. Galt Deutschland lange als

»weißer Fleck« auf der europäischen Landkarte des Rechtspopulismus, änderte sich dies mit den Wahlerfolgen der Alternative für Deutschland (AfD), die bei der Bundestagswahl 2017 drittstärkste Kraft wurde. Jesse widmet sich dem aktuellen Kernthema der Partei »Migration« und analysiert sowohl die sozioökonomischen als auch die soziokulturellen Bedingungen des AfD-Aufstiegs. Überdies wirft der Autor einen Blick auf die Bedeutung der AfD für das deutsche Parteiensystem und ihren direkten wie indirekten Einfluss auf das Koalitionsgefüge. Die außerparlamentarische Seite berücksichtigt Jesse, indem er die Pegida-Bewegung im Kontext des Rechtspopulismus beleuchtet.

Es folgt der Beitrag *Anton Pelinkas* über den österreichischen Rechtspopulismus. Die FPÖ unterscheide sich durch ihre rechtsextremen Wurzeln grundsätzlich von den anderen rechtspopulistischen Parteien in Europa, argumentiert Pelinka. Um die Verschiebung von einer rechtsextremistischen hin zu einer populistischen Partei nachzuvollziehen, skizziert Pelinka einerseits die historische Entwicklung der Partei. Andererseits zeigt er über die Analyse der zentralen Wahlkampfthemen und der aktuellen Wählerschaft die populistischen Grundzüge der Partei auf, die zunehmend einer Allerweltspartei ähnelt.

Swen Hutter analysiert den schweizerischen Rechtspopulismus am Beispiel der Schweizerischen Volkspartei (SVP), wobei er besonderes Augenmerk auf die Wählermobilisierung im Zeitraum von 1975 bis 2015 legt. Habe zunächst die Kritik an der Europäischen Union das Programm der SVP geprägt, konzentriere sich die Partei inzwischen auf Immigration, wobei beide Themen durchaus Hand in Hand gingen. Methodisch greift der quantitativ ausgerichtete Beitrag auf originäre Daten zur öffentlichen Auseinandersetzung zurzeit nationaler Wahlkämpfe und auf kumulierte Daten des European Social Surveys (ESS) und der Schweizer Wahlstudie (Selects) zurück.

Markus Wilp richtet in seiner Länderstudie über den Rechtspopulismus in den Niederlanden das Augenmerk auf den aktuell erfolgreichsten niederländischen Rechtspopulisten Geert Wilders und seine Partij voor de Vrijheid (PVV). Wilp zeichnet Gründung sowie Aufstieg der Partei nach und erläutert die Ursachen für ihren Wahlerfolg. Ferner erörtert der Autor die Folgen des Rechtspopulismus für die Parteienlandschaft in den Niederlanden: Sei diese über Jahrzehnte von Stabilität und Kontinuität geprägt gewesen, offenbarten sich nun zunehmend Konfrontationen, von denen besonders die RechtspopulistInnen profitierten.

Im Nachbarland Belgien ist das Parteiensystem aufgrund des sprachlichen »cleavage« traditionell heterogen. *Dirk Rochtus* grenzt die relevanten Parteien Vlaams Belang (vormals: Vlaams Blok) und Nieuw-Vlaamse Alliantie (N-VA) voneinander ab, wobei er die jeweilige Entstehungsgeschichte vor dem Hintergrund des belgischen Nationalitätenkonflikts aufarbeitet. Sei der Vlaams Blok insbesondere Anfang der 1990er Jahre durch seine Konzentration auf Migrationsthemen erfolgreich gewesen, könne er vom jüngsten Aufschwung des Rechtspopulismus in Europa nicht profitieren – hier stieße eher die strenge Asylpolitik der Regierungspartei N-VA auf Beifall.

In Großbritannien konnte bislang keine rechtspopulistische Partei auf Dauer Fuß fassen – so die These des Beitrags von *Roland Sturm*. Zwar habe die Kritik an Migration rechtspopulistischen Parteien bereits seit den 1960er Jahren vereinzelt zu Erfolgen verholfen, doch konnte sich keine Partei wie der Front National in Frankreich im britischen Parteiensystem etablieren. Selbiges gelte für die United Kingdom Independence Party (UKIP). Ihr sei zwar mit dem Brexit ein Paukenschlag gelungen, seitdem verliere die Partei aber enorm an Bedeutung. Warum der Populismus in Großbritannien dennoch nicht von der Bildfläche verschwunden ist, illustriert Sturm anhand der beiden führenden Parteien Labour und Conservatives.

In einem vergleichenden Beitrag widmet sich *Sven Jochem* den nordischen Ländern und den jeweiligen Erfolgsgeschichten des Rechtspopulismus. Im Gegensatz zu den westeuropäischen Ländern seien die nordischen Länder keine klassischen Einwanderungsgesellschaften, wenngleich die Arbeitsmigration zwischen den nordischen Ländern traditionell hoch sei. Erst als Folge der Balkankriege in den 1990er Jahren habe sich Nordeuropa der Migration geöffnet, was zu heterogenen Gesellschaften geführt habe. Zugleich sei das universalistische Prinzip der Wohlfahrtsstaatlichkeit durch einen austeritätspolitischen Schwenk geschwächt worden. Jochem analysiert das Wechselspiel aus Sozial- und Migrationspolitik vor dem Hintergrund des Rechtspopulismus der nordischen Länder, wobei er insbesondere die Einflussmöglichkeiten durch den Minderheitsparlamentarismus erhellt.

Uwe Backes stellt in seiner Länderstudie über Frankreich die besondere Bedeutung des Immigrationsthemas für den Erfolg des Front National heraus. Die Partei sei inzwischen fest im französischen Parteiensystem etabliert. Backes vollzieht die historische Entwicklung der Partei mit besonderer Berücksichtigung des Wechsels an der Parteispitze von Jean-Marie zu Marine Le Pen nach, die versuche, ihre Partei aus der rechtsextremistischen Ecke über die Strategie der »Dédiabolisation« in die Mitte der Gesellschaft zu führen. Überdies klopft Backes das Mobilisierungspotenzial des FN ab, dessen zentrales Thema neben der Immigrationskritik – insbesondere aus den Regionen außerhalb Europas – die Globalisierung bzw. der Kosmopolitismus sei.

Nach der Bildung einer populistischen Regierungskoalition 2018 blickte Europa mit Sorge auf Italien. *Markus Grimm* und *Alexander Grasse* analysieren den Aufstieg der Lega Nord und der 5-Sterne-Bewegung mit besonderer Berücksichtigung der zentralen Wahlkampfthemen. Neben der Frage der Migration, insbesondere über das Mittelmeer nach Italien, machen die Autoren die hohe Arbeitslosigkeit sowie die Armut im Süden des Landes als zentralen Streitpunkt der italienischen Politik aus. Beide Punkte seien eng mit der Europäischen Union sowie mit der Währungs- und Wirtschaftskrise verknüpft, wodurch diese ins Zentrum der populistischen Kritik rücke. Schließlich wagen die Autoren einen Ausblick auf mögliche Handlungsempfehlungen für die europäischen Partnerstaaten und insbesondere Deutschland.

Der Länderbeitrag von *Heinz Ulrich Brinkmann* verfolgt zwei Ziele: Zum einen die Entwicklung des Rechtspopulismus zur dominierenden Kraft in der Republikanischen Partei, und zum anderen eine Analyse des Wahlkampfes und des Wählerverhaltens in der US-Präsidentschaftswahl 2016. Wie konnte es geschehen, dass Trump der Präsidentschaftskandidat der Republikaner wurde, und dass er aus der Präsidentschaftswahl zwischen Demokratischer und Republikanischer Partei siegreich hervorging? Der Ablauf des Wahlkampfes, die dabei zutage getretenen Konflikte und die Bestimmungsfaktoren des Wählerverhaltens im republikanischen Nominierungswahlkampf und in der zwischenparteilichen Präsidentschaftswahl kommen zur Sprache. Abschließend erfolgt eine Einordnung in die Rechtspopulismus-Diskussion.

8 Danksagung

Ein Buch zu schreiben, das sich vorrangig mit dem Einfluss von Migration und Integration auf die (Wahl-)Erfolge rechtspopulistischer Parteien beschäftigt, ist vor dem Hintergrund der rasanten Entwicklungen der letzten Jahre eine Herausforderung. Wir sind deshalb den AutorInnen, die sich von der Aktualität des Themas nicht haben abschrecken lassen, zu besonderem Dank verpflichtet. Sie haben sich bereitwillig und mit viel Engagement einer Forschungsarbeit und Publikation unterzogen, die Aspekte mehrerer Wissenschaftsbereiche verbindet. Die in diesem Buch vereinigten WissenschaftlerInnen haben sich alle bereits intensiv mit dem Gebiet ihres Buchbeitrages beschäftigt, und beleuchten die Querverbindungen zwischen den Themenbereichen.

Viel Unterstützung erfahren haben wir von Herrn Prof. (em.) Dr. Eckhard Jesse, dessen zahlreiche Anregungen in das Buch eingeflossen sind.

Dank abzustatten haben die HerausgeberInnen ebenso dem Verlag Springer VS, vor allem dem Leiter der Fachlektorate, Dr. Andreas Beierwaltes, und dem Cheflektor »Politik«, Dr. Jan Treibel. Bereits in einem frühen Studium unseres Planungsprozesses – ausgerichtet auf die Zeit nach der Bundestagswahl 2017 – haben wir eine generelle Publikationszusage und mit der Konkretisierung unserer Publikationsplanung den darauf fußenden Herausgebervertrag erhalten. Wir als HerausgeberInnen und die in unterschiedliche Wahltermine bzw. in unterschiedliche zeitliche Zwänge eingebundenen AutorInnen hatten also eine zuverlässige Planung für den gesamten Buchprozess.

Literatur

Bender, Justus. 2017. Hurra-Rufe für Petry, Wilders, Le Pen und Trump. *FAZ-online*. Online unter:
http://www.faz.net/aktuell/politik/inland/gipfeltreffen-der-rechtspopulisten-in-koblenz-14717693.html (Zugriff: 1. 5. 2018).

Bergmann, Knut, Matthias Diermeier, und Judith Niehues. 2017. Die AfD: Eine Partei der sich ausgeliefert fühlenden Durchschnittsverdiener? *Zeitschrift für Parlamentsfragen* 48 (1): 57–75.

Brinkmann, Heinz Ulrich, und Martina Sauer (Hrsg.). 2016. *Einwanderungsgesellschaft Deutschland. Entwicklung und Stand der Integration*. Wiesbaden: Springer VS.

Decker, Frank. 2017. Rechtspopulismus in Europa. *Bürger & Staat* 67 (1): 12–18.

Decker, Frank. 2016. *Parteiendemokratie im Wandel: Beiträge zur Theorie und Empirie*. Baden-Baden: Nomos Verlag.

Decker, Frank. 2015. Alternative für Deutschland und Pegida. In *Rechtspopulismus und Rechtsextremismus in Europa*, hrsg. von Frank Decker, Bernd Henningsen und Kjetil Jakobsen, 75–90. Baden-Baden: Nomos Verlag.

Decker, Frank (Hrsg.). 2006a. *Populismus in Europa. Gefahr für die Demokratie oder nützliches Korrektiv?* Wiesbaden: VS Verlag für Sozialwissenschaften.

Decker, Frank. 2006b. Die populistische Herausforderung. Theoretische und ländervergleichende Perspektiven. In *Frank Decker* 2006a, 9–32.

de Vries, Catherine, und Isabell Hoffmann. 2016. *Globalisierungsangst oder Wertekonflikt? Wer in Europa populistische Parteien wählt und warum*. Gütersloh: Bertelsmann Stiftung.

Eribon, Didier. 2016. *Rückkehr nach Reims*. Berlin: Suhrkamp Verlag.

Falter, Matthias, und Verena Stern. 2018. *Fall Elections in Germany, Austria and the Czech Republic and their Impact on European Migration Policies* (Friedrich-Ebert-Stiftung: Analysis). Budapest.

Foster, Chase. 2017. Europas Vertrauenskrise. Die ökonomische Lage nährt den populistischen Feldzug gegen die liberale Ordnung. *WZB Mitteilungen* 157 (September 2017): 17–20.

Franzmann, Simon T. 2017. Wer ist das Volk? Rechtspopulismus und Demokratie. In *Demokratie in Gefahr? Rechtspopulismus und die Krise der politischen Repräsentation. AdB-Jahresthema 2017*, hrsg. von Arbeitskreis deutscher Bildungsstätten e. V. (AdB), 17–20. Berlin: Arbeitskreis deutscher Bildungsstätten.

Frölich-Steffen, Susanne, und Lars Rensmann. 2005. Populistische Regierungsparteien in Ost- und Westeuropa: Vergleichende Perspektiven der politikwissenschaftlichen Forschung. In *Populisten an der Macht. Populistische Regierungsparteien in West- und Osteuropa*, hrsg. von Susanne Frölich-Steffen und Lars Rensmann, 3–34. Wien: Braumüller Verlag.

Gmeiner, Jens. 2015. Abschied von »Nortopia«. Über Rechtspopulismus in Skandinavien. In *Parteien, Protest und Populismus,* hrsg. von Alexander Hensel, Roland Hiemann, Daniela Kallinich, Robert Lorenz, Robert Mueller-Stahl und Katharina Rahlf, 101–108, Stuttgart: Ibidem-Verlag.

Hans, Silke. 2016. Theorien der Integration von Migranten – Stand und Entwicklung. In *Brinkmann und Sauer 2016,* 23–50.

Helbling, Marc, und Oliver Strijbis. 2018. *Wie weltoffen ist Deutschland?* Gütersloh: Bertelsmann Stiftung.

Holtmann, Everhard. 2018. *Völkische Feindbilder. Ursprünge und Erscheinungsformen des Rechtspopulismus in Deutschland.* Bonn: Bundeszentrale für politische Bildung.

Inglehart, Ronald F., und Pippa Norris. 2016. Trump, Brexit, and the Rise of Populism: Economic Have-Nots and Cultural Backlash (Harvard University, John F. Kennedy School of Government: *HKS Faculty Research Working Paper Series,* RWP 16-026). Cambridge, Mass.

Jagers, Jan, und Stefaan Walgrave. 2007. Populism as political communication style: An empirical study of political parties' discourse in Belgium. *European Journal of Political Research* 46 (3): 319–345.

Jesse, Eckhard, und Isabelle-Christine Panreck. 2017. Populismus und Extremismus. Terminologische Abgrenzung – das Beispiel der AfD. *Zeitschrift für Politik* 64 (1, März 2017): 59–76.

Kriesi, Hanspeter. 1998. Bürger und Staat und die Rolle der Parteien. *Dritte Deutsch-Niederländische Konferenz »Die Kluft zwischen Bürger und Politik; unvermeidlich oder unakzeptabel?«* Delft, 19./20. März 1998.

Lewandowsky, Marcel. 2017. Was ist und wie wirkt Rechtspopulismus? *Bürger & Staat* 67 (1): 4–11.

Lipset, Seymour Martin. 1963. *Political Man: The Social Bases of Politics.* Garden City, NY: Anchor Books.

Lipset, Seymour Martin, und Stein Rokkan. 1967. Cleavage Structures, Party Systems, and Voter Alignments: An Introduction. In *Party Systems and Voters Alignments: Cross-National Perspectives,* ed. by Seymour Martin Lipset und Stein Rokkan, 1–64. New York: Free Press.

Lochocki, Timo. 2014. *Rechtspopulismus in Westeuropa. Erklärungen für den Erfolg rechtspopulistischer Parteien in Westeuropa, im Auftrag des Mediendienstes Integration.* Berlin: Mediendienst Integration.

Lochocki, Timo. 2012. Immigrationsfragen: Sprungbrett rechtspopulistischer Parteien. *Aus Politik und Zeitgeschichte* 62 (5-6/2012, 30. Januar 2012): 30–36.

Merkel, Wolfgang. 2016. Bruchlinien. Kosmopolitismus, Kommunitarismus und die Demokratie. *WZB Mitteilungen* 154 (Dezember 2016): 11–14.

Meuleman, Bart, Eldad Davidov, und Jaak Billiet. 2018. Modeling Multiple-country Repeated Cross-sections. A Societal Growth Curve Model for Studying the Effect of the Economic Crisis on Perceived Ethnic Threat. *methods, data, analyses* 12 (2): 185–209.

Moffitt, Benjamin. 2016. *The Global Rise of Populism.* Stanford, Calif.: Stanford University Press.

Müller, Jan-Werner. 2016. *Was ist Populismus? Ein Essay.* Berlin: Suhrkamp Verlag.

Noll, Heinz-Herbert, und Stefan Weick. 2005. Relative Armut und Konzentration der Einkommen deutlich gestiegen. Indikatoren und Analysen der Ungleichheit von Einkommen und Aufgaben. *Informationsdienst Soziale Indikatoren* 33 (Januar 2005): 1–6.

Römhildt, Roland A. 2017. Begrenzte Weltbilder. Politische Theorie muss gegen Vereinfachungstendenzen für Komplexität werben. *WZB Mitteilungen* 156 (Juni 2017): 35–37.

Rousseau, Jean-Jacques. 1762. *Du contrat social, ou Principes du droit politique.* Amsterdam: Marc-Michel Rey.

Sauer, Martina, und Heinz Ulrich Brinkmann. 2016. Einführung: Integration in Deutschland. In *Brinkmann und Sauer 2016,* 1–21.

Scheuer, Angelika. 2005. Demokratiezufriedenheit in Deutschland sinkt unter EU-Niveau. Eine europäisch-vergleichende Analyse. *Informationsdienst Soziale Indikatoren* 33 (Januar 2005): 8–11.

Spier, Tim. 2006. Populismus und Modernisierung. In *Frank Decker 2006a,* 33–58.

Strijbis, Oliver, und Céline Teney. 2016. Das Weltbürgertum der Eliten. In vielen Ländern ist die Gesamtbevölkerung eher nationalstaatlich orientiert. *WZB Mitteilungen* 154 (Dezember 2016): 25–27.

Sturm, Roland. 2016. Brexit – das Vereinigte Königreich im Ausnahmezustand. *Zeitschrift für Parlamentsfragen* 47 (4): 878–892.

I. Einführung in ein heterogenes Forschungsfeld

Rechtspopulismus – historisches Phänomen, politischer Kampfbegriff, analytisches Konzept?

Isabelle-Christine Panreck

1 Streit um Begriffe

Der parteiförmige Rechtspopulismus ist in Deutschland – im Vergleich zu den Erfolgen Geert Wilders in den Niederlanden, Marine Le Pens in Frankreich oder Norbert Hofers in Österreich – ein neues Phänomen. So erreichte die Alternative für Deutschland (AfD) bei den Bundestagswahlen im September 2017 auf Anhieb Ergebnisse im zweistelligen Bereich. Als Hemmnis für die Etablierung rechtspopulistischer Parteien in der Bundesrepublik galt lange die deutsche NS-Vergangenheit, stand sie doch als stetige Mahnerin gegen Fremdenhass und Ausgrenzung im Mittelpunkt einer bewussten Erinnerungskultur (vgl. Jesse und Panreck 2017, S. 69; F. Decker 2016, S. 235). Füllt sich mit dem starken Abschneiden der Alternative für Deutschland (AfD) der letzte weiße Fleck auf der europäischen Landkarte des Rechtspopulismus? Ist der »deutsche Rechtspopulismus« in Form der AfD schlicht eine nachholende Entwicklung?

Wer die AfD, die Freiheitliche Partei Österreichs (FPÖ) und den französischen Front National (FN) in einem Atemzug als rechtspopulistisch bezeichnet, sieht sich dem Vorwurf der Unschärfe ausgesetzt. Gilt der Front National als extremistisch, fällt die Einordnung von AfD und FPÖ weniger eindeutig aus: Für die Rechtspopulismusforscher Frank Decker und Marcel Lewandowsky (2017, S. 31) entsprechen die beiden Parteien einem Populismus mit extremistischen Einsprengseln. Wie aber lassen sich die verwandten Begriffe Populismus und Extremismus unterscheiden? Der Begriff »Rechtspopulismus« schillert: Je nach Perspektive verändert er kaleidoskopisch seine Gestalt, kleidet sich in normatives oder analytisches Gewand. Im Alltagssprachgebrauch dient er meist der Verunglimpfung des politischen Gegners (vgl. Y. Stavrakakis 2016, S. 111). Eine wissenschaftliche Analyse des Rechtspopulismus darf sich nicht der pejorativen Verwendung beugen,

H. U. Brinkmann und I.-C. Panreck (Hrsg.), *Rechtspopulismus in Einwanderungsgesellschaften*, https://doi.org/10.1007/978-3-658-23401-0_2

sondern muss die vielfältigen Rechtspopulismuskonzepte kritisch einordnen und vom Begriff des Extremismus abgrenzen.

Der Beitrag zeichnet die zentralen Linien der wissenschaftlichen Begriffsdebatte nach, indem er die drei dominanten Strömungen – Populismus als politische Logik, Populismus als »dünne Ideologie« und Populismus als Stil – anhand ihrer zentralen Streitpunkte gegenüberstellt. Auf einen kurzen historischen Rückblick auf den Ursprung des Begriffs (Abschnitt 2) folgt die Erörterung des Verhältnisses von Volk und Elite, das den Kern eines jeden Populismuskonzepts bildet (Abschnitt 3). Besonderes Augenmerk legt dieser Abschnitt auf die Konstruktion des »Volkes«, mit Blick auf Migrationsbewegungen. Im Anschluss wird die Bedeutung der Parteispitze und der Massenmedien für die populistische Bewegung beleuchtet (Abschnitte 4 und 5) sowie die Frage geklärt, inwiefern Populismus als Reaktion auf Krisen zu verstehen ist (Abschnitt 6). Bevor das Fazit die einzelnen Stränge zusammenführt sowie Vor- und Nachteile der Ansätze abwägt (Abschnitt 8), erfolgt die Abgrenzung von Populismus und Extremismus (Abschnitt 7).

2 Historische Wurzeln populistischer Bewegungen

Nach Federico Finchelstein lässt sich der Begriff »Populismus« gleich zwei Zeitaltern zuweisen, wobei die Grenze entlang der Festigung der liberalen Demokratie verläuft. Der Populismus des ersten Zeitalters findet sich im 19. Jahrhundert in Russland, den USA und mit Abstrichen in Frankreich. Soziale und politische Rechte waren stark eingeschränkt – wenn überhaupt vorhanden. Mit Blick auf Russland und die USA offenbaren die populistischen Bewegungen den Wunsch nach Anerkennung und Einbindung der Massen in das jeweilige Regime (vgl. F. Finchelstein 2014, S. 469 f.). Trotz dieser Gemeinsamkeiten enthüllen die beiden Länderbeispiele enorme Differenzen in der ideologischen Ausrichtung. Die populistische Bewegung in Russland agierte unter marxistischen Vorzeichen: Mitte bis Ende des 19. Jahrhunderts entstand im engen Zusammenspiel von russischen Universitäten und intellektuellen Zirkeln die Bewegung der Narodniki (Volksfreunde), die das russische Landleben als Bastion gegen die in Westeuropa um sich greifende Industrialisierung und Kapitalisierung verklärten (vgl. F. Venturi 1960, S. 332). Pointiert heißt es bei Isaiah Berlin im Vorwort zu Franco Venturis Studie (1960, S. xv): »All Populists were agreed that the village commune was the ideal embryo of those socialist groups on which the future society was to be based.« Die Bewegung strebte also danach, das ländliche Leben zu »erlernen«, seine Regeln und Traditionen zu verstehen und die ländliche Bevölkerung anschließend zur Speerspitze der sozialistischen Revolution auszubilden (vgl. F. Venturi 1960, S. 375–385).

1891/92 entstand in den *USA* die People's Party – auch bekannt als Populist Party (vgl. H. Klumpjan 1998, S. 249–256). Ihre Mitglieder waren überwiegend Farmer, in ihren Reihen fanden aber auch VertreterInnen der städtischen Mittelschichten Platz. Ihr Ziel war eine gerechtere, an dem Grundsatz der Gleichheit orientierte Gesellschaft, die über wirtschaftliche Reformen erreicht werden sollte. Die Farmer forderten etwa eine progressive Einkommensbesteuerung, eine Regulierung der Industrie und die Verstaatlichung von Eisenbahnstrecken, die Anerkennung von gewerkschaftlichen Rechten und einen Achtstundentag für die Arbeiterschaft. Mit den wirtschaftlichen Reformen sollte eine Ausweitung demokratischer Rechte – vor allem für Frauen – einhergehen. Hierzu plädierte die Bewegung für mehr politische Bildung und die Direktwahl von Senatoren (vgl. C. Postel 2017, S. 135).

Wenngleich die populistische Bewegung in den USA vor der Festigung des liberalen Verfassungsstaates agierte, wurde sie im Anschluss in der Forschung immer wieder am demokratischen Ideal gemessen. Galt sie vielen als progressiv, kamen in den 1950er Jahren Zweifel an ihrer demokratischen Qualität auf. So stellte Richard Hofstadter (1955, S. 77–81) antisemitische Züge des Populismus fest. Postel (2017, S. 137) fasst zusammen: »According to [Hofstadter's] findings, Populism was the taproot of America's politics of unreason, demagogy, authoritarianism, xenophobia, anti-Semitism, and intolerance« (C. Postel 2017, S. 137).

War die Forschung über Populismus in den 1970er und 1980er Jahren eher randständig, gewann sie ab Mitte der 1990er Jahre an Bedeutung. Heute entspinnt sich eine rege wissenschaftliche Kontroverse um den Populismus sowie um die Möglichkeiten, ihn begrifflich zu fassen und ihn ins Verhältnis zum demokratischen Verfassungsstaat zu stellen. Die mediale Sichtbarkeit »rechtspopulistischer« Parteien – etwa die österreichische FPÖ, der französische Front National, der belgische Vlaams Belang, die ungarische Fidesz oder Ataka in Bulgarien (vgl. D. Skenderovic 2017, S. 41) – heizt die Debatte an. Rückblicke auf den Populismus des 19. Jahrhunderts erfolgen dabei eher anekdotisch (vgl. Decker und Lewandowsky 2017, S. 26). Die positive Konnotation des »einfachen« Volkes, wie sie insbesondere bei den Narodniki vorherrschte, prägt die Debatte um »Populismus« jedoch heute noch.

3 Der Kern des heutigen Populismus: Volk gegen Elite

Wie RechtspopulistInnen das »einfache« Volk überhöhen, so hagelt es Kritik an den Eliten: Die AfD schmäht die politischen Funktionsträger: »Es hat sich eine politische Klasse von Berufspolitikern herausgebildet, deren vordringliches Interesse ihrer Macht, ihrem Status und ihrem materiellen Wohlergehen gilt« (Alternative für Deutschland 2016, S. 8). Der französische Front National verspricht, dem Volk wieder eine Stimme zu geben: »L'objectif de ce projet est d'abord de rendre sa liberté à la France et la parole au peuple« (Front National 2017).

Dieser Gegensatz zwischen Volk und Elite ist von zentraler Bedeutung für die gängigen Populismuskonzepte (vgl. D. van Reybrouck 2017, S. 25; J.-W. Müller 2016, S. 42). Für Ernesto Laclau und Chantal Mouffe (2006, S. 161–175) entspricht er gar einem Antagonismus. Der Streit zwischen Volk und Elite ist in diesem Ansatz des Populismus als politischer Logik nicht auflösbar und kann demnach nicht in einen Konsens umgewandelt werden. Die populistische Trennung von Volk und Elite ist für die beiden poststrukturalistischen DenkerInnen demnach ein Element von Demokratie (vgl. E. Laclau 2007, S. 67). Anrufungen an das Volk erscheinen in dieser Denkrichtung grundsätzlich als eher positiv, da es als Ursprung demokratischer Verhältnisse gesehen wird. Schließlich solle Politik auf dem Willen des Volkes gründen. Dieser Nexus werde jedoch mit Aufkommen des Expertentums (z. B. durch die »Öffentlich-private Partnerschaft« bzw. Public Private Partnership/PPP) aufgekündigt. So befänden sich die westlichen Demokratien im »Übergang zu einem postdemokratischen Feld, das auf einen Typen von Souveränität hinweist, welcher seine Legitimität nicht auf eine Vertiefung politischer Teilhabe, sondern auf einer Serie von Ansprüchen eher post-politischer, wenn nicht sogar anti-politischer, technokratischer Formen, gründet« (Y. Stavrakakis 2016, S. 113). Unklar bleibt, worin sich das demokratische und das populistische Prinzip dann noch unterscheiden (vgl. S. Žižek 2006, S. 555–560).

Jan Jagers und Stefan Walgrave umgehen diese Unschärfe, indem sie den Demokratiebegriff vom Populismus lösen. So sei die strikte Trennung von Volk und Elite nicht in erster Linie das Herzstück von Demokratie, sondern das zentrale Moment des populistischen Stils (vgl. Jagers und Walgrave 2007, S. 321–325). Dieser offenbart sich, wenn »Elite« und »Volk« zu stereotypen Schlagworten verkommen und der politische Willensbildungsprozess holzschnittartig vereinfacht wird: Denn statt zu argumentieren, warum die eigene Position in der Vielfalt von politischen Meinungen überlegen ist, proklamieren PopulistInnen schlicht, den Willen des Volkes zu vertreten. Hierzu schüren sie Emotionen (vgl. E. Jesse 2013, S. 508), die innere Widersprüche verdecken sollen.

Auch für Cas Mudde und Cristóbal Rovira Kaltwasser ist der Spalt zwischen Volk und Elite zentral. Er ist für sie aber mehr als nur ein Stilelement: Im Anschluss an Michael Freeden (1996) verstehen sie die populistische Trennung in Volk und Elite als »dünne Ideologie«, die um andere Ideologien erweitert werden kann (vgl. Mudde und Kaltwasser 2012, S. 8 f.). Anhand der jeweiligen ideologischen Erweiterung dieses Kerns ließen sich Rechtspopulismus als eine Kombination aus Populismus und Nationalismus, und Linkspopulismus als eine Kombination aus Populismus und Sozialismus unterscheiden. Zahlreiche TheoretikerInnen schließen sich dieser Perspektive an, wenngleich die jeweiligen Erkenntnisinteressen differieren. Karin Priester etwa will Populismus als Phänomen beschreiben. Das zentrale Merkmal des Populismus sei die Darstellung der Elite als Sündenbock und die des »reinen« Volkes als Opfer. So sei die Elite korrupt, das Volk indes weise, da es dem »gesunden Menschenverstand« folge (vgl. K. Priester 2012, S. 4). Intermediäre Organe – z. B. Institutionen – erscheinen aus dieser Perspektive wenn nicht überflüssig, so doch zweitrangig (vgl. K. Priester 2012, S. 5). Laut Frank Decker orientierten sich PopulistInnen an der Daumenregel: »Was sich im privaten Bereich bewährt und als richtig erwiesen hat, kann im öffentlichen Bereich nicht falsch sein!« (Decker und Lewandowsky 2017, S. 29; s. a. F. Decker 2011, S. 40). Decker, der den Rechtspopulismus aus der Perspektive der Parteienforschung als Parteifamilie versteht (vgl. F. Decker 2016, S. 110–114), weist ihm fünf zentrale Merkmale zu: die Ausrichtung auf eine Führerfigur, die Unterstellung eines homogenen Volkswillens, die Ablehnung der repräsentativen Parteiendemokratie, die Gegnerschaft zum Establishment und die Ausgrenzung der Nicht-Zugehörigen. Diese formalen Elemente seien eng mit der Ideologie verwoben (vgl. F. Decker 2006b, S. 17).

Überdies strebten PopulistInnen die Moralisierung von Politik an (vgl. K. Priester 2012, S. 5), wobei sie die moralisch überlegene Seite für sich beanspruchen: »Wer sich den Populisten nicht anschließt, schließt sich selber aus. Und diese Selbst-Disqualifizierung ist für Populisten stets eine moralische – mit gravierenden politischen Konsequenzen« (J.-W. Müller 2016, S. 53). Ein konstruktives Handlungsprogramm legen die populistischen »dagegen«-Bewegungen zumeist nicht vor (vgl. T. Meyer 2006, S. 81).

Wer aber zählt zur Elite, wer zum Volk? Die Trennung wirft Fragen auf. Zieht David Van Reybrouck (2017, S. 25–29) die Grenze zwischen Volk und Elite entlang des Bildungsstatus, wendet sich Jan-Werner Müller (2016, S. 29) vehement gegen die These, Populismus sei eine Strömung in der unteren Mittelschicht. Wer die gängigen Populismuskonzepte überblickt, stellt trotz dieses Zwists eine Tendenz fest: Als Elite zählen zumeist politische FunktionsträgerInnen, etwa die Regierung, der Bundestag – seltener wirtschaftliche Akteure, etwa Vorstandsvorsitzende, »Manager«. Variiert schon die Vorstellung über die »Elite«, vervielfältigen sich die Möglichkeiten der Abgrenzung des Volkes. Die VertreterInnen der Ansätze von Populismus als politische Logik und als Stil sowie die VerfechterInnen des Populismus als »dünne Ideologie« sind sich einig, dass das »Volk« durch PopulistInnen erst konstruiert wird (vgl. B. Moffitt 2016, S. 98 f.). Wie sich die Eingrenzung des Volkes durch PopulistInnen vollzieht, ist Gegenstand des Streits. Die VertreterInnen von Populismus als »dünne Ideologie« betonen zumeist die ethnische Zugehörigkeit. Decker (2011, S. 41) sowie Decker und Lewandowsky (2017, S. 24 f.) heben mit Blick auf den Rechtspopulismus die Relevanz der »nationalen

Identität« – der positive Stereotyp sei deutsch – und der Feindbilder hervor: »Auf der kulturellen Achse grenzt der Populismus all jene Gruppen aus, die er nach seinem Volksbegriff als ›Fremde‹ identifiziert, also vornehmlich ethnische, kulturelle und religiöse Minderheiten; auch Bevölkerungsteile mit ›abweichenden‹ sexuellen Orientierungen (Homosexuelle) oder politischen Überzeugungen (Linke) können dabei ins Visier geraten.« Stand die Abgrenzung zu AsylbewerberInnen in den 1990er Jahren im Vordergrund, schließen RechtspopulistInnen seit den 2000er Jahren vorwiegend MuslimInnen aus dem »Volk« aus. Jüngst rückt die Flüchtlingsbewegung in den Mittelpunkt, die der Rechtspopulismus als Gefahr der »Überfremdung« rahmt (vgl. Decker und Lewandowsky 2017, S. 25).

Benjamin Moffitt (2016, S. 101–108) hebt auf die Krise als Rahmen und die Medien als Bühne für die Konstruktion des Volkes durch Idealbilder ab, die die Identität des Volkes evozierten. In erster Linie zeige sich so, wer nicht zum Volk gehöre: »This is usually done through the conspicuous absence of certain identities from the images of ›the people‹ – a handy method if a populist is keen to not be seen as ourtwardly discriminatory, as this exclusion takes the form of silent absence rather than open targeting of out-groups« (B. Moffitt 2016, S. 104). Aus der Empirie lassen sich gewisse Tendenzen ablesen: Die »Wir sind das Volk«-Kampagne Silvio Berlusconis etwa zeigt in der Regel keine Minderheiten (vgl. B. Moffitt 2016, S. 102).

Der Theoretiker Laclau (2006) beharrt auf der Relevanz des populistischen Anführers, der dem Volk ein Gesicht gebe und es forme. Zentral ist im Anschluss an Laclau, dass das Volk eben nicht als ein organisches Ganzes erscheint. Vielmehr sei das Volk als pluraler Körper zu verstehen, der dauerhaft auf der prekären Suche nach der eigenen Identität und der (partiellen) Emanzipation ist (vgl. Y. Stavrakakis 2016, S. 133). Es grenzt sich vertikal zur Elite, nicht aber horizontal gegenüber einem »Fremden« ab. Seine horizontalen Grenzen sind stets Gegenstand des demokratischen Prozesses, indem sie offensiv in Frage gestellt und somit »flüssig« gehalten werden.

Vergleichend betrachtet nimmt die Abgrenzung auf der horizontalen Ebene im Konzept des Populismus als »dünne Ideologie« demnach eine Kernfunktion ein. Über die horizontale Abgrenzung vom »Fremden« – insbesondere von AusländerInnen und MuslimInnen – unterscheidet sich der Rechtspopulismus vom Linkspopulismus. Die Perspektive des Populismus als Stil berücksichtigt zwar die horizontale Abgrenzung, ordnet sie aber in die mediale Kriseninszenierung ein. Diese diene dazu, ein Idealbild des Volkes zu zeichnen. Die Ausgrenzung des »Fremden« vollzieht sich dabei eher unterschwellig über die Zuschreibung bestimmter Attribute an das Volk – ohne zu explizieren, wer nicht zum Volk gehört. Im Falle des Populismus als politischer Logik wird der Populismus als der Demokratie inhärent betrachtet. Die Grenzen des Volkes sollen hierbei über die stetige Neudefinition im Fluss gehalten werden, eine organische Eingrenzung des Volkes wird verneint, Volk und Nation erscheinen als entkoppelt. Eine dauerhafte Ausgrenzung anhand von Kategorien wie »Ethnie« oder Religion verneint dieser poststrukturalistische Volksbegriff.

4 Der Anführer – eine Schlüsselposition?

Ein wahrer Zankapfel der Populismusforschung ist die Frage, inwiefern die Existenz eines Anführers in die DNA des Populismus eingeschrieben ist. Wer an den europäischen Populismus denkt, stößt mit Marine Le Pen in Frankreich, Andreas Hofer in Österreich, Geert Wilders in den Niederlanden oder Bart de Waever in Flandern auf starke Spitzen der jeweiligen Bewegung. In den Niederlanden ist die gesamte Parteistruktur auf Geert Wilders zugeschnitten, gehören seine UnterstützerInnen doch formell gar nicht seiner Partei an (vgl. Krause und Wilp 2018, S. 160 f.). Die deutsche AfD weicht von diesem Merkmal ab, so setzte sie zur Bundestagswahl im September 2017 mit Alice Weidel und Alexander Gauland auf ein Duo. Unvergessen ist die medial ausgetragene Schlammschlacht zwischen dem Parteivorsitzenden Jörg Meuthen und der (kurz nach der Bundestagswahl 2017 aus der Partei ausgetretenen) Ko-Vorsitzenden Frauke Petry im Wahljahr 2017.

Besondere Bedeutung kommt der Führungsrolle in den eher konstruktivistischen Perspektiven auf den Populismus zu. Für den poststrukturalistischen Theoretiker Ernesto Laclau markiert der/die AnführerIn das Herzstück des Populismus, da er/sie das Volk kreiere und ihm ein Gesicht gebe. Selbst die loseste Verkettung von Interessen könnte durch das Gesicht der Führungsperson an Gewicht im Streit um Hegemonie gewinnen, sofern sich die AnhängerInnen der Bewegung mit ihr identifizierten (vgl. E. Laclau 2017, S. 235). Auch Benjamin Moffitt als Vertreter des Ansatzes von Populismus als Stil geht soweit zu sagen, der Populismus ohne AnführerIn sei undenkbar: »To put it simply: while we can imagine populism without a party (such as the Tea Party), or populism without a movement (that is, a politician who claims to speak in the name of ›the people‹ but without a popular base behind them), it is rather difficult to imagine contemporary populism *without leadership at all*« (B. Moffitt 2016, S. 55; *Hervorhebung im Original*). Die Bestimmung einer klaren Führungsperson entspricht dem Streben nach Ambiguitätsreduktion: An die Stelle innerparteilicher Querelen und nach außen getragener Streitigkeiten rückt die starke Stimme eines Einzelnen. Dessen Rolle gleicht einem Paradoxon: So stammt er selbst aus dem Volk, bewahrt sich dessen »gesunden Menschenverstand«, und ist doch so talentiert, dass er sich von der Masse abhebt (vgl. B. Moffitt 2016, S. 55–69).

Rückt der ideologische Gehalt des Populismus in die Mitte des Konzepts, nimmt die Bedeutung der Führung ab. So kritisieren Cas Mudde und Cristóbal Rovira Kaltwasser die Zuspitzung auf eine Person, da sie die Angebotsseite des Populismus überschätze: »[A]n ideological definition of populism takes into account both the supply-side and the demand-side of the populist phenomenon, since it assumes that the formation, propagation, and transformation of the populist ideology depends on skillful political entrepreneurs and social groups, who have emotional and rational motives for adhering to the populist ideology« (Mudde und Kaltwasser 2012, S. 10).

Auch Frank Decker und Marcel Lewandowsky relativieren die Bedeutung der Führungsperson. Betonte Decker (2006b) noch die Ausrichtung auf eine Führerfigur als Merkmal des Populismus, sei diese nun nur im Falle einer charismatischen Partei zentral, als ein möglicher Typus populistischer Parteien. In dieser träten demokratische Verfahren der Meinungsfindung hinter die Ausrichtung an der Autorität der Führungsspitze zurück. Populistische Parteien könnten aber genauso dem Typ einer Bewegungs- oder Rahmenpartei entsprechen, die eher einem lockeren Netzwerk von AktivistInnen entsprächen oder als Unternehmerpartei auftreten, die dem charismatischen Typ zwar ähnele, aber deutlich weniger ideologisch anmute (vgl. Decker und Lewandowsky 2017, S. 28 f.).

Stellt das anfangs eingeführte Beispiel der AfD-Doppelspitze aus der Perspektive der eher konstruktivistischen Ansätze demnach eine Anomalie dar (vgl. Jesse und Panreck 2017, S. 71), berührt der Zwist an der Spitze nicht den Kern des Populismus aus Sicht der ideologiebasierten Ansätze. So argumentieren Decker und Lewandowsky, in Deutschland sei die Ausrichtung populistischer Parteien auf eine Führungsperson gar nicht möglich, »da Grund- und Parteiengesetz strenge demokratische Anforderungen an deren ›innere Ordnung‹ stellen« (Decker und Lewandowsky 2017, S. 29). Verfängt das Argument mit Blick auf die Parteiorganisation der »Partei der Freiheit« (PVV) von Geert Wilders, bleibt es indes blass in der Klärung der Frage, warum die AfD nicht dennoch eine eindeutige Spitze an der Partei bevorzugt. Die Wahl des/r alleinigen Vorsitzenden ist in Deutschland durchaus üblich und kann sogar – wie die Wahl des Sozialdemokraten Martin Schulz im März 2017 belegt – auf hundertprozentiger Zustimmung beruhen.

5 Populismus und Massenmedien

Das Terrain, auf dem PopulistInnen Eliten adressieren und das Volk konstruieren, sind die Massenmedien. Die drei hier behandelten Populismuskonzepte würdigen die Massenmedien indes nicht in gleicher Weise: Für die poststrukturalistische Perspektive auf Populismus sind sie lediglich ein möglicher Ursprung von Öffentlichkeit (vgl. I.-C. Panreck 2017, S. 29 f.). So kreieren die Medien einen Raum, innerhalb dessen sich die Kämpfe des Politischen vollziehen können – so auch der Streit um Hegemonie zwischen den verschiedenen gesellschaftlichen Strömungen. Darüber hinaus ignoriert der Ansatz von Populismus als Logik die Medien als eigene Instanz jedoch weitgehend (vgl. B. Moffitt 2016, S. 72). Für die Perspektiven des Populismus als Stil und als »dünne Ideologie« sind die Medien indes wesentlich. Die herausgehobene Bedeutung fußt auf ihrer Rolle im politischen System: Ihrer Funktion als einfache Intermediäre entwachsen, fungieren sie als eigene Instanz, indem sie beeinflussen, was in der massenmedialen Öffentlichkeit wie sichtbar wird (vgl. Jarren und Donges 2006, S. 119 ff.). Johan Galtungs und Mari Holmboe Ruges Katalog von kulturabhängigen wie -unabhängigen Faktoren für mediale Selektionskriterien prägt bis heute die Antworten auf die Frage: Wann wird eine Nachricht zur Nachricht? Um Ideen im politischen Wettstreit durchzusetzen, gilt es, die eigene Person oder Position möglichst medienwirksam zu inszenieren (vgl. Galtung und Ruge 1965; I.-C. Panreck 2017, S. 77–84).

Für den Ansatz des Populismus als »dünne Ideologie« steht fest: PopulistInnen sind im Wettkampf um mediale Aufmerksamkeit im Vorteil, weist ihr Kommunikationsstil doch Parallelen zur massenmedialen Selektionslogik auf (vgl. T. Meyer 2006, S. 83 f.). So begründe sich die besondere Kompatibilität der PopulistInnen in ihrem Hang, zu dramatisieren, zu vereinfachen und emotional zuzuspitzen. Überdies provozierten PopulistInnen durch kalkulierten Tabubruch. Pointiert heißt es bei Decker und Lewandowsky (2017, S. 30): »Populisten setzen sich über die Gebote politischer Korrektheit gezielt und bisweilen lustvoll hinweg, die sie als Ausfluss eines ›linksliberalen Meinungskartells‹ betrachten.«

Für das konstruktivistisch anmutende Populismuskonzept Moffitts sind die Massenmedien notwendige Bedingung für den Aufstieg des Populismus. Der Ansatz von Populismus als »dünne Ideologie« nehme die Massenmedien zwar zur Kenntnis, unterschätze aber ihre zentrale Funktion bei der Konstruktion des Volkes (vgl. B. Moffitt 2016, S. 98). Den Ausgangspunkt der medialen Selektion teilt Moffitt: »Its appeal to ›the people‹ versus ›the elite‹ and associated others plays into media logic's dramatisation, polarisation and priorisation of conflict; its ›bad manners‹ line up with media logic's personalisation, stereotypisation and emotionalisation; while its focus on crisis plays into media logic's tendency towards intensification and simplification« (B. Moffitt 2016, S. 77). Als Kommunikationskanäle setzen PopulistInnen laut Moffitt auf Bilder, die eine – aus Sicht der PopulistInnen – idealisierte Vorstellung des Volkes zeigen. Das Bild illustriert somit zugleich, wer nicht zum Volk gehört – so werden bestimmte Identitäten einfach ausgespart (vgl. B. Moffitt 2016, S. 102–104).

Die zentrale Rolle der Massenmedien in Moffitts Konzept des Populismus als Stil begründet der Autor in der ungewöhnlich hohen Abhängigkeit der PopulistInnen von Resonanz. Denn ein Bild sei nur dann erfolgreich, wenn es überzeugend inszeniert sei. Kurzum: Erst wenn die ZuschauerInnen das Bild wahrnehmen und als stimmig bewerten, geht die populistische Idee des »Volkes« in die Öffentlichkeit ein. Der Wandel von einer heterogenen Bevölkerung in ein homogenes Volk ist somit kein passiver Prozess, vielmehr wirkt die Bevölkerung an diesem Prozess aktiv mit, und entwickelt eine gewisse »agency« (vgl. B. Moffitt 2016, S. 104 f.). Der Erfolg dieses Prozesses könne anhand der aktiven Hörerschaft von PopulistInnen gemessen werden: über die Anzahl von Wählerstimmen, Parteimitgliedern, Spenden, Petitionen, Demonstrationen, Twitter-Followern, Facebook-Fans etc. (vgl. B. Moffitt 2016, S. 107). Auch deshalb konzentrieren sich PopulistInnen nicht nur auf die klassische Medienlandschaft, sondern bespielen auch die neuen Medien: »Both traditional and new media thus play a multifaceted role within populism, broadcasting populist claims to ›the people‹ while at the same time judging the legitimacy of those claims by presenting themselves as representative of ›the people‹. This effectively represents a situation where mediated representations of ›the people‹ have been short-fused: a populist actor makes a claim to represent ›the people‹, but rather than those who identify as ›the people‹ answering the claim, the mass media judges the claim for them, and speaks on their behalf« (B. Moffitt 2016, S. 110).

6 Populismus: Krisenphänomen?

Der überwiegende Teil der Forschungsliteratur versteht Populismus als Reaktion auf eine Krise, ausgelöst durch Modernisierung und Globalisierung wie den dadurch entspringenden Wert- und Orientierungsverlusten. Dies gilt insbesondere für die Perspektive des Populismus als »dünne Ideologie« (vgl. K. Priester 2007, S. 27 f.; K. Priester 2012, S. 7). Laut Decker (2006b, S. 14) und Meyer (2006, S. 81) ist Populismus eine Folge der Modernisierungskrise, dessen Auslöser die Globalisierung ist. So begünstige die Modernisierung den Verlust altbekannter Werte und sorge für Orientierungslosigkeit (vgl. F. Decker 2011, S. 40). Überdies bedingte der strukturelle Wandel die Veränderung von Arbeitsverhältnissen, die Auflösung ganzer Wirtschaftszweige und traditioneller Bindungen, etwa der Familie, der Gewerkschaften, Parteien, Kirchen. Die Digitalisierung fungiere als Motor des Strukturwandels, der in die Spreizung der Schere zwischen Arm und Reich münde (vgl. Decker und Lewandowsky 2017, S. 26). Damit rechtspopulistische Parteien jedoch von der Krise profitieren könnten, müsse diese von einem Versagen der führenden Parteien flankiert sein: »Die Wahlerfolge rechtspopulistischer Parteien rühren folglich nicht unmittelbar aus der ökonomischen und kulturellen Modernisierung, sondern daraus, dass die gemäßigten Parteien des linken und rechten

Mainstreams in der Krise als Transmissionsriemen des politischen Systems versagen: … [S]ie [werden] sich im Wettbewerb um die mehrheitsfähige Wählermitte ideologisch immer ähnlicher, können also nicht mehr glaubhaft vermitteln, für unterscheidbare politische Konzepte zu stehen« (Decker und Lewandowsky 2017, S. 27).

Auch die poststrukturalistische Perspektive auf Populismus betont die Bedeutung der Krise und des Konsensstrebens in der Öffentlichkeit im Allgemeinen wie zwischen den Volksparteien im Besonderen als Katalysator rechtspopulistischer Bewegungen (vgl. E. Laclau 2007, S. 137). Chantal Mouffe fordert daher, die Unterscheidbarkeit der Parteien wiederherzustellen und Konflikte öffentlich auszutragen (vgl. B. Mouffe 2007, S. 41). Hierzu plädiert sie für einen neuen »Linkspopulismus«, der sich dem Rechtspopulismus entgegenstelle (vgl. C. Mouffe 2016; C. Mouffe 2015; C. Mouffe 2018).

Benjamin Moffitt kritisiert die Annahme der meisten PopulismusforscherInnen, der Populismus sei eine Reaktion auf eine Krise. Vielmehr verweist er auf die beidseitige Interdependenz von Krise und Populismus: »It is a product of a *symbolically mediated performance*« (B. Moffitt 2016, S. 119; *Hervorhebung im Original*). Populismus sei keine Reaktion auf eine externe Krise, vielmehr strebe er danach, als Reaktion auf eine Krise zu wirken, um frustrierte gesellschaftliche Gruppen für sich zu gewinnen. Die Krise ist dem Populismus demnach inhärent: Erst durch ihn steigere sich ein Problem zur Krise. Er bestimme, wann ein Problem zu einem Staats- oder Marktversagen anwachse (vgl. B. Moffitt 2016, S. 118–121). Der Populismus steht dabei auf der Gewinnerseite: Würden andere PolitikerInnen bei Wahlen abgestraft, gingen PopulistInnen gestärkt aus Wahlen in Krisenzeiten hervor. Die Krise ist demnach das Wasser der populistischen Mühlen: Sie darf nicht enden, sonst verlöre der Populismus seinen Antrieb. Sie ermöglicht erst die Trennung in Volk und Elite, werden doch die Eliten als Verantwortliche und das Volk als Opfer der Krise konstruiert. Auch horizontale Abgrenzungen gegenüber dem »Anderen«, dem »Fremden«, die in der Krise die Funktion des Sündenbocks übernehmen, dienen der Eingrenzung des Volkes (vgl. B. Moffitt 2016, S. 130 f.).

7 Extremismus und Populismus – Abgrenzungsversuche

Je weiter sich die liberale Demokratie konsolidierte, desto mehr rückte die Frage nach der demokratischen Qualität des Populismus ins Zentrum des Forschungsinteresses. Gerade die mediale Berichterstattung über die rechtspopulistischen Parteien – etwa der AfD zum Höhepunkt der Fluchtbewegung 2015 bis 2017 oder der »Pegida«-Bewegung in Dresden und ihren Ablegern in deutschen Städten – heizt die Debatte an, ob es sich um populistische oder extremistische Phänomene handelt. Ist Populismus eine Vorstufe zum Extremismus? Um die Frage zu klären, bedarf es zunächst eines Blicks auf die in Deutschland gängige normative Rahmentheorie des Extremismus. Diese Extremismustheorie ist normativ fundiert und bewertet eine Position dann als extremistisch, wenn sie den demokratischen Verfassungsstaat mit seinen beiden Traditionen des Konstitutionalismus und der Volkssouveränität ablehnt. Wie die liberale Demokratie auf dem Zusammenspiel der drei Ebenen aus Institutionen, politischen Prozessen und politischer Öffentlichkeit fußt, negiert der Extremismus das demokratische Ideal der jeweiligen Ebenen (vgl. U. Backes 2006, S. 32–34). Mit Blick auf das staatliche Institutionengefüge steht der Extremismus in Opposition zum Verfassungsstaat, da er die Gewaltenteilung und die ihr inhärenten Kontrollfunktionen ablehnt. Grundlegend ist die Vorstellung der ExtremistInnen, die eigene Idee von Politik entspreche dem Ideal des »guten Lebens«. Diese Hybris der Unfehlbarkeit setzt sich auf der politisch-prozeduralen Ebene fort. Nach Backes zielt Extremismus »auf ›*Monismus*‹ und ›*Monokratie*‹ im Sinne der Durchsetzung eines gebündelten Machtanspruchs, der Konkurrenz nach Möglichkeit ausschaltet, politische Vielfalt und Opposition nicht duldet, jedenfalls unschädlich zu machen sucht, politischen Wechsel unterbindet, autonomes Engagement von Gruppen und Einzelpersonen zumindest dann behindert und unterdrückt, wenn es den Ambitionen der Machthaber im Wege steht. Der Bürger wird zum Untertan« (U. Backes 2006, S. 33; *Hervorhebung im Original;* s. a. grundlegend U. Backes 1989).

Wenngleich das Adjektiv »extrem« in der Theorie nicht steigerbar ist, entwickelte Eckhard Jesse (2015, S. 115 f.) die Abstufung eines »harten« und eines »weichen« Extremismus, um die in der Empirie beobachtbaren verschiedenen Schattierungen des Extremismus zu erfassen. Diese offenbaren sich anhand des Grades der Ablehnung des demokratischen Verfassungsstaates, der kommunikativen Reichweite und der Verbreitung innerhalb der jeweiligen Bewegung/Partei: Negieren harte Extremismen den demokratischen Verfassungsstaat in Gänze, richten sich weiche Extremismen gegen einzelne Elemente der liberalen Demokratie. Kommuniziert der harte Extremismus seine Grundhaltung offen, versteckt der weiche Extremismus seine Position hinter der formalen Zustimmung zum demokratischen Verfassungsstaat. Verfolgt die Führungsspitze extremistische Positionen, ist von hartem Extremismus zu sprechen; sind die extremistischen Positionen indes in der Peripherie der Partei beheimatet, ist die gesamte Bewegung/Partei als weicher Extremismus einzustufen.

Die drei Populismuskonzepte unterscheiden sich mit Blick auf die begriffliche Abgrenzung von Extremismus und Populismus. Populismus verstanden als Logik ist aufgrund der auf Struktur zielenden Theorie nur schwerlich von dem auf Bewegungen zielenden Extremismusbegriff abzugrenzen. Wer im Anschluss an Laclau und Mouffe dennoch den Versuch wagt, beide Konzepte in Relation zu stellen, trifft auf die Annahme der grundlegenden Spielregeln, die Mouffe postuliert, damit ein demokratischer Streit um Hegemonie – und damit auch Populismus – ermöglicht wird (vgl. B. Mouffe 2010, S. 103). Als zentrale Instanz zur Ermöglichung des demokratischen Streits benennt die Theoretikerin die Institutionen, und als Ort der Konfliktaustragung das Politische, in dem die Gleichheit der Teilhabe und die Möglichkeit der Differenz – in Form von Meinungspluralismus – gegeben sein müssen (vgl. Ch. Mouffe 2014, S. 14, 114; I.-C. Panreck 2016, S. 98f.). Extremismus liegt vor, wenn die grundlegenden Bedingungen der Demokratie angegriffen werden und Populismus unmöglich wird. Extremismus erscheint in dieser Abgrenzung als Feind des Populismus, der normativ mit der Demokratie auf einer Ebene liegt.

Der Ansatz von Populismus als »dünne Ideologie« dagegen versteht Populismus – gerade im Fall des Rechtspopulismus – als eine »Vorstufe« des Extremismus, wobei die Übergänge zwischen beiden fließend sind. Für Cas Mudde ist der Populismus eine Form des Radikalismus: Denn der Radikalismus akzeptiere die Verfahren der Demokratie, fordere aber die Pluralität heraus. Der Extremismus indes wende sich gegen die Volkssouveränität und ihr System (vgl. C. Mudde 2006, S. 89). Decker und Lewandowsky betonen die populistische Funktionslogik des zentralisierten Entscheiden (Dezision) anstelle des debattenreichen Aushandelns (Deliberation): »Die reale Interessen- und Meinungsvielfalt in heutigen, ausdifferenzierten Gesellschaften wird verneint und soll in einer mehrheits-absolutistischen, tendenziell autoritären Organisation von Entscheidungen ausgehebelt werden« (Decker und Lewandowsky 2017, S. 31), was in letzter Konsequenz immer in Anti-Liberalismus und Anti-Pluralismus münde – eine Position, die auch Jan-Werner Müller vertritt (vgl. J.-W. Müller 2016, S. 115). Was offen bleibt, ist die Frage, ab wann eine Position die Demokratie herausfordert – sprich: populistisch ist – und ab wann sie die Volkssouveränität ablehnt, und damit extremistisch ist. Der Populismusbegriff erhält so eine normative Fundierung (vgl. D. Skenderovic 2017, S. 41), wodurch die normative Unterscheidung von den ebenfalls normativen Begriffen »Demokratie« und »Extremismus« schwerfällt: Wann handelt es sich noch um eine populistische, wann schon um eine extremistische Haltung? Gerade die Abgrenzung zum »weichen« Extremismus schwindet.

Wird Populismus nicht als »dünne Ideologie«, sondern als politischer Stil verstanden, fällt die normative Begründung ins Feld der jeweiligen Demokratie- und Extremismustheorie. Populismus und Extremismus gleichen damit Achsen, die sich orthogonal schneiden: Populismus kann demokratisch oder extremistisch sein (vgl. Jesse und Panreck 2017, S. 66; E. Jesse 2013, S. 508; T. Thieme 2007, S. 40; J. Lang 2006, S. 51). Der demokratische und der extremistische Populismus überschneiden sich in der Fähigkeit, den Gegensatz zwischen Volk und Elite zu konstruieren, einen charismatischen Anführer zu küren, die Logik der Massenmedien zu nutzen und sich Staats- oder Marktversagen zu eigen zu machen. Der demokratische Populismus achtet jedoch die Säulen des demokratischen Verfassungsstaats und ihre grundlegenden Werte der Freiheit und Gleichheit, indem er das Volk nicht als organisch gewachsen darstellt, sondern die Möglichkeit der Neudefinition und damit den Einbezug marginalisierter Gruppen in das »Volk« sucht. Im Falle des extremistischen Populismus erscheint der Populismus als Stil, um die demokratiefeindliche Position öffentlichkeitswirksam in Szene zu setzen: »Das Volk erscheint als homogene und organisch gewachsene Gruppe, die die Pluralität an Lebensentwürfen verneint. Soziale, ethnische oder religiöse Minderheiten verlieren in derart geschlossenen Gesellschaften ihren Platz« (Jesse und Panreck 2017, S. 67).

8 Populismus – kein einheitliches Forschungsparadigma

Der Aufschwung der Populismusforschung geht nicht mit der Entwicklung eines einheitlichen Paradigmas einher. Vielmehr streiten die Konzepte des Populismus als »dünne Ideologie«, des Populismus als Stil sowie des Populismus als Logik des Politischen um Deutungshoheit. Der erste Ansatz versteht Populismus als »dünne Ideologie«, die sich durch andere Ideologien erweitern lässt, im Falle des Rechtspopulismus etwa durch Nationalismus, im Falle des Linkspopulismus durch Sozialismus. Wer indes Populismus als Stil versteht, überlässt die normative Einordnung der Demokratietheorie und betrachtet Populismus als eine bestimmte Agitationsweise im politischen Willensbildungsprozess. Populismus als Logik des Politischen hebt schließlich auf Populismus als eigentliches Strukturmerkmal der Demokratie im Sinne des Hegemoniemodells von Laclau und Mouffe (2006) ab.

Welcher Ansatz überzeugt, wird durch das jeweilige Erkenntnisinteresse bestimmt. Im Falle des Ansatzes von Populismus als »dünne Ideologie« sticht die breite Resonanz und Praxisbedeutung ins Auge – insbesondere in der Parteienforschung. Allerdings handelt sich die Perspektive den Vorwurf des conceptual stretching ein (vgl. B. Moffitt 2016, S. 18 f.), denn laut Freeden (1996) sind nicht nur »Populismus«, sondern auch »Ökologismus« und »Feminismus« »dünne Ideologien«. Überdies ist die Grenze zwischen »Ideologie«, »Strategie« und »politischem Ziel« unklar, wenn den populistischen Stilmitteln selbst ideologische Qualität zugewiesen wird (wie bei F. Decker 2006b, S. 11). Die Problematik der mangelnden Trennschärfe von Populismus und Extremismus überkommt der Ansatz von Populismus als Stil, der dem Populismus seine normative Fundierung nimmt. Er eignet sich als empirisch-analytisches Werkzeug und ist kombinierbar mit normativen Demokratie- und Extremismuskonzepten. Sowohl der Ansatz von Populismus als Stil, als auch der Ansatz von Populismus als »dünne Ideologie«

wirken im Vergleich mit dem Ansatz von Populismus als Logik theoretisch unterkomplex. In der Tat ist die Idee des Populismus als Logik die einzige Perspektive, die eine eigene Populismustheorie entwirft. Dies geht allerdings zu Lasten der empirischen Anwendbarkeit (vgl. B. Moffitt 2016, S. 25), was sich in den rar gesäten empirischen Populismusstudien aus diesem Zweig der Forschung offenbart.

Literatur

Alternative für Deutschland. 2016. *Programm für Deutschland. Grundsatzprogramm der Alternative für Deutschland.* https://www.alternativefuer.de/wp-content/uploads/sites/7/2016/05/2016-06-27_afd-grundsatzprogramm_web-version.pdf. (Zugriff: 8.11.2016).

Backes, Uwe. 2006. Politische Extremismus – Begriffshistorische und begriffssystematische Grundlagen. In *Uwe Backes und Eckhard Jesse 2006*, 17–40.

Backes, Uwe. 1989. *Politischer Extremismus in demokratischen Verfassungsstaaten. Elemente einer normativen Rahmentheorie.* Opladen: Westdeutscher Verlag.

Backes, Uwe und Eckhard Jesse (Hrsg.). 2006. *Gefährdungen der Freiheit. Extremisistische Ideologien im Vergleich.* Göttingen: Vandenhoeck & Ruprecht.

Berlin, Isaiah. 1960. Introduction. In *Franco Venturi 1960*, vii–xxx.

Decker, Frank. 2016. *Parteiendemokratie im Wandel: Beiträge zur Theorie und Empirie.* Baden-Baden: Nomos Verlag.

Decker, Frank. 2011. Demokratischer Populismus und/oder populistische Demokratie? Bemerkungen zu einem schwierigen Verhältnis. In *Populismus in der modernen Demokratie. Die Niederlande und Deutschland im Vergleich,* hrsg. von Friso Wielenga und Florian Hartleb, 39–54. Münster: Waxmann Verlag.

Decker, Frank (Hrsg.). 2006a. *Populismus. Gefahr für die Demokratie oder nützliches Korrektiv?* Wiesbaden: VS Verlag für Sozialwissenschaften.

Decker, Frank. 2006b. Die populistische Herausforderung. Theoretische und ländervergleichende Perspektiven. In *Frank Decker 2006a*, 9–32.

Decker, Frank, und Marcel Lewandowsky. 2017. Rechtspopulismus in Europa: Erscheinungsformen, Ursachen und Gegenstrategien. *Zeitschrift für Politik* 64 (1, März 2017): 21–38.

Finchelstein, Federico. 2014. Returning Populism to History. *Constellations* 21 (4, December 2014): 467–482.

Freeden, Michael. 1996. *Ideologies and Political Theory: A Conceptual Approach.* Oxford (UK): Oxford University Press.

Front National. 2017. *144 Engegements Présidentiels.* http://www.frontnational.com/le-projet-de-marine-le-pen/. (Zugriff: 4.02.2018).

Galtung, Johan, und Mari Holmboe Ruge. 1965. The Structure of Foreign News. *Journal of Peace Research* 2 (1): 64–91.

Hofstadter, Richard. 1955. *The Age of Reform.* New York: Random House.

Jagers, Jan, und Stefaan Walgrave. 2007. Populism as political communication style: An empirical study of political parties' discourse in Belgium. *European Journal of Political Research* 46 (3): 319–345.

Jarren, Ottfried, und Patrick Donges. 2006. *Politische Kommunikation in der Mediengesellschaft. Eine Einführung.* Wiesbaden: Springer VS.

Jesse, Eckhard. 2015. *Extremismus und Demokratie, Parteien und Wahlen. Historisch-politische Streifzüge.* Köln etc.: Böhlau Verlag.

Jesse, Eckhard. 2013. Fundamentalkritik an der Konzeption der streitbaren Demokratie und am Extremismusbegriff – Auseinandersetzung mit differenzierter und plumper Kritik. In *Extremismus in Deutschland: Schwerpunkte, Vergleiche, Perspektiven,* hrsg. von Gerhard Hirscher und Eckhard Jesse, 505–526. Baden-Baden: Nomos Verlag.

Jesse, Eckhard, und Isabelle-Christine Panreck. 2017. Populismus und Extremismus. *Zeitschrift für Politik* 64 (1, März 2017): 59–76.

Klumpjan, Helmut. 1998. Die amerikanischen Parteien. Von ihren Anfängen bis zur Gegenwart. Opladen: Leske + Budrich.

Krause, André, und Markus Wilp. 2018. Die Stimme der Unzufriedenheit: die Partij voor de Vrijheid. In *Eine zersplitterte Landschaft: Beiträge zur Geschichte und Gegenwart niederländischer politischer Parteien,* hrsg. von Friso Wielenga, Carla van Baalen und Markus Wilp, 157–180. Amsterdam: Amsterdam University Press.

Laclau, Ernesto. 2017. Warum Populismus? In *Ordnungen des Politischen: Einsätze und Wirkungen der Hegemonietheorie Ernesto Laclaus,* hrsg. von Oliver Marchart, 233–240. Wiesbaden: Springer Fachmedien.

Laclau, Ernesto. 2007. *On populist reason.* London: Verso.

Laclau, Ernesto. 2006. Why Constructing a People Is the Main Task of Radical Politics. *Social Inquiry* 32 (4): 646–680.

Laclau, Ernesto, und Chantal Mouffe. 2006. *Hegemonie und radikale Demokratie: Zur Dekonstruktion des Marxismus.* Wien: Passagen-Verlag.

Lang, Jürgen P. 2006. Was ist Extremismusforschung? – Theoretische Grundlagen und Bestandsaufnahme. In *Uwe Backes und Eckhard Jesse 2006,* 41–85.

Meyer, Thomas. 2006. Populismus und Medien. In *F. Decker 2006a,* 81–96.

Moffitt, Benjamin. 2016. *The Global Rise of Populism.* Stanford, Calif.: Stanford University Press.

Mouffe, Chantal. 2018. *Für einen linken Populismus.* Berlin: Suhrkamp Verlag.

Mouffe, Chantal (Interview). 2016. »Wir brauchen einen linken Populismus«: Interview mit der Politologin Chantal Mouffe. *Süddeutsche Zeitung online* vom 28. Dezember.

Mouffe, Chantal. 2015. *Für einen linken Populismus: Unsere Gegner sind nicht Migranten, sondern die politischen und ökonomischen Kräfte des Neoliberalismus.* http://www.ipg-journal.de/rubriken/soziale-demokratie/artikel/fuer-einen-linken-populismus-857/. (Zugriff: 4.02.2018).

Mouffe, Chantal. 2014. *Agonistik: Die Welt politisch denken.* Berlin: Suhrkamp.

Mouffe, Chantal. 2010. *Das demokratische Paradox.* Wien: Turia + Kant.

Mouffe, Chantal. 2007. Pluralismus, Dissens und demokratische Staatsbürgerschaft. In *Diskurs – radikale Demokratie – Hegemonie: Zum politischen Denken von Ernesto Laclau und Chantal Mouffe*, hrsg. von Martin Nonhoff, 41–53. Bielefeld: transcript Verlag.

Mudde, Cas. 2006. Politischer Extremismus und Radikalismus in Westeuropa – Typologie und Bestandsaufnahme. In *Uwe Backes und Eckhard Jesse 2006*, 87–104.

Mudde, Cas, und Cristóbal Rovira Kaltwasser. 2012. Populism and (liberal) democracy: a framework for analysis. In *Populism in Europe and the Americas*, ed. by Cas Mudde und Cristóbal Rovira Kaltwasser, 1–16. Cambridge: Cambridge University Press.

Müller, Jan-Werner. 2016. *Was ist Populismus? Ein Essay*. Berlin: Suhrkamp Verlag.

Panreck, Isabelle-Christine. 2017. *Diskurse als Nährboden demokratischer Außenpolitik? Kriegsentscheidungen in der massenmedialen Öffentlichkeit*. Baden-Baden: Nomos Verlag.

Panreck, Isabelle-Christine. 2016. »Freitag« und »Junge Freiheit«: linke und konservative Alternativen in der medialen Debatte?: Eine Analyse der Berichterstattung über die deutsche Enthaltung zur Libyenfrage. *Jahrbuch Extremismus & Demokratie* 28: 95–112.

Postel, Charles. 2017. What We Talk about When We Talk about Populism. *Raritan* 37 (2): 133–155.

Priester, Karin. 2012. Wesensmerkmale des Populismus. *Aus Politik und Zeitgeschichte* 62 (5-6, 30. Januar 2012): 3–9.

Priester, Karin. 2007. *Populismus. Historische und aktuelle Erscheinungsformen*. Frankfurt a. M.: Campus Verlag.

Skenderovic, Damir. 2017. Populism: A History of the Concept. In *Political populism: A handbook*, ed. by Reinhard Heinisch, Christina Holtz-Bacha und Oscar Mazzoleni, 41–57. Baden-Baden: Nomos Verlag.

Stavrakakis, Yannis. 2016. Die Rückkehr des »Volkes«: Populismus und Anti-Populismus im Schatten der europäischen Krise. In *Griechenland im europäischen Kontext: Krise und Krisendiskurse*, hrsg. von Aristotelis Agridopoulos und Ilias Papagiannopoulos, 109–133. Wiesbaden: Springer VS.

Thieme, Tom. 2007. *Hammer, Sichel, Hakenkreuz. Parteipolitischer Extremismus in Osteuropa: Entstehungsbedingungen und Erscheinungsformen*. Baden-Baden: Nomos Verlag.

Van Reybrouck, David. 2017. *Für einen anderen Populismus: Ein Plädoyer*. Göttingen: Wallstein Verlag.

Venturi, Franco. 1960. *Roots of Revolution: A History of the Populist and Socialist Movements in Nineteenth Century Russia*. New York: Alfred A. Knopf.

Žižek, Slavoj. 2006. Against the Populist Temptation. *Critical Inquiry* 32 (3): 551–574.

Rechtspopulistische Parteien in Europa

Protektionistisch gegen die Globalisierung

Dietmar Loch

1 Populistischer Postfaschismus: eine neue Bedrohung für die Demokratie

Seit Beginn ihres Aufstiegs in der ersten Hälfte der 1980er Jahre haben sich die rechtspopulistischen Parteien Europas fest in ihren nationalen Parteiensystemen etabliert. Sie lassen sich nicht mehr auf Prototypen wie den französischen Front national (FN) oder die ungarische Partei Jobbik reduzieren, sondern haben sich regional- und länderspezifisch auf dem Kontinent ausdifferenziert (vgl. Kriesi und Pappas 2015b). Selbst der bisherige Sonderfall Deutschland hat sich gewissermaßen mit dem Erfolg der Alternative für Deutschland (AfD) »normalisiert«. Mit populistischem Bewegungscharakter und bei gleichzeitiger parteiförmiger Konsolidierung drängen diese Parteien seit dem Brexit und trotz ihrer Niederlagen in den Parlaments- bzw. Präsidentschaftswahlen von 2017 in den Niederlanden und in Frankreich weiterhin mit nationalistischem Protest aus der Opposition in die Regierungsbeteiligung bzw. Regierungsverantwortung. Nach den ersten drei Wellen eines Erfolges (Nachkriegszeit, 1960er Jahre, seit den 1980er Jahren) hat die extreme/radikale Rechte bzw. der (Rechts-)Populismus in Europa mit den Ergebnissen der Nationalratswahlen 2017 in Österreich und vor allem der Parlamentswahlen 2018 in Italien mit der dortigen Regierungsverantwortung einen Schritt vollzogen, der dem Phänomen eine für ganz Europa neue bedrohliche Bedeutung zumisst.

»Die Große Transformation« (vgl. K. Polanyi 1944) hat in den 1920er Jahren zur Entstehung des Faschismus geführt. Kann man die heutige Situation damit vergleichen? Wenngleich viele der rechtspopulistischen Parteien an nationalen Regierungen beteiligt waren oder sind, haben sie (noch) nicht die demokratischen Festungen der jeweiligen nationalen politischen Kulturen eingenommen. Dagegen stimmt die Situation in Italien pessimistisch. Der US-amerikanische

H. U. Brinkmann und I.-C. Panreck (Hrsg.), *Rechtspopulismus in Einwanderungsgesellschaften*, https://doi.org/10.1007/978-3-658-23401-0_3

Historiker Federico Finchelstein (2017) bezeichnet den heutigen Populismus als »populistischen Postfaschismus«, der durchaus prä- bzw. protofaschistische Formen annehmen kann. In Italien formiert sich unter der Lega eine völkisch-autoritäre Bewegung, die »das Volk« gegen »die Eliten« aufwiegelt und zu einer autoritären Form der Demokratie strebt, die in antipluralistischer Weise beansprucht, das Volk als Ganzes zu vertreten. Der italienische Fall zeigt, wie schnell politische Unzufriedenheit in bedrohlichen Populismus umkippen und im Bündnis mit anderen populistischen Parteien Europas selbst auf relativ stabile Demokratien wie Deutschland ausstrahlen kann. Mit dem »Trumpismus« als populistischer Herrschaftsform im Weißen Haus hat der Rechtspopulismus zudem internationalen Aufwind erfahren.

Die Parteien, welche diese nationalistischen, rassistischen und autoritären Züge tragen, werden als rechtpopulistisch bezeichnet. Damit ist aber für diese dominierende Form des europäischen Populismus noch nicht hinreichend die Frage nach deren ideologischer Ausrichtung geklärt. Wie lässt sich der Rechtpopulismus vom Linkspopulismus unterscheiden? Wie ist sein Verhältnis zu konservativen Parteien? Ist er extremistisch oder radikal?

Der Aufstieg sowie die Konsolidierung dieser Parteien in den europäischen Parteiensystemen lassen sich durch mehrere Wandlungsprozesse in den modernen, städtisch segregierten und kulturell differenzierten Gesellschaften Europas erklären. Diese stehen im Kontext von ökonomischen, kulturellen und politischen Globalisierungsprozessen sowie gleichzeitiger gesellschaftlicher Fragmentierung bzw. Individualisierung. Von diesen Prozessen profitieren die rechtspopulistischen Parteien mit Blick auf verteilungspolitische, identitätsbezogene und die politische Teilhabe der Bürger betreffende Krisen bzw. Themen (vgl. Loch und Heitmeyer 2001).

In diesem Buchbeitrag wird zunächst auf die Terminologie eingegangen. In einem zweiten Schritt geht es darum, den gesellschaftlichen Kontext aufzuzeigen, in dem der moderne Rechtspopulismus gedeiht. Dies ermöglicht in den sich anschließenden Abschnitten, die jeweiligen sozioökonomischen, soziokulturellen und politischen Implikationen des Rechtspopulismus zu analysieren. Dabei folgt der Beitrag einem komparatistischen Ansatz, der in diesen jeweiligen Sphären die europäischen Gemeinsamkeiten des Rechtspopulismus in den Mittelpunkt stellt, aber auch exemplarisch nationale Besonderheiten in Erscheinung und Ursache zeigt. Abschließend wird eine Bilanz gezogen und nach der Gefahr sowie der Funktion des Rechtspopulismus gefragt. Kann er auch als Korrektiv für die Demokratie verstanden werden?

2 Populismus: Begriff und Reichweite

Mit welcher Terminologie lassen sich diese Parteien am besten bezeichnen? Der Begriff des Populismus steht hier im Mittelpunkt. Er ist allerdings von begrenzter Reichweite, da er sich mit Definitionselementen wie dem rhetorischen Stil und der politischen Mobilisierung mehr auf formale als auf ideologische Aspekte von Politik bezieht. Rechtspopulistische Parteien, um die es hier prioritär geht, benötigen aber auch eine inhaltliche Definition. Diese ist mit der Benutzung des Extremismus-Begriffes (vgl. Jesse und Panreck 2017) zwar normativ-demokratietheoretisch gegeben. Doch lässt sich der Rechtspopulismus mit dem Extremismus-Begriff nicht historisch-ideengeschichtlich ableiten. Die Quintessenz des Politischen, nämlich *radikal* rechts, d.h. vor allem nationalistisch und rassistisch zu sein, tritt nicht ausreichend hervor. Der Extremismus-Begriff zielt mehr darauf ab, die antipluralistischen Ideen des Rechts- und des Linksextremismus totalitarismustheoretisch in Analogie zu setzen, als dass er danach strebt, die Differenz der beiden durch ihre politisch-ideologische Substanz zu verstehen.

Die ideologischen Anleihen der rechtspopulistischen Parteien stammen zum einen aus der Geschichte des Populismus, zum anderen aus derjenigen der extremen bzw. radikalen Rechten Europas. Daher soll zuerst auf diese beiden Phänomene und Forschungsstränge eingegangen werden, die dann in den 1980er Jahren unter neuen gesellschaftlichen Rahmenbedingungen zu einer gewissen Synthese des modernen Rechtspopulismus bzw. der populistischen radikalen Rechten geführt haben.

So reichen die Anfänge des Populismus zurück in die zweite Hälfte des 19. Jahrhunderts. Zu den ersten populistischen Bewegungen zählten zum einen die Narodniki, eine kleine Gruppe junger intellektueller »Volksfreunde«, die 1874 von den Städten aufs Land zogen, um das »Volk« im zaristischen Russland von ihren revolutionären Ideen zu überzeugen. Dagegen war die von der 1891/92 gegründeten People's Party (bzw. Populist Party) ins Leben gerufene Protestbewegung in den USA eine reformistisch orientierte Massenbewegung des Agrarpopulismus. Sie unterstützte die von den Demokraten und Republikanern enttäuschten Farmer in ihrem Kampf gegen die Preisdiktate der Banken, Monopolisten und Großindustriellen des aufblühenden Kapitalismus. Beide Bewegungen entstanden als Antwort auf Modernisierungsschübe in der modernen Welt, welche zu jener Zeit die »kleinen Leute« der ländlich agrarisch geprägten Gebiete mit der städtisch industriellen Produktions- und Lebensweise konfrontierte.

Seitdem formierte sich der Populismus auch in anderen Teilen der Welt. Im 20. Jahrhundert schlug er vor allem in Lateinamerika mit Bewegungen wie dem argentinischen Peronismus tiefe Wurzeln (vgl. G. Hermet 2001). In Europa war er dagegen bis zur Zeit nach dem Zweiten Weltkrieg weitgehend unbekannt. Erst dann zeigte er sich in Frankreich und Dänemark. In Frankreich trat er bereits mit dem sogenannten Boulangismus Ende des 19. Jahrhunderts hervor, einer dem Volk zugewandten Protestbewegung um den General Boulanger – der als Kriegsminister durch seine Reformen populär geworden war, dabei aber die Dritte Republik bedrohte und schließlich in eine Spionageaffäre verwickelt wurde. Doch erst der Poujadismus – eine nach seinem Anführer Pierre Poujade benannte Protestbewegung von Händlern und Handwerkern in den 1950er Jahren – zeigte den Populismus als das, was er war: eine Anti-Steuer-Bewegung des alten (selbständigen) Mittelstands, dessen Produktionsweise sich angesichts der industriellen Modernisierung in der »goldenen Nachkriegszeit« im Niedergang befand. Ähnliches galt in dieser Zeit für die dänische Fremskridtspartiet (Fortschrittspartei) von Mogens Glistrup in Dänemark. Erst in den 1980er Jahren gelangte der Populismus dann in Europa in den eingangs beschriebenen Ländern und in der erwähnten dritten Welle zum Durchbruch: zuerst als rechtspopulistische, dann auch als linkspopulistische Partei und Bewegung.

In dieser historischen Perspektive entpuppt sich der Populismus als Chamäleon. Er variiert je nach Land, nach dessen Geschichte und politischer Kultur, nach vorherrschender Sozialstruktur und politischem System sowie nach dem jeweiligen ideologischen Angebot. Was seine Organisationsform betrifft, kann er in Form charismatischer Führerschaft auftreten, sich als Partei und Bewegung formieren oder wie in den meisten lateinamerikanischen Fällen sich sogar als politisches Regime etablieren.

Der Populismus besitzt aber auch Gemeinsamkeiten, die es ermöglichen, ihn begrifflich zu fassen (vgl. Mény und Surel 2000). Historisch betrachtet ist er bisher zumeist als reaktive Antwort der Gegenmoderne auf Schübe gesellschaftlicher Modernisierung entstanden (vgl. T. Spier 2006); ModernisierungsverliererInnen litten dabei objektiv oder subjektiv unter Statusverlust oder sozialer Marginalisierung sowie mangelnder politischer Repräsentation. Mit definitorischem Blick auf seine Dynamik kann Populismus als politischer Stil betrachtet werden, der auf einer in drei Schritten ablaufenden Mobilisierung seiner Unterstützer beruht: Erst wird das Volk aufgerufen, dann werden die politischen Eliten denunziert, damit sich schließlich der charismatische Retter ankündigen kann (vgl. P.-A. Taguieff 2002; ders. 2012). Dabei kann er inmitten einer grassierenden Krise die Funktion eines Korrektivs in liberalen Demokratien ausüben, deren intermediäre Instanzen (Parteien etc.) an Einfluss verlieren; dabei vertritt er das »einfache Volk« in plebiszitärer Weise, wenn dieses sich nicht mehr loyal gegenüber herkömmlicher, konventioneller Repräsentation verhält.

Während über diese historischen, inhaltlichen und funktionalen Aspekte des Populismus in der Forschung weitgehend Konsens besteht, liegt die Hauptdifferenz in der Frage, ob der Populismus eine politische Ideologie darstellt (vgl.

D. Skenderovic 2017, S. 50–53). Diejenigen, die dies bejahen, sprechen von einer »dünnen Ideologie« (vgl. Fieschi und Heywood 2004; M. Freeden 1996; B. Stanley 2008), welche »nicht in der Lage ist, eine angemessen breite, wenn nicht sogar umfassende Antwort auf die politischen Fragen zu geben, die Gesellschaften stellen« (M. Freeden 1998, S. 750). Im Sinne einer solchen »dünnen Ideologie« lassen sich in Anlehnung an Mudde (2004, S. 543) mit Kriesi und Pappas (2015b, S. 4) vier Kernideen des Populismus identifizieren: »die Existenz von zwei homogenen Gruppen, ›das Volk‹ und ›die Elite‹; die antagonistische Beziehung zwischen beiden; die Idee der [*antipluralistischen, DL*] Volkssouveränität [*im Sinne der Rousseauschen* volonté générale, *DL*]; eine ›manichäische Auffassung der Welt‹, welche die Wertschätzung ›des Volkes‹ mit der Verunglimpfung ›der Elite‹ kombiniert«.

Zur Abgrenzung gegenüber einer »dicken«, substanziellen Ideologie wie dem Liberalismus oder dem Sozialismus ist schließlich die folgende, von Karin Priester getroffene Unterscheidung hilfreich. Nach Priester (2012) ist Populismus kein Substanzbegriff, der sich auf ein eigenes Wertesystem stützt, sondern ein Relationsbegriff, der spezifische Ziele verfolgt und sich als parasitäres Ideologiefragment bzw. »dünne Ideologie« an eine komplexere »Wirtsideologie« (vgl. M. Freeden 1996) hängt, wie dies in entsprechender Weise der Nationalismus bzw. der Feminismus mit ihrem Bezug zum Liberalismus bzw. zum Sozialismus tun.

Diese Kriterien bieten sich auch zur Unterscheidung zwischen Rechts- und Linkspopulismus (Syriza in Griechenland, Podemos in Spanien, die von Jean-Luc Mélenchon angeführte Bewegung Nuit Debout in Frankreich etc.) an. Obwohl beide dieselben definitorischen Kriterien des Populismus teilen (politischer Stil und Mobilisierung, dünne Ideologie), bleiben ihre substanziellen ideologischen Differenzen überwiegend erhalten. Denn wenngleich sich beide der Praktiken politischer Integration bzw. Inklusion und Exklusion bedienen, tritt der Linkspopulismus für die Integration sozial benachteiligter Gruppen ein, wohingegen der Rechtspopulismus für die Ausgrenzung allochthoner Minderheiten steht (vgl. K. Priester 2012). Damit wird ein Bezug zu verschiedenen Wirtsideologien hergestellt.

Zusammenfassend kann somit gesagt werden, dass der Begriff des Populismus infolge seiner »dünnen Ideologie« keine befriedigende substanzielle Definition für die modernen rechtspopulistischen Parteien anbietet. Daher gilt es des Weiteren, diese Substanz in der extremen/radikalen Rechten zu suchen.

3 Sind rechtspopulistische Parteien radikal?

Um »extrem« und »radikal« voneinander abzugrenzen, wurde der Extremismus-Begriff benutzt. Denn er ist totalitarismus- und demokratietheoretisch begründet und nicht mit inhaltlichen Positionen des politischen Rechts-Links-Gegensatzes. So sollen hier als (rechts-)extremistische Parteien nur diejenigen bezeichnet werden, die wie die Nationaldemokratische Partei Deutschlands (NPD) eindeutig nicht den Verfassungskonsens teilen. Dies trifft nur für relativ wenige am äußersten Rand des politischen Spektrums stehende Parteien in Westeuropa zu. Die meisten rechtspopulistischen Parteien geben vor, sich an die geforderten Spielregeln der repräsentativen Demokratie zu halten (vgl. F. Hartleb 2014).

So bietet sich eine historisch-ideengeschichtliche Suche nach der extremen und erst später als radikal bezeichneten Rechten an, die sich als Teil der europäischen Geschichte am Ende des 19. Jahrhunderts formierte. Von Anfang an waren der Nationalismus und der Rassismus ihre beiden ideologischen Grundpfeiler. So kennzeichnen beide in gewisser Weise auch den europäischen Faschismus, selbst wenn dieser als »einzigartiges« Phänomen in seiner Epoche hier einer spezifischeren Analyse bedürfte (vgl. E. Nolte 1963). Sein aggressives Expansionsstreben kann als imperialistische Fortführung des Nationalismus sowie der Holocaust als Paroxysmus des Rassismus gesehen werden (vgl. M. Wieviorka 1998).

Nach dem Zweiten Weltkrieg galt die extreme Rechte als moralisch und politisch diskreditiert. In den 30 darauffolgenden Wachstumsjahren war sie trotz geringer Erfolge während der ersten Welle quasi inexistent und wurde – wenn sie wie die NPD Ende der 1960er Jahre vorübergehend am Rande des politischen Spektrums auftauchte (zweite Welle des Erfolges) – devianzsoziologisch als »normale Pathologie westlicher Industriegesellschaften« interpretiert (vgl. Scheuch und Klingemann 1967, S. 12 f.). Dies änderte sich mit dem Aufstieg der neuen rechten Parteien à la Front national (seit Juni 2018: Rassemblement National/RN) oder FPÖ seit den 1980er Jahren.

In diesem Jahrzehnt vereinten sich mit der dritten, im Kontext der Globalisierung stehenden Welle in Westeuropa die beiden Phänomene bzw. Forschungsstränge: der Populismus und die extreme bzw. radikale Rechte. Terminologisch gesehen bedeutete dies in der »war of words« (Mudde), dass z. B. AutorInnen wie Pierre-André Taguieff (2002) schon früh den »National-Populismus« entdeckten. Andere bemühten sich dann – angesichts der ideologischen Malaise am Begriff des Populismus – diese auftauchenden nationalistischen und rassistischen Parteien von ihren Werten und Ideen her als Parteien der (populistischen) radikalen Rechten zu definieren (vgl. J. Rydgren 2007). Erstens gehören demnach diese Parteien zur politischen Rechten. Sie würden rechte Werte wie individuelle Freiheit gegenüber linken Werten wie Gleichheit, Solidarität und soziale Gerechtigkeit repräsentieren. Norberto Bobbio (1996) wurde mit seiner These zitiert, dass diese fundmentalen Werte der politischen Rechten und Linken in diesen neuen Parteien erhalten blieben, und sich nur die Bedeutungen dieser Werte in Abhängigkeit vom sozialen und politischen Wandel etwas ändern würden. Zweitens, so Rydgren, seien diese Parteien radikal, da sie – im Wesentlichen auf der Grundlage des Rassismus – Werte wie die universelle Gleichheit aller Menschen verwürfen und damit auch zentrale Prinzipien liberaler Demokratie. Drittens pflegten sie alle einen populistischen Stil. Auch Mudde (2007) hebt neben dem politischen Populismus die identitätsbezogene Dimension des Nativismus (Nationalismus und Rassismus) und des Autoritarismus als ideologischen Kern dieser Parteien hervor.

Trotz aller historischen und kontextbezogenen Unterschiede zwischen moderner Gesellschaft und derjenigen des 19. Jahrhunderts scheinen der Nationalismus und der Rassismus als ideologische Pfeiler der (extremen bzw.) ideologisch definierten radikalen Rechten nichts an ihrer Relevanz eingebüßt zu haben. So positioniert sich der moderne Nationalismus identitätsbezogen gegenüber der Globalisierung (vgl. P.-A. Taguieff 2015), und der kulturelle, differentialistische Rassismus hat den biologischen, inegalitären Rassismus abgelöst oder zumindest relativiert. Schließlich hat die den politischen Diskurs der radikalen Rechten besonders prägende Islamophobie, welche kontrovers als Variante oder neue Form des differentialistischen Rassismus diskutiert wird, die Ideologie dieser parteiförmigen radikalen Rechten erneuert (vgl. H.-G. Betz 2017). Hier sind und bleiben diese Parteien radikal. Allerdings ist es schwierig, weiter zu gehen, da die Pfade der Forschung in diesem Bereich noch nicht klar sichtbar sind. Ferner wurde die Debatte zur intellektuellen Neuen Rechten (vgl. Camus und Lebourg 2015) in jüngerer Zeit nicht wiederbelebt. Aussichtsreich wäre es, an die Debatte des populistischen Postfaschismus anzuknüpfen. Doch begrenzen wir uns auf das Folgende.

Für die inhaltlich-ideologische Dimension der (radikalen) rechtspopulistischen Parteien bzw. der Parteien der populistischen radikalen Rechten – die nach Mudde (2007, S. 41–46) eine neue Parteienfamilie bilden – kann man zusammenfassen: Der ideologische Kern dieser Rechten ist identitätsbezogen, d. h. Werte des Nationalismus, des Rassismus und des Autoritarismus stehen im Mittelpunkt. Die Radikalität liegt mit dem Rassismus vor allem in der Verneinung der individuellen bzw. universellen Gleichheit des Menschen begründet. Dagegen ist der Populismus, der diese Parteien vor allem in politisch-demokratietheoretischer Hinsicht charakterisiert, nicht als radikal definiert worden. Hier wäre vielmehr zu fragen, ob er nicht unter die Kategorie des Extremismus fällt, wenn er wie in Abschnitt 1 unter »populistischem Postfaschismus« als präfaschistisch und damit demokratiegefährdend bezeichnet wird.

Schließlich sollten die wirtschaftspolitischen Vorstellungen als Bestandteil der Ideologie der radikalen populistischen Rechten nicht vernachlässigt werden. Die Position Muddes (2007), dass sie nicht zum ideologischen Kern dieser Parteien zählten, ist spätestens seit deren stärkerer Hinwendung zum Protektionismus und seit der Bedeutung der Finanz- und Bankenkrise von 2008 kritisiert worden. Für ein genaueres Bild wäre die schon immer bestehende, sich aber verändernde ökonomische Ambiguität zwischen einerseits neoliberalen Positionen (Staatskritik zugunsten des selbständigen Mittelstandes, Abrücken vom rechtsextremen Antikapitalismus) und andererseits protektionistischen Vorstellungen (konservativer Antiliberalismus, moderner ethnosozialer Protektionismus) zu untersuchen.

Von hier aus kann einerseits eine Grenze zum zumeist nicht populistischen Rechtsextremismus gezogen werden, wie er historisch oder aktuell in Form des italienischen Movimento Sociale Italiano (MSI), der British National Party (BNP), der deutschen NPD oder der griechischen Goldenen Morgenröte existierte bzw. existiert. Die Ablehnung des Verfassungskonsenses bzw. der repräsentativen Demokratie ist das zentrale Kriterium der Abgrenzung. Ergänzen lässt sie sich durch drei weitere Kriterien (vgl. K. von Beyme 2018, S. 96 f.): Rechtsextreme Parteien lehnen nicht kategorisch die Einsetzung von Gewalt und terroristischer Mittel in der Politik ab. Sie sind weitgehend antiamerikanisch, antisemitisch und zumeist auch antiislamisch eingestellt. Schließlich stehen sie der Europäischen Union prinzipiell feindlich gegenüber.

Andererseits kann man versuchen, rechtspopulistische von (neo-)konservativen Parteien abzugrenzen, die selbst zunehmend populistisch sind, um im Parteienwettbewerb zu bestehen. Das Problem liegt darin zu wissen, wie man diese Parteien wiederum von anderen Parteifamilien wie den (populistischen) neoliberalen Parteien abgrenzt, die ihrerseits ebenfalls mit den RechtspopulistInnen verglichen werden können. Wo wäre zum Beispiel Silvio Berlusconis Forza Italia einzuordnen gewesen? Zudem existieren erhebliche länderspezifische Unterschiede. Wenn die bundesdeutsche CDU und CSU relativ uniform in der Tradition eines christdemokratischen Konservatismus stehen, bündelt die entsprechende französische Partei Les Républicains Strömungen aus dem Gaullismus, der Christdemokratie und dem konservativen Liberalismus. Zu den Differenzkriterien zwischen Rechtspopulismus und Konservatismus, die Hartleb (2011, S. 23) vorschlägt, gehören vor allem, dass Konservative wertstabiler sind, Eliten und Institutionen hochschätzen und die Notwendigkeit intermediärer Instanzen betonen, welche die RechtspopulistInnen ablehnen, indem sie sie durch ihre Präsenz zwischen Volk und Elite einfach ersetzen.

4 Globalisierung und Rechtspopulismus

Der Aufstieg und die Etablierung radikaler rechtspopulistischer Parteien stehen im Kontext von ökonomischen, kulturellen und politischen Globalisierungs- sowie Fragmentierungsprozessen. So hat die ökonomische Globalisierung zwar die Wirtschaftsleistung der meisten westeuropäischen Staaten gestärkt, aber zu einem geringeren Bedarf an qualifizierten Arbeitsplätzen geführt. Eine Aufspaltung in einerseits Hochqualifizierte (eher fest Beschäftigte) und andererseits niedrig Qualifizierte (eher temporär Beschäftigte) verstärkt die soziale Ungleichheit, damit verbundene Ängste vor Statusverlust und das Bedürfnis nach Sicherheit. Die multiplen Formen sozialer Ungleichheit treten auch im fragmentierten Raum der europäischen Metropolen in diversen Formen städtischer Segregation hervor.

Moderne Gesellschaften sind wie die westeuropäischen einerseits kulturell globalisiert (standardisierte Konsumkultur etc.) und andererseits hochgradig differenziert, wie fragmentierte Milieus und Individualisierung es zeigen. Dabei birgt die enttraditionalisierte moderne Lebenswelt Tendenzen einer mit Sinnsuche verbundenen Retraditionalisierung in sich. Inmitten dieses kulturellen Pluralismus stehen die MigrantInnen. Die Regulierung ethnisch-kultureller und religiöser Differenz ist zu einer der Kernaufgaben in Europa geworden. Dabei ist die Anerkennung von Minderheiten aber mit einer Krise der nationalen Integrationsmodelle, mit nativistischen Identitätsgefühlen der PopulistInnen und in vielen EU-Ländern letztendlich mit der Entwicklung des Arbeitsmarktes verbunden.

Die politische Globalisierung bzw. Denationalisierung hat jenseits des Nationalstaates internationale und supranationale Institutionen wie die EU gefestigt und neue Interaktionsräume für Regierungsorganisationen und Nichtregierungsorganisationen (NGOs) geschaffen. Gleichzeitig sind die multiplen Formen sozialer Ungleichheit und kultureller Diversität in subnationalen Räumen wie den Regionen sowie vor allem den Städten sichtbarer geworden. In diesem Spannungsfeld ist die kosmopolitische Nutzung nationalstaatlicher Souveränität gegenüber den neuen nationalistischen Bestrebungen in die Defensive geraten.

Schließlich haben die Globalisierung sowie die europäische Integration zu einer abnehmenden Kongruenz zwischen Nationalstaat und territorialstaatlich verfasster Demokratie geführt, was in einen gewissen Legitimationsverlust derselben mündete. Dieser externe Faktor verstärkt die sogenannte Krise der politischen Repräsentation, die intern u. a. durch Individualisierung, kulturelle Differenzierung und diverse Formen sozialer Ungleichheit verursacht ist. Die entstehende Kluft zwischen politischer Elite und den BürgerInnen führt zu politischen Entfremdungsprozessen, von denen die PopulistInnen profitieren.

Daraus kann man als zentrale Hypothese einen Zusammenhang zwischen der Globalisierung und der Entwicklung des Rechtspopulismus ableiten. Für seinen

Erfolg ist die Globalisierung nicht der einzige Grund, sie bildet aber den für ein hinreichendes Verständnis notwendigen Rahmen. In der Tat ist es schwierig und bisweilen nicht möglich, diesen wenn auch plausiblen Zusammenhang zwischen der Makro- und der Mikroebene empirisch nachzuweisen (vgl. Loch und Heitmeyer 2001). Zürn (1998) und Beisheim et al. (1999) haben in den 1990er Jahren versucht, ihn über Kovariationen zwischen einerseits die Globalisierung messenden Daten und andererseits Indikatoren für den Erfolg von rechtsextremen Parteien und rechtsextremer Gewalt für mehrere westliche Länder nachzuweisen. Swank und Betz (2003) haben ihrerseits gezeigt, dass sozialer Schutz die wirtschaftlichen Unsicherheiten der Globalisierung verringern und die Unterstützung für rechtspopulistische Parteien abschwächen kann. An Hand einer Untersuchung von 16 europäischen Staaten wiesen sie für den Zeitraum von 1981 bis 1998 nach, dass der universelle Wohlfahrtsstaat den Wahlerfolg der rechtspopulistischen Parteien verringerte, indem er die Voraussetzungen für den Zusammenhang zwischen einerseits Kapitalmobilität, Handelsoffenheit sowie Einwanderung und andererseits dem Grad dieser Wahlerfolge schuf.

Der Zusammenhang mit der Globalisierung lässt sich auch über gesellschaftliche Konflikte analysieren. Konflikte sind Grundbestandteil in Prozessen politischer Repräsentation, und bei konventioneller Partizipation an Parteien gebunden. Die Kategorie der Parteienfamilie – die ebenso für die neuen rechtspopulistischen Parteien gilt – beinhaltet einerseits die entsprechenden politischen Ideen und programmatischen Positionen, andererseits strukturelle Faktoren, die sich in politischen Konfliktlinen (cleavages) niederschlagen (vgl. Mair und Mudde 1998). Die Cleavage-Theorie erklärt, wie grundlegende und konflikthaltige Entwicklungen in modernen Gesellschaften – z. B. die Industrialisierung oder die Entstehung der modernen Nation – politische Konflikte und mit ihnen Parteiensysteme entstehen ließen. Unter den vier von Lipset und Rokkan (1967) herausgearbeiteten Konfliktlinien (Kapital – Arbeit, Stadt – Land, Staat – Kirche, Zentrum – Peripherie) treten ethnisch-kulturelle nicht auf. Sie entsprachen nicht dem Wesen der vollendeten Moderne und waren im Zentrum-Peripherie-Konflikt vom universalistischen Zentrum besiegt worden – kurzum, die vier cleavages waren »eingefroren«.

Angesichts der gesellschaftspolitischen Relevanz kultureller Themen (Rechtspopulismus, Migration etc.) ist die Cleavage-Theorie von Lipset und Rokkan inzwischen aktualisiert worden. Kriesi (2008) sowie Kriesi und Pappas (2015a) haben sie in den Kontext der Globalisierung gestellt. Die beiden bereits zuvor bestehenden cleavages – d. h. die ökonomische Konfliktlinie zwischen Kapital und Arbeit sowie die kulturelle cleavage zwischen Staat und Kirche bzw. libertären und autoritären Werten – haben eine neue auf die Globalisierung gerichtete Bedeutung bekommen. In der Polarisierung zwischen Positionen der Öffnung (integration) und der Schließung (demarcation) gruppieren sich diejenigen der radikalen rechtspopulistischen Parteien von sechs untersuchten westeuropäischen Ländern (Frankreich, Österreich, Schweiz, Niederlande, Großbritannien und Deutschland) in ökonomischer Hinsicht um den offenen, neoliberalen (und nicht protektionistischen) Pol und in kultureller Hinsicht um den geschlossenen, autoritären (und nicht libertären) Pol.

Die Kritik an diesem Ansatz liegt darin, dass aufgrund gesellschaftlicher Fragmentierung eine Begrenzung auf zwei Konfliktlinien zum Verständnis der Konfliktualität moderner Gesellschaften nicht mehr ausreichend ist. Starre Konfliktlinien weichen vielen kleinen, weniger konsistenten Konflikten, wie Onken (2013) am Beispiel der Parteiensysteme von Deutschland, Großbritannien, den Niederlanden und Österreich zeigt. Dennoch behalten die großen cleavages einen maßgebenden Wert für die Entwicklung der Parteiensysteme und des Wählerverhaltens.

WählerInnen reagieren über abnehmende (dealignment) bzw. sich neuausrichtende (realignment) Parteiidentifikation auf Veränderungen im Gleichgewicht zwischen einerseits ihrer »politischen Nachfrage« und andererseits dem »politischen Angebot« der Parteien. Die RechtspopulistInnen sind diesbezüglich attraktiv, da sie mit neuen Themen wie der »Einwanderung« eine verlorengegangene Wählerschaft an sich binden. Dabei kann man nach Kriesi (2008, S. 38) angesichts allgemein abnehmender Parteiidentifikation zwischen strukturellem, d. h. auf die Parteien bezogenen, und funktionalem, d. h. weitergefasstem dealignment unterscheiden. Dadurch werden das gesamte Ausmaß der Krise der politischen Repräsentation und zugleich die Grenzen dieser cleavage orientierten Parteifixiertheit deutlich.

Dennoch liegt ein Vorteil des Cleavage-Ansatzes darin, den Zusammenhang zwischen Globalisierung und Rechtspopulismus kohärent entlang der Konfliktlinien über die aufgegriffenen Themen der Parteien (Angebot) und über die soziale Zusammensetzung ihrer Wählerschaft sowie deren Wahlmotivation (Nachfrage) aufzeigen zu können. Dies soll im Folgenden innerhalb der ökonomischen, kulturellen und politischen Sphäre vergleichend mit Blick auf die europäischen Gemeinsamkeiten und – exemplarisch betrachtet – nationalen Besonderheiten des Rechtspopulismus untersucht werden.

5 Wirtschaftsprotektionismus: Klassenkampf von rechts?

In mehreren westeuropäischen Ländern ist der industriell und postindustriell geprägte Klassenkonflikt »befriedet« worden. Die ökonomische Globalisierung hat die sozialstrukturelle Polarisierung zwischen – oft mehr idealtypischen als realen – »Gewinnern« und »Verlierern« der Modernisierung bzw. Globalisierung beschleunigt und die erwähnte neue Konfliktlinie entstehen lassen, auf der sich neoliberale und protektionistische Positionen gegenüberstehen.

Wie bereits in Abschnitt 4 aufgezeigt, vertraten die aufstrebenden rechtspopulistischen Parteien in den 1980er Jahren neoliberale Positionen. Seit den 1990er Jahren dagegen ist – eher in der Weiterführung als im Gegensatz zur Arbeit von Kriesi (2008) – eine zunehmende Verschiebung vom Neoliberalismus zu wirtschaftsprotektionistischen Positionen (Schutzzölle, ethnisierte wohlfahrtsstaatliche Positionen etc.) und Anti-Globalisierungsdiskursen festzustellen (vgl. G. Ivaldi 2015). Im Gegensatz zu einer zuvor gültigen, von Herbert Kitschelt und Anthony McGann (1995) ermittelten »Gewinnformel« – nach der sich der Erfolg dieser Parteien aus der Kombination von autoritären Lösungen für soziale Probleme mit marktorientierten Lösungen für dringende ökonomische Prozesse ergeben würde – haben diese Parteien die marktorientierten durch national-soziale bzw. »national-sozialistische« (vgl. P.-A. Taguieff 2012) Lösungen ersetzt und sie sind damit zu Konkurrenten der Linksparteien geworden. Die wirtschaftspolitische Ambiguität – bestehend aus Liberalismus und Ethno-Sozialismus – hat Jean-Marie Le Pen, der ehemalige Vorsitzende des Front national, am Abend des ersten Wahlgangs der Präsidentschaftswahl vom 21. April 2002 (als er mit 16,9 % der Stimmen zum zweitstärksten Kandidaten gewählt geworden war) folgendermaßen formuliert: »Sozial bin ich links, ökonomisch bin ich rechts, und national betrachtet bin ich Franzose«.

Die WählerInnen von (radikalen) rechtspopulistischen Parteien sind – hinsichtlich solcher Themen und allgemein – als GlobalisierungsverliererInnen bezeichnet worden. Diese vage Bezeichnung bedeutet, dass sie aus den sozialen Unterschichten kommen und im Vergleich zu den anderen Gruppen der Wählerschaft ein niedrigeres Bildungsniveau besitzen (vgl. K. Arzheimer 2008; J. Rydgren 2013; H. Werts et al. 2013; G. Ivaldi 2015).

Erhellend sind hier zusätzliche wahlgeografische Befunde. Wo wohnen die rechtspopulistischen WählerInnen in Europa? Es ist schwierig, dazu strukturelle Gemeinsamkeiten zu finden (von industriellem Niedergang geprägte Ballungszentren, arme und reiche Regionen etc.), oder auch spezifische Gründe regionaler politischer Kultur (z. B. konservatives bis rechtsextremes Wahlverhalten in ländlichen Regionen des Elsass). Auf Grund dieser Schwierigkeit wird nachfolgend Frankreich als ein Fallbeispiel herausgegriffen.

Der französische Fall verdeutlicht eine starke Stadt-Land-Polarisierung in der Stimmabgabe zugunsten des Front national, die mit einer Veränderung der Wahl für diese rechtspopulistische Partei innerhalb der Städte einhergeht. Dies zeigten die Wahlergebnisse der französischen Präsidentschaftswahl von 2017 (vgl. D. Loch 2017b). Erstens war ein Kontrast festzustellen zwischen einerseits den französischen Regionen des Nordens und des Nordostens, einem Teil des Mittelmeerraums und dem Territorium zwischen Toulouse und Bordeaux – die sämtlich von den Folgen der ökonomischen Krise getroffen waren –, und andererseits den ökonomisch dynamischeren Regionen des westlichen Frankreich. Die Krisenregionen überschnitten sich weitgehend mit dem »Frankreich der Ausgrenzung«, in dem die sozioökonomischen Indikatoren wie Arbeitslosigkeit, niedriges Ausbildungsniveau von Jugendlichen, Bevölkerung unter der Armutsgrenze sowie Anteil an Einelternfamilien am alarmierendsten waren. Es handelt sich genau um diejenigen Regionen, in denen der Front national die besten Wahlresultate erzielte (vgl. H. Le Bras 2017). Im Gegensatz dazu liegen die elektoralen Hochburgen des neuen Präsidenten Emmanuel Macron und (in gewissem Ausmaß) diejenigen des Linkspopulisten Jean-Luc Mélenchon in den ökonomisch dynamischen Regionen Westfrankreichs. Zweitens zeigten die Wahlergebnisse der Präsidentschaftswahlen eine signifikante Stadt-Land Kluft zwischen den großen Städten und dem Rest Frankreichs. Während die Stimmabgabe für Emmanuel Macron ein innerstädtisches Votum war, gewann der FN klar in den Stadt-Umland-Gebieten und auf dem Land. Historisch betrachtet, bestätigt dies den Wandel von der ehemaligen Verankerung des FN in den Vorstädten – die bis in die 1990er Jahre zurückreicht – zu diesen Stadt-Umland-Gebieten, wo sich FN-WählerInnen oft ausgeschlossen und frustriert fühlen (vgl. J. Fourquet 2014).

In diesem Zusammenhang ist auf eine Untersuchung hinzuweisen, die zeigt, dass die Wählerschaft der rechtspopulistischen Parteien in Europa generell als eine von Angst besetzte betrachtet werden kann. Nicht der Werte-Konflikt – nach dem liberale Werte wie Gleichstellung und ethnische Vielfalt zu weit in die »Mitte der Gesellschaft« vorgedrungen seien – sondern die Angst vor der Globalisierung sei die treibende Kraft für dieses Votum. Dabei handelt es sich um die Ängste von BürgerInnen, die durch die Globalisierung real etwas verloren haben oder die sich sorgen, in Zukunft zu diesen VerliererInnen zu gehören. Hinsichtlich der soziodemographischen Daten ist festzuhalten: »Je niedriger das Bildungsniveau, je geringer das Einkommen und je älter die Menschen sind, desto wahrscheinlicher ist es, dass sie Globalisierung als Bedrohung wahrnehmen« (de Vries und Hoffmann 2016, S. 3, 29).

Sozialstrukturelle Ansätze für die Erklärung der rechtspopulistischen Wahlerfolge haben in den letzten Jahren eine Renaissance erfahren (vgl. J. Rydgren 2013). Als nachfrageorientierte, d.h. auf den/die WählerIn zielende Erklärungen haben sie eine lange Tradition. Sie analysieren den gesellschaftlichen Nährboden für den Erfolg solcher Parteien. Zumeist auf Modernisierungstheorien gestützt, bestehen sie aus zwei soziologisch geprägten Forschungssträngen. Der erste setzt an der Veränderung der sozialen Bindungen an. Soziale Desintegration (Anomie) steht hier im Mittelpunkt. Die Kausalkette reicht dann – vereinfacht formuliert – von der sozialen Isolation des/der BürgerIn über den/die EinwanderIn, der/die ihm/ihr als Sündenbock angeboten wird, bis hin zu einer Art Reintegration durch das nationalistische Angebot der rechtspopulistischen Partei. Einer der Kritikpunkte dieses Ansatzes liegt darin, dass die Verbindung zwischen der sozialpsychologischen Situation des/der isolierten BürgerIn und seinem/ihrem sozialen Protest nicht unbedingt politisch rechts(-populistisch) orientiert sein muss.

Der zweite Erklärungsstrang betrachtet stärker die Sozialstruktur und mit ihr auftretende Statusinkonsistenzen (Statuspolitik). Diese Statuspolitik scheint eine plausiblere Erklärung für den Erfolg zu sein. Statuspolitik zieht WählerInnen mit sozialen Abstiegserfahrungen an. Diese Individuen sehen entweder ihr Bedürfnis nach sozialem Aufstieg nicht erfüllt bzw. haben Angst, ihre Position zu verlieren. Dies kann zu einem Gefühl relativer Deprivation (vgl. T. R. Gurr 1970) führen, da das angestrebte Ziel nicht der sozialen Realität entspricht. Die daraus resultierende Frustration kann sich in politisches Verhalten umwandeln, zum Beispiel in die Stimmabgabe für eine fremdenfeindliche Partei, die wiederum einen Sündenbock präsentiert, der dafür verantwortlich gemacht wird, dass man selbst die gesteckten Ziele nicht erreicht. Aufgrund dieser Statusinkonsistenzen wird die radikale Rechte nicht nur am Rand der Gesellschaft, sondern auch von ihrer Mitte her unterstützt, wie die »Extremismus der Mitte«-These von Lipset (1981) zeigt.

Diese These legt zudem die Interpretation nahe, dass sich die von Scheuch und Klingemann (1967, S. 12 f.) konstatierte »normale Pathologie« in der Industriegesellschaft hin zu einer »pathologischen Normalität« in der zeitgenössischen Gesellschaft verändert hat, so wie dies die Erfolge der rechtspopulistischen Parteien suggerieren (vgl. C. Mudde 2010). Denn Mudde argumentiert, dass die zuvor marginalisierten Werte der radikalen Rechten sich allgemein verbreitet hätten. Soziologisch betrachtet müsste dann noch das Konzept abweichenden Verhaltens neu überdacht werden, da die RechtspopulistInnen zu wichtig geworden sind, um sie noch als marginal oder deviant zu bezeichnen.

Diese theoretischen Betrachtungen zeigen erstens, dass sozialstrukturelle Erklärungsansätze für den Erfolg radikaler rechtspopulistischer Parteien unverzichtbar sind. Zwar sind sie notwendig, aber nicht hinreichend. Denn warum wählen BürgerInnen gerade rechtsradikal, wenn sie frustriert sind? Sie könnten auch andere Protestparteien unterstützen oder sich der Stimme enthalten. Auf individueller, sozialpsychologischer Ebene wäre die Suche nach Sicherheit und autoritären Lösungen in Krisenzeiten eine plausible Erklärung. Doch wurde der/die WählerIn nicht in einem kulturellen Kontext sozialisiert, der kollektive Charakteristika hat? Hier scheint es historische und von politischer Kultur codierte Hürden zu geben, die ein solches politisches Verhalten nicht erlauben bzw. entsprechend sanktionieren (vgl. Abschnitt 7).

Zweitens kann nicht bestätigt werden, dass WählerInnen dieser Parteien (nur) aus den erwähnten sozialstrukturellen Gründen für diese stimmen. Vielleicht sind ideologische Überzeugungen stärker als soziale Frustrationen? Im französischen Fall ist die elektorale Unterstützung des Front national durch »wohlhabende Arbeiter« und später durch das Marx'sche Lumpenproletariat mit solchen sozialstrukturellen Ansätzen erklärt worden. Doch hat die Zunahme des »Arbeiter-Lepenismus« Forscher wie Pascal Perrineau (2017) dazu geführt, die Bedeutung des »Links-Lepenismus« zu betonen – auch wenn dieser Lepenismus linker Provenienz nur für eine Minderheit der FN-ArbeiterwählerInnen gilt. Da es sich aber nicht um einen platten Fall von Totalitarismustheorie handelt, die extreme Links- und extreme RechtswählerInnen in ein und denselben Topf wirft, kann diese provozierende Hypothese partieller Überlappung von politisch linken und rechten Ideen in der französischen Partei- und Ideologiegeschichte nicht einfach geleugnet werden. Wie kann man also die Frage, warum ArbeiterInnen rechts wählen, beantworten? Die Forschung hat gezeigt, dass kulturelle Themen sowie teilweise politische Einstellungen als eine Art Identitätsfilter für sozioökonomische Probleme betrachtet werden können (vgl. J. Rydgren 2013).

6 Kultureller Protektionismus: gegen »Einwanderung/Islam« und für »Sicherheit«

Kulturelle Themen sind oft globalisierungsbezogen und daher mit den Positionen von Öffnung oder Schließung der kulturellen Konfliktlinie verbunden. Die rechtspopulistischen Parteien gruppieren sich um den geschlossenen Pol der autoritären Werte, die den offenen, libertären Werten gegenüberstehen. Diese Gegenüberstellung ist nicht neu. Sie verlängert gewissermaßen nur die Polarisierung von autoritären und libertären Werten, wie sie sich bereits seit den 1970er Jahren in den westlichen postindustriellen Gesellschaften herausgebildet hat (vgl. Kitschelt und McGann 1995). Die Relevanz dieser autoritär-ethnozentrischen Werte entspricht ideologisch betrachtet den beiden Grundpfeilern der rechtsradikal-populistischen Ideologie: dem Nativismus (Nationalismus und Rassismus) und dem Autoritarismus. Die damit einhergehenden Themen (issues) sind meistens »Einwanderung/Islam« und »(innere) Sicherheit/Kriminalität«. Beide haben einen inner- und einen außergesellschaftlichen bzw. innen- und außenpolitischen Bezug.

Erstens ist »Einwanderung/Islam« das Hauptthema der rechtspopulistischen Mobilisierung. Es dient aber oft nur als Anknüpfungspunkt für die nationale und religiöse Identität, welche rechtspopulistische Parteien verteidigen. Innergesellschaftlich betrachtet kommen allerdings beide Themen zusammen – nämlich im Integrationsprozess der MigrantInnen. Dieser kann u. a. von nationalistischer und rassistischer Diskriminierung sowie zunehmend vom Kampf gegen MuslimInnen (mithin von Islamophobie) geprägt sein (vgl. Betz und Meret 2009; H.-G. Betz 2017). Politisch verankert sind diese Prozesse in den nationalen Integrationsmodellen und im Staat-Kirchen-Modell. Das issue »Einwanderung/Islam« bündelt somit die rechtspopulistischen Positionen zu MigrantInnen, Asyl, Religion, zur multikulturellen Gesellschaft und zu anderen migrationsbezogenen Themen.

Außenpolitisch betrachtet verweist die »nationale Identität« auf das identitätsbezogene Verhältnis zu Europa. Hier steht der Nationalismus der radikalpopulistischen Rechten trotz euroskeptischer oder europhober Töne nicht im Widerspruch zur kulturellen Differenz in Europa. Denn das Konzept des »polyzentrischen Nationalismus« ermöglicht es, den Kontinent als europäisch geeintes Konglomerat verschiedener Nationalkulturen zu sehen. Außerdem wird Europa als christlicher Kontinent mit eigener abendländischer Zivilisation verteidigt.

Zweitens kommt in den Themen »Sicherheit« oder »Kriminalität« der Autoritarismus der RechtspopulistInnen zum Ausdruck. Innergesellschaftlich gesehen werden diese Themen von der radikalen Rechten benutzt, um ihre law and order-Positionen durchzusetzen, zum Beispiel härtere Strafgesetze für delinquente Jugendliche mit Migrationshintergrund, Null-Toleranz-Politiken in sozial benachteiligten Stadtvierteln, oder in manchen Ländern sogar die Todesstrafe.

Außenpolitisch betrachtet wird die weltweite Angst vor dem islamistischen Terrorismus durch die radikale Rechte instrumentalisiert, um MuslimInnen generell als DschihadistInnen zu stigmatisieren oder sie automatisch mit begangenen Attentaten in Verbindung zu bringen. Dies war im französischen Fall seit den Attentaten von 2015 besonders offensichtlich.

Schließlich sind »Einwanderung« und »Sicherheit« zwei thematische Felder, die deutlich zeigen, wie schwierig es geworden ist, interne und externe Faktoren stringent auseinanderzuhalten. Denn transnationale Migration überschreitet naturgemäß Landesgrenzen und nationale Community-Bildung. Das Extrembeispiel des transnationalen Islamismus verdeutlicht, wie solche Organisationen »interne« mit »externen« Gruppen in ein und denselben geschlossenen Communities zusammenhalten, ohne dabei mit dem Nationalstaat verbunden zu sein.

Was in kultureller Hinsicht die WählerInnen der rechtspopulistischen Parteien angeht, haben diese »stark ausgeprägte nativistische Meinungen« und »legen großen Wert auf den Nationalstaat gekoppelt mit einer Abneigung gegen fremde Menschen, genauer gesagt negativen Einstellungen gegenüber Einwanderern« (J. Rooduijn 2016, S. 60).

Kulturelle Erklärungen wie diejenige der »Stillen Gegen-Revolution« (vgl. P. Ignazi 1992) zeigen sehr gut, wie es der radikalen Rechten seit den 1990er Jahren gelingt, aus ihrem Widerstand gegen die sich seit den 1970er Jahren in den europäischen Gesellschaften verbreitenden postmaterialistisch-libertären Werte der »Stillen Revolution« (vgl. R. Inglehart 1977) Nutzen zu ziehen. Manchen Gruppen aus der Unterschicht und der unteren Mittelschicht scheinen, wie bereits angedeutet (vgl. de Vries und Hoffmann 2016), die Werte der liberalen Eliten und der Mittelschicht zu weit gegangen zu sein.

Ist dieser wertebezogene kulturalistische Ansatz plausibel, hat er doch nur eine begrenzte historische Reichweite. Mit Blick auf ethnische, kulturelle und religiöse Differenz geht es erstens und historisch betrachtet um die Nationskonzeption bzw. um das Modell von citizenship, d.h. um das Verhältnis zwischen politischer und kultureller Inklusion von EinwanderInnen. Seit sich weder »farbenblinde« Sozialpolitik noch multikulturelle Identitätspolitik für die Abschwächung ethnischer Konflikte als effektiv erwiesen haben, ist es den RechtspopulistInnen gelungen, politisch durch die Aufrechterhaltung dieser Konflikte zu profitieren – sowohl in Ländern wie dem republikanischen Frankreich als auch dem multikulturellen Großbritannien. Die nationalen Integrationsmodelle für EinwanderInnen funktionieren nicht mehr so wie früher (vgl. D. Loch 2014). Denn der mit ihnen verbundene Pragmatismus in der Konfliktregulierung ist in beiden Ländern bedroht durch städtische Segregationsprozesse. Sie gipfeln in riots oder in extrem seltenen Fällen in islamistischer Gewalt. Es handelt sich wiederum um relative Deprivation, wenn Frustrationen unter den Jugendlichen mit Migrationshintergrund durch die Diskrepanz zwischen einerseits nationaler Zugehörigkeit und andererseits sozialer Ausgrenzung bzw. ethnisch-religiöser Diskriminierung ausgelöst werden (vgl. D. Loch 2017a).

Im Umgang mit religiöser Differenz hängen die Chancen für den Rechtspopulismus damit zusammen, wie diese Parteien zu den jeweiligen Staat-Kirche-Verhältnissen und damit zu den Religionen der EinwanderInnen, d.h. vor allem zum Islam stehen. Um beim französischen Fall zu bleiben, tat Marine Le Pen einige Zeit so, als sei sie die einzige Verteidigerin der Laizität. In Wirklichkeit standen aber hinter ihrem laizistischen Diskurs islamophobe Töne gegen kopftuchtragende Muslima, die durch das offizielle Bekenntnis zur Laizität verdeckt werden sollten (vgl. P. Perrineau 2014).

Zusammenfassend lässt sich festhalten, dass mit Blick auf kulturelle Themen in weiterem Sinne zwei Zugänge möglich sind. Erstens wird ethnisch-kulturelle und religiöse Differenz als real wahrgenommen (vgl. M. Wieviorka 2001). Ihr Erscheinen am Ende des 20. Jahrhunderts war von der Entwicklung der modernen Gesellschaft her nicht vorgesehen. Dies reiht sich ein in die Wiederbelebung ethnischen Bewusstseins in den 1960er/70er Jahren (ethnic revival) und wird verstärkt durch die Globalisierung. Das Interesse liegt darin, die Rolle der rechtspopulistischen Parteien hinsichtlich von Themen wie Diskriminierung, Anerkennung, Konflikten und Regulierung (Nationskonzeptionen) zu untersuchen. Wegen ethnisch-kultureller Differenz allein brechen keine Konflikte aus, doch steht die Differenz als Analyseobjekt im Mittelpunkt.

Im engeren Sinne gehört die aus der Nationalismusforschung kommende These der ethnischen Gegenreaktion (ethnic backlash thesis) dazu (vgl. C. Mudde 2007, S. 210–216). Danach wird der Rechtspopulismus als defensive Antwort der »Mehrheitsbevölkerung« auf eine als »ethnisch« wahrgenommene Bedrohung gesehen, d.h. vor allem auf die (nicht europäische) Einwanderung. Diese These ist empirisch schwer nachweisbar, aber interessant für die Untersuchung von Bedrohungsängsten, die vom Populismus aufgegriffen und zur Mobilisierung verstärkt werden (Gefahr der Einwanderung und des Islam).

Davon ist zweitens der Zugang zu unterscheiden, nach dem soziale Probleme (v.a. der Zugang zu Ressourcen) ethnisiert werden können. Ethnisch-kulturelle und religiöse Differenz wird hier stärker konstruiert als im ersten Fall. Ihr wird die Funktion der Behandlung des Problems bzw. der Austragung des Konflikts über die Zuschreibung ethnischer Kriterien zugewiesen. Im Mittelpunkt stehen soziale und ökonomische Probleme, die auf kultureller Ebene ausgetragen werden. Das beste Beispiel ist der Wettbewerb mit Fremden um Ressourcen. Beispiele dafür aus dem rechtspopulistischen Lager sind Legion, wenn es darum geht, zu suggerieren, dass EinwanderInnen Einheimischen Arbeitsplätze wegnehmen.

Im engeren Sinne geht es bei der These des ethnischen Wettbewerbs (ethnic competition thesis) um den empirischen Nachweis, dass ein/e BürgerIn eine rechtspopulistische Partei wählt, weil er/sie den Wettbewerb mit MigrantInnen um knappe Güter wie Arbeitsplätze, Wohnungen oder Sozialleistungen reduzieren will. Demnach müssten die Wahlresultate rechtspopulistischer Parteien in Wohngebieten mit vielen EinwanderInnen und einem hohen Anteil niedrig qualifizierter rechtspopulistischer WählerInnen hoch sein. Dieser Zusammenhang wurde z.B. für die WählerInnen der rechtspopulistischen Schwedendemokraten in Quartieren schwedischer Gemeinden mit hohem Einwandereranteil nachgewiesen (vgl. Rydgren und Ruth 2011). Allgemein betrachtet, ist diese These aber empirisch nur selten nachweisbar.

Für das in diesem Buchbeitrag verfolgte Ziel, u.a. Erklärungen für den Erfolg des Rechtspopulismus zu finden, sind solche Ethnisierungsprozesse relevant. Sie ermöglichen, die ökonomischen Erklärungsansätze (Anomie, relative Deprivation) mit den soziokulturellen Einstellungen rechtspopulistischer WählerInnen zu verbinden. Wie bereits am Ende von Abschnitt 5 angedeutet, weist Rydgren (2013) darauf hin, dass bei der Wahl einer rechtspopulistischen Partei aus verstärkt sozioökonomischen Motiven die entsprechenden soziokulturellen Einstellungen (autoritär, fremdenfeindlich etc.) als Filter wirken, der es erlaubt, den sozialen Protest rechtspopulistisch zu artikulieren. D.h. wer nicht rechts(-radikal) eingestellt ist, wird seinen sozialen Protest auch nicht über solche Parteien äußern.

7 Politische Kultur: der Code für Erfolg und Niederlage

Historisch-soziologisches Denken führt zu der Frage, inwiefern die Vergangenheit eines Landes für den heutigen Rechtspopulismus eine Rolle spielt. Welchen Zusammenhang gibt es zwischen einerseits nationalen Erfahrungen mit dem Faschismus oder autoritären Regimen und andererseits extremen/radikal rechten Parteien oder Bewegungen in einem entsprechenden Land? Mudde (2007, S. 243–248) hat gezeigt, dass in mehr als der Hälfte der von ihm für diese Frage ausgewählten europäischen Staaten eine systematische Beziehung besteht zwischen der Existenz bzw. Abwesenheit einer faschistischen Vergangenheit und der Präsenz bzw. Abwesenheit von rechtspopulistischen Parteien. So scheint es einen entsprechenden Zusammenhang zu geben. Doch aus dieser Verteilung heraus ist es schwierig, über intervenierende Variablen die verschiedenen Gründe dafür zu finden. Daher empfiehlt es sich, mit fallbezogener Komparatistik vorzugehen und das Konzept der politischen Kultur zu nutzen.

Wenn man unter politische Kultur die »Summe der politisch relevanten Einstellungen, Meinungen und Wertorientierungen innerhalb der Bevölkerung« (Glaab und Korte 1999, S. 642 f.) versteht, beinhaltet dies auch die Einstellungen zur Vergangenheit und zum Umgang mit ihr. In denjenigen Fällen, in welchen die faschistische Vergangenheit eine gewisse Relevanz aufweist, kann sich die politische Kultur auf das Ausmaß auswirken, mit welchem rechtsradikale oder rechtspopulistische Parteien als legitime politische Akteure anerkannt werden (vgl. J. R. Winkler et al. 1996). So ist in Deutschland die Schwelle, jenseits derer der Rechtsextremismus politische Legitimität erreichen konnte, immer hoch gewesen. Die Erfahrungen und das Wissen um den Nationalsozialismus sowie seine Auseinandersetzung mit ihm in den Nachkriegsgenerationen haben immunisierend auf die politische Kultur gewirkt, die über diese Hemmschwelle Deutschland lange Zeit vor der extremen Rechte verschonte.

Im Gegensatz dazu wurde zum Beispiel in Österreich dieser Teil der Geschichte nach 1945 weitgehend durch die selbstgeschaffene Opferrolle (Opfer des Anschlusses von 1938) verdrängt. Es war der ehemalige Vorsitzende der FPÖ, Jörg Haider, der wesentlich dazu beitrug, dies zu ändern – allerdings so, dass er die sichtbar werdende Schwelle für die Akzeptanz der extremen Rechten senkte (vgl. H.-G. Betz 2004). In Frankreich schließlich war es – abgesehen von der Zeit des Vichy-Regimes – der bzw. den politischen (Partei-)Kulturen immer gelungen, faschistische Parteien und Bewegungen von der Macht fernzuhalten. Die Schwelle der Akzeptanz, darüber zu reden, war daher immer niedrig gewesen; die Präsenz dieser Organisationen und republikanisch-antifaschistisches Bewusstsein garantierten eine gewissermaßen schützende öffentliche Auseinandersetzung. Wie schnell sich dies ändern kann, zeigen ebenfalls Deutschland und Frankreich. In

Deutschland ist mit den Erfolgen der AfD die Schwelle gesenkt worden, während in Frankreich die Konsolidierung des FN im französischen Parteiensystem sich zu einer ernsthaften politischen Herausforderung für die politische Kultur des Landes entwickelt.

Neben den in den Abschnitten 5 und 6 diskutierten Rokkanschen (vgl. Lipset und Rokkan 1967) ökonomischen und kulturellen Konfliktlinien, die beide für das Verständnis des Rechtspopulismus unabdingbar sind, sind die im eigentlichen Sinne politischen Konflikte ebenso wichtig. Letztere beziehen sich auf die politischen Ideen des radikalen Rechtspopulismus hinsichtlich des Staates, seiner Institutionen und der Demokratie, d. h. im Zusammenhang dieses Beitrags vor allem auf die Souveränität des Nationalstaates und die repräsentative Demokratie.

8 Euroskeptischer Nationalismus gegen ein föderatives Europa

Politische Globalisierung scheint nationalstaatliche Souveränität nicht ersetzen zu können; vielmehr bleibt der Nationalstaat auch auf globaler Ebene maßgebender Akteur. Ähnlich ist die europäische Integration im langfristigen Prozess politischer Denationalisierung (vgl. M. Zürn 1998) zur realen Herausforderung für die nationale Autonomie ihrer Mitgliedsstaaten geworden. Während die Entwicklung der EU vor allem durch föderative und supranationale Ideen geprägt worden ist, zeichnet sich seit einigen Jahren nicht nur in Europa eine konflikthafte Renaissance des Nationalismus ab (vgl. P.-A. Taguieff 2015), der den Integrationsprozess dieser supranationalen Organisation konterkariert und wie im Falle des Brexit bis zum Ausstieg aus der EU führt. Dabei stehen sich pro- und antieuropäische Positionen gegenüber. In Mitgliedsstaaten wie Frankreich oder den Niederlanden haben sie sich zu einem festen Konflikt herauskristallisiert, wie die Ablehnung der europäischen Verfassung bei den Referenden von 2005 zeigte. Dieser Konflikt wird mit Blick auf die Form politischer Vergemeinschaftung einer supranationalen Institution geführt.

So spielt neben der strengen Kontrolle der Einwanderungspolitik die Frage der europäischen Integration im Diskurs der rechtspopulistischen Parteien eine zentrale Rolle. Zwar sind nicht alle dieser Parteien gegen die EU, manche gelten sogar nur als »sanfte Euroskeptiker«. Doch bilden sie eindeutig die Speerspitze euroskeptischer und offen europhober Kritik. Als supranationales Regime wird die EU offen abgelehnt, da sie die nationale Souveränität aushöhle. Dies bedeutet aber nicht, dass die Parteien in jedem Fall antieuropäisch sind. Vielmehr vertreten manche unter ihnen auf die Nation gestützte Konzepte im Sinne eines Europas der Vaterländer (vgl. C. Mudde 2007). Mit der Europäisierung des Nationalismus hat der polyzentrische Nationalismus bzw. »Europäismus« (vgl. K. Arzheimer 2008, S. 33) diesen ausschließlich auf den Nationalstaat bezogenen Nationalismus allerdings ersetzt.

Solche Ideen sind u. a. in den Zusammenschlüssen der RechtspopulistInnen auf europäischer Ebene weiterentwickelt worden. Anfänglich noch etwas unorganisiert und als nationalistische Organisationen ohnehin oft zerstritten, haben sie sich im Laufe der Zeit konsolidiert und vom zunehmenden Erfolg ihrer Parteien bei den EU-Wahlen und auf nationaler Ebene profitiert. »In fünf Ländern ist die populistische Partei die stärkste Partei geworden: Griechenland, Ungarn, Italien, Slowakei, Schweiz. In drei Ländern haben RechtspopulistInnen eine Stimmenmehrheit erlangt (Ungarn, Italien, Slowakei). In drei Ländern (Finnland, Norwegen, Schweiz) ist die populistische Partei Teil der Regierung« (K. von Beyme 2018, S. 72). Wenngleich der Begriff der »rechten Internationalen« (vgl. N. Ahr et al. 2016) übertrieben ist, hat sich die Zusammenarbeit zwischen der österreichischen FPÖ, Geert Wilders' niederländischer PVV, dem französischen Front national, Jaroslaw Kaczynskis »konservativer Regierung« in Polen, der Schweizerischen Volkspartei (SVP), der Dänischen Volkspartei, der italienische Lega, der deutschen AfD und vielen britischen Brexit-Anhängern intensiviert.

Die Relevanz dieser gegen ein föderatives Europa gerichteten Positionen stößt auf der Nachfrageseite der WählerInnen auf weit verbreitete negative Einstellungen gegenüber dem Integrationsprozess der EU, der die nationale Souveränität unterminiert habe. Aus diesen Gründen sind Kampagnen zur Verlangsamung dieses Prozesses gestartet worden. Bereits vor dem Brexit tendierten einige Länder dazu, sich von der EU zu trennen (vgl. H. Werts et al. 2013).

9 »Krise« der politischen Repräsentation

Im Zusammenhang mit der nationalen Souveränität geht schon seit langem der Diskurs über die Krise der Demokratie bzw. der politischen Repräsentation in Europa um. In der Tat scheint nicht die Demokratie mit ihren Institutionen, sondern die Repräsentation das Problem zu sein (vgl. W. Merkel 2016). Als Indikatoren dieser Krise gelten: »abnehmende Parteimitgliedschaft und Parteiidentifizierung, abnehmende Wahlbeteiligung, zunehmendes Wechselwählerverhalten (Wählervolatilität), und abnehmende Anteile von WählerInnen, die sich für die konventionellen Parteien entscheiden« (Kriesi und Pappas 2015b, S. 2). Die daraus sich abzeichnende Kluft zwischen politischen Eliten und WählerInnen wird zur Sternstunde der PopulistInnen.

So wettern sie »gegen die politische Klasse« und »für das Volk«, entsprechend dem von Taguieff (2002; 2012) beschriebenen Mobilisierungsstil: Ruf an die Stimme des Volkes, Anklage der Eliten, der charismatische Führer kommt. Die damit verbundene Konflikthaftigkeit stützt sich nicht auf ein gesellschaftspolitisch fundiertes cleavage, sondern geht um die Gestaltung der Demokratie. Obwohl »Demokratie und Repräsentation ... zwei verschiedene Ideen« (J.-W. Müller 2016, S. 129) sind, machen PopulistInnen nicht diesen Unterschied. In der Opposition haben sie nichts gegen Repräsentation. Sobald sie jedoch an der Regierung sind, verwandeln sie diese pluralistische Idee in einen pseudo-demokratischen Alleinvertretungsanspruch. Dies schließt jedoch nicht aus, dass der Populismus auch positive, die Demokratie belebende Elemente in sich trägt.

Der populistische Appell wird von den mit konventionellen Politikangeboten unzufriedenen WählerInnen als glaubwürdige Alternative aufgegriffen (vgl. K. Arzheimer 2008; M. Rooduijn 2016). Die weitergehende und zentrale Frage für das Wählerverhalten lautet dann: Kann die Stimmabgabe zugunsten einer (rechts-)populistischen Partei eher als Protestwahl oder als politisch-ideologische Unterstützung derselben interpretiert werden (vgl. C. Mudde 2007)? Der französische Fall zeigt eindeutig, dass die Protesterklärung oberflächlich bleibt, da der Front national im Laufe der Jahre eine breite Stammwählerschaft erworben hat (vgl. P. Perrineau 2014; ders. 2017).

Für eine weiterreichende Erklärung bietet sich der Rückgriff auf die Untersuchung von Kriesi et al. (2008) an. Wie in Abschnitt 3 ausgeführt, zeigt diese Arbeit die Veränderungen der politischen Prozesse (politics) in Westeuropa im Rahmen der Cleavage-Theorie, d. h. der gleichzeitigen Einbeziehung von WählerInnen, Parteien und Konfliktlinien (vgl. E. Grande 2008). Demnach hat vor allem das Auftauchen der kulturellen Konfliktlinie in den weiterhin zweidimensional strukturierten politischen Räumen der westeuropäischen Demokratien zu einer politischen Neuordnung (realignment) des Wählerverhaltens geführt. Diese Prozesse haben den Aufstieg neuer Parteien bzw. Parteienfamilien in Westeuropa, vor allem rechtspopulistischer und linker Protest-Parteien bewirkt sowie zu einer zunehmenden Fragmentierung und Polarisierung der Parteiensysteme geführt.

Fragmentierung bedeutet eine Zunahme an Parteien, wie man sie z. B. im bundesdeutschen Parteiensystem beobachten kann, welches sich seit dem Hinzukommen der Parteien Bündnis 90/Die Grünen und Die Linke, sowie seit kurzer Zeit auch der AfD von einem Dreiparteiensystem (CDU/CSU, SPD, FDP) zu einem Sechsparteiensystem entwickelt hat. Polarisierung bedeutet, dass – weiterhin entlang der ökonomischen Rechts-Links-Achse – sich eine tripolare Struktur des Parteienwettbewerbs herausgebildet hat: SPD, Grüne und Die Linke auf dem linken Pol, christlich-demokratische und konservative-liberale Parteien auf dem gemäßigten rechten Pol sowie verschiedene Typen rechtskonservativer und rechtsradikaler Parteien auf dem neuen rechtsradikalen Pol. Ob es eine Entwicklung vom »moderaten Pluralismus« zum »polarisieren Pluralismus« gebe, ist allerdings noch nicht sicher (vgl. E. Grande 2008).

Doch lässt sich die Krise der Repräsentation nicht allein auf das Wählen begrenzen. Neben dem strukturellen bedeutet der funktionale Rückgang der Parteiidentifikation (dealignment) eine größere Ablösung des/der WählerIn allgemein (vgl. H. Kriesi 2008, S. 38). Diese Ablösung erfolgt oft zugunsten des Wechselwählerverhaltens (Wählervolatilität), des Rückzugs oder der unkonventionellen Partizipation, mit Albert Hirschman (1970) also nach den Kriterien von »exit« (Ausstieg aus einer alten und evtl. Wahl einer neuen Organisation), »voice« (unkonventionelles Protestverhalten) und »loyalty« (Beibehaltung der Loyalität und gelegentlicher Ausstieg) – und dies besonders in marginalisierten Territorien.

Die Gleichzeitigkeit von beiden dealignments wird im Populismus sehr deutlich. Denn er konstituiert sich im Rahmen konventioneller Beteiligung als Partei und im Rahmen unkonventioneller Beteiligung als Bewegung (vgl. C. Ruzza 2017; I.-C. Panreck in diesem Band). So liegt das Paradoxon darin, dass populistische Parteien mit ihrem Bewegungscharakter politische Parteien kritisieren, selbst aber zu dieser Kategorie von politischen Akteuren zählen.

10 Rechtspopulistische Parteien im politischen Prozess

Da Politik im Sinne von politics (also als prozessuale Dimension) nicht statisch ist, sondern politischen Dynamiken und geregelten Prozessen unterliegt bzw. sie mitbestimmt, ist auch der Erfolg des Rechtspopulismus in einem entsprechenden Rahmen zu sehen, welcher die Erfolgsbedingungen dieser Parteien strukturiert. Hier kann man zwischen externen und internen Bedingungsfaktoren unterscheiden, die beide kurz- oder mittelfristige Erklärungen für den Erfolg liefern. Warum ist der Rechtspopulismus gerade seit Beginn der 1980er Jahre aufgestiegen?

Die externen Bedingungsfaktoren des Erfolgs liegen in der jeweiligen politischen Opportunitätsstruktur. In weiterem Sinne fallen darunter institutionelle Rahmenbedingungen (Konkordanz- oder Konfliktdemokratie, Struktur der intermediären Instanzen etc.), bzw. enger gefasst v.a. die Wahlsysteme, der Parteienwettbewerb und die Interaktionen mit anderen gesellschaftlichen Akteuren wie Verbänden, zivilgesellschaftlichen Akteuren, Medien, öffentlicher Meinung.

Was die Wahlsysteme betrifft, ist in Parteiensystemen mit Mehrheitswahlrecht der »Durchbruch« für Newcomer schwieriger als unter geltendem Verhältniswahlrecht (vgl. H. Kriesi 2008, S. 43). So blieb die extreme Rechte (British National Party etc.) in Großbritannien bis zum Aufstieg der den Brexit einleitenden UK Independence Party (UKIP) von Nigel Farage als wahlpolitische Größe lange Zeit marginal. Dagegen haben es Newcomer in Parteiensystemen mit Verhältniswahlrecht leichter, allerdings in Abhängigkeit von einer eventuellen Sperrklausel wie der Fünfprozenthürde in Deutschland. Diese gab vor dem Aufstieg der AfD potentiellen Aufsteigern am rechten Rand wie der NPD, der DVU oder den Republikanern nur bei Landtagswahlen eine Chance zum Einzug in ein Parlament.

Für den Parteienwettbewerb haben Kitschelt und McGann (1995) gezeigt, wie die rechtspopulistischen Parteien in den 1980er Jahren die thematische Lücke des Themas »Einwanderung« erkannten und ihnen mit der Besetzung dieses issues der Aufstieg gelang. Im weiteren Verlauf hat sich dieser Wettbewerb im Spannungsfeld zwischen themenbezogener Konvergenz und Polarisierung maßgebend auf die Erfolgschancen der rechtspopulistischen Parteien und ihrer GegnerInnen ausgewirkt. Entlang der beiden Konfliktlinien haben die rechtspopulistischen Parteien ihr politisches Angebot strategisch an konjunkturelle politische Entwicklungen angepasst. Dabei sind die Themen »Einwanderung/Islam« und »innere Sicherheit« vom Beginn des Aufstiegs bis zur jüngsten »Migrationskrise« der Garant für Erfolg geblieben. Was ökonomische Themen betrifft (Arbeitslosigkeit, soziale Sicherheit etc.), kam es in den 1990er Jahren zu einem Wechsel von neoliberalen zu wirtschaftsprotektionistischen Positionen. Dies entsprach der wachsenden Proletarisierung der rechtspopulistischen Wählerschaft. Ihre Parteien wurden erfolgreich zur »national-sozialistischen« (vgl. P.-A. Taguieff 2012) Konkurrenz für die europäische Sozialdemokratie. Diese Akzentuierung wirtschafts- und sozialpolitischer Themen zahlte sich in der Folge der Wirtschafts- und Finanzkrise von 2008 wahlpolitisch aus (vgl. Kriesi und Pappas 2015b). Interessanterweise blieben die issues »Einwanderung/Islam« und »Sicherheit« selbst in diesen ökonomischen Phasen die wichtigsten Mobilisierungsthemen. Dies bestätigt die Ethnisierungsthese, dass selbst in Krisenzeiten ökonomisch-soziale Probleme über einen kulturellen Filter wahrgenommen werden (vgl. J. Rydgren 2013).

Was die Interaktionen der PopulistInnen mit gesellschaftlichen Akteuren betrifft, spielen die Medien eine zentrale Rolle. Die Frage, ob markt- und konsumorientierte Mediokratie PopulistInnen fördert oder bremst, ist schwer zu beantworten (vgl. K. von Beyme 2018, S. 83–86). Ein anderes Problem war nach dem Durchbruch der rechtspopulistischen Parteien nicht leichter zu lösen. Sollten die Medien ausführlich über den Rechtspopulismus informieren oder ihn ignorieren? Im Dilemma zwischen Tabuisierung und Enttabuisierung des neuen Phänomens tauchten die nichtintendierten Folgen auf. Wenn man die RechtspopulistInnen ignorierte (Tabuisierung), überließ man ihnen allein das Terrain. Wenn man sich einmischte, waren die Folgen unkalkulierbar. Anlässlich von Interviews mit Jean-Marie Le Pen oder Jörg Haider in den 1980er Jahren zogen sogar versierte und bestens vorbereitete JournalistInnen oder der Öffentlichkeit bekannte Personen den Kürzeren. Sollte und soll man den RechtspopulistInnen ein Podium geben? Mit zunehmendem Erfolg stellt sich diese Frage nicht mehr. Marine Le Pen hatte bei den Präsidentschaftswahlen von 2017 wie alle KandidatInnen im Wahlkampf feste Redezeiten. Die Entscheidung darüber wer Präsident werden sollte, fiel allerdings nach dem Rededuell mit Emmanuel Macron: der designierte Kandidat hatte überzeugendere Argumente.

Die internen Bedingungsfaktoren für den Erfolg der RechtspopulistInnen konzentrieren sich auf die Rolle der populistischen Partei als politischem Akteur. Lange Zeit ist in der Forschung nur zu den Strukturen gearbeitet worden, die den Erfolg oder Misserfolg dieser Akteure erklären. Doch sind die Parteien diesbezüglich nicht nur Explanandum, sondern auch Explanans (vgl. D. Art 2011). So wirkt sich die interne Organisationsstruktur im rechten Lager auf den Erfolg entscheidend aus. Während die extreme Rechte in Deutschland jahrzehntelang zersplittert war, gelang es Jean-Marie Le Pen 1972, eine ähnlich zersplitterte Rechte mit der Gründung des Front national zu vereinen. Dies war eine Voraussetzung für den ungefähr zehn Jahre später erfolgten Durchbruch. Schließlich kann eine populistische Bewegung nicht ohne AnführerIn erfolgreich sein. Wenngleich die seit 2010 im schwedischen Reichstag vertretenen Schwedendemokraten (SD) mit Jimmie Åkesson keinen rhetorisch begnadeten Parteivorsitzenden haben, scheint die Präsenz einer charismatischen Führungsfigur in den meisten Fällen eine notwendige Voraussetzung dafür zu sein.

Schließlich hängt der Erfolg nicht nur von den erwähnten externen und internen Strukturen, sondern auch von den Interaktionen zwischen den rechtspopulistischen und den anderen Parteien innerhalb des Parteiensystems ab. Welche Strategien der Interaktion gibt es nach dem wahlpolitischen Durchbruch und anlässlich einer möglichen Regierungsbeteiligung im Spannungsfeld zwischen Kooperation oder Konfrontation? Welche Effekte treten auf?

PopulistInnen streben nach dem Zugang zur Macht. Das erste prominente Beispiel der Nachkriegszeit, auf welches die EU-Mitgliedsstaaten Sanktionen verhängten, war von 2000 bis 2005 die Regierungsbeteiligung der FPÖ an der von der Österreichischen Volkpartei (ÖVP) unter Wolfgang Schüssel geführten konservativen Regierung. Nach diesem ersten Versuch – bei dem die FPÖ von 27 % auf 10 % absank – kam es nach der letzten Nationalratswahl von 2017 erneut zu einer schwarz-blauen Koalition unter dem neuen Bundeskanzler Sebastian Kurz. Dieser Königsweg zur Beteiligung an Regierungsverantwortung wird von der Mehrzahl der PopulistInnen als Strategie des Machtzugangs geteilt.

Auf der Seite der anderen Parteien scheint es nach Grabow und Hartleb (2013, S. 399 ff.) vier Möglichkeiten zu geben, von denen keine eine Ideallösung darstellt, sondern nichtintendierte Folgen beinhaltet. Eine erste Variante der Interaktion ist der sogenannte Sicherheitsgürtel. Bei diesem »cordon sanitaire« wird Zusammenarbeit abgelehnt. Zu dieser Praxis kam es z. B. in der Schweiz, in Polen und in Belgien. Die Variante der Distanzierung setzt zwar auch auf Gegnerschaft, ermöglicht jedoch die Übernahme von rechtspopulistischen Themen, um über den Parteienwettbewerb zu siegen. So bewirkte der sogenannte Sarkozy-Effekt unter dem ehemaligen französischen Staatpräsidenten Nicolas Sarkozy, bei den Präsidentschaftswahlen von 2007 über die »Kopie« der Mobilisierungsthemen »Einwanderung« und »Sicherheit« die Mehrheit der ehemaligen FN-WählerInnen für sich zu gewinnen. Die Möglichkeit der Interaktion über eine formelle Koalition mit den PopulistInnen wurde mit dem Fall Österreich erwähnt. Es bleibt eine letzte Variante. Sie besteht darin, dass Regierungsverantwortliche eine stille Unterstützung durch PopulistInnen akzeptieren, um mehrheitsfähig regieren zu können. So geschah es in den Niederlanden und in Dänemark. Im dänischen Fall hatte die Dansk Folkeparti (DF) von 2001 bis 2011 bürgerliche Mitte-Rechts-Regierungen toleriert. Der Preis für die Tolerierung dieser Minderheitenregierungen lag darin, die Forderungen der DF in der Einwanderungsgesetzgebung zu akzeptieren. Dies erklärt, warum Dänemark in diesem Zeitraum eine der restriktivsten Gesetzgebungen in diesem Bereich hatte.

11 Populistischer Postfaschismus: ein Korrektiv für die Demokratie?

In diesem Buchbeitrag ging es darum, im europäischen Vergleich und im Kontext der Globalisierung die Gemeinsamkeiten und die Spezifika der rechtspopulistischen Parteien, ihrer WählerInnen sowie der Erklärungsansätze herauszuarbeiten. Es handelt sich eher um ein von der französischen Entwicklung inspiriertes Vergleichskonzept, das in seiner Fortschreibung mehr Länderbeispiele und zusätzlicher empirischen Sättigung bedarf.

Doch reicht es aus, um zu zeigen, wo die länderübergreifenden Gemeinsamkeiten liegen. Erstens sind sie struktureller Art: Sie verdeutlichen den Zusammenhang zwischen globalisierungsbedingter Modernisierung, sozialer und räumlicher Ungleichheit sowie sozialen Bindungsverlusten und vor allem Statusinkonsistenzen. Zweitens sind sie kultureller Art: Nationale Identitäten, Migration und der Umgang mit kulturell-religiöser Differenz stehen im Mittelpunkt. Drittens ist Populismus gleichzeitig – das sei vorweggenommen – ein Korrektiv und eine Bedrohung für die Demokratie.

Mit Blick auf die Subjektivität des/der BürgerIn – den angry white man (und: woman) (vgl. M. Kimmel 2015) – überlappen sich somit drei Themen: ethnisierter Sozialprotest als Ausdruck von Deprivation, rassistische Identitätsversicherung gegen kulturelle Desorientierung und das Erheben der nationalistischen Stimme gegen politische Entfremdung. Protektionistisch gegen die Globalisierung zu sein bedeutet aber nicht, dass PopulistInnen keine Vorstellungen von globalisierungsadäquater Politik hätten. Sie ist nur auf nationalistischem Grund konstruiert. Schließlich passen PopulistInnen sich nicht nur an ihr strukturelles Umfeld an, sondern verändern es als handelnde Akteure.

Was die nationalen Spezifika im Vergleich betrifft, sind es zum einen die länderspezifischen Ausprägungen dieser Gemeinsamkeiten. Dazu zählt zum Beispiel der Grad der Globalisierung, die Entwicklung der Einwanderung oder das Ausmaß der Repräsentationskrise. Zum anderen sind es die charakteristischen Differenzen. Dazu zählen eher historisch-kulturelle Faktoren wie die unterschiedlichen Nationskonzeptionen, politischen Kulturen, Formen der Demokratie (Konkordanz- oder Konfliktdemokratie), Strukturen der intermediären Instanzen (etatistisch, pluralistisch, korporatistisch etc.), und schließlich politischen Gelegenheitsstrukturen. Wie solche Faktoren zusammenhängen, zeigen z. B. Pappas und Kriesi (2015, S. 304–325) in ihrer vergleichenden Untersuchung zum Erstarken des Populismus in Europa als Folge der Finanz- und Bankenkrise. Die Resultate dieser Beziehung zwischen Krise und Populismus unterscheiden sich nach regionalen Ländergruppen, d. h. zwischen und innerhalb von Nord-, Nordwest- (Großbritannien, Irland), West-, Süd- und Osteuropa.

Bei alledem ist der Rechtspopulismus nur eines von mehreren Symptomen, die in der globalisierten Gegenmoderne für Ängste in Exklusionsprozessen, Mangel an kultureller Anerkennung und dem Gefühl, politisch nicht teilhaben zu können, stehen. Rückzug ins Private, städtische Gewalt und Jugendunruhen oder transnationaler religiöser Terrorismus sind einige der anderen Symptome für dieselben oder ähnliche gesellschaftliche Probleme sozialer Schließung.

Wenn der Populismus eine Gefährdung für die Demokratie darstellt, auf welche Gegenstrategien kann er dann stoßen? Die Unbeständigkeit des Populismus hat in der Vergangenheit oft zu seinen eigenen Grenzen geführt. Dies scheint momentan jedoch nicht der Fall zu sein. Gegenstrategien hängen von den Erfahrungen ab, die zivilgesellschaftliche Akteure und Parteien im Wettbewerb seit Beginn der 1980er Jahre in der Interaktion mit ihm erworben haben.

Ideale Wunschstrategien stoßen im Umgang mit den PopulistInnen auf das Dilemma der nichtintendierten Folgen von Verharmlosung und von Skandalisierung! Politische Handlungsempfehlungen wiederum reichen von der rhetorischen Auseinandersetzung, die den populistischen Diskurs mit aufklärerischer Politik in einfachen Worten enthüllen will, über die Bekämpfung der Exklusion bis hin zur Konzeption attraktiver und seriöser Politiken vor allem im Bereich der Einwanderung (vgl. Grabow und Hartleb 2013, S. 6).

Populismus durchdringt auch Bereiche sozialer Öffnung, wenn er als »Extremismus der Mitte« auf der politischen Bühne erscheint. Verkörpert er dabei neben Bedrohung auch Positives für die Demokratie? Historisch betrachtet hat der Populismus in den USA im Gegensatz zu seinem europäischen Verbündeten immer eine positive Konnotation gehabt. Wenngleich sich dies mit dem »Trumpismus« einschneidend ändert, bleibt die Idee des Korrektivs für die Demokratie auf beiden Kontinenten erhalten. Erstens muss unterstrichen werden, dass Populismus als charismatische Herrschaftsform insofern positive Züge trägt, als Charisma nach Max Weber in »außerordentlichen Situationen« Herrschaft legitimieren und damit auch in modernen Gesellschaften für – bzw. demokratisch genutzt auch gegen – die PopulistInnen eine wichtige Rolle spielen kann. Zweitens, kann er mit seiner – wenngleich oft nur rhetorischen – Forderung nach mehr plebiszitären Elementen in der Demokratie belebend auf die krisengeprägte repräsentative Form derselben wirken.

Jedoch entspricht diese Form unkonventioneller Beteiligung nicht unbedingt derjenigen der sozial schwachen Schichten, die – um nochmals mit dem französischen Beispiel zu reden – bei der letzten Präsidentschaftswahl von 2017 am stärksten für Marine Le Pen gestimmt haben (vgl. D. Loch 2017b). Zwar hat nun Macron diese Wahl gegen Le Pen gewonnen und damit die »politische Mitte« gegen die PopulistInnen von rechts und von links gestärkt. Doch hat er mit seiner neoliberalen Politik bereits gewonnenes Terrain in der Wählergunst wieder verloren. Die LinkspopulistInnen sind ihrerseits jung, gebildet und städtisch, stellen somit keine Alternative für die WählerInnen Le Pens dar. Da schließlich die Sozialistische Partei in die Bedeutungslosigkeit abgerutscht ist, scheint für die sozial Schwachen auch in Zukunft nur der rechtspopulistische Rassemblement National zu bleiben.

Mit Blick auf PopulistInnen wie Donald Trump, Hugo Chávez, Marine Le Pen und Recep Tayyip Erdoğan hält der eingangs zitierte US-amerikanische Historiker Finchelstein (2017, S. 43) fest: »Sie sind keine Faschisten, dennoch hat ihre Politik einen gemeinsamen historischen, faschistischen Hintergrund«. Steht also mit dem »populistischen Postfaschismus« schon eine etablierte Form desselben kurz bevor? Gewisse strukturelle Voraussetzungen sind gegeben. Die Ungleichzeitigkeit von einerseits ökonomischer Modernisierung in Form der Globalisierung und andererseits autoritären Formen der Gegenmoderne manifestiert sich deutlich in den fragmentierten städtischen Quartieren oder peripheren Räumen der Gesellschaften Europas. Globalisierte Migration, segregierte städtische Räume und die Bedeutung von Minderheitenschutz verleihen dieser Entwicklung eine Konfliktualität globalen Ausmaßes und lokaler empirischer Präzision.

Das Politische des Populismus liegt darin, dass er wie der Faschismus darauf abzielt, »über die liberale konstitutionelle demokratische Repräsentation hinaus zu gehen und eine vermeintlich direkte Verbindung mit dem Volk herzustellen.« (F. Finchelstein 2017, S. 43) Die permanente autoritäre Versuchung kommt in Form eines Chamäleons. Populismus ändert sich schnell. Er verschwindet und taucht bald wieder auf. Seine Wirkungen auf die Demokratie scheinen ebenso unsicher zu sein. Da sich der Rechtspopulismus langsam in die politische Kultur eines Landes schleicht und die politische Kultur von Anfang an sein Nährboden ist, muss dem Populismus vor allem dort mit demokratischem Bewusstsein und demokratischer Praxis entgegnet werden.

Literatur

Ahr, Nadine, et al. 2016. Die rechte Internationale. *Die Zeit,* Nr. 23 vom 25.05.2016: 13–15.

Art, David. 2011. *Inside the Radical Right: The Development of Anti-Immigrant Parties in Western Europe.* Cambridge (UK): Cambridge University Press.

Arzheimer, Kai. 2008. *Die Wähler der extremen Rechten 1980–2002.* Wiesbaden: VS Verlag für Sozialwissenschaften.

Beisheim, Marianne, Sabine Dreher, Gregor Walter, Bernhard Zangl, und Michael Zürn. 1999. *Im Zeitalter der Globalisierung? Thesen und Daten zur gesellschaftlichen und politischen Denationalilisierung.* Baden-Baden: Nomos Verlag.

Betz, Hans-Georg. 2017. Populism and Islamophobia. In *Reinhard C. Heinisch et al. 2017,* 373–389.

Betz, Hans-Georg. 2004. *La droite populiste en Europe. Extrême et démocrate?* Paris: Autrement.

Betz, Hans-Georg, und Sarah Meret. 2009. Revisiting Lepanto: The Political Mobilization against Islam in Contemporary Western Europe. *Patterns of Prejudices* 43 (3-4): 313–334.

Bobbio, Norberto. 1996. *Left and Right: The Significance of a Political Distinction.* Chicago: University of Chicago Press.

Camus, Jean-Yves, und Nicolas Lebourg. 2015. *Les Droites extrêmes en Europe.* Paris: Éditions du Seuil.

de Vries, Catherine, und Isabell Hoffmann. 2016. *Globalisierungsangst oder Wertekonflikt? Wer in Europa populistische Parteien wählt und warum* (eupinions, Nr. 2016/3). Gütersloh: Bertelsmann Stiftung.

Fieschi, Catherine, und Paul Heywood. 2004. Trust, Cynicism and Populist Anti-politics. *Journal of Political Ideologies* 9 (3): 289–309.

Finchelstein, Federico. 2017. Populismus als Postfaschismus. *Aus Politik und Zeitgeschichte* 67 (42–43, 16. Oktober 2017): 42–46.

Fourquet, Jérôme. 2014. *Les frontières du Front. Analyse sur la dynamique frontiste en milieu péri-urbain* (IFOP, No. 102). Paris: Institut français d'opinion publique.

Freeden, Michael. 1998. Is Nationalism a Distinct Ideology? *Political Studies* 46 (4): 748–765.

Freeden, Michael. 1996. *Ideologies and Political Theory: A Conceptual Approach.* Oxford (UK): Oxford University Press.

Glaab, Manuela, und Karl-Rudolf Korte. 1999. Politische Kultur. In *Handbuch der Deutschen Einheit. 1949–1989–1999,* hrsg. von Werner Weidenfeld und Karl-Rudolf Korte, 642–650. Frankfurt a. M.: Campus Verlag.

Grabow, Karsten, und Florian Hartleb. 2013. *Europa – nein danke? Studie zum Aufstieg rechts- und nationalpopulistischer Parteien in Europa.* St. Augustin: Konrad Adenauer Stiftung,

Grande, Edgar. 2008. Globalizing West European politics: the change of cleavage structures, parties and party systems in comparative perspective. In *Hanspeter Kriesi et al. 2008,* 320–344.

Gurr, Tedd R. 1970. *Why Men Rebel.* Princeton, N.J.: Princeton University Press.

Hartleb, Florian. 2014. *Internationaler Populismus als Konzept.* Baden-Baden: Nomos Verlag.

Hartleb, Florian. 2011. Nach ihrer Etablierung – Rechtspopulistische Parteien in Europa. Begriff – Strategie – Wirkung (Konrad-Adenauer-Stiftung: *Zukunftsforum Politik,* Nr. 107). St. Augustin.

Hermet, Guy. 2001. *Les populismes dans le monde. Une histoire sociologique XIXe–XXe siècle.* Paris: Fayard.

Hirschman, Albert O. 1970. *Exit, Voice, and Loyalty: Responses to Decline in Firms, Organizations, and States.* Cambridge, Mass.: Harvard University Press.

Ignazi, Piero. 1992. The Silent Counter-revolution: Hypotheses on the Emergence of Extreme Right-wing Parties in Europe. *European Journal of Political Research* 22 (1): 3–34.

Inglehart, Ronald. 1977. *The Silent Revolution: Changing Values and Political Styles among Western Publics.* Princeton, N.J.: Princeton University Press.

Ivaldi, Gilles. 2015. Du néo-libéralisme au social-populisme? La transformation du programme économique du Front national (1986–2012). In *Les faux-semblants du Front national,* hrsg. von Sylvain Crépon, Alexandre.Dézé und Nonna Mayer, 163–183. Paris: Presses de Science Po.

Jesse, Eckhard, und Isabelle-Christine Panreck. 2017. Populismus und Extremismus. Terminologische Abgrenzung – das Beispiel der AfD. *Zeitschrift für Politik* 64 (1. März 2017): 59–76.

Kimmel, Michael. 2015. *Angry White Men. Die USA und ihre zornigen Männer.* Zürich: Orell Füssli Verlag.

Kitschelt, Herbert, und Anthony McGann. 1995. *The Radical Right in Western Europe: A Comparative Analysis.* Ann Arbor, Mich.: University of Michigan Press.

Kriesi, Hanspeter. 2008. Contexts of Party Mobilization. In *Hanspeter Kriesi et al. 2008,* 23–52.

Kriesi, Hanspeter, Edgar Grande, Romain Lachat, Martin Dolezal, Simon Bornschier, und Timothoes Frey (Eds). 2008. *West European Politics in the Age of Globalization.* Cambridge (UK): Cambridge University Press.

Kriesi, Hanspeter, und Takis S. Pappas (Eds.). 2015a. *European Populism in the Shadow of the Great Recession.* Colchester (UK): ECPR Press.

Kriesi, Hanspeter, und Takis S. Pappas. 2015b. Populism in Europe during Crisis: An Introduction. In *Hanspeter Kriesi und Takis S. Pappas 2015a,* 1–19.

Le Bras, Hervé. 2017. Le malaise social n'est pas la seule cause du vote Le Pen. *Le Monde* vom 26.04.2017.

Lipset, Seymour Martin. 1981. *Political Man: The Social Basis of Politics.* Expanded Edition. Baltimore, Md.: Johns Hopkins University Press.

Lipset, Seymour Martin, und Stein Rokkan. 1967. Cleavage Structures, Party Systems, and Voter Alignments: An Introduction. In *Party Systems and Voters Alignments: Cross-National Perspectives,* ed. by Seymour Martin Lipset und Stein Rokkan, 1–64. New York: Free Press.

Loch, Dietmar. 2017a. Citizenship in French Poor Neighbourhoods. From the Civil Rights Movement to Transnational Islamist Terrorism. In *The Transformation of Citizenship. Vol. 1: Political Economy,* ed. by Jürgen Mackert und Bryan S. Turner, 151–166. London: Routledge.

Loch, Dietmar. 2017b. Aufbruch zu neuen Ufern ohne die classes populaires? Soziale und politische Spaltungen in Frankreich. In *Was ist los mit Frankreich? Von politischer Zersetzung zu sozialer Neuordnung,* hrsg. von Ulrike Guérot und Elisabeth Donat, 173–187. Bonn: Verlag J. H. W. Dietz Nachf.

Loch, Dietmar. 2014. Integration as a Sociological Concept and National Model for Immigrants: Scope and Limits. *Identities: Global Studies in Culture and Power* 21 (6): 623–632.

Loch, Dietmar, und Wilhelm Heitmeyer (Hrsg.). 2001. *Schattenseiten der Globalisierung. Rechtsradikalismus, Rechtspopulismus und separatistischer Regionalismus in westlichen Demokratien.* Frankfurt a. M.: Suhrkamp Verlag.

Mair, Peter, und Cas Mudde. 1998. The Party Family and its Study. *Annual Review of Political Science* 1: 211–229.

Mény, Yves, und Yves Surel. 2000. *Par le peuple, pour le peuple. Le populisme et la démocratie.* Paris: Fayard.

Merkel, Wolfgang. 2016. Krise der Demokratie? Anmerkungen zu einem schwierigen Begriff. *Aus Politik und Zeitgeschichte* 66 (40-42, 4. Oktober 2016): 4–11.

Mudde, Cas. 2010. The Populist Radical Right: A Pathological Normalcy. *West European Politics* 33 (6): 1167–1186.

Mudde, Cas. 2007. *Populist Radical Right Parties in Europe.* Cambridge (UK): Cambridge University Press.

Mudde, Cas. 2004. The Populist Zeitgeist. *Government and Opposition* 39 (4): 541–563.

Müller, Jan-Werner. 2016. *Was ist Populismus? Ein Essay.* Berlin: Suhrkamp Verlag.

Nolte, Ernst. 1963. *Der Faschismus in seiner Epoche. Action française – Italienischer Faschismus – Nationalsozialismus.* München: Piper-Verlag.

Onken, Holger. 2013. *Parteiensysteme im Wandel. Deutschland, Großbritannien, die Niederlande und Österreich im Vergleich.* Wiesbaden: Springer VS.

Pappas, Takis S., und Hanspeter Kriesi. 2015. Populism and Crisis: A Fuzzy Relationship. In *Hanspeter Kriesi und Takis S. Pappas 2015a,* 303–325.

Perrineau, Pascal. 2017. *Cette France de gauche qui vote FN.* Paris: Édition du Seuil.

Perrineau, Pascal. 2014. *La France au Front. Essai sur l'avenir du FN.* Paris: Fayard.

Polanyi, Karl. 1944. *The Great Transformation. The Political and Economic Origins of Our Time.* New York: Farrar & Rinehart.

Priester, Karin. 2012. Wesensmerkmale des Populismus. *Aus Politik und Zeitgeschichte* 62 (5-6, 30. Januar 2012): 3–9.

Rooduijn, Matthijs. 2016. Closing the Gap? A Comparison of Voters for Radical Right-wing Populist Parties and Mainstream Parties Over Time. In *Radical Right-Wing Populist Parties in Western Europe: Into the Mainstream?*, ed. by Rooduijn Matthijs, Tjitske Akkerman und Sarah L. de Lange, 53–70. London: Routledge.

Ruzza, Carlo. 2017. The Populist Radical Right and Social Movements. In *Reinhard C. Heinisch et al. 2017*, 87–103.

Rydgren, Jens. 2013. Introduction: Class Politics and the Radical Right. In *Class Politics and the Radical Right*, ed. by Jens Rydgren, 1–9. London: Routledge.

Rydgren, Jens. 2007. The Sociology of the Radical Right. *Annual Review of Sociology* 33: 241–262.

Rydgren, Jens, und Patrick Ruth. 2011. Voting for the radical right in Swedish municipalities: social marginality and ethnic competition? *Scandinavian Political Studies* 34 (3, September 2011): 202–225.

Scheuch, Erwin K., und Hans-Dieter Klingemann. 1967. Theorie des Rechtsradikalismus in westlichen Industriegesellschaften. In *Hamburger Jahrbuch für Wirtschafts- und Sozialpolitik*, hrsg. von Heinz-Dietrich Ortlieb und Bruno Molitor, 711–729. Tübingen: J.B.C. Mohr.

Skenderovic, Damir. 2017. Populism: A History of the Concept. In *Reinhard C. Heinisch et al. 2017*, 41–56.

Spier, Tim. 2006. Populismus und Modernisierung. In *Populismus in Europa. Gefahr für die Demokratie oder nützliches Korrektiv?*, hrsg. von Frank Decker, 33–57. Wiesbaden: VS Verlag für Sozialwissenschaften.

Stanley, Ben. 2008. The Thin Ideology of Populism. *Journal of Political Ideologies* 13 (1): 95–110.

Swank, Duane, und Hans-Georg Betz. 2003. Globalization, the Welfare State and Right-Wing Populism in Western Europe. *Socio-Economic Review* 1: 215–245.

Taguieff, Pierre-André. 2015. *La revanche du nationalisme. Néopopulistes et xénophobes à l'assault de l'Europe.* Paris: PUF.

Taguieff, Pierre-André. 2012. *Le nouveau national-populisme.* Paris: CNRS Éditions.

Taguieff, Pierre-André. 2002. *L'illusion populiste: essai sur les démagogies de l'âge démocratique.* Paris: Berg International.

von Beyme, Klaus. 2018. *Rechtspopulismmus. Ein Element der Neodemokratie.* Wiesbaden: Springer VS.

Werts, Han, Peer Scheepers, und Marcel Lubbers. 2013. Euro-scepticism and Radical Right-wing Voting in Europe, 2002–2008: Social Cleavages, Socio-political Attitudes and Contextual Characteristics Determining Voting for the Radical Right. *European Union Politics* 14 (2): 183–205.

Wieviorka, Michel. 2001. *La différence.* Paris: Balland.

Wieviorka, Michel. 1998. *Le racisme. Une introduction.* Paris: La Découverte.

Winkler, Jürgen R., Hans-Gerd Jaschke, und Jürgen W. Falter. 1996. Einleitung: Stand und Perspektiven der Forschung. In *Rechtsextremismus. Perspektiven und Ergebnisse der Forschung* (Politische Vierteljahresschrift: Sonderheft 27/1996), hrsg. von Jürgen W. Falter, Hans-Gerd Jaschke und Jürgen R. Winkler, 9–21. Opladen: Westdeutscher Verlag.

Zürn, Michael. 1998. *Regieren jenseits des Nationalstaates. Globalisierung und Denationalisierung als Chance.* Frankfurt a.M.: Suhrkamp Verlag.

Rechtspopulismus in Osteuropa: Bewertung der Chancen und Risiken[1]

Klaus von Beyme

1 Ost-West-Spezifika

Unter den neuen Demokratien in Osteuropa gab es starke Identitätsprobleme durch nationale Einigungsbestrebungen (Irredentas) und Minderheitenprobleme (vgl. M. Merkel 2010, S. 327). So ist es zu erklären, dass Ungarn – ein Land, das unter dem Kommunismus zur Vorhut demokratischer Aufmüpfigkeit gehörte – nach dem ersten demokratischen »honey moon« dann unter Victor Orbán populistisch wird. Eine Erklärung dafür ist, dass Ungarn sich nach den zwei Weltkriegen durch Verlust weiter Teile, die von Ungarn besiedelt waren bzw. sind, als »Opfer der Geschichte des 20. Jahrhunderts« fühlt. Auch in Österreich[2] ist der Aufstieg des Populismus durch historische Entfremdung erklärt worden. Sie führte dazu, dass ÖsterreicherInnen in Umfragen mehrheitlich für die EU-Mitgliedschaft von Ungarn waren, nicht aber für die Aufnahme von Tschechien und Polen (jeweils nur 37 %) (vgl. Á. von Klimó 2010, S. 89; O. Rathkolb 2010, S. 132). Bei vielen rechten Gruppen in Osteuropa wird sogar eine starke Nähe zu den Symbolen faschistischer Regime der 1930er und 1940er Jahre gefunden. In jedem Fall hat die osteuropäische radikale Rechte eine wichtige Rolle im populistisch-autoritären Wandel gespielt, der dort für einige Demokratien gefährlich zu werden droht (vgl. M. Minkenberg 2017, S. 144, 148). Die neuen Regime wurden bereits als hybride Systeme eines »elektoralen Autoritarismus« gebrandmarkt (vgl. A. Schedler 2006).

Nicht nur Differenzen in und vor allem zwischen den sozialen Schichten beider Systeme werden durch den Aufstieg von Rechtsextremismus und Populismus sichtbar. Deutschland war durch seine Jahrzehnte lange Teilung auch im Parteien-

1 Der Buchbeitrag fußt auf einer Überarbeitung von Teilen meines Buches »Rechtspopulismus. Ein Element der Neodemokratie? Wiesbaden: Springer VS, 2018«.

2 Zur FPÖ vgl. den Buchbeitrag von Anton Pelinka.

H. U. Brinkmann und I.-C. Panreck (Hrsg.), *Rechtspopulismus in Einwanderungsgesellschaften*, https://doi.org/10.1007/978-3-658-23401-0_4

system getrennt – obwohl man staunte, dass Helmut Kohl es nach der Einigung schaffte, die CDU im Osten stark werden zu lassen. Mit gewissen Enttäuschungen der ostdeutschen Bevölkerung über die sozialen Folgen der Wiedervereinigung kam es vor allem zur Stärkung von Rechtspopulismus und Rechtsextremismus in den östlichen Bundesländern, die mit einer *doppelten Modernisierung* erklärt werden können. Die übliche nachholende Modernisierung in den vormals kommunistischen Ländern traf mit einem plötzlichen Import der Moderne Westdeutschlands – vor allem im Zuge der Globalisierung – zusammen (vgl. M. Minkenberg 1998, S. 368). Dabei wurden übertreibend »Pfade zum hausgemachten Terrorismus« in einer »spezifisch sächsisch-ostdeutsch-nationalen Identität« gewittert (vgl. B. Schellenberg 2016, S. 331). Immerhin: Ostdeutschland zeigt relativ wenig abweichendes Verhalten von der allgemeinen Anfälligkeit für Rechtspopulismus und Rechtsextremismus in den vormals kommunistischen Ländern Osteuropas; dort konnte in Polen die Partei »Recht und Gerechtigkeit« (PiS) unter Jareslaw Kaczyński 2005–2007 eine Koalitionsregierung bilden, und seit 2015 sogar die Alleinregierung stellen. Die rechtspopulistischen Parteien Osteuropas standen oft im Zentrum des Parteiensystems, und nicht etwa an der Peripherie (vgl. K. von Beyme 1996, S. 433).

2 Rechtspopulismus in den Ländern Osteuropas

2.1 Spezifika der Parteiensysteme

Die Einordnung der osteuropäischen PopulistInnen ist schwer, weil sie noch widersprüchlicher als westliche PopulistInnen auftreten, und sozialökonomische Positionen mit konservativen Ansichten in der Gesellschafts- und Außenpolitik verbinden. Ein Typus der osteuropäischen Partei wird »couch party« genannt, weil es an einer klaren organisatorischen Struktur und einer organisierten Mitgliedschaft mangelte (vgl. F. Hartleb 2013, S. 355). Historische Bedingungen des Rechtspopulismus waren traditionell

- starke nationale Ideen und autoritäre Traditionen in Ländern, die sich zwischen den Großmächten bedroht fühlten,
- die Schwäche der neuen Parteiensysteme,
- und die Schwierigkeiten in der Transformationspolitik.

In Osteuropa wurden als GegnerInnen der RechtspopulistInnen und ExtremistInnen im Gegensatz zum Westen regionale und ethnische Minderheiten kritisiert, wie die Sinti und Roma. Eine viel beachtete These war die von Claus Offe (1991) zum »Dilemma der Gleichzeitigkeit«. Eine gegenseitige Blockierung von Demokratisierung und dem Aufbau einer kapitalistischen Marktwirtschaft schien die Entwicklung zu behindern. Von anderen AutorInnen wurde kritisiert, dass die Entwicklung in Osteuropa oft allzu simpel als »nachholende Modernisierung westlichen Typs« eingestuft worden ist. Bos und Segert (2008, S. 323, 328) haben bereits relativ früh die Nachholthese revidiert und als Gegenhypothese angeboten, dass der Osten eine Art Frühwarnsystem für das sei, was uns im Westen als Gefährdungen der Demokratie drohen könnte. Guido Tieman (2006) wies mit Recht darauf hin, dass die üblichen »cleavages« (Zentrum versus Peripherie, Staat versus Kirche, Stadt versus Land, Arbeit versus Kapital) in Osteuropa nicht in gleicher Weise wie im Westen den Parteienwettbewerb strukturieren; denn dort gebe es noch keine Konfliktlinie, die sich in postsozialistischen Ländern fest verankerte. Dies zeigten nicht zuletzt die raschen Wandlungen in den Parteiensystemen des Ostens. Bemerkenswert ist der Umstand, dass es keine Versuche gegeben hat, das spätsozialistische System wieder herzustellen.

2.2 Länderspezifische Kontexte des Rechtspopulismus

Marktwirtschaft und Demokratie waren für viele AkteurInnen schon im auslaufenden sozialistischen Krisensystem innerlich akzeptiert, vor allem in Polen und Ungarn. Gleichwohl lebten Konflikte zwischen Sozialisten und ihren Gegnern gelegentlich wieder auf, wenn die marktwirtschaftliche Demokratie Mängel aufzuweisen schien. Der Konflikt »Zentrum versus Peripherie« hat in Osteuropa vielfach nicht die gleiche Virulenz erreicht wie in einigen multiethnischen Staaten des Westens, etwa in Spanien. In einigen Ländern wie Polen, Ungarn und Tschechien war die Schrumpfung des Territoriums dafür verantwortlich, dass bestimmte Konflikte nicht mit ethnischen Minderheiten, sondern mit Sondergruppen – z. B. die Roma in Tschechien – auftraten; außerdem schuf die internationale Migration neue Konflikte (vgl. Bos und Segert 2008, S. 328). Rumänien und die Slowakei mit starken ungarischen Minoritäten waren in diesem Punkt gewisse Ausnahmen. Die deutschsprachigen RumänInnen hatten das Land bereits seit 1967 und vor allem nach der Rumänischen Revolution von 1989 in großer Zahl verlassen.

In Russland gibt es zahlreiche ethnische Minderheitenprobleme, aber das Parteiensystem ist so autoritär strukturiert, dass diese sich nicht im politischen Wettbewerb niederschlagen. Einen Sonderfall stellt die Ukraine dar. Hier gibt es Meinungsverschiedenheiten angesichts der starken historischen und sprachlichen Einflüsse der russisch-sprechenden BürgerInnen, deren Anteil bei einigen BetrachterInnen auf die Hälfte der Bevölkerung geschätzt wird, keineswegs nur im östlichen Konfliktgebiet und am wenigsten in Ost-Galizien. Tschechien und Ungarn scheinen vergleichsweise etablierte Parteiensysteme entwickelt zu haben. Die Instabilität der Regierungsbeteiligung trübt aber auch in diesen Ländern das Bild einer guten Wettbewerbssituation in der Parteienlandschaft. Präsidiale Elemente, die das parlamentarische System verändern, und ein dadurch »gelenktes Parteiensystem« beeinflussen die politische Entwicklung.

Osteuropa wurde zu einer neuen Hochburg des Populismus, da die Parteiensysteme nicht sehr verfestigt waren. Die Option für ein präsidentielles oder semi-präsidentielles System führte zu einem geringeren Einfluss der Parteien in der politischen Willensbildung. Sperrklauseln – in Russland bis zu 7 % – haben die Parteienkonzentration unterstützt. Darüber hinaus zeigte sich freilich, dass die formellen Regeln vielfach vom informellen Verhalten der PolitikerInnen unterlaufen wurden. Es ist auch die These vertreten worden, dass nach dem Abbau der sozialistischen Systeme der Einfluss der staatlichen Einrichtungen drastisch reduziert worden ist (vgl. Bos und Segert 2008, S. 331 ff.).

Alle osteuropäischen PopulistInnen haben eine Art wirtschaftlichen Nationalismus vertreten, der die heimische Industrie und vor allem die Landwirtschaft schützen sollte. Gleichwohl ist die Slowakische Nationale Partei in stärker liberale Positionen eingerückt, und sie schien den Christdemokraten näher zu kommen. Eine Anti-Korruptionsbewegung war ein weiterer Aspekt der populistischen Parteien in Osteuropa, die mit den westlichen Pendants geteilt wurde. Es gibt gleichwohl viele Unterschiede des Populismus in Osteuropa. Nur den Klerikalismus und die Opposition gegen ethnische Minderheiten fanden einige ForscherInnen als Gemeinsamkeiten (vgl. A. L. Pirro 2013, S. 615 ff., 622).

2.3 Konsolidierung der Demokratie in Osteuropa

Ein nicht lediglich deskriptiver Ansatz, wie Wolfgang Merkel (2010; 2007) ihn verfolgte, entwickelte im Gegensatz zur negativen die positive Konsolidierung demokratischer Regime in Osteuropa. Vier Elemente für die Konsolidierung wurden aufgezeigt:

- Die *konstitutionelle Konsolidierung*, gemessen an institutioneller Effizienz und Transparenz, sowie der Integrationsfähigkeit von Institutionen. Nach den Daten der Bertelsmann-Stiftung lagen in diesem Bereich Estland, Slowenien, Polen, Litauen und Ungarn an der Spitze. Am Ende rangierte Weißrussland, wie in den meisten Statistiken. Russland lag meist auf dem drittletzten Platz, vor Moldawien auf dem zweitletzten Rang.
- Die *repräsentative Konsolidierung* zeigte eine abweichende Rangfolge, mit Ungarn an der Spitze, vor Tschechien, Slowenien und Kroatien.

- Bei der *Verhaltenskonsolidierung* und dem Vergleich möglicher VetoakteurInnen erscheint die Gefahr, die von VetoakteurInnen (insbesondere dem Militär) ausgeht, in Osteuropa geringer als in den Ländern der Dritten Welt. In der Verhaltenskonsolidierung führten Ungarn, Tschechien, Slowenien und die Slowakei.
- Die *Konsolidierung der demokratischen Kultur* erscheint eher gering. Die »starken Demokraten« sind unterrepräsentiert. Dennoch machten die AutokratInnen angeblich nur 10 % aus.
- In der *Gesamtkonsolidierung* führten Slowenien, Tschechien, Estland und Ungarn.

Es wurden schließlich vier Demokratie-Typen ausgemacht:

- *Rechtsstaatliche Demokratien* schienen die meisten Regime zu sein.
- *Defekte Demokratien* fanden sich in Mazedonien, Serbien-Montenegro, Albanien, der Ukraine und Bosnien-Herzegowina.
- *Stark defekte Demokratien* stellten Russland und Moldawien dar.
- Als *autokratisch* wurde um diese Zeit der Bertelsmann-Daten von 2005 nur Weißrussland eingestuft.

Inzwischen hat sich vermutlich einiges verschoben, vor allem in Russland und Moldawien. Von den 18 erforschten Ländern wurden damals sieben als kaum noch von westeuropäischen Demokratien zu unterscheiden eingestuft. Merkel (2010, S. 556) sieht damit das Offe'sche »Dilemma der Gleichzeitigkeit« (1991) nicht bestätigt. Ein Grund dafür ist das Fehlen von wichtigen Variablen wie Modernität, Staatlichkeit und externe AkteurInnen. Die Bedeutung der letzteren hatte sich bereits bei den Verlierern des Zweiten Weltkriegs, insbesondere Deutschlands und Japans, erwiesen. Die Hoffnung hinsichtlich der Aufnahme in die EU war ein wichtiger äußerer Anreiz für die Demokratisierung in Osteuropa.

Quantitative Überblicksstudien machen Einzelstudien über die Länder Osteuropas nicht überflüssig. Viel diskutiert wurde der »Sonderfall Polen«. Vor allem in der Jugend optierten viele nach einigen Enttäuschungen mit der Entwicklung für eine nationale Sonderentwicklung. Die prägende Macht des »Onkels Deutschland« führte zu nationalen Gegenreaktionen: »erst Polen, dann Europa«, während es angeblich in Deutschland umgekehrt sei. Trumps Rede in Warschau vor dem G 20-Treffen im Juli 2017 in Hamburg hat polnische Vorurteile verstärkt. Polen solle eine Führungsrolle in Ost-Mittel-Europa übernehmen, damit es künftig mit Deutschland in Augenhöhe kommunizieren könne. Von Polen und Kroatien wurde am 25. August 2016 eine »Drei-Meere-Initiative« mit zwölf Staaten in Ost- und Südosteuropa zwischen Ostsee, Adria und Schwarzem Meer gegründet. Trump nahm Anfang Juli 2017 in Warschau am 2. Kongress der Initiative teil, und stärkte damit das Selbstbewusstsein der Region gegen die EU. Diese Initiative scheint ein Weg zu mehr Paritätsbildung zwischen Ost und West zu sein – verkennt aber, dass sie ohne die Unterstützung der EU nicht erfolgreich sein dürfte, zumal die Initiative bisher der formellen Struktur entbehrt. Jadwiga Staniszkis (2016, S. 103 ff.), eine ursprüngliche Anhängerin von Kaczyński, hat später harsche Kritik an dem Politiker geübt. Sie kritisierte eine »archaische Konzentration der Macht«, einen »infantilen Autokratismus« und die Entwicklung einer »östlichen Rechtskultur«. Sie sah in ihm entgegen seinem Ruf im Westen einen »wenig religiösen Menschen, deshalb auch ohne jede Empathie für die Menschen«. Druck der EU zur Änderung des Kurses sah sie nicht als Erfolg versprechende Mittel an, glaubte andererseits aber nicht, dass Polen in einer Diktatur enden würde. Populistisch auf ihre Art wirkte die Kritikerin, wenn sie davon ausging: »Die Polen sind viel klüger, haben ein höheres Niveau als ihre Politiker.«

3 Ursachen des Aufstiegs populistischer Parteien

3.1 Wandel in bestehenden Parteiensystemen

Als die Parteien sich von klassengebundenen Massenparteien zunehmend zu losen Bewegungen und professionalisierten Wählerparteien entwickelten (vgl. K. von Beyme 2002), gewannen populistische Elemente die Chance, vom Randphänomen in das Zentrum des Parteiensystems zu gelangen; Berlusconi in Italien und viele Parteien in post-kommunistischen Ländern verdeutlichen dies. In diesem Prozess verlor der Populismus einiges von seinem früheren Image des Status-versessenen Kleinbürgertums und fand zunehmend AnhängerInnen auch in der Arbeiterschaft. In vier Dimensionen hat sich die Forschung dem Populismus zugewandt:

- Die ideologische und programmatische Dimension,
- die personelle Dimension der Führerschaft,
- die technische Dimension eines simplifizierenden metaphorischen Stils der politischen Propaganda,
- die wachsende Bedeutung von positiven oder negativen Kampagnen in den Massenmedien, die sich zunehmend auf »events« und Skandale konzentrieren.

Der Populismus erwies sich nicht als Einbahnstraße. Er wurde anfangs erleichtert durch den Wandel der Ideologien und der Organisationsmuster der Parteien in den im Niedergang befindlichen traditionellen Parteiensystemen. Diese waren gekennzeichnet durch eine Abnahme der Parteimitgliedschaften, der Parteienidentifikation und der Wahlbeteiligung. Parteieliten professionalisierten sich. Anti-Establishment-Gefühle und Anti-Parteien-Stimmungen breiteten sich aus. Es gibt keinen Grund, diese Entwicklungen nur negativ zu bewerten. Die modernen WählerInnen erwiesen sich als besser informiert als die alten in Zeiten der Klassenparteien. Sie waren weniger kollektivistisch gesonnen und unabhängiger in ihrem Urteil von den großen Parteimaschinen. Unerwünschte Nebenfolge: erhöhte Stimmenfluktuation (Volatilität) bei Wahlen.

3.2 Gründe für den Aufstieg des Rechtspopulismus

Es wird bedauert, dass die Ursachen für Erfolge der Rechtspopulisten bisher kaum umfassend erforscht sind. Polen und Ungarn haben geringe Immigration, aber große populistische Vertretungen im Parlament – daher wollten einige ForscherInnen die Einwanderung nicht als Grund gelten lassen. Aber vielleicht ist die Einwanderung so gering, gerade weil die PopulistInnen stark sind.

Als Gründe für den Aufstieg der populistischen Parteien wurden von dem niederländischen Populismus-Forscher Mudde (2016, S. 71 ff.) angegeben:

- Wichtige Probleme sind von den Eliten nicht adäquat verfolgt worden,
- politische Eliten sind uniform und in den meisten Ländern machtlos.
- Die kognitive Mobilisierung hat mehr Bildung erzeugt, und die Gebildeten wurden kritischer gegenüber Regierungen.
- Die Medienstruktur hat sich den unterprivilegierten Gruppen, die sich in populistischen Parteien sammeln, stärker geöffnet. Wo die traditionellen Medien sperrig blieben, haben PopulistInnen über Twitter Aufmerksamkeit erreicht (z. B. Wilders in den Niederlanden).

Im internationalen Kontext wurde der Populismus als Gefahr für die demokratischen Institutionen bei Wahlen angesehen, weil populistische Wahlkampagnen das Vertrauen in die Integrität des Wahlprozesses erschüttern und gelegentlich Praktiken anwenden, welche die internationalen Standards der Wahlintegrität verletzen (vgl. Norris und Grömping 2017, S. 28 f.). Solche Urteile sind angebracht, wenn alle Länder der Dritten Welt in die Analyse einbezogen werden, sind aber für Deutschland und die meisten Länder Westeuropas übertrieben. Auch sonst wurde der Aufstieg der populistischen Gruppen von der Wahlforschung keineswegs immer positiv beurteilt. Populistische PolitikerInnen drohen Betrug und Korruption zu fördern, die Menschenrechte und Parteienwettbewerb begrenzen könnten. Von Ungarn bis Australien wurden Fälle unethischen Wahlverhaltens bei PopulistInnen nachgewiesen. Es erhärten sich die Thesen, dass Russland populistischen Parteien auch finanziell half, wie Marine Le Pen 2014. Dass sie 2017 Putin besuchte, ist ebenfalls nicht als Zufall gewertet worden. Die Niederländische Freiheitspartei hat mit Putins Partei sogar einen Kooperationsvertrag unterzeichnet (vgl. Norris und Grömping 2017, S. 28). Schon früh war von einem »elektoralen Autoritarismus« die Rede, vor allem für Osteuropa (vgl. A. Schedler 2006).

Zunehmend wird auch konservativen Parteien eine Tendenz zum Rechtspopulismus nachgesagt. Dies betraf beispielsweise Theresa May in Großbritannien, die angeblich zu den Wegbereitern von Fremdenfeindlichkeit und Antiislam-Gefühlen gehört – die als Innen- bzw. später als Premierministerin keine wichtigere Aufgabe kannte, als die Zahl der EinwanderInnen unter 100 000 pro Jahr zu drücken. Seit sie durch die Wahlen 2017 in die parlamentarische Minderheit geriet, musste sie einlenken und sie versucht nun, den tätlichen Antiislamismus, der im britischen Alltag sehr präsent war, legislatorisch und administrativ zu mildern (vgl. J. Schindler 2017, S. 97).

Bedeutsam für den Aufstieg populistischer Parteien war die Neuorientierung einiger sozialer Schichten. Die Dänische Volkspartei (DF) oder der Front National (FN) in Frankreich sind übertreibend »Arbeiterparteien« genannt worden, die auf Kosten der Sozialdemokraten wuchsen. Populistische Parteien haben vor allem die verunsicherten unteren Mittelschichten mobilisiert, die sich wirtschaftlich unsicher fühlten und einen geringen Bildungsgrad aufwiesen. Originell war in diesem Zusammenhang die These, dass die Kulturpolitik für diese Gruppen noch wichtiger war als die ökonomischen Sorgen. Dies wurde an der rasch entstehenden anti-islamischen Haltung sichtbar. In Großbritannien zeigte sich, dass die PopulistInnen vor allem in Regionen mit großen Teilen von muslimischen WählerInnen aus Bangladesch oder Pakistan stark wurden, während sogar Regionen mit vielen Schwarzen oder nicht-muslimischen AsiatInnen weniger populistisch wählten. Europaweit gingen doppelt so viele AnhängerInnen von populistischen Parteien (81 %) wie sonstige BürgerInnen (42 %) davon aus, dass der Islam eine Gefahr fürs die westliche Zivilisation darstelle. Im europäischen Vergleich zeigten die Briten sogar den höchsten Anteil an Befragten, welche die Immigration bedrohlich empfanden; in Spanien war es hingegen die Arbeitslosigkeit, die die höchsten Sorgen der unterprivilegierten Arbeiterschaft deutlich werden ließ (vgl. M. Goodwin 2011, S. 8 f., 10, 15).

Der Versuch von WissenschaftlerInnen zu demonstrieren, dass Immigration einen wirtschaftlichen Vorteil für ein Land bringen kann, kam bei den Betroffenen nicht an. In einigen Ländern fühlte sich bereits ein Drittel wie AusländerInnen im eigenen Land. Deutschland (das in diesen Studien vergleichsweise aufgeklärt antwortete) lag in der Frage, ob Immigration die Löhne verringern helfe, mit 39 % noch unter dem EU-Durchschnitt – aber unwesentlich unter den Antworten von BürgerInnen in Italien und Frankreich. Bei der Frage, ob die muslimische Kultur sich in die Landeskultur gut einfüge, war Deutschland ausnahmsweise sogar am Ende der Skala von Ja-Stimmen. Es wurde in dieser Umfrage-Studie nach Gegenstrategien gesucht, wie Exklusion von rechten Kräften, aber es fand sich keine für alle Länder verallgemeinerbare Ansicht. Die Exklusion von Radikalen drohte sogar den Konflikt zu zuspitzen. Am optimistischsten war man bei Maßnahmen auf lokaler Ebene. Früher neigte man dazu, die populistischen Attitüden mit dem Alter der Befragten in Verbindung zu bringen. Auch das ließ sich nicht halten. Jüngere (unter 35 Jahre) wurden erstaunlich oft mobilisiert – unter den FN-UnterstützerInnen betrug ihr Anteil 37 % (ebd., S. 19, 23–28, 30).

3.3 Entwicklungsprozesse in demokratischen Systemen

Als wichtigste Frage für die Demokratie gilt, ob die Systeme gegen extremistische Herausforderungen gewappnet sind. Dies wird verneint. Deutschland gilt jedoch als löbliche Ausnahme, weil es eine »wehrhafte Demokratie« aufgrund der Weimarer Erfahrungen entwickelt hat. Die USA gelten als das Gegenbeispiel mit sehr breiter Toleranz für abweichendes politisches Verhalten (vgl. C. Mudde 2016, S. 129 ff.). Der zitierte Autor plädiert für diese tolerante Haltung, weil er an den therapeutischen Effekt der freien Meinungsäußerung glaubt. Die weite Äußerungsmöglichkeit stärke das demokratische Gefühl der PopulistInnen und vor allem die demokratischen Teile der Bewegung.

Der Aufstieg des Populismus ist auch mit der Hypothese analysiert worden, dass die großen Parteien der Mitte sich immer ähnlicher wurden. Keine Einigkeit herrscht freilich unter den Analytikern, wo die Balance zwischen extremer Lagerbildung wie in der Weimarer Republik und postdemokratischer Uniformität liegt (vgl. M. Probst 2011, S. 61). Im Gegensatz zum Populismus in den Nachkriegsjahren ist jedoch die Entfremdung der Bürger nicht nur in »Passivismus« umgeschlagen, der sich in immer geringerer Wahlbeteiligung niederschlug. Es kam vielfach zur »partizipatorischen Protestdemokratie« (vgl. E. Niehuis 2011, S. 32 ff.), genährt von Vorurteilen gegen die Parteien. Die WutbürgerInnen lassen keinen politischen Quietismus zu.

WutbürgerInnen können auch vergleichsweise gelassen auftreten, wie die *Piratenpartei* in Deutschland, die sich als »update« der liberalen Partei FDP empfindet und in vielem keineswegs links agitiert. Führung war in dieser Partei verpönt. Leitende Figuren bleiben »Stichwortgeber« für die Generation Social Media. Die Stichworte waren relativ einseitig pointiert. Transparenz ist das Stichwort, das sich gegen den angeblichen Überwachungswahn des Staates richtet, der unaufhörlich dem Verdacht nachgeht – gegen Geldwäsche, Steuerhinterziehung oder Vorteilsnahme im Amt (vgl. R. Hank 2012, S. 38). Die Gegenbewegung verabsolutiert in einem »halben Liberalismus« die Transparenz und reduziert den Staat auf Dienstleistungsfunktionen. Selbst die Grünen gelten schon als zu etabliert. Die Piraten wirkten auf die Jugend attraktiv, weil sie kein Programm formulierten, und radikale Gleichheit anstrebten (vgl. K. Pham 2012, S. 1). Sie sind keine Organisation, sondern ein Netzwerk und passen zu dem, was die Jugend im Internet täglich erlebt und praktiziert. Selbst der herkömmliche Populismus erscheint mit dieser radikalen partizipatorischen Demokratie-Vorstellung schon obsolet.

Diese Entwicklung zur radikalen Internet-Demokratie wurde verstärkt durch den Aufstieg der ExpertInnen. Außerparlamentarische Expertengremien haben die Demokratien stark verändert. Noch kam es aber nur unter Mario Monti – 16.11. 2011 bis 28.04.2013 Ministerpräsident Italiens – nach Berlusconis Abgang zu einer »Politik ohne Politiker«. Dieses italienische Kabinett war ausschließlich mit Fachleuten besetzt; mehr als die Hälfte waren nach Presseberichten UniversitätsprofessorInnen. Weniger radikale Experimente hatte es in Vielparteiensystemen öfters gegeben. In der Weimarer Republik waren jedoch die »Sachwalterkabinette« meist nicht sehr erfolgreich. Immer wieder ist gegen die »Verbonzung« (Helmut Kohl) der Parteiendemokratie gewettert worden. Empirische Studien zeigten aber, dass die deutschen ParlamentarierInnen eher ein eingeschränktes und nüchternes Amtsverständnis haben. In der Deutschen Parlamentarierstudie (DEUPAS) zeigten die MandatsträgerInnen der im Bundestag vertretenen Parteien (vor allem diejenigen von CDU, CSU, FDP, Grünen), dass sie die Zuständigkeit für gesellschaftliche Innovation bei den BürgerInnen verorten und nicht bei der Wirtschaft oder der Politik (vgl. U. von Alemann et al. 2011, S. 32). Grund dafür ist die Segmentierung der Politik, die Abgeordnete auch nur zu beschränkten Experten werden lässt. Man wundert sich dann allerdings, dass die Bewegung für den Ausbau der Referendumsdemokratie nicht stärker ist. »Stuttgart 21« hat die Stimmen in Politik und Wissenschaft eher wieder skeptischer werden lassen (vgl. W. Merkel 2011, S. 49 ff.).

Das Modell der Sachschlichtung erwies sich in Umfragen als sehr beliebt bei den BürgerInnen. Runde Tische gab es schon länger. Hier aber wurde eine neue Form von Bürgerbeteiligung ausprobiert. Erfolgreich kann dieses Modell aber nur werden, wenn KritikerInnen und BefürworterInnen von Projekten paritätisch angehört werden und ein(e) neutrale(r) ModeratorIn die Verhandlungen leitet (vgl. F. Brettschneider 2011, S. 42, 46). Weniger optimistisch sind viele AnalytikerInnen hinsichtlich der Referendumsdemokratie. Sie haben zur Intensivierung der Diskurse bei Sachfragen wie dem EU-Beitritt beigetragen, zumal mit der Frage keine der üblichen Personaldebatten verbunden waren. Aber in der Policy-orientierten Alltagsdemokratie haben diese Erfolge sich auch in der Schweiz kaum gezeigt. Volksabstimmungen haben nicht das Volk als Ganzes, sondern meist gut repräsentierte Mittelschichten dank ihrer Lobby-Organisationen gestärkt (vgl. W. Merkel

2011, S. 52, 55). Die weniger gut situierten unteren Sozialschichten antworten auf diese Erfahrungen einer selektiven Repräsentation »des Volkes« nicht selten mit populistischen Tendenzen. Die Schweiz zeigte, dass Referenden kein Mittel gegen Populismus sind. Selbst hier hat der Populismus um Blocher und seine Schweizerische Volkspartei (SVP) das Parteiensystem durcheinander gewirbelt. Das hinderte freilich nicht, dass Roger Köppel (2011) – Chefredakteur der »Weltwoche« in Zürich – den Deutschen immer wieder das Schweizer Vorbild empfahl.

Die Krisenklassifikationen bei Habermas haben die Populismus-Debatte trotz seiner Warnungen mit Variationen erfasst. Es wurden von PopulistInnen gebrandmarkt:

- Eine *Verteilungskrise*, die an steigenden Arbeitslosenzahlen festgemacht wurde.
- Eine *Krise der Identitätsgefühle* in der Gesellschaft durch wachsende Einwanderung.
- Eine *Krise der Repräsentation*, die wachsende Entfremdung von Parteien förderte und nach Forderungen zu direkter Demokratie durch »das Volk« drängte.

Die neue Form der Krise seit den Banken-crashs 2008/2009 hat die populistischen AgitatorInnen Europas vorübergehend sprachlos gemacht. Die Arbeitslosigkeit stieg trotz der Krise nur langsam, der Staat hat international erstaunlich schnell und effektiv mit Krisenhilfen reagiert. »*Crisis mongering*« der PopulistInnen wirkte ein bisschen hilflos, weil man plötzlich die verachteten politischen Eliten und den angeblich unfähigen Staat brauchte. Es gab weitere wichtige Anpassungen: Seit der Islamismus als Kontrahent angesehen wurde, haben rechtspopulistische Parteien ihre a- oder gar anti-christliche Haltung revidiert. Am wenigsten wurde das beim Front National in Frankreich festgestellt, der das keltische Kreuz zum Symbol gemacht hat und lange neu-heidnische Motive von Alain de Benoist verarbeitete (deren Wurzeln schon im faschistoiden Vichy-System lagen). Nach 1945 wurden vor allem in protestantischen Ländern im Rechtspopulismus liberale Elemente in die Programme eingebaut, wie vor allem Christian Joppke (2017, S. 6) hervorhebt. Er ist ein deutscher Soziologe, der in Bern lehrt und sich selbst als einen »reaktionären Liberalen« bezeichnete – eine Neigung, die seine Betonung liberaler Züge im Populismus vielleicht erklärt. Vor allem in der Schweiz wurden von der Schweizerischen Volkspartei Föderalismus und Freiheitlichkeit als liberale Elemente internalisiert. Durch den Islamismus wurde die Tendenz zur Förderung der Gleichheit der Geschlechter in der Gegnerschaft gegen die Burka auch von Rechtspopulisten in einigen Ländern vertreten.

4 Rechtspopulismus – Chance für die Demokratie?

Populistische Bewegungen können doppelte Folgen erzeugen: Es kann die »Demokratie-Müdigkeit« verstärkt werden. Diese entsteht durch angeblich mangelnde Konflikte in der öffentlichen Sphäre. »Es gibt keine Alternative« wurde vor allem der Kanzlerin Merkel zugeschrieben. Diese Beruhigungssentenz droht die Passivität der Bürger zu fördern (vgl. I.-C. Panreck 2016, S. 95–99). Aber es kann auch durch neues Agenda-Setting eine verstärkte Partizipation ermuntert werden. Rechtspopulistische Parteien sind nach der Prognose von Grabow und Hartleb (2013b, S. 38) im Wachsen begriffen. Dennoch wurde der Populismus in den westeuropäischen Systemen – im Gegensatz zu Osteuropa – bisher nirgends eine systembedrohende Gefahr. In den 1980er Jahren traten neue PopulistInnen noch verbal als SystemveränderInnen auf, in den 1990er Jahren war die Veränderung zur bloßen Rhetorik verkommen – wie Berlusconi mit seiner »Zweiten Republik« in Italien und Haider (1994, S. 201, 239) mit seiner »Dritten Republik« in Österreich zeigten, die diese Politiker proklamiert hatten. Kaczyński hatte das Ende der »Vierten Republik« in Polen deklariert. Die revolutionäre Phraseologie reduzierte sich bald auf einen »Transformationsjargon«. Transformiert wurden aber weniger die Systeme als die populistischen Bewegungen. Sie waren erfolgreich im Agenda Setting und in der öffentlichen Debatte. Aber in den meisten Ländern kamen sie nicht über 10 % der Wählerstimmen hinaus – mit Ausnahme der Schweizerischen Volkspartei, des Front National in Frankreich, der Freiheitlichen Partei Österreichs und der norwegischen Fremskrittspartiet. Die Fluktuationen waren noch größer als bei den alten Parteien. In einigen Fällen gingen die Bewegungen unter, wie Poujade nach dem Übergang von der IV. zur V. Republik in Frankreich. In anderen zeigte sich ein Mangel an Professionalität wie in deutschen Landtagen, die zum raschen Niedergang der NPD und den Republikanern führte. Der Populismus wurde lange nicht einmal für die europäische Integration zur Gefahr, wie die Fälle des Mitregierens von PopulistInnen in Dänemark, Italien, Österreich und den Niederlanden zeigten. Seit dem Brexit 2016 lässt sich diese These aber nicht mehr ohne weiteres halten. Die Gegnerschaft gegen die europäischen Institutionen wurde zu einem wichtigen Programmpunkt für viele populistische Parteien in der EU.

Postdemokratie-Thesen unterschätzten die participatory revolution, die quantitativ und qualitativ unkonventionelle Formen der Beteiligung begünstigte. Eine Vielzahl von Mediationsverfahren von Streitfällen der Hamburger Elbvertiefung und des Schulstreits bis zur Aktion »Stuttgart 21« – in einer Stadt, die bisher kaum je durch anomische Partizipationsformen aufgefallen ist – haben diese Konflikte wieder in zivile Bahnen gelenkt, wenn sie aus dem Ruder zu laufen drohten. Nachteil dieser Verlagerung der Partizipation scheint der Trend zu sein, dass die unteren Sozialchichten sich aus der Politik zurückziehen, während das frühere Bürgertum sich immer häufiger auch unkonventionell engagiert. Im Hamburger Schulstreit – bei dem eine schwarz-grüne Koalition eine sechsjährige Primarschule an die Stelle einer vierjährigen Grundschule treten lassen und das Elternwahlrecht abschaffen wollte – hat die Mehrheit am 18. Juli 2010 in einem Volksentscheid für den Status quo gestimmt. Die wohlhabenderen Stadtviertel partizipierten weitaus stärker als die sozial benachteiligten Viertel (vgl. D. Jörke 2011, S. 14, 16). Die Flucht in Politikverdrossenheit oder Emotionalisierungsvorschläge à la Chantal Mouffe (2011, S. 5) scheinen dem normativen Gehalt der Demokratievorstellungen nicht gerecht zu werden, welche die neuen Formen des Protestes einbeziehen und nicht sofort als »populistisch« verketzern. Für die neuen Medien entsteht das Problem, dass die Szene im Rechtspopulismus und Neofaschismus immer unübersichtlicher wird. Die NPD verliert an Mitgliedern, die neuen Gruppen und rechten flashmobs breiten sich aus und sind unüberschaubar geworden. Selbst in der Kleidung treten die Gruppen zunehmend neutraler auf, sodass man Neonazis und normale Populisten immer weniger unterscheiden kann. Für die Internet-Aktivitäten solcher Gruppen gilt das in noch größerem Maße.

Zwei Formen eines »eingebauten Populismus« sind in der Literatur unterschieden worden:

1) *Gemäßigte PopulistInnen* – die häufig einer demokratischen Linken zuzuordnen sind – akzeptieren die repräsentative Demokratie und wollen sie stärken durch Inklusion von mehr Gruppen und Interessen in einer »deliberativen Demokratie«. Vielfach setzen sie auf mehr plebiszitäre Demokratie. Die Gemäßigten unter den neuen Linken wie Andreas Fisahn (2008) oder Thomas Wagner (2011, S. 131 f.) scheuen Personalplebiszite und konzentrieren ihre Reformbemühungen auf Sachplebiszite. Sie gehen nicht davon aus, dass diese im Resultat immer fortschrittlich ausfallen. Bei Ein-Thema-Entscheidungen auf plebiszitärer Ebene wird vielfach die Heterogenität politischer Motivlagen deutlich. Sie können auch als machtstrategisches Kalkül der politischen Gegner der Linken missbraucht werden. Gleichwohl sind die Gemäßigten Linken für einen Ausbau der plebiszitären Demokratie – wobei sie sich auch auf Sahra Wagenknecht (2011) berufen –, wenn die direkte Demokratie nicht mit zu hochgesteckten Erwartungen überfrachtet wird.
2) *Radikalere PopulistInnen* fordern eine plebiszitäre Demokratie. Dezisionismus auf der Basis eines einheitlich gedachten Volkswillens soll »Deliberation« ersetzen. Den radikaleren Populisten wird vielfach eine Sehnsucht nach »ein bisschen Diktatur« unterstellt (vgl. H. Münkler 2010, S. 11), oder das, was Domenico Losurdo (2008, S. 73) »Soft Bonapartismus« nannte. Gelegentlich wurden auch schon eher Liberal-Konservative wie Hans Herbert von Arnim

unter die »radikaldemokratische Demagogie der Rechtspopulisten« eingereiht, die sich rhetorisch auf die Seite der Unterdrückten stellen, im Kampf gegen ein »bankrottes Establishment« (vgl. T. Wagner 2011, S. 58). Von Arnim (2008, S. 137) erinnerte allerdings an einen Populisten nur insofern, als er »die Funktionäre innerhalb der Parteien« anklagte, »die mittels ihrer parasitären Netzwerke nicht nur die Allgemeinheit, sondern auch die Parteien selbst ausbeuten«. Seine Besessenheit in Fragen der Parteienfinanzierung hat ihn vielfach zu weitreichenden nahezu populistischen Schlüssen verführt, die aus dem Grundtenor seiner Schriften nicht herauszulesen waren.

Nur die zweite Variante könnte eine potentielle Bedrohung für die Demokratie sein, die erste könnte sogar als Bereicherung des politischen Lebens dienen. »Demokratie braucht Populismus« wurde denn auch schon früh zu einer Schlagzeile in einer Tageszeitung (vgl. L. Probst 2001, S. 13). Bei einem weiten Blick auf die Bewegungen der ganzen Welt, wie ihn einst schon Puhle (2003, S. 29, 43) einbrachte, ließen sich in der Dritten Welt große Modernisierungsleistungen von PopulistInnen entdecken. In Europa schien die Einschränkung sinnvoller, dass sich der Populismus aufgrund der Fragmentierung der Parteienlandschaft schwer vermeiden lässt. Deutschland galt lange als vergleichsweise wenig von populistischen Bewegungen im Bestand der Demokratie bedroht, wegen seiner protestantisch-etatistischen Staatsbezogenheit im Abstrakten und der NS-Vergangenheit im Konkreten. Aus diesen Traditionselementen resultierte eine starke Wohlfahrtsorientierung der beiden größten Volksparteien in der Bundesrepublik. Populistische Slogans sind den beiden großen Parteien, die zweimal zu einer »großen Koalition« zusammenfanden, aber inzwischen selbst nicht immer fremd. Ende des 20. Jahrhunderts kam es zunehmend zu einer Fragmentierung der Parteien. Der Dualismus von Christdemokratie und Sozialdemokratismus wurde aufgeweicht. Selbst die großen Koalitionen, wie sich in der Landtagswahl 2016 in Mecklenburg-Vorpommern zeigte, kamen gelegentlich nur knapp auf die nötigen 50 % der Sitze im Landtag.

Nicht die radikalsten Slogans populistischer Parteien erscheinen inzwischen als eine Bedrohung für die Demokratie, sondern das Wetteifern der etablierten Parteien um einen »Populismus der Mitte«. In Wahlkämpfen werden gerne unrealistische Steuersenkungen und Rentenerhöhungen versprochen, und »Sozialschmarotzer, kriminelle Ausländer, geldgierige Banker oder korrupte Politiker« als Sündenböcke vorgeführt. So hat man dem CDU-Politiker Roland Koch seinen Wahlsieg gegen Rot-Grün in der hessischen Landtagswahl 1999 seiner populistischen Unterschriftenkampagne gegen die doppelte Staatsbürgerschaft zugeschrieben (vgl. C. Seils 2010, S. 132, 177). Nicht die Rückkehr Weimarer Verhältnisse wird von PessimistInnen befürchtet, sondern eine »Berlusconisierung der deutschen Politik«. Ein Theoretiker der Migration wie Nida-Rümelin (2017, S. 196) sah seit der Präsidentschaftskampagne 2016 in den USA eine Gefahr für die Demokratie aufgrund einer »beispiellosen Verrohung der politischen Kommunikation«. Neben der Fragmentierung der Parteiensysteme spielen zunehmend die Wandlungen der Politikstile durch die Übermacht der Medien eine Rolle. Es wurde bereits eine »globale konservative Revolution« befürchtet.

Gleichwohl müssen AnalytikerInnen sich vor pessimistischen Übertreibungen hüten, die in Westeuropa keine klare Tendenz anzeigen und allenfalls angesichts der Retrobewegung in der Demokratisierung Osteuropas angemessen erscheinen. RechtspopulistInnen waren ungefährlich, weil sie letztlich a-politisch blieben, soweit sie Kompromisse ablehnten. PopulistInnen wollen für vorgegebene Ziele mobilisieren. Das Resultat war freilich vielfach manipulierte Pseudopartizipation. Sowie populistische Gruppierungen kompromissfähig wurden, sind sie ins System integriert worden und verloren ihre Einmaligkeit. Dies geschah vor allem mit den Grünen in vielen europäischen Parteiensystemen. Die Piraten wurden vielfach mit den Grünen verglichen. Aber einmal haben sie kaum ein kohärentes Programm zu bieten, sondern nur eine Methode der Nachrichtenbeschaffung und -verbreitung – die andere Gruppen blitzschnell erlernen können. Zum anderen haben sie angesichts ihres Angriffs auf das geistige Eigentum der »Intelligencija«, die Intellektuellen fast geschlossen gegen sich.

5 Rechtspopulismus – in Osteuropa eine besondere Gefahr?

Mein Optimismus könnte durch die Erfahrung mit defekten Demokratien in Osteuropa einen Dämpfer erhalten. In neuen Demokratien sind Populisten gefährlicher als in alten, weil keine Tradition eines festgefügten Parteiensystems existiert, die Wählerfluktuation zu instabilen Parteiorganisationen beiträgt und ethnische Unterschiede in härtere Politik umgesetzt werden als im Westen (z. B. in der Slowakei, in Rumänien und Serbien). Das »*institutional engineering*« ist in dieser Region bisher nicht zum Ende gekommen. Die Konsolidierungsforschung ist inzwischen bescheidener geworden. Defekte wurden selbst bei alten Demokratien des Westens zunehmend entdeckt. Der Ethno-Pluralismus wurde militanter – vom Baskenland bis nach Belgien und Schottland.

Langfristig bin ich jedoch auch für die neuen EU-Mitglieder optimistisch:

- *EU-Werte formen die politischen Kulturen Osteuropas.* Der Euro-Skeptizismus übertrifft in einigen Parteieliten sogar die des Volkes, dass diese Parteien zu repräsentieren vorgeben, wie Umfragen immer wieder dokumentierten (vgl.

J. Rupnik 2007, S. 168). Das Vertrauen in Europa ist in den Völkern Osteuropas zum Teil größer als das Vertrauen in die nationalen Regierungen dieser Länder. Parteigruppierungen im europäischen Parlament haben langfristig Einfluss auf osteuropäische Parteiensysteme.

- *Das richterliche Prüfungsrecht der Verfassungsgerichte* trägt zur Domestizierung und Integration der osteuropäischen Gruppen bei. Das einst amerikanische Prinzip des »*judicial review*« hat sich auch in Westeuropa zunehmend in den Ländern durchgesetzt, die keine voll ausgebildete Verfassungsgerichtsbarkeit kannten wie Frankreich im »Conseil Constitutionnel«. Die Systeme entwickelten sich im Osten eher in Richtung des »österreichisch-deutschen Modells« als in den Bahnen des Supreme Courts der Vereinigten Staaten (vgl. K. von Beyme 2006). Orbán hat in der neuen Verfassung Ungarns, die im April 2011 verabschiedet wurde, die Verfassungsinstitutionen an die Leine gelegt. Im Parlament wird eine Vierfünftel-Mehrheit benötigt, um ein Gesetz vom Verfassungsgericht überprüfen zu lassen. Das Ungarische Verfassungsgericht, das durch die ab Januar 2012 gültige Verfassung geschwächt wird, hat im Dezember 2011 schnell noch Teile des umstrittenen Mediengesetzes mit einem »Maulkorbparagraphen« für verfassungswidrig erklärt. Das Verfassungsgericht hat ferner das umstrittene Kirchengesetz gekippt, nach dem die Zahl der anerkannten Religionsgemeinschaften drastisch reduziert werden sollte. Auch ein Gesetz, nach dem Untersuchungshäftlinge künftig fünf statt wie bisher zwei Tage ohne Zugang zu einem Anwalt festgehalten werden durften, wurde annulliert. Wichtig sind solche Schlappen autoritärer Regierungen vor Gericht, weil sie den Oppositionsparteien Auftrieb geben (vgl. Flückiger und Hubschmid 2011, S. 5). Der Fraktionschef der grün-liberalen Oppositionspartei LMP, Andras Schiffer, hoffte auf ein Umdenken des Volkes, das sich in neuen Protestbewegungen schon ankündigte. Gleichwohl stellt der »Transformation Index« der Bertelsmann Stiftung (2012, S. 25, 108 f.) neben Ungarn in Mazedonien und der Slowakei, vor allem aber in den Nachfolgestaaten der Sowjetunion einen Niedergang der Rechtsstaatlichkeit und Gewaltenteilung fest.
- *Wirtschaftliche Einbrüche* haben in Europa den Elan eines nationalistischen Populismus, wie er in Ungarn entstand, gehemmt. 2010 hatte Orbán die Gespräche mit dem Internationalen Währungsfonds (IWF) abgebrochen. Großmäulig hatte er erklärt: »Wenn der IWF kommt, werde ich gehen.« Ratingagenturen wie Standard & Poor's und Moody's stuften Ungarn plötzlich auf »Ramschniveau« (BB+) herab. Orbán musste die Hand suchen, die er zuvor (aus-)geschlagen hatte. Er hatte nicht damit gerechnet, dass Ungarn den IWF als Kreditgeber brauchen würde (vgl. A. Bota 2011, S. 9; C. Tenbrock 2012, S. 21).

- Auch für Osteuropa offenbart sich die Instabilität populistischer Bewegungen nach dem Diktum »Populism never lasts long – but it is somehow always around« (K. Deegan-Krause 2007, S. 144). Die ältere behavioralistische Literatur – etwa Scheuch und Klingemann (1967, S. 12f.) – nannte radikale Rechtstendenzen gelegentlich eine »normale Pathologie«. Inzwischen könnte man das Diktum in einen »ganz normalen populistischen Zeitgeist« ummünzen (vgl. C. Mudde 2004, S. 562). Der populistische Zeitgeist gebiert ständig neue Bewegungen. Die WutbürgerInnen organisierten sich in der Bewegung »Occupy«. In Spanien, in den USA, im Frankfurter Bankenviertel wurde kampiert. Mit der Piratenpartei wurde eine neue basisdemokratisch-populistische Partei geboren, die auf Anhieb in Berlin in das Landesparlament einzog. Hatte Orbán in Ungarn mit populistischen und nationalistischen Parolen den Umbau seines Staates vorangetrieben, wurde er Ende 2011 von neuem populistischem Protest eingeholt. Im Dezember gingen Zigtausende auf die Straßen, soviel wie seit 1989 nicht. Die DemonstrantInnen nannten ihre Bewegung »Solidarität« – in Anspielung an die polnische Solidarność (vgl. A. Bota 2011, S. 9). Einige europäische Intellektuelle und PolitikerInnen fordern seit Jahren, radikal-populistische Parteien wie die ungarische FIDESZ aus der Europäischen Volkspartei (EVP) auszuschließen. Aber vergleichsweise Rechte wie CSU-Politiker Manfred Weber hoffen, dass man Orbán mäßigen könnte, wenn man seine Partei in der EVP lässt (vgl. C. Mudde 2017, S. 5).

Literatur

Bertelsmann Stiftung (Hrsg.). 2012. *Transformation Index BTI 2012. Political Management in International Comparison*. Gütersloh: Verlag Bertelsmann Stiftung.

Bos, Ellen, und Dieter Segert (Hrsg.). 2008. Osteuropäische Demokratien als Trendsetter? Parteien und Parteiensysteme nach dem Ende des Übergangsjahrzehnts. Opladen: Verlag Barbara Budrich.

Bota, Alice. 2011. Herr Orbán bekommt ein Problem. Ungarn schlittert in die Finanzkrise – und plötzlich wächst der demokratische Protest gegen den Premierminister. *Die Zeit* vom 29. Dezember 2011: 9.

Brettschneider, Frank. 2011. Kommunikation und Meinungsbildung bei Großprojekten. *Aus Politik und Zeitgeschichte* 61 (44-45, 31. Oktober 2011): 40–47.

Bútora, Martin, et al. (Eds.). 2007. *Democracy and Populism in Central Europe*. Bratislava (CZ): Institute for Public Affairs.

Deegan-Krause, Kevin. 2007. Populism and the Logic of Party Rotation in Postcommunist Europe. In *M. Bútora et al. 2007*, 141–159.

Fisahn, Andreas. 2008. Herrschaft im Wandel. Überlegungen zu einer kritischen Theorie des Staates. Köln: PapyRossa Verlag.

Flückiger, Paul, und Maris Hufschmid. 2011. Urteil gegen Urban. *Der Tagesspiegel* vom 21. Dezember 2011: 5.

Goodwin, Matthew. 2011. *Right Response: Understanding and Countering Populist Extremism in Europe* (A Chatham House Report). London: Chatham House.

Grabow, Karsten, und Florian Hartleb (Eds.). 2013a. *Exposing the Demagogues. Right-wing and National Populist Parties in Europe.* Brüssel und Berlin: Centre for European Studies/Konrad-Adenauer-Stiftung, 2013.

Grabow, Karsten, und Florian Hartleb. 2013b. Mapping Present-day Right-wing Populists. In *Grabow und Hartleb 2013a,* 13–44.

Haider, Jörg. 1994. Die Freiheit, die ich meine. Das Ende des Proporzstaates. Plädoyer für die Dritte Republik. Frankfurt a. M.: Ullstein Taschenbuchverlag.

Hank, Rainer. 2012. Nichts geht über Transparenz. Piraten sind die Helden der Informationsfreiheit. Aber sie vergessen den Schutz der Privatheit. *Frankfurter Allgemeine Sonntagszeitung,* Nr. 13 vom 1. April 2012: 38–39.

Hartleb, Florian. 2013. Populism in Western and Eastern Europe Compared. In *Grabow und Hartleb 2013a,* 353–372.

Joppke, Christian. 2017. Erst die Moral, dann das Fressen. Was verbindet die europäischen Rechtspopulisten von Viktor Orbán über Geert Wilders bis zu Marine Le Pen? *Frankfurter Allgemeine Zeitung* vom 6. Juni 2017: 6.

Jörke, Dirk. 2011. Bürgerbeteiligung in der Postdemokratie. *Aus Politik und Zeitgeschichte* 61 (1-2, 3. Januar 2011): 13–18.

Köppel, Roger. 2011. Nehmt die Schweiz als Vorbild! Ein Plädoyer von Roger Köppel. *Focus* 48 (28. 11. 2011): 48–50.

Losurdo, Domenico. 2008. Demokratie oder Bonapartismus. Triumph und Niedergang des allgemeinen Wahlrechts. Köln: PapyRossa.

Merkel, Wolfgang. 2011. Volksabstimmungen: Illusion und Realität. *Aus Politik und Zeitgeschichte* 61 (44-45, 31. Oktober 2011): 47–55.

Merkel, Wolfgang. 2010. *Systemtransformation. Eine Einführung in die Theorie und Empirie der Transformationsforschung.* 2. Aufl. Wiesbaden: VS Verlag für Sozialwissenschaften.

Merkel, Wolfgang. 2007. Gegen alle Theorie? Die Konsolidierung der Demokratie in Ostmitteleuropa. *Politische Vierteljahresschrift* 48 (3, September 2007): 413–433.

Minkenberg, Michael. 2017. *The Radical Right in Eastern Europe: Democracy under Siege?* New York: Palgrave Macmillan.

Minkenberg, Michael. 1998. Die neue radikale Rechte im Vergleich. USA, Frankreich, Deutschland. Opladen: Westdeutscher Verlag.

Mouffe, Chantal. 2011. »Postdemokratie« und die zunehmende Entpolitisierung. *Aus Politik und Zeitgeschichte* 61 (1-2, 3. Januar 2011): 3–5.

Mudde, Cas. 2017. Europas wirkliche populistische Herausforderung. *ZOiS Spotlight* (09). https://www.zois-berlin.de/publikationen/zois-spotlight/die-wirkliche-populistische-herausforderung/

Mudde, Cas. 2016. *On Extremism and Democracy in Europe.* Abingdon (UK): Routledge.

Mudde, Cas. 2004. The Populist Zeitgeist. *Government and Opposition* 39 (4, Autumn 2004): 541–563.

Münkler, Herfried. 2010. Lahme Dame Demokratie. Wer siegt im Systemwettbewerb? *Internationale Politik* 65 (3, Mai/Juni 2010): 10–17.

Nida-Rümelin, Julian. 2017. Über Grenzen denken. Eine Ethik der Migration. Hamburg: edition Körber-Stiftung.

Niehuis, Edith. 2011. Die Demokratiekiller. Fehlentwicklungen in der deutschen Politik. Berlin: Lehmanns Media.

Norris, Pippa, und Max Grömping. 2017. Populist Threats to Electoral Integrity: The Year in Elections, 2016–2017 (Harvard University, John F. Kennedy School of Government: *HKS Faculty Research Working Paper Series,* RWP 17-018). Cambridge, Mass.

Offe, Claus. 1991. Das Dilemma der Gleichzeitigkeit. Demokratisierung und Marktwirtschaft in Osteuropa. *Merkur* 45 (505, April 1991): 279–292.

Panreck, Isabelle-Christine. 2016. »Freitag« und »Junge Freiheit«: linke und konservative Alternative in der medialen Debatte? Eine Analyse der Berichterstattung über die deutsche Enthaltung zur Libyenfrage 2011. *Jahrbuch für Extremismus & Demokratie* 28: 95–112.

Pham, Khuê. 2012. Alles Piraten! Ist die neue Partei so erfolgreich, obwohl sie alles falsch macht oder weil sie alles falsch macht? *Die Zeit,* Nr. 14 vom 29. März 2012: 1.

Pirro, Andrea L. P. 2014. Populist Radical Right Parties in Central and Eastern Europe: The different Context and Issues of the Prophets of the Patria. *Government and Opposition* 49 (4, October): 600–629.

Probst, Lothar. 2001. Demokratie braucht Populismus. *Frankfurter Allgemeine Sonntagszeitung* vom 2. Dezember 2001: 13.

Probst, Maximilian. 2011. Der falsche Frieden. Weil sich die Parteien in der Mitte immer ähnlicher werden, wächst Extremismus - auch am rechten Rand. *Die Zeit* vom 24. November 2011.

Puhle, Hans-Jürgen. 2003. Zwischen Protest und Politikstil: Populismus, Neo-Populismus und Demokratie. In *Populismus. Populisten in Übersee und Europa,* hrsg. von Nikolaus Werz, 15–43. Opladen: Leske & Budrich.

Rathkolb, Oliver. 2010. Historical Perceptions concerning the changes of 1989 and authoritarian disposition. In *Rathkolb und Ogris 2010,* 127–134.

Rathkolb, Oliver, und Günther Ogris (Eds.). 2010. *Authoritarianism, History and Democratic Dispositions in Austria, Poland, Hungary and the Czech Republic.* Innsbruck etc.: StudienVerlag.

Rupnik, Jacques. 2007. The Populist Backlash in East-Central Europe. In *M. Bútoran et al. 2007,* 161–169.

Schedler, Andreas (Ed.). 2006. *Electoral Authoritarianism: The Dynamic of Unfree Competition.* Boulder, Col.: Lynne Rienner Publishers.

Schellenberg, Britta. 2016. Wenn der Staat versagt. Pfade zum »hausgemachten« Terrorismus. In *PEGIDA – Rechtspopulismus zwischen Fremdenangst und »Wende«-Enttäuschung? Analysen im Überblick,* hrsg. von Karl-Siegbert Rehberg, Franziska Kunz und Tino Schlinzig, 323–336. Bielefeld: transcript Verlag.

Scheuch, Erwin K., und Hans-Dieter Klingemann. 1967. Theorie des Rechtsradikalismus in westlichen Industriegesellschaften. *Hamburger Jahrbuch für Wirtschafts- und Gesellschaftspolitik* 12: 11–29.

Schindler, Jörg. 2017. Regierender Zynismus. Großbritannien. *Der Spiegel* (26): 96–97.
Seils, Christoph. 2010. Parteiendämmerung. Oder: Was kommt nach den Volksparteien? Berlin: WJS Wolf Jobst Siedler Verlag.
Staniszkis, Jadwiga. 2016. »Ein infantiler Autokratismus«. Kaczynski, die PiS und Polens Weg nach Osten. *Osteuropa* (1-2): 103–108.
Tenbrock, Christian. 2012. Budapester Ramschware. *Die Zeit,* Nr. 3 vom 12. Januar 2012: 21.
Tiemann, Guido. 2006. Wahlsysteme, Parteiensysteme und politische Repräsentation in Osteuropa. Politische Kultur in den neuen Demokratien Osteuropas. Wiesbaden: VS Verlag für Sozialwissenschaften.
von Alemann, Ulrich, Joachim Klewes, und Christina Rauch. 2011. Die Bürger sollen es richten. *Aus Politik und Zeitgeschichte* 61 (44-45, 31. Oktober 2011): 25–32.
von Arnim, Hans Herbert. 2008. Deutschlandakte. Was Politiker und Wirtschaftsbosse unserem Land antun. München: C. Bertelsmann Verlag.
von Beyme, Klaus. 2006. Modell für neue Demokratien? Die Vorbildrolle des Bundesverfassungsgerichts. In *Das Bundesverfassungsgericht im politischen System,* hrsg. von Robert Chr. van Oeyen und Martin H. W. Möllers, 423–442. Wiesbaden: VS Verlag für Sozialwissenschaften.
von Beyme, Klaus. 2002. *Parteien im Wandel. Von den Volksparteien zu den professionalisierten Wählerparteien.* Opladen: Westdeutscher Verlag.
von Beyme, Klaus. 1996. Rechtsextremismus in Osteuropa. In *Rechtsextremismus. Ergebnisse und Perspektiven der Forschung* (Politische Vierteljahresschrift: Sonderheft 27/1996), hrsg. von Jürgen W. Falter, Hans-Gerd Jaschke und Jürgen R. Winkler, 423–442. Opladen: Westdeutscher Verlag.
von Klimó, Árpád. 2010. Hungary. In *Rathkolb und Ogris 2010,* 79–90.
Wagenknecht, Sahra. 2011. Freiheit statt Kapitalismus. Berlin: Verlag Eichborn.
Wagner, Thomas. 2011. Demokratie als Mogelpackung. Deutschlands sanfter Weg in den Bonapartismus. Köln: PapyRossa.

II. Länderstudien

Das Aufkommen der Alternative für Deutschland

Deutschland ist kein Ausnahmefall mehr

Eckhard Jesse

1 Phänomen AfD

»Aber wir wollen weder in der Welt noch in Europa aufgehen. Wir haben eine ruhmreiche Geschichte, die länger dauerte als 12 Jahre. Und nur wenn wir uns zu dieser Geschichte bekennen, haben wir die Kraft, die Zukunft zu gestalten. Ja, wir bekennen uns zu unserer Verantwortung für die 12 Jahre. Aber, liebe Freunde, Hitler und die Nazis sind nur ein Vogelschiss in unserer über 1000-jährigen Geschichte. Und die großen Gestalten der Vergangenheit von Karl dem Großen über Karl V. bis zu Bismarck sind der Maßstab, an dem wir unser Handeln ausrichten müssen. Gerade weil wir die Verantwortung für die 12 Jahre übernommen haben, haben wir jedes Recht, den Stauferkaiser Friedrich II., der in Palermo ruht, zu bewundern. Der Bamberger Reiter gehört zu uns wie die Stifterfiguren des Naumburger Doms. Liebe Freunde, denken wir immer daran, dass ein deutscher Jude, Ernst Kantorowicz, den Ruhm des Stauferkaisers beschrieben hat. Nein, der Islam gehört nicht zu uns. Unsere Vorfahren haben ihn 1683 vor Wien besiegt. Aber das deutsche Judentum von Ballin und Bleichröder über Rathenau und Kantorowicz war Teil einer deutschen Heldengeschichte, die Hitler vernichten wollte. Liebe Freunde, uns muss man nicht vom Unwert des Nationalsozialismus überzeugen. Wir haben diesen Unwert im Blut. Aber, liebe Freunde, wer eine Rot-Kreuz-Flagge aus den letzten Tagen des Kampfes um Berlin entsorgt, hat keine Achtung vor soldatischen Traditionen, die es jenseits der Verbrechen auch in der Wehrmacht gab.«[1] Das sind die ungekürzt wiedergegebenen Äußerungen von Alexander Gauland, dem Bundessprecher der Alternative für Deutschland (AfD) am 2.06.2018 beim Kongress der Jungen Alternative.

---

1 Wortlaut der umstrittenen Passage der Rede von Alexander Gauland: https://www.afdbundestag.de/ (Zugriff: 2.06.2018).

H. U. Brinkmann und I.-C. Panreck (Hrsg.), *Rechtspopulismus in Einwanderungsgesellschaften*, https://doi.org/10.1007/978-3-658-23401-0_5

Dieses provokative und offenbar kalkuliert eingesetzte »Vogelschiss«-Zitat, eingebettet in unverfängliche Sätze, löste bei den etablierten Parteien erwartungsgemäß helle Empörung aus. Als Kritik von allen Seiten – selbst aus Teilen der eigenen Partei – auf Gauland einprasselte, ruderte er etwas zurück, indem er diese Aussage leicht relativierte. Zuvor und danach folgten ähnliche Provokationen. So fühlte er sich auf dem AfD-Parteitag im Juni 2018 angesichts des Zustandes des Merkel-Kabinetts an die »letzten Tage der DDR« erinnert. Und auf einer Wahlkampfveranstaltung hatte er im August 2017 über Staatsministerin Aydan Özoguz von der SPD (damals Migrationsbeauftragte der Bundesregierung), für die eine spezifisch deutsche Kultur nicht wahrnehmbar sei, die folgenden Worte geäußert: »Das sagt eine Deutsch-Türkin. Ladet sie mal ins Eichsfeld ein und sagt ihr dann, was spezifisch deutsche Kultur ist. Danach kommt sie hier nie wieder her, und wir werden sie dann auch, Gott sei Dank, in Anatolien entsorgen können« (zitiert nach J. Bender 2017b).

Bizarr-populistische Stellungnahmen von Gauland und anderen führenden Vertretern der Partei sind keine Seltenheit. Aber sie schaden ihr augenscheinlich nicht, obwohl (oder vielleicht gerade weil) etablierte Kräfte sie heftig attackieren und dabei ihrerseits schweres Geschütz auffahren. Im Gegenteil: Die AfD wird stark und stärker, ungeachtet der innerparteilichen Zerreißproben, auch solchen personeller Art. Die Partei bestimmt ungeachtet ihrer Isolation dadurch vielfach die politische Agenda.

Dieser Beitrag fragt u.a. nach den Ursachen für das Aufkommen einer starken rechtspopulistischen Kraft wie der AfD in der Bundesrepublik Deutschland. Einem Überblick zum Forschungsstand folgt eine kurze Analyse der hiesigen Migrationsdebatte. Ohne diese ist der Erfolg der AfD nicht zu verstehen. Was auf der außerparlamentarischen Ebene die »Patriotischen Europäer gegen die Islamisierung des Abendlandes« (Pegida) sind, ist im parlamentarischen Bereich die AfD. Ihre Wahlerfolge haben nicht nur das Parteiensystem erweitert und damit verändert, sondern indirekt auch das Koalitionsgefüge beeinflusst, obwohl die AfD weder koalitionswillig ist noch bei den anderen Parteien als koalitionswürdig gilt. Die AfD durchlief innerhalb von fünf Jahren einen beträchtlichen Wandel: Dafür stehen die Namen der Bundessprecher Bernd Lucke, Frauke Petry, Alexander Gauland. Wer nach den Ursachen des Aufkommens der Partei fragt, muss eine Vielzahl an Faktoren berücksichtigen, keineswegs nur die Migrationsthematik. Ein (oft vernachlässigter) Vergleich zur Partei Die Linke wird herangezogen, weil ein Zusammenhang zwischen dem Aufkommen der AfD und dem Wandel der Partei Die Linke besteht. Der Antwort auf die Frage, ob sich die AfD etabliert (hat), will der Verfasser am Ende keineswegs ausweichen.

2 Forschungsstand

Die Zahl der Publikationen zum Thema (Rechts-)Populismus ist Legion. Der in der Regel negativ konnotierte Begriff des Populismus, meist mit dem Präfix »rechts«, ist – zumal in Deutschland durch das Aufkommen der AfD – in aller Munde. Populismus zielt vornehmlich auf die Art und Weise, wie (simpel) eine politische Kraft gegen *die da oben* agiert und wie sie sich dabei auf den »wahren Volkswillen« beruft (vgl. J.-W. Müller 2016). Für zahlreiche Autoren fußt der Populismus auf einer »dünnen Ideologie« (vgl. M. Freeden 1996). Der Anti-Eliten-Diskurs kennzeichnet eine populistische Bewegung (vgl. K. Priester 2012). Oft verfügen populistische Kräfte, die starke Vorbehalte gegen das Repräsentativsystem hegen, über eine/n charismatische/n AnführerIn. Populismus setzt auf Provokation und Tabubrüche, ist jedoch weniger inhaltlich ausgerichtet. Populismus kann extremistisch sein, muss es aber nicht; vielmehr ist er im Kern ein Politikstil (vgl. Jesse und Panreck 2017). Die verbreitete Vermengung der Begriffe Extremismus und Populismus (vgl. W. Brömmel et al. 2017) trägt nicht zur Klarheit in der wissenschaftlichen Diskussion bei.

Dieser Begriff älteren Ursprungs gehört seit den letzten Jahrzehnten vor allem wegen der beträchtlichen Erfolge von Rechtsparteien in demokratischen Verfassungsstaaten zum Sprachgebrauch[2], vielleicht auch wegen der ihm innewohnenden Unschärfe. Die Ambivalenz des Populismus kommt in seiner Doppelgesichtigkeit zum Ausdruck (vgl. C. R. Kaltwasser 2012): PopulistInnen können einerseits Schwächen der Demokratie benennen (z. B. mit ihrer Kritik an einer starken Konsenskultur) und andererseits den demokratischen Verfassungsstaat schwächen (z. B. mit ihrem simplen Volksbegriff). Der Rechtspopulismus ist nicht nur durch die Dichotomie »unten gegen oben« gekennzeichnet, sondern auch durch eine andere: »drinnen gegen draußen«.

Der Begriff Populismus ist beides: zum einen eine wissenschaftlich-analytische Kategorie, die einen bestimmten Politikstil beschreibt; zum anderen eine politisch-wertgeladene Kategorie, die dazu taugt, den Gegner ins Abseits zu stellen. Der ubiquitäre Gebrauch hängt nicht zuletzt mit der diffusen Konnotation zusammen, die dem Begriff innewohnt. Er ist weniger klar abgrenzbar als der Begriff des Extremismus. Auch die jüngst veröffentlichten Beiträge im Forum der »Politischen Vierteljahresschrift« verschaffen keine größere Klarheit. Ruth Wodak (2018) erörtert vor allem den »Rechtsruck« in Österreich, Michael Minkenberg (2018) und Ursula Birsl (2018) können dem Begriff des Rechtspopulismus nichts Positives abgewinnen, nehmen keine rechtspopulistische Parteienfamilie wahr und

2 Eine Grundlagenstudie, auch mit Blick auf einzelne Länder, stammt von F. Decker (2000).

sprechen stattdessen von Rechtsextremismus bzw. -radikalismus. Frank Decker (2018) dagegen sieht sehr wohl eine rechtspopulistische Parteienfamilie.

Der Forschungsstand fällt mit Blick auf (Rechts-)Populismus, Pegida und AfD höchst unterschiedlich aus (vgl. E. Jesse 2017a; E. Jesse 2018a). Das von Heinisch, Holtz-Bacha und Mazzoleni (2017) herausgegebene Handbuch vermittelt einen Überblick zum Phänomen des Populismus in einzelnen Ländern, ohne dass ein länderübergreifender Vergleich angemessen zur Sprache kommt. Dies gelingt weitaus besser in dem von Kriesi und Pappas (2017) herausgegebenen Sammelwerk, das stark auf die Folgen der Rezession Ende des letzten Jahrzehnts abhebt. Im Sammelband von Decker, Hennigsen und Jakobsen (2015), der ebenso Ländervergleiche bietet, wird zu wenig zwischen (Rechts-)Extremismus und (Rechts-) Populismus getrennt. Herausragend ist das Oxford Handbook of Populism, das nicht nur den Forschungsstand gut bündelt, sondern auch alle wesentlichen Aspekte zu folgenden Bereichen erfasst: Concepts, Regions, Issues, Normative Debates (vgl. C.R. Kaltwasser et al. 2017). Zu den wichtigsten einschlägigen Monographien gehören die folgenden: Jan-Werner Müller (2016) sieht in seiner demokratietheoretischen anspruchsvollen Schrift das Charakteristikum für Populismus im Antipluralismus – wobei er dann in Schwierigkeiten kommt, den Populismusbegriff von dem des Extremismus abzugrenzen. Für Yascha Mounk (2018) – der ebenfalls demokratietheoretisch argumentiert – gefährdet der (rechte) Populismus mit der Verabsolutierung der Volkssouveränität den Rechtsstaat, da ein demokratischer Verfassungsstaat nicht nur auf der demokratischen Säule beruhe, sondern auch auf der konstitutionellen. Heribert Prantl (2017) und Florian Hartleb (2017) hingegen halten Extremismus und Populismus auseinander. Der Unterschied besteht darin, dass Prantl den Populismus als positiv ansieht, während dies auf Hartleb nicht zutrifft. Freilich verstehen beide unter Populismus etwas anderes. Für Hartleb ist Populismus ressentimentgeladen, für Prantl ganz und gar nicht.

Als die außerparlamentarische Protestbewegung der »Patriotischen Europäer gegen die Islamisierung des Abendlandes« entstand, dauerte es nicht lange, bis Politikwissenschaftler aus Göttingen und Dresden erste, empirisch unterfütterte Ergebnisse vorlegen konnten. Göttinger Forscher um Franz Walter (vgl. L. Geiges et al. 2015) analysierten bereits ein halbes Jahr nach dem ersten »Spaziergang« die Pegida-Bewegung und ein Jahr später die Anti-Pegida-Bewegung (vgl. S. Marg et al. 2016). Aber war der eine Protest wirklich »die schmutzige Seite der Zivilgesellschaft« und der andere »die helle Seite der Zivilgesellschaft«, wie die Untertitel suggerieren? In einer empirischen Studie haben die »Göttinger« jüngst den Einfluss von Pegida auf Jugendliche untersucht – mit dem Tenor: Trotz Migrationsskepsis verfängt Pegida in dieser Altersgruppe kaum (vgl. J. Schenke et al. 2018). Ebenbürtig mit den Göttinger Studien sind die der Dresdner Politikwissenschaftler. An erster Stelle ist Werner J. Patzelt zu nennen (vgl. Patzelt und Klose 2016). Er ist auf analytisch beschlagene und empirisch fundierte Weise den Ursachen für die Dresdner Vorgänge auf den Grund gegangen. Dabei kam auch das Selbstverständnis der Protestierer zur Geltung. Weitere einschlägige Dresdner Studien folgten (vgl. K.-S. Rehberg et al. 2016; H. Vorländer et al. 2016).

Weniger positiv fällt das Urteil über die Studien zur AfD aus. Die Schriften der »Spiegel«-Journalistin Melanie Amann (2017) und des FAZ-Journalisten Justus Bender (2017a) sind zwar ohne wissenschaftlichen Anspruch verfasst, aber sie informieren instruktiv über eine neue Partei, wobei Bender eine Nuance schärfer urteilt als Amann. Beide halten die AfD für etabliert, und beide sehen den »Neuen Rechten« Götz Kubitschek, dessen Aufnahmegesuch die Partei abschlägig beschied, als einen ihrer Vordenker an. Einen originellen Ansatz bietet die Schrift von Everhard Holtmann (2018), die nach den Ursachen für den Aufstieg der AfD fragt und diesen historisch einzuordnen sucht, wobei sie die Parallelen zwischen den WählerInnen der AfD und denen der NSDAP überbetont. Viele andere Texte, oft Schnellschüsse, machen kein Hehl aus ihrem Anliegen, das Objekt ihres Unterfangens (zum Teil mit mehr Agitation als Analyse) zu bekämpfen (vgl. S. Friedrich 2017; D. Bax 2018). Im Gegensatz dazu gibt es eine Vielzahl an wissenschaftlich ergiebigen Aufsätzen zu der Partei, die mannigfache Aspekte durchdringen – etwa zur Wählerschaft (vgl. K. Bergmann et al. 2018), zur Programmatik (vgl. J. Rosenfelder 2017), zur Rolle im Parteiensystem (vgl. Ch. Nestler und J. Rohgalf 2014), zum Verhalten in den Landtagen (vgl. W. Schroeder et al. 2018).

3 Deutschland als Einwanderungsland

Deutschland ist mittlerweile – faktisch – ein Einwanderungsland geworden. Das Thema Migration bewegt die Bevölkerung, ja spaltet sie. Mehr als jeder Fünfte hier Lebende verfügt über einen Migrationshintergrund. Konservative erkennen mehr oder weniger den Wandel hin zu einer Einwanderungsgesellschaft an, Linke rücken von ihrer Idealisierung einer multikulturellen Gesellschaft allmählich ab. Ungeachtet dessen: Die Polarisierung ist unverkennbar, wie die Reaktion auf die »Öffnung der Grenzen«[3] durch Angela Merkel Anfang September 2015 gezeigt hat. Die ebenso plötzliche wie ungesteuerte Zuwanderung, die keiner Strategie entsprach (vgl. R. Alexander 2018) – wie dies AnhängerInnen und GegnerInnen

3 Diese oft verwendete Formulierung ist schief. Die Grenze war ja offen, sie wurde nicht geschlossen, sondern offen gehalten.

der Politik Merkels meinen –, löste heftige, bis heute anhaltende Reaktionen aus. Das politische Koordinatensystem wurde und wird auf eine Belastungsprobe gestellt. Schon seit längerem steht die Frage nach dem Umgang mit MigrantInnen und nach ihrer Integration auf der Tagesordnung, frei von Idealisierung und Dämonisierung (vgl. Brinkmann und Uslucan 2013; Brinkmann und Sauer 2016; W. J. Patzelt 2018).

Der ehemalige Bundespräsident Joachim Gauck hat in einem Grundsatzbeitrag die Probleme Deutschlands als Einwanderungsland offen benannt, anders als so manche Spitzenpolitiker. »Probleme, die sich über Jahrzehnte im Bereich der Integration angehäuft hatten, ließen sich endgültig nicht mehr ignorieren, als in den letzten Jahren rund 1,5 Millionen Flüchtlinge ins Land strömten. Die Flüchtlinge haben die politische Landschaft in nahezu allen europäischen Ländern einschneidend verändert, aufgrund ihrer Anzahl ebenso wie aufgrund ihrer Prägung. Die Migranten aus dem Nahen Osten und Afrika sind fremder als frühere Zuwanderer: in ihrem Äußeren und ihrer patriarchalisch und überwiegend muslimisch geprägten Tradition. Nicht zuletzt dies hat nationalpopulistischen Parteien Auftrieb verschafft oder sie gar an die Regierung gebracht und die Gesellschaften teilweise stark polarisiert« (J. Gauck 2018). Joachim Gauck nimmt eine vermittelnde Position ein. Auf der einen Seite zielt seine Kritik gegen jene, die sich nicht in die Mehrheitsgesellschaft integrieren wollen und das Leben in Parallelgesellschaften bevorzugen, auf der anderen Seite gegen jene, die es den ZuwanderInnen erschweren, ihr neues Land als Heimat anzusehen. Die Flüchtlingskrise habe beide Seiten verunsichert: »Die Eingewanderten, die sich fremd fühlen, und die Einheimischen, die sich nicht mehr zu Hause fühlen« (J. Gauck 2018). ZuwanderInnen seien keine homogene Masse. Manche integrierten sich besser als andere in eine offene Gesellschaft.

Gauck spricht zwar von »Bindestrich-Identitäten«, weicht bei der Frage nach dem Sinn einer doppelten Staatsangehörigkeit aus. Sie wird von der SPD bejaht, von der Union nicht. In Deutschland haben mehrere Mio. Menschen die doppelte Staatsbürgerschaft. Wer diese akzeptiert, verweist auf die Chance einer besseren Integration, wer sie ablehnt, sieht in ihr Loyalitätskonflikte und damit Integrationshemmnisse (vgl. S. Luft 2010). Bei den Einbürgerungen, über 100 000 Personen im Jahr, behält etwa jeder zweite die alte Staatsbürgerschaft – teilweise auch deshalb, weil manche Staaten es nicht gestatten, sie abzulegen.

Der baden-württembergische Ministerpräsident Winfried Kretschmann, langjähriges Mitglied der Grünen, betont beides: die Unverzichtbarkeit von Humanität und die Absage an Fremdenfeindlichkeit ebenso wie polizeiliches Vorgehen gegenüber den Flüchtlingen, die wider die hiesigen Gesetze verstoßen. »Wenn wir solche Menschen dann abschieben, tun wir das nicht leichten Herzens. Aber wir haben da keine andere Wahl. Dieses Regime der Ordnung brauchen wir, und dazu braucht man einen starken Staat« (W. Kretschmann 2018).[4] An sich ist dies eine Selbstverständlichkeit.

Der Wahlkampfslogan von Bill Clintons Berater James Carville im Jahre 1992 »The economy, stupid« trifft beim emotionsgeladenen Thema der Migration gerade nicht zu, jedenfalls keineswegs in dieser Ausschließlichkeit. Eine rein ökonomische Betrachtungsweise würde nicht die Ursachen für den Erfolg des Rechtspopulismus angemessen erfassen. Die Zahl der Defizite ist mit Händen zu greifen: bei der Integration, die nicht entschieden genug vorangetrieben wird; ebenso bei der Abschiebung, die ein hohes Vollzugsdefizit erkennen lässt. BürgerInnen ärgert, dass PolitikerInnen vor Missständen die Augen verschließen und sie nicht beseitigen. Die hiesige Willkommenskultur ist angesichts vieler Probleme daher keine Realität mehr. Jüngst plädierte Jakob Augstein für einen deutschen »Schmelztiegel«, »in dem Menschen aus Europa, dem Nahen Osten und Afrika gemeinsam eine neue Nation erschaffen« (J. Augstein 2018). Dieser Vorschlag, bei dem Gesinnungsethik Verantwortungsethik überlagert, erscheint wie aus der Zeit gefallen. Augstein stellt dafür den Sozialstaat zur Disposition, wobei ja gerade dieser MigrantInnen anzieht. Hingegen überzeugt die realistische Sichtweise von Eva Quistorp, Richard Schröder und Gunter Weißgerber. Es sei notwendig, politisch verfolgte Asylsuchende aufzunehmen, ohne Wenn und Aber. Allerdings: »Dass die Gesellschaft durch Zuwanderung bunter werde, ist wohl nicht unbedingt falsch, übertönt aber, dass sie außerdem auch konfliktreicher wird, weil starke Zuwanderung bei vielen Ängste auslöst und die Fremdenfeindlichkeit fördert; zudem bringen die Zuwanderer verschiedenster Herkunft viel Konfliktpotential mit. Ausländer sind für andere Ausländer nämlich auch Ausländer. Deshalb gibt es nun neben dem Fremdenhass von Einheimischen gegen Migranten zusätzlich den Hass von Migranten auf Migranten« (E. Quistorp et al. 2018, S. 43).

Will Deutschland als Einwanderungsgesellschaft reüssieren, so ist die Akzeptanz der Menschenrechte – für die Hiesigen wie für die Neuankömmlinge – oberstes Gebot. Die Schriftstellerin Thea Dorn, die einen aufgeklärten Patriotismus verficht und das Thema nicht einer bestimmten Richtung zu überlassen gedenkt, verweist zu Recht auf eine fatale Gemeinsamkeit gegensätzlicher ideologischer Strömungen: »Der in linken Kreisen favorisierte Kulturrelativismus begeht denselben Denkfehler wie das im neurechten Milieu beliebte Konzept des Ethnopluralismus. Beide unterstellen, die Eigenarten von Kulturen würden nivelliert und vernichtet, sobald diese dem ›Diktat‹ der Menschenrechte unterworfen werden« (T. Dorn 2018, S. 214). Die Akzeptanz der Menschenrechte laufe aber nicht auf »globale Solidarität« hinaus. Wer den »Notfall zum Normalfall« (ebd.,

4 Noch schärfer urteilt sein Parteifreund, der Tübinger Oberbürgermeister Boris Palmer (2017).

S. 215) erkläre, befürworte letztlich das Ende des Nationalstaates. Sie plädiert für »Leitzivilität«, nicht für den als belastet geltenden Begriff der »Leitkultur«, obwohl dieser im Grunde ebenso auf die Bindung an den eigenen Staat hinausläuft. Verfassungspatriotismus ist notwendig, aber wegen seiner Blutleere nicht ausreichend. Dem Romantizismus des westlichen Kulturrelativismus – der verbindliche Werte ablehnt – scheint nicht bewusst zu sein, dass gerade seine Ideologie Rechtspopulismus schürt. »Die oft gestellte Frage, ob Islam, Europa und Menschenrechte kompatibel seien, ist durch diejenigen europäischen Muslimen und Muslime, die integriert in westlichen Gesellschaften leben, längst beantwortet. … Somit stehen sich in dem beschriebenen Konflikt nicht einfach Islam und Westen gegenüber, sondern jene, die für Menschenrechte und Demokratie und damit für die Freiheit des Individualismus eintreten, und jene, die – ob religiös, ethnisch oder politisch motiviert – in entsprechenden Kollektiven denken« (Heinisch und Scholz 2012, S. 14).

Bei dem Streit der Parteien über die angemessene Migrationspolitik in einer zunehmend multiethnischen Gesellschaft fällt negativ die oft mangelnde Ernsthaftigkeit hiesiger PolitikerInnen auf, obwohl sich an dieser Frage die Zukunft Deutschlands wesentlich entscheidet. Offenkundig steht nicht immer das Bemühen um die beste Lösung im Zentrum, sondern das Streben um ein möglichst gutes Abschneiden bei den Wahlen bzw. um ein gutes Image nach außen. Machtkonflikt überlagert Sachkonflikt. Dies war der Fall bei der leidigen Auseinandersetzung im Juni/Juli 2018, die nicht nur zu einer Krise innerhalb einer Bundestagsfraktion, der CDU/CSU, sondern auch zu einer Regierungskrise geführt hat, jedoch nicht zu einer Staatskrise. Von »Asylwende« wurde gesprochen, aber das Gegenteil kam heraus: ein Scherbenhaufen! Ein ausländischer Beobachter traf mit seiner Analyse ins Schwarze: »Symbolpolitik gegen die AfD« (M. F. Serrao 2018). Aus ihr speist sich aber wider Willen »Wahlpolitik für die AfD«. Die Umfragen sprechen eine deutliche Sprache.[5]

4 Außerparlamentarische Ebene: Pegida

Als der frühere SPD-Politiker Thilo Sarrazin (Berliner Finanzsenator von 2002 bis 2009) im Jahre 2010 unter dem provokanten Titel »Deutschland schafft sich ab« (vgl. T. Sarrazin 2010) die als verfehlt geltende Migrationspolitik anprangerte,

5 Gewiss, Umfragen sind keine Wahlen, sondern bloße Momentaufnahmen, zumal nach dem desaströsen Streit um den Masterplan Seehofers; aber es gibt zu denken, dass die Meinungsforschungsinstitute im September 2018 für die AfD fast durchweg Ergebnisse von 16 % und mehr gemeldet haben.

löste dies ein großes, höchst unterschiedliches Echo aus. Obwohl das Buch zum Bestseller avancierte (mit einer Auflage von fast zwei Mio.), ging die etablierte Politik wie die Medienkritik auf Distanz. Die höchst unterschiedliche Reaktion auf das Werk – das differenzierter war, als manche unkritischen Befürworter und geharnischten Kritiker meinten, und dem im Rhythmus von zwei Jahren jeweils ein weiteres zu einer analogen Thematik folgte (zuletzt T. Sarrazin 2016)[6] – kam einem Politikum gleich. Die Auffassungen der veröffentlichten Meinung und der öffentlichen Meinung divergierten stark.

Wie im Nachhinein erkennbar ist, waren die Reaktionen auf Sarrazins Thesen ein Vorbote dessen, was mit Gründung der AfD im Frühjahr 2013 und mit der sächsischen »Empörungsbewegung« Pegida (vgl. H. Vorländer et al. 2016) im Herbst 2014 eintrat. Zum ersten Mal entstand in der Bundesrepublik Deutschland über eine längere Zeit eine außerparlamentarische Kraft von Gewicht, die sich nicht als links begreift. Pegida wetterte gegen »Überfremdung« und »Islamismus«, auch gegen die politische Elite (»Volksverräter«) und gegen Medien (»Lügenpresse«).

Es begann am 20.10.2014: Etwa 350 »Spaziergänger« – mobilisiert durch eine Facebook-Gruppe um Lutz Bachmann, einen mehrfach wegen krimineller Delikte Vorbestraften – demonstrierten in Dresden gegen die Islamisierung Deutschlands. Sie protestierten u.a. gegen öffentliche Auseinandersetzungen zwischen Kurden und Islamisten auf deutschem Boden. Die Forderung auf einem Transparent lautete: »Gewaltfrei & vereint gegen Glaubens- und Stellvertreterkriege auf deutschem Boden« (vgl. S. Locke 2014). Ein Montag war gewählt worden, um auf diese Weise eine Parallele zu den Leipziger Montagsdemonstrationen, die das SED-Regime in die Knie gezwungen hatten, herzustellen und um das eigene Anliegen in ein moralisches Gewand zu kleiden.[7] Von Woche zu Woche stieg die Teilnehmerzahl, bis auf 25 000 Personen Anfang Januar 2015. Danach ging die Zahl der Kundgebungsteilnehmer mehr oder weniger kontinuierlich zurück. Aber noch immer demonstrieren fast jeden Montag Menschen in Dresden, wenn auch in stark verminderter Anzahl (ca. 2 000).

Die Öffentlichkeit war von einem solchen Aufbegehren überrascht und ratlos. Befragungen von TeilnehmerInnen vermittelten Erkenntnisse[8] – die sich bei den

6 Sein neuestes Werk (2018) erschien aufgrund von Streitigkeiten zwischen Autor und Verlag über die Koran-Interpretation nicht mehr bei Sarrazins »Hausverlag« DVA, sondern beim FinanzBuch Verlag.

7 Auf die Montagsdemonstrationen 1989/90 nehmen auch andere Bezug: So gab es Montagsdemonstrationen gegen Sozialabbau und Hartz IV (ab 2004), gegen Stuttgart 21 (ab 2009) und »Mahnwachen für den Frieden« (ab 2014).

8 Hier muss, was die Erklärungskraft betrifft, insofern ein Fragezeichen gemacht werden, als sich zu Interviews wohl vornehmlich »PragmatikerInnen« bereit gefunden hatten, weniger »FundamentalistInnen«.

verschiedenen AutorInnen weithin deckten (vgl. L. Geiges et al. 2015; Patzelt und Klose 2016) – über Alter und Geschlecht (alle Altersgruppen; mehrheitlich männlich), Bildung (mittlere Abschlüsse), Schicht und Einkommen (Mittelschicht; mittleres Einkommen) sowie über die politische Ausrichtung (überwiegend AfD-WählerInnen). Die DemonstrantInnen – mitunter nicht frei von verschwörungstheoretischen Anwandlungen – ließen Unbehagen gegenüber der politischen, wirtschaftlichen und kulturellen Elite erkennen. Die Vorbehalte gegenüber dem Islam(ismus) basierten weniger auf aufklärerischem Gedankengut (etwa der Frauenemanzipation) als vielmehr auf anti-muslimischen Ressentiments (etwa bei der Religionsfreiheit). Allerdings fiel insgesamt kein problematisches Demokratieverständnis auf. Pointiert heißt es bei Karl-Heinz Reuband (2018, S. 147): »Die Unzufriedenheit betrifft nicht die Demokratie als Prinzip, sondern die wahrgenommene Politik.«

Demonstrationen in anderen Städten (u. a. Legida in Leipzig, Bärgida in Berlin, Dügida in Düsseldorf) fanden anfangs gewissen Anklang, verpufften aber später, so dass sie großenteils ganz zum Erliegen gekommen sind. Auch im Ausland gab es vereinzelte Pegida-Demonstrationen, ohne dass sie auf sonderliche Resonanz stießen. Gewiss, es mag spezifische Gründe geben, wieso der Protest gerade in Dresden mit dem gepflegten Opfer-Mythos »hochkochte«, doch ist ein diffuses Unbehagen über die »große Politik« ebenso woanders vorhanden: nicht bloß in Sachsen, sondern in ganz Deutschland.

Die Haltung der AfD gegenüber Pegida fiel zunächst lavierend aus. Die Partei zögerte mit offener Unterstützung. »Ob Pegida ohne die ›Vorarbeit‹ der AfD in dieser Form entstanden wäre und einen so starken Zulauf gehabt hätte, ist fraglich, wenngleich das stark konservativ geprägte Umfeld der sächsischen Politik, die Anknüpfungspunkte im organisierten rechtsextremen Milieu und der spezifische Dresdner Opferstolz am Erfolg sicherlich großen Anteil hatten« (F. Decker 2015, S. 86). Nutznießer der Flüchtlingskrise ab 2015 wurde nicht Pegida, sondern die AfD, die den Protest auf die parlamentarische Ebene zu kanalisieren wusste. Sie war die Partei, welche die »Repräsentationslücke« (vgl. W. J. Patzelt 2015) zu schließen vermochte. Der massive Rückgang beim außerparlamentarischen Protest ist also keineswegs ein Indiz für das Abflauen der Unzufriedenheit – er hat sich nur verlagert.

5 Parlamentarische Ebene: AfD

5.1 Wahlverhalten

27,0, 22,7, 20,2, 19,6, 18,6, 12,4, 12,2, 12,0, 11,9, 11,2, 10,1, 10,0, 9,4, 9,1, 8,2, 7,8 – diese Zahlenreihe zeigt das Abschneiden der AfD bei der Bundestagswahl 2017 in den 16 Bundesländern (jeweils in %): Sachsen, Thüringen, Brandenburg, Sachsen-Anhalt, Mecklenburg-Vorpommern, Bayern, Baden-Württemberg, Berlin, Hessen, Rheinland-Pfalz, Saarland, Bremen, Nordrhein-Westfalen, Niedersachsen, Schleswig-Holstein, Hamburg. Die fünf ostdeutschen Bundesländer lagen klar über dem Gesamtergebnis von 12,6 %, die Westländer alle darunter.[9] Damit avancierte die AfD zur drittstärksten Partei und zur größten Oppositionskraft im Deutschen Bundestag. Sie ist nach den Wahlen von Oktober 2018 in Bayern und Hessen nun in allen 16 Landesparlamenten vertreten.

Bei der Bundestagswahl 2017 avancierte sie in Sachsen mit 27,0 % gar zur stärksten Kraft, knapp vor der CDU (26,9 %). Dieses Bundesland war schon vorher in eine mitunter bärbeißige Kritik geraten: wegen Pegida, wegen fremdenfeindlicher Anwandlungen, wegen des als übertrieben empfundenen Nativismus. Geharnischte Kritik mag eine »Jetzt-erst-recht«-Haltung provoziert haben. Die AfD-Erfolge fielen im Osten mit 21,9 % mehr als doppelt so hoch aus wie im Westen der Bundesrepublik (10,7 %). Im Vergleich zur Bundestagswahl 2013 steigerte sie sich im Osten damit fast um das Vierfache, im Westen »nur« um etwas mehr als das Doppelte.

Nach der Bundestagswahl 2013 setzte für die AfD eine Art Siegeszug bei den Landtagswahlen ein (vgl. Tabelle 1). Bei den drei Landtagswahlen 2014 in Sachsen, Brandenburg und Thüringen überwand die Partei deutlich die Fünfprozenthürde, und sie zog als viertstärkste Kraft in diese Landesparlamente ein. 2015, noch vor der Flüchtlingskrise, gelang ihr dies auch in den beiden Stadtstaaten Hamburg und Bremen, allerdings nur knapp. Bei den fünf Landtagswahlen 2016 erreichte sie jeweils klar zweistellige Ergebnisse: In Sachsen-Anhalt avancierte sie mit 24,3 % (hinter der CDU) ebenso zur zweitstärksten Kraft wie in Mecklenburg-Vorpommern mit 20,8 % (hinter der SPD), in Baden-Württemberg (15,1 %) und Rheinland-Pfalz (12,6 %) zur drittstärksten. In Berlin (14,2 %) langte es »nur« zum fünften Platz. Trotz rückläufiger Ergebnisse bei den Landtagswahlen 2017 in vier westdeutschen Flächenstaaten (teils wegen der deutlich sinkenden Zahl der Asylsuchenden, teils wegen schwerer interner Konflikte) konnte die Partei mit ihrer Fundamentalkritik an der Flüchtlingspolitik – ihrem Alleinstellungsmerkmal –

9 Wer das Ergebnis für Berlin aufschlüsselt, sieht diesen Befund bestätigt: Im Osten Berlins erreichte die AfD 14,8 %, im Westen 10,1 %.

Tabelle 1 Landtagswahlergebnisse der AfD seit der Bundestagswahl 2013 (in %)

Sachsen (31.08.2014):	9,7
Thüringen (14.09.2014):	10,6
Brandenburg (14.09.2014):	12,2
Hamburg (15.02.2015):	6,1
Bremen (10.05.2015):	5,5
Baden-Württemberg (13.03.2016):	15,1
Rheinland-Pfalz (13.03.2016):	12,6
Sachsen-Anhalt (13.03.2016):	24,3
Mecklenburg-Vorpommern (4.09.2016):	20,8
Berlin (18.09.2016):	14,2
Saarland (26.03.2017):	6,2
Schleswig-Holstein (7.05.2017):	5,9
Nordrhein-Westfalen (14.05.2017):	7,4
Niedersachsen (15.10.2017):	6,2
Bayern (14.10.2018):	10,2
Hessen (28.10.2018):	13,1

Quelle: Zusammenstellung nach den amtlichen Wahlstatistiken

bei Teilen der Bevölkerung punkten und in die Landesparlamente gelangen. 2018 erzielte die AfD in Bayern (10,2 %) und Hessen (13,1 %) jeweils zweistellige Ergebnisse, obwohl die dortigen Ministerpräsidenten Markus Söder und Volker Bouffier in der für die AfD-Wählerschaft zentralen Frage der Migrationspolitik eine unterschiedliche Haltung eingenommen hatten.

Um das Wählerklientel der Partei zu erschließen, basiert dieser Beitrag wesentlich auf der Analyse der Bundestagswahl 2017 im Vergleich zu der von 2013. Eine Grundlage dafür bildet die repräsentative Wahlstatistik (vgl. E. Jesse 2018b), die das exakte Wahlverhalten nach dem Geschlecht und dem Alter ermittelt; ferner werden die auf Umfragen basierenden Wahlanalysen der Forschungsgruppe Wahlen (2017) und von infratest dimap (2017) herangezogen.

Die AfD ist eine »Männerpartei« (vgl. Tabelle 2): 16,3 % der männlichen und lediglich 9,2 % der weiblichen Wähler stimmten für sie – nicht nur deshalb, weil sie spezifische Frauenthemen vernachlässigt. Die Wählerschaft nimmt die AfD im Vergleich zu früher stärker als radikal wahr, da folgende Faustregel gilt: Männer

Tabelle 2 Stimmabgabe der Männer und Frauen nach dem Alter bei der Bundestagswahl 2017 im Vergleich zur Bundestagswahl 2013 (in %; Differenz in Prozentpunkten)

		Männer	Frauen
18–24 Jahre		10,0	6,0
	zu 2013	(+3,3)	(+2,1)
25–34 Jahre		16,1	9,6
	zu 2013	(+9,4)	(+5,4)
35–44 Jahre		19,7	11,2
	zu 2013	(+12,8)	(+7,1)
45–59 Jahre		19,2	11,1
	zu 2013	(+12,8)	(+6,8)
60–69 Jahre		16,7	9,9
	zu 2013	(+10,9)	(+6,4)
ab 70 Jahre		11,3	5,9
	zu 2013	(+7,6)	(+3,8)
Insgesamt		16,3	9,2
	zu 2013	(+10,4)	(+5,6)

Quelle: Bundeswahlleiter (2018), S. 17–22.

sympathisieren durchschnittlich mehr als Frauen mit Parteien, die radikal auftreten.

Die AfD ist eine Partei, die bei den ganz jungen (18–24 Jahre) und bei den ganz alten WählerInnen (ab 70 Jahre) mit 8 % vergleichsweise schlecht abgeschnitten hat, bei den Berufstätigen hingegen überaus gut, am besten bei den 35- bis 59-Jährigen mit über 15 % (vgl. Tabelle 2). 2013 war die starke Unterrepräsentation der jüngsten und der ältesten Altersgruppe noch nicht gegeben. Liegt der Grund darin, dass Zunkunftsangst zur verstärkten Wahl der AfD führt?

Die Extremwerte, nach Region, Alter und Geschlecht, lauten wie folgt: 32,9 % der ostdeutschen Männer im Alter von 45 bis 59 votierten für die AfD, aber nur 4,8 % der ab 70-jährigen westdeutschen Frauen (vgl. Tabelle 3). Die Differenz zwischen Ost und West nahm von 2013 auf 2017 beträchtlich zu. Im Osten votierten 2017 27,6 % der männlichen Wähler für die AfD (das ist ein unglaublicher Unterschied von 20,5 Prozentpunkten gegenüber der Wahl von 2013), im Westen aber »nur« 7,6 % der Frauen – hier fällt die Differenz mit 4,2 Punkten gegenüber der

Tabelle 3 Stimmabgabe der Männer und Frauen nach dem Alter bei der Bundestagswahl 2017 im Vergleich zur Bundestagswahl 2013, differenziert nach Ost und West (in %; Differenz in Prozentpunkten)

		Ost				West			
		Männer		Frauen		Männer		Frauen	
18–24 Jahre		18,0		12,1		9,0		5,2	
	zu 2013		(+9,0)		(+5,8)		(+2,7)		(+1,6)
25–34 Jahre		27,3		18,2		13,9		7,9	
	zu 2013		(+18,8)		(+12,2)		(+7,7)		(+4,2)
35–44 Jahre		31,5		19,5		17,0		9,3	
	zu 2013		(+22,6)		(+13,8)		(+10,6)		(+5,5)
45–59 Jahre		32,9		19,8		16,4		9,2	
	zu 2013		(+24,8)		(+14,1)		(+10,3)		(+5,2)
60–69 Jahre		28,0		16,5		14,0		8,2	
	zu 2013		(+21,6)		(+12,1)		(+8,4)		(+4,9)
ab 70 Jahre		18,6		10,5		9,5		4,8	
	zu 2013		(+15,2)		(+8,4)		(+5,8)		(+2,7)
insgesamt		27,6		16,5		13,9		7,6	
	zu 2013		(+20,5)		(+11,8)		(+8,3)		(+4,2)

Quelle: Bundeswahlleiter (2018), S. 108 f.; Bundeswahlleiter (2014), S. 74 f.

Wahl von 2013 eher gering aus. Die AfD hat sich bei den männlichen Ost-Wählern im Alter von 45 bis 59 Jahren um 24,8 Punkte gesteigert, bei den West-Wählerinnen im Alter von 18 bis 24 Jahren lediglich um 1,6 Punkte. Die Bindekraft (im Sinne von Parteiidentifikation) ist im Osten nach wie vor deutlich geringer als im Westen, wo sie ebenfalls nachgelassen hat, und die Unzufriedenheit größer – aber ein solches Auseinanderklaffen zwischen Ost und West gerade bei den Berufstätigen überrascht dennoch. »Das erhärtet die These, dass in der *arbeitenden Mitte* der Gesellschaft Unzufriedenheit mit den Arbeits- und Lebensbedingungen und insbesondere über deren künftige Entwicklung verbreitet ist, was sich in wachsenden Sympathien für die rechtspopulistische Protestpartei niederschlägt« (E. Holtmann 2018, S. 75; *Hervorhebung im Original*). Jedenfalls gilt das für Männer im Osten ohne Wenn und Aber.

Die Partei erreichte überdurchschnittlich gute Ergebnisse bei ArbeiterInnen und Arbeitslosen. Ihre Wählerschaft stammt vielfach, aber keineswegs ausschließlich, aus dem Milieu der sozial schwächeren Schichten – die AfD-WählerInnen bilden »eher einen Querschnitt der Bevölkerung ab … – mit einer leichten Ballung in der unteren Einkommensmitte« (K. Bergmann et al. 2018, S. 260). Der Wahlforschung fällt es angesichts heterogener Daten schwer, zu generalisierbaren Ergebnissen zu kommen. »Der AfD-Erfolg bestimmt sich stärker aus – vermutlich kulturellen und historischen – Unterschieden zwischen den jeweiligen Regionen als aus den wirtschaftlichen Kennzahlen« (ebd., S. 261).

5.2 Zentrales Gewicht der Flüchtlingsfrage

Gerade in der Flüchtlingsfrage gab es bei den etablierten Parteien einen hohen Konsens, den die Bevölkerung – welche die nicht immer offene Debattenkultur, etwa bei kriminellen Taten von Flüchtlingen, erheblich störte – so nicht zu teilen vermochte. Der Protestpartei AfD kam verbreiteter Unmut über das Flüchtlingsthema zugute. Dieser wurde durch folgenden Umstand angestachelt: Die etablierten Kräfte verzichteten im Wahlkampf darauf, ihre restriktivere Flüchtlingspolitik offensiv zu begründen. Die Diskrepanz zwischen Darstellungs- und Entscheidungspolitik nutzte der AfD, die mehr oder weniger unwidersprochen den Eindruck erwecken konnte, als habe sich nichts geändert (vgl. A. Blättle et al. 2018). Nahm die Wahlbeteiligung bereits bei allen Landtagswahlen 2016 und 2017 zu, so galt dies ebenso für die Bundestagswahl 2017 (von 71,5 auf 76,2 %). Keine Partei profitierte so stark von den bisherigen NichtwählerInnen wie die AfD. Es besteht ein enger Zusammenhang zwischen der Zunahme der Wahlbeteiligung und der Zunahme der AfD-Anteile.

Zwei Hauptkonfliktlinien sind für das deutsche Parteiensystem kennzeichnend: die soziokulturelle und die sozioökonomische (vgl. O. Niedermayer 2015). Was die erste betrifft, nimmt die Partei den rechten Pol ein. Sie ist autoritär ausgerichtet, nicht libertär. Die AfD begreift sich als Partei der Anti-68er. Heute sind manche Positionen der 68er und der Grünen Allgemeingut geworden – etwa in der Familien- und Frauenpolitik. Die AfD begehrt gegen diesen Elitenkonsens auf (bezogen auf Multikulturalismus, Postmaterialismus und Tendenzen hin zu einem europäischen Bundesstaat). Ihr ceterum censeo: Der Islam gehört nicht zu Deutschland.

Mit Blick auf die sozioökonomische Konfliktlinie – zwischen staatsinterventionistischen und staatsfernen Positionen – ist die Einordnung komplizierter: In der AfD gibt es sowohl Kräfte, die nach »mehr Staat«, als auch Kräfte, die nach »weniger Staat« verlangen. Das tritt etwa bei der Rentenfrage zum Vorschein: auf der einen Seite die AnhängerInnen der »Leistungsträger«, die an die Eigenverantwortung zu appellieren gedenken; auf der anderen Seite die AnhängerInnen der

»kleinen Leute«, die den Staat in der Pflicht sehen und das Rentenniveau auf 50 % des früheren Nettoeinkommens anheben wollen. In der Tendenz dominiert zunehmend Sozialpopulismus. Da gibt es erstaunliche Schnittmengen mit der Partei Die Linke.

Das Reizthema »Flüchtlinge« betrifft beide Felder: Die Vorbehalte gegenüber Flüchtlingen sind einerseits kulturell bedingt, andererseits ökonomischer Natur. Die Wählerschaft der AfD hat mehr Angst vor Arbeitslosigkeit als die der anderen Parteien. Abstiegsängste, bei Besserverdienenden weniger verbreitet, spielen als Motiv, für die AfD zu votieren, eine große Rolle (vgl. B. Kohlrausch 2018). Sie ist mit der Migration und ihren Folgen in einer Weise konfrontiert, wie dies nicht annähernd für Gutsituierte gilt, die abgeschottet von Problemzonen leben.[10]

Neben den genannten Konfliktlinien gibt es seit einigen Jahren – als Reaktion auf Digitalisierung, Globalisierung und Migration – eine weitere, die zumal den Erfolg (rechts-)populistischer Parteien wie der AfD erklärt: die Kosmopolitismus-/Kommunitarismus-Dichotomie (vgl. W. Merkel 2017; A. Nölke 2017, S. 76–78). »Die neue Konfliktlinie besitzt eine ökonomische und eine kulturelle Dimension« (W. Merkel 2017, S. 9). Wer kosmopolitischen Denkmustern anhängt, plädiert für offene Grenzen (territorial, kulturell, politisch, wirtschaftlich) und die Menschenrechte. Ihre AnhängerInnen finden sich besonders bei Eliten, formal Gebildeten und jüngeren Personen. Kommunitaristische Positionen befürworten keine offenen Grenzen und sprechen sich vor allem für (soziale) Sicherheit aus. Sie sind überproportional beheimatet bei formal weniger Gebildeten und bei sozialen Unterschichten sowie unteren Mittelschichten. Allerdings: Zum einen verlaufen die Grenzen zwischen den Positionen fließend, und zum anderen weisen diese keine Homogenität auf.

Wie die (allerdings nicht exakte) Wählerwanderungsbilanz belegt, profitierte die AfD am stärksten von den bisherigen NichtwählerInnen. Sie hat gegenüber allen Parteien einen positiven Saldo zu verzeichnen: 980 000 Stimmen kamen von der Union, 470 000 von der SPD, 400 000 von der Partei Die Linke, jeweils 40 000 Stimmen von den Grünen und von den Liberalen (vgl. infratest dimap 2017, S. 32). Diese Bilanz erhellt: Die dezidierte Rechtspartei hat es als Protestkraft verstanden, WählerInnen vom anderen politischen Spektrum zu gewinnen – zumal dann, wenn Die Linke für manche ihrer einstigen Anhänger nicht mehr wider den Stachel des Establishments löckt.

Zwei Drittel ihrer AnhängerInnen wählte die AfD aus Protest, ein Drittel aus Überzeugung. Die Bindung an die Partei ist also nicht besonders eng. Allerdings war das Elektorat der AfD überproportional häufig schon vorher festgelegt (vgl.

10 Für eine ausführliche Behandlung des Einflusses des Themas Migration auf die Wahl der AfD vgl. Abschnitt 7.2.

A. Wagner 2017; infratest dimap 2017, S. 32). Offenbar sind die Gelegenheitsstrukturen für ihren Erfolg weitaus günstiger als die Angebotsstrukturen.[11] Die Partei hat, anders als manche populistischen Gruppierungen im Ausland, keine sonderlich rhetorisch befähigte und charismatische Spitzenkraft – jedenfalls nicht in einem solchen Ausmaße, dass die AfD mit einem ganz bestimmten Namen identifiziert wird (z. B. »Haider-Partei« oder »Le Pen-Partei«).

Die starke Stimmabgabe für die AfD beeinflusst das Parteiensystem und das Koalitionsgefüge. Um dies an den Landtagswahlen zwischen den beiden Bundestagswahlen 2013 und 2017 zu veranschaulichen: In manchen Bundesländern mussten die Volksparteien CDU und SPD mit einem Anteil von zusammen unter 50 % vorliebnehmen: Berlin 39,2 %, Baden-Württemberg 39,7 %, Sachsen-Anhalt 40,4 %, Thüringen 45,9 %, Hessen 47,6 %, Mecklenburg-Vorpommern 49,6 %. Koalitionen sind dann nur mit drei Parteien möglich, wie in Berlin, Sachsen-Anhalt und Thüringen. Dieser Umstand erschwert die Regierungsbildung. Allein die parlamentarische Existenz der AfD kann zu einer anderen Koalition führen. Bei einem Scheitern der AfD an der Fünfprozenthürde (sie kam auf 6,2 %) im Saarland 2017 hätten SPD und Die Linke eine hauchdünne Mehrheit gehabt.[12] Die bundespolitische Karriere des SPD-Spitzenkandidaten Martin Schulz wäre durch die Ablösung von Annegret Kramp-Karrenbauer als dortiger Ministerpräsidentin vielleicht erfolgreicher verlaufen. So aber begann seine Kanzlerkandidatur mit einer Niederlage, obwohl er im Saarland selbst nicht zur Wahl stand.

Die Zahl der AfD-Mitglieder nahm prozentual nicht annähernd im gleichen Maße zu wie die der WählerInnen. Die Partei steigerte ihren Mitgliederbestand zwischen Ende 2013 und Ende 2017 von 17 687 auf 27 621 (vgl. Tabelle 4). Offenbar scheuen Bürger ein Bekenntnis zu dieser in der Öffentlichkeit zum Teil wenig angesehenen Partei. Der Einbruch im Jahre 2015 beruht darauf, dass der Flügel um Bernd Lucke die AfD nach dem Essener Parteitag fast geschlossen verließ. Und die starke elektorale Überrepräsentation des Ostens spiegelt sich in der Mitgliedschaft nicht wider, da die Rekrutierungsfähigkeit[13] der AfD im Osten nur minimal höher ist als im Westen (vgl. O. Niedermayer 2018, S. 354).

11 Gelegenheitsstrukturen sind externe Faktoren, also solche, auf die die AfD reagiert; Angebotsstrukturen sind hingegen interne, mithin Faktoren, welche die Partei bestimmt.

12 Das Paradoxe: Dies gilt selbst für den Fall, dass die Stimmen, die der AfD zum Überwinden der Fünfprozenthürde gefehlt hätten, der CDU zugutegekommen wären.

13 Parteimitglieder in % der Parteibeitrittsberechtigten.

Tabelle 4 Mitglieder der AfD von 2013 bis 2017 (Stand: jeweils 31. Dezember; Veränderung zum Vorjahr in %)

2013:	17 687	–
2014:	20 728	+17,2
2015:	16 385	–21,0
2016:	25 015	+52,7
2017:	27 621	+10,4

Quelle: O. Niedermayer (2018), S. 351.

6 Wandel der Partei: von Lucke zu Petry und zu Gauland

Die AfD wurde am 6. 02. 2013 ins Leben gerufen, nachdem bereits im September 2012 unter der Ägide von Bernd Lucke und Konrad Adam – den späteren Bundessprechern der Partei – die »Wahlalternative 2013« entstanden war (als e. V.); der Gründungsparteitag fand am 14. 04. 2013 statt (vgl. M. Lewandowsky 2018). Anknüpfend an außerparlamentarische Netzwerke – etwa der »Zivilen Koalition« von Beatrix von Storch oder dem »Bündnis Bürgerwille« – trat sie vor allem als eurokritische Kraft auf, auch kritisch gegenüber einer forcierten europäischen Integration. Obwohl es dafür wenig Anhaltspunkte gab, galt die neue Kraft teilweise bereits als »rechtspopulistisch« (vgl. M. Lewandowsky 2015). Der organisatorische Aufbau der Partei schritt schnell voran. Der Name war Programm: Die Politik Angela Merkels sei eben nicht alternativlos.

Bei der Bundestagswahl 2013 scheiterte die AfD mit 4,7 % noch knapp an der Fünfprozenthürde. Aus dem Dreigestirn der Bundessprecher ragte der Hamburger Volkswirtschaftsprofessor Bernd Lucke heraus (neben Konrad Adam und Frauke Petry). Das langjährige CDU-Mitglied (1978–2011), das bei der niedersächsischen Landtagswahl 2013 auf der Liste der Freien Wähler kandidiert hatte, war gleichsam das Gesicht der Partei. Die führenden RepräsentantInnen kamen entweder aus den Reihen der CDU (wie Konrad Adam und Alexander Gauland), der FDP (wie Hans-Olaf Henkel) oder waren parteilos (wie Frauke Petry). Die AfD zog 2014 unter Luckes Spitzenkandidatur mit 7,1 % der Stimmen in das Europäische Parlament ein.

Zunehmend erfuhr Lucke unterschiedlich motivierte Kritik, vornehmlich aus den ostdeutschen Landesverbänden. Lucke seinerseits wehrte sich gegen die im März 2015 von Björn Höcke und André Poggenburg initiierte »Erfurter Resolution«. In ihr kam der Missmut über das fehlende Bekenntnis der AfD zu einer hiesigen politischen Wende zum Ausdruck. Lucke rief den »Weckruf 2015« als eine Art Antipode ins Leben. Auf dem Essener Parteitag im Juli 2015 verließ Bernd Lucke die AfD, nachdem er in einer Kampfabstimmung Frauke Petry deutlich unterlegen war. Etwa ein Viertel der Mitglieder – darunter Hans-Olaf Henkel, der frühere Präsident des Bundesverbandes der Deutschen Industrie (BDI) – kehrte der Partei den Rücken. Gemeinsam mit Henkel gründete Lucke die Allianz für Fortschritt und Aufbruch (ALFA), später umbenannt in Liberal-Konservative Reformer (LKR). Ein Wahlerfolg blieb dieser Kraft, der er bis zum Juni 2016 vorstand, versagt – sie trat nicht einmal zur Bundestagswahl 2017 an.

Die AfD schlug in der Folge unter Frauke Petry und ihrem Co-Bundessprecher Jörg Meuthen einen Kurs ein, den Kritiker vielfach als »rechtspopulistisch« bezeichneten (vgl. J. Rosenfelder 2017). Ein Vergleich des Grundsatzprogramms von 2016 mit dem Wahlprogramm von 2013 erhellt dies (vgl. Lehmann und Matthieß 2017). Die massive, zum Teil mit einem Kontrollverlust verbundene Fluchtbewegung ab dem September 2015 – allein in den folgenden zwölf Monaten gab es etwa eine Mio. AsylbewerberInnen – führte der AfD viele neue verunsicherte oder gar politisch entfremdete Mitglieder zu; der Abgang des wirtschaftsliberalen Flügels wurde so schnell kompensiert. Außerdem stieg die Wählerresonanz der Partei deutlich an.

Trotz dieser großen Erfolge setzte zunehmend Kritik an Petrys als abgehoben empfundenem Führungsstil ein. Noch vor dem Bundesparteitag im April 2017 erklärte sie den Verzicht auf eine Spitzenkandidatur für die Bundestagswahl 2017, in realistischer Einschätzung der eigenen Chancen. Diese Position übernahmen Alexander Gauland und Alice Weidel, die späteren Fraktionsvorsitzenden im Bundestag. Auf diesem Parteitag scheiterte Petry mit ihrem Plädoyer für einen realpolitischen Kurs. Sie wandte sich damit gegen ihren Hauptkonkurrenten Gauland, der für eine fundamentaloppositionelle Linie stand.

Gleich nach der Bundestagswahl 2017 folgte ein Paukenschlag: Frauke Petry verließ aus persönlichen und politischen Motiven die AfD, legte damit auch das Amt der Bundessprecherin nieder, behielt aber sowohl ihr Direktmandat im Bundestag als auch das Landeslistenmandat im Sächsischen Landtag. Die Rechtsentwicklung der Partei beklagend, gründete sie noch im September 2017 mit Marcus Pretzell, ihrem Ehemann, die Blaue Partei, die zur Landtagswahl 2019 in Sachsen antreten will. Deren Aussichten auf einen Einzug ins dortige Landesparlament sind allerdings wenig verheißungsvoll.

Kurzfristig übte Jörg Meuthen, mittlerweile Abgeordneter im Europäischen Parlament, das Amt des Bundessprechers alleine aus. Im Dezember 2017 wählte der Bundesparteitag Alexander Gauland – der massiv einem Parteiausschluss Björn Höckes (eingeleitet aufgrund seiner rechtsextremistischen Äußerungen) widersprochen hatte – neben Meuthen zum Bundessprecher. Geplant war das nicht: Für dieses Amt kandidierte zunächst Georg Pazderski, der als liberal-konservativ geltende Fraktionsvorsitzende im Berliner Abgeordnetenhaus. Dieser erhielt mit Doris von Sayn-Wittgenstein eine Gegenkandidatin aus dem fundamentalistischen Flügel. Da beide in zwei Kampfabstimmungen ohne Mehrheit blieben, traten sie nicht wieder an – sie machten so Platz für Gauland, der »einsprang«, um noch mehr Chaos zu verhindern.

Nun ist Alexander Gauland – das intellektuelle Aushängeschild – als Partei- und Fraktionsvorsitzender der »starke Mann« in der Partei, wenngleich Jörg Meuthen bereits seit 2015 das Amt des Bundessprechers innehat. Gauland – von 1987 bis 1991 Chef der Staatskanzlei unter Ministerpräsident Walter Wallmann in Hessen und bei der Gründung der AfD von Anfang an dabei – verficht einen integrativen Kurs, der darauf zielt, möglichst viele, auch unterschiedliche Positionen in der Partei zu halten. Abgrenzungsbemühungen von ihm gegenüber rechtsaußen sind nicht bekannt. Bereits heute stellt sich angesichts Gaulands Alter (er ist 1941 geboren) die Frage: Wer folgt ihm nach? Und welche politische Strömung wird diese Person repräsentieren?

Es liefe auf eine Vereinfachung hinaus, die personellen Wechsel ausschließlich auf politische Richtungskämpfe zurückzuführen. Auch personelle Zwistigkeiten spielten eine beträchtliche Rolle. Die Parallelen sind verblüffend: So legten sowohl Bernd Lucke als auch Frauke Petry selbstherrliches Gehabe an den Tag. Die Kritik an der Einwanderungspolitik spielte schon unter der Ägide von Lucke eine Rolle. Und es ist nicht sonderlich glaubwürdig, wenn Frauke Petry nun Rechtstendenzen anprangert, die es bereits gegeben hat, als ihr die Führung der Partei oblag. Sie selbst hatte den Schulterschluss mit Marine Le Pen gesucht, der Vorsitzenden des nicht nur rechtspopulistischen, sondern auch rechtsextremistischen Front National (seit Juni 2018: Rassemblement National/RN). Programmatisch ist der Wandel unverkennbar: von einer euro(pa)kritischen zu einer stark migrationskritischen Partei. Der Abgang Luckes war für die Partei mit größeren personellen Verlusten verbunden als der Abgang Petrys. Nur ein einziger Bundestagsabgeordneter verließ mit ihr die Fraktion – auch aus den Länderparlamenten traten lediglich wenige Personen aus der AfD aus, um der Strömung Petrys zu folgen. Wenn schon Bernd Lucke erfolglos blieb, so dürfte dies erst recht für Frauke Petry gelten.

Gleichwohl: Nicht nur die AfD ist mittlerweile eine rechtspopulistische Kraft, sondern auch ein großer Teil ihrer Wählerschaft, wie eine repräsentative Umfrage zeigt. Aufgrund der Auswertung eines Katalogs von acht eher weich formulierten Items (z. B. »Wichtige Fragen sollten nicht von Parlamenten, sondern in Volksabstimmungen entschieden werden«; »Die Parteien wollen nur die Stimmen der Wähler, ihre Ansichten interessieren sie nicht«) kann ihre Wählerschaft in drei Gruppen unterteilt werden: Als populistisch gilt, wer allen acht Aussagen »voll und ganz« oder »eher« zustimmt; als populismusaffin, wer der Mehrheit der Aussagen zustimmt; wer keiner Aussage zustimmt, gilt als »überhaupt nicht« populistisch. Die Angaben für 2017 lauten wie folgt: 56 % der AfD-WählerInnen sind populistisch, 32 % populismusaffin und 12 % nicht-populistisch, die WählerInnen der Partei Die Linke zu 23 % populistisch, zu 41 % populismusaffin und zu 36 % nicht-populistisch.[14] Der Autor Robert Vehrkamp legt angesichts der hohen Zustimmungsraten eigens Wert auf die Feststellung, rechtspopulistisch bedeute nicht von vornherein extremistisch (vgl. R. Vehrkamp 2017; Vehrkamp und Wratil 2017).

Der Partei blieb ein wesentlicher Erfolg bisher versagt: Kein überregional bekannter Politiker einer »Altpartei« – so der Terminus der AfD – ist zu ihr übergetreten, nicht Wolfgang Bosbach und Friedrich Merz (jeweils CDU), nicht Peter Gauweiler (CSU), nicht Thilo Sarrazin (SPD), nicht der »Euro-Rebell« Frank Schäffler (FDP). Sie widerstanden den Avancen der AfD. Erika Steinbach verließ zwar die CDU, trat aber nicht der AfD bei, trotz bekundeter Nähe zu ihr. Wäre es zu solchen Übertritten gekommen, hätte dies das »Schmuddel«-Image deutlich abgeschwächt.

7 Das Aufkommen der AfD

7.1 Vorhergehende Entwicklungen

Deutschland stellte im europäischen Raum lange einen Sonderfall dar (vgl. F. Decker 2017; F. Fislage et al. 2018). Eine rechtspopulistische Kraft von Relevanz konnte nicht Fuß fassen (vgl. Nestler und Rohgalf 2014). Die Hauptursache: die Last der Vergangenheit. Zwei Parteigründungsversuche, in den 1980ern und im ersten Dezennium des neuen Jahrhunderts, schienen von Erfolg gekrönt zu sein, doch bald folgte das Scheitern, in einem Fall allmählich, im anderen schnell.

Dem Unterfangen der 1983 von den Politikern Franz Handlos und Ekkehart Voigt sowie dem Journalisten Franz Schönhuber ins Leben gerufenen Partei Die Republikaner (REP) – einer Rechtsabspaltung der CSU wegen des von Franz Josef Strauß eingeleiteten Milliardenkredits an die DDR – schien nach geraumer Zeit Erfolg beschieden zu sein (vgl. R. Grünke 2006). Im Jahre 1989 gelangte diese Partei nicht nur in das Berliner Abgeordnetenhaus (7,5 %), sondern auch in das Europäische Parlament (7,1 %). Der Prozess der deutschen Einheit begünstigte sie nicht (1990: West 2,3 %; Ost 1,3 %), obwohl die Forderung nach der deutschen Einheit zu

14 Insgesamt waren 2017 29,2 % der Befragten populistisch orientiert, 33,8 % populismusaffin, 37,0 % nicht-populistisch; 2018 hat der Grad des Populismus leicht zugenommen: 30,4 % populistisch, 36,8 % populismusaffin, 32,8 % nicht-populistisch (vgl. Vehrkamp und Merkel 2018, S. 9). Diese Angaben stellen lediglich Näherungswerte dar.

ihren wichtigsten Programmpunkten gezählt hatte. Das gute Abschneiden der Republikaner bei den baden-württembergischen Landtagswahlen 1992 (10,9 %) ging stark auf die Asylpolitik der etablierten Parteien zurück (1992 gab es über 400 000 AsylbewerberInnen). Nach einer Grundgesetzänderung, die das Asylrecht einschränkte, ließ der Zuspruch für die Republikaner nach, auch wenn sie noch einmal in Baden-Württemberg die Fünfprozenthürde überspringen konnte (1996: 9,1 %) – dies löste aber keinen Motivationsschub für die Partei in anderen Bundesländern aus. Heute ist sie ohne jeden Belang, eine Splitterpartei. Bei den Wahlen zum Europäischen Parlament 2014 erreichte sie 0,4 % (und damit kein Mandat), bei den Wahlen zum Bundestag 2017 trat sie gar nicht an.

Ebenso wenig konnte die Partei Rechtsstaatlicher Offensive reüssieren (vgl. F. Hartleb 2004). Gegründet im Jahre 2000, erreichte sie unter ihrem »starken Mann« Ronald Schill – nach dem sie später zeitweise hieß (Schill-Partei) – bei den Wahlen zur Hamburger Bürgerschaft 2001 mit 19,4 % einen sensationellen Erfolg. Sie gelangte mit Schill als Innensenator sogar in die Regierung (bis 2003). Die Partei, stark auf die innere Sicherheit ausgerichtet, vermochte sich nicht auf andere Bundesländer auszudehnen, schaffte nirgendwo den Sprung in ein anderes Landesparlament und löste sich 2007 auf. Sie war letztlich ein Hamburger Phänomen.

Eine wesentliche Gemeinsamkeit wiesen beide Parteien auf: Sie wurden jeweils von einem als charismatisch geltenden Vorsitzenden geführt. Das erklärt einerseits maßgeblich ihren Anfangserfolg und andererseits (jedenfalls zum Teil) ihren jähen Niedergang. Franz Schönhuber fädelte Kontakte mit der rechtsextremistischen Deutschen Volksunion (DVU) Gerhard Freys ein – vor allem dieser Umstand führte zu seinem erzwungenen Rücktritt vom Vorsitz 2004, 2005 dann auch zum Verlassen der Partei. Und Ronald Schill wurde 2003 aus der Partei ausgeschlossen, nachdem er zuvor den Hamburger Bürgermeister Ole von Beust mit privaten Details erpresst haben soll.

7.2 Ursachen für Wahlerfolge der AfD

Die Migrationsbewegung dürfte wohl der wesentliche Faktor für das Erstarken der AfD sein. Das Thema verunsichert Bürger. Die größte Erfolgswelle dieser Partei setzte nach der Flüchtlingskrise vom Herbst 2015 ein. Aber eine monokausale Erklärung verfängt nicht – es gibt weitere Faktoren. Die Ursachen für »den« Populismus sind zwar von Land zu Land mit Blick auf die Gewichtung verschieden, doch ähneln sie einander, was das Aufkommen populistischer Bewegungen betrifft: Zu nennen sind die oft vernachlässigte soziokulturelle Dimension, die sozioökonomische, die gesellschaftliche, die mediale sowie die politische, ohne damit alle Aspekte berührt zu haben.

Soziokulturelle Dimension: Die Grünen sind verspätete 68er, die Repräsentanten der AfD Anti-68er – heißt es griffig. Das spätere Phänomen ist maßgeblich eine Reaktion auf das frühere. Schließlich stellen viele Positionen der Grünen mittlerweile Allgemeingut dar – im Bereich der Atom-, der Umweltpolitik, der Klima-, der Familien-, der Gender- und nicht zuletzt der Migrationspolitik. Die einstigen »Alternativen« haben die Gesellschaft verändert – und sich selber durch sie mit (weithin zum Positiven). Die neuen »Alternativen«, mitunter nativistisch orientiert, begehren gegen den Elitenkonsens auf (etwa Multikulturalismus, Postmaterialismus und Tendenzen hin zu einem europäischen Bundesstaat). Das ist kein spezifisch deutsches Phänomen (vgl. Inglehart und Norris 2017). Deutschland war wohl das erste Land, in dem die grüne Bewegung zu triumphieren verstand – und ist in Europa vielleicht das Land, in dem es am längsten gedauert hat, bis eine politische Kraft, welche die nationale Identität auf ihre Fahnen schreibt, erfolgreich auf den Plan trat. In dem einen Fall war Deutschland Vorreiter, in dem anderen ist es Nachzügler. Zum einen war im wirtschaftlich prosperierenden Deutschland Sensibilität für die Gefahren des Raubbaus an der Natur früh gewachsen und der Einfluss der 68er besonders stark; zum anderen bremste die Last der nationalsozialistischen Vergangenheit das erfolgreiche Aufkommen einer politischen Kraft, die mit Stolz auf die Heimat Punkte zu sammeln sucht, und die Existenz einer starken linken Protestpartei – Die Linke – bildete zusätzlich ein Hemmnis. Wer auf Kosmopolitismus fixiert ist, liefert somit dem Rechtspopulismus Nachschub (vgl. B. Stegemann 2017; D. Van Reybrouck 2017).

Sozioökonomische Dimension: Mit Blick auf die sozioökonomische Konfliktlinie zwischen mehr staatsinterventionistischen und mehr staatsfernen Positionen ist es etwas komplizierter: Bei den populistischen Parteien Europas gibt es Kräfte, die sowohl nach »mehr Staat« als auch nach »weniger Staat« rufen. In der Tendenz dominiert Sozialpopulismus, zunehmend auch bei der AfD, die hier laviert (vgl. S. Dietl 2017). Dies erklärt den Einbruch der Sozialdemokraten in vielen Staaten mit. Es ist ihre frühere Klientel, die zu Kräften des Populismus wandert. Das Elektorat der populistischen Parteien – das gilt für rechts wie für links – stammt vielfach aus einem ähnlichen Milieu, dem der sozial eher schwächeren Schichten. Diese sind mit der Migration und ihren Folgen in einer Weise konfrontiert, wie dies nicht annähernd für Gutsituierte gilt, die fern von Problemzonen wohnen. So rufen Schwierigkeiten auf dem Arbeitsmarkt wegen der (tatsächlichen oder auch nur eingebildeten) Konkurrenz durch Migranten Frust hervor.

Gesellschaftliche Dimension: Konsenspolitik lähmt! Eine Konsenskultur führt nicht zu mehr Liberalität und Weltoffenheit, eine Kultur des Verdachts schüchtert ein. Wer dies ausspricht, muss kein Anhänger irgendeiner Form des Populismus sein. Wir haben in Deutschland zunehmend eine beträchtliche Diskrepanz zwischen den Positionen von Eliten und denen des »kleinen Mannes«. Deutschlands politische Kultur ist stark von Konsensdenken geprägt – vielleicht aufgrund der vielen Systemwechsel im 20. Jahrhundert. Zu einer angemessenen Diskussionskultur gehört es, heikle Punkte zu benennen (vgl. F. Linke 2017). Das geschieht zu wenig. In einer offenen Gesellschaft sollen Konflikte ausgetragen, nicht unterdrückt und auch nicht ein für allemal gelöst werden (vgl. Ch. Mouffe 2014; I. Panreck 2017, S. 321–333, 349–351). Wer diese oder jene Maßnahme als »alternativlos« apostrophiert – etwa in der Migrationsfrage –, suggeriert, andere Positionen seien illegitim, mindestens aber für das ganze Land schädlich. Und Konformitätsdruck nützt einer Kraft wie der AfD.

Mediale Dimension: Zuweilen heißt es, der Hinweis auf die Kriminalität von MigrantInnen besorge das Geschäft randalierender Rechtsextremer. Doch die Tabuisierung bekannter Missstände durch Medien gibt jenen Auftrieb, denen die »ganze Richtung« nicht passt, sei es derzeit in der Migrations-, sei es zuvor in der Euro(pa)politik. Jede Form der political correctness ist abwegig. Die anfänglich, vorsichtig formuliert, zurückhaltende Berichterstattung über die durch Migranten ausgelösten Übergriffe gegen Frauen während der Silvesternacht in Köln 2015/16 war kein Glanzstück der öffentlich-rechtlichen Medien. Die jeweilige Position sollte in der Sache geprüft werden, von wem auch immer sie kommt. Und wer aus Angst vor dem »Beifall von der falschen Seite« seine Meinung nicht zur Sprache bringt oder einen Sachverhalt unterschlägt, richtet sein Argumentationsrepertoire indirekt an der Sichtweise des Gegners aus. Bei dieser für unsere Zukunft zentralen Thematik der Migration ist es unerlässlich, auch die »Befindlichkeiten« besorgter BürgerInnen zur Sprache zu bringen. Geschieht dies nicht, und zuweilen geschieht es nicht, grassieren im Zeitalter der Digitalisierung und der sozialen Medien krude Verschwörungstheorien (vgl. Krämer und Schindler 2018).

Politische Dimension: Die Verachtung der Eliten ist weit verbreitet. Abgestimmtes Vorgehen der »Etablierten« kommt nicht gut an. BürgerInnen stört (um einige Beispiele zu nennen), wenn nach dem Nichtverbot der NPD durch das Bundesverfassungsgericht nun versucht wird, diese antidemokratische Partei durch ein »Parteiverbot light« auszuschalten; wenn der Alterspräsident nicht mehr der an Jahren älteste Abgeordnete, sondern der dienstälteste ist, um eine Person aus den Reihen der AfD zu verhindern; wenn sich bei der Auswahl des Bundespräsidenten Union, SPD, Liberale und Grüne ohne Not auf *einen* Kandidaten einigen; wenn die Große Koalition die Zuschüsse für die Parteien massiv aufstockt. Und das Vorgehen aller gegen *eine* populistische Kraft ruft eine Bunkermentalität hervor. Eine Solidarisierung von Leuten, denen ein solches Vorgehen gegen den Strich geht, ist wahrscheinlich. Was hilft: mehr Kontroversen innerhalb der Eliten.

Offenbar sind die Gelegenheitsstrukturen für Populismen weitaus günstiger als Angebotsstrukturen, wenngleich die Rolle einer rhetorisch befähigten und charismatischen Spitzenkraft wie Nigel Farage, Marine Le Pen oder Geert Wilders dem Populismus ausgesprochen nützt. Für die Therapie heißt dies: weniger auf den Populismus zu schauen und ihn zu kritisieren, mehr eigene Defizite abzubauen, weniger konsensorientiert zu sein, mehr glaubwürdige Lösungen zu präsentieren, stärker Pluralismus an den Tag zu legen, Äquidistanz gegenüber jeder Form des Populismus zu wahren[15], Sorgen ernst zu nehmen, political correctness abzubauen.

8 Vergleich zur Partei Die Linke

Bisher war nur vom parteiförmigen Rechtspopulismus die Rede, nicht vom parteiförmigen Linkspopulismus. Das ist angesichts der stupenden Erfolge der AfD zwar verständlich, aber unangebracht, da am anderen Rand des politischen Spektrums eine Kraft existiert, die ebenfalls mit populistischen Denkmustern hantiert (vgl. E. Jesse 2017b), und die nicht immer über jeden auf die Demokratie bezogenen Verdacht erhaben war. Für viele Analytiker stellt dies jedoch kein diskussionswürdiges Thema dar. Der nachfolgende Vergleich ist nicht systematisch, sondern selektiv.

Die Linke, aus der SED hervorgegangen, hat sich mehrfach gehäutet. 2007 schloss sich Die Linkspartei/PDS (so der Name 2005 bis 2007) mit der vornehmlich westdeutschen »Arbeit & soziale Gerechtigkeit – Die Wahlalternative« (WASG) zusammen. Durch die Hartz IV-Reformen war eine gesamtdeutsche Partei am linken Rand des politischen Spektrums entstanden. Obwohl den beiden Vorsitzenden Katja Kipping und Bernd Riexinger der Zusammenhalt der Partei einigermaßen gelungen ist, stehen sich systemüberwindende (vor allem im Westen) und reformerische, stärker pragmatisch ausgerichtete Kräfte (vor allem im Osten) nach wie vor gegenüber. Die Partei will das Vermögen der MillionärInnen stärker besteuern, die »Zwei-Klassen-Medizin« beenden, den Verfassungsschutz abschaffen, das Verbot aller »neofaschistischen« Organisationen vollziehen, jeden Auslandseinsatz der Bundeswehr einstellen und die NATO auflösen. Durch die Flüchtlingskrise ist ein weiterer Konflikt ausgebrochen: Die Richtung um Sahra Wagenknecht (lange Repräsentantin der Kommunistischen Plattform) befürwortet ein stärkeres Eingehen auf die Ängste der Bevölkerung, auch der eigenen Wählerschaft[16] – und sieht sich des Vorwurfs ausgesetzt, rechten Populismus zu be-

15 Auch wenn sich der rechte Populismus von dem linken Populismus unterscheidet, ist dies kein Grund, eine andere Messlatte anzulegen. Es gibt rechts wie links starken und schwachen Populismus, ebenso in der politischen Mitte (vgl. Vehrkamp und Merkel 2018).

16 Die ihr in nicht geringen Teilen abhanden gekommen ist – und das durch Abwanderung zur AfD.

günstigen. Wagenknecht hat im September 2018 zusammen mit Oskar Lafontaine eine linke Sammlungsbewegung namens »Aufstehen« ins Leben gerufen, um das linke, bisher zerstrittene Lager zu einen, Aufbruchstimmung zu verbreiten, mit der Politik Unzufriedene zu gewinnen und Einfluss auf das Elektorat im rechten Spektrum zu erlangen. Die Sammlungsbewegung, die innerhalb der Partei Die Linke auf ein geteiltes Echo stößt, ist zwar sozioökonomisch links, aber nicht soziokulturell. Es handelt sich um eine linksnationale Kraft, deren Gewicht schwer einzuschätzen ist. AnhängerInnen dieser Art des Linkspopulismus sind in Teilen des Auslandes recht verbreitet, etwa im Süden Europas.

Im Wahlkampf 2017 grenzte sich die Partei nicht bloß scharf von der AfD ab, sondern ebenso – wiewohl nicht derart hart – von den »bürgerlichen« (Union, FDP) und den »linken« (SPD, Die Grünen) Kräften. Sahra Wagenknecht – das Aushängeschild der Partei mit hoher Zugkraft – erwähnte in ihren Reden immer wieder die Vielzahl der armen Leute, die sich genötigt sehen, Flaschen zu sammeln (wahrlich ein populistischer Gemeinplatz), unterließ auffällig Kritik an Putins Russland, nicht jedoch an Trumps USA. Heftig attackierte sie die »linke«, als »neoliberal« apostrophierte Konkurrenz. Die Partei hat es in ökonomisch recht stabilen Zeiten mit ihrem Kampf gegen »den Kapitalismus« schwerer als die AfD, auf Gehör zu stoßen. Zudem verstand diese es, durch Übernahme linker Protestformen in das andere politische Lager einzubrechen (vgl. T. Wagner 2017).

Lag die AfD bei der Bundestagswahl 2013 klar hinter der Partei Die Linke, so war dies 2017 anders (vgl. Tabelle 5). Wenngleich Die Linke ihren Stimmenanteil knapp steigern konnte, wurde sie nur fünftstärkste Partei. Ein augenfälliger Befund: Die Linke legte im Westen von 5,6 auf 7,4 % zu, verlor im Osten aber 4,9 Prozentpunkte: von 22,7 auf 17,8 %. Das relativ gute Abschneiden der Partei im Westen resultiert maßgeblich aus ihrer zunehmenden Akzeptanz; und diese im Osten schon länger bestehende Akzeptanz erklärt paradoxerweise wesentlich ihre dortigen Verluste: Da Die Linke im Osten als durch und durch etabliert gilt (so stellt sie in Thüringen den Ministerpräsidenten, und in Brandenburg ist sie Juniorpartner der SPD seit 2011), ging ein Teil ihrer früheren (und unzufriedenen) WählerInnen zur AfD, repräsentiert diese doch harschen Protest, wie er einst bei der Linken beheimatet war. Längst nicht alle WählerInnen der Partei Die Linke verstanden sich als AnhängerInnen der von ihrer Parteispitze propagierten »Willkommenskultur« (vgl. D. Auer, 2018).

Beim Elektorat gibt es zwischen der Linken und der AfD Unterschiede wie Gemeinsamkeiten. Das Wählerpotential der AfD und der Partei Die Linke ist jeweils im Osten am stärksten. Die AfD tritt im Osten radikaler als im Westen auf; bei der Linken ist es (wie erwähnt) umgekehrt. Was die Mitglieder angeht, so ist die AfD im Osten weniger stark repräsentiert als im Westen, anders als Die Linke. Im Osten erreichten AfD und Die Linke bei der Bundestagswahl 2017 zusammen

Tabelle 5 Ergebnisse für die AfD und Die Linke bei den Bundestagswahlen 2013 und 2017 (in %)

	2013			2017		
	Gesamt	Ost	West	Gesamt	Ost	West
AfD	4,7	5,9	4,5	12,6	21,9	10,7
Die Linke	8,6	22,7	5,6	9,2	17,8	7,4

Quelle: Zusammenstellung nach den amtlichen Wahlstatistiken

fast 40 % der Stimmen. In Sachsen schnitten diese beiden Kräfte – zusammengerechnet – 5,7 Prozentpunkte besser ab als CDU und SPD.[17] Der Populismus der AfD stieß auf mehr Zustimmung als jener des linken Pendants. Die Wählerschaft beider Parteien – die zu einem beträchtlichen Teil paternalistisch Segnungen des Staates erwartet – ist männerdominiert, bei der AfD erkennbarer als bei der Linken. Mittlerweile dominiert im Elektorat beider Parteien die untere Mittelschicht.

Rechts- (fixiert auf Antiimmigration) und Linkspopulismus (fixiert auf Antifaschismus) weisen Affinitäten auf – in den Feindbildern (etwa Globalisierung, USA, EU) und im Politikstil: durch Versprechungen mit Blick auf das Füllhorn sozialer Wohltaten. AfD und Die Linke hegen die größten Vorbehalte gegenüber der Sanktionspolitik im Hinblick auf Russland. Für die AfD (nur zum Teil dezidiert antikommunistisch orientiert) ist der Hauptgegner nicht die Linke, sondern die Partei Die Grünen; für Die Linke (strikt antifaschistisch ausgerichtet) ist es hingegen die AfD. Der Nationalpopulismus der AfD kommt nicht ohne eine soziale Komponente aus, und der Sozialpopulismus der Partei Die Linke nicht ohne die nationale. Das Paradoxe: Gerade die extremen Flügel der beiden Parteien beziehen sich darauf.

Was die AfD angeht, so lehnt die Partei gegenwärtig jedes Regierungsbündnis ab – nicht nur im Bund, sondern auch in den Ländern. Und die anderen Parteien plädieren entschieden gegen jegliche Kooperation mit der AfD. Komplizierter fällt das Urteil für Die Linke aus: Sie hatte ein Bündnis mit der SPD und den Grünen bei einem Entgegenkommen dieser Parteien – im innen- wie im außenpolitischen Bereich – nicht ausgeschlossen, praktiziert ein solches bereits auf Länderebene. Die Konkurrenz blieb auch vage, weil sie wusste, eine Kooperation kön-

17 Bei der Landtagswahl in Sachsen-Anhalt erzielten AfD (24,3 %) und Die Linke (16,3 %) 0,2 Prozentpunkte mehr als die beiden Volksparteien CDU (29,8 %) und SPD (10,6 %). Kaum auszudenken: Wären die Grünen (5,2 %) nicht ins Landesparlament eingezogen, hätten AfD und Die Linke zusammen ein Mandat mehr gehabt.

ne ihr schaden. Aber anders als früher hatte die SPD ein Bündnis mit der Partei Die Linke vor der Bundestagswahl 2017 nicht eigens verworfen.[18]

Bei der AfD ist das populistische Element stärker ausgeprägt als das extremistische, bei der Linken ist es gerade umgekehrt. In der Politik, der Publizistik und der Politikwissenschaft wird die AfD mehrheitlich weitaus kritischer gesehen als Die Linke. Das ist so nicht begründet. In dem einen Fall wird stark auf Ausgrenzung gesetzt, in dem anderen Fall mehr der Integrationsmechanismus betont. Die nötige Äquidistanz fehlt. Die Existenz der AfD und der Partei Die Linke im Bundestag fördert den Wettbewerbscharakter der Politik. Sie schwächt die Konsenspolitik, aber zugleich – und das ist eine Paradoxie – trägt sie dazu, dass sie diese stärkt; Letztes gilt jedenfalls dann, wenn beide Parteien in der Opposition verbleiben (müssen).

Wer die AfD als Kraft des »autoritären Nationalradikalismus« (vgl. W. Heitmeyer 2018, S. 368–373) zwischen dem Rechtspopulismus und dem gewalttätigen Rechtsextremismus ansiedelt, macht es sich zu einfach, denn ihre Wählerschaft ist nur zum Teil autoritär, nationalistisch und radikal. Hier gibt es Schnittmengen zum Elektorat der Partei Die Linke. Hingegen ist es in der Tat angemessen, bei den Erklärungsversuchen für den Erfolg der AfD nicht »soziale und kulturelle Faktoren gegeneinander auszuspielen« (W. Heitmeyer 2018, S. 264).

9 Fazit und Ausblick

Die AfD »ist eine rechtspopulistische Protestpartei, und der Protest ist der Kitt« (zitiert nach E. Holtmann 2018, S. 91). Diese Aussage Gaulands stimmt. Eine Protestpartei ist sie deshalb, weil sie in vielen Sachfragen – etwa in der Rentenpolitik – selbst nach eigenen Angaben noch keine ausgereiften Konzepte anzubieten vermag. Sie, ein Stachel im Fleisch der etablierten Kräfte, profitiert daher von ihrem Dagegen-Sein. Ferner ist die AfD in ihrem Selbstverständnis eine Partei der Anti-68er, wodurch sich die Einordnung als Protestkraft relativiert, ebenso durch die betont migrationskritische Sichtweise. Zugleich ist sie eine Wählerpartei – die prozentuale Differenz zwischen der Zahl der WählerInnen und der Zahl der Mitglieder fällt bei keiner anderen Partei so immens aus. Ein Grund: Manche BürgerInnen wählen sie zwar, stehen zu ihr aber nicht öffentlich, weil sie Nachteile befürchten. Gleichwohl ist sie im Kern trotz Radikalisierung keine extremistische Partei – jedenfalls bejaht der überwiegende Teil der politisch Verantwort-

18 Auf der Länderebene gab es schon Koalitionen mit der PDS bzw. mit der Partei Die Linke in Mecklenburg-Vorpommern (1998–2006) und Berlin (2002–2011). In Thüringen ist Die Linke, wie erwähnt, Seniorpartner (seit 2014), in Brandenburg Juniorpartner (seit 2009).

lichen den demokratischen Verfassungsstaat. Systemkritik muss nicht auf Systemfeindschaft hinauslaufen. Sie ist keine Regionalpartei, wenngleich sie im Osten des Landes doppelt so gut abschneidet wie im Westen. Und sie lässt sich schwerlich angemessen als Ein-Themen-Partei charakterisieren, ungeachtet einer starken Fokussierung auf die Migrationspolitik. Die Einordnung der AfD steht allerdings unter einem erheblichen Vorbehalt, da junge Parteien stärker wandlungsfähig sein können als ältere. Dies erhellt die doppelte Verschiebung der Programmatik von Bernd Lucke zu Frauke Petry, dann von ihr zu Alexander Gauland. Mit den Personalwechseln gingen inhaltliche Wechsel einher.

Die AfD schickt sich an, das hiesige Parteiensystem zu einem Sechsparteiensystem zu erweitern, nachdem sie in ihrem Gründungsjahr 2013 in der Bundestagswahl noch knapp an der Fünfprozenthürde gescheitert war. Im September 2017 gelangte sie als drittstärkste Kraft in den Bundestag – trotz aller Zerstrittenheit und mancher Radikalisierungstendenzen. Mehr als jede/r achte WählerIn votierte für sie. Das deutsche Parteiensystem hat damit weithin europäische »Normalität« angenommen.

Die Ursachen für diesen Wandel sind vielgestaltiger Natur – struktureller (z. B. Erosion der herkömmlichen Milieus) und situativer (etwa die Flüchtlingskrise). Die als »alternativlos« geltende Konsenspolitik provoziert populistische Proteste. Populismus ist vor allem ein Politikstil, der »das Volk« – in dieser Lesart eine homogene Einheit – durch einfache Lösungen gegen die als abgehoben betrachteten Eliten auszuspielen sucht. Seine Stärke fußt auf ökonomisch wie kulturell bedingten Ursachen. In Deutschland dürften die soziokulturellen Faktoren für das Aufkommen der AfD stärker sein als die sozioökonomischen. Das Thema Migration deckt beide Ebenen ab.

Wird die AfD auf längere Sicht zu einer etablierten Kraft avancieren? Der Begriff »etabliert« hat zwei Bedeutungen. Zum einen ist damit gemeint, ob die Partei sich behauptet. Die Annahme, eine politische Kraft wie die AfD werde in absehbarer Zeit aus den Parlamenten verschwinden, dürfte ein Irrglaube sein. Die Erfahrungen in den Nachbarländern sprechen eine andere Sprache. Schließlich hat sie mit ihrem Markenkern, dem Setzen auf nationale Identität, ein Alleinstellungsmerkmal. Die AfD ist nicht auf dem abschüssigen Weg der »Piraten«, wobei die Hinwendung zum Rechtspopulismus in Deutschland wegen der leidvollen Last der Vergangenheit schwächer entfaltet ist als in den meisten anderen Staaten Europas. Die Partei erhält nach dem abermaligen Einzug in den Bundestag Gelder für eine Stiftung und kann so verstärkt ihre Ideen verbreiten.[19] Dabei hatte sie

19 Nach etlichem Hin und Her entschied sich der Bundesparteitag im Juni 2018 mit einer Zweidrittelmehrheit für die Desiderius-Erasmus-Stiftung (und nicht für die Gustav-Stresemann-Stiftung) als parteinahe Stiftung unter dem Vorsitz von Erika Steinbach, der langjährigen

ursprünglich parteinahe Stiftungen abgelehnt, weil sie darin eine verkappte Parteienfinanzierung sah. Wie die Empirie allerdings belegt, ist die Ablehnung der AfD weit verbreitet: 71 % der WählerInnen würden dieser Partei auf keinen Fall ihre Stimme geben; bei der Linken beträgt der Wert 51 % (vgl. Vehrkamp und Merkel 2018, S. 17). Und bezogen auf die normative Seite: Warum soll es im rechten Spektrum keine Partei geben wie im anderen politischen Spektrum Die Linke, die mittlerweile freilich etablierter geworden ist? Der Pluralismus einer offenen Gesellschaft kann dies verkraften. Wenn die AfD aber in eine Anti-Systempartei abdriftet, wird sie schwerlich reüssieren.

Zum anderen ist gemeint, ob die Partei zu einer vom politischen Establishment anerkannten Kraft wird und als koalitionsfähig gilt. Diese Frage ist weitaus weniger sicher zu beantworten. Wer vorhat, mittelfristig Regierungsverantwortung zu übernehmen, muss umsteuern, nicht nur im Ton. Die starke Orientierung auf ein Thema, mag es noch so wichtig sein, schadet längerfristig jeder Partei. Für die AfD sind zwei Wege riskant: Übernimmt sie Regierungsverantwortung, stellt sich schnell heraus, dass die »Mühen der Ebene« Frustration bei den eigenen AnhängerInnen hervorrufen und zu einem elektoralen Rückgang führen. Hingegen wohnt einer Fundamentalopposition die folgende Gefahr inne: Wenn BürgerInnen den Eindruck gewinnen, der Partei gehe es nicht um einen konstruktiven gesellschaftlichen Wandel, sondern ausschließlich um Protest, dürfte der Zuspruch zur AfD zurückgehen – zumal ihr BürgerInnen dann keine Lösungskompetenz auf zentralen Politikfeldern zuschreiben und sie »vorzeigbare« Personen kaum gewinnt. Das bisherige Verhalten der Partei in den Parlamenten ist nicht auf einen Nenner zu bringen (vgl. W. Schroeder et al. 2018). Der Grat zwischen beiden Positionen ist im wahrsten Wortsinn schmal.

Es mag banal klingen, aber angesichts der vielen Imponderabilien (etwa: [Ent-]Radikalisierung der AfD; Herausforderung durch Migration; Verhalten der Konkurrenz; wirtschaftliche Entwicklung; Zukunft der EU; möglicher Wechsel in der Kanzlerschaft; internationale Konstellationen) fällt eine tragfähige Prognose schwierig aus. Bisher profitierte die Partei, wie erwähnt, vor allem von Gelegenheitsstrukturen, weniger von Angebotsstrukturen, aber ob das immer so sein muss? Für die AfD gilt, mehr als für jede etablierte Kraft: Ihre Zukunft ist offen.

Bundestagsabgeordneten der CDU (1990–2017). Der Name geht auf den Humanisten Erasmus von Rotterdam zurück.

Literatur

Alexander, Robin. 2017. *Die Getriebenen. Merkel und die Flüchtlingspolitik. Report aus dem Innern der Macht.* akt. Ausgabe. München: Siedler.

Amann, Melanie. 2017. *Angst für Deutschland. Die Wahrheit über die AfD: Wo sie herkommt, wer sie führt, wohin sie steuert.* München: Droemer.

Auer, Dirk. 2018. Die alte Linken-Hochburg wählt heute AfD. *Neue Zürcher Zeitung* vom 17. 07. 2018.

Augstein, Jakob. 2018. Ein deutscher Traum. http://www.spiegel.de/politik/deutschland/einwanderung (Zugriff: 9. 07. 2018).

Bax, Daniel. 2018. *Die Volks-Verführer. Warum Rechtspopulisten so erfolgreich sind.* Frankfurt a. M.: Westend.

Bender, Justus. 2017a. *Was will die AfD? Eine Partei verändert Deutschland.* München: Pantheon.

Bender, Justus. 2017b. Gauland: Özoguz in Anatolien entsorgen. *Frankfurter Allgemeine Zeitung* vom 28. 08. 2017.

Bergmann, Knut, Matthias Diermeier, und Judith Niehues. 2018. Ein komplexes Gebilde. Eine sozio-ökomische Analyse des Ergebnisses der AfD bei der Bundestagswahl 2017. *Zeitschrift für Parlamentsfragen* 49 (2): 243–264.

Birsl, Ursula. 2018. Die Demokratie und ihre Gegenbewegungen: eine kritische (Selbst-)Reflexion in Begriffen und Referenzrahmen in der Rechtsextremismusforschung. *Politische Vierteljahresschrift* 59 (2): 371–384.

Blätte, Andreas, Simon Gehlhar, Jan Gehrmann, Andreas Niederberger, Julia Rakers, und Eva Weiler. 2018. Migrationspolitik im Bundestagswahlkampf 2017 – Die Kluft zwischen Entscheidungs- und Darstellungspolitik. Dresden: MIDEM.

Brinkmann, Heinz Ulrich, und Martina Sauer (Hrsg.). 2016. *Einwanderungsgesellschaft Deutschland. Entwicklung und Stand der Integration.* Wiesbaden: Springer VS.

Brinkmann, Heinz Ulrich, und Haci-Halil Uslucan (Hrsg.). 2013. *Dabeisein und Dazugehören. Integration in Deutschland.* Wiesbaden: Springer VS.

Brömmel, Winfried, Helmut König, und Manfred Sicking (Hrsg.). 2017. *Populismus und Extremismus in Europa. Gesellschaftswissenschaftliche und sozialpsychologische Perspektiven.* Bielefeld: transcript Verlag.

Bundeswahlleiter (Hrsg.). 2018. *Wahl zum 19. Deutschen Bundestag am 24. September 2017, Heft 4: Wahlbeteiligung und Stimmabgabe der Männer und Frauen nach Altersgruppen,* Wiesbaden: Statistisches Bundesamt.

Bundeswahlleiter (Hrsg.). 2014. *Wahl zum 18. Deutschen Bundestag am 22. September 2013, Heft 9: Wahlbeteiligung und Stimmabgabe der Männer und Frauen nach Altersgruppen.* Wiesbaden: Statistisches Bundesamt.

Decker, Frank. 2018. Was ist Rechtspopulismus? *Politische Vierteljahresschrift* 59 (2): 353–369.

Decker, Frank. 2017. Rechtspopulismus in Europa. *Bürger & Staat* 67 (1): 12–17.

Decker, Frank. 2015. Alternative für Deutschland und Pegida: Die Ankunft des neuen Rechtspopulismus in der Bundesrepublik. In *Frank Decker et al. 2015*, 75–89.

Decker, Frank. 2000. *Parteien unter Druck. Der neue Rechtspopulismus in den westlichen Demokratien.* Opladen: Leske + Budrich.

Decker, Frank, Bernd Henningsen, und Kjetil Jakobsen (Hrsg.). 2015. *Rechtspopulismus und Rechtsextremismus in Europa. Die Herausforderung der Zivilgesellschaften durch alte Ideologie und neue Medien*. Baden-Baden: Nomos Verlag.

Dietl, Stefan. 2017. *Die AfD und die soziale Frage zwischen Marktradikalismus und »völkischem Antikapitalismus«*. Münster: Unrast.

Dorn, Thea. 2018. *Deutsch, nicht dumpf. Ein Leitfaden für aufgeklärte Patrioten*. München: Albrecht Knaus Verlag.

Fislage, Franziska, Karsten Grabow, und Anna-Sophie Heinze. 2018. *Mit Haltung gegen Populismus. Erfahrungen aus Europa*. Berlin: Konrad-Adenauer-Stiftung.

Forschungsgruppe Wahlen. 2017. *Bundestagswahl. Eine Analyse der Wahl vom 24. September 2017*. Mannheim.

Freeden, Michael. 1996. *Ideologies and Political Theory: A Conceptual Approach*. Oxford (UK): Oxford University Press.

Friedrich, Sebastian. 2017. *Die AfD. Analysen – Hintergründe – Kontroversen*. Berlin: Bertz & Fischer.

Gauck, Joachim. 2018. Einwanderung in Deutschland. Das Eigene und das Fremde. *Die Zeit* vom 19. 04. 2018.

Geiges, Lars, Stine Marg, und Franz Walter. 2015. *Pegida. Die schmutzige Seite der Zivilgesellschaft?* Bielefeld: transcript Verlag.

Grünke, Ralf. 2006. *Geheiligte Mittel? Der Umgang von CDU/CSU und SPD mit den Repubilkanern*. Baden-Baden: Nomos Verlag.

Hartleb, Florian. 2017. *Die Stunde der Populisten. Wie sich unsere Politik trumpetisiert und was wir dagegen tun können*. Schwalbach/Ts.: Wochenschau Verlag.

Hartleb, Florian. 2004. *Rechts- und Linkspopulismus. Eine Fallstudie anhand von Schill-Partei und PDS*. Wiesbaden: Springer VS.

Heinisch, Heiko, und Nina Scholz. 2012. *Europa, Menschenrechte und Islam – ein Kulturkampf*. Wien: Passagen.

Heinisch, Reinhard C., Christina Holtz-Bacha, und Oscar Mazzoleni (Eds.). 2017. *Political Populism: A Handbook*. Baden-Baden: Nomos Verlag.

Heitmeyer, Wilhelm. 2018. *Autoritäre Versuchungen. Signaturen der Bedrohung 1*. Berlin: Suhrkamp Verlag.

Holtmann, Everhard. 2018. *Völkische Feindbilder. Ursprünge und Erscheinungsformen des Rechtspopulismus in Deutschland*. Bonn: Bundeszentrale für politische Bildung.

infratest dimap. 2017. *WahlREPORT Bundestagswahl. Eine Analyse der Wahl vom 24. September 2017*. Berlin.

Inglehart, Ronald, und Pippa Norris. 2017: Trump and the Populist Authoritarian Parties. The *Silent Revolution* in Reverse. *Perspectives on Politics* 15 (2): 443–454.

Jesse, Eckhard. 2018a. Der Kampf gegen den Rechtspopulismus. Eine kritische Sicht auf aktuelle Literatur. *Communicatio Socialis* 51 (2): 227–238.

Jesse, Eckhard. 2018b. Die Bundestagswahl 2017 im Spiegel der repräsentativen Wahlstatistik. *Zeitschrift für Parlamentsfragen* 49 (2): 223–242.

Jesse, Eckhard. 2017a. Phänomen Pegida. Literaturbericht. *Zeitschrift für Politik* 46 (1): 67–78.

Jesse, Eckhard. 2017b. AfD und Die Linke – Wieviel Populismus steckt in ihnen? *Politische Studien* 68 (6): 41–51.

Jesse, Eckhard, und Isabelle-Christine Panreck. 2017. Populismus und Extremismus. Terminologische Abgrenzung – das Beispiel der AfD. *Zeitschrift für Politik* 64 (1): 59–76.

Kaltwasser, Cristobal Rovira. 2012. The ambivalence of Populism: threat and corrective for democracy. *Democratization* 19 (2): 184–208.

Kaltwasser, Cristobal Rovira, Paul Taggart, Paulina Ochoa Espejo, und Pierre Ostiguy (Eds.). 2017. *The Oxford Handbook of Populism*. Oxford (UK): Oxford University Press.

Kohlrausch, Bettina. 2018. *Abstiegsängste in Deutschland. Ausmaß und Ursachen in Zeiten des erstarkenden Rechtspopulismus*. Düsseldorf: Hans Böckler Stiftung.

Krämer, Benjamin, und Johanna Schindler. 2018. Zum Umgang der Medien mit dem Rechtspopulismus. Hintergründe, Herausforderungen und Handlungsempfehlungen. *Communicatio Socialis* 51 (2): 131–142.

Kretschmann, Winfried. 2018. »Merkels Politikstil stößt an Grenzen«. *Frankfurter Allgemeine Zeitung* vom 5. 07. 2018: 2.

Kriesi, Hanspeter, und Takis S. Pappas (Eds.). 2017. European Populism in the Shadow of the Great Recession. Colchester (UK): ECPR Press.

Lehmann, Pola, und Theres Matthieß. 2017. Nation und Tradition. Wie die Alternative für Deutschland nach rechts rückt. *WZB Mitteilungen* 156 (Juni 2017): 21–24.

Lewandowsksy, Marcel. 2018. Alternative für Deutschland (AfD). In *Handbuch der deutschen Parteien*. 3. Aufl., hrsg. von Frank Decker und Viola Neu, 161–170. Wiesbaden: Springer VS.

Lewandowsky, Marcel. 2015. Eine rechtspopulistische Protestpartei? Die AfD in der öffentlichen und politikwissenschaftlichen Debatte. *Zeitschrift für Politikwissenschaft* 25 (1): 119–134.

Linke, Friederike. 2016. Mehr Pluralismus! Mehr Streit! Mehr Freiheit! – Plädoyer für eine neue politische Partizipations- und Repräsentationskultur. *Mitteilungen des Instituts für Parteienrecht und Parteienforschung* 23: 135–139.

Locke, Stephan. 2014: Die neue Wut aus dem Osten. *Frankfurter Allgemeine Sonntagszeitung* vom 7. 12. 2014: 2.

Luft, Stefan. 2010. Staatsangehörigkeitspolitik und Integration. In *Integration von Zuwanderern. Erfahrungen, Konzepte, Perspektiven,* hrsg. von Stefan Luft und Peter Schimany, 325–353. Bielefeld: transcript Verlag.

Marg, Stine, Katharina Trittel, Christopher Schmitz, Julia Kopp, und Franz Walter. 2016. *NoPegida. Die helle Seite der Zivilgesellschaft?* Bielefeld: transcript Verlag.

Merkel, Wolfgang. 2017. Kosmopolitimus versus Kommunitarismus: Ein neuer Konflikt in der Demokratie. In *Parties, Governments and Elites: The Comperative Study of Democracy,* ed. by Philipp Harst, Ina Kubbe und Thomas Poguntke, 9–23. Wiesbaden: Springer VS.

Minkenberg, Michael. 2018. Was ist Rechtspopulismus? *Politische Vierteljahresschrift* 59 (2): 337–352.

Mouffe, Chantal. 2018. *Für einen linken Populismus*. Berlin: Suhrkamp Verlag.

Mouffe, Chantal. 2014. *Agonistik. Die Welt politisch denken*. Berlin: Suhrkamp Verlag.

Mounk, Jascha. 2018. *Der Zerfall der Demokratie. Wie der Populismus den Rechtsstaat bedroht.* München: Droemer.

Müller, Jan-Werner. 2016. *Was ist Populismus? Ein Essay.* Berlin: Suhrkamp.

Nestler, Christian, und Jan Rohgalf. 2014. Eine deutsche Angst – erfolgreiche Parteien rechts von der Union. Zur AfD und den gegenwärtigen Gelegenheitsstrukturen des Parteienwettbewerbs. *Zeitschrift für Politik* 61 (4): 389–413.

Niedermayer, Oskar. 2018. Parteimitgliedschaften im Jahr 2017. *Zeitschrift für Parlamentsfragen* 49 (2): 346–371.

Niedermayer, Oskar. 2015. Eine neue Konkurrentin im Parteiensystem? Die Alternative für Deutschland. In *Die Parteien nach der Bundestagswahl 2013*, hrsg. von Oskar Niedermayer, 175–207. Wiesbaden: Springer VS.

Nölke, Andreas. 2017. *Linkspopulär. Vorwärts handeln, statt rückwärts denken.* Frankfurt a. M.: Westend.

Palmer, Boris. 2017. *Wir können nicht allen helfen. Ein Grüner über Integration und die Grenzen der Belastbarkeit.* München: Siedler.

Panreck, Isabelle-Christine. 2017. *Diskurse als Nährboden demokratischer Außenpolitik? Kriegsentscheidungen in der massenmedialen Öffentlichkeit.* Baden-Baden: Nomos Verlag.

Patzelt, Werner J. 2018. *Neue Deutsche in einem alten Land. Über Zuwanderung, Integration und Beheimatung.* Würzburg: Ergon.

Patzelt, Werner J. 2015. Repräsentationslücken im politischen System Deutschlands? Der Fall PEGIDA. *Zeitschrift für Staats- und Europawissenschaften* 13 (1): 99–126.

Patzelt, Werner J., und Joachim Klose. 2016. *PEGIDA. Warnsignale aus Dresden.* Dresden: Thelem.

Prantl, Heribert. 2017. *Gebrauchsanweisung für Populisten.* Salzburg/München: Ecowin.

Priester, Karin. 2012. Wesensmerkmale des Populismus. *Aus Politik und Zeitgeschichte* 63 (5-6, 30. Januar): 3–9.

Quistorp, Eva, Richard Schröder, und Gunter Weißgerber. 2018. *Weltoffenes Deutschland? Zehn Thesen, die unser Land verändern.* Freiburg i. Br.: Verlag Herder.

Rehberg, Karl-Siegbert, Franziska Kunz, und Tino Schlinzig (Hrsg.). 2016. *PEGIDA – Rechtspopulismus zwischen Fremdenangst und »Wende«-Enttäuschung? Analysen im Überblick.* Bielefeld: transcript Verlag.

Reuband, Karl-Heinz. 2018. Pegida im »Tal der Ahnungslosen«. Demokratievorstellungen der Bürger in Dresden, in Düsseldorf und unter Teilnehmern des Pegida-Protests. *Zeitschrift für Parlamentsfragen* 49 (1): 129–147.

Rosenfelder, Joel. 2017. Die Programmatik der AfD. Inwiefern hat sich die Partei von einer primär euroskeptischen zu einer rechtspopulistischen Partei entwickelt? *Zeitschrift für Parlamentsfragen* 48 (1): 123–140.

Sarrazin, Thilo: 2018. *Feindliche Übernahme. Wie der Islam den Fortschritt behindert und die Gesellschaft bedroht.* München: FinanzBuch Verlag.

Sarrazin, Thilo. 2016. *Wunschdenken. Europa, Währung, Bildung, Einwanderung – warum Politik so häufig scheitert.* München: DVA.

Sarrazin, Thilo. 2010. *Deutschland schafft sich ab. Wie wir unser Land aufs Spiel setzen.* München: DVA.

Schenke, Julian, Christopher Schmitz, Stine Marg, und Katharina Trittel. 2018. *Pegida-Effekte? Jugend zwischen Polarisierung und politischer Unberührtheit*. Bielefeld: transcript Verlag.

Schroeder, Wolfgang, Bernhard Weßels, und Alexander Berzel. 2018. Die AfD in den Landtagen: Bipolarität als Struktur und Strategie – zwischen Parlaments- und »Bewegungs«-Orientierung. *Zeitschrift für Parlamentsfragen* 49 (1): 91–110.

Serrao, Marc Felix. 2018: Symbolpolitik gegen die AfD. *Neue Zürcher Zeitung* vom 5.07.2018: 3.

Stegemann, Bernd. 2017. *Das Gespenst des Populismus. Ein Essay zur politischen Dramaturgie*. Berlin: Theater der Zeit.

Van Reybrouck, David. 2017. *Für einen anderen Populismus. Ein Plädoyer*. Göttingen: Wallstein Verlag.

Vehrkamp, Robert. 2017. Rechtspopulismus in Deutschland. Zur empirischen Verortung der AfD und ihrer Wähler vor der Bundestagswahl 2017. *WZB Mitteilungen* 156 (Juni 2017): 17–20.

Vehrkamp, Robert, und Wolfgang Merkel. 2018. *Populismusbarometer 2018. Populistische Einstellungen bei Wählern und Nichtwählern in Deutschland 2018*. Gütersloh: Bertelsmann Stiftung.

Vehrkamp, Robert, und Christopher Wratil. 2017. *Die Stunde der Populisten? Populistische Einstellungen bei Wählern und Nichtwählern vor der Bundestagswahl 2017*. Gütersloh: Bertelsmann Stiftung.

Vorländer, Hans, Maik Herold, und Steven Schäller. 2016. *PEGIDA. Entwicklung, Zusammensetzung und Deutung einer Empörungsbewegung*. Wiesbaden: Springer VS.

Wagner, Aiko. 2017. Wettbewerb aus Wählerperspektive. Bürger legen sich weniger fest – mit Ausnahme der AfD-Anhänger. *WZB Mitteilungen* 156 (Juni 2017): 25–27.

Wagner, Thomas. 2017. *Die Angstmacher. 1968 und die Neue Rechte*. Berlin: Aufbau Verlag.

Wodak, Ruth. 2018. Vom Rand in die Mitte – »Schamlose Normalisierung«. *Politische Vierteljahresschrift* 59 (2): 323–335.

Rechtspopulismus in Österreich

Anton Pelinka

1 Die FPÖ im politischen System Österreichs

Der Rechtspopulismus – definiert als eine gegen wesentliche Elemente der repräsentativen Demokratie gerichtete Methode in Verbindung mit einer Ausgrenzung als »anders«, als »fremd« definierter gesellschaftlicher Gruppen (vgl. A. Pelinka 2013) – ist in Österreich vor allem durch eine Partei vertreten, die Freiheitliche Partei Österreichs (FPÖ). Auf den Rechtspopulismus – auf dessen Methode und dessen Inhalt – hat die FPÖ jedoch keineswegs ein Monopol. Andere Parteien (auch die, die im europäischen Kontext als Parteien des mainstreams gelten), Parteien der rechten und der linken Mitte, artikulieren sich rechtspopulistisch – in unterschiedlicher, im Vergleich zur FPÖ zumeist abgeschwächter Form und ebenso abgeschwächten Inhalt. Dennoch ist die FPÖ – nicht zuletzt durch ihre enge Kooperation mit anderen rechtspopulistischen Parteien (dem französischen FN, der niederländischen Freiheitspartei, der italienischen Lega Nord), etwa in Form einer gemeinsamen Fraktion im Europäischen Parlament – die treibende, die dominante Kraft des österreichischen Rechtspopulismus.

Anders als die anderen rechtspopulistischen Parteien Europas hat die FPÖ jedoch eine eindeutig rechtsextreme Wurzel. Sie entstand aus einem politisch-weltanschaulichen Lager, aus einer Tradition, die sie als indirekte Nachfolgerin des österreichischen Zweiges der NSDAP ausweist – gegründet von ehemaligen, teilweise hochrangigen Nationalsozialisten für ehemalige Nationalsozialisten.

Der österreichische Rechtspopulismus wird in der politikwissenschaftlichen Literatur einerseits als ein besonderer Fall gesehen und unter dem Begriff »Modellfall Österreich?« diskutiert: als Antwort auf die österreichische Konkordanzdemokratie, die als »Proporzdemokratie« insbesondere in Form der Sozialpartnerschaft in der vergleichenden Politikwissenschaft international beachtet wurde (vgl. G. Lehmbruch 1967; A. Lijphart 1984; P. Katzenstein 1984). Dass Ös-

H. U. Brinkmann und I.-C. Panreck (Hrsg.), *Rechtspopulismus in Einwanderungsgesellschaften*, https://doi.org/10.1007/978-3-658-23401-0_6

terreich – neben der Schweiz und den Niederlanden das am meisten beachtete Modell einer den Wettbewerb zwischen den Parteien relativierenden, a priori auf »power sharing« ausgerichteten Form eines politischen Systems – um die Jahrtausendwende eine der erfolgreichsten rechtspopulistischen Parteien hervorgebracht hat, wird als möglicher, systemimmanent logischer Zusammenhang gesehen. Der Wandel von einer die Kräfte außerhalb des konkordanzdemokratisch herrschenden mainstreams ausschließenden, kartellähnlichen demokratischen Ordnung zu einer Ordnung mit einer aufsteigenden, radikalen Protestcharakter tragenden rechtspopulistischen Partei, verweist auf die besonders herausgeforderte Volatilität des Parteiensystems (vgl. R. Heinisch 2012, S. 361–382).

Die Beweglichkeit und die damit verbundene Unberechenbarkeit des Parteiensystems bewirkt, dass die FPÖ zwar ein faktisches Monopol besitzt – sie ist die einzige relevante rechtspopulistische Partei und Organisation im demokratischen Wettbewerb. Aber eben der Wettbewerbscharakter des Parteiensystems führt dazu, dass sich auch andere Parteien rechtspopulistischer Inhalte und allgemeiner populistischer Techniken bedienen. Die FPÖ ist zwar die einzige eindeutig rechtspopulistische Partei im österreichischen Parteienspektrum, sie hat aber kein Monopol auf den Rechtspopulismus schlechthin: nicht auf ethno-nationalistische Rhetorik, nicht auf tendenziell xenophobe Ab- und Ausgrenzungen, nicht auf den Österreich-Patriotismus, wie er der Formel »Österreich zuerst« entspricht – eine Formel, die zwar von der FPÖ propagiert, aber nicht von ihr erfunden wurde.

Gerade die Erfolge der FPÖ bewirken eine Neigung der anderen, vom Wachstum der FPÖ bedrohten Parteien, sich des vermeintlichen Erfolgsrezeptes der Freiheitlichen zu bedienen und einen »Rechtspopulismus light« zu praktizieren. Der Rechtspopulismus in Österreich ist zwar primär bei der FPÖ »zuhause«, aber er wirkt hinein in die anderen Parteien – weil er aus nachvollziehbaren Gründen als Ausdruck eines in weiten Teilen der Gesellschaft vorhandenen Bedürfnisess nach sozialer, wirtschaftlicher, kultureller und damit politischer Grenzziehung zwischen dem eigenen »Wir« und den »defining others«, den als »fremd« konstruierten anderen gesehen wird.

2 Entstehung und Struktur rechtspopulistischer Organisationen

2.1 Vorgeschichte und Entstehung der FPÖ

Die Anfänge der FPÖ reichen in das späte 19. Jahrhundert zurück. In der multinationalen österreichischen Reichshälfte der Doppelmonarchie Österreich-Ungarn entstanden Parteien im Gefolge der Verfassung (des Staatsgrundgesetzes

1867) und der schrittweise erfolgten Ausweitung des Wahlrechtes. Neben der Sozialdemokratischen Arbeiterpartei und der Christlichsozialen Partei entwickelten sich »nationale« Parteien, die jeweils eine der Nationalitäten des alten Österreichs vertraten. Im deutschsprachigen Teil Österreichs entstanden verschiedene deutschnationale Parteien und Bewegungen, von denen noch vor 1914 vor allem der Partei Alldeutsche Vereinigung Georg von Schönerers eine tonangebende Rolle zukam. Die Alldeutsche Vereinigung vertrat die Idee des »Anschlusses« Österreichs (oder zumindest der mehrheitlich deutschsprechenden Teile der Habsburger Monarchie) an das Deutsche Reich, und damit das Ende der Herrschaft des Hauses Habsburg. Überdies stand die Partei für einen »völkisch« (»rassisch«) geprägten Antisemitismus. Dieser »völkische« Antisemitismus war jedenfalls zentraler Bestandteil der Programmatik des deutschnationalen Lagers in Österreich vor dem Aufstieg der NSDAP (vgl. K. Berchtold 1967, S. 439–482).

1918, im Gefolge der Kapitulation der Truppen Österreich-Ungarns und der Abdankung des letzten österreichischen Kaisers, riefen die 1911 in das Abgeordnetenhaus des Reichsrates gewählten Abgeordneten der deutschsprachigen Gebiete die Republik »Deutsch-Österreich« aus und erklärten diese zum Teil des Deutschen Reiches. Die in drei Fraktionen gegliederten Abgeordneten erklärten sich zur Provisorischen Nationalversammlung und bildeten eine aus Sozialdemokraten, Christlichsozialen und Deutschnationalen bestehende Allparteienregierung. Nach der 1919 erfolgten Wahl zu einer Verfassunggebenden Versammlung beschloss diese 1920 das Bundes-Verfassungsgesetz, und nach der ersten Wahl des neuen Nationalrates[1] bildeten die Christlichsozialen mit den Deutschnationalen eine Koalitionsregierung, der die Sozialdemokraten als Opposition gegenüberstanden.

Nach dem Verlust der mehrheitlich nicht deutschsprechenden Gebiete des alten Österreich und dem von den Siegermächten des Ersten Weltkriegs ausgesprochenen Verbot des »Anschlusses« an das Deutsche Reich hielten zwar – zunächst – alle Parteien am Ziel des »Anschlusses« fest, bei den Deutschnationalen wurde diese Orientierung aber zur primären Begründung ihrer politischen Existenz. Freilich spalteten sich die Deutschnationalen in zwei Parteien – in die Großdeutsche Volkspartei und in den Landbund. Diese beiden Parteien übertrafen den auch bei den Christlichsozialen programmatisch vorhandenen und bei den Sozialdemokraten faktisch vorhandenen Antisemitismus (vgl. A. Pelinka 2017, S. 78).

Das Erstarken der NSDAP im Deutschen Reich hatte auch Folgen für Österreichs Parteienlandschaft. Ab 1932 wurde klar, dass die österreichische NSDAP – die sich als regionale Organisation der deutschen NSDAP verstand – immer

---

1 Seit 1920 die Bezeichnung für die Abgeordnetenkammer. Zusammen mit dem Bundesrat (Vertretung der Länder) bildet sie das Parlament der Republik Österreich.

mehr WählerInnen von der Großdeutschen Volkspartei und vom Landbund (freilich auch von den Christlichsozialen und den Sozialdemokraten) abzog und 1933 zur dominanten Partei des deutschnationalen »Lagers« wurde. 1933 von der autoritären Regierung des christlichsozialen Bundeskanzlers Engelbert Dollfuß im Gefolge von Terroranschlägen verboten, versuchten Teile der österreichischen NSDAP (vor allem der SS) im Juli 1934 einen von der Münchner NSDAP-Zentrale mit gesteuerten Putsch, der in der Ermordung Dollfuß' endete und die Regierung Adolf Hitlers in erhebliche außenpolitische Schwierigkeiten brachte – denn das Italien Benito Mussolinis verstand sich zu diesem Zeitpunkt als Schutzmacht eines selbständigen Österreich.

Ab 1936 verstärkte sich der Druck von Seiten des deutschen NS-Regimes und der österreichischen NSDAP. Um diesem Druck entgegen zu kommen, relativierte die Regierung Kurt Schuschniggs den illegalen Status der NSDAP. Den als »gemäßigt« geltenden Nationalsozialisten kam zunehmend die Rolle eines informell anerkannten Gesprächs- und schließlich Koalitionspartner der Regierung des halbfaschistischen, von der Führung der alten Christlichsozialen Partei regierten österreichischen »Ständestaates« zu. Es waren diese »gemäßigten« Nationalsozialisten, von denen sich 1945 einige auf der Liste der Hauptkriegsverbrecher fanden – und andere zu den Gründern der FPÖ werden sollten.

Als 1945 – auf der Grundlage der »Moskauer Deklaration« der UdSSR, der USA und des Vereinigten Königreiches sowie der militärischen Niederlage des Deutschen Reiches – die Republik Österreich wieder errichtet wurde, waren die ehemaligen Mitglieder der NSDAP zunächst vom Wahlrecht ausgeschlossen und konnten sich daher an der ersten Wahl des Nationalrates 1945 nicht beteiligen. Bei der zweiten Wahl, 1949, hatte die Mehrzahl dieser »Ehemaligen« die politischen Rechte wieder erhalten, nur eine Minderheit (die »Schwerbelasteten«) blieb noch ausgeschlossen. 1949 wurde – unter maßgeblicher Mitwirkung ehemaliger NSDAP-Mitglieder – der »Verband der Unabhängigen« (VdU) gegründet, der als die Fortsetzung der Parteien des deutschnationalen Lagers verstanden wurde. Nach inneren Zerwürfnissen zerfiel der VdU wieder, und 1956 wurde – als auch die »schwerbelasteten« ehemaligen Nationalsozialisten wieder das Wahlrecht erlangt hatten – die FPÖ als neue Partei gegründet.

Unter den Parteigründern waren prominente ehemalige Nationalsozialisten. Vorsitzender war Anton Reinthaller, der seine politische Laufbahn als Funktionär des »Landbundes« begonnen hatte, danach Mitglied der NSDAP wurde, 1938 für wenige Tage (als Vertreter der »gemäßigten« Nationalsozialisten) dem letzten Kabinett Kurt Schuschniggs angehört hatte. Nach dem »Anschluss« (1938) wurde er Staatssekretär im »Reichsernährungsministerium« der Regierung Hitler und erhielt den Rang eines SS-Generals. 1945 wurde er von den US-Behörden im Internierungslager Glasenbach bei Salzburg für mehrere Jahre interniert. Nach Reinthallers Tod wurde Friedrich Peter (früherer Offizier der Waffen-SS) an die Spitze der Partei gewählt. Da auch die meisten der anderen führenden Gründungsmitglieder der Freiheitlichen Partei bis 1945 der NSDAP angehört hatten, galt die FPÖ (wie schon der VdU davor) als Sammelbecken ehemaliger Nationalsozialisten (vgl. M. Riedlsperger 1978).

Der Beginn der FPÖ war durch den spezifischen Hintergrund bzw. durch die spezifischen Interessen der (ehemaligen) Nationalsozialisten gekennzeichnet: Sie sahen die Schlüsselereignisse des Jahres 1945 auch als persönliche Katastrophe, die Befreiung Österreichs vom nationalsozialistischen Deutschland als ein Diktat der Siegermächte, und die Verluste an Vermögen bzw. beruflicher Position – von denen die Mitglieder der NSDAP 1945 sowie unmittelbar danach betroffen waren – als ein prinzipielles Unrecht. In einem Punkt freilich unterschied sich die FPÖ von den Parteien des deutschnationalen Lagers der Vergangenheit: Sie forderte nicht mehr einen »Anschluss« an Deutschland. Der Deutschnationalismus der FPÖ war reduziert auf ein sehr allgemein gehaltenes Bekenntnis zu einer deutschen Kulturgemeinschaft und einer strikten Ablehnung des Konzeptes einer österreichischen Nation (vgl. Kadan und Pelinka 1979).

2.2 Programmatische Wandlungen

Die FPÖ blieb in der ersten Phase – zwischen 1956 und 1986 – eine Fünf- bis Sieben-Prozent-Partei, die versuchte, sich den beiden dominanten Parteien – der sozialdemokratischen SPÖ und der christlich-demokratischen, konservativen ÖVP – als Mehrheitsbeschaffer und Bündnispartner anzubieten. Das gelang punktuell 1963, als in einer Abstimmung im Nationalrat die FPÖ gemeinsam mit der SPÖ – gegen die ÖVP – der Verzichtserklärung des Sohnes des letzten österreichischen Kaisers die Anerkennung verweigerte (vgl. M. Mommsen-Reindl 1976). Das gelang der FPÖ abermals, als sie 1970 durch eine auf ein Jahr befristete Duldungsvereinbarung die Bildung der ersten Regierung Bruno Kreiskys als SPÖ-Minderheitsregierung ermöglichte. Da die SPÖ aber 1971 die absolute Mehrheit an Stimmen und Mandaten erreichte, war für Kreisky die Unterstützung durch die FPÖ nicht mehr erforderlich. Das änderte sich erst 1983, als die SPÖ die Mehrheit verlor und eine Koalition mit der FPÖ vereinbarte. Die FPÖ wurde freilich in den drei Jahren Regierungsbeteiligung nicht belohnt – sie konnte bei Landtagswahlen nicht zulegen, und auch in den Umfragen blieb sie bei ihrer Stärke zwischen fünf und sieben Prozent fixiert (vgl. A. Pelinka 1993).

Damit schien sich für viele in der FPÖ die Strategie des Machtgewinns durch »mainstreaming« nicht zu lohnen. Eine um ein liberales Erscheinungsbild der Partei bemühte Führung, die persönlich nicht mehr mit einer nationalsozialistischen Vergangenheit belastet erschien, und die Aufnahme in die »Liberale Internationale« hatten den Freiheitlichen nicht zu einem signifikanten Wachstum verholfen – sie waren eine Kleinpartei geblieben. Deshalb folgte ein Strategiewechsel – von einer »liberal« etikettierten Politik der allmählichen Zurückdrängung des NS-Erbes zu einer Politik des Amalgams: des nicht unbedingt konsistenten Vermischens einer populistischen Oppositionshaltung mit der Wiederbetonung der deutschnationalen Wurzeln. An die Stelle der Anpassung an den mainstream trat ein unbedingter Widerspruch zu eben diesem seit 1945 herrschenden, von SPÖ und ÖVP verkörpertem Politikstil und politischem Inhalt.

In dieser Phase war die freiheitliche Politik von der Person Jörg Haiders bestimmt, der sich zwar immer wieder auf die deutschnationalen Wurzeln seiner Partei berief, gleichzeitig aber den Beginn einer österreichisch-patriotischen Periode der Partei einleitete. Als Reaktion auf das stetig gewachsene, nationale Österreich-Bewusstsein – das auf Grund der Vorgeschichte immer auch als Abgrenzung vom Deutschnationalismus und von der Betonung eines deutschen Charakters Österreichs verstanden wurde (vgl. M. Haller 1998) – entwickelte sich die FPÖ zu einer Partei, die sich gerade in den Bereichen Rhetorik und Symbolik von ihren Wurzeln vor und nach 1938 zu emanzipieren schien.

Jörg Haider entwickelte einen Politikstil, der sich insgesamt weniger auf konsistent vorgetragene politische Inhalte bezog als vielmehr auf die Gewinnung politischer Aufmerksamkeit abzielte. Unter Vorwegnahme dessen, was Jahre und Jahrzehnte später – etwa durch Donald Trump – als politische Unterhaltung (political entertainment) um sich griff, versuchte Haider (und zwar durchaus erfolgreich) mit unerwarteten Aussagen Schlagzeilen zu produzieren und so die öffentliche Aufmerksamkeit auf sich zu konzentrieren. Dass diese Aussagen oft im Widersprich zu seinen eigenen zuvor gemachten Position waren, nahm er bewusst in Kauf. Die inhaltliche Beliebigkeit seiner politischen (Selbst-)Darstellung hatte freilich ihre Grenzen: Haider betrieb konsequent die Ausgrenzung von als »fremd« konstruierten gesellschaftlichen Gruppen, insbesondere der »Ausländer« (vgl. Wodak und Pelinka 2002).

Die FPÖ, beginnend in den 1980er Jahren, entwickelte ein anderes, teilweise neues Verständnis von Inklusion und Exklusion. Das »Wir« wurde nicht mehr als »wir, die Deutschen« verstanden; das »wir« wurde nunmehr »wir, die Österreicherinnen und Österreicher«. Die »anderen« waren nicht mehr die »Nicht-Deutschen« schlechthin, es waren die ZuwanderInnen, die freilich immer dann als »fremd« wahrgenommen wurden, wenn sie nicht deutscher Muttersprache waren. Die »anderen« waren auch nicht mehr – jedenfalls nicht mehr in den offiziellen, programmatischen Äußerungen der Partei – »die Juden«. Die »FPÖ neu« distanzierte sich in allgemeiner Form von antijüdischen Positionen, ohne freilich die Vergangenheit ihrer Gründergeneration zu thematisieren. Selbst offener

Rassismus im Sinne einer Identifikation mit einem etwa als »weiß« definierten Europa wurde vermieden. Die FPÖ hatte sich zwar dem strategischen »mainstreaming« versagt – auch, weil dies bis 1986 nicht den erhofften Erfolg gebracht hatte. Aber sie hatte sich programmatisch teilweise an das angepasst, was gegen Ende des 20. Jahrhunderts als politisch akzeptabel, als politisch »korrekt« galt. An die Stelle des strategischen »mainstreaming« war ein inhaltliches getreten – und das in Verbindung mit einer populistischen Gesamtorientierung:

- Im populistischen »Wir da drinnen – ihr da draußen« traten an die für den (österreichischen) Deutschnationalismus zentralen »anderen« (vor allem JüdInnen) zunehmend vor allem muslimische ZuwanderInnen – ohne dass die sich gegen das Judentum gerichtete exterminatorische Wut deckungsgleich auf den Islam übertragen hätte. Der antiislamische Affekt ist insgesamt weniger irrational als es der antijüdische war oder ist, weil der Antiislamismus mit realen Abstiegsängsten der wirtschaftlich bzw. sozial Schwächeren in einer insgesamt relativ privilegierten Einwanderungsgesellschaft zu tun hat. Mit anderen Worten: Der Antiislam ist die Folge real existierende MuslimInnen – der Antisemitismus braucht, um zu mobilisieren, keine real existierenden JüdInnen.
- Im populistischen »Wir da unten – ihr da oben« wurde nun ein genereller Anti-Elitismus deutlich, gerichtet gegen das »Establishment«, das gar nicht ausdifferenziert werden musste, aber insgesamt vor allem gegen die politischen Funktionseliten gewendet wurde. Dieser Teil des Rechtspopulismus der FPÖ – beginnend mit dem Ende des 20. Jahrhunderts – enthielt viele begriffliche Versatzstücke des traditionell linken Antielitismus und umfasste Attacken auf eine vage zu einem Feindbild hochstilisierte »Political Correctness« bzw. auf zu »Gutmenschen« abgestempelte Personen eines liberalen, kosmopolitischen oder auch allgemein als »links« definierten Milieus.

Die Übernahme einer bestimmten traditionell als »links« wahrgenommenen Rhetorik änderte freilich nichts am Festhalten an einer traditionell »rechts« verstanden nationalen Exklusivität. Es geht um die Verteidigung »unserer Leute« – wenngleich freilich dieses »uns« nicht mehr deckungsgleich mit der Rhetorik des Deutschnationalismus verstanden wurde. »Unsere Leute« waren zu verteidigen – gegen oben, gegen die »politische Klasse« (der die FPÖ nicht zugerechnet wurde), und gegen die »draußen«, die nach Österreich drängten, um an dem teilzuhaben, was »unsere Leute« mühsam aufgebaut hatten.

Im 2011 verabschiedeten Parteiprogramm der FPÖ (Österreich zuerst) definiert sich die Partei als »österreichischpatriotische politische Kraft«. Dem Deutschnationalismus wird nur ganz vage Referenz erwiesen: Österreich wird als »Teil der deutschen Sprach- und Kulturgemeinschaft« bezeichnet. Die Skepsis gegenüber einem trans- bzw. supranationalen Europa, wie es in der Europäischen Union partiell angelegt ist, äußert sich in einem anderen Satz des Programms: Das Europa der FPÖ ist das »Europa der freien Völker und Vaterländer« (vgl. Parteiprogramm 2011, Präambel).

Der völkische Charakter der FPÖ verbindet die Partei mit anderen rechtspopulistischen Parteien Europas. Das Bekenntnis zum »eigenen« Volk – dessen Konstruktion nicht näher hinterfragt wird – verbindet sich mit einer Betonung der Souveränität der Nationalstaaten. Die fingierte Eindeutigkeit des »eigenen« Volkes bildet die Grundlage der Ablehnung von Zuwanderung und der Vertiefung der Europäischen Union in Richtung einer Union mit bundesstaatlichen Zügen. Das Europa der FPÖ ist ein »Verbund freier Völker und selbstbestimmter Vaterländer« (vgl. Parteiprogramm 2011, Leitsätze). Und, konkret zur Struktur der EU: »Die verfassungsrechtlichen Grundprinzipien der souveränen Mitgliedstaaten müssen absolut Vorrang vor dem Gemeinschaftsrecht haben« (vgl. Parteiprogramm 2011, Europa der Vielfalt). Die Grundposition der FPÖ gegenüber der Zuwanderung wird deutlich ausgesprochen: »Österreich ist kein Einwanderungsland« (vgl. Parteiprogramm 2011, Heimat, Identität und Umwelt).

Der Österreich-Patriotismus war an die Stelle des Deutschnationalismus getreten, die Feindbilder der »anderen« – als »fremd« konstruiert – hatten partiell andere Inhalte erhalten, und die Energie des populistischen Protestes war nunmehr auch gegen bestimmte Segmente traditioneller Eliten gerichtet. Die Wirksamkeit dieser Form des Populismus war natürlich von der funktionalen Position der FPÖ abhängig. Zwar war die FPÖ zwischen 1983 und 1986 (in einer Koalition mit der SPÖ) sowie zwischen 2000 und 2006 (in einer Koalition mit der ÖVP) Teil eines offenbar durchaus funktionsfähigen Systems demokratischer Regierungswechsel; aber die Wirksamkeit dieses Populismus baute auf einer Wahrnehmung, dass SPÖ und ÖVP Parteien des »Systems« – eben des Establishments – sind, während die FPÖ als protestierende und fordernde Stimme der Benachteiligten gegen ein regierendes Machtkartell antritt.

Die Schwierigkeit, einen solchen Populismus mit einer Regierungsfunktion zu verbinden, zeigte sich 2002. Die FPÖ in einem Regierungsbündnis mit der ÖVP geriet nun selbst in Gefahr, zum Objekt einer populistisch mobilisierbaren Unzufriedenheit zu werden. Die Folge war ein Konflikt innerhalb der FPÖ, der 2002 dazu führte, dass ein Teil der freiheitlichen Regierungsmitglieder sich aus Protest gegen die aus den eigenen Reihen kommende populistische Dynamik von Regierungsämtern zurückzog; und 2005 kam es zu einer Parteispaltung, als der auf Regierungspräsenz beharrende Teil sich als neue Partei – Bündnis Zukunft Österreich (BZÖ) – konstituierte. Die Folge dieser Spaltungstendenzen war ein Abstieg der Partei, der erst ab etwa 2008 ein Wiederaufstieg unter neuer Führung und mit der Agenda einer populistischen »Allerweltsopposition« gelang.

3 Strukturelle Aspekte von Anhänger- und Wählerschaft

3.1 Wandlungen der Anhängerschaft

Die FPÖ war, in ihren Anfängen nach 1945, eine vor allem bürgerliche Partei. Sie war – in Fortsetzung der Tradition des deutschnationalen Lagers der ersten Hälfte des 20. Jahrhunderts – überdurchschnittlich in höheren Bildungsschichten vertreten, hatte aber nur wenig Resonanz in der Arbeiterschaft. Dies kam auch in ihrer Position unter den Studierenden an den österreichischen Universitäten zum Ausdruck: In den ersten beiden Jahrzehnten nach 1945 waren Studentengruppen, die der FPÖ zuzurechnen waren, bei Wahlen in die studentischen Vertretungsorgane regelmäßig die zweitstärkste Fraktion – hinter den mit der ÖVP verbundenen Gruppierungen, vor den SPÖ-StudentInnen. Eine Partei, die zu dieser Zeit in der Wählerschaft regelmäßig nur fünf bis sieben Prozent gewinnen konnte, hatte eine hohe Mobilisierungsfähigkeit unter den Studierenden. Dies wies die Partei zwischen 1945 und 1986 als bildungsbürgerlich aus. Den politischen Kern dieses freiheitlichen Bildungsbürgertums bildeten die »schlagenden« (sich duellierenden) Burschenschaften und Corps, die auch die Rekrutierungsbasis der FPÖ-Parteispitze waren und nach wie vor sind. Ein hoher Anteil der führenden Funktionäre der FPÖ kommt aus diesem Kreis der schlagenden, sich betont »deutsch« gebenden Verbindungen. Dieses deutschnationale Element war in den ersten Jahrzehnten nach 1945 an österreichischen Universitäten stark vertreten (vgl. R. Gärtner 1996; B. Weidinger 2015).

Das begann sich im letzten Viertel des 20. Jahrhunderts zu verschieben: Die Attraktivität deutschnationaler Verbindungen ließ merklich nach, das studentische Milieu an österreichischen Universitäten wurde stärker von den aufkommenden neuen sozialen Bewegungen bestimmt, deren Themen (etwa der Umwelt-, vor allem aber der Frauenbewegung) der FPÖ insgesamt eher fremd waren. Damit verloren die FPÖ-nahen Studierenden einen Gutteil ihrer hegemonialen Position unter dem bildungsbürgerlichen Nachwuchs. Gleichzeitig begann sich das Elektorat der FPÖ zu verschieben: Die Wählerschaft der FPÖ wurde immer stärker von formal weniger Gebildeten, vor allem von ArbeiterInnen bestimmt. Am Beginn des 21. Jahrhunderts hatte die FPÖ – gemessen an der Struktur ihrer WählerInnen – die SPÖ als relativ stärkste Arbeiterpartei Österreichs abgelöst. Die Daten für Österreich-weite Wahlen der letzten Jahre – der Nationalratswahl 2013 und der Bundespräsidentenwahl (Stichwahl) 2016 – belegen dies (vgl. Tabelle 1).

Ein weiteres Merkmal ist der überproportional männliche Charakter der FPÖ-Wählerschaft: 2013 wählten 28 % aller Männer, aber nur 16 % aller Frauen die FPÖ. 2016 stimmten 56 % der Männer für den unterlegenen FPÖ-Kandidaten Norbert

Tabelle 1 Stimmenanteile für die FPÖ bzw. für den FPÖ-Präsidentschaftskandidaten

	Von allen WählerInnen	Von ArbeiterInnen	Von WählerInnen nur mit Pflichtschule
2013	20,6 %	24 %	34 %
2016	46,2 %	51 %	53 %

Quelle: www.sora.at/themen/wahlverhalten/wahlanalysen/nrw 13; www.sora.at/themen/wahlverhalten/wahlanalysen/bpw 16

Hofer, 62 % der Frauen hingegen für dessen Gegenkandidaten, den aus der Partei der Grünen kommenden Wahlsieger, Alexander Van der Bellen.

Die FPÖ-Wählerschaft ist annährend proportional auf die Generationen verteilt. Nur unter den WählerInnen über 60 ist die FPÖ schwächer – hier ist die Loyalität gegenüber SPÖ und ÖVP noch weitgehend intakt, was aber gleichzeitig auf eine Überalterung dieser beiden Parteien hinausläuft. Unter den Jüngeren sind die Grünen überdurchschnittlich stark vertreten.

Die Wählerschaft der FPÖ hat sich innerhalb einer Generation proletarisiert – wenn darunter eine Wählerstruktur zu verstehen ist, die deutlich erkennbar vor allem aus ArbeiterInnen ohne höhere Bildungsabschlüsse besteht. Gleichzeitig ist die FPÖ mehr als alle anderen Parteien eine vor allem von Männern gewählte Partei: Dieses Merkmal reflektiert – wenn auch wohl nicht kausal – die Rekrutierung der FPÖ aus den nur Männern vorbehaltenen »schlagenden« studentischen Verbindungen.

Die Wählerschaft der FPÖ hat sich deutlich verändert: Das Wachstum der Partei hat deren traditionellen bürgerlichen (teilweise auch bäuerlichen) Charakter radikal verändert. Die Elitenrekrutierung ist hingegen traditionell geblieben: Unter den Mitgliedern der Führungsteams der Partei auf der Ebene des Bundes und der Länder sind nach wie vor auffallend viele, die aus den traditionellen Verbindungen des deutschnationalen Lagers kommen.

3.2 Abstiegsängste und Ablehnung von Migration

Die Fähigkeit der FPÖ, Wählerschichten anzusprechen, die sozial schwächer sind – ArbeiterInnen und weniger gut gebildete Menschen –, entspricht einem Muster, das um die Mitte des 20. Jahrhunderts bereits in der Studie zur »autoritären Persönlichkeit« (vgl. T. W. Adorno et al. 1993) analysiert und gegen Ende des 20. Jahrhunderts als Gegensatz zwischen Postmaterialismus und Materialismus (vgl. R. Inglehart 1997) beobachtet wurde. Der Erfolg des Rechtspopulismus ist die Folge der Abstiegsängste von sozial Schwächeren in relativ privilegierten Gesellschaften: in den USA ausgedrückt in den Ängsten der Ärmeren unter den Weißen in der Mitte des 20. Jahrhunderts, die sich von der Integration der Schwarzen bedroht fühlten; in den industrialisierten Gesellschaften des ausgehenden 20. Jahrhunderts im Gegensatz von quantitativ wachsenden Menschen mit höherer Bildung (die postmaterialistisch orientiert sind) und den Menschen ohne höhere Bildung, die sich durch den Wandel bedroht fühlen. Die FPÖ repräsentiert die Ängste der gesellschaftlichen Segmente, die von der Wohlstandsentwicklung im 20. Jahrhundert profitiert haben und sich um 2000 nun bedroht sehen: von Globalisierung und Europäisierung, festgemacht an der Zuwanderung nach Österreich.

In ihrem Wandel von einer bürgerlich-deutschnationalen Kleinpartei zu einer österreichisch-patriotischen Mittelpartei mit stark proletarischen Elementen stützte die FPÖ ihre Kampagnen vor allem auf zwei Themen: Migration nach Österreich – und die europäische Integration. Bei der Nationalratswahl 2013 war das Thema »Zuwanderung« für die WählerInnen der FPÖ wichtiger als für alle anderen Wählergruppen. Und bei der Wahl des Europäischen Parlaments 2014 sprach die FPÖ »überwiegend Personen an, die EU-skeptisch eingestellt bzw. verärgert in Bezug auf die EU sind«.[2]

Nationale Positionen spielen eine wichtige Rolle bei der Erklärung der Attraktivität der FPÖ – allerdings unter der Rahmenbedingung eines Wechsels des Begriffsinhalts von »national«: Anders als in der Vorgeschichte der FPÖ, anders als bei den Parteien des deutschnationalen Lagers vor 1938 und auch anders als in den ersten Jahrzehnten nach 1945, ist der nationale Bezug nicht primär »deutsch«, sondern »österreichisch«. Die funktionalen Elemente nationaler Orientierung sind aber trotz dieser inhaltlichen Verschiebung weiterhin deutlich gegeben: Die FPÖ kann erfolgreich eine als klar fingierte Unterscheidung zwischen »Us« und »Them« nützen; zwischen einer als »eigen« wahrgenommenen In-Gruppe und einer als »fremd« gesehenen Out-Gruppe. National ist auch, dass die FPÖ eine Entwicklung der Europäischen Union hin zu einem Bundesstaat, der Teile der Souveränität der Mitgliedsstaaten einschränkt, entschieden ablehnt.

In Verbindung mit der Struktur der FPÖ-Wählerschaft ist in nicht geringem Umfang von einer aus Abstiegsängsten erklärbaren, zumindest tendenziell xenophoben Haltung eines verkleinbürgerten Proletariats auszugehen. Die Ärmeren in der österreichischen Gesellschaft des 21. Jahrhunderts haben – anders als

2 Daten und erste Kurzanalysen zu diesen beiden Wahlen finden sich bei bwww.sora.at/themen/wahlverhalten/wahlanalysen/nrw13; www.sora.at/themen/wahlverhalten/wahlanalysen/eu14.

die Proletarier in den Vorstellungen von Karl Marx und Friedrich Engels 1848 – mehr zu verlieren als ihre Ketten. Die Wohlstandsentwicklung der zweiten Hälfte des 20. Jahrhunderts und das – tatsächliche oder vermeintliche – Steckenbleiben dieser Entwicklung führt zu Abschottungsneigungen nationaler (aber eben österreichisch-nationaler und nicht oder nicht primär deutschnationaler) Art. Zuwanderung wird daher grundsätzlich als Bedrohung wahrgenommen, und die Europäische Union – Garantin der Aufhebung von nationaler Souveränität und innereuropäischer Grenzen – wird als Agentin einer Entwicklung in Richtung Entnationalisierung, in Richtung Multikulturalismus und Kosmopolitismus gesehen.

3.3 Typologisierung der »neuen« FPÖ

Die heutige FPÖ ist – als Parteitypus – sicherlich weder als Mitgliederpartei noch als Weltanschauungspartei zu sehen. Gemessen an ihrer Wahlstärke von über 1,3 Mio. Stimmen (2017) ist die offiziell angegebene Mitgliedzahl von 65 000[3] nicht Merkmal einer besonderen Organisationsdichte. Diesbezüglich reflektiert der eher geringe Organisationsgrad einen Rückgang der Parteimitgliedschaft auch in den anderen Traditionsparteien, in der SPÖ und der ÖVP. Die FPÖ entspricht aber in vielem dem Typus der Volks- und »Allerwelts«-Partei: Die gesellschaftlichen Segmente, die sie anzusprechen in der Lage ist, sind nicht auf ein bestimmtes weltanschauliches Lager zu reduzieren, erst recht nicht auf eine Klasse. Der Überhang an männlichen Wählern macht sie ebenso wenig zu einer Männerpartei wie der schwächere Zuspruch, den sie unter den Älteren findet, sie zu einer Jugendpartei macht. Sie ist eine catch-all-Partei, die im Wettbewerb um Wählerstimmen in allen Segmenten der Gesellschaft Erfolge zu verzeichnen versteht: in manchen weniger (bei Menschen mit höheren Bildungsabschlüssen sowie bei Frauen) und in manchen mehr (bei ArbeiterInnen).

Diese strukturellen Merkmale weisen die FPÖ als eine dem teilweise neuen Typus der rechten (rechtsextremen, rechtsradikalen) Parteien aus: Die FPÖ ist – wie andere Parteien des vor allem westeuropäischen Rechtspopulismus am Beginn des 21. Jahrhunderts – weder durch eine religiöse noch durch eine klassenspezifische Begrifflichkeit festzumachen (vgl. H. Kitschelt 1996; C. Mudde 2007). Sie unterscheidet sich von anderen rechtspopulistischen Parteien Westeuropas durch ihre historische Verwurzelung im Rechtsextremismus der ersten Hälfte des 20. Jahrhunderts.

3 www.fpoe.at (Zugriff: 6. 05. 2018)

4 Bestimmungsfaktoren der Wahlentscheidung zugunsten rechtspopulistischer Parteien

4.1 Politische Milieus und Stabilität

In einer Gesamtdarstellung des Wahlverhaltens in Österreich 2013 wurde festgestellt: »... the Austrian political market is in a phase of turmoil'« (S. Kritzinger et al. 2013, S. 121). Diese Bewertung eines längerfristig wirkenden Phänomens der politischen Unruhe und Beweglichkeit, des De- und des Realignments macht den Hintergrund der Erfolge der FPÖ deutlich: Der Wandel der FPÖ von einer gefestigten, durch traditionelle stabile Bindungen ausgewiesenen Kleinpartei zu einer Volkspartei mittlerer Größe ist nicht die Ursache, sie ist die Folge eines langfristig wirkenden, grundlegenden Wandels. Das Parteiensystem hat sich verändert, weil sich das Wahlverhalten verändert hat – und im Hintergrund steht ein Wandel der Gesellschaft.

Das österreichische Wahlverhalten war über Jahrzehnte hinweg durch ein hohes Maß an Berechenbarkeit gekennzeichnet. Eine im internationalen Vergleich hohe Wahlbeteiligung mit einem eher geringen Anteil von WechselwählerInnen war die Grundlage eines stabilen Zweieinhalb-Parteiensystems. Die meisten BürgerInnen sahen sich mit einer politischen Partei verbunden, der sie ein Leben lang die Treue hielten. Die Loyalität zu einer Partei war die Zugehörigkeit zu einer nicht territorial definierten Subgesellschaft; und diese Loyalität wurde von einer auf die nächste Generation weitergegeben.

Diese Lagermentalität hatte sich schon am Beginn des 20. Jahrhunderts abgezeichnet, als der Faktor Klasse zur Entstehung eines weitgehend geschlossenen sozialdemokratischen (»austromarxistischen«) Milieus führte, der Faktor Religion (in Form des politischen Katholizismus) zu einem katholisch-konservativen Milieu, und der aus den nationalen (völkischen) Konflikten des alten Österreich kommende Faktor Ethnizität zu einem deutschnationalen Milieu. In den permanenten Umbrüchen in der österreichischen Gesellschaft in der ersten Hälfte des 20. Jahrhunderts – vom Kaiserreich zur Republik, von der Republik zum autoritären System eines Halbfaschismus, vom Aufgehen in das nationalsozialistische Deutschland zur abermaligen Gründung der Republik – offerierten diese Milieus eine Möglichkeit der Identifizierung jenseits des formellen staatlichen Rahmens, der innerhalb einer Generation sich ja ständig und dramatisch wandelte. Die Lager waren eine politische Ersatzheimat in einer Phase permanenter politischer Unruhe und staatlicher Instabilität (vgl. A. Pelinka 2017, S. 11–23).

Das österreichische Parteiensystem war Ausdruck einer fragmentierten Gesellschaft, in der – unabhängig und unterhalb einer gegebenen Staatlichkeit – die politische Ordnung von nicht primär staatlich definierten Zugehörigkeiten bestimmt war. Diese Fragmentierung bestimmte auch die ersten Jahrzehnte der Zweiten, 1945 entstandenen Republik. Doch als diese anders als die kurzlebigen politischen Systeme davor zu einer Stabilität fand, nahm die Bedeutung der Funktion der Parteien – nämlich als politisch-weltanschauliche Lager eine Ersatzheimat zu bieten – ab. Die Gesellschaft begann sich von dem System der »Lagermentalität« zu emanzipieren – und damit verabschiedete sie sich von der »Hyperstabilität« des Zweiparteiensystems der ersten Jahrzehnte nach 1945.

4.2 Strukturelle Veränderungen im Parteiensystem

Anhand von zwei Indikatoren kann diese Entwicklung verdeutlicht werden: An der abnehmenden Mobilisierungs- und Prägekraft der traditionellen Großparteien SPÖ und ÖVP bei Parlamentswahlen; und an der abnehmenden Fähigkeit dieser Parteien, WählerInnen als Parteimitglieder an sich zu binden.

Dieser Trend wurde freilich bei der Nationalratswahl 2017 umgekehrt (vgl. Tabelle 2) – wobei offen ist, ob dies nur eine einmalige oder eine länger wirkende Trendumkehr ist: Die ÖVP erreichte – unter dem Namen »Liste Sebastian Kurz – die neue Volkspartei« – zum ersten Mal seit 2006 einen deutlichen Stimmenzuwachs und überholte mit 31,5 % Stimmenanteil die SPÖ. Das Besondere war, dass die SPÖ zwar den ersten Platz der (neu formierten) ÖVP überlassen musste, selbst aber keine Verluste hinzunehmen hatte – den 26,8 % von 2013 standen 26,9 % 2017 gegenüber. Dadurch wurde die Konzentration des Parteiensystems – wieder – gestärkt. Die ÖVP konnte vor allem die Stimmenanteile gewinnen, die 2013 der 2017 nicht mehr kandidierenden »Liste Stronach« zugefallen waren. Da auch die FPÖ 2017 gegenüber 2013 nicht verlor, sondern deutliche Stimmengewinne (von 20,5 auf 26,9 %) verzeichnen konnte, waren es insgesamt die Verluste vierter Parteien, die den – relativen – Wahlerfolg der ÖVP ermöglichten und so den Wiederanstieg des Konzentrationsgrades verursachten. Die Zersplitterung der Parteienlandschaft wurde 2017 jedenfalls gestoppt, ja umgedreht.

Durch die Stabilisierung der FPÖ als dritte Partei kann das Ergebnis von 2017 nicht als eine Absage an den von dieser Partei vertretenen Rechtspopulismus verstanden werden. Die Ende 2017 gebildete Koalitionsregierung ÖVP – FPÖ unterstreicht, dass das »manstreaming« der FPÖ dazu geführt hat, dass – neben der stabilen Stärke der Partei – diese als ein Koalitionspartner und damit als Regierungspartei akzeptiert ist.

Diese Entwicklung demonstriert, dass sich in den 1980er Jahren die im internationalen Vergleich ungewöhnliche Konzentration des Parteiensystems – ge-

Tabelle 2 Stimmenanteil SPÖ/ÖVP kombiniert; Zahl der im Nationalrat vertretenen Parteien

	SPÖ/ÖVP kombiniert	Zahl der Parteien im Nationalrat
1979	92,9 %	3
1983	90,8 %	3
1986	84,4 %	4
1990	74,9 %	4
1994	62,6 %	5
1999	60,1 %	4
2002	78,8 %	4
2006	69,7 %	5
2008	55,2 %	5
2013	50,8 %	5
2017	58,4 %	5

Quelle: amtliche Wahlergebnisse

kennzeichnet durch die Dominanz zweier Parteien – aufzulösen begonnen hatte. Da die Nutznießerin dieser Entwicklung primär die FPÖ – aber eben sie nicht allein – war, ist vor allem der Abstieg von SPÖ und ÖVP als Ursache dieser Entwicklung zu sehen. Seit 1986 waren die Grünen als vierte Partei im Nationalrat vertreten und daher ebenfalls als Nutznießerin dieser Entwicklung zu sehen. 2017 scheiterten die Grünen an der Vierprozenthürde, was auch Folge einer Parteispaltung war: Die »Liste Pilz« (angeführt von einem früheren Abgeordneten der Grünen) übersprang die Hürde – ein Hinweis darauf, dass die Wahl 2017 nicht ein länger anhaltendes Ende der Dekonzentration sein muss. 1994 war es das Liberale Forum, 2006 sowie 2008 das BZÖ und 2013 die NEOS (»Das Neue Österreich«, die sich als Fortsetzung der Tradition des Liberalen Forums sehen) sowie das »Team Stronach«, deren – relative – Wahlerfolge ebenso Zeichen der Dekonzentration waren und sind. Die NEOS erreichten – anders als das »Team Stronach« – 2017 abermals den Einzug in den Nationalrat.

Trotz der deutlichen Verschiebungen im Wahlverhalten (bezogen auf die Parteipräferenzen) zeigten sich die zentralen Verhaltensmuster grundsätzlich stabil: Der Gender Gap zeigte, dass Männer eher »rechts« wählten – ausgedrückt in einer überproportionalen Präferenz für ÖVP und FPÖ. Die FPÖ erwies sich, wie schon seit Jahrzehnten, als stärkste Arbeiterpartei – 51 % der ArbeiterInnen bevorzug-

Tabelle 3 Mitgliedschaft in Parteien und Organisationsgrad 1979–2008

Wahljahr	Mitglieder in Tausend, Organisationsgrad in %**			
	ÖVP*	**SPÖ**	**FPÖ**	**Parteimitglieder insgesamt, und ihr Anteil an den Wahlberechtigten**** **
1979	560–720, 28–36 %	721, 30 %	37, 13 %	1 318, 25,4 %
1983	552–720, 26–34 %	695, 30 %	37, 15 %	1 284, 24,2 %
1986	528–720, 26–35 %	675, 32 %	37, 8 %	1 240, 22,7 %
1990	488–670, 32–44 %	620, 32 %	41, 5 %	1 149, 20,4 %
1994	433–642, 34–50 %	513, 32 %	44, 4 %	990, 17,1 %
1995	633–633, 46–46 %	488, 27 %	45, 4 %	1 166, 20,2 %
1999	605–630, 49–50 %	384, 25 %	51, 4 %	1 040, 17,8 %
2002	622–622, 31–31 %	329, 18 %	***	953, 13,1 %
2006	600–905, 37–56 %	287, 17 %	***	892, 14,6 %
2008	600–890, 47–70 %	255, 18 %	40, 5 %	904, 14,3 %

* Da die ÖVP die Zahl ihrer Mitglieder als Summe der Mitglieder ihrer Teilorganisationen (und oft unter Einbeziehung von »Familienmitgliedern«) wertet, ergibt sich eine hohe Schwankungsbreite. Bei der Berechnung des Organisationsgrades für die gesamte Wählerschaft wurde immer die Minimalangabe berücksichtigt.

** Der Anteil der Mitglieder an der Wählerschaft.

*** keine Angaben.

**** Aus Gründen der Übersichtlichkeit fehlen die Werte der Grünen für die Jahre 2002–2008 sowie die BZÖ-Werte für 2006 und 2008.

Quelle: Wineroither und Kitschelt 2012, S. 203

ten die Freiheitlichen. ÖVP und SPÖ waren wieder deutlich die von den Älteren (60 +) bevorzugten Parteien.[4]

Die in Tabelle 3 wiedergegebenen Mitgliederzahlen sind zwar mit Vorsicht zu nehmen, weil sie auf den Angaben der Parteien beruhen und insbesondere bei der ÖVP anzumerken ist, dass Mitgliedschaft nicht gleich Mitgliedschaft ist: Die ÖVP addiert die Mitgliederzahlen der Teilorganisationen ohne Berücksichtigung von Mehrfachmitgliedschaften, und rechnet oft auch »Familienmitglieder« mit ein. Aber die Entwicklung ist eindeutig: Unabhängig von Erfassungsproblemen ist die Fähigkeit der Parteien insgesamt (und hier vor allem der SPÖ), ihre WählerInnen

4 Vgl. www.sora.at/themen/wahlverhalten/wahlanalyse/nrw17.

als Mitglieder zu binden, innerhalb von drei Jahrzehnten massiv zurückgegangen. Der Aufstieg der FPÖ von einer Klein- zu einer Mittelpartei wurde nicht von einer signifikanten Zunahme ihrer Mitgliedszahlen begleitet. Das Parteiensystem insgesamt hat sich verändert – früher definiert von quasi-weltanschaulichen Lagerparteien zu volatilen catch-all-Parteien.

4.3 Sozialer Wandel und Anstieg der FPÖ

Die FPÖ hat – beginnend Mitte der 1980er Jahre – diese Auflösungstendenzen traditioneller Bindungen für sich zu nutzen verstanden, als sie ihr altes Erscheinungsbild veränderte: von einer deutschnationalen bürgerlichen Partei zu einer österreichisch-patriotischen Allerweltspartei. Durch ihr verändertes Erscheinungsbild konnte die FPÖ in einer gewissen inhaltlichen Beliebigkeit auf die sich ändernden Bedingungen reagieren – auf die Erosion von Klassenbewusstsein ebenso wie auf die Abnahme organisierter Kirchlichkeit, vor allem aber auf das weitgehende Verblassen des Deutschnationalismus. Die FPÖ – gerade in ihrer Rolle als Oppositionspartei zwischen 1986 und 2000, und wieder ab 2006 – konnte sich Themen aussuchen, mit denen sich Proteste verschiedenster Art gegen herrschende Verhältnisse mobilisieren ließen.

Das heißt nicht, dass diese Form oppositioneller Flexibilität inhaltlich vollkommen beliebig gewesen wäre. Die FPÖ ging konsequent von einem – scheinbar – klar definierten Wir-Gefühl aus, um gegen die »Anderen« (gegen die sich Unmut aufgestaut hatte) Bewegungen zu starten oder zumindest zu verstärken. Die »Anderen« waren »die da oben« – die Eliten, das Establishment, die »politische Klasse«, die Elite der »politisch Korrekten«, das »Bürokratiemonster Brüssel«. Und die »Anderen« waren die Fremden: AusländerInnen, ZuwanderInnen – insgesamt alle, die dem gesellschaftlichen Erscheinungsbild einer normierten Homogenität zu widersprechen schienen. Hinter den konstruierten Feindbildern standen durchaus konkrete Interessen: die Ängste der »Modernisierungsverlierer«, die sich durch die mit Globalisierung und Europäisierung verbundenen Relativierung traditioneller Staatlichkeit bedroht sahen; und die Interessen einer freiheitlichen Gegenelite, die unter Nutzung eines Oppositionsbonus die mit den herrschenden Verhältnissen identifizierten anderen Parteien (das heißt SPÖ und ÖVP) für tatsächliche und vermeintliche Missstände verantwortlich machen konnten.

Der Erfolg dieser populistischen Strategie hatte zur Voraussetzung, dass die durch den gesellschaftlichen Wandel aufbrechenden traditionellen politischen Bindungen durch die Aktivität der FPÖ für diese Partei genutzt werden konnten. Wie die Daten zeigen, sind die Erfolge der FPÖ ja mit den rückläufigen Mitgliederzahlen der anderen Parteien verbunden; aber die Wahlerfolge der FPÖ werden nicht von einem steigenden Organisationsgrad der FPÖ, von signifikant steigenden Mitgliederzahlen dieser Partei begleitet. Die FPÖ entspricht eben nicht dem alten Parteitypus einer dicht organisierten Mitgliederpartei – ihr Erfolg ist eben gerade deshalb möglich, weil sie das nicht ist.

Die traditionellen Bindungen der großen Mehrheit der unselbständig Erwerbstätigen, insbesondere der ArbeiterInnen im engeren Sinne (blue collar), bildeten das Rückgrat der Sozialdemokratischen Partei – in Österreich ebenso wie in den anderen europäischen Staaten. Die traditionell starke Position der Katholischen Kirche in Österreich begründete einen politischen Katholizismus, dessen Sprachrohr zunächst (bis 1934) die Christlichsoziale Partei und ab 1945 die Österreichische Volkspartei war. Die Grundlage dieser beiden Lager erodierte in den letzten Jahrzehnten des 20. Jahrhunderts – die Kirchlichkeit (vor allem ausgedrückt im regelmäßigen Kirchenbesuch und in der Akzeptanz der katholischen Individualmoral) ging zurück. Ebenso fiel es den im überparteilichen Österreichischen Gewerkschaftsbund (ÖGB) zusammengeschlossenen Gewerkschaften – deren mit Abstand stärkste Gruppe die Fraktion sozialdemokratischer Gewerkschafter war und ist – immer schwerer, blue collar worker zu binden. Das erleichterte die Strategie einer Partei wie der FPÖ, die nicht auf innere Konsistenz ihres Erscheinungsbildes achtet und mehr die jeweils aktuellen Bedürfnisse bestimmter Gruppen der Wählerschaft ad hoc anspricht.

Auf diese sich wandelnde gesellschaftliche Situation reagierte die kleinste der Traditionsparteien, die FPÖ, mit einer populistisch zu nennenden Strategie: ein rasches Reagieren auf die Ängste und punktuellen Erwartungen bestimmter gesellschaftlicher Segmente, die – weil immer weniger gebunden an andere Parteien – für die FPÖ gewinnbar waren. Die FPÖ hatte sich, um diese Beweglichkeit zu gewinnen, teilweise von ihrem Erscheinungsbild als bürgerlich-bäuerliche Partei des Deutschnationalismus zu verabschieden. Sie begann, nach real vorhandenen Ängsten Ausschau zu halten, die abzuhelfen sie versprechen konnte. Sie fand solche Ängste vor allem bei den sozial Schwächeren, und richtete die aus Angst kommenden gesellschaftlichen Energien auf bestimmte Feindbilder – allen voran »Fremde«, AusländerInnen, ZuwanderInnen. Und sie mobilisierte gegen die, denen sie die Schuld an der »Überfremdung« zuweisen konnte (vgl. M. Krzyzanowski 2012).

Das konnte die FPÖ nicht zuletzt deshalb, weil sie in den letzten drei Jahrzehnten mit einer Ausnahme – die Jahre 2000 bis 2006 – Oppositionspartei war. In diesen Jahren ihrer Regierungsbeteiligung stürzte die FPÖ denn auch ab, sie verlor einen Großteil der WählerInnen, die sie als populistisch agierende Opposition hatte gewinnen können. Als Regierungspartei konnte sie in ihrer populistischen Agenda nicht glaubwürdig sein. Als Opposition konnte sie leichter die Voraussetzung für erfolgreiche rechtspopulistische Kampagnen entwickeln – auf der Grundlage einer »Politik der Feindbilder«, in Einklang mit anderen Parteien am rechten Rand europäischer Parteiensysteme (vgl. R. Gärtner 2009; H. Schiedel 2011).

5 Ausblick: Potenzielles Parteiensystem

5.1 Potenziale der FPÖ

Die FPÖ konnte ihre Stellung als bisher einzige dauerhaft wirkende rechtspopulistische Partei im österreichischen Parteiensystem erfolgreich verteidigen. Dieses Monopol war für einige Jahre durch die Abspaltung des BZÖ (Bündnis Zukunft Österreich) ernsthaft gefährdet: 2006 und 2008 übersprangen sowohl die FPÖ als auch das BZÖ die für die Nationalratswahl geltende Vierprozenthürde. Einige Jahre hindurch saßen Abgeordnete von zwei Parteien, die dem Typus Rechtspopulismus entsprachen, im Parlament – Abgeordnete mit einem analogen Rekrutierungshintergrund: Die BZÖ-Spitze bestand durchwegs aus früheren Funktionären der FPÖ, allen voran dem ehemaligen FPÖ-Vorsitzenden Jörg Haider; und die Wählerschaft des BZÖ rekrutierte sich in diesen Jahren vor allem aus der Wählerschaft der FPÖ. Der Abstieg des BZÖ (nach Haiders Tod 2008) führte zum Aufgehen der Reste des – kurzlebigen – BZÖ in der FPÖ: Abgeordnete des BZÖ wurden Freiheitliche, und die FPÖ konnte ihre rechtspopulistische Monopolstellung in der Wählerschaft zurückgewinnen.

Die kurze Erfolgsgeschichte des BZÖ zeigt die Volatilität des österreichischen Parteiensystems im 21. Jahrhundert. Eine neu gegründete Partei wie das BZÖ konnte für einige Jahre die FPÖ erheblich zurückdrängen. Der Einzug des »Team Stronach« in den Nationalrat 2013 – einer Partei, die sich teilweise ebenfalls aus Personen rekrutierte, die aus dem Reservoir FPÖ-BZÖ rekrutiert wurden – unterstreicht ebenfalls die abnehmende Berechenbarkeit eines Parteiensystems mit rückläufigem Konzentrationsgrad. Dass das Verschwinden dieser kurzlebigen Partei vier Jahre später vor allem den relativen, aber deutlichen Wahlerfolg der ÖVP mit ermöglichte, ohne den Aufstieg der FPÖ zu bremsen, muss als Zeichen der in viele mögliche Richtungen ausstrahlenden Beweglichkeit des Wahlverhaltens gesehen werden. Das Deshalb sind Prognosen über die Zukunft des Parteiensystems nur schwer möglich. Begründet erscheint nur die Annahme, dass eine Rückkehr zur Berechenbarkeit des Zweieinhalb-Parteiensystems der ersten drei Jahrzehnte der Zweiten Republik nicht möglich sein wird. Denn hinter der Unberechenbarkeit des Parteiensystems steht ein gesellschaftlicher Wandel, der sich nicht umkehren lässt.

Die abnehmende Bindungsfähigkeit der Parteien ist das bestimmende Merkmal der Entwicklungsdynamik. Das Auffallende daran ist nicht so sehr diese Entwicklung, die durchaus auch als Europäisierung, als Anpassung des österreichischen an die allgemeinen Merkmale anderer europäischer Parteiensysteme zu deuten ist; das Auffallende daran ist, dass diese Entwicklung so lange auf sich hat warten lassen: Die Loyalität der österreichischen WählerInnen gegenüber Parteien, die Ersatzheimat waren, war spezifisch österreichisch. Diese Loyalität, die das österreichische Parteiensystem bis 1986 zu einem im europäischen Vergleich ungewöhnlich stabilen, ja hyperstabilen System gemacht hat – diese Loyalität hat ihre gesellschaftliche Grundlage verloren.

Das Ende der Weltanschauungsparteien, von sich erfolgreich als Parteien organisierenden »politischen Religionen« wurde bisher vor allem, aber nicht ausschließlich von der FPÖ populistisch genutzt. Die FPÖ hatte dabei durchaus Konkurrenz: In Form der Abspaltung des BZÖ; in Form der bei Wahlen in das Europäische Parlament erfolgreichen, aber bei der Nationalratswahl 2006 erfolglosen »Liste Dr. Martin«; in Form des »Team Stronach«, das 2013 den Einzug in den Nationalrat schaffte, aber seither von der Ebene politischer Wahrnehmung fast verschwunden ist.

Alle diese populistischen Konkurrenten – für die mehr oder weniger nicht nur der Begriff »populistisch« als stilistisches Merkmal, sondern auch der Begriff »rechtspopulistisch« als inhaltliches Merkmal zutrifft – haben die FPÖ nur kurzfristig zu irritieren vermocht. Die FPÖ verbindet – und das ist im europäischen Vergleich gegenüber anderen rechtspopulistischen Parteien ein Alleinstellungsmerkmal – traditionelle Strukturen mit nicht traditionellen, populistischen Inhalten. Dass die FPÖ bisher das Rekrutierungsmuster des alten österreichischen Deutschnationalismus beibehalten konnte und dieses mit teilweise neu formulierten Inhalten zu verbinden verstand, das macht ihre Besonderheit aus – und war (bisher jedenfalls) ein Faktor für ihre immer wieder erfolgreich verteidigte Vorrang- und letztlich Monopolstellung im österreichischen Rechtspopulismus.

Das Traditionelle an der rechtspopulistischen FPÖ ist, dass in ihr – neben dem aus der Vergangenheit kommenden Rekrutierungsmuster – auch Bestandteile des Rechtsextremismus weiter bestehen. Obwohl diese für den Aufstieg der FPÖ von einer Klein- zu einer Mittelpartei und zu einer Allerweltspartei nicht verantwortlich sind, bleibt festzustellen: Die »völkischen«, letztlich sogar antisemitischen Elemente des harten Kerns der Partei sind vorhanden und dokumentiert; und sie sind jedenfalls kein Hindernis dafür, dass der Kandidat der FPÖ – fast – zum Staatsoberhaupt gewählt worden wäre; kein Hindernis dafür, dass bis zu einem Drittel der WählerInnen die Freiheitliche Partei gegenüber allen anderen Parteien bevorzugen; und dass SPÖ und ÖVP historisch sowie aktuell ein Regierungsbündnis mit der FPÖ keineswegs grundsätzlich ausschließen (vgl. H. Schiedel 2007; S. Grigat 2017).

Das ist freilich keine Garantie für die Zukunft: Die Beweglichkeit des Parteiensystems in Verbindung mit den geringen Eintrittshürden (Vierprozentklausel) bei der Wahl des Nationalrates, im Rahmen einer fast perfekten Verhältniswahl, lässt mit an Sicherheit grenzender Wahrscheinlichkeit darauf schließen, dass es immer wieder neue Versuche geben wird, das vorhandene Parteienspektrum durch neue Anbieter zu erweitern; ebenfalls ist zu vermuten, dass populistischer Stil und rechtspopulistische Inhalte bei diesen Versuchen eine Rolle spielen werden. Doch in naher Zukunft wird die FPÖ wohl die einzig relevante rechtspopulistische Partei bleiben.

Das Ergebnis der Nationalratswahl 2017 zeigte ein mögliches Muster eines zukünftigen Dreiparteiensystems: Die SPÖ stabilisiert, die ÖVP deutlich im Aufschwung – und die FPÖ ebenfalls mit Stimmengewinnen. An die Stelle des traditionellen Konzentrationsmusters zugunsten von SPÖ und ÖVP war ein Konzentrationsmuster zugunsten von ÖVP, SPÖ und FPÖ getreten. Freilich: Das mag sich als Momentaufnahme erweisen. Aber diese zumindest punktuelle Entwicklung ist Teil der Beweglichkeit eines sich von traditionellen Mustern befreienden Parteiensystems.

5.2 Der Umgang mit der FPÖ

Im österreichischen politischen System können zwei in sich konsistente Verhaltensmuster des Umgangs anderer Parteien mit der FPÖ beobachtet werden. Das eine ist der Versuch, bestimmte Punkte der FPÖ-Agenda zu übernehmen und sie zum Programm der SPÖ-ÖVP Regierung bzw. damit auch der derzeit regierenden Parteien zu machen. Dazu gehört etwa die Verschärfung des Fremdenrechtes, also der Ausländergesetze; dazu gehört der Versuch, die Gleichstellung von EU-BürgerInnen im Bereich des Arbeitsmarktes und der Familienbeihilfe zu relativieren (vgl. B. Breitegger et al. 2017).

Eine solche Politik läuft auf ein Regierungsprogramm hinaus, das den vermeintlich oder tatsächlich berechtigten Anliegen der zur FPÖ neigenden WählerInnen Rechnung trägt und diese so davon abhalten soll, FPÖ zu wählen. Dies wird auch als rechtspopulistische »Infektion« der Parteien des mainstreams gesehen, also der SPÖ und der ÖVP. Eine Bilanz dieser offenkundig von SPÖ und ÖVP betriebenen Strategie lässt sich jedenfalls vor dem Hintergrund des Wahlergebnisses von 2017 zumindest vorläufig absehen: Der große Erfolg der ÖVP wurde auch deshalb errungen, weil die sich neu formierende Volkspartei (»Liste Sebastian Kurz«) in der aktuellen Kernthematik des Rechtspopulismus – die Frage der

Zuwanderung – sich inhaltlich wie die FPÖ präsentierte; sie machte dies aber in einem Stil, der vielen vertrauenswürdiger erschien als das Auftreten der als »zu extrem« wahrgenommenen FPÖ. Dass die FPÖ trotz der solchermaßen von der ÖVP erzielten Erfolge, und trotz der Stabilisierung der SPÖ ebenfalls deutlich an Stimmen gewinnen konnte, weist auf eine weit fortgeschrittene Akzeptanz der von der FPÖ forcierten Themen – und gleichzeitig auf eine ebenso fortgeschrittene Akzeptanz der FPÖ als Partei hin.

Das zweite Verhaltensmuster war bei der Bundespräsidentenwahl 2016 zu beobachten. Die Kandidaten von SPÖ und ÖVP konnten nicht in die Stichwahl kommen – sie kamen nur auf die Plätze vier und fünf; dies ist ein weiterer Hinweis auf die abnehmende Mobilisierungs- und Bindungskraft dieser beiden Parteien. In der Stichwahl standen sich Alexander Van der Bellen und Norbert Hofer gegenüber: Van der Bellen ein früherer »Sprecher« (Vorsitzender) der Grünen, Hofer der offizielle Kandidat der FPÖ. Die Wahl konnte Van der Bellen mit 53,8 % der Stimmen für sich entscheiden.

Für weiterführende Schlussfolgerungen sind zwei Aspekte wichtig: Der Wahlkampf 2016 brachte eine Konfrontation zwischen zwei klar unterscheidbaren Positionen – vor allem bezüglich der Einstellung zur europäischen Integration. Van der Bellen positionierte sich als pro-EU Kandidat, Hofer als Kandidat nicht unbedingt der EU-Gegner, aber jedenfalls der EU-Skeptiker. Die europapolitische Eindeutigkeit Van der Bellens machte sich offenbar bezahlt. Und: Van der Bellen konnte eine deutliche Mehrheit der SPÖ-geneigten, aber auch eine (weniger deutliche) Mehrheit der ÖVP-geneigten WählerInnen für sich gewinnen (vgl. Tabelle 4). Der Kandidat der vierstärksten Partei konnte eine Mehrheit mobilisieren – mit eindeutigen Positionen, die als klare Abgrenzung gegen den Rechtspopulismus zu verstehen waren. Van der Bellens Wahlsieg zeigt, dass eine plebiszitäre Entweder-Oder-Fragestellung der FPÖ eher nicht nützt. Die Entscheidung 2016 war nur sekundär eine für den grünen Kandidaten – sie war vor allem eine Entscheidung gegen den freiheitlichen Kandidaten und damit gegen die FPÖ. 2016 hat die FPÖ jedenfalls Grenzen erfahren – die freilich nicht verallgemeinerbar sind.

Der zwar nur relative, aber deutliche Wahlerfolg der ÖVP im Oktober 2017 zeigt ein nur auf den ersten Blick ganz anderes Bild: Bei der Wahl des Nationalrates gab es keine Entweder-Oder-Fragestellung. Die 2016 erfolgreiche Mobilisierung einer Mehrheit gegen den Kandidaten der FPÖ und damit gegen dessen Partei wandelte sich 2017 zu einer erfolgreichen Mobilisierung einer Mehrheit zugunsten von Themen, die zwar vor allem, aber nicht exklusiv von der FPÖ in den Mittelpunkt gerückt waren. Die FPÖ war 2017 Teil einer atmosphärischen Mehrheitsstimmung – und wurde am Ende des Jahres Teil einer Koalitionsregierung, die dieser Mehrheitsstimmung Ausdruck verlieh.

Tabelle 4 Wer wählte wen am 4. Dezember 2016? (Angaben in %)

Aus folgenden Gruppen wählten	Van der Bellen	Hofer
SPÖ-SympathisantInnen	90	10
ÖVP-SympathisantInnen	55	45
Junge (bis 29 Jahre)	58	42
Darunter: junge Frauen	69	31
junge Männer	47	53
Personen ohne höheren Bildungsabschluss	36	64
mit höherem Bildungsabschluss	78	22

Quelle: www.sora.at/themen/wahlverhalten/wahlanalysen/bpw 16

Die generellen Grenzen des Aufstiegs der FPÖ sind nicht exakt zu benennen. Die FPÖ kann weiterwachsen; sie hat eine faire Chance, zur – relativen – Mehrheitspartei Österreichs zu werden. Aber Grenzen zeichnen sich deutlich ab – unter der Annahme des Weiterbestehens der Rahmenbedingungen eines demokratischen Rechtsstaates und einer liberalen, pluralistischen Demokratie; und zwar Grenzen in doppelter Weise:

- Die partielle Übernahme von rechtspopulistischen Formen der Mobilisierung – etwa in Form der stärkeren Betonung der Differenz zwischen »uns Österreichern« und den »Anderen« (auch wenn diese EU-BürgerInnen sind) – durch SPÖ und ÖVP. Das ist die Strategie der Parteien des rechten und des linken mainstreams, die so als »FPÖ light« der FPÖ den Alleinvertretungsanspruch auf bestimmte rechtspopulistische Positionen nehmen wollen. Das könnte den Aufstieg der FPÖ tatsächlich bremsen – wie dies etwa die niederländische Parlamentswahl vom März 2017 bezüglich der niederländischen Freiheitspartei demonstriert hat. Freilich: Substantiell würde dies auf einen Teilerfolg des Rechtspopulismus hinauslaufen, der dann eben nicht mehr in einem nur einer einzigen Partei zuzuordnen Kleid auftritt. Dennoch, das strategische Konzept wird diskutiert: Durch die Übernahme mancher Positionen der FPÖ soll der letzte, entscheidende Durchbruch zu einer hegemonialen Rolle im politischen System verwehrt werden. Dieses strategische Kalkül läuft darauf hinaus, durch eine Teilkonzession – als »kleineres Übel« – das größere Übel, die FPÖ-Hegemonie, zu verhindern.
- Eine Mobilisierung im Sinne der »cordon sanitaire«-Strategie, mit der – jedenfalls bis 2017 – die mainstream-Parteien Frankreichs zwar nicht ein Stär-

kerwerden des Front National (FN) verhindert haben, sehr wohl aber den entscheidenden Durchbruch des FN zur Rolle der dominanten Präsidentschafts- und Regierungspartei: ein Schulterschluss von rechts und links gegen die Partei, die als extreme Kraft der Mehrheit der Gesellschaft letztlich doch nicht akzeptabel erscheint; eine »cordon sanitaire«-Strategie im engeren Sinne, wie sie in Frankreich Ende des 20. Jahrhunderts von Jacques Chirac formuliert wurde, die im Ergebnis den FN weitgehend von Regierungsämtern auf nationaler und regionaler Ebene ferngehalten hat – trotz erheblicher Erfolge dieser Partei bei der Mobilisierung von WählerInnen (vgl. B. Beauzamy 2013). In perfekter Form ist eine solche Strategie in Österreich freilich nicht (mehr) umsetzbar – SPÖ und ÖVP akzeptierten und akzeptieren die FPÖ als Koalitionspartner: auf nationaler Ebene 1983 bis 1986 (von Seiten der SPÖ) und 2000 bis 2006 sowie ab 2017 (von Seiten der ÖVP). Außerdem bilden 2017/18 in zwei Bundesländern Landesregierungen eine Koalition mit der FPÖ: in Oberösterreich die ÖVP, im Burgenland die SPÖ.

Ein Beispiel für die Umsetzung der ersten der beiden Optionen liefert das Ergebnis der Nationalratswahl 2017. Die ÖVP hat, im Vorfeld der Wahl, viele Positionen der FPÖ übernommen und sich insbesondere für eine Verschärfung der Asyl- und Migrationspolitik stark gemacht. Dadurch hat sie der FPÖ ein, ja das Kernthema streitig gemacht – und einen wahrscheinlichen relativen Wahlerfolg der FPÖ verhindert. Das Ergebnis war ein relativer Wahlerfolg der ÖVP als der traditionellen Mitte-Rechts Partei – aber ohne dass die FPÖ dadurch Verluste erlitten hätte. Und: Die FPÖ sitzt seit Ende 2017 in der Bundesregierung, gemeinsam mit dem relativen Wahlsieger ÖVP. Das Ergebnis der Nationalratswahl 2017 bestätigte die Mobilisierungskraft des Themas Zuwanderung. Diese Mobilisierung erfolgt auch unabhängig davon, dass die in der Gesellschaft vorhandenen Befürchtungen nicht immer im Einklang mit der Realität stehen – etwa wenn es um einen wahrgenommenen starken Anstieg der Kriminalität geht, der von den Daten der Sicherheitsexekutive und der Justiz nicht bestätigt wird.

Beide strategische Optionen – die Politik einer partiellen Übernahme und einer damit verbundenen Umarmung einer rechtspopulistischen Partei einerseits, die strenge Abgrenzung von einer solchen Partei andererseits – sind keine Rezepte, die unbedingt Erfolg versprechen. Das österreichische Parteiensystem, die österreichische Demokratie, die in dieser Demokratie Agierenden müssen sich den Ursachen der rechtspopulistischen Erfolge stellen – und die sind auch in Österreich »die Angst vor sozialem Abstieg, ausländischer Konkurrenz und zunehmender Einkommensunterschiede« (R. Heinisch 2012, S. 379). Dass die Ursachen dieser Angst durch nationalstaatliche Politik einfach beseitigt werden könnten, das ist die Illusion, die der Rechtspopulismus verbreitet. Dass er – selbst in Regierungsverantwortung – deshalb scheitern muss, ist eine durchaus plausible Erwartung. Wie hoch allerdings das Risiko eines Rechtspopulismus an der Regierung für den Zusammenhalt der Gesellschaft in einer liberalen Demokratie ist – das ist die Frage, die Europa weiterhin bewegen wird.

Literatur

Adorno, Theodore W., Else Frenkel-Brunswik, Daniel Levinsom, und Newitt Sanford. 1993. *The Authoritarian Personality.* New York: W. W. Norton.

Berchtold, Klaus (Hrsg.). 1967. *Österreichische Parteiprogramme 1868–1966.* Wien: Verlag für Geschichte und Politik.

Beauzamy, Brigitte. 2013. Explaining the Rise of the Front National to Electoral Prominence: Multi-Faceted or Contradictory Models? In *R. Wodak et al. 2013,* 177–189.

Breitegger, Benjamin u. a. 2017. Österreich zuerst. Inländerbonus und Kindergeld – das frivole Spiel der Regierung mit Protektionismus und antieuropäischen Gefühlen. *Falter* 09/17: 5 f.

www.fpoe.at (Zugriff: 6. 05. 2018).

Gärtner, Reinhold. 2009. *Politik der Feindbilder. Rechtspopulismus im Vormarsch.* Wien: Kremayr & Scheriau.

Gärtner, Reinhold. 1996. *Die ordentlichen Rechten. Die »Aula«, die Freiheitlichen und der Rechtsextremismus.* Wien: Picus.

Grigat, Stefan (Hrsg.). 2017. *AfD & FPÖ. Antisemitismus, völkischer Nationalismus und Geschlechterbilder.* Baden-Baden: Nomos.

Haller, Max. 1998. *Identität und Nationalstolz der Österreicher. Gesellschaftliche Ursachen und Funktionen. Herausbildung und Transformation seit 1945. Internationaler Vergleich.* Wien: Böhlau.

Heinisch, Reinhard. 2012. Demokratiekritik und (Rechts-)Populismus: Modellfall Österreich? In *Helms und Wineroither 2012,* 361–382.

Helms, Ludger, und David M. Wineroither (Hrsg.). 2012. *Die österreichische Demokratie im Vergleich.* Baden-Baden: Nomos.

Inglehart, Ronald. 1997. *Modernization and Postmodernization: Cultural, Economic and Political Change in 43 Societies.* Princeton, N. J.: Princeton University Press.

Kadan, Albert, und Anton Pelinka. 1979. *Die Grundsatzprogramme österreichischer Parteien. Dokumentation und Analyse.* St. Pölten (Österreich): Niederösterreichisches Pressehaus.

Katzenstein, Peter. 1984. *Corporatism and Change: Austria, Switzerland, and the Politics of Industry.* London: Corgi Books.

Kitschelt, Herbert. 1966. *The Radical Right in Western Europe: A Comparative Analysis.* Ann Arbor, Mich.: University of Michigan Press.

Kritzinger, Sylvia, Eva Zeglovits, Michael S. Lewis-Beck, und Richard Nadeau. 2013. *The Austrian Voter.* Wien: Vienna University Press.

Krzyzanowski, Michal. 2013. From Anti-Immigration and Nationalist Revisionism to Islamophobia: Continuities and Shifts in Recent Discourses and Patterns of Political Communication of the Freedom Party of Austria (FPÖ). In *R. Wodak et al. 2013*, 135–148.

Lehmbruch, Gerhard. 1967. *Proporzdemokratie. Politisches System und politische Kultur in der Schweiz und in Österreich*. Tübingen: J. C. B. Mohr.

Lijphart, Arend. 1984. *Democracies: Patterns of Majoritarian and Consensus Government in Twenty-One Countries*. New Haven, CT: Yale University Press.

Mommsen-Reindl, Margarete. 1976. *Die österreichische Proporzdemokratie und der Fall Habsburg*. Wien: Böhlau.

Mudde, Cas. 2007. *Populist Radical Right Parties in Europe*. Cambridge (UK): Cambridge University Press.

Parteiprogramm der Freiheitlichen Partei Österreichs. 2011. www.fpoe.at, abgerufen am 10. 03. 2017.

Pelinka, Anton. 2017. *Die gescheiterte Republik. Kultur und Politik in Österreich, 1918–1938*. Wien: Böhlau.

Pelinka, Anton. 2013. Right-Wing Populism: Concept and Typology. In *R. Wodak et al. 2013*, 5–22.

Pelinka, Anton. 1993. *Die Kleine Koalition. SPÖ – FPÖ 1983–1986*. Wien: Böhlau.

Riedlsperger, Max E. 1978. *The Lingering Shadow of Nazism: The Independent Party Movement since 1945*. New York: Columbia University Press.

Schiedel, Heribert. 2011. *Extreme Rechte in Europa*. Wien: Edition Steinbauer.

Schiedel, Heribert. 2007. *Der rechte Rand. Extremistische Gesinnungen in unserer Gesellschaft*. Wien: Edition Steinbauer.

Thurnher, Armin, Benedikt Narodoslawsky, Benjamin Breitegger, Claus Heinrich, Josef Friedl, Nina Brnada, und Nina Horaczek. 2017. Österreich zuerst. Inländerbonus und Kindergeld – das frivole Spiel der Regierung mit Protektionismus und antieuropäischen Gefühlen. *Falter* 09/17: 5 f.

Weidinger, Bernhard. 2015. *»Im nationalen Abwehrkampf der Grenzlanddeutschen«. Akademische Burschenschaften und Politik in Österreich nach 1945*. Wien: Böhlau.

Wineroither, David M., und Herbert Kitschelt. 2012. Die Entwicklung des Parteienwettbewerbs in Österreich im internationalen Vergleich. In *Helms und Wineroither 2012*, 193–211.

Wodak, Ruth, Majid KhosraviNik, und Brigitte Mral (Eds.). 2013. *Right-Wing Populism in Europe: Politics and Discourse*. London: Bloomsbury.

Wodak, Ruth, und Anton Pelinka (Eds.). 2002. The Haider Phenomenon in Austria. New Brunswick, N. J.: Transaction Publishers

Integration versus Abgrenzung: Die Schweizerische Volkspartei und die Politisierung der Einwanderungs- und Europapolitik

Swen Hutter

1 Die Entstehung einer neuen Konfliktlinie

Der Buchbeitrag beschäftigt sich mit der zentralen Rolle der Schweizerischen Volkspartei (SVP) bei der Politisierung der Einwanderungspolitik. Generell gilt die SVP als eine der erfolgreichsten rechtspopulistischen Parteien in Europa (vgl. U. Backes 2018; Kitschelt und McGann 2005), und die Schweiz als Paradebeispiel für den Aufstieg einer neuen politischen Konfliktlinie (cleavage) zwischen Integration und Abgrenzung (vgl. H. Kriesi et al. 2008; H. Kriesi et al. 2012). Neben der Politisierung der Europapolitik kommt dabei der Auseinandersetzung um Immigration und Integration eine wesentliche Bedeutung zu. Vor dem Hintergrund dieser langfristigen Entwicklungen zeichnet der Buchbeitrag auf der politischen Angebots- und Nachfrageseite die stärker werdende Bedeutung von Immigrationsfragen in den nationalen Wahlen in der Schweiz von 1975 bis 2015 nach. Dabei wird aufgezeigt, wie die SVP im Zeitverlauf ihre Mobilisierung vom Europa- zum Einwanderungsthema verlagert hat bzw. wie sie diese beiden Themenfelder in jüngster Zeit immer stärker miteinander verknüpft. Zudem wird der Einfluss kritischer Einstellungen zu Europa und Immigration auf die Wahl der SVP im Zeitverlauf analysiert. Es stellt sich die Frage, ob die anhaltende Politisierung des Themas durch die SVP auch mit einer verstärkten Schließung der Wählerschaft einhergeht.

Der Beitrag erweitert frühere Studien zum Aufstieg der SVP und der Polarisierung und Restrukturierung des Schweizer Parteienwettbewerbs bis zum Jahr 2015.[1] Empirisch stützt sich das Kapitel auf originäre Mediendaten zur öffent-

1 Vor allem die Arbeiten von S. Bornschier 2010; S. Bornschier 2015; H. Kriesi et al. 2005; R. Lachat 2008.

H. U. Brinkmann und I.-C. Panreck (Hrsg.), *Rechtspopulismus in Einwanderungsgesellschaften*, https://doi.org/10.1007/978-3-658-23401-0_7

lichen Auseinandersetzung in Wahlkämpfen[2] sowie Umfragedaten der Schweizer Wahlstudien (Selects) und des European Social Survey (ESS). Der gewählte quantitative Zugriff auf die Fragestellung erlaubt es, die Dynamik der Politisierung von Einwanderungs- und Europafragen systematisch im Zeitverlauf und im Ländervergleich zu betrachten.[3] Im Folgenden werden die Entwicklungen in der Schweiz mit drei westeuropäischen Ländern mit einer starken rechtspopulistischen Partei verglichen: Frankreich, den Niederlanden und Österreich. Politisierung wird – in Anlehnung an vergleichbare Arbeiten (vgl. W. van der Brug et al. 2015; S. Hutter et al. 2016) – als Artikulation und Mobilisierung von Konflikten in der Öffentlichkeit verstanden. Dabei stehen zwei zentrale Dimensionen von Politisierung im Fokus der Analyse: einerseits die Bedeutung bzw. Aufmerksamkeit (Salienz) eines Themas in der öffentlichen Auseinandersetzung, andererseits die Polarisierung der im Diskurs vertretenen Positionen zum Thema.

Die folgenden Analysen zeigen, dass die National- und Ständeratswahl[4] im Oktober 2015 einen vorläufigen Höhepunkt in der Politisierung von Migrationsfragen in der Wahlarena darstellen. Dies ist wenig erstaunlich, da die eidgenössischen Wahlen 2015 im Schatten zweier kritischer Ereignisse stattfanden: der ersten Hochphase der Flüchtlingskrise sowie anhaltender innenpolitischer Auseinandersetzungen über die Umsetzung der Masseneinwanderungsinitiative. Diese Initiative wurde von der Schweizer Wählerschaft im Februar 2014 in einer Volksabstimmung mit knapper Mehrheit angenommen; sie verlangt eine deutliche Reduktion der Einwanderung in die Schweiz durch jährliche Höchstzahlen und Kontingente, welche sich an den gesamtwirtschaftlichen Interessen des Landes orientieren sollten (vgl. T. Milic 2015). Zugleich bestätigen die Befunde die langfristige Verlagerung des Mobilisierungsschwerpunkts vom Europa- zum Einwanderungsthema in der Schweiz. Interessanterweise zeichnet sich in den drei Vergleichsländern ein gegenteiliger Trend ab, d.h., eine verstärkte Politisierung europäischer

2 Es handelt sich um eine erweiterte Version der Daten des von Schweizerischer Nationalfonds (SNF) und Deutscher Forschungsgemeinschaft (DFG) finanzierten Projekts »Nationaler politischer Wandel in entgrenzten Räumen« (vgl. H. Kriesi et al. 2008; H. Kriesi et al. 2012). Die Erweiterung der Daten um den Zeitraum 2008 bis 2017 fand im Rahmen des vom European Research Council (ERC; dt.: Europäischer Forschungsrat) finanzierten Projekts »Political Conflict in Europe in the Shadow of the Great Recession« statt (vgl. Hutter und Kriesi i.E.). Der Autor bedankt sich herzlich beim ERC für die finanzielle Unterstützung der Datenerhebung.

3 Für eine ausführliche und stärker qualitative Betrachtung des Schweizer Falls vgl. Skenderovic und D'Amato (2008); D. Skenderovic (2009).

4 Die beiden gleichberechtigten Kammern der Schweizer Bundesversammlung gehen aus Direktwahlen hervor. Die 200 Sitze des Nationalrates verteilen sich auf die Kantone gemäß deren Bevölkerungszahl. Von den 46 Mitgliedern des Ständerates werden in den 20 (Voll-) Kantonen jeweils zwei und in den 6 Halbkantonen jeweils eines gewählt.

Integration, besonders in den Wahlkämpfen von 2017. Zentral ist allerdings, dass die Veränderungen im öffentlichen Diskurs nicht unbedingt mit einer abnehmenden Bedeutung eines Themas für die Wahlentscheidung und Struktur des politischen Raums einhergehen. Vielmehr zeigt sich die langfristige strukturierende Kraft zentraler öffentlicher Auseinandersetzung. So sind kritische Einstellungen zu Europa und Immigration heutzutage von zentraler Bedeutung für die Wahl der SVP sowie konstituierend für die neue kulturelle Konfliktlinie zwischen Integration und Abgrenzung.

Der Beitrag ist in sechs Abschnitte gegliedert. Zunächst wird noch einmal die langfristige Entwicklung der neuen Konfliktlinie skizziert (Abschnitt 2). Die Diskussion veranschaulicht die Rolle von Europa- und Einwanderungsfragen als Schlüsselthemen der politischen Artikulation und Mobilisierung dieser Konflikte. In Abschnitt 3 werden die spezifischen Merkmale des Schweizer Kontexts und des politischen Treibers dieser Entwicklung (der SVP) basierend auf der Literatur zusammengefasst. Anschließend werden zu Beginn jeweils kurz die Daten und Methoden skizziert bevor dann die Resultate zur öffentlichen Auseinandersetzung (Abschnitt 4) und zur Wählerschaft (Abschnitt 5) präsentiert werden. Der letzte Abschnitt 6 fasst die Resultate zusammen und verweist auf die zentrale Bedeutung der von der SVP politisierten Immigrationsfrage.

2 Der langfristige Trend in der Entwicklung westeuropäischer Parteiensysteme

Zunächst ist es nützlich, zwischen strukturellen und strategischen Ansätzen des Parteienwettbewerbs zu unterscheiden.[5] Der strukturelle Ansatz nimmt an, dass Parteien in einem vorgegebenen Wettbewerbsraum operieren. Aus der Perspektive dieses Ansatzes bilden sich neue Themen des Parteienwettbewerbs exogen heraus, als Produkt des langfristigen sozialen Wandels. Dies ist die Perspektive von Rokkan, welche die Struktur des Parteienwettbewerbs mit langfristigen gesellschaftlichen Transformationen verknüpft. Im Gegensatz dazu konzentriert sich der strategische Ansatz auf den Parteienwettbewerb im engeren Sinne und er verknüpft diesen nicht mit den strukturellen Konflikten, die ihm zugrunde liegen. Aus dieser Perspektive ergeben sich die neuen Themen und Dimensionen des Wettbewerbs auf endogene Weise als Resultat des strategischen Handelns der Parteien. Dies ist die Perspektive von Autoren wie Schattschneider, Downs, Riker oder Budge. Hier liegt der Fokus auf der strategischen Positionierung der Parteien,

5 Der folgende Abschnitt stützt sich auf die ausführlicheren Ausführungen in H. Kriesi et al. (2018).

ihrem Themenmanagement und auf der von ihnen betriebenen Erweiterung des Konfliktraums. Im Folgenden werden die beiden Ansätze als komplementär betrachtet: Dem strukturellen Ansatz folgend können wir davon ausgehen, dass Prozesse tiefgreifenden sozialen Wandels die strukturell definierten Potenziale schaffen, welche dann – wie vom strategischen Ansatz postuliert – von strategischen politischen Akteuren mobilisiert werden.

Der diesem Beitrag zugrundeliegende Ansatz geht also davon aus, dass der Parteienwettbewerb letztlich in strukturellen Konflikten verwurzelt ist. Hier stellt sich natürlich die Frage, welche sozialen Konflikte die Fähigkeit haben, den Parteienwettbewerb fundamental neu zu strukturieren. Im Anschluss an Kriesi et al. (2008; 2012) wird davon ausgegangen, dass im Nachgang zur »goldenen Nachkriegszeit« – welche in die Stagflation der 1970er Jahre mündete – zwei Wellen politischer Mobilisierung entscheidend zur Restrukturierung der westeuropäischen Parteiensysteme beigetragen haben.

Die erste Welle – die Welle der Neuen Linken – war ein Ausdruck des strukturellen Wandels innerhalb der europäischen Nationalstaaten: Prozesse der Deindustrialisierung, Tertiarisierung, Bildungsexpansion sowie der zunehmenden Erwerbstätigkeit von Frauen und der beruflichen Aufwärtsmobilität waren kennzeichnend für diesen Wandel. Diese Prozesse führten zu einer »stillen Revolution«, d. h. zu einem Wertwandel in Westeuropa (vgl. R. Inglehart 1977). Sie wurden angetrieben durch die expandierende neue Mittelschicht oder, präziser ausgedrückt, durch das soziokulturelle Segment der neuen Mittelschicht. Dieses Segment artikulierte seine Forderungen in den sogenannten »neuen sozialen Bewegungen« (vgl. H. Kriesi 1989). Diese Revolution führte zum Aufstieg der »neuen Politik«, welche in erster Linie die politische Linke transformierte. Die neuen sozialen Bewegungen standen am Anfang des Aufstiegs der grünen Parteien und der Transformation der sozialdemokratischen Parteien, welche sich im Laufe dieses Prozesses in fast allen Ländern Westeuropas zu Mittelschichtparteien wandelten (vgl. Gingrich und Häusermann 2015; H. Kitschelt 1994).

Die zweite Welle – die Welle der populistischen radikalen Rechten, so Kriesi et al. (2008; 2012) – begann in den frühen 1980er Jahren mit dem Aufstieg des Front National (FN) in Frankreich und setzt sich bis heute fort. Diese zweite Welle bezieht sich auf soziale Konflikte, die sich aus der Globalisierung – verstanden als Öffnung nationaler Grenzen in wirtschaftlicher, politischer und kultureller Hinsicht – ergeben. In wirtschaftlicher Hinsicht kommen bestimmte Gruppen von Beschäftigten, vor allem ungelernte ArbeiterInnen, auf zweifache Weise unter Druck: Sie erfahren verstärkte Konkurrenz aus dem Ausland (in der Form der Abwanderung von Unternehmen ins Ausland) und zu Hause (in der Form der Konkurrenz durch ImmigrantInnen) (vgl. Dancygier und Walter 2015). In politischer Hinsicht haben die Prozesse der wirtschaftlichen Internationalisierung und der europäischen Integration in zunehmendem Maße die Souveränität der Nationalstaaten untergraben und zu einer Erosion nationaler demokratischer Verfahren und zu einer Renaissance des Nationalismus geführt. In kultureller Hinsicht hat die Immigration von Menschen aus immer entfernteren Weltregionen eine zunehmend multikulturelle Zusammensetzung der westeuropäischen Gesellschaften verursacht, die zur Verbreitung einer gefühlten Bedrohung der nationalen Identität beigetragen hat (vgl. Hainmüller und Hiscox 2007). Laut Kriesi und Kollegen (2008; 2012) haben diese Prozesse eine heterogene Gruppe von GlobalisierungsverliererInnen geschaffen, die sehr erfolgreich von der radikalen populistischen Rechten mobilisiert wurden und nach wie vor mobilisiert werden. In diesem Prozess wurden die Parteien der Neuen Rechten in vielen westeuropäischen Ländern zu Parteien der Arbeiterschicht (vgl. D. Oesch 2013).

Gemeinsam ist beiden Wellen der Mobilisierung, dass sie sich in erster Linie auf sogenannte kulturelle Themen beziehen. D.h. in ihrem Zuge kam es vor allem zu einer Veränderung der Bedeutung der zweiten, kulturellen Dimension des politischen Wettbewerbsraums, welche im europäischen Kontext traditionell durch religiöse Themen geprägt war. Im Zuge der ersten Welle waren es Fragen der gesellschaftlichen und der kulturellen Liberalisierung, die in diese Dimension eingebettet wurden und die Bevölkerung in BefürworterInnen und GegnerInnen dieser Veränderungsprozesse spaltete. Wenig überraschend waren es Themen, die eng mit der Öffnung nationaler Grenzen verbunden sind, die sich dann als prägend für die Mobilisierung der zweiten Welle erwiesen. Zentral wurden dabei die Auseinandersetzungen um Einwanderung und europäische Integration (vgl. W. van der Brug et al. 2015; S. Hutter et al. 2016). Selbstverständlich tangieren beide Themenkomplexe nicht nur rein kulturelle oder identitäts-bezogene Aspekte. Im Folgenden werden sie aber in Anlehnung an Kriesi et al. (2008; 2012) als kulturell bezeichnet, da sie – wie die Themen der ersten Welle – die Bedeutung der zweiten nicht-ökonomischen Dimension verändert haben.

Im Zuge der Transformation der kulturellen Dimension kam es auch zu einer Neuinterpretation der Pole, entlang welcher sich der Konflikt abspielt. Bei ihrer Analyse des Aufstiegs der populistischen Rechten benannten Kriesi et al. (2008; 2012) die Pole als »Abgrenzung« versus »Integration«. In seiner Interpretation des gemeinsamen Einflusses beider Wellen schlägt Bornschier (2010; 2015) vor, dass sich die gewandelte kulturelle Dimension auf den fundamentalen Konflikt zwischen libertär-universalistischen und traditionell-kommunitaristischen Werten bezieht. Traditionalismus bezieht sich auf die Ablehnung von universalistischen und libertären Gerechtigkeitsvorstellungen, und Kommunitarismus bezieht sich auf die geschlossene und nationalistische Vorstellung von Gemeinschaft der populistischen Rechten. Laut Bornschier blieb die Kristallisierung dieses Konflikts solange partiell, wie die Neue Rechte nicht die Gegenposition zur Neuen

Linken auf eine breitere und dauerhaftere Basis stellte. In ähnlicher Weise sprechen Zürn und de Wilde (2016) von einer Konfliktlinie zwischen Kosmopolitismus versus Kommunitarismus, d.h. den BefürworterInnen und GegnerInnen offener Grenzen.

Wenngleich die zunehmende Bedeutung und die Uminterpretation der kulturellen Dimension des politischen Raums letztlich im Aufstieg neuer struktureller Konflikte begründet ist, so wurden diese mit beeinflusst durch den Niedergang der traditionell prägenden Konfliktlinien von Religion und sozialer Schicht. Die Säkularisierung verringerte die Relevanz religiöser Konflikte und trug zum Niedergang bzw. zur Transformation der konfessionellen Parteien bei. Der zunehmende Wohlstand, die Etablierung und allgemeine Akzeptanz des Wohlfahrtsstaats sowie der reduzierte Handlungsspielraum für makroökonomische Politik in einer wirtschaftlich immer stärker integrierten Welt reduzierten ihrerseits die Relevanz der traditionellen sozialen Konfliktstrukturen (cleavages) und trugen zum Niedergang der kommunistischen und sozialdemokratischen Parteien bei. Martin (2013) hat diesen doppelten Niedergang der etablierten Parteien – welcher die andere Seite der Münze des Aufstiegs der Neuen Linken und der populistischen Rechten darstellt – für 15 westeuropäische Länder dokumentiert.

Mit Blick auf die neue Konfiguration der politischen Lager zeigt sich, dass der Aufstieg der populistischen Rechten und die Transformation des politischen Raums tendenziell einhergeht mit einer allgemeinen Intensivierung des Parteienwettbewerbs. Während der Aufstieg der Neuen Linken letztlich eher zu einer Annäherung zwischen der etablierten sozialdemokratischen Linken und den neuen linkslibertären Parteien auf der universalistischen Seite des kulturellen Spektrums geführt hat, spaltete sich die Rechte typischerweise zwischen einer sowohl kulturell als auch wirtschaftlich liberaleren rechten Mitte und einer radikalen Neuen Rechten. Diese Neue Rechte positionierte sich ursprünglich im Sinne von Kitschelts (1995) berühmter »siegreicher Formel«, d.h. sie kombinierte Wirtschaftsliberalismus mit kulturell nationalistischen und partikularistischen Appellen. Als Resultat dieser Spaltung auf der Rechten wurde die Parteienkonfiguration typischerweise dreipolig und die beiden Dimensionen des Parteienwettbewerbs – die wirtschaftliche und die kulturelle – waren im Nordwesten Europas der Tendenz nach unabhängig voneinander.

3 Der Aufstieg der SVP und die neue Konfliktlinie in der Schweiz

Letztlich stellt der Aufstieg der SVP zur wählerstärksten Schweizer Partei ein Paradebeispiel für die skizzierten generellen Entwicklungen westeuropäischer Parteiensystemen dar. Ohne Bezug zu diesem Kontext weitgreifender gesellschaftlicher und politischer Entwicklungen lässt sich die Transformation der einst kleinsten Bundesratspartei[6] – welche vor allem die Landwirtschaft und das Kleingewerbe in konfessionell gespaltenen Deutschschweizer Kantonen[7] vertrat – nicht verstehen. Dies ist die Sicht der eingangs erwähnten strukturellen Ansätze zum Verständnis des Parteienwettbewerbs. Die Erklärung bleibt allerdings unvollständig, wenn nicht strategische Faktoren (sprich die programmatische und organisatorische Ausrichtung der zentralen Akteure) und die politischen Gelegenheitsstrukturen in die Analyse miteinbezogen werden. Eine ausführliche Behandlung dieser oftmals situativen und kontingenten Faktoren liegt allerdings jenseits des Rahmens eines kurzen Buchbeitrags.[8] Im Folgenden sollen daher nur die zentralen Faktoren und kritischen Ereignisse genannt werden, die den Aufstieg der SVP und die Restrukturierung der politischen Landschaft in der Schweiz begünstigten.

3.1 Soziale, wirtschaftliche und politische Rahmenbedingungen

Wie Lachat (2008) in seiner detaillierten Analyse aufzeigt, charakterisieren den sozialen, wirtschaftlichen und politischen Kontext in der Schweiz mehrere Faktoren, die das Aufkommen der neuen Konfliktlinie und das Erstarken rechtspopulistischer Kräfte begünstigten. Wie bei fast allen politischen Phänomenen gibt es zwar Unterschiede zwischen den Kantonen, dennoch hatten sich die generelle Stärke der traditionellen sozialen und religiösen Konfliktlinien in der Schweiz bis in die 1980er Jahre stark abgeschwächt bzw. grundlegend transformiert (vgl. A. Goldberg 2017). Ausgehend von einem Null-Summen-Zusammenhang zwischen traditionellen und neuen Konfliktlinien war daher der politische Raum offen für

6 Der Schweizer Bundesrat ist die Bundesregierung der Schweizer Eidgenossenschaft. Die sieben gleichberechtigten Mitglieder (Kollegialorgan bzw. Direktorialsystem) werden von der Vereinigten Bundesversammlung (beider Parlamentskammern) – meist in Anlehnung an die Fraktionsstärken – auf vier Jahre gewählt.

7 In diesen Kantonen (u. a. Aargau, Bern und Zürich) stand eine relativ starke Linke den Liberalen (FDP) einerseits und der Bauern-, Gewerbe- und Bürgerpartei (BGB; 1971 umbenannt in SVP) andererseits gegenüber. Die SVP repräsentierte die ländlichen Interessen gegen die stärker in den Städten vertretene FDP.

8 Diesbezüglich sei verwiesen auf die äußerst lesenswerten Ausführungen von Skenderovic und D'Amato 2008; D. Skenderovic 2009.

das Erstarken neuer Spaltungen sowie für ein hohes Potential von nur schwach an traditionelle Parteien gebundene bzw. volatile WählerInnen. Mit Blick auf die ökonomischen Gegebenheiten betont Lachat (2008, S. 134ff.) zudem, dass die Schweiz – als kleine und traditionell offene Volkswirtschaft – zu den am stärksten globalisierten Ländern gehört. Gerade im Lauf der 1990er Jahre gerieten – auch durch internationalen Wettbewerbsdruck und Verträge – die vormals geschützten Bereiche der nicht export-orientierten Wirtschaft unter Druck. Die Offenheit der Volkswirtschaft – kombiniert mit einem restriktiven, ethnisch definierten Bürgerrechtsverständnis – führte gleichzeitig dazu, dass die Schweiz (nebst Luxemburg und Liechtenstein) zu den europäischen Ländern mit dem höchsten Anteil an AusländerInnen an der ständigen Wohnbevölkerung zählt. Zunächst angestiegen durch die Anwerbung vor allem männlicher Gastarbeiter in den 1960er Jahren, nahm die Zuwanderung besonders aus EU-Mitgliedsstaaten nach dem Abschluss der bilateralen Verträge zwischen der Schweiz und der EU noch einmal deutlich zu, wie dies die langfristige Entwicklung (vgl. Abbildung 1) veranschaulicht. Zudem sah sich die Schweiz – wie andere europäische Länder – mit einem Anstieg von Asylgesuchen konfrontiert. Die höchsten Werte wurden vor allem im Kontext des Zerfalls Ex-Jugoslawiens in den 1990er Jahren sowie der jüngsten Fluchtbewegung seit 2015 registriert (vgl. Abbildung 1).

Mit Blick auf die die politischen Faktoren gelten zudem die föderale Struktur der Schweiz, das Verhältniswahlrecht (ohne Sperrklausel[9]), die Möglichkeiten der direkten Demokratie (insbesondere Initiative und Referendum auf allen Ebenen) und die generelle Kultur des politischen Konsenses als günstige Gelegenheitsstrukturen für die Etablierung neuer Parteien und die Mobilisierung neuer Themen im Parteienwettbewerb. Dies gilt auch mit Blick auf die zwei Wellen der politischen Mobilisierung seit den 1970er Jahren. Neben einer vergleichsweise starken Mobilisierung der neuen sozialen Bewegungen in der Protestarena (vgl. Hutter und Giugni 2008) sah die erste Welle der Neuen Linken in den 1970ern und 1980ern die Entstehung verschiedener neuer Parteien: die Progressiven Organisationen der Schweiz (POCH), die Grüne Partei der Schweiz (GPS) sowie weitere kleinere grüne und linke Gruppierungen (vgl. Abbildung 2). Zudem hat sich im Zuge dieser Welle die Sozialdemokratische Partei der Schweiz (SPS) deutlich früher und stärker für die Forderungen und WählerInnen der Neuen Linken geöffnet als dies in anderen Ländern der Fall war (vgl. Rennwald und Evans 2014).

Gleiches gilt für die Entstehung von Parteien auf der rechten Seite des politischen Spektrums (vgl. D. Skenderovic 2009). Dabei ist es wichtig zu betonen, dass

9 Die faktische Sperrklausel ist aber dennoch relativ hoch, da die Zahl der Sitze pro Kanton bei den Nationalratswahlen von der Bevölkerungszahl abhängt und im Ständerat die Kantone mit zwei Sitzen bzw. einem Sitz im Fall von Halbkantonen vertreten sind (vgl. Anm. 4).

Abbildung 1 Entwicklung der AusländerInnen-Quote und Asyl-Gesuche in der Schweiz

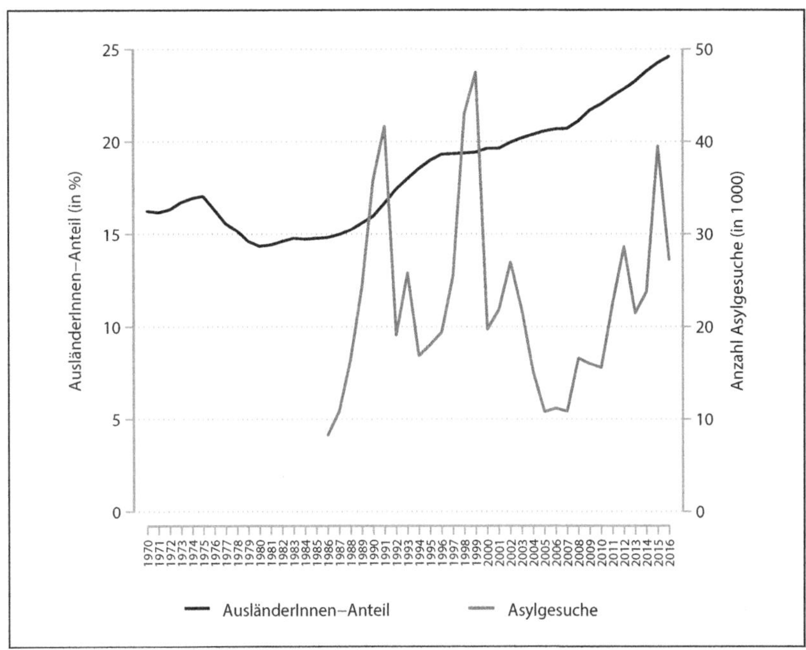

Anmerkung: Die Abbildung zeigt den Anteil der ausländischen Wohnbevölkerung in % der ständigen Wohnbevölkerung in der Schweiz von 1970 bis 2016 sowie die absolute Anzahl neu eingereichter Asylanträge für die Jahre 1986 bis 2016.

Quelle: Bundesamt für Statistik BFS & Staatsekretariat für Migration SEM; eigene Darstellung

schon vor der Transformation der SVP kleinere Parteien auf der politischen Rechten Einwanderungsfragen – und die oftmals beklagte Überfremdung der Schweiz – thematisierten. Zentral war dabei seit den 1960ern die Nationale Aktion gegen die Überfremdung von Volk und Heimat (NA) (später umbenannt in Schweizer Demokraten) und seit den 1980ern zusätzlich die Auto-Partei (später umbenannt in Freiheits-Partei der Schweiz). Die NA wurde von 1967 bis 1971 von James Schwarzenbach im Parlament vertreten.[10] Nach Schwarzenbach wurde eine Initiative zur

10 Schwarzenbach zerstritt sich mit der Partei und gründete 1971 die Republikanische Bewegung. Diese war von 1971 bis 1979 im Parlament vertreten; Schwarzenbach trat 1978 resigniert zurück, wodurch die Partei ihren Dreh- und Angelpunkt verlor (vgl. D. Skenderovic 2009).

Abbildung 2 Entwicklung des Stimmenanteils bei Nationalratswahlen

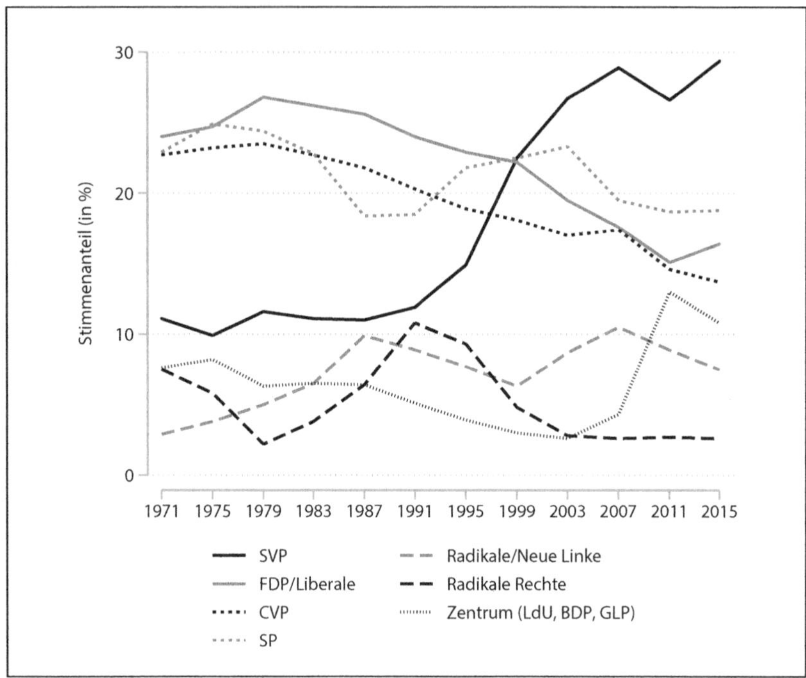

Anmerkung: Die Abbildung zeigt die Wähleranteile der verschiedenen Parteien bei den Nationalratswahlen von 1971 bis 2015. Die Wähleranteile für die radikale/neue Linke basieren auf der Summe der Grünen Partei der Schweiz (GPS) und weiterer kleiner linker Parteien (u. a. POCH; Partei der Arbeit). Die radikale Rechte umfasst verschiedene kleine Parteien (u. a. die Nationale Aktion gegen die Überfremdung von Volk und Heimat, umbenannt in Schweizer Demokratien), die Auto-Partei (umbenannt in Freiheits-Partei) sowie die Eidgenössische Demokratische Union (EDU).

Quelle: Bundesamt für Statistik BFS; eigene Darstellung

radikalen Reduktion des Ausländeranteils (auf unter 10 %) im Jahr 1970 benannt (zur damaligen Quote vgl. Abbildung 1). Diese Initiative wurde zwar abgelehnt, fand aber die Zustimmung von rund 46 % der Abstimmenden. Elf weitere Volksabstimmungen zu Migrationsfragen[11] fanden in den 1970er und 1980er Jahren statt; dies verdeutlicht, dass das Einwanderungsthema und entsprechende mobilisierende Akteure keineswegs erst jüngst zu politischen Konflikten in der Schweiz

11 Eine interaktive Darstellung aller Abstimmungen zum Themenbereich findet sich unter http://nccr-onthemove.ch/DataManagement/Visualization/Embed/Referendum.html.

führten. Dieser langfristige Trend zu Auseinandersetzungen um das »Fremde« sind ein weiterer begünstigender Faktor (vgl. Skenderovic und D'Amato 2008). Wichtig ist allerdings (dies zeigen auch die folgenden empirischen Analysen), dass Auseinandersetzungen um das Einwanderungs- und Europathema – zumindest in den 1970ern – noch nicht zentral in die Konfliktstruktur des Parteiensystems eingebettet waren; daher wurden sie eher von kleineren Herausforderern und nur punktuell in der direktdemokratischen Arena mobilisiert.

3.2 Von der Abstimmung über den EWR-Beitritt zur Masseneinwanderungsinitiative

Zunächst schienen die Transformation und der Aufstieg der SVP – zumindest mit Blick auf das Immigrationsthema – nur wenig an diesem Umstand zu ändern (vgl. S. Bornschier 2010, S. 128 ff.; H. Kriesi et al. 2005). Zwar waren die kritischen Stimmen gegenüber der Einwanderung schon in den späten 1970ern und den frühen 1980ern in der Partei verwurzelt; sie konnten sich aber auf der nationalen Ebene erst verspätet, nach dem sogenannten langen Marsch des Zürcher Flügels – angeführt von Christoph Blocher, der zentralen politischen Figur der Partei – durchsetzen (vgl. D. Skenderovic 2009). Wesentlich ist aber, dass nicht der Umgang mit Einwanderung und Überfremdung im Zentrum des Durchbruchs der »neuen« SVP standen, sondern die Frage der Beziehungen zur Europäischen Gemeinschaft (EG) bzw. zur Europäischen Union (EU). Dabei ist unbestritten, dass die Abstimmung um den Beitritt der Schweiz zum Europäischen Wirtschaftsraum (EWR) die zentrale Weichenstellung darstellte. Wie die Neue Zürcher Zeitung 20 Jahr später titelte, handelte es sich um »ein folgenschweres Nein« (vgl. NZZ 2012). Nach einem intensiven Abstimmungskampf und hoher Wahlbeteiligung (vgl. H. Kriesi et al. 1993) lehnten die Abstimmenden gegen die Empfehlung aller Bundesratsparteien (außer der SVP) sowie der zentralen Verbände mit 50,3 % den Beitritt ab. Politisch relevant waren die Abstimmung sowie die vorangehende öffentliche Auseinandersetzung, weil die neue Konfliktlinie bzw. ihre Bezüge zu nationaler Souveränität, Identität und Traditionen (besonders von direkter Demokratie, Föderalismus und Neutralität) in den Fokus gerieten – diese prägten nachhaltig die Spaltungen im Parteiensystem und in der Schweizer Bevölkerung. Unterstützung bzw. Ablehnung der europäischen Integration sowie der Person Christoph Blocher wurden seitdem zu zentralen Erklärungsfaktoren für das politische Verhalten in der Schweiz (vgl. H. Kriesi et al. 2005).

Allerdings wurden Fragen des Zuzugs und der Integration von EinwanderInnen schon kurz nach der EWR-Abstimmung – gerade im Zuge des Anstiegs der Asylzahlen Ende der 1990er Jahre – zum Gegenstand öffentlicher Auseinandersetzung sowie der SVP-Mobilisierungsbemühungen (vgl. S. Bornschier 2010; Ruedin und D'Amato 2015). Dies zeigt auch ein Blick auf die direktdemokratischen Abstimmungen im betreffenden Zeitraum: So wurde die Schweizer Wählerschaft im Zeitraum von 1994 bis 2014 zu 18 unterschiedlichen migrationspolitischen Fragen an die Urne gerufen. Nur vier der 18 Abstimmungen waren expansiver Natur, alle anderen sahen eine restriktivere Politik vor.[12] Von zentraler Bedeutung sollte die letzte Abstimmung in unserem Untersuchungszeitraum (sprich: der Zeit vor den Wahlen im Herbst 2015) sein. Dies war die Abstimmung über die von der SVP kurz vor den Wahlen 2011 lancierte Initiative »Gegen Masseneinwanderung«. Wie bereits in der Einleitung erwähnt, verlangte die Initiative, dass die Schweiz die Einwanderung wieder autonom steuern und mit Blick auf die gesamtwirtschaftliche Lage jährliche Höchstzahlen und Kontingente erlassen sollte. Zudem sollten internationale Verträge, die diesen Forderungen widersprechen würden, entsprechend neuverhandelt und geändert werden. Die weiteren im Bundesrat vertretenen Parteien – Bürgerlich-Demokratische Partei (BDP)[13], Christdemokraten (CVP), Liberale (FDP.Die Liberalen) und Sozialdemokraten (SP) – lehnten die Vorlage ab, wie auch die Grüne Partei der Schweiz (GPS), die Grünliberale Partei (GLP) sowie weitere kleinere Parteien. Nach einem wiederum relativ intensiven Abstimmungskampf wurde die Vorlage wiederum mit einer denkbar knappen Mehrheit von 50,3 % angenommen. Zunächst wurde noch spekuliert, ob den Abstimmenden die potentielle Tragweite dieses Schrittes für die Beziehungen der Schweiz zur EU klar war; die Analysen von Milic (2015) zeigen jedoch, dass dies mehrheitlich bekannt war und in Kauf genommen wurde.

Für unseren Zusammenhang ist zentral, dass die Frage nach der Umsetzung der Masseneinwanderungsinitiative die Schweizer Innenpolitik und die Beziehung zu den europäischen Nachbarn in den folgenden Jahren prägen sollte. Dabei sah sich die SVP in der Rolle des Hüters des Volkswillens und warf den anderen Parteien vor, mit ihren möglichen Umsetzungsvorschlägen »Verfassungsbruch« und »eine vorauseilende Kapitulation vor der EU« (SVP 2016, S. 10) zu begehen. Kombiniert mit dem in Abbildung 1 gezeigten Anstieg der Asylzahlen im Zuge des Syrien-Kriegs sowie der generellen Zunahme der Fluchtbewegungen nach

12 Von den vier wurde auch nur eine Vorlage angenommen. Dies war die Vorlage zur Weiterführung des Freizügigkeitsabkommens zwischen der Schweiz und der EU, sowie deren Ausdehnung auf Bulgarien und Rumänien (vgl. http://nccr-onthemove.ch/DataManagement/Visualization/Embed/Referendum.html).

13 Die BDP wurde 2008 als Abspaltung von der SVP gegründet, nachdem Christoph Blocher bei seiner Wiederwahl in den Bundesrat 2007 im Parlament gescheitert war und an seiner Stelle eine Vertreterin des moderaten Flügels der SVP gewählt wurde (für ein interessantes Argument zu den Folgen dieser Entscheidung und der Rolle der Opposition in der Schweiz allgemein vgl. Church und Vatter 2009).

Europa, stellen diese Diskussionen den Hintergrund der folgenden empirischen Analysen zur Entwicklung der Politisierung von Einwanderungs- und Europafragen in der öffentlichen Auseinandersetzung vor den nationalen Wahlen in der Schweiz dar. Die Frage, ob dies zu einer erhöhten Aufmerksamkeit für den Themenbereich Immigration/Flüchtlinge/Asyl geführt hat, ist daher mit einem klaren Ja zu beantworten. Interessanter ist es zu beobachten, ob diese jüngsten kritischen Ereignisse die Struktur des Parteienwettbewerbs in der Schweiz, die Rolle der SVP oder die Wahlentscheidungen der BürgerInnen beeinflusst haben. Diese Fragen werden nun anhand originärer Inhaltsanalysen und der Sekundäranalyse von Umfragedaten beantwortet, wobei naturgemäß die Entwicklung in der SVP im Vordergrund steht. Diese Entwicklung wird aber auch vor dem Hintergrund von Vergleichsfällen mit ähnlich starken rechtspopulistischen Parteien in anderen Ländern interpretiert.

4 Die öffentliche Auseinandersetzung der Parteien um Europa und Einwanderung

4.1 Die Politisierung in den nationalen Wahlkämpfen

Im Folgenden werden die Entwicklungen in der Schweiz mit drei westeuropäischen Ländern verglichen, die seit längerer Zeit ebenfalls eine relativ starke rechtspopulistische Partei aufweisen: Frankreich, Niederlande und Österreich. Insgesamt werden 31 Wahlkämpfe in den vier Ländern analysiert – jeweils ein Wahlkampf aus den 1970er Jahren (1975 für die Schweiz) sowie alle Wahlkämpfe von 1991 bis 2017. Die Daten basieren auf einer Auswertung der Zeitungsberichterstattung in den zwei Monaten vor den nationalen Wahlen.[14] Die Analyse von Massenmedien während einer Hochphase politischer Konflikte ist ein ideales Instrument, um die Politisierung verschiedener Themen in der Öffentlichkeit zu untersuchen und miteinander zu vergleichen.[15]

Wie in der Einleitung erwähnt, werden zwei zentrale Komponenten öffentlicher Auseinandersetzung unterschieden: Einerseits die Bedeutung bzw. Aufmerksamkeit (Salienz) eines Themas in der öffentlichen Auseinandersetzung; andererseits die Polarisierung der öffentlich geäußerten Positionen zum Thema.

14 Der Datensatz ist eine erweiterte Version der von Kriesi et al. (2008; 2012) erhobenen Daten. Für genauere Informationen zu Design und Methode wird der/die interessierte LeserIn auf die entsprechenden Kapitel in den beiden Büchern verwiesen.

15 Konkret haben wir Artikel der folgenden Zeitungen ausgewählt: NZZ und Blick (Schweiz); Die Presse und Die Kronenzeitung (Österreich); Le Monde und Le Parisien (Frankreich); NRC Handelsblad und Algemeen Dagblad (Niederlande).

Politisierung wird dabei verstanden als die Kombination der beiden Komponenten. D.h. sowohl eine hohe Aufmerksamkeit für ein Thema als auch unterschiedliche Positionsbezüge werden als notwendige Bedingungen für eine politisierte Auseinandersetzung betrachtet (vgl. Hutter und Grande 2014).

Insgesamt bestätigt sich die These, dass sowohl Europa- als auch Einwanderungsfragen seit den 1990er Jahren zu den zentralen Konfliktfeldern in der Schweiz zählen. Die Analyse der Aufmerksamkeit, welche die beiden Themen während der Wahlkämpfe erhielte, bestätigt die zeitliche Verschiebung von Konflikten um Europa (eines der prägenden Themen des Wahlkampfes 1995 nach der verlorenen EWR-Abstimmung) zu Konflikten um Immigration. Zwar erhalten Fragen von Einwanderung und Integration von AusländerInnen in allen untersuchten Wahlkämpfen relativ viel Aufmerksamkeit, die beobachteten Spitzenwerte in den Jahren 1999 und vor allem 2015 entsprechen exakt den Spitzen in den Asylzahlen (vgl. Abbildung 1). Wie nicht anders zu erwarten, dominierten im Wahlkampf 2015 – in dem jede vierte erhobene Aussage der Parteien Migrationsfragen behandelte – die Umsetzung der Masseneinwanderungsinitiative sowie Fragen im Zusammenhang der Flüchtlingskrise die öffentliche Debatte. Gleichzeitig wurden Fragen europäischer Integration im engeren Sinne (die Personenfreizügigkeit ausgenommen) seit dem Wahlkampf 2007 deutlich weniger häufig Gegenstand der Wahlkämpfe.

Gleichzeitig zeigt die Auswertung der Medieninhalte, dass die Bedeutung der Europapolitik zwar in der öffentlichen Auseinandersetzung abgenommen hat, sie aber im Durchschnitt die Schweizer Parteien genauso, wenn nicht sogar etwas stärker spaltet als migrationspolitische Themen. Der Polarisierungswert relativiert denn auch die Bedeutung der eidgenössischen Wahlen von 2015. So zeigt sich, dass die starke Bedeutungszunahme des Themas nicht zu einer Verschärfung der Unterschiede in den Positionen zum Thema geführt hat. Hierbei gilt es allerdings zu beachten, dass die Polarisierung für beide Themen seit den 1990er Jahren überdurchschnittlich hoch ist.

Abbildung 3 präsentiert den kombinierten Wert für die Politisierung der beiden Themen (sprich die Multiplikation von ihrer Bedeutung im Wahlkampf und der Polarisierung der Parteipositionen).[16] Dieser relativ voraussetzungsvolle Indikator bestätigt die zentrale und strukturierende Kraft der beiden Themen für den Parteienwettbewerb in der Schweiz. Gleichzeitig werden die Spitzen in der öffentlichen Auseinandersetzung deutlicher sichtbar. Es zeigt sich, dass der Wahlkampf von 1995 herausragend war im Sinne der Politisierung von Europafragen, wohingegen der Wahlkampf von 2015 einen neuen Höhepunkt in der Politisierung von Immigrationsfragen darstellt. Interessanterweise gingen die weiteren Höchstwer-

16 Die Indikatoren werden ausführlich in Kriesi et al. (2008; 2012) besprochen.

Abbildung 3 Politisierung von Immigration und Europa in Wahlkämpfen in der Schweiz

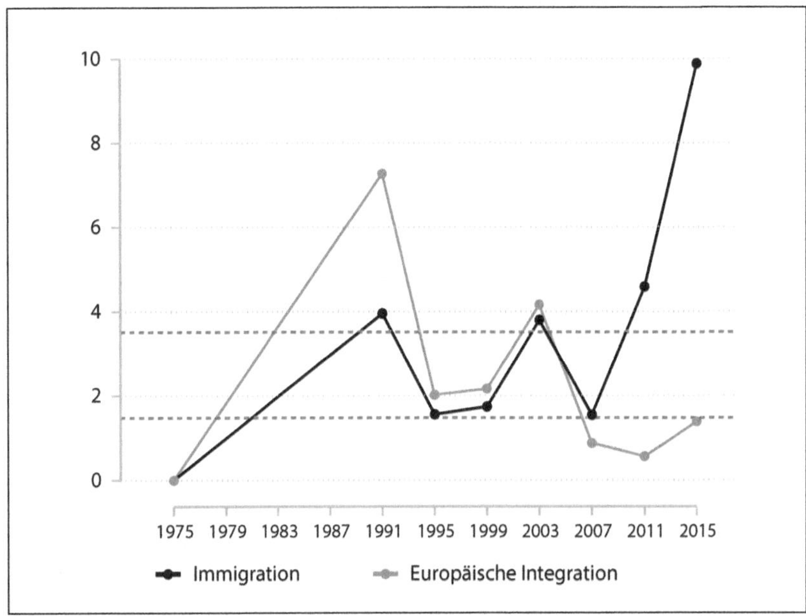

Anmerkung: Die Abbildung zeigt die Politisierung der beiden Themen pro Wahlkampf – Politisierung verstanden als Kombination von Bedeutung und Polarisierung eines Konflikts. Die horizontalen gestrichelten Linien dienen als Vergleichsmaßstab und beziehen sich auf andere Themen im Wahlkampf. Werte über der unteren Linie zeigen eine überdurchschnittliche Politisierung an, Werte über der oberen Linie eine außerordentlich hohe Politisierung.

Quelle: Eigene Daten

te in der Politisierung von Einwanderungsfragen in der Schweiz (1999 und 2003) auch mit Hochphasen der Politisierung Europas einher. Die beiden Werte haben sich aber in den letzten beiden Wahlkämpfen auseinander bewegt. Diese stärkere Fokussierung auf das Migrationsthema (in dessen Schatten aber Fragen der europäischen Integration latent mitschwingen) spiegelt den Abschluss der bilateralen Verträge mit der Europäischen Union und auch die Strategie der SVP in der direktdemokratischen Arena (vgl. Abschnitt 3) wider.

In einem nächsten Schritt vergleichen wir das Ausmaß und die Entwicklung der Politisierung in der Schweiz mit den drei Vergleichsfällen. In Tabelle 1 sind die Durchschnittswerte für die Wahlen pro Land für vier Zeitperioden aufgeführt (die 1970er werden nicht gezeigt, da beide Themen in keinem der Länder zu diesem Zeitpunkt politisiert wurden). Die vier Zeitperioden sind I. die 1990er, II. die

Tabelle 1 Politisierung von Immigration und Europa im Ländervergleich

	Immigration				**Europa**			
	1990–99	**2000–08**	**2009–14**	**2015–17**	**1990–99**	**2000–08**	**2009–14**	**2015–17**
Schweiz	2.4	**2.7**	**4.6**	**9.9**	**3.8**	**2.5**	0.6	1.4
Frankreich	**3.6**	**2.8**	**4.8**	2.4	1.5	0.8	0.9	**4.7**
Niederlande	2.8	1.1	**4.6**	5.7	1.1	0.3	**3.7**	**3.5**
Österreich	2.2	**3.0**	3.1	**8.4**	0.1	1.2	1.1	**3.5**
Mittelwert	*2.8*	*2.4*	*4.3*	*6.6*	*1.6*	*1.2*	*1.5*	*3.3*

Anmerkung: Die Tabelle zeigt die Durchschnittswerte für die Wahlkämpfen pro Zeitabschnitt und Land. Werte über dem Durschnitt sind fett hervorgehoben.

2000er Jahre vor Beginn der Großen Rezession im Herbst 2008,[17] III. die Jahre der Finanz- und Eurokrise (2009–2014) sowie IV. die Wahlen seit dem ersten Höhepunkt der Flüchtlingskrise von Sommer 2015 bis Ende 2017. Der Ländervergleich zeigt mindestens drei zentrale Befunde. Erstens, die Politisierung der beiden Themen ist überdurchschnittlich stark in der Schweiz. Zweitens, die starke Politisierung der Europafrage bereits in den 1990er Jahren ist kennzeichnend für den Schweizer Diskurs. Im Gegensatz dazu waren Fragen von Immigration und der Integration von ZuwanderInnen deutlich prägender als die Europapolitik in den anderen drei Ländern. Drittens, das relative Verhältnis der Einwanderungs- zur Europapolitik hat sich in den letzten Jahren (besonders im Zuge der Flüchtlingskrise) umgekehrt. In den letzten untersuchen Wahlkämpfen sind Fragen der europäischen Integration und deren institutioneller Vertiefung deutlich politisierter in den drei EU-Mitgliedsstaaten als in der Schweiz.

4.2 Wer politisiert – und wie? Die Rolle der SVP und anderer rechtspopulistischer Parteien

In einem nächsten Schritt stellt sich die Frage nach der Rolle der SVP bei der Politisierung der beiden Schlüsselthemen in der öffentlichen Debatte. In Anlehnung an die Arbeiten von Hobolt und de Vries (2015) wird hierfür die Partei identifiziert, welche das Thema am stärksten politisiert (bzw. in der Sprache von Hobolt

17 Der Zusammenbruch der US-Investment Bank Lehman Brothers im September 2008 wird oftmals als Beginn der Finanzkrise in Europa angesehen (vgl. H. Kriesi et al. 2018).

und de Vries als Themen-Unternehmer auftritt). Ein solcher Akteur betont das Thema stark in seinem Diskurs und nimmt eine klar von seinen Mittbewerbern unterscheidbare Position ein. Daher wird für die folgende Analyse die Wichtigkeit (Salienz) eines Themas für eine Partei (sprich der relative Anteil des Themas an allen für die Partei erhobenen Fällen) mit der Distanz der Position der Partei zur mittleren Position aller anderen Parteien multipliziert. Diese Art gewichtetes Positionsmaß entspricht konzeptionell den zwei Komponenten von Politisierung auf der Systemebene, d. h. von Aufmerksamkeit und Radikalität. Wichtig ist allerdings, dass dieses Maß sowohl positive als auch negative Werte annehmen kann: Positive Werte bedeuten, dass eine Partei ein Thema stark betont, aber im Vergleich zu den anderen Parteien eine deutlich offenere Position zu Migration oder europäischer Integration bezieht. Negative Werte hingegen zeigen an, dass die Partei im öffentlichen Diskurs mit einer deutlich europa- bzw. immigrationsskeptischeren Position auftritt als die anderen Parteien im Parteiensystem.

In Abbildung 4 werden diese gewichteten Positionen für die vier traditionellen Bundesratsparteien (CVP, FDP, SP und SVP) im Zeitverlauf präsentiert. Kleinere Parteien werden nur aufgeführt falls ihre Werte deutlich von denjenigen der Bundesratsparteien abweichen. Die Zeitreihe beginnt 1991, da im Wahlkampf 1975 noch keine der Parteien die Themen politisierte. Auf den ersten Blick bestätigen die Werte für die SVP den generellen Befund, dass rechtspopulistische Parteien die treibenden Kräfte hinter der Mobilisierung der Europa- bzw. Einwanderungsfragen sind. Zugleich deutet der Wert zur Immigration an, dass die SVP zunächst nicht der zentrale politisierende Akteur bei diesen Fragen war, sondern es die kleineren radikalen rechten Parteien in der Schweiz waren (vgl. Abschnitt 3). Dies hat sich erst seit den Wahlen 2003 geändert, und in den Wahlen 2015 deutlich verstärkt. Seit diesen Wahlen ist der Wert der SVP deutlich negativ, d. h. sie hebt sich nicht nur in ihrer Position (dies tat sie schon relativ früh), sondern auch in der Betonung des Einwanderungsthemas deutlich von ihren Konkurrentinnen ab. Im Gegenzug war ihre unterschiedliche Positionierung beim Europathema viel weniger sichtbar in den Wahlkämpfen vor den nationalen Wahlen von 2007 bis 2015. Mit Blick auf das Europathema zeigt sich zudem, dass die deutliche Europaskepsis der SVP erst ab 1995 zu ihrem Alleinstellungsmerkmal in der öffentlichen Debatte wurde. Dies, nachdem die Schweizer Grünen ihre anfängliche Skepsis aufgeben hatten und die kleinen radikalen rechten Parteien fast vollständig aus dem öffentlichen Diskurs gedrängt worden waren.

Abbildung 4 erlaubt uns zudem, die Akteure zu identifizieren, die Einwanderungs- bzw. Europafragen mit einer deutlich positiveren Botschaft politisieren. Waren dies im Jahr 1991 beim Europa-Thema zunächst noch alle drei anderen Bundesratsparteien (CVP, FPD und SP), zeichnet sich in den folgenden Jahren (mit Ausnahme der FDP 1995 und der SP 1999) keine der Parteien mehr durch

Abbildung 4 Gewichtete Parteipositionen zu Immigration und Europa in der Schweiz

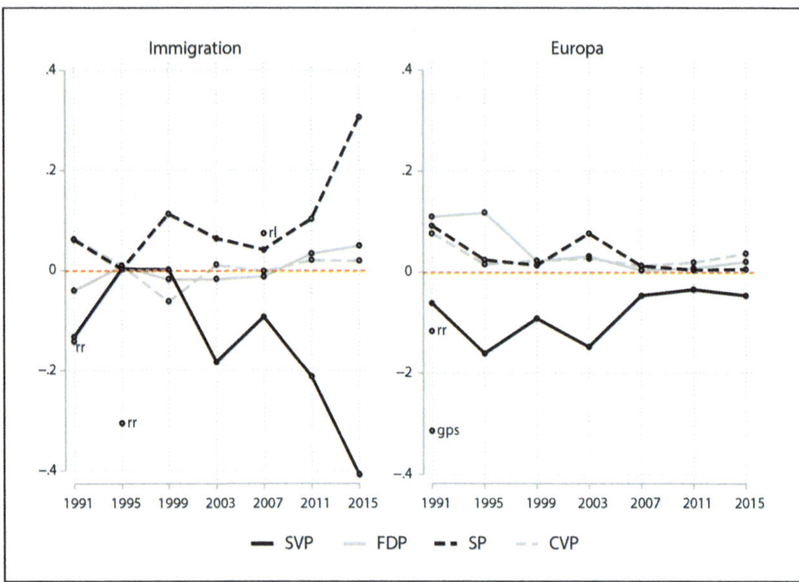

Anmerkung: Die Abbildung zeigt an, welche Partei das Thema politisiert. Das Maß wurde berechnet aus der Bedeutung des Themas in der öffentlichen Kommunikation einer Partei sowie ihrer Distanz zur Position der anderen Parteien im Parteiensystem (vgl. Ausführungen im Text).

eine starke Betonung der Unterstützung europäischer Integration bzw. der Annäherung der Schweiz an die EU aus. Im Gegenteil zeigt sich eine klare Opposition zwischen der SP (und den kleineren Parteien auf der politischen Linken) und der SVP in der öffentlichen Auseinandersetzung zu Einwanderungsthemen. Die beiden moderaten rechten Parteien (CVP und FDP) treten hingegen in keiner der Wahlen als zentrale politisierende Akteure des Themas auf – was zumindest hinsichtlich der Wahlkampfkommunikation nicht auf eine eindeutige Kopie der Strategie des rechtspopulistischen Herausforderers schließen lässt.

Zum Abschluss werden die gewichteten Positionen der SVP mit den rechtspopulistischen Parteien in den drei anderen Ländern verglichen, d. h. mit dem Front National (FN) in Frankreich, der Liste Pim Fortuyn (LPF) bzw. der Partei für die Freiheit (PVV) in den Niederlanden und der Freiheitlichen Partei Österreichs (FPÖ) (vgl. Tabelle 2). Ähnlich wie bereits die Werte auf der Ebene der Gesamtwahlkämpfe bestätigt sich wiederum, dass die SVP zunächst das Europathema deutlich stärker politisiert hat als die anderen aufgeführten Parteien. Zwar hat-

Tabelle 2 Gewichtete Parteipositionen zu Immigration und Europa im Ländervergleich

	Immigration				**Europa**			
	1990–99	**2000–08**	**2009–14**	**2015–17**	**1990–99**	**2000–08**	**2009–14**	**2015–17**
SVP	−0.04	−0.14	−0.21	**−0.41**	**−0.10**	**−0.10**	−0.03	−0.05
FN	**−0.31**	**−0.28**	**−0.44**	−0.12	**−0.07**	**−0.06**	−0.02	**−0.16**
LPF/PVV	.[1]	−0.05	**−0.55**	**−0.25**	.	−0.01	**−0.11**	**−0.12**
FPÖ	−0.10	−0.11	**−0.39**	−0.19	−0.01	−0.04	**−0.13**	**−0.13**
Mittelwert	−0.15	−0.14	−0.40	−0.24	−0.06	−0.05	−0.07	−0.11

[1] Zu wenig Fälle.

Anmerkung: Die Tabelle zeigt die Durchschnittswerte für die Wahlkämpfen pro Zeitabschnitt und Land. Absolute Werte über dem Durchschnitt wurden fett hervorgehoben.

te der Front National in den 1990er auch vergleichbare negative Werte bei Europa, diese waren aber deutlich geringer als dessen starker Fokussierung auf die Kritik an Zuwanderung und kulturelle Anpassung. Diese Unterschiede haben sich aber in den Wahlen von 2015 bzw. 2017 umgekehrt: In diesen Wahlen deutet die gewichtete Position der SVP darauf hin, dass die SVP Fragen von Einwanderung und deren Begrenzung am stärksten von allen vier untersuchten Parteien politisiert hat, wohingegen die drei Parteien in den EU-Mitgliedsländern vermehrt auf beide Themen setzen, sprich auf kulturelle und politische Abgrenzung.

Insgesamt zeigt sich bislang, dass der Schweizer Wahlkampf 2015 zwar einen neuen Höhepunkt in der öffentlichen Auseinandersetzung um die Migrationspolitik darstellt. Dieser Höhepunkt zeichnet sich aber vor allem durch eine stärkere Aufmerksamkeit sowie eine noch deutlich sichtbarere Opposition zwischen der SVP auf der einen Seite und der SP sowie den kleinen linken Parteien auf der anderen Seite aus. Die zunehmende Verschiebung vom Europa- zum Migrationsthema hat sich dahingegen schon in früheren Wahlkämpfen angedeutet, und auch die Polarisierung zu Einwanderungsfragen war bereits vor 2015 sehr hoch.

5 Die Bedeutung von Europa- und Einwanderungspolitik für die Wählerschaft

Im letzten Schritt der empirischen Analyse wenden wir uns nun der Wählerschaft bzw. der Nachfrageseite des politischen Wettbewerbs zu. Es stellt sich die Frage, welche Bedeutung Einwanderungsfragen für die WählerInnen haben und inwiefern diese die Wahl der SVP beeinflussen. Wiederum wird diese Frage mittels des Vergleichs von Einstellungen zu Einwanderungs- und Europafragen geklärt. Empirisch stützt sich die Analyse auf den kumulierten Datensatz der Schweizer Wahlstudien (vgl. Selects 2017). Da die Schweizer Wahlforschung erst in den 1990er Jahren verstetigt wurde, können wir uns dabei vor allem auf zwei Vergleichswahlen in den 1970er Jahren (1971 und 1975) sowie die Wahlen seit 1991 stützen. Zudem werden die Daten des European Social Survey (vgl. ESS 2016a; ESS 2016b) analysiert, der von 2002 bis 2016 achtmal durchgeführt wurde. Der ESS ermöglicht es, die WählerInnen der SVP mit rechtspopulistischen WählerInnen in den drei Vergleichsfällen zu kontrastieren.

Zunächst weist Tabelle 3 die Bedeutung des Themas für die Bevölkerung und die der SVP zugesprochene Kompetenz aus. Ähnlich wie in der öffentlichen Auseinandersetzung zeigt sich, dass die 1970er Jahre zwar bereits zentrale Konflikte zur Begrenzung der Einwanderung in der direktdemokratischen Arena sowie den Aufstieg kleiner radikaler rechter Parteien sahen, dies ging aber nicht einher mit einem stark erhöhten Problembewusstsein der Schweizer Wählerschaft. Zumindest auf die Frage, welches gegenwärtig das wichtigste Problem für das Land sei, nannten lediglich sechs (1971) bzw. drei (1975) Prozent der Befragten Probleme der Immigration bzw. Asylfragen. Das Europathema wurde zu diesem Zeitpunkt gar nicht als eigene Kategorie ausgewiesen; dies verweist bereits auf dessen relativ geringe Bedeutung. Die vormals geringe Bedeutung der beiden Themen in der öffentlichen Meinung hat sich seit den 1990er Jahren deutlich verändert. Wie die Aufmerksamkeit in der öffentlichen Debatte, folgen dabei Höchstwerte bei den Einwanderungsthemen dem temporären Anstieg der Asylstatistik (vgl. Abbildung 1). Rund ein Viertel aller Befragten gab 1991 Immigration als wichtigstes Problem für das Land an; dies stieg auf über einen Drittel im Jahr 1999 und sogar auf rund 46 % im Jahr 2015. Zugleich zeigt der Trend im Zeitverlauf, dass der Wert in den 2000er Jahren nie unter 20 % fiel. Interessanterweise waren aus Sicht der Bevölkerung Fragen europäischer Integration nur einmal ein wichtigeres Problem als Einwanderungsfragen: 1995, also in der Wahl nach der gescheiterten EWR-Abstimmung.[18]

18 Generell lassen sich die beiden Themenfelder bei diesen Analysen von Umfragedaten noch weniger voneinander abgrenzen als bei der Analyse der politischen Angebotsseite, da gera-

Tabelle 3 Wichtigste Probleme und Parteikompetenz aus Sicht der Schweizer WählerInnen

	1971	1975	1991	1995	1999	2003	2007	2011	2015
Wichtigstes Problem für die Schweiz?									
Immigration (alle Befragten)	6	3	26	9	36	21	27	20	46
Europa (alle Befragten)	–[1]	–	16	16	13	3	4	4	12
Immigration (SVP WählerInnen)	0	3	37	15	51	37	41	39	65
Europa (SVP WählerInnen)	–	–	18	20	9	1	3	7	7
Kompetenteste Partei für dessen Lösung?									
Immigration	0	–	11	–	–	46	51	64	55
Europa	–	–	9	–	–	11	17	4	18

[1] Antwortkategorie bzw. Frage nicht verfügbar.

Anmerkung: Die Tabelle zeigt den Anteil der Befragten, welche Fragen von Immigration bzw. europäischer Integration als wichtigstes gegenwärtiges Problem bezeichnen. Zudem zeigt die Tabelle auf, welche Partei die Befragten als am kompetentesten zur Lösung des von ihnen genannten Problems ansehen. Lesebeispiel: Rund 45 % der Befragten, welche Immigration als wichtigstes Problem der Schweiz im Jahr 2015 nennen, betrachten die SVP als kompetenteste Partei zur Lösung des Problems (Quelle: SELECTS 2017).

Der Vergleich von allen Befragten mit den WählerInnen der SVP deutet darauf hin, dass Letztere migrationspolitische Fragen als ein noch wichtigeres Problem ansehen, als dies bereits bei der Gesamtheit der Befragten der Fall ist. Wiederum ist der Vergleich im Zeitverlauf instruktiv, da dies in den 1970er Jahren noch nicht der Fall war. Zudem zeigen die Kompetenzzuschreibungen in Tabelle 3, dass die SVP im Zeitverlauf klar als diejenige Partei angesehen wird, die mit Einwanderung und Asylwesen zusammenhängende Probleme am kompetentesten lösen kann. Waren dies im Jahr 1991 noch 11 % derjenigen, die Immigration als Problem genannt haben, liegt der Wert seit 2003 kontinuierlich über 40 %. Interessanterweise konnte die SVP kaum vergleichbare Werte erzielen unter den WählerInnen, die Fragen der europäischen Integration als zentrales Problem genannt haben. Einzig im Jahr 2011 waren dies rund 50 % der Befragten, welche Europa als zentrales Problem bezeichneten (dies waren aber lediglich vier Prozent aller Befragten).

Tabelle 4 präsentiert die zentralen Ergebnisse einer Regressionsanalyse der Wahlentscheidung für die SVP – in der logistischen Regressionsanalyse wurden die WählerInnen der SVP verglichen mit den WählerInnen aller anderen Parteien.

---

de in jüngster Zeit Fragen der Einwanderung im Kontext der Personenfreizügigkeit mit der EU diskutiert wurden.

Tabelle 4 Einfluss von Immigrations- und Europa-Einstellungen auf die Wahl der SVP

	1971	1975	1991	1995	1999	2003	2007	2011	2015
Immigration	n.s.	n.s.	–[1]	–.02	–.05	–.07	–.04	–.06	–.13
Europa	–.03	–.03	–	–.05	–.08	–12	–.14	–.12	–.13

[1] Frage nicht verfügbar.

Anmerkung: Die Tabelle zeigt die Veränderungen der Wahrscheinlichkeit die SVP zu wählen für Verschiebungen hin zu stärker Immigrations- bzw. Europa-kritischen Einstellungen (*marginal effects* bei Veränderungen um eine Standardabweichung, wenn alle anderen Variablen ihrem Mittelwert entsprechen). Die zugrundeliegenden Modelle kontrollieren auf Bildungstand, Geschlecht, Alter (einfach und im Quadrat) sowie Sprachregion. Unterschiedliche Frageformulierungen. Signifikanzniveau $p < 0.05$; n.s. = nicht signifikant. (Quelle: SELECTS 2017).

Neben der Sprachregion wurden auch sozialstrukturelle Merkmale der WählerInnen berücksichtigt. Zentral für unseren Zusammenhang sind aber der Einfluss von Einstellungen zu Immigration und Europa. Zwar sind die zur Verfügung stehenden Umfragen nicht ideal, da die Fragen bzw. Antwortkategorien nicht immer gleich waren, dennoch sind die Resultate aufschlussreich.[19] Positive Einstellungen zur EG-Mitgliedschaft hatten bereits in den 1970ern einen leicht negativen Effekt auf die Wahl der SVP (aufgrund der eher kleinen Zahl der Befragten, welche die SVP zu diesem Zeitpunkt gewählt haben, sollte dies allerdings mit Vorsicht interpretiert werden). Viel wichtiger ist es, dass dieser negative Effekt seit Mitte der 1990er Jahren deutlich stärker geworden ist und bis zum Jahr 2015 nichts von seiner Wirkung verloren hat: Die SVP-WählerInnen lehnen einen Beitritt viel stärker ab als die AnhängerInnen anderer Parteien. In diesem Sinne hat die abnehmende Bedeutung des Themas in der öffentlichen Auseinandersetzung dessen strukturierende Kraft auf der Nachfrageseite nicht verringert. Gleichzeitig zeigt sich, dass sich die Einstellungen zur Einwanderungsfrage im Zeitverlauf stärker auf die

19 Bei den Einstellungen zu Europa wurde immer nach dem Beitritt zur Europäischen Wirtschaftsgemeinschaft bzw. zur EU gefragt. Allerdings gab es in den 1970er Jahren nur die Möglichkeit mit Ja, Nein, Weiß nicht zu antworten. In den Befragungen von 1995 und 1999 standen dann fünf Antwortmöglichkeiten (Ja, eher ja, eher nein, nein, weiß nicht) zur Auswahl. Ab 2003 wurde noch eine mittlere Antwortkategorie hinzugefügt. Die Frage zu Immigration bezieht sich in den Jahren 1971 und 1975 auf die Zustimmung zur Überfremdungsinitiative; seit 1995 wird gefragt, ob die WählerInnen dafür sind, dass die AusländerInnen in der Schweiz die gleichen Chancen haben wie die SchweizerInnen (fünf Antwortkategorien plus weiß nicht). Für detailliertere Information vgl. https://forsbase.unil.ch/project/study-public-overview/14738/0/

Wahl der SVP auswirken. 1995 – dem post-EWR Wahlkampf – waren diese Fragen noch weniger entscheidend, nahmen dann an Bedeutung zu, und insbesondere 2015 ist deren Erklärungskraft genauso hoch einzuschätzen wie jene zur Frage nach der EU-Mitgliedschaft der Schweiz. Der Vergleich der beiden Themen ist aber methodisch etwas schwierig, da die Frage nach der EU-Mitgliedschaft deutlich stärker polarisiert als die Frage nach »fairen Chancen für Ausländer«.

Für den Ländervergleich werden in Tabelle 5 abschließend die Resultate einer vergleichbaren Analyse basierend auf den ESS-Daten gezeigt. Dies erlaubt auch den Vergleich unterschiedlicher Fragen zu den beiden Themenbereichen: Für den ESS steht eine Batterie an Fragen zu Immigration zur Verfügung[20] sowie die Frage, ob die europäische Integration schon zu weit gegangen ist oder noch weiter gehen sollte.[21] Zunächst zeigen die Resultate in Tabelle 5, dass Einstellungen zu Europa – sogar bei weniger direkten Fragen nach der EU-Mitgliedschaft – die Entscheidung, die SVP zu wählen, signifikant beeinflussen. Allerdings spielen migrationsbezogene Fragen seit Mitte der 2000er Jahre eine ebenso bedeutende Rolle für die Wahl der SVP. Der Ländervergleich bestätigt die Analysen der Wahlkampfkommunikation: Fragen europäischer Integration sind tendenziell entscheidender für die Wahl der SVP als für vergleichbare rechtspopulistische Parteien in Frankreich, den Niederlanden und Österreich. Dies zeigt sich daran, dass die Veränderungen in der Wahlwahrscheinlichkeit tendenziell geringer sind für die Europa-Einstellungen und teils kein statistisch signifikanter Zusammenhang zwischen Europa-Einstellungen und Wahl der rechtspopulistischen Parteien besteht. Dies hat sich – basierend auf der letzten verfügbaren Runde des ESS (2016) – nicht geändert. Allerdings muss abschließend betont werden, dass sich die Frage nach der Wahlentscheidung auf die letzten nationalen Wahlen bezieht, daher sind die jüngsten Wahlen von 2017 (die einen deutlichen Anstieg in der Politisierung Europas in den drei EU-Mitgliedsländern aufwiesen) von dieser Analyse noch nicht abgedeckt.

20 Die Fragen beziehen sich auf die Zustimmung zu Zuwanderung von anderen Volksgruppen bzw. ethnischen Gruppen, Einschätzungen der wirtschaftlichen Konsequenzen von Zuwanderung sowie auf das kulturelle Leben und das Land insgesamt.

21 Leider wurde die Europa-Frage in den Runden 1 und 5 nicht gestellt. Hier beziehen sich die präsentierten Resultate auf das Vertrauen in das Europäische Parlament.

Tabelle 5 Einfluss von Immigrations- und Europa-Einstellungen auf die Wahl von rechtspopulistischen Parteien im Ländervergleich

		ESS 1 2002	ESS 2 2004	ESS 3 2006	ESS 4 2008	ESS 5 2010	ESS 6 2012	ESS 7 2014	ESS 8 2016
SVP	Immigration	−0.02	−0.04	−0.02	−0.03	−0.03	−0.03	−0.02	−0.03
	Europa	−0.02	−0.03	−0.03	−0.03	−0.03	n. s.	−0.03	−0.05
FN	Immigration	−0.01	−0.02	−0.01	−0.01	−0.01	−0.02	−0.02	−0.01
	Europa	n. s.	−0.01	n. s.	−0.00	−0.01	n. s.	−0.01	n. s.
LPF/PVV	Immigration	−0.02	−0.01	−0.00	−0.01	−0.03	−0.01	−0.02	−0.02
	Europa	n. s.	−0.01	n. s.	−0.00	n. s.	−0.01	−0.01	n. s.
FPÖ	Immigration	−0.02	−0.01	−0.01	–[1]	–	–	−0.02	−0.06
	Europa	−0.01	n. s.	−0.01	–	–	–	−0.03	n. s.

[1] Land nicht verfügbar.

Anmerkung: Die Tabelle zeigt die Veränderungen der Wahrscheinlichkeit eine rechtspopulistische Partei zu wählen für Verschiebungen hin zu stärker Immigrations- bzw. Europa-kritischen Einstellungen (*marginal effects* bei Veränderungen um eine Standardabweichung, wenn alle anderen Variablen ihrem Mittelwert entsprechen). Die zugrundeliegenden Modelle kontrollieren auf Bildungstand, Geschlecht und Alter (einfach und im Quadrat); Signifikanzniveau $p < 0.05$; n. s. = nicht signifikant. (Quelle: ESS 2016a; ESS 2016b).

6 Die Verfestigung politischer Konflikte um Integration und Abgrenzung

Der Buchbeitrag zeichnete die zunehmende Politisierung der Einwanderungs- und Europapolitik in der Schweiz seit den 1990er nach. Dabei wurde die Rolle der SVP als zentrale politische Kraft hervorgehoben, welche beide Themen mit ihrer restriktiven Haltung gegenüber kultureller und politischer Integration politisierte sowie im Zeitverlauf die WählerInnen von ihrer Kompetenz zur Lösung der Herausforderungen überzeugte. Der Fokus auf einzelne Parteien bzw. Akteure sollte allerdings nicht den Blick darauf verstellen, dass Konflikte um Immigration und europäische Integration nicht nur Ausdruck strategischer politischer Kommunikation, sondern vielmehr konstitutive Elemente einer weitaus tiefergreifenden Transformation politischer Konfliktstrukturen in der Schweiz sowie in anderen europäischen Ländern sind. In diesem Sinne steht der Schweizer Fall paradigmatisch für die Entstehung und Verfestigung einer neuen Konfliktlinie zwischen Integration und Abgrenzung (vgl. H. Kriesi et al. 2008; H. Kriesi et al. 2012).

Hinsichtlich der Entwicklung der Politisierung in der Wahlarena bestätigten die Analysen frühere Befunde: Die öffentliche Auseinandersetzung sowie die Mobilisierung der SVP hat sich vom Europa- zum Migrationsthema verlagert, bzw. die beiden Themenfelder werden in jüngster Zeit immer stärker miteinander verknüpft (vgl. S. Bornschier 2010; S. Bornschier 2015).

Dabei folgen Höchstwerte in der Aufmerksamkeit (Salienz) für migrationspolitische Fragen (sowohl in öffentlichen Debatten als auch in der öffentlichen Meinung) teils objektiven Problemlagen – vor allem Spitzenwerten in der Anzahl an Asylgesuchen. Zugleich kann die Politisierung des Themas in der Öffentlichkeit nicht auf momentane Problemlagen und Krisen reduziert werden (vgl. Grande et al. 2018; Ruedin und D'Amato 2015). Dies zeigen auch die Analysen des Wahlkampfes zu den National- und Ständeratswahlen im Oktober 2015. Im Schatten der ersten Hochphase der Flüchtlingskrise – sowie anhaltender innenpolitischer Auseinandersetzungen über die Umsetzung der Masseneinwanderungsinitiative – kam es zu einem vorläufigen Höhepunkt in der Politisierung von Immigrationsfragen. Die Analyse der Schweizer Wahlstudie deutet zudem darauf hin, dass Einstellungen zu Immigration wichtiger als je zuvor für die Entscheidung waren, die SVP zu wählen. Dies stellt aber keinen plötzlichen Bruch, sondern eine Verstärkung bereits früher einsetzender Tendenzen dar. Zudem ist der Vergleich mit dem Europathema aufschlussreich: Dieses ist zwar deutlich weniger sichtbar in den Schweizer Wahlkämpfen von 2007 bis 2015, die Polarisierungen der Parteipositionen sind aber weiterhin sehr hoch – und das Thema ist systematisch in die neue kulturelle Konfliktlinie zwischen Integration und Abgrenzung eingebettet. Zudem fällt die Wählerschaft ihre Entscheidung für oder wider die SVP nach wie vor auch mit Blick auf deren europapolitische Positionierung. Diese Befunde sind wichtig, da sie veranschaulichen, dass nach Wellen der Mobilisierung rund um kritische Ereignisse die prägende Kraft eines politischen Themas nicht zwangsläufig nachlassen muss. Ganz im Gegenteil, wenn dieses Thema konstitutiv für eine neue Konfliktlinie wird, dann prägt es politische Mobilisierung und politisches Verhalten für lange Zeit. Vergleichbar zur EWR-Abstimmung von 1992, scheint die Abstimmung zur Masseneinwanderungsinitiative von 2014 ein ähnliches Potential zur Verstärkung der neuen Konfliktlinie und zur Schließung der jeweiligen sozialen Gruppen zu entfalten.

Der Vergleich der Schweiz mit drei Ländern mit ebenfalls starken rechtspopulistischen Parteien (Frankreich, Niederlande, Österreich) weist auf die Ähnlichkeiten der politisierten Themen und Mobilisierungsstrategien hin. Zugleich bestätigt sich die Besonderheit des Schweizer Falles und des Aufstiegs der SVP seit den 1990er Jahren aufgrund der zentralen Rolle von Konflikten um Europa – damals (noch) nicht um Einwanderung. Die jüngsten Entwicklungen deuten aber eine Konvergenz, wenn nicht sogar eine gewisse Umkehrung des Verhältnisses an.

So waren Fragen der europäischen Integration in den drei EU-Mitgliedsstaaten in den Wahlkämpfen von 2017 so politisiert wie nie zuvor, und die rechtspopulistischen Herausforderer deutlich präsenter im öffentlichen Diskurs mit ihrer antieuropäischen Haltung. Insgesamt wird dies wohl auch in diesen Ländern zu einer noch wichtigeren Rolle von beiden Schlüsselthemen der neuen Konfliktlinie führen, wie dies in der Schweiz schon länger der Fall ist.

Literatur

Backes, Uwe. 2018. The Radical Right in Germany, Austria, and Switzerland. In *The Oxford Handbook of the Radical Right,* ed. by Jens Rydgren, 452–477. Oxford (UK): Oxford University Press.

Bornschier, Simon. 2015. The New Cultural Conflict, Polarization, and Representation in the Swiss Party System, 1975–2011. *Swiss Political Science Review* 21 (4): 680–701.

Bornschier, Simon. 2010. *Cleavage Politics and the Populist Right: The New Cultural Conflict in Western Europe.* Philadelphia: Temple University Press.

Church, Clive, und Adrian Vatter. 2009. Opposition in Consensual Switzerland. A Short but Significant Experiment. *Government and Opposition* 44 (4, October 2009): 412–437.

Dancygier, Rafaela, und Stefanie Walter. 2015. Globalization, labor market risks, and class cleavages. In *The politics of advanced capitalism,* ed. by Pablo Beramendi, Silja Häusermann, Herbert Kitschelt und Hanspeter Kriesi, 133–156. Cambridge (UK): Cambridge University Press.

ESS. 2016a. European Social Survey Cumulative File, ESS 1–7 (2016). Data file edition 1.0. NSD – Norwegian Centre for Research Data, Norway – Data Archive and distributor of ESS data for ESS REIC.

ESS. 2016b. European Social Survey Round 8 Data (2016). Data file edition 1.0. NSD – Norwegian Centre for Research Data, Norway – Data Archive and distributor of ESS data for ESS ERIC.

Gingrich, Jane, und Silja Häusermann. 2015. The decline of the working-class vote, the reconfiguration of the welfare support coalition and consequences for the welfare state. *Journal of European Social Policy* 25 (1): 50–75.

Goldberg, Andreas C. 2017. *The Impact of Cleavages on Swiss Voting Behavior: A Modern Research Approach.* Wiesbaden: Springer VS.

Grande, Edgar, Tobias Schwarzbözl, und Mathias Fatke. 2018. Politicizing Immigration in Western Europe. *Journal of European Public Policy.* Online First. https://doi.org/10.1080/13501763.2018.1531909.

Hainmueller, Jens, und Michael J. Hiscox. 2007. Educated Preferences: Explaining Attitudes Toward Immigration in Europe. *International Organization* 61: 399–442.

Hobolt, Sara B., und Catherine E. de Vries. 2015. Issue Entrepreneurship and Multiparty Competition. *Comparative Political Studies* 48 (9): 1159–1185.

Hutter, Swen, und Marco Giugni. 2008. Protest Politics in a Changing Political Context: Switzerland, 1975–2005. *Swiss Political Science Review* 15 (3): 427–461.

Hutter, Swen, und Edgar Grande. 2014. Politicizing Europe in the National Electoral Arena: A Comparative Analysis of Five West European Countries, 1970–2010. *Journal of Common Market Studies*, 52 (5): 1002–1018.

Hutter, Swen, Edgar Grande, und Hanspeter Kriesi (Eds.). 2016. *Politicising Europe: Integration and Mass Politics*. Cambridge (UK): Cambridge University Press.

Hutter, Swen, und Hanspeter Kriesi (Eds.). i. E. *European Party Politics in Times of Crisis*. Cambridge (UK): Cambridge University Press.

Inglehart, Ronald. 1977. *The Silent Revolution: Changing Values and Political Styles Among Western Publics*. Princeton, N. J.: Princeton University Press.

Kitschelt, Herbert. 1994. *The Transformation of European Social Democracy*. Cambridge (UK): Cambridge University Press.

Kitschelt, Herbert, und Anthony J. McGann. 2005. The Radical Right in the Alps: Evolution of Support for the Swiss SVP and the Austrian FPÖ. *Party Politics* 11 (2): 147–171.

Kitschelt, Herbert, mit Anthony J. McGann. 1995. *The Radical Right in Western Europe: A Comparative Analysis*. Ann Arbor, Mich.: University of Michigan Press.

Kriesi, Hanspeter. 1989. New Social Movements and the New Class in the Netherlands. *American Journal of Sociology* 94 (5): 1078–1116.

Kriesi, Hanspeter, Edgar Grande, Martin Dolezal, Marc Helbling, Dominic Hoeglinger, Swen Hutter, und Bruno Wüest. 2012. *Political Conflict in Western Europe*. Cambridge (UK): Cambridge University Press.

Kriesi, Hanspeter, Edgar Grande, Romain Lachat, Martin Dolezal, Simon Bornschier, und Timotheos Frey. 2008. *West European Politics in the Age of Globalization*. Cambridge (UK): Cambridge University Press.

Kriesi, Hanspeter, Swen Hutter, und Jasmine Lorenzini. 2018. Restrukturierung des westeuropäischen Parteienwettbewerbs in der grossen Rezession. In *Parteien und die Politisierung der Europäischen* Union, hrsg. von Lisa H. Anders, Henrik Scheller und Thomas Tuntschew, 39–72. Wiesbaden: Springer VS.

Kriesi, Hanspeter, Romain Lachat, Peter Selb, Simon Bornschier, und Marc Helbling (Hrsg.). 2005. *Der Aufstieg der SVP: Acht Kantone im Vergleich*. Zürich: Verlag Neue Zürcher Zeitung.

Kriesi, Hanspeter, Claude Longchamp, Florence Passy, und Pascal Sciarini. 1993. *Analyse der eidgenössischen Abstimmung vom 6. Dezember 1992*. Bern/Genf: Vox Analyse.

Lachat, Romain. 2008. Switzerland: Another case of transformation driven by an established party. In *Hanspeter Kriesi et al. 2008*, 130–153.

Martin, Pierre. 2013. Le déclin des partis de gouvernement en Europe. *Commentaire* 143 (3): 543–554.

Milic, Thomas. 2015. »For They Knew What They Did« – What Swiss Voters Did (NOT) Know About The Mass Immigration Initiative. *Swiss Policial Science Review* 21 (1): 48–62.

NZZ. 2012. Das folgenschwere Nein. *Neue Zürcher Zeitung* vom 25.11.2012. https://www.nzz.ch/das-folgenschwere-nein-1.17845247

Oesch, Daniel. 2013. The class basis of the cleavage between the New Left and the radical right: an analysis for Austria, Denmark, Norway and Switzerland. In *Class Politics and the Radical Right,* ed. by Jens Rydgren, 31–51. London: Routledge.
Rennwald, Line, und Geoffrey Evans. 2014. When Supply Creates Demand: Social Democratic Party Strategies and the Evolution of Class. *West European Politics* 37 (5): 1108–1135.
Ruedin, Didier, und Gianni D'Amato. 2015. The politicisation of immigration in Switzerland: The importance of direct democracy. In *Wouter van der Brug et al. 2015,* 140–158.
Selects. 2017. Swiss national election studies, cumulated file 1971–2015 [Dataset]. Distributed by FORS, Lausanne, 2017. www.selects.ch
Skenderovic, Damir. 2009. *The Radical Right in Switzerland: Continuity and Change, 1945–2000.* New York: Berghahn Books.
Skenderovic, Damir, und Gianni D'Amato. 2008. *Mit dem Fremden politisieren: Rechtspopulismus und Migrationspolitik in der Schweiz seit den 1960er Jahren.* Zürich: Chronos.
SVP. 2016. Verfassungsbruch! *SVP-Klartext* vom 20.12.2016, S. 10.
van der Brug, Wouter, Gianni D'Amato, Joost Berkhout, und Didier Ruedin (Eds.). 2015. *The Politicisation of Migration.* London: Routledge.
Zürn, Michael, und Pieter de Wilde. 2016. Debating globalization: cosmopolitanism and communitarianism as political ideologies. *Journal of Political Ideologies* 21 (3): 280–301.

Konfrontation statt Konsens: Der Aufschwung des Nationalpopulismus in den Niederlanden

Markus Wilp

1 Politische Umbrüche im Polderland

Über viele Jahre besaßen die Niederlande das Image eines besonders toleranten und liberalen Landes, in dem auf der Grundlage stabiler politischer Traditionen schwierige gesellschaftliche Probleme stets sachlich und konsensorientiert angegangen werden. Dieses positive Bild erstreckte sich auch auf den Themenbereich Migration/Integration: Im In- und Ausland ging man lange Zeit davon aus, dass die niederländische Politik frühzeitig sachgerechte und pragmatische Maßnahmen ergriffen und somit die Zuwanderer[1] im Land in vorbildlicher Weise gefördert habe. Anerkennung fanden die Niederlande zudem für ihren gesellschaftlichen Umgang mit integrationspolitischen Fragestellungen, da sich dieser nach Auffassung vieler Kommentatoren viel verantwortungsvoller und konstruktiver darstellte als in anderen Ländern. Seit Beginn des neuen Jahrtausends hat sich das Bild deutlich gewandelt: Im Rahmen intensiv und kontrovers geführter Diskussionen trat eine große Skepsis über die Ausrichtung und Inhalte der bisherigen Integrationspolitik, die erzielten Integrationsergebnisse sowie das Zusammenleben in einer (wie auch immer definierten) multikulturellen Gesellschaft zutage.[2]

Die in der Bevölkerung vorhandenen Ängste, Unsicherheiten und Vorbehalte bildeten eine wichtige Grundlage für die bei den letzten Wahlen zu beobachtenden Veränderungen der politischen Landschaft und insbesondere für die Wahlerfolge populistischer Gruppierungen. Der wichtigste Vertreter des niederländischen Populismus ist aktuell Geert Wilders, der Gründer der Partij voor de

1 Zur besseren Lesbarkeit wird in diesem Aufsatz das generische Maskulinum verwendet, welches weibliche und männliche Personen einschließt.

2 Für einen Überblick über themenspezifische Entwicklungen und relevante Kontroversen vgl. Kortmann und Wilp 2015.

H. U. Brinkmann und I.-C. Panreck (Hrsg.), *Rechtspopulismus in Einwanderungsgesellschaften*, https://doi.org/10.1007/978-3-658-23401-0_8

Vrijheid (PVV; dt.: Partei für die Freiheit). Ihm gelingt es durch seine kontroversen Inhalte und sein polarisierendes Auftreten seit Jahren, die öffentlichen und politischen Diskussionen zu prägen. Das enorme Interesse, das Wilders und seiner Partei entgegengebracht wird, erklärt sich darüber hinaus dadurch, dass er sich in den letzten Jahren eine bedeutsame Position in der niederländischen Politik erarbeiten konnte: Bei der Wahl im März 2017 erhielt die PVV 13,1 % und damit die zweitmeisten Stimmen. Im Rahmen des vorliegenden Beitrags erfolgt zunächst eine Auseinandersetzung mit der Geschichte der Partei, wobei die Betrachtungen auch einen Einblick in ihre Themenschwerpunkte, ihre Strukturmerkmale sowie ihre Position in der niederländischen Parteienlandschaft vermitteln sollen. Anschließend werden zentrale Ursachen für die Erfolge der PVV in den letzten Jahren sowie spezifische Haltungen der PVV-Wähler untersucht.[3]

2 Die Geschichte der PVV im Überblick

Die Geschichte der PVV ist untrennbar mit der Biographie ihres Gründers Geert Wilders verbunden, der den Kurs und die Wahrnehmung der Partei bis heute dominiert. Wilders wurde am 6.09.1963 in Venlo geboren. Nach seiner Schullaufbahn trat er eine lange Auslandsreise nach Israel an, in deren Verlauf er auch Länder wie Ägypten, Zypern und die Türkei besuchte. Nach seiner Rückkehr in die Niederlande leistete er seinen Wehrdienst ab. Anschließend arbeitete er zunächst beim ehemaligen Zentralorgan der niederländischen Krankenkassen (Ziekenfondsraad) und dann beim mittlerweile aufgelösten Sozialversicherungsrat (Sociale Verzekeringsraad). Neben der Arbeit bildete sich Wilders im Rahmen einer Ausbildung über Sozialversicherungen und im Rahmen eines Jura-Fernstudiums weiter. 1989 lernte Wilders seine Frau Krisztina Marfai kennen, die Hochzeit fand drei Jahre später in Budapest statt.[4]

3 Der vorliegende Beitrag basiert in Teilen auf früheren Veröffentlichungen des Autors, insbesondere auf Krause und Wilp (2018); M. Wilp (2015); Kortmann und Wilp (2015); M. Wilp (2012a); M. Wilp (2012b).

4 Nähere Informationen zur Biographie und zur politischen Karriere von Geert Wilders finden sich unter anderem in K. Vossen (2017) und M. Fennema (2016). Seine eigene Sicht auf zentrale Stationen seines Lebens erläutert er in G. Wilders (2005, S. 13 ff.).

2.1 Aufstieg in und Trennung von der VVD

Nicht nur in privater, sondern auch in politischer Hinsicht war das Jahr 1989 für Wilders von großer Bedeutung – schließlich schloss er sich damals der konservativ-liberalen Volkspartij voor Vrijheid en Democratie (VVD; dt.: Volkspartei für Freiheit und Demokratie) an. Als Mitarbeiter der Parlamentsfraktion[5] dieser Partei war er von 1990 bis 1998 unter anderem als Autor von Reden und Stellungnahmen aktiv, wobei er sich auf der Grundlage seiner beruflichen Kenntnisse vor allem mit sozialpolitischen Themen befasste. Gleichzeitig zeigte Wilders großes Interesse an außenpolitischen Fragestellungen; sein Augenmerk richtete sich hierbei zum einen auf die Entwicklungen in Mittel- und Osteuropa (vor allem Ungarn) und zum anderen auf die Geschehnisse in der arabischen Welt, von der er durch zahlreiche Reisen Eindrücke sammelte. Als politischen Mentor betrachtete Wilders zu dieser Zeit Frits Bolkestein, den damaligen Fraktionsvorsitzenden der VVD. Dieser hatte die Partei als Spitzenkandidat zu großen Erfolgen geführt und durch kontroverse Vorstöße immer wieder politische und gesellschaftliche Diskussionen hervorgerufen. In Reden und verschiedenen Publikationen äußerte er sich beispielsweise kritisch über die Grenzen und Gefahren einer multikulturellen Gesellschaft, wobei er vor allem ein Spannungsverhältnis zwischen »westlichen Werten« und »dem Islam« ausmachte. Seine Thesen widersprachen dem zu dieser Zeit über nahezu alle Parteigrenzen hinweg vorhandenen Konsens zu integrationspolitischen Fragen, daher wurden sie aus verschiedenen politischen und gesellschaftlichen Lagern scharf kritisiert. Obwohl ihre Wirkungskraft zunächst noch begrenzt blieb, bildeten sie doch eine Grundlage für eine nachhaltige Veränderung der Integrationsdiskurse in den Niederlanden (vgl. Leiprecht und Lutz 2003, S. 90).

Von Oktober 1997 bis April 1998 übernahm Wilders im Gemeinderat von Utrecht erstmals ein politisches Mandat. Anschließend hatte er von August 1998 bis September 2004 – mit einer kurzen Unterbrechung im Jahr 2002 – einen Parlamentssitz für die VVD in der Zweiten Kammer inne. Wilders fiel bereits zu dieser Zeit als äußerst passionierter und aktiver Parlamentarier auf, der sein Leben stark auf die Politik ausrichtete und durch seine Arbeit wachsenden Einfluss erlangte.[6] Inhaltlich befasste er sich weiterhin vor allem mit sozial- und außenpolitischen Fragen. Darüber hinaus fiel er mit ersten kritischen Tönen gegenüber dem

5 Alle Angaben zum Parlament beziehen sich auf die Zweite Kammer, die eine größere Bedeutung als die Erste Kammer besitzt. Als eigentliche Volksvertretung geht sie aus allgemeinen Wahlen hervor.

6 Bezeichnend für das enorme politische Engagement von Wilders erscheint eine Einschätzung des VVD-Politikers Frans Weekers, der über Wilders sagte: »Es gibt für ihn kein Le-

Islam auf: Gemeinsam mit der VVD-Abgeordneten Ayaan Hirsi Ali forderte er in einen Zeitungsartikel im April 2003 beispielsweise einen »liberalen Jihad« gegen den radikalen Islam (vgl. Hirsi Ali und Wilders 2003). Seine Warnungen vor den Gefahren des islamistischen Terrorismus – die er schon 1999 im Rahmen eines Berichts behandelt hatte – gewannen nach den Anschlägen vom 11. September 2001 an Bedeutung.

Wilders' Standpunkte wichen im Lauf der Zeit immer stärker von denen der VVD-Führung ab. Ein Grund hierfür lag darin, dass sich Bolkestein 1998 aus der nationalen Politik zurückzog und sich die Partei danach mit Hans Dijkstal und Jozias van Aartsen stärker in Richtung politische Mitte orientierte – eine Entwicklung, die Wilders (der stets im rechten Flügel der Partei aktiv gewesen war) ablehnte und heftig kritisierte. Schon vor der Parlamentswahl 2002 kam es – unter anderem vor dem Hintergrund der Erfolge des populistischen Newcomers Pim Fortuyn – zu großen Spannungen zwischen ihm und der Parteispitze, die Wilders zumindest kurzzeitig sein Parlamentsmandat kosteten.[7] Im Sommer des Jahres 2004 eskalierte die Situation dann, als Wilders zusammen mit einem Mitstreiter (Gert-Jan Oplaat) im Rahmen eines Zehn-Punkte-Plans mit dem Titel »Recht(s) op je doel af« (Direkt/rechts auf das Ziel zu) öffentlich einen rechteren Kurs der Partei forderte. Insbesondere die unterschiedlichen Haltungen zur Frage, ob bzw. unter welchen Voraussetzungen einer Mitgliedschaft der Türkei in der EU zugestimmt werden sollte, führten letztlich dazu, dass es am 2.09.2004 zum Bruch zwischen Wilders und der VVD-Fraktion kam. Fortan agierte er als unabhängiger Parlamentarier, der die Schaffung einer eigenen politischen Gruppierung vorbereitete. Seinen Austritt aus der VVD erläuterte er nochmals in seiner im März 2005 veröffentlichten »Unabhängigkeitserklärung«. Er erklärte sich hier nicht nur von seiner ehemaligen Partei unabhängig, sondern in populistischer Weise auch von der gesamten politischen Elite und ihren (von ihm wiederholt als links gebrandmarkten) Idealen.[8]

---

ben außerhalb der Politik. Politik ist sein Leben und sein Leben ist Politik« (zitiert nach: Blok und Van Melle 2008, S. 95; Übersetzung durch den Verfasser); s.a. K. Vossen (2017, S. 62 f.). Hingewiesen sei an dieser Stelle darauf, dass Wilders inzwischen einer der erfahrensten Politiker der Niederlande ist: Nach der Wahl 2017 hatten nur zwei andere Politiker länger einen Sitz in der Zweiten Kammer inne.

7 Bei der Wahl 2002 verlor Wilders in Anbetracht des schlechten Abschneidens der VVD und seines ungünstigen Listenplatzes sein Mandat. Erst als mehrere Abgeordnete Regierungsämter übernahmen, erlangte er über das Nachrückverfahren wieder einen Sitz in der Zweiten Kammer.

8 Wilders beschreibt den Bruch mit der VVD und die Errichtung seiner eigenen Gruppierung im Rahmen seines Buches Kies voor Vrijheid (2005, S. 33 ff.) ausführlich. Am Ende der Veröffentlichung (S. 103–132) ist seine »Unabhängigkeitserklärung« zu finden.

2.2 Gründung und erste Erfolge der PVV

Mit der Trennung von der VVD begann eine neue Phase der politischen Karriere von Wilders. Die zentrale Herausforderung bestand für ihn nun darin, in seiner neuen Position als eigenständiges Parlamentsmitglied Aufmerksamkeit und Unterstützung zu erlangen. Diese Aufgabe war auch deshalb besonders schwer zu erfüllen, weil er seit dem am 2.11.2004 in Amsterdam verübten Mord an dem provokanten Filmemacher Theo van Gogh permanent von Sicherheitskräften beschützt werden musste – ein Umstand, der sich bis heute prägend auf sein Leben auswirkt. Die aufgewühlte gesellschaftliche Stimmung nach diesem Verbrechen führte dazu, dass Wilders mit seinen Positionen noch größere Bekanntheit und stärkere Unterstützung erfuhr.[9]

Wilders gelang es rasch, durch kontroverse Statements und Aktionen Aufsehen zu erlangen. Seine Kritik am Islam und seine Warnungen vor der von ihm befürchteten »Islamisierung der Niederlande« brachte er im Jahr 2005 unter anderem dadurch zum Ausdruck, dass er die kontrovers diskutierten Mohammed-Karikaturen aus der dänischen Zeitung Jyllands-Posten auf seiner Homepage veröffentlichte. Auch im Bereich der Europapolitik zog er viel Aufmerksamkeit auf sich, indem er eine »TourNee« gegen den sogenannten Europäischen Verfassungsvertrag veranstaltete. Als dieser am 1.06.2005 von einer deutlichen Mehrheit der Niederländer im Rahmen eines Referendums abgelehnt wurde, war dies auch für ihn ein großer politischer Erfolg.

Am 22.02.2006 ließ Wilders seine neue Partei mit dem Namen Partij voor de Vrijheid (PVV) registrieren. Die Namensgebung erfolgte in Anlehnung an die von 1946 bis 1948 aktive Partij van de Vrijheid (PvdV; dt.: Partei der Freiheit), die nach Wilders – in Anbetracht seiner Kritik an der programmatischen Ausrichtung der VVD – die letzte wirklich liberale Partei in den Niederlanden war (vgl. Lucardie und Voerman 2012, S. 164). Durch die Parteigründung entschied er sich für einen eigenständigen Kurs und folglich gegen ein Zusammengehen mit anderen Akteuren, die eine Partei rechts von der VVD etablieren wollten. Da Wilders eine sehr kritische Haltung zu den etablierten Parteien – deren Organisationsformen und Arbeitsweisen er als zu statisch, ineffizient und bürgerfern bewertet – vertritt, legte er bei der Gründung seiner Partei fest, dass diese die Form einer politischen Bewegung mit einer gänzlich anderen Organisationsstruktur erhalten soll.

9 Zum Mord an van Gogh und seinen Folgen vgl. I. Buruma (2007) und G. Mak (2005). In seinem Buch »Marked for Death: Islam's War Against the West and Me« (Washington, D.C., 2012) legt Wilders seine Sicht auf den Islam und aktuelle politische Geschehnisse dar. Hier geht er auch auf den Mord an van Gogh und die Konsequenzen ein, die die Sicherheitsvorkehrungen auf sein alltägliches Leben haben.

Bürgern ist es bis heute nicht möglich, Mitglied der Partei zu werden – allerdings kann man sie als Freiwilliger oder durch Spenden unterstützen. Diese rechtlich mögliche, zuvor jedoch niemals angewandte Konstruktion wird von Wilders als besonders bürgernah dargestellt. Ihm ist es durch die spezifische Struktur seiner Partei vor allem möglich, alleine deren Kurs festzulegen und interne Konflikte zu vermeiden – eine Festlegung, die von ihm auch als Lehre aus dem Zusammenbruch der Partei Fortuyns, der Lijst Pim Fortuyn (LPF; dt.: Liste Pim Fortuyn), nach dessen Ermordung vor der Wahl im Mai 2002 gezogen wurde.[10] Es steht ihm somit auch frei, über die Kandidaten der PVV für die jeweiligen Wahlen sowie deren Platzierung auf der Wahlliste zu entscheiden.

Wegen seiner kontroversen Inhalte und seines polarisierenden Auftretens wurde Wilders von den Vertretern der anderen politischen Parteien und von Teilen der Gesellschaft heftig kritisiert. Gleichzeitig war es ihm aber gelungen, vor der Parlamentswahl vom 22.11.2006 eine hohe Bekanntheit und Präsenz im politischen Diskurs zu erlangen. Von vielen Bürgern wurde er – wie das Ergebnis der Wahl deutlich dokumentiert – unterstützt: Die PVV erhielt 5,9 % der Stimmen und zog damit als fünftstärkste Kraft ins Parlament ein.[11] Von 2007 bis 2010 wurden die Niederlande von einem Bündnis aus dem christdemokratischen Christen-Democratisch Appèl (CDA; dt.: Christlich-Demokratischer Aufruf), der sozialdemokratischen Partij van de Arbeid (PvdA; dt.: Partei der Arbeit) und der orthodox-protestantischen ChristenUnie (CU; dt. ChristenUnion) regiert (Kabinett Balkenende IV); die Koalitionsverhandlungen fanden ohne Beteiligung der PVV statt.

In der Folgezeit blieb Wilders bei seiner Strategie, mit kontroversen und polarisierenden Äußerungen – die sich zumeist gegen den Islam richteten – öffentliche Aufmerksamkeit zu erlangen. So bezeichnete er im Sommer 2007 beispielsweise den Koran als faschistisches und gefährliches Buch, das mit Hitlers Mein Kampf zu vergleichen sei und verboten werden sollte.[12] Ende 2007 landete er einen noch größeren Coup, indem er bereits mit der Ankündigung, einen »islamkritischen« Film produzieren zu wollen, für monatelange hitzige Diskussionen sorgte. In dem im März 2008 schließlich unter dem Titel Fitna veröffentlichten Film warnt Wilders mit drastischen Bildern vor islamistischem Extremismus und einer »Isla-

10 Offiziell besteht die PVV aus zwei Mitgliedern: Geert Wilders und der Stichting Groep Wilders. Da Wilders das einzige Mitglied der Stichting ist, kann man hinsichtlich der PVV zu Recht von einer Ein-Mann-Partei sprechen. Ausführlich eingegangen wird auf die Organisationsstruktur der PVV in K. Vossen (2017, S. 87–109). Ein Vergleich zwischen der Organisation der PVV und der LPF findet sich in de Lange und Art (2011, S. 1235 ff.).

11 Zur Wahl des Jahres 2006 vgl. Becker und Cuperus (2006).

12 Der Brief, den Wilders am 8. August 2007 an die Tageszeitung de Volkskrant schrieb, ist einzusehen unter http://www.volkskrant.nl/binnenland/-genoeg-is-genoeg-verbied-de-koran~a870859/.

misierung der Niederlande«.[13] Angesichts der vorangegangenen polarisierten Debatte sah sich die niederländische Regierung veranlasst, öffentlich Abstand vom Film und den darin enthaltenen Thesen zu nehmen; zudem unternahm man umfangreiche Maßnahmen, um die befürchteten Auswirkungen einzudämmen.

Bei der Europawahl im Juni 2009 erhielt die PVV mit ihren kritischen Einstellungen zum europäischen Integrationsprozess und zur EU 17,0 % der Stimmen. Mit diesem überraschend hohen Ergebnis ging sie nach dem CDA als zweitstärkste Partei aus der Wahl hervor, sie war fortan mit vier (von insgesamt 25 niederländischen) Mandaten im Europäischen Parlament vertreten. Auch die Anfang 2010 durchgeführten Gemeinderatswahlen – bei denen die PVV aus personellen und taktischen Gründen nur in zwei Kommunen antrat – verliefen sehr erfolgreich: In Den Haag wurde die PVV mit einem Ergebnis von 16,8 % zweitstärkste Kraft, in Almere erzielte sie mit 21,6 % sogar das beste Ergebnis aller Parteien. Ursache für diesen Aufschwung war unter anderem die einsetzende Finanz- und Eurokrise; begünstigt wurde er zudem durch die Entwicklung der Konkurrenzpartei Trots op Nederland (TON; dt.: Stolz auf die Niederlande), da diese durch interne Probleme in der Bedeutungslosigkeit versank.

2.3 Die Wahl 2010 und das Kabinett Rutte I

Angesichts der sehr schwierigen wirtschaftlichen Lage vor der Parlamentswahl im Juni 2010 ging es im Wahlkampf vor allem um ökonomische Fragen – und somit um Themen, die nicht zu den Kernbereichen der PVV gehören. Trotzdem erzielte die Partei ein überraschend starkes Ergebnis, das im In- und Ausland viel Beachtung fand: 15,5 % der Wähler stimmten für die PVV, die damit die größten Zugewinne aller Parteien verbuchen konnte und die mit diesem Stimmenanteil (hinter VVD und PvdA) zur drittstärksten Kraft in der niederländischen Politik wurde. Der Partei kam vor diesem Hintergrund bei den Beratungen bezüglich der Regierungsbildung eine gewichtige Rolle zu. Nach monatelangen und äußerst schwierigen Verhandlungen bestand das Ergebnis der Koalitionsbildung darin, dass eine von der PVV geduldete Minderheitsregierung aus VVD und CDA (Kabinett Rutte I) im Oktober 2010 die Arbeit aufnahm.[14] Konkret sah die Vereinbarung vor, dass die PVV selbst keine Minister oder Staatssekretäre stellen, das Kabinett aber

13 Der Film wurde im Internet publiziert, weil sich alle Rundfunkanstalten weigerten, ihn auszustrahlen. Bereits in den ersten Stunden nach der Veröffentlichung wurde er millionenfach aufgerufen. Die Sicht von Wilders auf den Film und seine Reaktionen ist zu finden in G. Wilders (2012, S. 187 ff.).

14 Zur Wahl und zur Regierungsbildung vgl. M. Wilp (2010, S. 57–73). Die Beteiligung der PVV an der Regierung wird analysiert in K. Vossen (2017, S. 70–76).

in ausgewählten Bereichen unterstützen sollte. In einer Duldungsvereinbarung wurden inhaltliche Zielsetzungen der Kooperation festgehalten. Hier wurde auch konstatiert, dass die drei Parteien eine sehr unterschiedliche Haltung zum Islam vertreten.[15]

Die Bildung dieses Bündnisses stieß von Beginn an auf heftige Kritik. Inhaltlich äußerten viele Vertreter aus Politik, Wirtschaft und Gesellschaft Bedenken darüber, welche Folgen die Beteiligung der PVV für die Ausrichtung der niederländischen Politik haben könnte. Zahlreiche Kommentatoren bezweifelten zudem, dass die gebildete Konstruktion – eine Minderheitsregierung unter Beteiligung der polarisierenden PVV und des schwer angeschlagenen CDA – dauerhaft bestehen kann.[16] Ein wichtiger Grund für die vorhandene Skepsis war dabei die schwache parlamentarische Basis der Regierung: Die drei an ihr beteiligten Parteien verfügten nach der Wahl im Juni 2010 nur über 76 der 150 Sitze in der Zweiten Kammer.[17] In der Ersten Kammer, die allen Gesetzen zustimmen muss, besaßen die drei Parteien zum Zeitpunkt der Koalitionsbildung keine Mehrheit. Auch nach den Wahlen zu den Provinzparlamenten im März 2011, die die Grundlage für die Besetzung der Ersten Kammer bilden, wandelte sich dieses Bild nicht: Der Erfolg der PVV – die erstmals zu diesen Wahlen antrat und 12,4 % der Stimmen erhielt – konnte nicht verhindern, dass die drei an der Regierung beteiligten Parteien bei den Wahlen zur Ersten Kammer nur 37 der 75 Mandate erlangten und hier somit weiterhin auf die Unterstützung von Oppositionsparteien angewiesen waren.[18] Trotz dieser Problematik waren die Wahlen zu den Provinzparlamenten für die PVV ein Erfolg: In allen Provinzen erlangte sie Mandate, landesweit wurde sie mit ihrem Stimmenanteil viertstärkste, in Wilders' Heimatprovinz Limburg (mit einem Stimmenanteil von 20,6 %) sogar stärkste Kraft. Hier bildete sie zusammen mit CDA und VVD eine Regierungskoalition.

---

15 Die Duldungsvereinbarung sowie weitere Dokumente zum Kabinett stehen im Internet unter http://www.parlement.com/id/vij7e8jky5lw/kabinet_rutte_i_2010_2012 zur Verfügung.

16 Bei der Wahl 2010 hatte der CDA massive Verluste hinnehmen müssen. Über eine mögliche Zusammenarbeit mit der PVV wurde innerhalb der Partei anschließend intensiv diskutiert. Im Rahmen der Gespräche warnten viele Christdemokraten ihre Partei vor einer Kooperation mit der Wilders-Partei oder kündigten sogar an, diesen Weg nicht mitgehen zu wollen. Auf dem entscheidenden Parteitag stimmten letztlich 68 % der Abgeordneten für und 32 % der Abgeordneten gegen die Duldung der Minderheitsregierung durch die PVV.

17 Als im März 2012 ein Parlamentarier (Hero Brinkman) die PVV-Fraktion verließ, verlor das Bündnis seine Mehrheit. Brinkman, der die PVV seit 2006 in der Zweiten Kammer vertreten hatte, trat am 20. März 2012 aus der Fraktion aus, weil seine Bestrebungen für eine Öffnung der Partei erfolglos geblieben waren und er mit inhaltlichen Entscheidungen nicht einverstanden war. Bei seinem Abschied aus der PVV-Fraktion kündigte er an, die Regierung weiter unterstützen zu wollen.

18 Nach der Wahl entfielen auf die VVD 16, auf den CDA 11 und auf die PVV 10 Mandate.

Die Bedenken, die den ungewöhnlichen Zusammenschluss von Beginn an begleitet hatten, erwiesen sich rasch als begründet: Die Kooperation der drei am Kabinett Rutte I beteiligten Parteien verlief von Beginn an schwierig, und bei verschiedenen Gelegenheiten kam es zu scharfen Auseinandersetzungen. Die Wilders-Partei übte vor allem massive Kritik an den von der niederländischen Regierung unterstützten Bemühungen zur Stabilisierung des Euro, auch den erneuten Einsatz niederländischer Truppen in Afghanistan lehnte sie ab. Die Minderheitsregierung blieb bei diesen Themen aber handlungsfähig, weil sie die erforderliche parlamentarische Unterstützung bei Oppositionsparteien fand.

Auch in der Zeit, in der die PVV indirekt an der Regierung beteiligt war, verzichtete sie nicht auf Aufmerksamkeit erregende Initiativen. Im Februar 2012 richtete sie eine Internetseite ein, auf der niederländische Bürger Probleme mit Zuwanderern aus Polen, Rumänien und Bulgarien melden konnten. Der Hintergrund hierfür bestand darin, dass die Partei sich zuvor verstärkt auch gegen die Zuwanderer aus den mittel- und osteuropäischen EU-Ländern gewandt hatte, da diese in ihrer Sicht vielfältige Probleme in den Wohngebieten und auf dem Arbeitsmarkt verursachen würden. Die Aktion führte nicht nur auf europäischer Ebene zu erregten Diskussionen und scharfen Gegenreaktionen, sondern auch in den Niederlanden selbst. Unter anderem geriet Ministerpräsident Mark Rutte stark in die Kritik, da er sich nach Auffassung mancher Beobachter nicht klar genug vom Vorgehen der PVV distanzierte.[19]

Zum Bruch des Kabinetts Rutte I kam es am 21.04.2012. Hintergrund dieser Entwicklung war das Scheitern der Gespräche über ein weiteres Sparpaket, das in Anbetracht schlechter Wirtschaftsdaten und der europäischen Stabilitätskriterien wieder einen erheblichen Umfang haben sollte. Dieses Ergebnis war nicht völlig überraschend, da die PVV immer wieder verkündet hatte, dass sie weiteren Einsparungen kritisch gegenüber steht und zudem nur einem Sparpaket zustimmen könnte, das den Zielen der Partei entspräche. Die von Wilders formulierte Kritik an den geplanten Einsparungen richtete sich vor allem darauf, dass die Kaufkraftverluste für Rentenbezieher und der Umfang der Sparmaßnahmen zu groß sind. Wilders vertrat seine Entscheidung gewohnt offensiv, indem er die PVV als Schutzpatronin der niederländischen Bürger vor »Brüsseler Spardiktaten« darstellte. Vertreter der VVD und des CDA interpretierten die Vorgänge anders – sie warfen Wilders vor, dass er vor der Verantwortung weggelaufen ist und Partei- über Landesinteressen gestellt hat.

---

19 Bis Ende 2012 wurden nach Angaben der PVV auf der Internetseite 40 000 auswertbare Meldungen eingereicht, was die Partei als klaren Erfolg ihrer Aktion und als Fingerzeig auf die großen Probleme in Bezug auf diese Zuwanderergruppen interpretierte.

2.4 Wahlniederlagen ab 2012

Durch den Zusammenbruch der Regierungskonstruktion waren Neuwahlen erforderlich, die am 12.09.2012 stattfanden. Im Wahlkampf versuchte sich Wilders als vehementer Gegner der EU zu profilieren; seine zentrale Forderung bestand nun sogar darin, dass die Niederlande aus der EU austreten sollten. Die anderen Themen der PVV – beispielsweise die Kritik am Islam, an der Zuwanderung, an der Kriminalität und an den durchgeführten Sparmaßnahmen – traten hinter der Europakritik zurück; bezeichnenderweise deklarierte Wilders die Wahl als Referendum über Europa, und das Wahlprogramm der Partei trug den Titel »Hún Brussel, óns Nederland« (Ihr Brüssel, unsere Niederlande) (vgl. PVV 2012).

Die PVV musste bei diesen Wahlen erstmals Verluste hinnehmen: Ihr Stimmanteil verringerte sich von 15,5 auf 10,1 %.[20] Für die Einbußen der Partei finden sich verschiedene Erklärungen. Ein Faktor war sicherlich, dass viele Wilders das vorzeitige Scheitern der Regierung Rutte I anlasteten und die Vorgänge als Bestätigung für den Vorwurf der Unzuverlässigkeit sahen (vgl. M. de Hond 2012a).[21] Hieran schloss sich ein zweiter wichtiger Punkt an: Die PVV besaß aufgrund ihrer Inhalte und der Erfahrungen mit dem Kabinett Rutte I keine wirkliche Regierungsperspektive. Konkret bedeutete dies, dass keine der anderen Parteien bereit war, eine Koalition mit Wilders zu schließen, und auch die Bürger ein Bündnis mit Beteiligung der PVV als unrealistisch ansahen. Gerade in Anbetracht der weitverbreiteten strategischen Stimmabgabe vieler Wähler erwies sich diese Perspektivlosigkeit für die PVV als bedeutsames Problem.[22] Zudem wirkten sich interne Probleme aus. Die PVV weist eine Organisationsstruktur auf, die Wilders eine dominierende Position einräumt. Bei der Auswahl und der Schulung seiner Kandidaten engagierte sich Wilders über Jahre stark, im Ergebnis gab die Partei lange Zeit ein professionelles Bild ab. Dieses Bild änderte sich vor der Wahl 2012 deutlich: Verschiedene Parlamentarier gerieten in negative Schlagzeilen, andere verließen die PVV im Streit (vgl. K. Vossen 2017, S. 64). Als Begründung für die Verluste der Partei ist darüber hinaus auch ein inhaltlicher Punkt anzuführen: Wilders' Europakritik fiel

20 Für weiterführende Betrachtungen zur Wahl vgl. M. Wilp (2012c).

21 In der hier angeführten Umfrage gaben 49 % der Befragten Wilders die Schuld am Zerbrechen der Regierung; die Verhandlungsführer der VVD und des CDA (Mark Rutte und Maxime Verhagen) wurden nur von 14 % der Befragten verantwortlich gesehen; 30 % der Befragten sahen die Schuld bei allen drei beteiligten Akteuren.

22 Nahezu die Hälfte der Wähler, die 2010 PVV und 2012 eine andere Partei wählten, gab in einer Umfrage an, dass sie diesen Wechsel deshalb vollzogen haben, weil die PVV sowieso nicht für eine Koalition in Betracht kommt. In einer anderen Umfrage gaben nahezu zwei Drittel der Befragten der PVV keine Chance, an einer Regierung teilzunehmen (vgl. M. de Hond 2012b).

in Teilen der Bevölkerung zwar durchaus auf fruchtbaren Boden, jedoch erwiesen sich die polarisierenden und zum Teil in dieser Schärfe erst kurz vor der Wahl erhobenen Forderungen als nur bedingt zugkräftig. Zudem erreichte die PVV nicht mehr die Aufmerksamkeit wie in den Wahlkämpfen zuvor, auch Wilders selbst konnte die Diskussionsrunden nicht mehr so stark wie in den Jahren zuvor prägen.

Die PVV büßte auch bei den nachfolgenden Wahlen an Zuspruch ein. Aus den Gemeinderatswahlen am 19.03.2014 – bei denen die PVV wiederum nur in zwei Kommunen antrat – ging die Partei zwar erneut in Den Haag (14,0 %) als zweitstärkste und in Almere (20,5 %) als stärkste Kraft hervor, in beiden Gemeinden musste sie jedoch gegenüber den Wahlen im Jahr 2010 leichte Verluste hinnehmen. Bei der etwa zwei Monate später stattfinden Europawahl erhielt die PVV 13,3 % der Stimmen; trotz der Einbußen gegenüber dem Resultat von 2009 erlangte sie mit diesem Wahlergebnis erneut vier (der nun insgesamt 26 niederländischen) Mandate im Europäischen Parlament. Im März 2015 fanden wieder Wahlen zu den Provinzparlamenten statt. Insgesamt erhielt die Partei mit 11,7 % der Stimmen auch hier ein etwas schlechteres Ergebnis als 2011; in der Provinz Limburg war sie fortan nicht mehr stärkste Kraft. Bei der anschließenden Wahl zur Ersten Kammer verringerte sich die Zahl ihrer Mandate von zehn auf neun.

2.5 Internationale Vernetzung und rechtliche Probleme

In den letzten Jahren intensivierte Wilders – der bereits seit langem enge Bindungen zu gleichgesinnten Organisationen und Personen vor allem in den Vereinigten Staaten und Israel besaß – die Beziehungen zu Partnern in anderen europäischen Staaten (vgl. K. Vossen 2017, S. 76–83). Hiermit veränderte er seinen Kurs, der zuvor darauf ausgerichtet war, sich zum Schutz des eigenen Images von anderen nationalpopulistischen Parteien zu distanzieren. Auffälligstes Ergebnis dieser Bestrebungen war der Zusammenschluss verschiedener Parteien (neben der PVV unter anderem der französische Front National, die italienische Lega Nord, die Freiheitliche Partei Österreichs, die polnische Kongres Nowej Prawicy und der belgische Vlaams Belang) zu einer gemeinsamen Fraktion im Europäischen Parlament mit dem Namen Europa der Nationen und der Freiheit. Mittels dieser Fraktion wollen die europakritischen bzw. europafeindlichen Gruppierungen ihre Kräfte gegen die EU bündeln. Neben dieser institutionalisierten Form der Kooperation fanden verschiedene Treffen zwischen Vertretern dieser Gruppierungen statt, in deren Verlauf populistische Töne laut wurden und für den Erhalt nationaler Souveränität und Identität geworben wurde. Eine enge Verbindung besteht beispielsweise zu Marine Le Pen. Viel Aufsehen erregte auch der Auftritt von Wilders bei einer Pegida-Demonstration in Dresden im April 2015.

Die Erfolge der PVV werden von einer politischen Kultur, die dem Recht auf freie Meinungsäußerung traditionell einen überaus hohen Stellenwert beimisst, und vom Umstand, dass sich der Ton gesellschaftlicher Debatten seit Beginn des neuen Jahrtausends deutlich verschärft hat, begünstigt. Auf diesen Grundlagen ist es Wilders und seinen Mitstreitern immer wieder möglich, durch provokante Aussagen die Aufmerksamkeit auf sich zu ziehen und sich von jeglicher political correctness und von den anderen Parteien abzugrenzen. Erste Bestrebungen, einem derartigen Vorgehen durch rechtliche Schritte entgegenzutreten, scheiterten im Juni 2011, als ein Prozess gegen Wilders wegen Beleidigung, Diskriminierung und Anstiftung zum Hass mit einem Freispruch endete. Das Gericht hielt in seiner Urteilsbegründung fest, dass Wilders' Aussagen zwar beleidigend, grob, herabsetzend, schockierend, anstößig und sogar aufhetzend, aber – vor dem Hintergrund der gesellschaftlichen Diskussionen und der Meinungsfreiheit, die einem Parlamentarier im politischen Diskurs zukomme – nicht als strafrechtlich relevant zu bewerten seien (vgl. I. van der Valk 2012, S. 119).

Ein zweites Gerichtsverfahren fand nach einer weiteren Provokation am Abend der niederländischen Kommunalwahlen im März 2014 statt: Während einer Wahlkampfveranstaltung in Den Haag fragte Wilders seine Anhänger, ob sie mehr oder weniger Marokkaner in der Stadt wollen. Auf die »Weniger«-Rufe aus der Menge reagierte er mit der Ankündigung: »Dann werden wir das regeln.«[23] Dieses Ereignis sorgte im Ausland, aber auch in den Niederlanden selbst für erhebliches Aufsehen. Viele Vertreter anderer Parteien und die Regierung distanzierten sich nachdrücklich von Wilders. Auch verschiedene Abgeordnete der PVV sahen den Vorfall sehr kritisch und sagten sich von der Partei los. Auf der Grundlage von weit über 6 000 gestellten Strafanzeigen fand ein zweiter Prozess statt, der Ende 2016 mit einer Verurteilung endete. Das Gericht sah es als erwiesen an, dass Wilders sich der Beleidigung einer Gruppe auf der Grundlage der Herkunft und des Aufrufes zu Diskriminierung schuldig gemacht hatte. Auf die Auferlegung einer Strafe verzichtete es. Wilders sah sich als Opfer eines politischen Prozesses, dementsprechend zweifelte er die Unabhängigkeit des Gerichts (von ihm als »neprechtbank« [Scheingericht]) bezeichnet) an. Das Urteil selbst bewertete er als »knettergek« (total bekloppt), zudem kündigte er den Antrag auf ein Berufungsverfahren an. In seinem Schlussplädoyer vertrat er die Auffassung, dass das niederländische Volk ihm bei der am 15. 03. 2017 anstehenden Wahl von den Vorwürfen freisprechen werde.[24]

23 Das Video des Vorfalls ist u. a. auf folgender Seite abzurufen: http://nos.nl/nieuwsuur/video/2009576-wilders-meer-of-minder-marokkanen.html.

24 Das Schlussplädoyer von Wilders ist einzusehen unter http://politiek.tpo.nl/2016/11/23/video-laatste-woord-geert-wilders-rechtbank-sta-hier-namens-miljoenen-nederlanders/. Nä-

2.6 Die Wahl vom 15. März 2017 und nachfolgende Entwicklungen

Die Aussichten der PVV für diese Wahl stellten sich tatsächlich lange Zeit sehr positiv dar: Im Vorfeld der Wahl ging die Partei aus zahlreichen Umfragen als stärkste politische Kraft hervor.[25] Ein wichtiger Grund hierfür lag darin, dass die beiden großen Sieger der Wahl 2012, die VVD und die PvdA, sich widerwillig zu einer Koalition zusammengeschlossen hatten (Kabinett Rutte II), die über die gesamte Legislaturperiode hinweg kontinuierlich von der breiten Mehrheit der Bürger kritisch bewertet wurde. Ab Herbst 2015 profitierte die PVV dann von der Flüchtlingskrise, indem sie die Sorgen und Vorbehalte vieler Bürger für sich nutzte. Auf der Grundlage der guten Umfragewerte wurden der PVV vor der Wahl vom 15.03.2017 Chancen eingeräumt, zur größten Partei zu werden. Wilders selbst formulierte dieses Ziel immer wieder selbstbewusst, wobei er die Zustimmung für seine Partei als Teil eines »Patriotischen Frühlings« sah und auf diese Weise mit der Brexit-Abstimmung in Großbritannien, der Wahl Donald Trumps in den Vereinigten Staaten, einem möglichen Wahlsieg Marine Le Pens in Frankreichs und dem voraussichtlichen Bundestageinzug der Alternative für Deutschland (AfD) verband.

Aus verschiedenen Gründen büßte die Partei, die mit dem Slogan »Nederland weer van ons!« (Die Niederlande wieder für uns!) und einem Wahlprogramm im Umfang von nur einer Seite antrat (vgl. PVV 2017), ab Anfang 2017 jedoch an Zuspruch ein. Eine wichtige Ursache hierfür war wie bereits 2012, dass die meisten anderen Parteien sie als Koalitionspartnerin ausgeschlossen hatten und sie somit keine Regierungsperspektive besaß. Der VVD unter Mark Rutte gelang es zudem in den letzten Wochen vor der Wahl, die eigenen Verluste zu begrenzen – ein Umstand, der auch durch das Vorgehen der Regierung im Streit mit der Türkei, das in der Bevölkerung auf viel Unterstützung stieß, zu erklären ist.[26] Im Wahlkampf hatte die VVD eine Doppelstrategie gegen die PVV eingesetzt: Einerseits wurde

---

here Informationen zum Prozess (unter anderem die Urteilsbegründung) finden sich hier: https://www.rechtspraak.nl/Uitspraken-en-nieuws/Bekende-rechtszaken/Strafzaak-Wilders.

25 Hintergründe und Ergebnisse der Parlamentswahl vom 15.03.2017 werden erörtert in M. Wilp (2018).

26 Bei diesem Streit ging es um öffentliche Auftritte türkischer Minister in den Niederlanden, in deren Rahmen für eine Änderung der türkischen Verfassung – durch die Präsident Erdoğan eine noch stärkere Machtposition erhalten sollte – geworben werden sollte. Das Flugzeug des türkischen Außenministers Çavuşoğlu erhielt in den Niederlanden keine Landeerlaubnis. Anschließend kam die türkische Familienministerin Kaya, die sich zufälligerweise in Deutschland aufhielt, mit dem Auto in die Niederlande. Ihr wurde ein Auftritt durch die niederländische Politik verwehrt. Erdogan beschuldigte die Niederlande daraufhin nazistischer Praktiken.

wiederholt Stellung gegen den »falschen Populismus« der PVV bezogen und eindringlich vor den Folgen eines Wahlerfolgs von Wilders gewarnt. Auf der anderen Seite versuchte man, mit der PVV sympathisierende Bürger dadurch von sich zu überzeugen, dass man ihre Sorgen und Unzufriedenheiten aufgriff.[27] Weiterhin ist zu erwähnen, dass andere populistische Parteien – z. B. das Forum voor Democratie (FvD; dt.: Forum für Demokratie) und VoorNederland (VNL; dt.: Für die Niederlande) – als neue Konkurrenten für die PVV in Erscheinung traten.[28] Beide Gruppierungen installierten Spitzenkandidaten, die durch ihr Auftreten im Wahlkampf viel Aufmerksamkeit erhielten. Wilders selbst war in den Wochen vor dem 15. 03. 2017 hingegen wenig präsent, wodurch sich das öffentliche Interesse stärker auf die anderen Parteien richtete. Hintergrund hierfür waren Probleme bei seinem Sicherheitspersonal, die ihn von öffentlichen Auftritten abhielten, und seine Entscheidungen, aus verschiedenen Gründen nicht an wichtigen Fernsehdiskussionen teilzunehmen. Eventuell lagen der Abwesenheit auch taktische Motive zugrunde, da man die erhofften Zugewinne nicht gefährden wollte. Anders als in früheren Jahren gelang es Wilders nicht, die Diskussionen, an denen er teilnahm, zu prägen oder die Aufmerksamkeit der Wähler mit provozierenden Aktionen auf sich zu ziehen.[29] Insgesamt wurde der Wahlkampf von Wilders sowohl von vielen Bürgern als auch von zahlreichen Kommentatoren kritisch beurteilt.

Bei der Wahl am 15. 03. 2017 stimmten 13,1 % der Niederländer für die PVV. Trotz der Zugewinne gegenüber der Wahl 2012 und des Umstandes, dass man mit diesem Ergebnis die zweitstärkste Fraktion im Parlament stellen kann, wurde dieser Wahlausgang von den Anhängern der Partei mit Enttäuschung aufgenommen. Vertreter anderer Parteien und zahlreiche Politiker in Europa reagierten hingegen mit großer Erleichterung. In den Gesprächen zur Bildung einer Regierung kam der PVV keine Bedeutung zu, da die anderen Parteien Verhandlungen mit ihr ablehnten. Sie übernahm somit erneut die Rolle der größten Oppositionspartei. Wilders verkündete kurze Zeit nach der Wahl mehrere Initiativen. Aufmerksam-

27 Ein deutlicher Beleg hierfür war ein Brief von Mark Rutte mit dem Titel »Doe normaal of ga weg« (Verhalte dich normal oder geh weg), der an alle Niederländer gerichtet war und nach seiner Veröffentlichung viel Aufsehen erregte. Der vollständige Text ist online einzusehen unter https://www.vvd.nl/nieuws/lees-hier-de-brief-van-mark/.

28 Das FvD erhielt bei der Wahl im März 2017 knapp 190 000 Stimmen und damit einen Stimmenanteil von 1,8 %. Auf dieser Grundlage zog es mit zwei Kandidaten (Thierry Baudet und Theo Hiddema) in das Parlament ein. Die Partei VNL, die mit dem Spitzenkandidaten Jan Roos antrat, erlangte nur einen Stimmenanteil von 0,4 % und verpasste damit den Parlamentseinzug.

29 Anfang Februar 2017 erregte Wilders durch ein bearbeitetes Foto Aufsehen, auf dessen Grundlage er dem Spitzenkandidaten der sozialliberalen Partei Democraten66 (D66; dt.: Demokraten 66), Alexander Pechtold, vorwarf, islamistischen Terrorismus zu unterstützen. Die Veröffentlichung des Fotos rief heftige Kritik hervor.

keit erregte er mit der Ankündigung, dass er neun neue Teile des Filmes Fitna plant, in denen erneut die vom Islam ausgehende Gefahr und die Notwendigkeit zu »deislamisieren« dargestellt werden soll.

Eine wichtige Zielsetzung von Wilders bestand darin, dass die PVV bei den Gemeinderatswahlen im März 2018 nicht mehr nur in zwei, sondern in mehreren Dutzend Gemeinden teilnehmen und damit ihre lokale Verankerung deutlich stärken wollte. Zur Realisierung dieses Vorhabens warb die Partei intensiv um Personen, die auf lokaler Ebene für sie kandidieren wollten. Die Suche erwies sich als nicht einfach – letztlich nahm die PVV lediglich in 30 (statt der ursprünglich geplanten 60) Kommunen an der Wahl teil.[30] In einigen Fällen wurden Kandidaten nachträglich von der Liste der Partei gestrichen, weil belastende Informationen über sie auftauchten. In Rotterdam musste sogar der vorgesehene Spitzenkandidat kurzfristig ausgetauscht werden, weil er rassistische und diskriminierende Aussagen getätigt hatte. Die PVV zog in allen 30 Gemeinden in den Gemeinderat ein, insgesamt erlangte sie allerdings nur 76 Mandate. Die Ergebnisse in vielen Gemeinden wurden als enttäuschend bewertet, da man mit deutlich höheren Erwartungen in die Wahlkämpfe gezogen war. In den beiden Gemeinden, in denen die Partei bereits zuvor angetreten war, musste sie kräftige Einbußen hinnehmen: Ihr Stimmenanteil verringerte sich in Den Haag von 14,0 % auf 4,6 % und in Almere von 20,5 % auf 13,1 %.

3 Hintergründe für die Erfolge der PVV

3.1 Soziodemographische Merkmale der PVV-Wählerschaft

Die Parteienlandschaft der Niederlande, die über viele Jahrzehnte durch ein hohes Maß an Stabilität und Kontinuität geprägt war, befindet sich seit geraumer Zeit in einer Phase kontinuierlicher Umbrüche. Die Ursache hierfür sind tiefgreifende gesellschaftliche Veränderungen, die im Ergebnis zur Auflösung der lange sehr bedeutsamen sozialen Milieus und damit einhergehend zum Aufbrechen der vormals stabilen Parteibindungen vieler Bürger geführt haben.[31] Seit Beginn des neuen Jahrtausends ist es vor allem populistischen Parteien (2002 der LPF und ab 2006 der PVV) – denen zuvor in den Niederlanden keine größere Bedeutung

30 Die Gemeinderatswahlen fanden in 335 der 380 niederländischen Gemeinden statt. Nicht gewählt wurde in neu fusionierten Gemeinden und in Gemeinden, die kurz vor einer Zusammenlegung standen.

31 Die entsprechenden Entwicklungen und Hintergründe werden ausführlich analysiert in F. Wielenga (2016, S. 416 ff.) und M. Wilp (2015).

zugekommen war[32] – gelungen, die neuen Chancen zu nutzen und einen wichtigen Platz im politischen Spektrum zu erobern. Im Folgenden soll eine Auswahl an wichtigen Faktoren, die den Zuspruch für die PVV erklären, erörtert werden. Die Betrachtungen verfolgen vor allem das Ziel, die spezifischen Haltungen der PVV-Wähler zu ergründen. Als Grundlage für die Auseinandersetzungen finden verschiedene Datenquellen Verwendung, vor allem die Nationale Kiezersonderzoeken (NKO; dt.: Nationale Wähleruntersuchungen) zu den Wahlen 2017 und 2012[33], aktuelle Publikationen des Sociaal en Cultureel Planbureau (SCP; dt.: Planungsamt für soziale und kulturelle Fragen)[34] und bei der Analyse des Wahlergebnisses des Jahres 2017 zudem ausgewählte Umfragewerte.

Bevor im Folgenden auf die Einstellungen der PVV-Wählerschaft eingegangen wird, müssen zunächst deren soziodemographische Merkmale angesprochen werden. Aus Analysen zur Wahl vom 15.03.2017 geht hervor, dass die PVV nahezu gleich viel Zuspruch von Männern und Frauen erhielt. Deutliche Unterschiede ergaben sich hingegen bei den verschiedenen Altersgruppen: Die größte Unterstützung erhielt Wilders bei den Wählern in den mittleren Alterskategorien (35–64 Jahre), dort lagen seine Wahlergebnisse bei 15–18 %; bei den Personen ab 65 erzielte er ein durchschnittliches Ergebnis (13 %); wenig Zuspruch erhielt die PVV hingegen von den jüngeren Wählern (18–24 Jahre: 5 %; 25–34 Jahre: 8 %) (vgl. M. de Hond 2017a). Das Durchschnittsalter der PVV-Wähler lag somit bei deutlich über 50 Jahren; nur bei wenigen Parteien (»Seniorenpartei« 50PLUS, PvdA, CDA, Socialistische Partij [SP]) war es noch höher (vgl. R. Rekker 2018, S. 52 f.).

Die Analysen zur Wahl zeigen zudem, dass ein klarer Zusammenhang zwischen dem formalen Bildungsgrad und der Zustimmung für die PVV bestand: Unter Hochgebildeten erhielt die Partei deutlich weniger Zuspruch (6 %) als bei Personen mit einem niedrigen Bildungsabschluss (23 %). In der letztgenann-

32 Die Geschichte des Populismus in den Niederlanden wird unter anderem betrachtet in: Lucardie und Voerman (2012, S. 21–36) sowie K. Vossen (2012).

33 Untersuchungsergebnisse zur Wahl vom 15. 03. 2017 wurden in einem von Tom van der Meer, Henk van der Kolk und Roderik Rekker herausgegebenen Sammelband mit dem Titel Aanhoudend wisselvallig (2018) publiziert. Die Angaben zur Wahl 2012 werden einer Veröffentlichung des Centraal Bureau voor de Statistiek (CBS) mit dem Titel Nationaal Kiezersonderzoek 2006–2012 (2015) entnommen.

34 Allgemeinere Angaben zur politischen Stimmung in den Niederlanden werden vom SCP in der Reihe De sociale staat van Nederland veröffentlicht. Die Berichte werden im Abstand von zwei Jahren publiziert; der letzte Sammelband erschien im Dezember 2017. Im Folgenden finden zudem die aktuellen Quartalsberichte der Reihe Continu Onderzoek Burgerperspectieven (COB) Verwendung, in denen sich zum Teil auch nach Parteipräferenz aufgegliederte Daten finden. Hinzuweisen ist darauf, dass sich in den Publikationen des SCP zum Teil Umfragewerte aus den von der Europäischen Kommission herausgegebenen Eurobarometern finden.

ten Kategorie verbuchte die PVV mit deutlichem Abstand vor der SP (15 %) den höchsten Stimmenanteil. Ein ähnliches Bild ergab sich beim Einkommen: Bei den Beziehern niedriger Einkommen schnitt die PVV überdurchschnittlich ab (16 %); hier erzielte nur die SP (17 %) ein etwas höheres Wahlergebnis. Bei den Menschen mit einem hohen Einkommen erlangte die Partei von Geert Wilders hingegen nur einen Stimmenanteil von 7 % (vgl. M. de Hond 2017a).

Überdurchschnittlich hohen Zuspruch erfuhr die PVV am 15.03.2017 von Wählern, die ihre Wahlentscheidung schon in den Monaten vor der Wahl (17 %) oder sogar noch früher (24 %) getroffen hatten. Unterdurchschnittliche Ergebnisse erzielte sie – eventuell vor dem Hintergrund der eben angesprochenen Probleme im Wahlkampf und den Entwicklungen kurz vor der Wahl – bei Personen, die in den letzten Wochen (9 %), in den letzten Tagen (4 %) oder am Wahltag selbst (11 %) ihre Entscheidung trafen (vgl. van Holsteyn und Irwin 2018, S. 34 f.). Von den Wählern, die 2012 die PVV unterstützt hatten, wählten 2017 74 % erneut diese Partei. Die anderen ehemaligen Wähler unterstützten nun FvD (5 %), VVD (4 %), CDA (4 %) oder SP (3 %); die übrigen Stimmen verteilten sich auf andere Parteien. Zugewinne konnte die PVV vor allem von der VVD (14 % der Wähler von 2012), der SP (9 %) und der PvdA (7 %) verbuchen (vgl. M. de Hond 2017b).

3.2 Die PVV als Stimme der Unzufriedenheit

Schon in seiner »Unabhängigkeitserklärung« aus dem Jahr 2005 hielt Wilders fest, dass die politische Elite schuld an den nach seiner Auffassung großen Problemen des Landes sei, und dass er es als seine Aufgabe ansehe, den Bürgern ihr Land zurückzugeben (vgl. G. Wilders 2005, S. 106 f). In den nachfolgenden programmatischen Veröffentlichungen der PVV wurde die Kritik an der politischen Elite immer wieder aufgegriffen und klar formuliert, dass die Partei sich selbst auf die Seite der »normalen Bürger« stellt. Die immer wieder betonte Abgrenzung zwischen der Elite und den Bürgern bildet eine wichtige Grundlage für die Art und Weise, in der Wilders in den letzten Jahren politisch agierte: Die Verwendung einer einfachen und deutlichen Sprache, die Simplifizierung komplexer Fragen, die Formulierung klarer (und vielfach gegen Tabus verstoßender) Standpunkte, die Ablehnung von Kompromisslösungen, der konfrontative Umgang mit politischen Konkurrenten – all dies trug dazu bei, die eigene Bürgernähe und die Distanz zu den anderen Politikern zu verdeutlichen.

Wilders profitiert bei seiner populistischen Positionierung davon, dass in den Niederlanden schon seit Jahrzehnten immer wieder kritisch über das Verhältnis zwischen »den Politikern« und »den Bürgern« sowie – damit einhergehend – die (vermeintliche) Krise des politischen Systems diskutiert wird. An die Politiker richten sich in diesen Diskursen verschiedene Vorwürfe – vor allem wird behauptet, dass sie den Kontakt zur Gesellschaft verloren hätten und daher die Nöte bzw. Unsicherheiten der Bürger nicht mehr kennen würden. Ferner wird kritisiert, dass die programmatischen Ausrichtungen der Parteien heutzutage kaum mehr erkenn- und unterscheidbar seien. Als Wähler habe man somit keine klaren Alternativen und auch keine Kontrolle darüber, für welches Regierungsbündnis die eigene Stimme letztlich verwendet wird.[35] Zudem, und dies ist ein weiterer oft diskutierter Kritikpunkt, hätten die Bürger viel zu wenig Einfluss auf politische Entscheidungen – diese würde die politische Elite lieber weiter in Hinterzimmern treffen.

Die Niederlande gelten als sogenanntes high-trust-country und tatsächlich weisen entsprechende Daten darauf hin, dass die Zufriedenheit mit dem Funktionieren der Demokratie im eigenen Land im europäischen Vergleich besonders hoch und das Vertrauen in staatliche Institutionen wie das Parlament besonders groß ist (vgl. Dekker und den Ridder 2017, S. 65 f.). Trotz dieses Gesamtbildes gibt es natürlich auch in den Niederlanden viele Bürger, die eine kritische bzw. zynische Haltung gegenüber der niederländischen Demokratie, den relevanten Akteuren und den politischen Abläufen vertreten. In Anbetracht der oben genannten Aspekte ist es nicht überraschend, dass die PVV seit ihrer Gründung vor allem in dieser Wählergruppe besonders erfolgreich ist: Die große Mehrheit ihrer Anhänger gibt in Befragungen an, kein Vertrauen in Parlament und Regierung zu haben sowie mit der Politik in Den Haag unzufrieden zu sein (vgl. J. den Ridder et al. 2017, S. 12).[36] Sehr ausgeprägt ist auch der politische Zynismus unter den Anhängern der PVV: Der Aussage »Minister und Parlamentarier kümmert es nicht besonders, was Menschen wie ich denken« stimmten in einer Anfang 2018 durchgeführten Befragung 81 % von ihnen zu, nur 2 % widersprachen ihr (vgl. P. Dekker et al. 2018, S. 30).[37] Auch bei einigen anderen Wählergruppen (vor allem

---

35 Insbesondere die Bildung der zwischen 1994 und 2002 regierenden Koalition aus Sozialdemokraten und Liberalen – Gruppierungen, die sich zuvor über Jahrzehnte heftige Konflikte geliefert hatten – führte dazu, dass die politische Landschaft in den Augen vieler Bürger wichtige Konturen verloren hat. Es ist somit keineswegs als Zufall zu bewerten, dass der Populismus in den Niederlanden gerade zu Beginn des neuen Jahrtausends stark an Bedeutung gewann.

36 In der angegebenen Veröffentlichung werden nach Parteipräferenz gegliederte Vertrauens- und Zufriedenheitswerte für den Zeitraum von 2008 bis 2017 dargestellt. Im gesamten Zeitraum äußerte sich eine deutliche Mehrheit (zwischen 60 und 95 %) der PVV-Anhänger kritisch. Nur in der Zeit, in der die Partei indirekt an der Regierung beteiligt war (2010 bis 2012), finden sich bei den Wählern einer anderen Partei, der SP, noch negativere Werte. Daten, die dieses Gesamtbild bestätigen, finden sich unter anderem in P. Dekker et al. (2016, S. 27 ff.) sowie Gielen und Schmeets (2015, S. 128).

37 Weitere Daten zum politischen Zynismus in den Niederlanden finden sich unter anderem in Dekker und den Ridder (2017, S. 67) sowie Gielen und Schmeets (2015, S. 129).

den Wählern des FvD, der SP und den Nichtwählern) stößt die Aussage auf viel Zustimmung – in der PVV-Anhängerschaft ist der Zynismus jedoch am deutlichsten ausgeprägt. Die große Skepsis vieler PVV-Wähler erstreckt sich auch auf das Vertrauen darin, dass die Wahlen im März 2017 ehrlich verlaufen sind – unter ihnen sind Zweifel hieran wesentlich weiter verbreitet als bei allen anderen Parteien und unter den Nichtwählern (vgl. L. Loeber 2018, S. 24f.). Eine kritische Haltung nehmen die PVV-Anhänger auch in anderer Hinsicht ein: Anhand verschiedener Beispiele konnte nachgewiesen werden, dass sie Erkenntnissen aus der Wissenschaft und Informationen von staatlichen Einrichtungen deutlich weniger Glauben schenken als alle anderen Wählergruppen (vgl. P. Dekker et al. 2018, S. 52).

Eine Konsequenz der kritischen Haltungen gegenüber der Politik besteht darin, dass die meisten PVV-Wähler mehr politische Mitbestimmung der Bürger über wichtige politische Fragen fordern (vgl. P. Dekker et al. 2018, S. 30). Der NKO 2017 sind entsprechende Zahlen hinsichtlich der Zustimmung zu Referenden zu entnehmen: Rund 80 % der PVV-Anhänger fordern diese; dieser Wert liegt deutlich über dem Durchschnitt (56 %), er ist zudem höher als bei allen anderen aufgeführten Parteien (vgl. K. Jacobs 2018, S. 95f.). Im Rahmen der NKO 2017 wurden auch die populistischen Haltungen in der niederländischen Wählerschaft untersucht. Diese sind unter PVV-Wählern deutlich weiter verbreitet als unter den Anhängern der anderen Parteien und unter den Nichtwählern – 29 % der Männer und 25 % der Frauen, die stark populistisch denken, gaben im März 2017 ihre Stimme für die PVV ab (vgl. H. van der Kolk 2018, S. 74f.)

Die besonders skeptischen Haltungen der PVV-Wähler werden auch bei der Frage deutlich, ob sich das eigene Land in die richtige Richtung entwickelt. Allgemein ergibt sich in den Niederlanden diesbezüglich ein positives Meinungsbild; im Eurobarometer vom November 2017 äußerten sich von den Bürgern aller 28 EU-Mitgliedsstaaten nur die Iren optimistischer über die Zukunft des eigenen Landes (vgl. P. Dekker et al. 2018, S. 14). Auf der Basis einer nationalen Umfrage kann dieses allgemeine Ergebnis nach verschiedenen Gruppen – unter anderem nach Parteipräferenz – aufgegliedert werden. Die Betrachtung zeigt erneut die kritischen Haltungen der PVV-Wähler: Eine deutliche Mehrheit von ihnen vertritt die Auffassung, dass sich die Niederlande in die falsche Richtung entwickeln, sie sind damit deutlich pessimistischer als die Anhänger aller anderen Parteien (vgl. P. Dekker et al. 2018, S. 12f.).[38] In einer Anfang 2017 veröffentlichten Un-

38 In der hier zitierten Publikation wird der Anteil der Pessimisten (die Niederlande entwickeln sich in die falsche Richtung) vom Anteil der Optimisten (die Niederlande entwickeln sich in die richtige Richtung) subtrahiert. Bei der PVV ergibt sich ein deutlich negativer Wert von –60 %. Auch in früheren Untersuchungen ergab sich ein ähnliches Bild (vgl. P. Dekker et al. 2016, S. 24ff.; P. Dekker et al. 2017, S. 46).

tersuchung wurden die Hintergründe für pessimistische Haltungen untersucht. Die genannten Punkte zeigen deutlich, warum die PVV bei den entsprechenden Bürgern besonders gut abschneidet: Kritisiert wird von diesen vor allem die vermeintliche Bevorzugung von Zuwanderern gegenüber der einheimischen Bevölkerung, die Veränderung der Niederlande durch die Einwanderung und den Einfluss der EU, das polarisierte gesellschaftliche Klima, die zunehmende Distanz zwischen Arm und Reich, die unzureichende Versorgung älterer Mitbürger, die Kluft zwischen den Bürgern und der politischen Elite sowie der zu sanfte Umgang gegenüber kriminellem Verhalten (vgl. P. Dekker et al. 2017, S. 35 ff.).

3.3 Die Themenbereiche Islam, Integration und Immigration

In seiner Programmatik verbindet Wilders »rechte« Inhalte bei soziokulturellen Themen mit »linken« Forderungen im sozioökonomischen Bereich und liberalen Standpunkten bei einigen ethischen Fragen. Vor diesem Hintergrund ist die häufig vorgenommene Charakterisierung von Wilders als »Rechtspopulist« nur bedingt zutreffend.[39] Überzeugender erscheint die Bezeichnung »Nationalpopulist«, da die nationalen Belange der Niederlande – die Bewahrung der nationalen Identität, der Schutz der nationalen Souveränität, die Förderung des nationalen Wohlstandes und die Erhöhung der nationalen Sicherheit – im Zentrum seiner Politik stehen. Wilders' Blick auf die eigene Nation ist dabei zum einen durch einen großen Stolz auf die niederländische Geschichte und die heraus erwachsenen gesellschaftlichen Normen geprägt – auf der Grundlage jüdisch-christlicher und humanistischer Werte sowie historischer Traditionen sieht er die Niederlande als Land der Freiheit, der Toleranz und der Unabhängigkeit. Zum anderen sind seine Ausführungen zur aktuellen Lage durch eine hohe Besorgnis gekennzeichnet, da eben diese Charakterzüge laut ihm in akuter Gefahr sind.

Als größte Bedrohung für die Niederlande sieht er seit vielen Jahren den Islam, den er nicht als Religion, sondern als eine totalitäre, nach Weltherrschaft strebende politische Ideologie bewertet.[40] Vor dem Hintergrund dieser Betrachtungsweise richtet Wilders sein politisches Handeln stark (und auf sehr kontroverse Weise) darauf aus, die von ihm befürchtete »Islamisierung der Niederlande« zu verhin-

39 Die PVV wird in den Niederlanden somit als rechte, jedoch nicht als extrem rechte Partei wahrgenommen – bei Umfragen zur Links-rechts-Positionierung wird sie oft zwischen der konservativ-liberalen VVD und dem christdemokratischen CDA platziert. Vgl. Hakhverdian und Schakel (2018, S. 86); J. den Ridder et al. (2017, S. 34). Zur Charakterisierung der Partei s. a. Krause und Wilp (2018, S. 169 f.).

40 In seinen Aussagen verzichtet er darauf, zwischen Islam und Islamismus oder zwischen verschiedenen Strömungen innerhalb des Islams zu unterscheiden.

dern. Konkret bedeutet dies, dass er unter anderem den Neubau von Moscheen, muslimische Schulen, Burkas, Kopftücher in öffentlichen Einrichtungen und sogar den Koran verbieten will.

Die Diskussionen in vielen europäischen Ländern zeigen, dass nahezu allerorten Bürger dem Islam mit Unbehagen, Ängsten oder offenen Vorbehalten gegenüberstehen. In den Niederlanden stimmten in einer aktuellen Umfrage 45 % der Befragten der Aussage zu, dass die westeuropäische Lebensweise nicht mit der von Muslimen vereinbar ist. 71 % von ihnen unterstützten die Behauptung, dass muslimische Männer ihre Frauen unterdrücken; 55 % von ihnen vertraten die Ansicht, dass Muslime in den Niederlanden ihre Kinder auf autoritäre Weise erziehen. Der Aussage, dass die meisten Muslime in den Niederlanden Respekt vor der Kultur und der Lebensweise anderer haben, stimmten 56 % der Befragten zu (vgl. Dekker und den Ridder 2017, S. 75). Diese Anteilswerte deuten darauf hin, dass Wilders' islamkritische Aussagen in Teilen der Bevölkerung Anklang finden können. Dokumentiert wird dies auch durch die NKO 2012, in der 51 % der Befragten der Aussage zustimmten, dass die Regierung gegen den Neubau von Moscheen vorgehen muss; unter den Anhängern der PVV lag die Zustimmung mit 86 % deutlich höher (vgl. Gielen und Schmeets 2015, S. 135).

Die Kontroversen über den Islam bzw. allgemeiner über das Zusammenleben von Menschen mit unterschiedlichen kulturellen Prägungen finden in den Niederlanden in einem spezifischen Kontext statt, da man sich in Politik und Gesellschaft auf der Grundlage historischer Traditionen lange zur Idee einer multikulturellen Gesellschaft bekannt hatte. Ab Beginn der 1990er Jahre geriet der hierüber bestehende Konsens jedoch ins Wanken, und eine zunehmende Skepsis trat immer deutlicher zutage. Da die Vertreter der großen niederländischen Parteien – abgesehen von Frits Bolkestein (VVD) – die veränderte gesellschaftliche Stimmung in der Bevölkerung lange Zeit kaum aufgriffen, fühlten sich viele Niederländer in ihren Sorgen über die Veränderung der Gesellschaft von der politischen Elite nicht ausreichend ernst genommen. Dieser Hintergrund bildet eine Erklärung dafür, warum populistische Akteure in den letzten zwanzig Jahren an Bedeutung gewinnen konnten: Viele Niederländer waren froh, dass die bisherigen Tabus von diesen aufgebrochen wurden.

Die PVV verlangt die Anpassung von Menschen mit Zuwanderungshintergrund an niederländische Werte und Normen. Ihre Wähler unterstützen diese Positionierung: Auf einer Skala von 1 (Zuwanderer sollen ihre eigene Kultur behalten) bis 7 (Zuwanderer sollen sich anpassen) ergibt sich unter ihnen ein Durchschnittswert von etwa 6,5. Hierin unterscheiden sie sich deutlich von den Wählern der anderen Parteien, bei denen Werte zwischen 3,5 (Anhänger der Partei GroenLinks; dt.: GrünLinks) und 5,5 (Anhänger der VVD) zu konstatieren sind (vgl. Hakhverdian und Schakel 2018, S. 85). Auch in einer längeren zeitlichen Perspektive zeigt sich sehr deutlich, wie groß die Vorbehalte gegenüber der Vorstellung einer multikulturellen Gesellschaft unter den PVV-Wählern sind, und wie klar sie sich mit dieser Positionierung von den Wählern aller anderer Parteien unterscheiden (vgl. P. Dekker et al. 2016, S. 27; Gielen und Schmeets 2015, S. 134). In der NKO 2012 stimmten 79 % der PVV-Wähler der Aussage zu, dass die niederländische Kultur bedroht werde – dieser Wert lag deutlich höher als in der Gesamtbevölkerung (45 %); in keiner anderen Wählergruppe wurde die Behauptung von derart vielen Personen unterstützt (vgl. Schmeets und Gielen 2015, S. 66).

Wilders äußert seit Jahren heftige Kritik an der vermeintlichen »Masseneinwanderung« der letzten Jahrzehnte; die »Schuld« für diese Entwicklung weist er eindeutig der politischen Elite zu. Seine Kritik stößt in Teilen der Bevölkerung durchaus auf Zustimmung: In einer aktuellen Untersuchung gaben 31 % der Befragten an, dass zu viele Menschen aus anderen Ländern in den Niederlanden wohnen würden (vgl. Dekker und den Ridder 2017, S. 75).[41] In der derzeitigen Situation fordert Wilders eine rigide Begrenzung weiterer Zuwanderungsbewegungen, wobei er die Einreise von Personen aus muslimisch geprägten Ländern bereits seit längerem ganz stoppen will. Eine besondere Bedeutung kam Fragen der Zuwanderungssteuerung ab Mitte des Jahres 2015 in Anbetracht der steigenden Flüchtlingszahlen zu; Immigration wurde vor diesem Hintergrund von den Bürgern zeitweilig sogar als wichtigstes politisches Thema bewertet (vgl. Dekker und den Ridder 2017, S. 70). Hiervon profitierte die PVV sehr stark. Wilders sprach sich vehement gegen die Aufnahme von Flüchtlingen in den Niederlanden aus und nutzte die Kontroversen und Konflikte, die über die Unterbringung der Schutzsuchenden an verschiedenen Orten entbrannten, für seine Zwecke.[42] Auch hier zeigt sich wieder das vertraute Bild: Ein großer Teil der Niederländer vertritt die Auffassung, dass die Niederlande Flüchtlingen helfen müssen, und stört sich nicht an bzw. akzeptiert deren Unterbringung in der eigenen Wohngegend. Die Partei von Wilders spricht hingegen die Minderheit an Bürgern an, die Ausgaben zur Unterstützung armer Länder sowie für integrationsfördernde Maßnahmen kritisch sehen und die gegen die Unterbringung von Flüchtlingen in der eigenen Wohngegend protestieren würden (vgl. Dekker und den Ridder 2017, S. 74 ff.; P. Dekker et al. 2016, S. 30; Gielen und Schmeets 2015, S. 134 f.).

---

41 Auffällig ist, dass die Zustimmung zu dieser Aussage sinkt: Mitte/Ende der 1990er Jahre stimmten ihr etwa die Hälfte der Befragten zu.

42 Die Zahl der Asylanträge lag in den Niederlanden von 2002 bis 2013 auf einem niedrigen Niveau. 2014 erhöhte sie sich auf 30 000 (davon 21 800 Erstanträge) und im Jahr darauf auf 58 900 (davon 43 100 Erstanträge). 2016 (31 600 insgesamt; davon 18 200 Erstanträge) und 2017 (31 300 insgesamt; davon 14 700 Erstanträge) lag sie dann wieder ungefähr auf dem Niveau von 2014.

Die Gesamtheit der Immigrations- und Integrationsfragen besitzt für die Anhänger der PVV eine große Bedeutung. Sehr deutlich wird dies anhand einer Erhebung vom Anfang des Jahres 2018, aus der hervorging, dass dieser Themenbereich für PVV-Wähler das mit Abstand größte Problem darstellt: Der entsprechende Anteilswert (27 %) liegt beinahe doppelt so hoch wie in der Gesamtbevölkerung (14 %) und wesentlich höher als bei allen anderen Wählergruppen (vgl. P. Dekker et al. 2018, S. 21 ff.).[43]

3.4 Der Kampf gegen die EU

Die Zusammenarbeit im europäischen Rahmen stellt für populistische Gruppierungen ein besonders wichtiges Mobilisierungsthema dar, weil sich die EU als Sündenbock für negative Folgen der Modernisierung (Wohlstandsverluste, »Überfremdung«, Krise der politischen Repräsentation) anbietet. Auch Wilders nutzt dieses Themenfeld für sich aus, indem er die Angst vor einem europäischen Superstaat ohne demokratische Kontrollmöglichkeiten schürt, welcher darauf abziele, die Niederlande zu einer bedeutungslosen Provinz ohne eigene Souveränität und Identität zu degradieren. Konkrete Bezugspunkte für seine Kritik waren in den letzten Jahren unter anderem die Maßnahmen zur Eurorettung, die europäischen Regelungen zur Zuwanderungssteuerung, die demokratischen Defizite der EU-Strukturen, die niederländischen Beiträge zum europäischen Haushalt und die Diskussionen über einen möglichen EU-Beitritt der Türkei. Wilders hatte zuerst lange für eine Beschränkung der europäischen Zusammenarbeit auf den wirtschaftlichen Bereich plädiert, seit 2012 fordert er zum Schutz der nationalen Souveränität und Identität vehement den »Nexit«, den Austritt der Niederlande aus der EU.

Das lange Zeit vorherrschende Bild der besonders europafreundlichen Niederländer ist im Ausland unter anderem durch das negative Ergebnis der Volksabstimmung über den Europäischen Verfassungsvertrag vom 1. Juni 2005 erschüttert worden. Demoskopische Daten deuten darauf hin, dass die Haltungen der Niederländer zum europäischen Integrationsprozess bereits seit den 1990er Jahre kritischer werden. Trotz dieses Trends fand sich im Frühjahr 2017 laut Eurobarometer in keinem anderen Land der EU eine deutlichere Unterstützung für einen Verbleib in der EU als in den Niederlanden. In einer anderen aktuellen Untersuchung bewerteten 58 % der Niederländer die Mitgliedschaft des eigenen Landes in der EU positiv, 14 % negativ (vgl. Dekker und den Ridder 2017, S. 76 ff.). Durch

43 Ein ähnliches Bild ergibt sich aus anderen Untersuchungen, beispielsweise aus der NKO zur Wahl 2012 (vgl. Schmeets und Gielen 2015, S. 72 f).

ihre EU-feindlichen Forderungen nimmt die PVV ebenso wie in anderen Bereichen eine besondere Position im niederländischen Parteiensystem ein. Dass die Haltungen der meisten PVV-Wähler besonders europakritisch sind, wird aus der NKO 2017 sehr deutlich: Den Befragten wurde eine Skala von 1 (der Europäische Integrationsprozess muss weiter vertieft werden) bis 7 (der Prozess ist schon viel zu weit gegangen) vorgelegt, wobei die Wähler der PVV einen Durchschnittswert von über 6 aufwiesen (vgl. Hakhverdian und Schakel 2018, S. 86). Dass sie die Mitgliedschaft der Niederlande in der EU deutlich kritischer sehen als die Anhänger aller anderen Parteien, wird zudem durch andere Untersuchungen belegt (vgl. P. Dekker et al. 2016, S. 27; Gielen und Schmeets 2015, S. 134)

3.5 Weitere Themen

Einen starken Schwerpunkt legt Wilders seit Jahren auf den Bereich der öffentlichen Sicherheit, in dem er große Probleme sieht. Er tritt vor diesem Hintergrund vehement für ein hartes Auftreten und eine bessere Ausstattung der Polizei ein, zudem fordert er rigide Strafen für kriminelles Verhalten. Seinem politischen Schwerpunkt entsprechend richten sich seine Inhalte vor allem auf die Delikte von Zuwanderern, die er für einen großen Teil der Straftaten verantwortlich macht. Auch die Standpunkte in diesem Bereich tragen zu den Erfolgen der PVV bei, da viele Bürger dem Thema Kriminalität seit Jahren eine hohe Bedeutung beimessen (vgl. Dekker und den Ridder 2017, S. 70; P. Dekker et al. 2018, S. 21 ff.). Die von Wilders vorgetragene Forderung nach einem harten Kurs stößt in der Bevölkerung auf breite Unterstützung (vgl. Gielen und Schmeets 2015, S. 134). Die Wähler der PVV fordern zudem besonders nachdrücklich, dass mehr Geld für die Sicherheit auf den Straßen und zur Abwehr terroristischer Gefahren aufgewendet wird (vgl. P. Dekker et al. 2016, S. 30).

Das Feld der Sozialpolitik nimmt im Programm der PVV eine wichtige Stellung ein. In dieser Hinsicht ist bei Wilders im Lauf seiner politischen Karriere ein bedeutsamer programmatischer Wandel zu beobachten: Während er zunächst gegenüber wohlfahrtsstaatlichen Leistungen eher kritische Töne anschlug, fordert er nun vehement deren Beibehaltung bzw. sogar Ausbau. Die mit den eigenen Inhalten verbundene Kritik an den anderen Parteien erweist sich auch deshalb als erfolgreich, weil diese in Anbetracht massiver wirtschaftlicher und finanzieller Probleme in den letzten Jahren umfangreiche Reformen und Sparpakete verabschiedet haben, die sich negativ auf die Qualität sozialstaatlicher Leistungen ausgewirkt haben.[44] Viele Bürger fühlen sich durch die Änderungen bedroht,

44 Die Auswirkungen der ökonomischen Verwerfungen der letzten Jahre auf die Einschätzun-

zudem tragen diese zu Gefühlen der Benachteiligung und des Ausschlusses bei. Wilders greift diese Tendenzen mit seinen Forderungen auf. Zudem stellt er auch hier immer wieder einen Bezug zu seinen anderen Hauptthemen her, indem er den Zuwanderern vorwirft, den Sozialstaat auszunutzen, und indem er sich gegen vermeintliche »Brüsseler Spardiktate« auflehnt. Seine Kritik an der politischen Elite brachte er Ende 2017 medienwirksam zum Ausdruck, indem er – letztlich erfolglos – Anzeige gegen den Ministerpräsidenten Rutte wegen Diskriminierung erstattete. Er begründete seine Anzeige damit, dass die Regierung die »normalen Niederländer« unter anderem gegenüber Asylbewerbern benachteilige.

Im Vorangegangenen wurde bereits darauf hingewiesen, dass die Wähler der PVV in Bezug auf die Politik und die gesellschaftliche Entwicklung besonders unzufrieden sind. Diese Unzufriedenheit erstreckt sich auch auf die persönliche Situation sowie auf die allgemeine wirtschaftliche Entwicklung; allerdings sind die Unterschiede zu den anderen Wählergruppen hier nicht so groß wie bei anderen Themen (vgl. P. Dekker et al. 2016, S. 27). Unter anderem aus einer Anfang 2018 durchgeführten Befragung geht denn auch hervor, dass die Anhänger der PVV die wirtschaftlichen Aussichten wesentlich kritischer als alle anderen Wählergruppen bewerten (vgl. P. Dekker et al. 2018, S. 13). Eine besonders skeptische Haltung nehmen die PVV-Anhänger gegenüber der Globalisierung ein; diese sehen sie stärker als die Mitglieder anderer Wählergruppen als Bedrohung und weniger als Chance (vgl. P. Dekker et al. 2016, S. 29; de Vries und Hoffmann 2016, S. 25).

4 Die Zukunftsperspektiven der PVV

Die PVV hat sich seit ihrer Gründung im Jahr 2006 zu einem bedeutsamen Faktor in der niederländischen Parteienlandschaft entwickelt. Immer wieder ist es Wilders und seinen Mitstreitern gelungen, die Aufmerksamkeit auf bestimmte Themen zu richten, vermeintliche Missstände anzuprangern und klare Lösungen einzufordern. Die Inhalte der PVV haben mit dazu beigetragen, dass sich die gesellschaftliche Stimmung, die Haltungen vieler Bürger zum politischen System sowie der Grundton und die Inhalte politischer Debatten gewandelt haben. Es finden sich in Diskussionsrunden beispielsweise kaum mehr Fürsprecher des Multikulturalismus, auch Begeisterung für den europäischen Integrationsprozess wird nur noch selten geäußert – diffuse Forderungen zum Schutz einer schwer zu definierenden niederländischen Identität oder nach einer rigiden Zuwanderungskontrolle werden hingegen von vielen Parteien unterstützt. Auf der Grundlage ih-

gen der Bürger zur eigenen und zur allgemeinen Situation können nachvollzogen werden in Dekker und den Ridder 2017, S. 60.

rer kontroversen Forderungen hat die PVV seit 2006 verschiedene Wahlerfolge verbuchen können. Die Betrachtungen zu ihrer Wählerschaft haben gezeigt, dass diese nicht nur auffällige soziodemographische Merkmale aufweist, sondern vor allem durch besonders kritische Haltungen gegenüber politischen, gesellschaftlichen und wirtschaftlichen Entwicklungen und Zuständen charakterisiert wird. Hinzu kommt, dass ein zwar begrenzter, aber nicht zu unterschätzender Teil der niederländischen Gesellschaft die (vor allem islam-, EU- und zuwanderungsfeindlichen) Inhalte der PVV unterstützt.

Die Zukunftsperspektiven der PVV hängen sicherlich von mehreren Faktoren ab, deren Relevanz unterschiedlich gewichtet werden kann und von denen nur einige hier angesprochen werden sollen. Zu konstatieren ist sicherlich, dass das Beharren des Parteigründers, alle Zügel fest in der Hand zu behalten, im Ergebnis dazu führt, dass die Geschicke der Partei auch in Zukunft im hohen Maße von einer Einzelperson abhängen. Trotz dieses Umstandes ist es für die Partei natürlich bedeutsam, dass deren Abgeordnete sie angemessen in den verschiedenen Parlamenten repräsentieren. Die personellen Querelen vor den Gemeinderatswahlen im März 2018 haben die hierbei auftretenden und zum Teil durch die besondere Organisationsstruktur verursachen Probleme wieder aufgezeigt. Diese führt auch dazu, dass die PVV keine Mittel aus der staatlichen Parteienfinanzierung erhält, womit sie im besonderen Maß von der fortdauernden Mitteleinwerbung durch Spenden abhängig ist. Der Verzicht auf Parteimitglieder trägt zudem dazu bei, dass die Partei in noch höherem Maße als ihre Konkurrenten von öffentlichkeitswirksamen Aktivitäten abhängig ist, um Bürger zu erreichen und sie von ihren Standpunkten zu überzeugen.[45] In den letzten Jahren war Wilders sehr erfolgreich darin, das Interesse der Medien auf sich zu ziehen – es ist nicht sicher, dass dies auch in Zukunft in dieser Intensität gelingen kann. Eine weitere offene Frage besteht darin, ob sich die Partei in Zukunft inhaltlich und strategisch neu aufstellen will. Durch ihre polarisierenden Inhalte hat sie bisher viel Aufmerksamkeit erhalten, diese bilden aber eine Hürde für die Zusammenarbeit mit anderen Parteien. Es ist fraglich, ob die Partei dauerhaft auf eine Oppositionsrolle festgelegt bleiben will oder ob sie – beispielsweise durch einen moderateren Kurs und eine größere Bereitschaft zu inhaltlichen Kompromissen – die Chancen auf eine Regierungsbeteiligung und damit auf die praktische Umsetzung ihrer Ziele erhöhen will. Aktuell deutet auf einen solchen Kurswechsel allerdings noch wenig hin. Abschließend ist noch darauf hinzuweisen, dass die letzten Wahlen gezeigt haben, dass das Wählerpotenzial der PVV nicht nur begrenzt, sondern auch hart umkämpft ist – insbesondere das 2016 neugegründete FvD scheint nach ak-

45 Das Ringen der PVV um Medienaufmerksamkeit wird anschaulich beschrieben in K. Vossen 2017, S. 93 f.

tuellem Stand gute Chancen zu haben, sich als neuer Akteur in diesem Bereich des politischen Spektrums und somit als direkter Konkurrent der PVV zu etablieren.

In Anbetracht der soeben angesprochenen Unsicherheiten ist es nach heutigem Stand wahrscheinlich, aber keineswegs sicher, dass die PVV auch in Zukunft eine wichtige Rolle im niederländischen Parteiensystem einnehmen kann. Der Zuspruch, den Wilders mit seinen polarisierenden Inhalten und Forderungen seit Jahren erhält, bietet in jedem Fall einen Einblick in die Unzufriedenheiten und die Haltungen vieler Bürger. Auf dieser Grundlage werden populistische Gruppierungen wie die PVV wohl auch in Zukunft einen prägenden Einfluss auf die niederländische Politik ausüben können.

Literatur

Becker, Frans, und René Cuperus. 2006. Die Wahlen am 22. November 2006 und die Unruhe in der niederländischen Wählerschaft. *Jahrbuch des Zentrums für Niederlande-Studien* 17: 83–100.

Blok, Arthur, und Jonathan van Melle. 2008. *Veel gekker kan het niet worden. Het eerste boek over Geert Wilders*. Hilversum: Just Publishers.

Buruma, Ian. 2007. *Die Grenzen der Toleranz*. München: Hanser.

Centraal Bureau voor de Statistiek (CBS) (Hrsg.). 2015. *Nationaal Kiezersonderzoek 2006–2012*. Den Haag/Heerlen: CBS.

de Hond, Maurice. 2017a. TK2017 naar geslacht, leeftijd, inkomen, welstand, religie. Online unter https://home.noties.nl/peil/ (Zugriff: 21.03.2017).

de Hond, Maurice. 2017b. Overgangen tussen de partijen naar het stemgedrag bij TK2017. Online unter https://home.noties.nl/peil/ (Zugriff: 21.03.2017).

de Hond, Maurice. 2012a. De stemming van 22 april 2012. Online unter https://no.noties.nl/peil.nl/ (Zugriff: 24.04.2012).

de Hond, Maurice. 2012b. Reactie op verkiezingsprogramma PVV en uittreden twee fractieleden. Online unter https://no.noties.nl/peil.nl/ (Zugriff: 2.09.2012).

Dekker, Paul, Lia van der Ham, und Annemarie Wennekers. 2018. *COB: Burgerperspectieven 2018/1*, Den Haag: SCP.

Dekker, Paul, und Josje den Ridder. 2017. Publieke opinie. In *De sociale staat van Nederland 2017*, hrsg. von Rob Bijl, Jeroen Boelhouwer und Annemarie Wennekers, 56–87. Den Haag: SCP.

Dekker, Paul, Josje den Ridder, und Pepijn van Houwelingen. 2017. *COB: Burgerperspectieven 2017/1*. Den Haag: SCP.

Dekker, Paul, Josje den Ridder, Pepijn van Houwelingen, und Andries van den Broek. 2016. *COB: Burgerperspectieven 2016/4*. Den Haag: SCP.

de Lange, Sarah L., und David Art. 2011. Fortuyn versus Wilders: An agency-based approach to radical right party building. *West European Politics* 34 (6): 1229–1249.

den Ridder, Josje, Iris Andriessen, und Paul Dekker. 2017. *COB: Burgerperspectieven 2017/2*. Den Haag: SCP.

de Vries, Catherine, und Isabell Hoffmann. 2016. *Globalisierungsangst oder Wertekonflikt? Wer in Europa populistische Parteien wählt und warum.* Gütersloh: Bertelsmann Stiftung.

Fennema, Meindert. 2016. *Geert Wilders. Tovenaarsleerling.* 4. Aufl. Amsterdam: Prometheus.

Gielen, Willem, und Hans Schmeets. 2015. De scheidslijnen tussen de achterbannen van de polieke partijen. In *Centraal Bureau voor de Statistiek (CBS) 2015,* 124–139.

Hakhverdian, Armen, und Wouter Schakel. 2018. Kiezers over politieke vertegenwoordiging. In *Tom van der Meer et al. 2018,* 78–89.

Hirsi Ali, Ayaan, und Geert Wilders. 2003. Het is tijd voor een liberale jihad. *NRC Handelsblad* vom 12.04.2003.

Jacobs, Kristof. 2018. Referenda en andere institutionele hervormingen. In *Tom van der Meer et al. 2018,* 90–97.

Kortmann, Matthias, und Markus Wilp. 2015. Integrationskontroversen in den Niederlanden: Hintergründe, Entwicklungen und aktuelle Themen im Überblick. In *Wielenga und Wilp 2015,* 285–319.

Krause, André, und Markus Wilp. 2018. Die Stimme der Unzufriedenheit: die Partij voor de Vrijheid. In *Eine zersplitterte Landschaft. Beiträge zur Geschichte und Gegenwart niederländischer politischer Parteien,* hrsg. von Friso Wielenga, Carla van Baalen und Markus Wilp, 157–180. Amsterdam: Amsterdam University Press.

Leiprecht, Rudolf, und Helma Lutz. 2003. Verschlungene Wege mit Höhen und Tiefen. Minderheiten- und Antidiskriminierungspolitik in den Niederlanden. In *Einwanderungsland Niederlande. Politik und Kultur,* hrsg. von Dita Vogel, 89–118. Frankfurt: IKO.

Loeber, Leontine. 2018. De eerlijkheid van verkiezingen volgens Nederlandse kiezers. In *Tom van der Meer et al. 2018,* 22–29.

Lucardie, Paul, und Gerrit Voerman. 2012. *Populisten in de polder.* Amsterdam: Boom.

Mak, Geert. 2005. *Der Mord an Theo van Gogh. Geschichte einer moralischen Politik.* Frankfurt: Suhrkamp.

PVV, *Hún Brussel, óns Nederland.* 2012. Online unter http://dnpprepo.ub.rug.nl/520/1/PVVTK2012.pdf (Zugriff: 15.08.2012).

PVV, *Nederland weer van ons!* 2017. Online unter http://dnpprepo.ub.rug.nl/628/12/PVV2017-2021con.pdf (Zugriff: 8.01.2017).

Rekker, Roderik. 2018. De keuze van jongeren In *Tom van der Meer et al. 2018,* 48–56.

Schmeets, Hans, und Willem Gielen. 2015. Economische en culturele dreiging in Nederland, In *Centraal Bureau voor de Statistiek (CBS) 2015,* 62–76.

van der Kolk, Henk. 2018. Populisme, immigratie en Europa. In *Tom van der Meer et al. 2018,* 66–77.

van der Meer, Tom, Henk van der Kolk, und Roderik Rekker (Hrsg.). 2018. *Aanhoudend wisselvallig: Nationaal Kiezersonderzoek 2017.* Online unter http://www.uva.nl/profiel/m/e/t.w.g.vandermeer/t.w.g.vandermeer.html (Zugriff: 25.02.2018).

van der Valk, Ineke. 2012. *Islamofobie en discriminatie.* Amsterdam: Pallas Publications.

van Holsteyn, Joop, und Galen Irwin. 2018. Wie het laatst kiest, kiest… In *Tom van der Meer et al. 2018*, 30–39.

Vossen, Koen. 2017. *The power of populism. Geert Wilders and the Party for Freedom in the Netherlands.* New York: Routledge.

Vossen, Koen. 2012. Van marginaal naar mainstream? Populisme in de Nederlandse geschiedenis. *BMGN-Low Countries Historical Review* 127 (2): 28–54.

Wielenga, Friso. 2016. *Geschichte der Niederlande.* 2. Aufl. Stuttgart: Reclam.

Wielenga, Friso, und Markus Wilp (Hrsg.). 2015. *Die Niederlande. Ein Länderbericht.* Bonn: Bundeszentrale für politische Bildung.

Wilders, Geert. 2012. *Marked for Death: Islam's War Against the West and Me.* Washington, D. C.: Regnery Publishing.

Wilders, Geert. 2005. *Kies voor vrijheid. Een eerlijk antwoord.* S. l.: Groep Wilders.

Wilp, Markus. 2018. Die niederländische Parlamentswahl vom 15. März 2017 – die Zersplitterung der politischen Landschaft setzt sich fort. In *Unruhige Zeiten. Jahrbuch des Zentrums für Niederlande-Studien 2016/17,* hrsg. von Friso Wielenga und Markus Wilp, 7–41. Münster: MV Wissenschaft.

Wilp, Markus. 2015. Die Parteienlandschaft der Niederlande. In *Wielenga und Wilp 2015*, 181–217.

Wilp, Markus. 2012a. *Das politische System der Niederlande. Eine Einführung.* Wiesbaden: VS Verlag für Sozialwissenschaften.

Wilp, Markus. 2012b. Populismus in den Niederlanden – die Freiheitspartei von Geert Wilders. In *Populismus. Herausforderung oder Gefahr für die Demokratie,* hrsg. vom Sir Peter Ustinov Institut, 75–90. Wien: new academic press.

Wilp, Markus. 2012c. Das nächste politische Erdbeben. Betrachtungen zur niederländischen Parlamentswahl am 12. September 2012. *Jahrbuch des Zentrums für Niederlande-Studien* 23: 95–116.

Wilp, Markus. 2010. Machtwechsel in Den Haag: Die politischen Geschehnisse des Jahres 2010 im Überblick. *Jahrbuch des Zentrums für Niederlande-Studien* 21: 57–73.

Rechtspopulismus in Belgien

»Wie das Volk seine Zukunft in die eigene Hand nehmen sollte«[1]

Dirk Rochtus

1 Rechtspopulismus gleich Rechtsextremismus? Versuch einer Begriffsbestimmung

1.1 Vlaams Belang und N-VA im Fokus

Wer dem Thema des parteigebundenen Rechtspopulismus in Belgien nachgeht, muss die dem belgischen Föderalisierungsprozess zu verdankenden Strukturen berücksichtigen: Es gibt keine unitarischen Parteien mehr, sondern nur noch regionalistisch aufgebaute, die sich jeweils in den Regionen Flandern, Wallonien und Brüssel den Wählern[2] stellen. Als Forschungsgegenstand kämen theoretisch gesehen fünf Parteien in Betracht: auf flämischer Seite (also im niederländischsprachigen Flandern) der Vlaams Belang (VB; deutsch: Flämisches Interesse), die Nieuw-Vlaamse Alliantie (N-VA; deutsch: die Neu-Flämische Allianz) und Lijst Dedecker (LDD); auf frankophoner Seite (im französischsprachigen Teil Belgiens) Démocratie Nationale (DN, bis 2012 Front National/FN; dt.: Nationale Demokratie, bis 2012 Nationale Front) und Parti Populaire (PP; dt.: Volkspartei). Die drei Letztgenannten – von denen sich zwei um eine Person ranken, nämlich Jean-Marie Dedecker (LDD) und Mischaël Modrikamen (PP) – sind (inzwischen) weitgehend unbedeutend; LDD und DN sind sogar nicht mehr im Parlament vertreten. Der schillernde Dedecker, dessen Partei sich zwischen 2011 und 2012 »Libertair, Direct, Democratisch« (auch LDD) nannte, hat zwar vorübergehend für viel Aufsehen gesorgt, aber beschränkt sich heute auf das Schreiben von Kolumnen, in

1 Abgewandelt vom Buchtitel »Toekomst in eigen handen« (2017) von Tom Van Grieken, dem Vorsitzenden des Vlaams Belang.

2 Als Niederländischsprachiger empfinde ich die Pluralform als genderneutral. Wörter wie »Wähler« beziehen sich in diesem Artikel sowohl auf Männer als auch auf Frauen.

H. U. Brinkmann und I.-C. Panreck (Hrsg.), *Rechtspopulismus in Einwanderungsgesellschaften*, https://doi.org/10.1007/978-3-658-23401-0_9

denen er die »politische Korrektheit« und die Migrationspolitik des »Establishments« durchhechelt.

Das Augenmerk dieser Analyse richtet sich daher auf den Vlaams Belang (VB), der nur in der Flämischen Region und in der Region Brüssel-Hauptstadt gewählt wird – auch wenn es jeder Partei zusteht, eine Liste in einer anderen Region niederzulegen –, der aber darum nicht weniger Einfluss auf die Politikführung in Belgien als Bundesstaat ausgeübt hat. Die Partei wird mal als rechtsextrem, mal als rechtspopulistisch eingestuft. In den ersten Jahren nach seiner Gründung 1978 als radikale flämisch-nationalistische Partei verharrte der VB – der damals noch Vlaams Blok (Flämischer Block) hieß – ganz unten in der Wählergunst; im Föderalparlament war er mit nur einem Abgeordneten vertreten. Erst nachdem sich Anfang der 1990er Jahre eine jüngere Generation innerhalb der Partei des Immigrationsthemas annahm, fing der Vlaams Blok stetig zu wachsen an – zuerst auf kommunaler, dann auf regionaler Ebene. Der Vlaams Blok wurde wegen der radikalen Art und Weise, wie er mit dem Thema umging, mehr als eine xenophobe denn als eine rein flämisch-nationalistische Partei perzipiert. Was die Partei in welcher Ausprägung auch immer bis auf den heutigen Tag kennzeichnet, war und ist ihre Anti-Establishment-Haltung, womit sie sich in die Liste rechtspopulistischer Parteien in Europa einreiht.

Warum auch die N-VA Gegenstand dieser Analyse ist, liegt an folgenden Gründen: Diese Partei stammt genau wie der Vlaams Belang aus der »Vlaamse Beweging« – der parteiübergreifenden Flämischen Bewegung, die sich seit Gründung des belgischen Staates um die kulturellen Rechte der Flamen und um die Autonomie für Flandern kümmert. Die N-VA hat in ihrem dynamischen Werdegang seit 2004 dem Vlaams Belang (VB) viele Wähler abspenstig gemacht; sie regiert auf regionaler (d. h. flämischer) und auf föderaler (d. h. belgischer) Ebene mit und befasst sich als demokratisch legitimierte Regierungspartei auch mit der Migrationsfrage, die im Aufkommen des Rechtspopulismus eine entscheidende Rolle spielt. Ihre politischen Gegner werfen ihr wegen ihres (flämischen) Nationalismus und ihrer strengen Aufstellung zu Themen wie Asyl und Migration oft Populismus (eher einen »Populismus light«) vor.

Man hat es in Flandern – dem ökonomisch stärksten und politisch einflussreichsten Teil Belgiens – also mit zwei aus der Flämischen Bewegung stammenden Parteien zu tun, über deren ideologische Standortbestimmung im rechten Lager diskutiert wird (wobei die Bezeichnung »rechts« anders als in Deutschland die ganze Spannbreite von rechtsextrem bis Mitte-Rechts umfasst). Gemeinhin wird der VB als rechtsextrem und die N-VA als Mitte-Rechts (sozusagen »bürgerlich«) bezeichnet.

1.2 Das »Primat des Volkes«

Zunächst aber muss man sich klar darüber werden, wie Rechtsextremismus und Rechtspopulismus zu definieren sind und wie sich beide Strömungen zueinander verhalten. Was der Politikwissenschaftler Hans-Gerd Jaschke als rechtsextrem definiert, kann dazu beitragen, den Rechtsextremismus vom Rechtspopulismus abzugrenzen. Der Rechtsextremismus kennzeichne sich durch »Einstellungen ... die nach ethnischer Homogenität von Völkern verlangen ... von der Unterordnung des Bürgers unter die Staatsräson ausgehen und die den Wertepluralismus einer liberalen Demokratie ablehnen und Demokratisierung rückgängig machen wollen« (H.-G. Jaschke 2001, S. 30). Der Populismus lässt sich weniger griffig definieren. In der Wissenschaft wird laut Frank Decker und Marcel Lewandowsky (2017, S. 23) mit Populismus in erster Linie eine Haltung umschrieben, die für das »einfache Volk« und gegen die herrschenden gesellschaftlichen und politischen Eliten Partei ergreife. Der Populismus befinde sich also in Opposition zum (angeblichen) Establishment. Es kann in diesem Sinne also sowohl einen rechten als auch einen linken Populismus geben. Der Unterschied zwischen beiden rührt jedoch aus der Aufstellung gegenüber ethnisch oder ethno-kulturell geprägten Fragen. Bei Rechtspopulisten ist eine vertikale Dimension grundlegend, in der dem Volk »das Establishment« oder »die Elite« gegenübergestellt wird; aber hinzu kommt oft noch eine horizontale Ebene, auf der eine Abgrenzung des Volkes von »den Anderen« erfolgt, d.h. von einem anderen Volk oder von einer anderen Bevölkerungsgruppe (vgl. T. Klein 2012, S. 19). Sowohl in der Forschung als auch in der Umgangssprache habe sich deshalb der Begriff Rechtspopulismus als »Bezeichnung für fremdenfeindliche Protestparteien weitgehend durchgesetzt« (Decker und Lewandowsky 2017, S. 21).

Wenn man diese beiden Definitionen nebeneinander legt, könnte man annehmen, dass es zwar Überschneidungen zwischen Rechtspopulismus und Rechtsextremismus gibt, aber dass es sich beim Populismus um ein »supplementäres Merkmal einer radikalen Ideologie, ... sich also lediglich um einen besonderen Politikstil von Parteien der radikalen Rechten handele« (Decker und Lewandowsky 2017, S. 21 f.). Auch Marcel Lewandowsky selber bezieht sich auf den formalen Extremismus-Begriff, wie ihn Jaschke aufgeworfen hat, der sich danach richtet, wie systemfeindlich eine Partei sei. Rechtsextreme Parteien wollten »das System abschaffen«, während Rechtspopulismus – obwohl er Fremdenfeindlichkeit einschließe – nicht soweit gehe, und sicher nicht Gewalt befürworte. Das verleitet Lewandowsky in einem Interview (vgl. J. Reker 2014) zur Frage: »Ist Rechtspopulismus einfach ein nicht zu Ende gedachter Rechtsextremismus?« Eckhard Jesse und Isabelle-Christine Panreck (2017, S. 59) wehren sich gegen eine Definition des Populismus als »Extremismus light«, da dies den Begriff des Extremismus als »Antithese des demokratischen Verfassungsstaates« abwerten würde.

Ob die jeweilige Charakterisierung von Vlaams Belang als rechtsextrem und N-VA als populistisch (light) zutrifft, wird nachfolgend näher untersucht. Die Frage lautet hierbei, ob eine sich etwas gemäßigter gebende Partei wie der VB im Lichte der vorangehenden Diskussion überhaupt noch das Prädikat rechtsextrem verdient, oder nicht doch »nur« als rechtspopulistisch abzustempeln ist. Die N-VA ist seit den betreffenden Regionalwahlen und den Föderalwahlen von 2014 politisch sehr einflussreich, da sie den Ministerpräsidenten der Flämischen Regierung stellt und in der Föderalregierung Schlüsselposten bekleidet. Man könnte deshalb die Frage aufwerfen, ob sie angesichts der Folgen, die diese Machtstellung auf ihre Ideologie und ihren Politikstil hat, überhaupt noch als – sei es auch nur gemäßigt – rechtspopulistisch betrachtet werden kann und darf. Hier taucht auch die interessante Frage auf, die sich Jesse und Panreck stellen (2017, S. 62): »Wie ist eine populistische Partei zu bezeichnen, die an die Regierung gelangt und damit die politische Elite repräsentiert?« Da die N-VA schon seit 2004 auf regionaler Ebene Regierungsverantwortlichkeit trägt, entspricht sie keinesfalls mehr einem wichtigen Populismus-Kriterium – nämlich, dass man sich »in Opposition zum (angeblichen) Establishment befindet und deshalb bewusst auf die Zustimmung relevanter Bevölkerungsteile [verzichtet]« (Decker und Lewandowsky 2017, S. 23).

Ein wichtiges Element, das sowohl VB als auch N-VA kennzeichnet, ist das »Primat des Volkes« (vgl. T. Klein 2012, S. 20) – obwohl die N-VA begrifflich eher von »den Leuten«, »der Gemeinschaft« oder sogar »Vlaanderen« (Flandern) spricht. Der VB dagegen scheut überhaupt nicht die Begriffe »Volk« oder »das flämische Volk«, das sich gegen feindliche Mächte wie den Eliten auf belgischer und europäischer Ebene zur Wehr setze. Dass aber dasjenige, was unter »dem Volk« oder »den Leuten« subsumiert wird, so wichtig ist für beide Parteien, hat mit ihrer Entstehungsgeschichte und mehr allgemein mit dem belgischen Nationalitätenkonflikt zu tun. Der schon früher in anderer Form behandelte Rückgriff auf die Geschichte des flämischen Nationalismus und auf den Föderalisierungsprozess (vgl. D. Rochtus 2002) stellt den Zugang zum Verstehen rechter und rechtsnationaler Ideologien in Belgien und insbesondere Flandern her.

2 Föderalismus als Antwort auf die Nationalitätenfrage

2.1 Sprache und Wirtschaft als Konfliktfaktoren

Nach ihrem Aufstand gegen das Vereinigte Königreich der Niederlande schufen Katholiken und Liberale in den »südlichen Niederlanden« 1831 – inspiriert vom französischen Modell – mit Belgien einen zentralisierten Einheitsstaat, der einsprachig Französisch in der Verwaltung, der Justiz und im höheren Unterrichtswesen war. Französisch war die Sprache der Eliten und des Establishments, so dass Französischkenntnisse eine Voraussetzung für den sozialen Aufstieg darstellten. Als Reaktion gegen die von sozialer Benachteiligung begleitete Herabstufung des Niederländischen – der Sprache der die numerische Mehrheit bildenden Flamen – formierte sich die Flämische Bewegung. Dieser Bewegung von Intellektuellen, lokalen Politikern und katholischen Klerikern gelang es – in Übereinstimmung mit dem Phasenmodell des tschechischen Nationalismusforschers Miroslav Hroch (2005) – im Laufe des neunzehnten und zwanzigsten Jahrhunderts die nationale Bewusstwerdung großer Teile der flämischen Bevölkerung zu bewerkstelligen; konkret erzielt wurde die Umsetzung einer Reihe von Sprachgesetzen, die die Position des Niederländischen stärkten. In gewissem Maße könnte man diese sich gegen das frankophone Establishment richtende Bewegung bereits als eine Vorform des Populismus betrachten.

Erst durch das Gleichheitsgesetz von 1898 widerfuhr dem Niederländischen juristische Gleichberechtigung; und erst 1930, fast hundert Jahre nach der Gründung des belgischen Staates, durfte auf akademischer Ebene – an der Universität Gent – in dieser Sprache unterrichtet werden. All dies dürfte eine gewisse Entfremdung zwischen dem ursprünglich von frankophonen Eliten dominierten Belgien und den sich kulturell dem Eigenwert ihrer Sprache bewussten Flamen verursacht haben. Ergebnis war eine Vertiefung der Kluft zwischen Oben und Unten im soziokulturellen Sinne sowie der Verlust der Identifikation von Teilen des flämischen Volkes mit Belgien als Staat. Indem 1893 und 1919 das Allgemeine Mehrfachwahlrecht bzw. das Allgemeine Einfachwahlrecht eingeführt wurden, nahm das numerische Gewicht der Flamen im parlamentarischen System zu. Das frankophone Establishment tat sich schwer mit dem Streben der Flämischen Bewegung nach Sprachgesetzen und später – in einer nach beiden Weltkriegen sich jeweils zunehmend radikalisierenden Phase – nach homogenen Sprachgebieten, zwischen denen eine Sprachgrenze laufen sollte.[3] Der berühmte Offene Brief von Jules Destrée (die führende Gestalt der wallonischen Sozialdemokraten) an König

3 Letzteres wurde erst gefordert, nachdem Wallonien 1930 eine generelle Zweisprachigkeit für ganz Belgien verworfen hatte.

Albert I. – die »Lettre Ouverte au Roi des Belges« aus dem Jahre 1912 – dokumentiert die elitäre Klage über den Aufschwung der Flämischen Bewegung, die mit ihren Forderungen den rein frankophonen Charakter des belgischen Staates in Frage stelle. Die französischsprachige Elite realisierte offenbar, dass das Französische seine Alleinherrschaft, seine dominierende Rolle in Flandern zu verlieren drohte. Die territoriale Lösung der Sprachenfrage schuf 1963 vier Sprachgebiete in Belgien: Flandern und Wallonien mit Niederländisch bzw. Französisch als einziger offizieller Sprache (in Verwaltung, Justiz, Unterricht, Medien), das zweisprachige Gebiet Brüssel mit seinen 19 Gemeinden und das deutschsprachige Gebiet um Eupen-Malmédy.

Die kulturell-linguistische Kluft zwischen Niederländisch- und Französischsprachigen ging mit einer sozioökonomischen zwischen den beiden wichtigsten Landesteilen einher. Flandern war bis kurz nach dem Zweiten Weltkrieg agrarisch orientiert, während Wallonien mit seinen großen Stahlwerken ein Zentrum der Schwerindustrie bildete. Die wirtschaftliche Verflechtung in der westlichen Welt sollte ab den 1950er Jahren das sozioökonomische Antlitz Belgiens verändern: Während der Antwerpener Hafen im Norden des Landes viele multinationale Unternehmen anzog und auch der tertiäre Sektor in Flandern wuchs, zeichnete sich in Wallonien der Niedergang der Stahl- und Steinkohlesektoren – auf dem der Wohlstand dieses Landesteils basierte – ab. Nach dem Zweiten Weltkrieg wurden sogenannte Gastarbeiter – zuerst aus Italien, ab den 1960er Jahren vorwiegend aus Marokko und der Türkei – angeworben, um die Lücken im Produktionsprozess zu schließen. Die mangelhafte Integration der Nachfahren dieser Migranten – der zweiten und dritten Generation also, vor allem derer aus Marokko – sollte ab den 1980er Jahren zu gesellschaftlichen Problemen und demzufolge zu großen Veränderungen in der politischen Landschaft führen, z. B. in Form des Vlaams Blok.

Während Flandern sich zum reicheren Teil des Landes entwickelte, sollte das krisengeschüttelte Wallonien abhängig von Transfers aus dem (flämischen) Norden werden. Dieser belgische »Länderfinanzausgleich« bestimmt bis auf den heutigen Tag den politischen Diskurs zwischen beiden Landesteilen. Infolge der sich ändernden ökonomischen Konstellation machte sich in den 1960er Jahren vor allem bei den Wallonen, aber darauffolgend auch bei den Flamen, der Wunsch nach Regionalisierung breit – wenngleich Politiker noch davor zurückschreckten, das Wort Föderalismus in den Mund zu nehmen. Während die Flamen schon lange die Sicherstellung ihrer Sprache und Kultur anstrebten, wollten die Wallonen – sozusagen in einem linkspopulistischen Antrieb – sich vom Brüsseler Establishment, von der dort ansässigen kapitalistischen Bourgeoisie, emanzipieren, um ihren eigenen ökonomischen Interessen nachgehen zu können. Zu beachten ist, dass die frankophonen Einwohner Brüssels sich nicht als Wallonen verstehen. So nahmen zwei Konzepte Gestalt an, die das belgische föderative System zu einem Föderalismus sui generis machen: die Gemeinschaft als Gruppe von Personen, die dieselbe Sprache teilen; die Region, basierend auf dem Territorium als Basis sozioökonomischer Begebenheiten, aus dem flämischen bzw. wallonischen Impetus heraus. Die Lösung dieser Frage sollte »both a ›communitarization‹ and a ›regionalization‹ of the state structure« (R. Van Dyck 1996, S. 430) zustande bringen.

2.2 Eine Vielfalt an Regionen und Parteien

Im Zuge von sechs Staatsreformen in den Jahren 1970, 1980, 1988, 1993, 2001 und 2010 ist das föderale System immer weiter im zentrifugalen Sinne ausgebaut worden. Immer mehr Befugnisse sind zur regionalen Ebene übergeleitet worden. Die Regionen gliedern Belgien territorial auf: Im Norden gibt es die Flämische Region, im Süden die Wallonische Region, und in der Mitte – wie eine Insel in Flandern, aber nur ein paar Kilometer von der Sprachengrenze entfernt – die Hauptstädtische Region Brüssel. Während die Regionen zuständig sind für Politikfelder wie Raumordnung, Umweltschutz, Arbeitsbeschaffung, öffentliche Arbeiten, regeln die (Sprachen-)Gemeinschaften personenbezogene Angelegenheiten wie Kultur, Unterricht, Medien. Die Flämische Gemeinschaft umfasst das niederländischsprachige Gebiet (die Flämische Region) und die niederländischsprachigen Institutionen (z. B. Schulen) in der Region Brüssel, die Französische Gemeinschaft das frankophone Gebiet (die Wallonische Region, mit Ausnahme der Deutschsprachigen Gemeinschaft) und die französischsprachigen Institutionen in der Region Brüssel. Jede dieser Gemeinschaften und Regionen verfügt über ein eigenes Parlament und eine eigene Regierung, aber auf der flämischen Seite sind die jeweiligen Parlamente und Regierungen zu einem einzigen Flämischen Parlament und einer einzigen Flämischen Regierung verschmolzen.

Neben der linguistischen und der sozioökonomischen Kluft bzw. Konfliktlinie gab es eine weltanschauliche zwischen Katholiken und den organisierten Nichtgläubigen oder Freidenkern. Auch sie war territorial bestimmt in dem Sinne, dass im vormals agrarischen Flandern die katholische Kirche das gesellschaftliche Bewusstsein der Leute prägte, während im industrialisierten Wallonien das Freidenkertum überwog. Das hatte auch Konsequenzen für die Entwicklung des Parteiwesens, denn die diesbezüglichen traditionellen Parteien (Katholiken, Sozialdemokraten, Liberale) waren stark in der einen Region und schwach in der anderen. In Flandern war es die katholische Partei bzw. später die christdemokratische Partei, die über das zwanzigste Jahrhundert hinweg die stärkste Kraft bildete, während die Liberalen und Sozialdemokraten an zweiter und dritter Stelle kamen. Als vierte Kraft entstanden nach dem Ersten Weltkrieg flämisch-nationalistische Parteien aus der Flämischen Bewegung heraus, die aber anders als die drei traditionellen Parteien keinen Anteil am für Belgien so typischen Proporzsystem – der sogenannten »verzuiling« (Versäulung), also der Aufteilung der Gesellschaft in sozialkulturelle Milieus – haben sollten. Einer flämisch-nationalistischen Partei anzugehören war daher immer mit ein Akt der Rebellion gegen das bestehende System, gegen das Establishment. Dieses Gefühl lebt weiter, sowohl bei den Amtsträgern und Anhängern der N-VA als auch – sogar in viel stärkerem Maße – bei denen des Vlaams Belang; dieser bleibt wegen seines als xenophob eingestuften Programms von der Teilnahme an der politischen Macht ausgeschlossen, d.h. er unterliegt einem »cordon sanitaire«.[4] Die Dominanz der katholischen Kirche ließ im Zuge der europaweit zu beobachtenden Säkularisierung ab den 1960er Jahren nach, sodass die Christendemokraten allmählich ihre Vorrangstellung in Flandern verloren. In Wallonien war die weltanschauliche Situation schon immer umgekehrt, beherrschten die Sozialdemokraten doch die politische Landschaft, während sich die Liberalen und die Christdemokraten in der Minderheit befanden (und dies noch immer sind).

Infolge der ab 1970 eingesetzten Föderalisierung teilten sich die bis dahin unitarischen Parteien nach Sprachgruppen auf. Auf flämischer bzw. frankophoner Seite zerfielen die Christendemokraten in CVP (Christelijke Volkspartij; dt.: Christliche Volkspartei), heute CD&V (Christen-Democratisch en Vlaams; dt.: Christdemokratisch und Flämisch), bzw. PSC (Parti Social Chrétien; dt.: Christlichsoziale Partei), heute CDH (Centre Démocrate Humaniste; dt.: Demokratische und Humanistische Mitte); die Sozialdemokraten in SP (Socialistische Partij; dt.: Sozialistische Partei), heute SP.A (Socialistische Partij. Anders) bzw. PS (Parti Socialiste; dt.: Sozialistische Partei); die Liberalen in PVV (Partij voor Vrijheid en Vooruitgang; dt.: Partei für Freiheit und Fortschritt), heutzutage Open VLD (Open Vlaamse Liberalen en Democraten; dt.: Weltoffene Flämische Liberale und Demokraten) bzw. MR (Mouvement Réformateur; dt.: Reformistische Bewegung) und die Grünen in Groen (Flandern) und Ecolo (Wallonien). Die traditionellen politischen Familien (Christdemokraten, Sozialdemokraten, Liberale) und die Grünen setzen sich seitdem also jeweils aus einer flämischen und einer frankophonen Partei zusammen. Da die derselben Ideologie verpflichteten Parteien nicht einmal eine gemeinsame Fraktion im Föderalparlament bilden, setzt eine Regierungsbildung auf föderaler Ebene also voraus, dass die Anzahl der regierungsfähigen Parteien verdoppelt wird. Obendrein erschwert die Existenz eigenständiger Parteien in jeder der drei Gemeinschaften die Kommunikation zwischen den flämischen und den frankophonen Politikern. Ein Pendant für die flämisch-nationalistischen Parteien gibt es nicht in Wallonien. Der PS gelang es, regionalistische Bestrebungen in Wallonien zu absorbieren und als Macht- und Staatspartei die Interessen

4 Vgl. Abschnitt 3.3.

der Wallonen auf föderaler wie regionaler Ebene zu beherzigen. Zu gleicher Zeit fällt es den Wallonen im Allgemeinen noch immer leichter, sich mit Belgien zu identifizieren – mit einem Staat also, der bei seiner Gründung französischsprachig war – als vielen Flamen, die ihm ihre kulturellen Rechte haben abtrotzen müssen. Nur in Brüssel entstand auf frankophoner Seite ein Phänomen, das an die Ursprünge der Flämischen Bewegung erinnert. Die Front Démocratique des Francophones (FDF) (ab 2015: Démocrate Fédéraliste Indépendant/DéFI) entwickelte aus Angst vor »Überfremdung« durch die selbstbewusster gewordenen, und die Bevölkerungsmehrheit bildenden Flamen eine populistisch anmutende Abwehrreaktion gegen diese und betonte die Überlegenheit der französischen Sprache.

3 Entwicklung des Rechtspopulismus aus der Flämischen Bewegung heraus

3.1 Das Migrationsthema wird virulent

Ein großer Teil der Flämischen Bewegung hatte sich nach dem Ersten Weltkrieg radikalisiert aus Wut darüber, dass der belgische Staat den flämischen Soldaten an der Yserfront (im nicht besetzten westlichen Teil Belgiens) nicht bei ihren Forderungen nach mehr Autonomie für Flandern entgegengekommen war – sie im Gegenteil schikaniert oder sogar verfolgt hatte. Viele flämische Nationalisten begnügten sich nicht länger mit der Perspektive von kultureller Autonomie, sondern verlangten das Ende von Belgien. Im autoritären Zeitgeist der 1930er Jahre geriet ein Teil der Flämischen Bewegung in Gestalt einer Partei wie der Vlaamsch Nationaal Verbond (VNV) ins rechtsextreme Fahrwasser und kollaborierte während des Zweiten Weltkriegs mit den deutschen Besatzern – in der Hoffnung, dies würde Flandern die Unabhängigkeit bringen (vgl. D. Rochtus 2011). Nach der Befreiung im September 1944 durch die alliierten Truppen traf der wiedererstandene belgische Staat repressive Maßnahmen gegen echte und vermeintliche Kollaborateure aus dem Umfeld des flämischen Nationalismus. Die Repression – wie die pauschale Verfolgung des flämischen Nationalismus durch den belgischen Staat nach der Befreiung genannt wurde – sollte viele erbitterte flämische Nationalisten in ihrem Glauben an die gerechte Sache stärken und sie für rechtsextremes bzw. radikalnationalistisches Gedankengut empfänglich machen. Dies führte dazu, dass das antibelgische Ressentiment beharrlich in flämisch-nationalistischen Kreisen weiterlebt.

Die Partei, die zehn Jahre nach der Repression den flämischen Nationalismus wieder neu aufrichtete, war die Volksunie (VU), wortwörtlich die »Union des Volkes«. Als sich die Partei in den 1970er Jahren an der belgischen Regierung beteiligte und Kompromisse auf dem Wege zu einer weiteren Staatsreform schließen musste, wurde sie von radikalen – d. h. separatistischen Flämisch-Nationalisten – als Verräterin der flämischen Sache gescholten. Obendrein besaß sie einen linken, d. h. sozial inspirierten Flügel, was sie umso verdächtiger machte in den Augen der rechtsnationalistischen Kräfte innerhalb der Flämischen Bewegung. Letztere verließen die Volksunie und gründeten 1978 den Vlaams Blok als Sammelbecken der rechtskonservativen Flämisch-Nationalisten. Diese Partei entsprach den Kriterien des sich vertikal gegen Belgien und horizontal gegen die Wallonen wendenden Rechtspopulismus. In den ersten Jahren seiner Existenz war dem Vlaams Blok unter seinem Gründer Karel Dillen, einem traditionalistischen Flämisch-Nationalisten, wenig Erfolg beschieden. Mitte der 1980er Jahre trat die Wende innerhalb des Vlaams Blok ein, als junge Leute aus dem Nationalistisch Studentenverbond (NSV) – einem radikal flämisch-nationalistischen Studentenverein – den Weg in die Partei fanden. Filip Dewinter (geb. 1962) und Frank Vanhecke (geb. 1960) gründeten die Organisation Vlaams Blok Jongeren (VBJ; dt.: Flämische Blockjugend), die auf ihrem ersten Kongress im Oktober 1987 den sogenannten Anti-Migrantenstandpunkt in den Vordergrund stellte. Damals kamen in bestimmten Armenvierteln von Städten wie Antwerpen soziale Probleme im Umgang mit nichteuropäischen Ausländern – mit den Nachfahren der sogenannten Gastarbeiter[5], vor allem aus dem marokkanischen Kulturkreis – als Folge einer nicht gelingenden Integration mehr und mehr an die Oberfläche. Indem der Vlaams Blok griffige Losungen wie »Eigen volk eerst!« (Das eigene Volk zuerst) benutzte, wusste er an ein Anti-Establishment-Gefühl bei denen zu appellieren, die glaubten, die Mächtigen würden nicht auf sie hören. Der Vlaams Blok, später der Vlaams Belang (VB), sah bzw. sieht sich als der Interessenvertreter der »schweigenden Mehrheit«, die keine weitere Massenmigration wolle (vgl. T. Van Grieken 2018).

Berüchtigt wurde der Vlaams Blok für sein 70-Punkte-Programm, das sein damaliger Vorsitzender Dewinter am 6.06.1992 unter dem Titel »Immigratie: de oplossingen. 70 voorstellen ter oplossing van het vreemdelingenprobleem« (Immigration: die Lösungen. 70 Vorschläge zur Lösung des Ausländerproblems) vorstellte, wobei der niederländische Begriff »vreemdelingen« (Fremde) für Ausländer benutzt wurde. Obwohl der Plan umstritten war, sind mehr als 20 Jahre später einige seiner Punkte von den traditionellen Parteien realisiert worden (vgl. Casteels und Demeulemeester 2016), z. B. die Veröffentlichung von Statistiken zur Ausländerkriminalität, die Gründung eines Staatssekretariats für Migrationsfragen und die Bestrafung von Scheinehen. Völlig unakzeptabel waren Punkte wie die pauschale Abschiebung aller Migranten. Letzteren Standpunkt hat sogar der VB inzwischen als unrealistisch aufgegeben. Allerdings plädiert die Jugendabtei-

5 Vgl. Abschnitt 2.1.

lung der Partei (vgl. Vlaams Belang Jongeren 2018) gegenwärtig dafür, dass die Grenzen geschlossen werden und nichteuropäische Ausländer Einbürgerungskurse besuchen müssen, mit der Strafandrohung der »Rückkehr ins eigene Land«. Kriminelle, die nicht die belgische Staatsangehörigkeit besitzen, sollten ihre Haftstrafe in ihrem Land verbüßen.

3.2 Der »Schwarze Sonntag«

Seit der Verjüngung und Hinwendung zu anderen als rein flämisch-nationalistischen Themen ließ sich beobachten, dass die Partei in der Wählergunst zulegte, vor allem in der Großstadt Antwerpen – seit jeher das Bollwerk des flämischen Nationalismus. In der Parlamentswahl (zur Abgeordnetenkammer: »Unterhaus« und wichtigste Parlamentskammer) vom Dezember 1987 errang der Vlaams Blok landesweit nur drei Prozent, in Antwerpen indes über zehn Prozent; in den Kommunalwahlen vom Oktober 1988 sogar 17,7 %. Auffällig war, dass sich viele Arbeiter in ihrem Wahlverhalten von der Sozialistischen Partei (SP) hin zum Vlaams Blok bewegten. Der Wahlsonntag vom 24.11.1991 ging unter dem Namen Zwarte Zondag (Schwarzer Sonntag) in die Geschichte des belgischen Parlamentarismus ein. Dem Vlaams Blok gelang an diesem Tag in der Parlamentswahl mit 10,4 % der flämischen Stimmen (dies entspricht 6,6 % der belgischen Gesamtstimmen) der erste große Durchbruch auf föderaler Ebene. Der Begriff »Zwart« (Schwarz) bezeichnete in seiner Reminiszenz an das faschistische Schwarzhemd oder die SS-Uniform anfangs jene flämischen Nationalisten, die während des Zweiten Weltkriegs mit den deutschen Besatzern kollaboriert hatten – später sogar ihre politischen Erben, auch wenn Letztere wie viele Mitglieder der VU überhaupt kein rechtsextremes Gedankengut hegten. Jedenfalls steht das Schimpfwort »Zwart« in Belgien für den Rechtsextremismus flämisch-nationalistischen Ursprungs.

Der Schock, den der »Zwarte Zondag« in der Öffentlichkeit auslöste, veranlasste die belgischen Medien zu einem Vergleich mit dem Jahr 1936, als die rechtsextremen Parteien REX[6] und Vlaamsch-Nationaal Verbond (VNV) im belgischen Parlament (Abgeordnetenkammer) 21 bzw. 16 Sitze eroberten (vgl. J. Bouveroux 1996). In den Analysen wurde allerdings übersehen, dass im November 1991 die Einmannpartei ROSSEM des Pseudo-Anarchisten und Millionärs Jean-Pierre Van Rossem in Antwerpen fast genauso viele Stimmen wie der Vlaams Blok

6 Von lateinisch Christus Rex (Christus ist König). Die Partei wurde von frankophonen katholischen Studenten aus Unmut über den allzu bürgerlichen Charakter der katholischen Partei gegründet. Ihr Führer Léon Degrelle entwickelte Sympathien für den italienischen Faschismus und kollaborierte während des Zweiten Weltkrieges mit den Nationalsozialisten.

erzielte – was bedeuten könnte, dass es vielen Bürgern als Protestwähler in erster Linie darauf ankam, »denen da oben« einen Denkzettel zu verpassen. Ein weiterer Unterschied zum Jahre 1936 war, dass 1991 der Rechtsextremismus nur in Flandern gut abschnitt. 1936 war REX noch das mächtige Sprachrohr des frankophonen Rechtsextremismus gewesen, 1991 erhielt der Front National (FN) in Wallonien und im zweisprachigen Wahlbezirk Brüssel nur ein Prozent der Stimmen.

Was sich davor schon bei den Kommunalwahlen im Raum Antwerpen abgezeichnet hatte, vollzog sich nun am »zwarte zondag« 1991 auch auf föderaler Ebene. Die eigentliche Lehre, die aus dem Wahlergebnis gezogen wurde, bestand darin, dass das Phänomen sich nicht länger auf Antwerpen beschränkte – wo an diesem Tag 25,5 % der Wähler für den Vlaams Blok gestimmt hatten –, sondern dass die ökonomisch wichtigste Stadt Belgiens den Weg für den Erfolg auf föderaler Ebene geebnet hatte. In Antwerpen hatten sich die Faktoren gehäuft, die den dortigen Erfolg des Vlaams Blok als Menetekel für ganz Flandern erklären: radikaler flämischer Nationalismus (traditionelles Bollwerk), Angst vor der multikulturellen Gesellschaft (Immigrantenviertel), Politikverdrossenheit (korrupte Stadtverwaltung) und Wohlfahrtschauvinismus (Metropole des reicheren Flanderns gegenüber dem am flämischen Tropf hängenden Wallonien). Der flämische Marxist Antoon Roosens (2000, S. 30) erklärte – anspielend auf die Theorie über Modernisierungsverlierer – den Erfolg des Vlaams Blok folgendermaßen: »Das Paradox ist nun, dass der Vlaams Blok, trotz seines verbal-rechten Images, die Zuflucht der Opfer des globalen Kapitalismus wird. … Dieses Paradox ist die direkte Folge der Ausschließungspolitik, die von den herrschenden Klassen ihm gegenüber geführt wird. Dadurch wird diese Partei die einzige mögliche Wahl für Protestwähler, welcher Herkunft sie auch seien.« Die Theorie der Modernisierungsverlierer greift jedoch zu kurz, galt sie doch nur für die Anfangsjahre des Vlaams Blok, als er tatsächlich von ehemals sozialdemokratisch gesinnten Arbeitern aus Antwerpens verarmten Stadtvierteln gewählt wurde. Der Schwarze Sonntag bewies, dass der Vlaams Blok auch bei Bürgern ankam, die keine finanzielle Not litten oder nicht in Konkurrenz zu Immigranten standen – die sich aber über die Missstände in der belgischen Politik ärgerten, zu denen die Vernachlässigung der aus dem Multikulturalismus herrührenden gesellschaftlichen Probleme gehörte. Rückblickend auf diese Periode schreibt Tom Van Grieken (2018), der heutige Vorsitzende des Vlaams Belang, dass die traditionellen Parteien den Asylsuchenden und Migranten keine Bedingungen zur Integration auferlegt hätten. Die Folge sei die Stadtflucht der »weißen Flamen« in die Vororte und an den »grünen Rand« gewesen.

3.3 Eindämmung des Rechtsextremismus

Mit zwölf Sitzen in der Abgeordnetenkammer des belgischen Föderalparlaments wurde der Vlaams Blok 1991 die viertstärkste Partei in Flandern, gleich hinter den drei Parteien der klassischen ideologischen Familien (Christendemokratie, Sozialdemokratie, Liberalismus) und vor den Grünen und den demokratischen, gemäßigten Flämisch-Nationalisten der damaligen Volksunie. Die demokratischen Parteien bemühten sich, den Erfolg des Vlaams Blok zu bremsen, indem sie auf den »cordon sanitaire« zurückgriffen, der jedwedes Zusammenarbeiten oder Koalieren mit dem Vlaams Blok – egal auf welcher politischen Ebene – von vornherein ausschließt. Umstritten war diese Taktik aus zwei Gründen: Erstens stellte sich vor dem Hintergrund der liberalen, politischen Kultur Belgiens die Frage, ob es demokratisch gerechtfertigt sei, die Vlaams Blok-Wähler vom demokratischen Willensbildungsprozess auszuschließen – die Partei wurde, wie der Begriff »cordon sanitaire« besagt, wie eine Krankheit angesehen. Zweitens blieb die Effektivität dieser Taktik lange Zeit fraglich, denn dadurch konnte der Vlaams Blok als »unverantwortliche« Protest- und Anti-System-Partei – die keine Rechenschaft abzulegen hatte – immer weiter wachsen. Die gelb-rot-grüne Regierung von Guy Verhofstadt (Open VLD) ersann im Jahre 2000 eine weitere Taktik, um das Wählerpotential des Vlaams Blok zu schwächen – nämlich den Erlass eines Gesetzes, wonach Ausländer dank eines neuen Verfahrens schneller die belgische Staatsangehörigkeit annehmen konnten, ohne den Beweis ihres Integrationswillens liefern zu müssen. Auf diese Weise nahmen seit Inkrafttreten des Gesetzes am 1.03.2000 bis zu seiner strengeren Auslegung im Oktober 2012 fast 600 000 von ihnen die belgische Staatsangehörigkeit an (vgl. J. De Wit 2012).

Die Hoffnung der traditionellen Parteien, die Wähler würden vor der Abgabe einer »verschenkten Stimme« (an chancenlose Parteien) zurückschrecken, zerschellte, denn bei den Föderal- und Regionalwahlen vom 21.05.1995 gewann der Vlaams Blok 7,8 % in ganz Belgien bzw. 12,3 % in Flandern. Bei den Föderalwahlen vom 13.06.1999 legte er weiter auf 9,9 bzw. 15,5 % zu. Am 18.05.2003 erhielt der Vlaams Blok mit 11,6 % der (belgischen) Stimmen sogar ein Sechstel der abstimmenden Flamen. Da der »cordon sanitaire« an der Wahlurne keine Wirkung zeigte, wendeten sich die Gegner des Vlaams Blok dem Versuch zu, die Partei aufgrund des Antirassismusgesetzes vom 30.07.1981 zu verbieten. Da die Verfassung kein Parteienverbot vorsieht, reichten das Centrum voor gelijkheid van kansen (Zentrum für Chancengleichheit) und die Liga voor de Mensenrechten (Liga für Menschenrechte) eine Rassismusklage gegen parteinahe Vereine des Vlaams Blok ein. Am 21.04.2004 verurteilte das Berufungsgericht in Gent drei mit dem Vlaams Blok verbundene Vereine ohne Erwerbszweck – die Nationalistische Omroep Stichting, das Nationalistisch Vormingsinstituut und die Vlaamse Concentratie – zu Geldstrafen. Nachdem der Vlaams Blok Revision eingelegt hatte, bestätigte das Kassationsgericht am 9.11.2004 das Urteil des Berufungsgerichts.

Um sich vom Odium der Unterstützung rassistischer Vereine zu befreien, kam es im selben Monat zur Umbenennung von Vlaams Blok in Vlaams Belang (VB). Strategisch gesehen war dies eine vernünftige Entscheidung, da das Akronym VB erhalten blieb, sich der neue Name semantisch nicht viel vom alten unterschied und so bei der Bevölkerung erkennbar blieb. Zudem war der Name Vlaams Belang (Flämisches Interesse) positiver besetzt und weniger aggressiv als Vlaams Blok. Der underdog VB errang durch das Verbotsverfahren noch mehr Stimmen, wie die Regionalwahlen 2004 zeigten, und wurde mit 24,15 % die zweitstärkste Partei (hinter den Christdemokraten mit 26,09 %). Er hatte sich erfolgreich als Opfer der »unterdrückten Meinungsfreiheit« präsentieren können und so stetig zugelegt – bis sich um 2009/2010 die ersten Verfallserscheinungen manifestierten.

Viele Wähler hatte es bis dahin nicht gekümmert, dass eine Stimme für den VB eine verschenkte Stimme war: Hauptsache, sie konnten ihren Unmut über das Establishment kundtun. Diese Einstellung begann sich zu ändern, als ein neuer Spieler die politische Arena betrat, die Nieuw-Vlaamse Alliantie (N-VA), die das Erbe der Volksunie für sich beanspruchte. Die Volksunie war um die Jahrtausendwende nach internen, durch die Diskussion um eine weitere Staatsreform ausgelösten Querelen in den linksorientierten SPIRIT und die rechtskonservative Nieuw-Vlaamse Alliantie (N-VA) zerfallen. Einige Jahre später löste sich SPIRIT auf; N-VA hingegen ging ein Bündnis mit den flämischen Christdemokraten (CD&V) ein. Da die N-VA ab 2004 Teil der Flämischen Regierung war und unter ihrem jungen, charismatischen Vorsitzenden Bart De Wever (geb. 1970) den sogenannten PS-Staat angriff – ein Belgien also, das vom frankophonen Parti Socialiste dominiert würde –, erschien sie vielen radikalen Flämisch-Nationalisten und anderen Protestwählern als eine Alternative zum Vlaams Belang. Ihre Teilnahme an der Macht hat aber ihren Politikstil verändert. Auf dem Wege zur Macht hatte sie sich Mitteln bedient, die als leicht populistisch umschrieben werden können. Dabei hatte sich die N-VA gegen Belgien als einen maroden, vom PS dominierten Staat ausgesprochen, horizontal Wallonien als eine Region mit einer anderen politischen Kultur geschildert, sodass Belgien als »Land mit zwei Demokratien« (vgl. B. De Wever 2017) nicht funktionsfähig sei. Mit dem wachsenden Erfolg der N-VA ging der Niedergang des VB einher. Bei den letzten Regional- und Föderalwahlen 2014 gewann die N-VA ca. ein Drittel der flämischen Wähler und wurde somit die stärkste Kraft in Belgien, während der VB nur noch auf 5,9 bzw. 3,7 % kam.

Im französischsprachigen Teil Belgiens dagegen blieb der Rechtsextremismus in den 1990er Jahren marginal, wenngleich der Front National (FN) bei den Regionalwahlen 2004 überraschend seine Stimmenzahl verdoppeln konnte (auf etwas über acht Prozent). Der FN legte vor allem in alten Industrierevieren zu, wo die Sozialdemokraten (PS) traditionell stark sind. Die etablierten Parteien in Wallonien malten ein Schreckensszenario an die Wand, wonach der FN dem Beispiel des VB nacheifern könnte. Der Vlaams Blok hatte viele Jahre davor, am 24.11. 1991 – dem Schwarzen Sonntag – auch deshalb seinen Siegeszug antreten können, weil er den flämischen Sozialdemokraten (damals SP) viele Stimmen abnahm. Aber 2004 brachten die Stimmengewinne des FN nur einen einzigen Sitz im belgischen Parlament, während der Vlaams Blok dort mit achtzehn Abgeordneten vertreten war. Zudem rumorte es im FN unter der Führung des als autoritär geltenden Daniel Féret: Es kam zur Abspaltung eines Teils der FN-Mitglieder. Bei den Regionalwahlen vom 7.06.2009 schrumpfte der FN auf 2,8 % (ein Verlust von 5,3 Prozentpunkten im Vergleich zu den Regionalwahlen von 2004), wodurch er seine vier Sitze im wallonischen Regionalparlament verlor.

4 Ideologie und Strategie des Rechtspopulismus in Flandern und Wallonien

4.1 Islamfeindliches Programm

Der VB ist keine single-issue-Partei, dem es nur um die flämische Unabhängigkeit geht. Er hat auch bestimmte Zielvorstellungen darüber, wie dieses unabhängige Flandern auszusehen hätte. Die Bausteine der VB-Ideologie gehen zurück auf die Grundprinzipien, die zum ersten Mal im Mai 1979 formuliert und seitdem mehrfach erneuert worden sind: Nationalismus, Solidarismus und ethische Werte. Flämisch-Nationalisten – nicht nur die radikalen des VB – unterscheiden zwischen einem Staatsnationalismus (wie in Frankreich, wo es auf die »Grandeur«, den nationalen Glanz des Staates ankommt, zu dem sich zu bekennen ein acte de volonté, ein Willensakt ist) und einem Volksnationalismus, der jedem eigenständigen Volk zur staatlichen Unabhängigkeit verhelfen soll. Belgien wird a priori abgelehnt, sei es doch eine künstliche Konstruktion, die zwei Völker – Flamen und Wallonen – zum Zusammenleben zwinge. Für den VB soll ein unabhängiges Flandern der Staat derjenigen Flamen sein, die sich vollends in die »hierarchically structured community of ethnically committed people« (Swyngedouw und Ivaldi 2001, S. 7) integrieren. Dies schließt nicht zwangsläufig Menschen anderer ethnischer Herkunft aus, sofern sie sich dem flämischen Integrationswillen verschreiben und der westlich-europäischen Zivilisation verpflichtet sind. Der Volksbegriff des VB ist eher ethnisch und kulturell denn rassisch geprägt. Solidarismus setze die Solidarität zwischen den verschiedenen Klassen voraus und gelte als eine Absage an die Gewerkschaften als Interessenvertreter einer partikularistischen Klasse.

Die Erfahrungen des flämischen Nationalismus (zwischen den beiden Weltkriegen) spielen noch immer eine wichtige Rolle bei der Stammwählerschaft des VB und der N-VA. Zweimal haben die Flämisch-Nationalisten die Unabhängigkeit Flanderns zu erreichen versucht, auch wenn sie dafür mit den deutschen Besatzern kollaborieren mussten. Nach der Befreiung wurde die Kollaboration vieler Flämisch-Nationalisten mit dem Argument verklärt, sie hätten zum Wohle Flanderns gehandelt. Eine andere Stimme ließ der Historiker Frans-Jos Verdoodt verlauten, als er im August 2000, während der »Pilgerfahrt« zum Yserturm – dem wichtigsten Denkmal der Flämischen Bewegung und inzwischen Flanderns Friedensmemorial – im Namen der gemäßigten Flämisch-Nationalisten seine Entschuldigung für die Kollaboration, das »historische Pardon«, anbot (vgl. H. Buddingh 2000). Die Radikalen in der Flämischen Bewegung und im VB jedoch tun sich noch immer schwer damit, die Kollaboration ohne Wenn und Aber zu verurteilen. David Art (2008, S. 427) von der Tufts University nennt den Grund: »… collaborators were widely viewed as well-meaning, if politically misguided, patriots whose alliance with Nazi Germany was driven by their desire for Flemish independence. They were presented as victims of an anti-Flemish Belgian state.« Diese Opferrolle bildet noch immer eine wichtige, den Populismus verstärkende und sich gegen das belgische Establishment richtende Triebfeder im politischen Denken des radikalen Teils der Flämischen Bewegung.

In Bezug auf die Europäische Union (EU) stellt sich der VB EU-kritisch auf. Die Rechtsradikalen unter den Flämisch-Nationalisten plädieren für eine konföderalistisch aufgebaute EU, die das Selbstbestimmungsrecht der Nationen respektiert. Sie soll kein Superstaat sein, sondern eine Kooperation von souveränen Nationalstaaten. Der gesellschaftliche Ausgleich und die Interessenharmonie könnten nur durch die dritte ideologische Säule, den Korpus ethischer Werte, hergestellt und gewährleistet werden. Den Kern einer »gesunden Gemeinschaft« solle daher die Familie als Bund von Mann, Frau und Kindern bilden. Auf Wahlkampfplakaten werden denn auch häufig junge, strahlende Kinder oder glückliche Familien als Inbegriff eines harmonischen Flanderns abgebildet. Der VB erklärt das Christentum zum Ordnungsprinzip der europäischen Zivilisation und lehnt aus diesem Grund die EU-Kandidatur der islamisch geprägten Türkei ab (vgl. D. Rochtus 2005).

Seit den Attentaten vom 11. September 2001 auf das World Trade Center in New York und auf das Pentagon in Washington sowie der dadurch ausgelösten Kehrtwende in der internationalen Politik im Sinne der Rückkehr des »Clash of Civilizations« (Samuel Huntington) bekam das Programm des Vlaams Blok bzw. Vlaams Belang einen immer islamfeindlicheren Anstrich. Dies wurde noch dadurch verstärkt, dass von Islamfundamentalisten verübte Terroranschläge in Madrid im Jahre 2004 sowie in London im darauffolgenden Jahr ein Gefühl der Unsicherheit in den westlichen Gesellschaften verbreiteten und zu gleicher Zeit das Kopftuch zunehmend als Signal einer sich affirmativer aufstellenden muslimischen Identität im Straßenbild auftauchte. Der VB wirft den traditionellen Parteien vor, sie würden um die Stimmen der Bürger allochthoner Herkunft buhlen und sich deshalb einer Politik der »soumission« (»Unterwerfung«; nach dem gleichnamigen Roman des französischen Schriftstellers Michel Houellebecq) schuldig machen, indem sie »die ethno-kulturelle Agenda dieser Minderheitsgruppen ganz oben auf ihre politische Agenda« (T. Van Grieken 2018) gestellt hätten; dies äußert sich in den Worten des VB-Vorsitzenden als »Halal-Essen in der Schule. Getrenntes Baden. Kopftuch in der Schule« (ebd.).

4.2 Nationalistische Subkultur

Filip Dewinter und Gerolf Annemans, die gegen Ende der 1980er Jahre die Macht im Vlaams Blok an sich rissen, hatten schon längst den Abschied der Partei vom altbackenen Rechtsextremismus mit seinen antisemitischen Hasstiraden eingeleitet. Der Antiislamismus sollte das alte Feindbild des »ewigen Juden« ablösen; der VB sollte sich sogar Israel als Bollwerk gegen den Islam annähern. Am 16.03.2005 billigte das Parlament der Flämischen Region mit den Stimmen sämtlicher VB-Abgeordneten eine Resolution, die die Erinnerung an Holocaust, Antisemitismus und Rassismus hochhalten soll. Bei aller Diskussion darüber, ob der VB nun eine rechtsextreme oder rechtspopulistische Partei ist, muss jedenfalls festgestellt werden, dass die Partei sich vom Antisemitismus als einem Wesensmerkmal rechtsextremistischer Gruppen oder Parteien distanziert und ihn sogar verurteilt.

Die Politiker des VB beschweren sich oft über Diskriminierung in der flämischen Presselandschaft. Der stete Aufstieg des Vlaams Blok bzw. Vlaams Belang war immer Gegenstand zahlreicher Kommentare, Meinungsbeiträge und Analysen in der Presse. So gut wie alle Meinungsmacher griffen den Vlaams Blok an, so lange er im Aufwind war – und da niemand über ihn schweigen konnte, durfte er sich immer einer großen Aufmerksamkeit in den Print- und audiovisuellen Medien erfreuen. Es gibt eine weitere Erklärung dafür, warum der VB gut organisiert ist, und sich anders als der wallonische FN (die heutige DN) zu einer der stärksten rechtspopulistischen Parteien in Westeuropa entwickelt hat: Das ist seine Verwurzelung in der traditionell von Intellektuellen getragenen Flämischen Bewegung, wenngleich er eine ihrer radikaleren Verzweigungen ist. Diese Bewegung hat den flämischen Nationalismus geboren, der seit dem Ersten Weltkrieg seinen Ausdruck in der Existenz von selbstständigen politischen Parteien gefunden hat, wie Frontpartij, Vlaamsch-Nationaal Verbond (VNV), Volksunie, Nieuw-Vlaamse Alliantie, Vlaams Blok/Vlaams Belang. Die rechtsextremen und rechtspopulistischen unter ihnen – wie VNV bzw. VB – wussten nicht nur die radikalen flämisch-nationalistischen Wähler an sich zu binden, sondern auch Kader der parteienübergreifenden Flämischen Bewegung zu rekrutieren. David Art macht darauf aufmerksam, dass die Partei, deren ursprüngliche Ideologie der flämische Nationalismus ist, aus dem »dense network of far right organizations, that were historically rooted in Flemish society« (D. Art 2008, S. 430) entspross. Solange die Nationalitätenfrage in Belgien nicht als gelöst betrachtet wird und flämische Forderungen nach mehr Autonomie weiterleben, wird es eine vielfältige, intellektuell rege Flämische Bewegung geben, von deren Netzwerk der VB – als radikalster Fürsprecher eines unabhängigen flämischen Staates – unter Umständen profitieren kann.

Auf frankophoner Seite hat sich nie ein ebenbürtiger wallonischer Nationalismus entwickelt, weil die Wallonen keinen Grund darin sahen, sich gegen Belgien als einen bis in die 1950er Jahre von der Frankophonie dominierten Staat aufzulehnen. Im südlichen Teil Belgiens wurde der Rechtsextremismus während des Zweiten Weltkrieges nicht wie in Flandern von einer eigenständigen nationalistischen Subkultur getragen, sondern war von faschistischen Elementen geprägt, wie die Geschichte von REX zeigt. Während die Kollaborateure unter den Flämisch-Nationalisten auf ein selbstständiges Flandern pochten, erklärte der Rexistenführer Léon Degrelle zum Beispiel, ein romanischsprachiges Volk wie die Wallonen im »Großgermanischen Reich« aufgenommen sehen zu wollen. Weil die Kollaboration in Wallonien nach der Befreiung mit dem Bannfluch der Gesellschaft belegt wurde, entwickelte sich dort bis heute kein Netzwerk von volksnationalistisch geprägten Selbsthilfegruppen wie in Flandern und der wallonische Rechtsextremismus blieb »ein konfuses Feld rechtsextremer Kleingruppen« (D. Art 2008, S. 429).

Bei der Frage, warum sich die Situation des Rechtsextremismus im frankophonen Teil Belgiens nicht so erfolgreich darstellt, kommt noch eine Erklärung ins Spiel, welche den Fokus auf gesellschaftliche Veränderungen – z. B. wirtschaftliche Krisen und Immigration – legt, und gemäß der die Modernisierungsverlierer rechtsextremen oder rechtspopulistischen Parteien ihre Stimme gäben. Die unterschiedliche Entwicklung des Rechtsextremismus und Rechtspopulismus in den beiden Landesteilen widerlegt die weitverbreitete Auffassung, nach der hohe Arbeitslosigkeit und hohe Immigrantenzahlen sie fördern würden. Wenn dem so wäre, müsste der Rechtsextremismus in Wallonien deutlich stärker sein als im ökonomisch stärkeren Flandern. Zwar gab es auch in Wallonien Versuche, die rechtsradikalen Kräfte zu bündeln. Warum ihnen der Durchbruch nie gelungen ist, dafür gibt es mehrere Gründe: Erstens hat der Parti Socialiste (PS), die dominierende Kraft in Wallonien, die regionalistischen Bestrebungen in sich aufgenommen, indem sie sich als deren Verteidigerin innerhalb eines starken Belgiens aufspielt; zweitens sind die Rechtsextremisten untereinander hoffnungslos zerstritten; und drittens werden Letztere gesellschaftlich stigmatisiert. In den frankophonen Medien werden Rechtsextremisten weder interviewt noch zu Diskussionen eingeladen, so dass sie in der wallonischen Öffentlichkeit praktisch nicht vertreten sind.

5 Rechtspopulismus als »ewige Opposition«

5.1 N-VA als größter Widersacher des Vlaams Belang

Der Stimmenanteil des Vlaams Belang ist (wie bereits angedeutet) in den Wahlgängen der letzten zehn Jahre zurückgegangen, auch wenn er in durch die flämische Tageszeitung De Standaard erhobenen Umfragen leicht zunimmt (im Herbst 2017 6,5 %, im März 2018 7,5 %). Gewannen in anderen europäischen Staaten die rechtspopulistischen Parteien an Zulauf, konnte er in den Wahlen nicht von dieser Erfolgswelle profitieren. Die N-VA als die andere flämisch-nationalistische und respektable Partei beeinträchtigte den VB (vgl. Brinkman und De Lobel 2017); sie schnitt bei den erwähnten Umfragen im Herbst 2017 mit 28 % und im März 2018 mit 32,4 % als die populärste Partei in Flandern ab. Der VB betrachtet die N-VA denn auch als seinen schlimmsten Widersacher, seinen größten Feind – wie es nicht ungewöhnlich ist, wenn zwei Konkurrenten aus demselben Milieu stammen. Der VB wettert gegen die Islamisierung Europas und insbesondere Belgiens – muss aber feststellen, dass es gerade die N-VA ist, die mit der strengen Asylpolitik von Theo Francken (Staatssekretär in der Föderalregierung für Asyl und Migration) auf viel Beifall stößt. Zwei Drittel der befragten Flamen heißen seine Politik gut, nur ein Viertel lehnt sie ab. Sogar in Wallonien gehört der Flame Francken (N-VA) zu den beliebtesten Politikern, obwohl er dort nicht einmal zur Wahl steht.

Flamen, die vorher dem VB wegen seiner harten Anti-Migrationspolitik ihre Stimme gegeben hatten, sind in den letzten Jahren zur N-VA gewandert. Dasselbe gilt für diejenigen Flämisch-Nationalisten, die es begrüßen, dass Geert Bourgeois (N-VA) seit 2014 Ministerpräsident der Flämischen Region ist, und die deshalb eine Stimme für den VB als eine verschenkte Stimme betrachten. Aus diesen Gründen greift der VB die Politik des erfolgreichen Konkurrenten an und er versucht, die früheren Wählerstimmen wieder einzuheimsen – vor allem indem er behauptet, Francken lasse noch immer zu viele Migranten mit einem islamischen Hintergrund ins Land hinein (vgl. S. Van Rooy 2018). Solche Kritik pariert Theo Francken mit der Behauptung (vgl. JVH 2018), bereits 15 000 Asylsuchende abgewiesen zu haben; zugleich weist er darauf hin, dass es wegen der internationalen Lage noch nie so viele Flüchtlinge in Belgien gegeben habe wie seit seinem Antreten als Staatssekretär im Oktober 2014. Am 14.04.2018 gab er auf seiner Facebook-Seite sogar bekannt, eine Situation von »Null Asylsuchenden« herbeiführen zu wollen, indem das heutige Asylmodell durch das australische ersetzt werden sollte: Es sollten also die einzelnen Staaten entscheiden dürfen, wer hineindarf (vgl. T. Francken 2018). Francken denkt dabei auch an die Angehörigen der christlichen Minderheiten, die im Nahen Osten verfolgt werden. Obendrein sollte die internationale Gemeinschaft mehr in den Konfliktherden investieren.

Bei den Kommunalwahlen vom 14.10.2018 tat sich der VB in der Großstadt Antwerpen mit Werbeplakaten hervor, die einen Schockeffekt beabsichtigten. Zeigten sie doch unter dem Titel »Bescherm onze mensen! Crimigranten buiten« (Schützt unsere Leute! Kriminelle Migranten raus) misshandelte Flamen und sogar eine vergewaltigte Flämin (vgl. P. Van de Perre 2018). Hier flossen mehrere strategische Linien des VB zusammen: die Konstruktion neuer sich einprägender Begriffe wie »Crimigranten« als Zusammenziehung von Kriminellen und Migranten; das Bild von älteren Flamen und einer jungen flämischen Frau, die es als dem eigenen Volk Zugehörige gegen kriminelle Migranten zu schützen gelte; Kritik an der die Großstadt Antwerpen regierenden N-VA, die den Zustrom von Migranten und Asylsuchenden entgegen ihren eigenen Verlautbarungen nicht gestoppt habe.

Der VB wirft der N-VA auch vor, das Streben nach flämischer Unabhängigkeit gegen die Teilnahme an der Macht im belgischen Rahmen eingetauscht zu haben. Seitdem die N-VA zusammen mit CD&V und Open VLD an flämischer und MR an frankophoner Seite eine Regierungskoalition bildet und Schlüsselposten in der Föderalregierung (wie Justiz, Finanzen, Landesverteidigung, Migration) bekleidet, bemüht sie sich tatsächlich, Belgien als Staat wieder auf die Beine zu stellen. Sie hat sogar weitere Reformen auf dem Weg zu mehr Autonomie (geschweige denn Flanderns Unabhängigkeit) auf Eis gelegt, was ihr von den radikalen Flämisch-Nationalisten als Verrat oder Bestechung durch das belgische Establishment angekreidet wird. Vertikale Opposition gegen das Establishment fehlt jetzt bei der N-VA, gerade weil sie selber dazugehört – wenngleich ihren Amtsträgern die Nähe zur Symbolik des belgischen Staates, wie Königshaus, Nationalhymne und Fahne, schwerfällt. Die Ironie will, dass die Föderalminister der N-VA – einer Partei also, die vorher als separatistische Gefahr vom frankophonen Belgien dämonisiert wurde – heutzutage sogar bei frankophonen Belgiern große Beliebtheit genießen; denn sie bestehen auf innerer Sicherheit, praktizieren eine strenge Migrationspolitik und befürworten ein liberales ökonomisches Programm, von dem sich auch die den PS ablehnenden Frankophonen eine Heilung des belgischen Wirtschaftssystems versprechen.

5.2 Strengere Migrationspolitik

Die N-VA versteht sich jedoch nach wie vor als linientreue flämisch-nationalistische Partei, und versucht den flämischen Nationalismus mit ihrer Teilnahme an der belgischen Regierung zu versöhnen, indem sie den Konföderalismus als Staatsmodell weiter befürwortet. Sie ist also noch immer systemkritisch, will aber das System auf eine staatsmännische Weise ändern, was sich auch in ihrem sachlichen, manchmal aber forschen Politikstil äußert. Außerdem schwört die N-VA noch immer auf den Gemeinschaftsgedanken, auf Flandern als eine eng zusammenhaltende Gemeinschaft – die aber im Sinne eines inklusiven Flämisch-Nationalismus immigrierten Ausländern offen steht, soweit sie sich durch das Erlernen der niederländischen Sprache und die Teilhabe am Arbeitsprozess oder am Gemeinschaftsleben integrieren wollen. In diesem Sinne ist der N-VA, wie sie sich seit 2004 entfaltet hat, kein Populismus anzukreiden. Es stimmt auch nicht mehr, dass sie eine dünne Personaldecke hätte, wie es üblich ist für populistische Parteien. Die Zeiten, da sie als Einmannpartei galt, als Partei des Schwergewichts Bart De Wever, sind vorbei. Inzwischen verfügt sie über starke Führungskader und gut ausgebildete Amtsträger. Rechtspopulistisch ist die N-VA nicht, wenn sie es je im vollen Sinne des Wortes gewesen wäre. De Wever, Vorsitzender der N-VA und Oberbürgermeister von Antwerpen, brüstet sich damit, den Aufstieg des VB gestoppt zu haben. Dass er und seine Partei gerade darum vom VB gehasst werden, nennt er in einem Interview ein Argument gegen diejenigen, die ihn als Populisten abstempeln wollten (vgl. D'hoore und Van de Velden 2017).

Es kann nicht geleugnet werden, dass dieser Erfolg der N-VA unter anderem darauf zurückzuführen ist, dass sie für eine strenge Migrationspolitik plädiert, wie die Popularität von Francken zeigt. Den von linken Parteien gemachten Vorwurf, die N-VA polarisiere genauso so hart wie der VB und sie kopiere dessen Rezepte, weist Sander Loones (Mitglied des Europäischen Parlaments für die N-VA) im Namen der »No-nonse Kommunikation und der Sprache des gesundes Menschenverstands« ab (M. De Vries 2017). Dass die N-VA den Leuten nicht nach dem Munde rede, strafe dem Populismusvorwurf Lügen. Sorgen über eventuell mit einer unkontrollierten Migration verbundene Gefahren machen sich nicht nur N-VA und VB. Als sich im April 2018 in Brüssel die Partei ISLAM konstituierte, reagierten auch grüne, liberale und christendemokratische Politiker entsetzt auf deren Vorschläge: zum Beispiel im öffentlichen Nahverkehr, in Bussen und Straßenbahnen getrennte Eingänge für Männer und Frauen vorzusehen (vgl. H. Cattebeke 2018).

Für Aufsehen sorgte auch die Gründung von Be.one durch den islamischen Aktivisten Dyab Abou Jahjah und die ehemalige grüne Senatorin Meryem Kaçar im Februar 2018 (vgl. Demeulemeester und Depreter 2018). Die Partei richtet sich an erster Stelle an belgische Wähler mit Migrationshintergrund, denn sie verwirft alle Maßnahmen, die ein Kopftuchverbot oder ein Verbot von rituellem Schlachten bezwecken. Populistische Töne sind in dieser Partei nicht zu überhören. So will Be.one ein »Europa des Volkes und nicht eines der Eliten«, sowie eine »radikale Dekolonisierung«, indem z. B. Straßennamen, die an Kolonialherrscher wie den belgischen König Leopold II. erinnern, durch die von anti-imperialistischen Freiheitskämpfern ersetzt werden. Neben der Abschaffung der NATO sollen auch alle Kooperationsvereinbarungen zwischen der EU und Israel aufgelöst werden. Genauso wie ISLAM sich auf Brüssel konzentriert, macht Be.one dies in Bezug auf andere Großstädte, in denen viele Menschen islamischen Glaubens wohnen. Dies veranlasst den emeritierten Professor Boudewijn Bouckaert (einen ehemaligen Liberalen, der später Fraktionschef der LDD im Flämischen Parlament wurde) seine Sorge darüber auszudrücken, es bahne sich eine »Zweiteilung von Flandern an, wobei in Antwerpen und Gent islamgesinnte Parteien es zusammen mit ihren linken Bündnispartnern fürs Sagen kriegen und die *suburbs* sich in eine andere Richtung entwickeln« (B. Brinkman 2018; *Hervorhebung im Original*).

Unter ihrem jungen Vorsitzenden Tom Van Grieken (geb. 1986) versucht der VB sich gemäßigter zu geben, um wieder als Protestpartei wachsen zu können. In seinem Buch, dessen Titel »Toekomst in eigen handen. Opkomst tegen de elites« (Zukunft in die eigenen Hände. Aufbäumen gegen die Eliten) noch immer den populistischen Anti-Establishment-Affekt verrät, schwört Van Grieken (2017) jeglichem Rechtsextremismus ab; stattdessen setzt er auf die »patriotische, soziale Rechte«, auf die Nation gegen den multikulturellen Globalismus, und auf das Volk, die einfachen Leute, gegen die Eliten. Auch wenn die Partei bei den Parlamentswahlen (auf föderaler und regionaler Ebene) im Jahre 2019 wieder unzufriedene flämische Nationalisten anziehen sollte, bliebe sie doch zur ewigen Opposition verdammt und könnte lediglich weiterhin verbale Attacken reiten, vertikal gegen Belgien und horizontal gegen Wallonien. Neue Feindbilder gesellen sich in den letzten Jahren dazu: vertikal die N-VA als der beneidete Konkurrent; vertikal mehr noch als das »künstliche« Belgien die Europäische Union als seelenloser, den Völkern Europas die Identität raubender Moloch; sowohl vertikal als auch horizontal der Islam als Weltgefahr bzw. sich nicht integrierende Muslime innerhalb der Flämischen Region. In Politikstil und Rhetorik versucht sich der Vlaams Belang gemäßigter zu geben, in der Hoffnung, bürgerliche Wähler an sich zu ziehen; aber in der Konfrontation mit den oben erwähnten Feinden bricht immer wieder eine herabsetzende Tonart durch. Auch die oben erwähnten Werbeplakate scheinen mehr als nur ein Ausrutscher zu sein. Als rechtspopulistisch im Sinne der oben angeführten Definition kann der VB also weiterhin wahrgenommen werden.

Literatur

Art, David. 2008. The Organizational Origins of the Contemporary Radical Right. The Case of Belgium. *Comparative Politics* 40 (4): 421–440.

Bouveroux, Jos. 1996. *Van Zwarte Zondag tot Zwarte Zondag. Vijf jaar vernieuwen in de Wetstraat. Belgische politiek in Europees perspectief.* Antwerpen: Houtekiet.

Brinkman, Bart. 2018. ›Interview Boudewijn Bouckaert, animator op rechts. »Karakterieel pas ik niet bij de N-VA« *De Standaard.* http://www.standaard.be/cnt/dmf20180413_03462519 (Zugriff: 14. 04. 2018).

Brinkman, Bart, und Peter De Lobel. 2017. Vlaams Belang op zoek naar tweede adem. Wedergeboorte of miskraam? *De Standaard.* http://www.standaard.be/cnt/dmf20170421_02845876 (Zugriff: 22. 04. 2017).

Buddingh, Hans. 2000. Excuus kan Vlaams nationalisme rehabiliteren. *NRC.* https://www.nrc.nl/nieuws/2000/09/26/excuus-kan-vlaams-nationalisme-rehabiliteren-7511773-a212026 (Zugriff: 28. 03. 2018).

Casteels, Peter, und Simon Demeulemeester. 2016. 70 puntenplan van het Vlaams Blok: wat werd uitgevoerd en wat niet? *Knack.* http://www.knack.be/nieuws/belgie/70-puntenplan-van-het-vlaams-blok-wat-werd-uitgevoerd-en-wat-niet/article-longread-679149.html (Zugriff: 30. 03. 2018).

Cattebeke, Hannes. 2018. Partij Islam wil mannen en vrouwen apart op de bus. *Gazet van Antwerpen.* https://www.gva.be/cnt/dmf20180405_03448329/partij-islam-wil-mannen-en-vrouwen-apart-op-de-bus (Zugriff: 6. 04. 2018).

Decker, Frank, und Marcel Lewandowsky. 2018. Rechtspopulismus in Europa: Erscheinungsformen, Ursachen und Gegenstrategien. *Zeitschrift für Politik* 64 (1, März 2017): 21–38.

Demeulemeester, Simon, und Jeroen Depreter. 2018. Dyab Abou Jahjah en Hilde Sabbe over Be.One: ›Karel De Gucht is welkom‹. *Knack.* http://www.knack.be/nieuws/belgie/dyab-abou-jahjah-en-hilde-sabbe-over-be-one-karel-de-gucht-is-welkom/article-longread-963973.html (Zugriff: 14. 02. 2018).

D'hoore, Jasper, und Wim Van De Velden. 2017. Interview. Bart De Wever: »Ik een populist? Dat is grote bullshit‹. *De Tijd.* https://www.tijd.be/politiek-economie/belgie-vlaanderen/Bart-De-Wever-Ik-een-populist-Dat-is-grote-bullshit/9893889 (Zugriff: 13. 05. 2017).

De Vries, Marijke. 2017. De Vlaamse N-VA: »Het gaat erom dat we oplossingen vinden voor dit apenland«. *Trouw.* https://www.trouw.nl/home/de-vlaamse-n-va-het-gaat-erom-dat-we-oplossingen-vinden-voor-dit-apenland-~ad13bb93/(Zugriff: 1. 09. 2017).

De Wever, Bart. 2017. Spanningsveld in België niet lang houdbaar. https://www.n-va.be/nieuws/bart-de-wever-spanningsveld-in-belgie-niet-lang-houdbaar (Zugriff: 5. 04. 2018).

De Wit, John. 2012. Kamer verstrengt snel-Belgwet. Gazet van Antwerpen. https://www.gva.be/cnt/aid1268527/kamer-verstrengt-snel-belgwet (Zugriff: 10. 04. 2018).

Francken, Theo. 2018. https://www.facebook.com/franckentheo/posts/1109928915812807 (Zugriff: 14. 04. 2018).

Hroch, Miroslaw. 2005. *Das Europa der Nationen. Die moderne Nationsbildung im europäischen Vergleich.* Göttingen: Vandenhoeck & Ruprecht.

Jaschke, Hans-Gerd. 2001. *Rechtsextremismus und Fremdenfeindlichkeit. Begriffe, Positionen, Praxisfelder.* 2. Aufl. Wiesbaden: VS Verlag für Sozialwissenschaften.

Jesse, Eckhard, und Isabelle-Christine Panreck. 2017. Populismus und Extremismus. Terminologische Abgrenzung – das Beispiel der AfD. *Zeitschrift für Politik* 64 (1, März 2017): 59–76.

JVH. 2018. Theo Francken komt met radicaal voorstel: »Geen asielzoekers meer in België«. *Gazet van Antwerpen.* https://www.gva.be/cnt/dmf20180414_03463023/theo-francken-komt-met-radicaal-voorstel-geen-asielzoekers-meer-in-belgie (Zugriff: 17.04.2018).

Klein, Tanja. 2012. *Rechtspopulistische Parteien in Regierungsbildungsprozessen. Die Niederlande, Belgien und Schweden im Vergleich.* Potsdam: Universitätsverlag Potsdam.

Reker, Judith. 2014. Rechtspopulismus. Ein nicht zu Ende gedachter Rechtsextremismus? *Goethe Institut.* https://www.goethe.de/de/kul/ges/20452133.html (Zugriff: 4.03.2018).

Rochtus, Dirk. 2011. Extremismus in Belgien. In *Extremismus in den EU-Staaten,* hrsg. von Eckhard Jesse und Tom Thieme, 35–50. Wiesbaden: VS Verlag für Sozialwissenschaften.

Rochtus, Dirk. 2005. Die belgische Haltung gegenüber der Frage des EU-Beitritts der Türkei. In *Die Türkei-Debatte in Europa. Ein Vergleich,* hrsg. von Angelos Giannakopoulos und Konstadinos Maras, 97–106. Wiesbaden: VS Verlag für Sozialwissenschaften.

Rochtus, Dirk. 2002. Länderporträt: Belgien. In *Jahrbuch Extremismus & Demokratie (E&D). 14. Jahrgang,* hrsg. von Uwe Backes und Eckhard Jesse, 182–202. Baden-Baden: Nomos Verlagsgesellschaft.

Roosens, Antoon. 2000. Vlaams Blok en Vlaamse Beweging. *Vlaams Marxistisch Tijdschrift* 34 (4): 27–32.

Swyngedouw, Marc, und Gilles Ivaldi. 2001. The Extreme Right Utopia in Belgium and France: The Ideology of the Flemish Vlaams Blok and the French Front National. *West European Politics* 24 (3): 1–22.

Van de Perre, Patrick. 2018. Partij grijpt terug naar oude recepten in Antwerpen. Vlaams Belang voert campagne met »door crimigranten mishandelde Vlamingen«. *Het Nieuwsblad.* https://www.nieuwsblad.be/cnt/dmf20180414_03463079 (Zugriff: 14.04.2018).

Van Dyck, Ruth. 1996. »Divided we stand«. Regionalism, Federalism and Minority Rights in Belgium. *Res Publica* 38 (2): 429–446.

Van Grieken, Tom. 2017. *Toekomst in eigen handen. Opkomst tegen de elites.* Amsterdam: Uitgeverij Van Praag.

Van Grieken, Tom. 2018. Massamigratie bedreigt onze toekomst. *Doorbraak.* https://doorbraak.be/massamigratie-bedreigt-onze-toekomst/ (Zugriff: 18.04.2018).

Van Rooy, Sam. 2018. Staatssecretaris Francken, waarom blijft u de sharia importeren? *Doorbraak*. https://doorbraak.be/staatssecretaris-francken-waarom-blijft-u-de-sharia-importeren/ (Zugriff: 6.04.2018).

Vlaams Belang Jongeren. 2018. Eigen volk eerst. http://vbj.org/standpunten/speerpunten/eigen-volk-eerst/ (Zugriff: 5.04.2018).

Populismus, UKIP und der rechte Rand

Die Souveränitätsfrage als Instrument der Ausgrenzung

Roland Sturm

1 Populismus im britischen Kontext

Mit der Frage nach der ausreichenden analytischen Schärfe des Begriffes Populismus verbinden sich wohl nicht nur im britischen Kontext einige Schwierigkeiten, die hier aber nicht eingehend erörtert werden sollen. Frank Decker und Marcel Lewandowsky unterscheiden zwischen dem alltagssprachlichen Gebrauch des Begriffes »Populismus« und dem wissenschaftlichen (vgl. Decker und Lewandowsky 2017, S. 22f.). Während der erstere die opportunistische Hinwendung der politischen Eliten zur meist durch Umfragen ermittelten »Volksmeinung« thematisiere, lege die Wissenschaft für die Populismusdiagnose den Maßstab einer dichotomen Weltsicht an, die schon den klassischen Elitetheoretikern (Pareto, Mosca, Michels) zu eigen sei. Der Populismus solidarisiere sich mit der »Masse«, verurteile das »Establishment« und finde die Legitimation von Politik in einem idealisierten Volk.

Gerade die Einwanderungsfrage brachte im britischen Fall ein erhebliches Maß an politischem Opportunismus zutage. Beispielhaft war der Parlamentswahlkampf 2015. 2014 hatte das Thema »Einwanderung« den Status des wichtigsten innenpolitischen Themas erreicht. Für die etablierten Parteien bedeutete dies Probleme. Die Konservative Partei wurde an frühere Versprechen erinnert, die Zahl der EinwanderInnen deutlich zu senken (um mehr als zwei Drittel!), die Labour Party Führung sah, dass ihre Basis weit weniger tolerant gegenüber EinwanderInnen war als sie selbst. Wenig überraschend versuchte die Konservative Partei, ihre bekannten Positionen glaubhaft zu machen. Ed Miliband, der Kandidat der Labour Party, ging noch weiter, er entschuldigte sich öffentlich dafür, dass frühere Labour-Regierungen so viele OsteuropäerInnen hatten ins Land kommen lassen (vgl. Cowley und Kananagh 2016, S. 87). Hier gab es sicherlich populistische Momente von links und von rechts, die in der britischen Politik – wie in der Politik

H. U. Brinkmann und I.-C. Panreck (Hrsg.), *Rechtspopulismus in Einwanderungsgesellschaften*, https://doi.org/10.1007/978-3-658-23401-0_10

anderer Länder – nicht unüblich sind. Im Folgenden konzentriert sich der Beitrag im Sinne des spezifischen Populismusverständnisses von Decker und Lewandowsky auf die selbsternannten »wahren Vertreter« des britischen Volkes und ihre Organisationen.

Die Frage wurde häufig gestellt, ob sich diese Mühe lohne. Es gebe in Großbritannien[1] zwar immer mal wieder Parteien am rechten Rand der Politik (bezeichnenderweise begrifflich dem »lunatic fringe« des Parteiensystems zugeordnet), diese seien aber – anders als in anderen Ländern Europas – kein Ausdruck entsprechender Gesinnungen in der britischen Gesellschaft. Common Sense und eine über Jahrhunderte erprobte Zivilkultur sowie der Respekt vor demokratischen Institutionen verhindere im Vereinigten Königreich Radikalismus auf Dauer. Rechter Populismus sei vor allem Protest, deshalb nur kurzfristig erfolgreich und parteiförmig instabil. Dem steht die Gegenthese gegenüber, dass es durchaus dauerhafte extremistische und schon gar populistische Neigungen in der britischen Bevölkerung gebe (vgl. John und Margetts 2009). Die Vertreter der Gegenthese haben es angesichts der empirischen Evidenz in der Tat schwer – alle Voraussagen zur dauerhaften Etablierung des Rechtspopulismus oder des Rechtsextremismus haben sich als falsch erwiesen. Die einfache Erklärung, dies sei der Wirkungsweise des relativen Mehrheitswahlrechts zuzuschreiben, überzeugt nicht. Selbst wenn dieses bei Parlamentswahlen eine formidable Hürde ist, gilt dies nicht für Nebenwahlen, wie den Kommunalwahlen (wo außerhalb Schottlands nach dem gleichen Wahlsystem gewählt wird), und schon gar nicht für die – in der Nach-Brexit-Zeit der Vergangenheit angehörenden – Europawahlen. Hier wurde nach Verhältniswahl gewählt. Bei Nebenwahlen konnten Parteien am rechten Rand durchaus Erfolge erzielen, aber eben nicht dauerhaft, wie noch zu zeigen sein wird.

2 Der rechte Rand

Im Zusammenhang mit den Einwanderungsbewegungen nach Großbritannien seit den 1960er Jahren gab es immer wieder Versuche, Anti-Einwandererparteien zu gründen. Inspiration hierfür kam auch aus Teilen der Konservativen Partei.

1 Wenngleich die Begriffe Great Britain/Großbritannien (GB) und United Kingdom (of Great Britain and Northern Island)/Vereinigtes Königreich (Großbritannien und Nordirland) (UK) oft synonym gebraucht werden, gibt es formal bzw. staatsrechtlich Unterschiede: Großbritannien erstreckt sich auf die Regionen England, Schottland und Wales. Nimmt man zu Großbritannien (bzw. England, Schottland und Wales) noch die Region Nordirland hinzu, so handelt es sich um das Vereinigte Königreich. In diesem Buchbeitrag werden beide Begriffe synonym verwandt.

1968 sah Enoch Powell, ein führender Kopf der Konservativen Partei, »rivers of blood« voraus[2], sollte die Zuwanderung aus der Karibik und aus Afrika so weitergehen. Und eine Reihe von Konservativen trauert bis heute dem verlorenen britischen Empire nach bzw. glaubt sogar an die neuen Perspektiven britischer Größe, die sich in der nach-Brexit-Zeit aus den Sonderbeziehungen des Vereinigten Königreichs zum Commonwealth ergeben werden.

Aus einer kruden Mischung von VerehrerInnen des Nationalsozialismus bzw. AnhängerInnen der in den 1930er Jahren gegründeten British Union of Fascists unter dem Vorsitz von Oswald Mosley, aber auch patriotisch gesinnter VerfechterInnen des weißen Großbritanniens und seiner »zivilisatorischen« Mission, sowie Protesten gegen Zuwanderung entstand im Februar 1967 die Partei National Front (NF) mit ihrem Vorsitzenden John Tyndall. Begünstigt wurde die Parteigründung durch die gemäßigte offizielle Haltung der Konservativen Partei in der Einwanderungsfrage, die sich mit der Labour Party einig war, dass Einwanderung kontrolliert möglich sein soll und dass die Politik Anstrengungen zur Integration der EinwanderInnen zu unternehmen habe (vgl. M. Walker 1977, S. 58). Die National Front erlebte ihre erfolgreichste Zeit in den 1970er Jahren, als es ihr gelang, bei Kommunalwahlen gelegentlich Stimmenanteile von über zehn Prozent zu gewinnen – aber nie ein Mandat. Sichtbar war ihre Präsenz auf der Straße, auch wegen der Gegendemonstrationen, die die NF provozierte. Die Misserfolge der NF bei Wahlen Ende der 1970er führten zu Abspaltungen von dieser Partei, die heute kaum mehr Mitglieder oder WählerInnen hat.

Ihr abgesetzter Vorsitzender Tyndall gründete 1982 die British National Party (BNP) – eine Partei gleichen Namens hatte schon in den 1960er Jahren agiert – als Nachfolgepartei der NF. Tyndall führte den rassistischen Kurs der NF weiter, vertrat Antisemitismus und eine Feindschaft zu liberalen Demokratien. Straßenkampf war ihm wichtiger als Wahlerfolge. Aus dem Ghetto des Rechtsradikalismus mehr in Richtung »Wählbarkeit« bewegte sich die BNP erst mit der Wahl von Nick Griffin als Parteivorsitzendem 1999. Die Zeit schien günstig, weil Einwanderung wieder zu einem innenpolitischen Thema geworden war und weil die liberale Haltung der regierenden Labour Party bei Teilen der Anhängerschaft der Labour Party auf Unverständnis stieß. Griffin nahm sich den Populismus des französischen Front National zum Vorbild und versuchte, seine Partei lokal zu verankern. Anti-Einwanderungspolitik wurde von der BNP nun stärker kulturell als biologisch begründet. Dies öffnete auch die Chance, den Islam als Feindbild zu präsentieren (vgl. M. J. Goodwin 2014, S. 896).

2 Die exakte Formulierung war: As I look ahead, I am filled with foreboding; like the Roman, I seem to see »the River Tiber foaming with much blood.« http://www.telegraph.co.uk/comment/3643823/Enoch-Powells-Rivers-of-Blood-speech.html (Zugriff: 15.08. 2017).

Die BNP entwickelte sich Anfang des 21. Jahrhunderts zur erfolgreichsten Partei des rechten Randes seit den Zeiten des britischen Faschismus in den 1930er Jahren. Vor allem nach dem Gewinn zweier Mandate im Europaparlament bei den Europawahlen 2009 schien die Partei »wählbar« geworden. Nach der Osterweiterung der EU war Großbritannien nur eines von drei Ländern, die unmittelbar die Grenzen für die Zuwanderung aus den neuen Mitgliedsstaaten öffneten. Im Kontext der Finanzkrise 2007/2008 entstand die Furcht vor Arbeitsplatzkonkurrenz durch Einwanderung (vgl. Kavanagh and Cowley 2010, S. 32). Diese spielte der Anti-Einwanderungsrhetorik der BNP in die Karten. Die BNP profitierte zudem von dem Sonderumstand, dass große Teile der Abgeordneten des britischen Parlaments in einen Skandal aufgrund falscher Abrechnungen ihrer Bürokosten verwickelt waren (vgl. Winnett und Rayner 2009). Letzteres hatte eine Reihe von WählerInnen dazu veranlasst, den etablierten Parteien bei der Europawahl einen Denkzettel zu verpassen. Die BNP wurde zum Instrument populistischen Anti-Establishment-Protestes. Die Fehlinterpretation der Parteiführung, dass die BNP nun eine ernstzunehmende politische Kraft sei – bestärkt beispielsweise durch eine Einladung in die wichtige BBC-Sendung »Question Time« – erwies sich für die Partei mittelfristig als existenzgefährdend, weil sie ihre Möglichkeiten überschätzte. Der BBC-Auftritt von Griffin vor acht Mio. ZuschauerInnen trug mit dazu bei, das Bild der BNP als rechtsradikaler Partei zu bestätigen. 2010 zwang die Equality and Human Rights Commission (EHRC)[3] die BNP, ihr Parteistatut zu ändern und auch Nicht-Weißen die Parteimitgliedschaft zu ermöglichen. Die Partei hatte Mühe, die Kosten der Wahl 2010 und die Prozesskosten für die Auseinandersetzung mit der EHRC zu tragen.

Nach dem enttäuschenden Wahlergebnis der BNP bei den Parlamentswahlen von 2010 eskalierte der Konflikt Griffins mit dem zweiten Europaabgeordneten der BNP, Andrew Brons, der vergeblich versuchte, Griffin zu stürzen. Die radikale Rechte fiel ins Sektierertum zurück. Bei den Kommunalwahlen 2012 bekämpften sich acht, teilweise kurzlebige rechtsradikale Parteien. Griffin musste Anfang 2014 Privatinsolvenz anmelden und verlor im Mai des gleichen Jahres sein europäisches Mandat. Die BNP war insgesamt am Boden. 2010 hatte sie für die Parlamentswahlen noch 338 Kandidaten aufgestellt und insgesamt eine halbe Mio. Stimmen gewonnen; 2015 waren es gerade noch acht Kandidaten, die für die BNP antraten und insgesamt 1 667 WählerInnen mobilisierten. Einige in der Partei setzten wieder auf den Straßenkampf. Im Juli 2014 wurde Griffin an der Spitze der Partei von Andrew Walker abgelöst, der der BNP aber auch keine neue Perspektive bieten kann. Griffin forderte die Anhänger der BNP auf, die United

3 Britische Regierungsbehörde zur Durchsetzung von gleichen Rechten und Nicht-Diskriminierung.

Kingdom Independence Party (UKIP) zu unterstützen (vgl. Cowley and Kavanagh 2016, S. 119 f.). Diese lehnt allerdings die Mitarbeit früherer Mitglieder rechtsradikaler Parteien ab.

Thematisch hatte die BNP inzwischen hinsichtlich ihres Anti-Islam-Kurses »respektablere« Konkurrenz bekommen. 2009 gründete sich die English Defence League (EDL) als aktionsorientierte Protestbewegung. Hervorgegangen war die EDL aus den Zusammenschlüssen von Fußballhooligans. Initialzündung für deren Politisierung war der Marsch einer muslimischen Protestgruppe gegen britische Frontsoldaten, die aus dem Irak-Einsatz heimkehrten (vgl. C. Allen 2014, S. 357). Die EDL bezeichnet sich selbst als nicht rassistisch, nicht gewalttätig – nur nicht länger bereit zu schweigen. Sie beteiligt sich nicht an Wahlen. Die EDL besteht darauf, dass MuslimInnen ein gesellschaftliches Problem sind wegen ihrer ideologischen Verbohrtheit. Es sei Aufgabe der MuslimInnen, ihre Religion zu reformieren, um sie kulturell mit der britischen Gesellschaft zu versöhnen. Anders als die BNP nimmt die EDL MuslimInnen nicht als Nicht-Weiße wahr, sondern als fehlgeleitete britische BürgerInnen. Antisemitismus lehnt die EDL ab. Sie unterstützt Israel und hat eine eigene jüdische Sektion. Wo die BNP MuslimInnen als Fremde ausbürgern möchte, geht es bei der EDL um Aufklärung – auch der MuslimInnen – über die Probleme ihrer Religion (vgl. Kassimeris und Jackson 2015). Allerdings gaben sich Teile der EDL mit Aufmärschen gegen den Islam nicht zufrieden. Als sich Anhänger der BNP 2010 von der Partei abspalteten und die Partei British Freedom (Vorsitzender Paul Weston, ein früheres UKIP-Mitglied; er wurde 2013 ersetzt durch Kevin Caroll, den früheren stellvertretenden Vorsitzenden der EDL) gründeten, wurden führenden Mitgliedern der EDL Listenplätze von British Freedom bei Wahlen angeboten. Im Dezember 2012 wurde British Freedom von der Wahlkommission aus dem Parteienverzeichnis gestrichen. Die Anti-Islam-Politik des rechten Randes wurde 2011 von den früheren BNP-Mitgliedern James Dowson und Paul Golding mit der Gründung von Britain First fortgeführt – einer Partei, die militaristisch und aggressiv auftritt (vgl. C. Allen 2014).

UKIP wurde 1993 von einigen Mitgliedern der Anti-Federalist League gegründet. Deren Erfinder, Alan Sked (tätig an der London School of Economics), wollte einem föderalen Europa entgegentreten, das er mit dem Vertrag von Maastricht auf das Vereinigte Königreich zukommen sah. Sked kam aus der 1989 gegründeten Bruges Group, in der sich die Unterstützer des Anti-EU-Kurses von Margaret Thatcher sammelten – geeint von den Vorstellungen, die Margaret Thatcher 1988 in einer Rede in Brüssel skizziert hatte.[4] Hier ging es in erster Linie um die Verteidigung der britischen (Parlaments-)Souveränität und damit der britischen Demokratie gegenüber der EU. Sked wurde der erste Parteivorsitzende von UKIP (vgl.

4 http://www.margaretthatcher.org/document/107332

K. Tournier-Sol 2015, S. 142). UKIP startete als typische Einthemenpartei (Austritt aus der EU), weshalb sie zunächst an Bedeutung gegenüber der von dem britischen Millionär James Goldsmith 1994 gegründeten und finanzierten Referendum Party verlor – die das gleiche Thema, aber finanziell besser ausgestattet, den WählerInnen anbot. 1997 starb Goldsmith – und seine Partei mit ihm.

Viele der Referendum Party-AnhängerInnen fanden eine neue Heimat bei UKIP. Hinter den Kulissen zog bei zahlreichen Machtkämpfen Nigel Farage die Fäden. Er setzte unterschiedliche Parteivorsitzende durch und übernahm 2006 bis 2009 selbst das Ruder. Farage war es auch zu verdanken, dass UKIP der Versuchung nicht nachgab, ein Bündnis mit der zeitweise erfolgreicheren BNP zu suchen. Das hielt aber eine Reihe von UKIP-Mitgliedern nicht davon ab, sich den Themen (und RepräsentantInnen) dieser Partei zu nähern. Die Zeitung »Evening Standard« versuchte systematisch UKIP als rassistische Partei zu entlarven (vgl. M. Goodhart 2014, S. 251). Farages Ziel war es, UnterstützerInnen der Konservativen Partei zu UKIP-AnhängerInnen zu machen. Das Mittel hierfür war, dem traditionellen Konservatismus mit seinen Forderungen nach weniger Einwanderung, Steuersenkungen, Rückkehr der Gymnasien (grammar schools), Leugnen des Klimawandels, in der UKIP (vgl. K. Tournier-Sol 2015, S. 146) eine Heimat zu bieten; denn die Führung der Konservativen Partei schickte sich unter David Cameron an, die Parteiprogrammatik zu liberalisieren. Farages Strategie war es, UKIP vom Image der Ein-Themen-Partei zu befreien.

Nach einem Intermezzo mit anderen Parteivorsitzenden von jeweils kurzer Amtsdauer wurde Farage 2010 wieder Parteivorsitzender. Es folgten die erfolgreichsten Jahre von UKIP. Als Farage 2016 zurücktrat, war die ersehnte Entscheidung für den Brexit (am 23. Juni 2016) gefallen. Die Partei hatte ihr Ziel erreicht, was die WählerInnen auch so sahen. War UKIP in den Europawahlen 2014 und den Parlamentswahlen 2015 noch eine ernstzunehmende Kraft, verschwand sie fast als Wahlalternative 2017. Erneut hatte eine Randpartei es nicht geschafft, sich dauerhaft im britischen Parteiensystem zu etablieren. Die These, dass die britische Zivilkultur den politischen Rändern keine Chancen einräumt, schien sich wieder einmal zu bestätigen.

3 Anhänger- und Wählerschaft der extremistischen und populistischen Parteien

Robert Ford und Matthew Goodwin (2014) haben zwei Charakteristika der UKIP-WählerInnen identifiziert, die darauf zurück zu führen sind, dass UKIP bisher vernachlässigte Segmente der Wählerschaft mobilisieren konnte. Zum einen seien die UKIP-WählerInnen sogenannte »left-behinds«, also ältere, weiße ArbeiterwählerInnen, denen es an Ausbildung sowie an Möglichkeiten und Fähigkeiten fehle, an der wirtschaftlichen Modernisierung zu partizipieren – also sich gut bezahlte Arbeitsplätze und gesellschaftlichen Aufstieg sowie die Zukunft ihrer Kinder zu sichern. Zum anderen seien UKIP-WählerInnen auch deshalb marginalisiert, weil sie ein Wertesystem vertreten, das sie in Konflikt mit dem sozialen Wandel bringt bzw. von jüngeren und besser Gebildeten als rückständig und intolerant betrachtet wird. Für UKIP-AnhängerInnen zählen Vorbehalte zur Einwanderung und zur Integration der ZuwanderInnen (deren negative Seiten sie direkt erleben). Sie schätzen Patriotismus, können wenig mit gender-Fragen und Gleichstellungspolitik anfangen (beispielsweise der »Ehe für alle«), sie lehnen die EU ab und sind skeptisch gegenüber dem Multikulturalismus. Die »left-behinds« haben gute Gründe skeptisch zu sein. Ihre Lebenswelt der industriellen Arbeit, der starken Gewerkschaften, der Wohnsituation in Council Houses (kommunaler Wohnungsbau) ist verschwunden, ihre Einkommen sind geschrumpft, gesellschaftliche Ungleichheit hat aus ihrer Perspektive zugenommen. Zu sagen in der Gesellschaft haben nun finanziell abgesicherte AkademikerInnen, deren Wertvorstellungen Politik, Wirtschaft, Gesellschaft und Medien durchdringen (vgl. Ford and Goodwin 2014, S. 278ff.).

Eine solche Analyse – die andere Autoren teilen (vgl. Cowley and Kavanagh 2016, S. 113) – legt nahe, dass UKIP zeitweise so etwas wie eine neue Arbeiterpartei wurde, also der Labour Party mit populistischen Parolen und einer Anti-Establishment-Rhetorik Stimmen der WählerInnen nahm. Paul Sykes, einer der Hauptgeldgeber der Partei, forderte 2015 Farage auf, sich das »Oxford/Cambridge-Gesindel vorzunehmen« (»to take on that Oxbridge lot«, Cowley and Kavanagh 2016, S. 115). Dass UKIP das wahre Volk repräsentiert, war durchaus auch die Überzeugung ihres Parteivorsitzenden Nigel Farage. Er verkündete am Morgen nach dem für UKIP erfolgreichen Brexit-Referendum, nun hätten die wahren Briten, die normalen, anständigen Menschen gesprochen (vgl. R. Sturm 2016, S. 885). Die Beobachtung, dass bei den Wahlen 2017 ein beträchtlicher Teil der UKIP-AnhängerInnen in England und Wales zur Labour Party zurückfand, scheint die These von der Anfälligkeit von ArbeiterwählerInnen für die Parolen von UKIP zu bestätigen.

Eine Nachwahlstudie von Lord Ashcroft fand aber auch, dass ca. 60% der UKIP-WählerInnen von 2015 im Jahr 2017 die Konservative Partei wählten (vgl. The Economist vom 17.06. 2017, S. 28). Politische KommentatorInnen haben UKIP in der Regel als rechtspopulistische Partei einsortiert, was auch bedeuten würde, dass sie in erster Linie in das Reservoir der einwanderungsskeptischen, Anti-EU-WählerInnen der Konservativen Partei eindringen konnte. Von der Konservativen Partei wurde UKIP durchaus als konservative Konkurrentin wahrgenommen (vgl. Ford und Goodwin 2014, S. 278). Der Versuch David Camerons, UKIP als extremistische Partei der politisch Unzurechnungsfähigen zu stigmatisieren (»a party of fruitcakes, loonies and closet racists«, zitiert nach E. Kaufmann 2014, S. 247), um den lästigen Rivalen loszuwerden, scheiterte. 2014 traten zwei konservative Unterhausabgeordnete (Douglas Carswell, MP for Clacton, und Mark Reckless, MP for Rochester and Strood) zur UKIP über, und im House of Lords verfügte die Partei noch 2017 durch konservative Überläufer über drei Mitglieder. Schon 2007 waren die Peers Lord Pearson of Rannoch (kurzfristiger Parteivorsitzender 2009–2010) und Lord Willoughby de Broke von den Konservativen zur UKIP übergetreten. Es ist bemerkenswert, dass gerade die Nachwahlen 2014 (die auf die Übertritte der beiden konservativen Unterhausabgeordneten folgten) zeigten, dass UKIP seine Nachwahlerfolge den Stimmenverlusten aller etablierten Parteien verdankte (vgl. Tabelle 1).

Woher kam die Neigung, von der Konservativen Partei zu UKIP zu wechseln? Paul Webb und Tim Bale (2014) argumentieren, dass es sich bei den Parteiwechslern um »cultural Conservatives« handele, also keine Konservativen, die sich an ökonomischen Grundsätzen orientieren. Sie sind gerade nicht marktradikal, sondern eher »Parteilinke«, die dem Staat eine Rolle in der Wirtschaft zugestehen. Die Themen EU-Austritt und Zuwanderung sind ihnen besonders wichtig. Hinzu kommt, dass sie sich in der Konservativen Partei mit ihrer Haltung nicht respektiert fühlen. Hierzu gehört auch die Ablehnung des – zum Zeitpunkt der Befragung amtierenden – Parteivorsitzenden David Cameron durch UKIP-SympathisantInnen der Konservativen Partei.

Vor der Wahl 2015 entstand eine wissenschaftliche Auseinandersetzung über die Frage, ob bei dieser Wahl UKIP eher den Konservativen oder eher der Labour Party Stimmen kosten würde. Die Labour Party war zunächst über das Auftreten UKIPs erfreut, denn alles sei gut, was den Konservativen schade – bis die Parteiführung verstand, dass auch ihre Basis bedroht war (vgl. Cowley und Kavanagh

Tabelle 1 Nachwahlen in Clacton und Rochester and Strood, 2014 (Ergebnisse in %)

	Clacton 2010	Clacton 2014	Veränderung	Rochester and Strood 2010	Rochester and Strood 2014	Veränderung
Labour	25,0	11,2	−13,8	28,5	16,8	−11,7
Konservative	53,0	24,6	−28,4	49,2	34,8	−14,4
Liberaldemokraten	12,9	1,3	−11,6	16,3	0,9	−15,4
UKIP		59,7	+59,7		42,1	+42,1

Quelle: Ford and Goodwin 2016, S. 489.

2016, S. 86). Geoffrey Evans und Jon Mellon (2016) vertraten die auf den ersten Blick paradoxe These, dass beides möglich sei: UKIP-Erfolge auf Kosten der Konservativen Partei und der Labour Party. Die Labour Party habe schon vor dem Erstarken von UKIP einen Teil ihrer Kernwählerschaft verloren, nämlich denjenigen, der den liberalen Konsens in der Partei hinsichtlich der positiven Folgen der EU-Integration und der Einwanderung nicht teilte. Cowley und Kavanagh (2016, S. 406) datieren den Beginn dieses Prozesses auf das Wahljahr 2010. Enttäuschte Labour-WählerInnen gingen nicht mehr zur Wahl oder wählten die Konservative Partei. UKIP konnte es gelingen, diese unzufriedenen ehemaligen Labour-AnhängerInnen von den Konservativen und aus dem Nichtwählerbereich abzuwerben, so die These. Eine solche politische Neuorientierung in der Wählerschaft – sollte die Analyse zutreffen – konstituiert aber keine Anhängerschaft von UKIP auf Dauer. Was Evans und Mellon nicht voraussahen war, dass der neue linkspopulistische Kurs des Labour-Vorsitzenden Jeremy Corbyn nach der Wahl 2015 den enttäuschten früheren Labour-WählerInnen eine neue Heimat bieten konnte. UKIP wurde bei der Wahl 2017 zerrieben zwischen der für ihre früheren WählerInnen wieder attraktiven Labour Party, deren Vorsitzender keinen Anti-Brexit-Kurs verfolgte, und einer Konservativen Partei, die sich als authentische Stimme des Brexit und der benachteiligten BürgerInnen in der Gesellschaft – die sich gerade so noch durchs Leben schlagen können, den Jams (denjenigen, die »just about manage«) – positionierte (vgl. R. Sturm, 2017a).

Ökonomische Umstände allein machen WählerInnen nicht geneigt, UKIP oder auch BNP zu wählen, wie Ford und Goodwin (2016, S. 485) argumentieren. Hinzu kommen ein größer als durchschnittliches Misstrauen anderen Menschen (Nachbarn) gegenüber, weniger lokale Einbindung und Furcht vor ethnischer Vielfalt. UKIP-WählerInnen haben das Vertrauen in das politische System verloren. Nähe zu UKIP entsteht durch kulturelle Entfremdung, nicht nur durch ökonomische Marginalisierung. Es sollte nicht übersehen werden, so Mellon und Evans (2016), dass dies nicht ausschließt, dass »left behinds« auch aus den Mittelschichten stammen können. Hier, so die Autoren, hat UKIP den größten Anteil an Unterstützung in der britischen Bevölkerung, was die Anfälligkeit der Arbeiterschaft für ihre Themen nicht ausschließt. Die Daten von Mellon und Evans zeigen, dass 45 % der UnterstützerInnen der Konservativen Partei die UKIP als zweite Präferenz sehen. Nur bei 19 % der Labour-AnhängerInnen hat UKIP eine solche Position. Labour-Präferenzen für UKIP sind eher im Norden Englands zu finden. Wenn UKIP bei Wahlen nicht antritt, wählen ca. 20 % ihrer AnhängerInnen Labour, aber 42 % Konservative.

Ford et al. (2012) fügen dem Bild der UKIP-WählerInnen eine andere Facette hinzu. Ihre These lautet, dass UKIP bei den Europawahlen eine strategische Wahlalternative für enttäuschte Konservative ist, die damit ihre Anti-EU-Haltung besser ausdrücken könnten als mit der Unterstützung der Konservativen Partei. Strategische WählerInnen bleiben aber AnhängerInnen der Konservativen Partei, wie sich bei nationalen Wahlen zeigt. Bei diesen Wahlen wählt nur noch der harte fremdenfeindliche Kern der UKIP-AnhängerInnen diese Partei – auch in dem Bewusstsein, hier eine »anständige« Alternative zur BNP zu haben. Ein Indiz für die Differenz zur BNP ist, dass beinahe die Hälfte der Anhängerschaft von UKIP weiblich ist, während die BNP – dem Muster rechtsextremer Parteien entsprechend – von Männern dominiert wird (vgl. Tabelle 2). Insgesamt, so Ford et al., sind UKIP-SympathisantInnen mehrheitlich Männer mittleren Alters, in finanziell unsicheren Verhältnissen lebend, mit einem Hintergrund in der Konservativen Partei. UKIP-UnterstützerInnen sind FacharbeiterInnen, die den Wettbewerb auf dem EU-Binnenmarkt als Bedrohung empfinden. Neben EU-Skepsis zeichnet UKIP-WählerInnen die Ablehnung von Einwanderung und des Establishments aus, Merkmale die sie mit AnhängerInnen der BNP teilen.

Tabelle 2 Merkmale (in %) der UnterstützerInnen von UKIP und BNP im Vergleich (Europawahlen 2009)

	UKIP	BNP	Konservative	Labour
Männlich	55	61	45	53
Alter: 18–29	10	17	22	23
30–44	20	30	27	25
45–59	35	31	28	31
60+	36	22	24	23
Familie: konservativ	32	25	47	11
Familie: Labour	42	47	25	66
Nicht genug Geld, um anständig zu leben	59	74	50	42
Für Brexit	82	70	44	19
Politiker sind korrupt	67	78	50	36
Einwanderungsstopp	87	94	68	46
Islam ist eine Gefahr für die westliche Zivilisation	64	79	49	37
Gegen Homoehe	41	43	28	18

Quelle: R. Ford et al. 2012, S. 212, 214.

Eine Wahlkreisanalyse für die Parlamentswahl von 2015 bestätigt das Bild, dass UKIP die besten Chancen in jenen Wahlkreisen hatte, in denen wenige Menschen mit Universitätsausbildung wohnten, viele arbeitslos waren, vor allem Menschen mit weißer Hautfarbe lebten und deren Geburtsland das Vereinigte Königreich war. Vor allem das Bildungsniveau war für die UKIP-Präferenz aussagekräftig (vgl. Cowley und Kavanagh 2016, S. 403). In Gegenden mit hoher Zuwanderung hatte UKIP keine besonderen Erfolge – auch weil entsprechende Wahlkreise in London und anderen größeren Städten liegen, für welche die einen Wahlerfolg von UKIP begünstigenden Merkmale nicht gelten. Das heißt aber nicht, dass weiße Briten in Londoner Wahlkreisen weniger zu UKIP neigten als anderswo (vgl. E. Kaufmann 2014, S. 249). Die Anti-Zuwanderung-Botschaft UKIPs brachte Wahlerfolge vor allem in Wahlkreisen mit wenig Zuwanderung. In erster Linie verfing hier der Widerstand UKIPs gegen arbeitssuchende EU-EinwanderInnen. Dieses Bild der Wählerschaft für die Partei ist, in kleinerem Maßstab, ganz ähnlich für die BNP (vgl. Cowley and Kavanagh 2016, S. 404 f.).

4 Populistische Wahlerfolge und ihre Voraussetzungen

Die Literatur ist sich einig, dass die populistischen und extremistischen Parteien des Vereinigten Königreichs ihre Wahlerfolge in erster Linie bei Nebenwahlen (Europawahlen, Kommunalwahlen, Nachwahlen zum Unterhaus) erzielen. Gerade die Europawahlen boten sich als Forum für das EU-Austrittsthema von UKIP an. Bei niedriger Wahlbeteiligung, einem Verhältniswahlsystem und dennoch hohem öffentlichen Aufmerksamkeitswert konnten leichter vermeintliche »Durchbrüche« erzielt werden. Die Medien nahmen den Europawahlerfolg von UKIP 2014 – UKIP wurde stärkste Partei – zum Anlass, diese Partei auf Augenhöhe mit den etablierten Parteien zu sehen. Aber schon vor dem Wahlergebnis zog UKIP im Wahlkampf 2014 die größte journalistische Aufmerksamkeit auf sich, wie eine empirische Untersuchung (vgl. S. Cushion et al. 2015) belegte. Dies lag auch daran, dass die zwei Kernbotschaften der UKIP – EU-Austritt und Einwanderungskontrolle – das Interesse der Medien beherrschten, und sich auch am ehesten in den teilweise extrem EU-feindlichen Massenblättern für Schlagzeilen eigneten. Hinzu kam die Kumpelhaftigkeit des UKIP-Vorsitzenden Nigel Farage, die von den Medien als Charakteristikum Farages noch verstärkt wurde: »Farage was shown having lunch, drinking beer and smoking cigarettes in or around a public house. This relaxed and somewhat casual portrayal of Farage – less apparent in imagebites of other leaders – was further reinforced by appearances against other informal backdrops; talking and texting on a bus, chatting to journalists whilst campaigning, sharing a picnic table with ITV's political editor and casually greeting voters outside a café.« (vgl. S. Cushion et. al. 2015, S. 318).

Seit 1999 nimmt UKIP an Europawahlen teil. Die Partei vergrößerte ihren Stimmenanteil kontinuierlich (vgl. Tabelle 3), bis sie 2014 zur stärksten britischen Partei im Europaparlament wurde. UKIP war bei Europawahlen immer stärker als die BNP. Die BNP spielte zudem zu Zeiten des größten Erfolgs für UKIP – bei den Wahlen 2014 – trotz vorher sich stetig verbessernder Ergebnisse keine Rolle mehr. 2014 fand ein großer Teil der BNP-WählerInnen bei UKIP eine neue Heimat (vgl. M. J. Goodwin 2014, S. 903). Die Wahlbeteiligung bei Europawahlen im Vereinigten Königreich lag noch unter den in der Regel ca. 40 %, die bei Kommunalwahlen erreicht werden. Dies allein hätte eine kritischere Sicht auf die Wahlerfolge von UKIP auf EU-Ebene nahegelegt. In der britischen Öffentlichkeit wurde UKIP aber als neue Kraft gesehen.

Ähnlich wurden im Falle der BNP kommunale Wahlergebnisse überschätzt. Obwohl es keinen Zweifel gibt, dass Kommunalvertretungen politisch unbedeutend sind, kaum Gestaltungsspielraum haben und deshalb auch selten überdurch-

Tabelle 3 Das Abschneiden von UKIP und BNP bei Europawahlen*

	1999	2004	2009	2014
Wahlbeteiligung GB	23,1 %	38,2 %	34,3 %	34,2 %
Konservative: Sitze	**36**	**27**	**25**	19
Stimmenanteil	35,8 %	25,9 %	27,7 %	23,9 %
Labour: Sitze	29	19	13	20
Stimmenanteil	28,0 %	21,9 %	15,7 %	25,4 %
Liberal Democrats: Sitze	10	12	11	1
Stimmenanteil	12,7 %	14,4 %	13,7 %	6,9 %
UKIP: Sitze	3	12	13	**24**
Stimmenanteil	7,0 %	15,6 %	16,5 %	27,5 %
British National Party: Sitze	–	–	2	–
Stimmenanteil	1,0 %	4,9 %	6,24 %	1,14 %
Sitze GB insgesamt	84	75	69	70
Sitze UK insgesamt	87	78	72	73

*Ab 1999 wurde als Wahlsystem für Europawahlen im Vereinigten Königreich die Mehrheitswahl durch die Verhältniswahl abgelöst. Bei der Wahl 1994 hatte UKIP 1,0 % der Stimmen erreicht und keinen Sitz im Europaparlament. Es werden nicht alle Parteien abgebildet.

Fett gedruckt: Stärkste Partei.

Quelle: R. Sturm 2015, S. 222.

schnittlich engagierte PolitikerInnen anziehen, wurden die Kommunalwahlerfolge der BNP teilweise als »gesellschaftliche Verankerung« diskutiert. Was sie jedoch vor allem waren, das war Protest, lokaler Protest gegen Zuwanderung, sozialen Verfall und Realitätsferne der Londoner Regierung. Was die Aufmerksamkeit der Öffentlichkeit im Falle der BNP erregte, war das Erringen von 60 Ratssitzen in England durch die BNP im Zeitraum 2002 bis 2007.[5] Wenn man bedenkt, dass von 1921 bis 2001 rechtsradikale Parteien insgesamt gerade einmal sechs Ratsherren stellten, versteht man den Quantitätssprung.

Die BNP versuchte nach dem Vorbild des französischen Front National, Parteistrukturen in gesellschaftlichen Problemzonen aufzubauen. Ein wichtiges Thema war seit dem Ende der 1990er Jahre die Zuwanderung. Die zum Teil hysterische Berichterstattung der Massenblätter zu diesem Thema kam der Partei entgegen. Hinzu kam die BNP-Kritik am Multikulturalismus, insbesondere am politischen Islam, welche nach 9/11 und dem Londoner Terrorangriff vom 7. Juli 2005 Bestätigung zu finden schien. Im lokalen Bereich trat die BNP möglichst wenig militant auf und versuchte vor allem, mehr weibliche Mitglieder zu werben. Und schließlich bot man sich den Labour-WählerInnen als wahre Partei der ArbeiterInnen an – die sich von Tony Blairs New Labour-Modell der Partei (also einer Labour-Partei der Mitte) prinzipiell unterschied. Die BNP verfocht lokal eine »Kümmerer«-Strategie und setzte sich für Themen wie häufigere Leerung von Mülltonnen oder gegen Schwellen auf der Straße zur Verkehrsberuhigung ein. Dass sie damit ein Alleinstellungsmerkmal für sich verbuchen konnte, zeigt den beunruhigenden Zustand, in dem die lokalen Organisationen der traditionellen Parteien häufig sind. Ihnen fehlen AktivistInnen. Die Volatilität bei Kommunalwahlen ist gewachsen, traditionelle Parteibindungen sind erodiert. Dies alles erleichterte es einer entschlossenen, engagierten und strategisch denkenden rechtsextremen Partei mit einer populistischen Fassade, Erfolge zu erzielen. Auch hier, wie im Falle von UKIP bei den Europawahlen, wurden zeitweise Erfolge der Partei überinterpretiert.

Der eigentliche Test für die Stärke von Parteien im Vereinigten Königreich sind die Wahlen zum britischen Parlament (d. h., dem Unterhaus). Hier zeigt sich der oben erwähnte Effekt der Wählerneigung zur Mitte und die Irrelevanz der Extreme – verstärkt durch die relative Mehrheitswahl in Einerwahlkreisen. KandidatInnen bei britischen Parlamentswahlen müssen 500 Pfund (deposit) hinterlegen, die sie nur wiedererhalten, wenn sie mindestens fünf Prozent der Wählerstimmen in ihrem Wahlkreis gewinnen. Der Rückgang von »lost deposits« ist ein guter Indikator für eine zunehmende Breite der nationalen Unterstützung für eine Partei. Wie Tabelle 4 zeigt, wies für UKIP Vieles darauf hin, dass sich die Partei all-

5 Vgl. auch zum Folgenden S. Wilks-Heeg 2009.

Tabelle 4 Das Abschneiden von UKIP und BNP bei den Parlamentswahlen 1997–2017

	1997	2001	2005	2010	2015	2017
UKIP						
Stimmen	1,2 %	1,5 %	3,2 %	3,1 %	12,6 %	1,8 %
Kandidaten	194	428	496	558	624	378
Lost deposits	193	422	458	459	79	337
Parlamentssitze					1	
BNP						
Stimmen	0,1 %	0,2 %	0,7 %	1,9 %	0,0 %	0,0 %
Kandidaten	95	145	119	338	8	10
Lost deposits	95	135	85	266	8	10

Quelle: R. Sturm 2015, S. 165, und Ergänzungen.

mählich zu etablieren begann. Die Zahl ihrer WahlkreiskandidatInnen stieg ab 1997 an. 1997 und 2001 verloren noch fast alle UKIP-KandidatInnen ihr »deposit«. 2005 erreichten 38 BewerberInnen fünf Prozent in ihren Wahlkreisen, 2010 waren es 99 und 2015 schließlich 545 (von insgesamt 650 Wahlkreisen). Der Durchbruch schien geschafft. 2017 lieferte den Gegenbeweis. Die Partei trat in weit weniger Wahlkreisen an, und nur in 41 Wahlkreisen blieb das »deposit« erhalten.

Dies macht deutlich, dass der »Aufstieg« von UKIP vor allem »themengetrieben« (issue driven) war und politisch Verunsicherte ansprach; es gelang der Partei aber nie, eine sozialstrukturelle Verankerung zu erreichen (vgl. R. Ford et al. 2012, S. 215). Sie blieb populistische Fassade im Meinungskampf, auch wenn sie sich, wie erwähnt, als »Stimme des Volkes« sah. Die BNP machte im kleineren Maßstab – an den lost deposits gemessen – einen ähnlichen Entwicklungsprozess durch, der allerdings schon nach 2010 abbrach. Die BNP hatte zwar 2005 34 und 2010 72 deposits zurückerhalten; der Verlust von 266 deposits 2010 hat aber mit dazu beigetragen, die BNP finanziell zu überfordern. Hinzu kamen peinliche persönliche Auseinandersetzungen der Führungsspitze in der Öffentlichkeit bis hin zum Vorwurf von Straftaten (vgl. Carey und Geddes 2010, S. 863).

Was sind die Themen, die den UKIP-Populismus beförderten? Drei »items« (vgl. Ford und Goodwin 2014, S. 278) sind hier zu nennen:

1. Die Ablehnung der Mitgliedschaft in der EU. Diese wird nicht mit Fremdenfeindlichkeit begründet, sondern mit dem Verlust der nationalen Souveränität – also der verloren gegangenen Möglichkeit, über eigene Angelegenheiten letztendlich

entscheiden zu können (beispielsweise, weil man dem Gericht der EU unterworfen sei). UKIP knüpft hier an die britische Tradition eines Verfassungsverständnisses an, das die Parlamentssouveränität absolut setzt. Hinzu kommt UKIPs Gegnerschaft zur »föderalen Zielsetzung« der EU, also deren integrationistischer Ausrichtung. Schließlich sei das Ziel der EU, wie es in der Präambel des Lissabon-Vertrags heißt, eine »ever closer union«. Die EU sehe sich selbst auf dem Weg zur Staatlichkeit, was aber nicht britischen Wünschen entspreche. Großbritannien sei einer Wirtschaftsgemeinschaft beigetreten, nicht aber einer politischen Gemeinschaft.

2. Gegnerschaft zur Einwanderung, nicht aus Furcht vor dem Ende der Vorherrschaft der »echten« weißen Briten, wie dies die BNP kommunizierte, sondern aus wirtschaftlichen (Arbeitsplatzkonkurrenz) und sozialen Gründen (Überlastung des Sozialstaats, Wohnungsknappheit und untragbare Kosten im staatlichen Gesundheitswesen). Die Einwanderung wurde zum Schlüsselthema des UKIP-Erfolges (vgl. B. Duffy 2014, S. 264). Das Europa-Thema war bei Wahlen im Vereinigten Königreich immer eher ein »Nischenthema«, relativ unwichtig in der issue-Hierarchie der DurchschnittswählerInnen (vgl. R. Ford et al. 2012, S. 220). Eine Ausnahme bildete ein Teil der Unterstützer der Konservativen Partei. Anders war dies beim Thema Zuwanderung, das sich nach der Öffnung der Grenzen für Mittel- und OsteuropäerInnen nach der Osterweiterung 2004 mit dem Thema Europa verbinden ließ. Ökonomische Brisanz gewannen die offenen Grenzen des Vereinigten Königreichs zusätzlich durch die Finanzkrise 2007/2008, der selbst von der regierenden Labour Party mit einer Britain First-Strategie begegnet wurde. Das Thema Einwanderung war eines der Top-Themen der politischen Kommunikation und verschaffte damit UKIP die gewünschte öffentliche Aufmerksamkeit. Die Forderung nach Einwanderungskontrolle verband sich mit dem Wunsch nach EU-Austritt, weil ja nur letzterer die Kontrolle über die EU-Zuwanderung an London zurückgeben könne. Diese Akzentlegung vermied fremdenfeindliche Assoziationen und machte die Gegnerschaft zur Einwanderung zu einem Problem, das mit »Wiederherstellung« der britischen Souveränität zu lösen sei (vgl. Cowley und Kavanagh 2016, S. 112; K. Tournier-Sol 2015, S. 146). Ford und Godwin (2014, S. 282) sprechen von Farages »fusion strategy« zur Optimierung der WählerInnen-Unterstützung für UKIP: »UKIP succeeded once they found a way to link the traditional radical right appeals – immigration, identity and hostility to elites – to the euroscepticism that motivates their activists and provided their founding principles.« (vgl. Ford und Goodwin 2014, S. 282).

3. Es konnte gezeigt werden, dass Skepsis gegenüber Einwanderung im Vereinigten Königreich das Potential hat, das Vertrauen in die etablierten politischen Par-

teien zu erodieren (vgl. L. McLaren 2011). Damit wird eine Brücke geschlagen zum Vertrauensverlust in die etablierten Parteien nach der Finanzkrise 2007 und der darauf folgenden Austeritätspolitik (vgl. R. Sturm 2017b). Das dritte Thema von UKIP war die Betonung einer Politik gegen die Etablierten. Austerität, nicht Brexit, avancierte zum wichtigsten Thema in den nordenglischen Wahlkreisen bei der Wahl 2017, obwohl hier Pro-Brexit-Mehrheiten beim Referendum entstanden waren. Dass die Labour Party Jeremy Corbyn's mit einem linkspopulistischen Kurs die UKIP 2017 marginalisieren konnte, zeigt wie volatil die Anerkennung UKIPs als Anti-Establishment-Stimme war (vgl. J. Chaffin 2017, S. 7). Zu einer Politik gegen den politischen Mainstream gehört auch die Ablehnung politischer Korrektheit, die aus der Sicht von UKIP zu Denk- und Redeverboten führt. Cowley und Kavanagh (2016, S. 110) zitieren eine typische Stimme: »Schools … can't hold nativity plays or harvest festivals anymore; you can't fly a flag of St George anymore; you won't be promoted in the police force unless you're from a minority; you can't wear an England shirt on the bus; you won't get social housing unless you're an immigrant; you can't speak up about these things because you'll be called a racist; you can't even smack your children.«

UKIP konnte mit solchen Positionen zeitweise auch Proteststimmen aufsammeln, die vor 2010 an die Liberaldemokraten gegangen waren (vgl. K. Tournier-Sol 2015, S. 151). Typischerweise war UKIP in jenen Teilen des Vereinigten Königreichs weniger erfolgreich, in denen der Anti-London-Protest andere parteipolitische Vehikel fand, z. B. die Scottish National Party in Schottland.

5 Einwanderungsfrage und Parteiensystem

Das bisherige elektorale Ende von UKIP und BNP löst nicht das Grundproblem des Umgangs mit Zuwanderung. David Goodhart (2017) vertritt die These, dass im Vereinigten Königreich (wie generell in den westlichen Demokratien) eine Minderheit von Menschen aus »Nirgendwo« (anywhere) einer Mehrheit von Menschen aus »irgendwo« (somewhere) gegenübersteht. Die Menschen ohne Bindung sind in der globalen Welt zuhause, offen gegenüber Zuwanderung und persönlich erfolgreich. Den weniger erfolgreichen heimatgebundenen gesteht Goodwin zu, dass sie es nicht verdient haben, von den Erfolgreicheren mit Verachtung betrachtet zu werden. Ein »anständiger« Populismus der »somewheres« sei berechtigt. Wo die Grenze zur Fremdenfeindschaft zu ziehen sei, bleibt allerdings bei Goodharts Ausführungen offen.

Zuwanderung verändert die Wählerschaft zum einen, weil ethnische Minderheiten wahlberechtigt werden, und zum anderen, weil die ethnische Mehrheit auf die Präsenz von Minderheiten in den Wahlkreisen mit ihrem Wahlverhalten reagiert. Am deutlichsten hat die Einwanderung die Unterstützung für die Labour Party verändert, die die bevorzugte Partei der EinwanderInnen wurde. Projektionen zeigen, dass 2050 bereits die Hälfte der Labour-WählerInnen aus dem Lager der »visible minorities« kommen wird (vgl. Phillips und Webber 2014, S. 307). Für die Konservative Partei stellt sich die Frage, wie sie die Lücke zu Labour bei der Zustimmung der Einwanderergenerationen schließen kann. Dabei haben die Parteien es bei ihren WählerInnen auch mit verzerrten Wahrnehmungen der Einwanderung zu tun (vgl. S. Blinder 2015, S. 95). Für den Durchschnittsbriten sind EinwanderInnen vor allem Asylsuchende und ZuwanderInnen, die sich im Vereinigten Königreich auf Dauer niederlassen wollen. In der Realität jedoch sind die meisten EinwanderInnen Personen, die immer wieder neu kommen, aber sich nur begrenzt im Lande aufhalten – ein großer Teil dieser Gruppe sind ausländische Studierende. Auch die Zahl der EinwanderInnen wird von den BürgerInnen des Vereinigten Königreichs überschätzt. Umfragen zeigen, dass die Meinung vorherrscht, ca. 31 % der im Vereinigten Königreich lebenden Menschen habe ausländische Wurzeln; tatsächlich sind es aber nur ca. 13 % (vgl. B. Duffy 2014, S. 260). Vor allem ältere, weniger gebildete ArbeiterwählerInnen setzten sich für die Begrenzung der ZuwanderInnen ein. Dies war, wie gezeigt, das Potential für populistische Herausforderer der etablierten Parteien. Es zeigt sich, dass dieses Potential in gemischten Nachbarschaften geringer ist als in gemischten geographisch größeren Einheiten mit vergleichbar großem Zuwandereranteil (vgl. Kaufmann und Harris 2015, S. 1563).

Die Verantwortung für die neue Respektabilität des Einwanderungsbegrenzungsdiskurses tragen die beiden großen Parteien, die – anders als noch in den 1960er Jahren und 1970er Jahren – die Grenzen der Zuwanderung thematisierten.[6] Das Thema Asyl und das schnelle Abschieben von AsylbewerberInnen ohne Anspruch auf Asyl wurde seit der Regierungszeit Tony Blairs ein wichtiges Thema der Innenpolitik. Die Labour-Regierung wollte sich hier von der Opposition und vor allem von der Massenpresse nicht der mangelnden Härte zeihen lassen. Sie veränderte deshalb das Asylverfahren, um mehr AsylbewerberInnen schneller abschieben zu können; dies bezog sich vor allem auf diejenigen, deren Asylantrag zwar abgelehnt wurde, die sich aber dennoch weiterhin im Lande aufhielten. 1998 veröffentlichte das Innenministerium das Weißbuch »Fairer, Faster and Firmer: A Modern Approach to Immigration and Asylum«, dem 2002 der »Nationality, Immigration and Asylum Act« folgte. Tony Blair machte das Asylthema 2002 zur Chefsache. Die neuen gesetzlichen Regelungen erlaubten nun, ca. 80 % der Asylverfahren innerhalb von zwei Monaten abzuwickeln. Die Zeiten, die

6 Vgl. D. Feldman 2014, S. 350; s. a. zum Folgenden R. Sturm 2015, S. 207 ff.

AsylbewerberInnen blieben, um entsprechende Unterlagen beizubringen, wurden verkürzt. AsylbewerberInnen aus »sicheren Ländern« wurden sofort abgeschoben; Einsprüche dagegen waren nur noch aus ihren Heimatländern möglich. Die AsylbewerberInnen wurden in Abschiebezentren verbracht, wo über ihre Anträge schon in durchschnittlich zwölf Tagen eine erste Entscheidung vorliegt (2006 war diese nur bei einem Prozent positiv). Neu eingeführt wurden auch finanzielle Anreize, um abgelehnte Asylbewerber zur Rückkehr zu bewegen (vgl. M. Gibney 2008). 2006 wanderten 510 000 Menschen nach Großbritannien ein. Über ein Drittel (139 000) kam aus dem so genannten New Commonwealth, also aus Afrika, vor allem aber vom indischen Subkontinent (102 000); 80 000 kamen aus den alten Commonwealth-Staaten, zu denen neben Australien, Kanada und Neuseeland auch Südafrika gezählt wird; 205 000 kamen aus den damals 25 EU-Staaten. 2008 verschärfte Großbritannien seine Einwanderungsbestimmungen, um Zwangsheiraten zu erschweren. Das Einreise-Mindestalter wurde auf 21 Jahre erhöht, und Bräute sind verpflichtet, vor dem Zuzug Englisch zu lernen.

Einwanderung und das Gewähren von Asyl wurden in der Diskussion um die Bewältigung der Folgen des Terroranschlags vom 11. September 2001 in den USA in der britischen Öffentlichkeit sowie im Parlament in Zusammenhang mit terroristischer Bedrohung gebracht, und damit Sicherheitsfragen nachgeordnet (securitisation) (vgl. Huysmans und Buonfino 2008). Der 2001 verabschiedete Anti-Terrorism, Crime and Security Act widmet Einwanderung und Asyl ein eigenes Kapitel 4. Hier wird auch geregelt, dass terrorismusverdächtige AusländerInnen, die wegen der Gefahr für ihr Leben oder ihre Menschenrechte nicht nach Hause geschickt werden können, auf unbestimmte Zeit interniert werden dürfen. Sie können dagegen bei der Special Immigration Appeals Commission (SIAC) Einspruch einlegen, erhalten aber keine volle Akteneinsicht. Die britische Regierung musste für diese Regelung (ebenfalls mit der Begründung einer Notsituation) am 12.11.2001 Artikel 5 der Europäischen Menschenrechtskonvention (EMRK) außer Kraft setzen, der Verhafteten ein ordentliches Gerichtsverfahren garantiert.

Der Innenminister bat 2002 den Privy Council (Kronrat) um eine Stellungnahme. Der im Dezember 2003 veröffentlichte Newton Report stellte zum einen fest, dass die in Kapitel 4 der Exekutive übertragenen Rechte nicht ausreichen, um den Terrorismus zu bekämpfen. Er forderte aber gleichzeitig, eine Regelung zu finden, die der EMRK nicht widerspricht. Letzterem wurde mit einer neuen Gesetzesinitiative der britischen Regierung Rechnung getragen. Der Prevention of Terrorism Act (2005) sieht nun eine richterliche Mitwirkung bei dem Verhängen von Auflagen gegen Terrorismusverdächtige vor, sowohl wenn es um den Entzug von Freiheitsrechten geht (derogating Control Order) als auch bei deren Einschränkung (non-derogating Control Order). Derogating Control Orders werden für sechs Monate verhängt, non-derogating Control Orders für zwölf. Beide können verlängert werden. Der Immigration, Asylum and Nationality Act 2006 erschwerte Einsprüche gegen Abschiebung, führte Strafen für das Beschäftigen von Personen ohne Aufenthaltserlaubnis ein und machte es leichter, Terrorverdächtigen die britische Staatsbürgerschaft zu entziehen und sie abzuschieben.

Die Einwanderungsfrage blieb auch unter den von David Cameron geführten Regierungen von tagespolitischer Bedeutung (vgl. Carey and Geddes 2010, S. 852ff.; T. Bale et al. 2011). Die von der Konservativen Partei in Auftrag gegebenen Umfragen zeigten, dass UKIP in der Lage war, der Partei WählerInnen abspenstig zu machen. UKIPs Erfolgsthema war weniger der EU-Austritt als vielmehr die Einwanderung. Zweieinhalb Jahre lang vor der Wahl 2015 gaben die Befragten ohne Unterbrechung an, dass für sie Einwanderung das wichtigste innenpolitische Thema sei (vgl. Cowley and Kavanagh 2016, S. 53). Cameron versprach die Einwanderung auf eine fünfstellige Zahl zu reduzieren, also unter 100 000 im Jahr ab 2020. Dies war ein äußerst ambitioniertes Ziel, wenn man bedenkt, dass die Zuwanderungszahlen nach Großbritannien seit mehr als 25 Jahren höher sind und durchweg doppelt so hoch als beispielsweise die Zuwanderung nach Kanada. Die vergleichsweise geringere Zuwanderung nach Kanada ist ein Grund, weshalb UKIP zeitweise ein Einwanderungsrecht nach kanadischem Vorbild forderte (später wurde Australien als Vorbild genannt). Schon im Wahlkampf 2015 musste sich David Cameron gegen den Vorwurf verteidigen, er habe das Problem der Zuwanderung nicht im Griff und habe es nicht geschafft, die Zahl der ZuwanderInnen zu verringern. David Cameron hatte im Wahlkampf argumentiert, die wachsende Zuwanderung sei Beleg für die wirtschaftlichen Erfolge seiner Regierung. Weil die britische Wirtschaft so erfolgreich sei, wollten so viele Menschen aus EU-Ländern zuwandern. Die Konservative Partei legte sich in ihrem Wahlprogramm auf das Prinzip »something for something« fest. Nur EU-BürgerInnen, die eine ausreichende Zeit im Vereinigten Königreich gearbeitet haben, sollten Sozialleistungen erhalten. Die Labour Party unterstützte die Forderung nach einer Begrenzung der Zuwanderung im Wahlkampf 2015.

Nach dem Wahlsieg 2015 schuf die Regierung Cameron umgehend Fakten. David Cameron übernahm die Leitung einer Immigration Task Force seines Kabinetts. Die Regierung brachte Gesetzgebung gegen die illegale Einwanderung auf den Weg. Diese erlaubt es der Polizei, die Löhne illegaler EinwanderInnen einzuziehen. Es wird geschätzt, dass sich mehr als 600 000 illegale EinwanderInnen (vgl. The Economist vom 18.07.2015, S. 27) im Lande aufhalten. Die meisten sind legal eingereist, bleiben aber nach Ablauf ihrer Visa im Land. Kurz vor der Wahl 2015 waren deshalb Ausreisekontrollen eingeführt worden. Mit der neuen Gesetzgebung haben Menschen, die aus dem Vereinigten Königreich ausgewiesen werden, erst im Ausland die Möglichkeit, gegen ihre Ausweisung Einspruch zu erheben. Das galt bisher nur für ausländische StraftäterInnen. VermieterInnen und

Bankangestellte müssen seit dem Immigration Act von 2014 mit Sanktionen rechnen, wenn sie Verträge mit illegalen EinwanderInnen schließen. Im August 2015 kündigte die Londoner Regierung Razzien bei Reinigungsfirmen und auf Baustellen an, um nach Flüchtlingen ohne Aufenthaltserlaubnis zu suchen. In Großbritannien ansässige Unternehmen dürfen nur dann noch im Ausland Stellen ausschreiben, wenn sie dieselben Stellen auch im Inland anbieten.

Mit der Haltung der großen Parteien zur Einwanderungsfrage war auch die Stimmung bereitet, diese zu einem prominenten Thema des Brexit-Referendumswahlkampfes 2016 zu machen. Hier bewährte sich der Populismus als Strategie – faktenfern und emotional. Der Referendumswahlkampf gab UKIP ein neues Momentum. Es gelang ihr zwar nicht, die offizielle Stimme der Nein-Kampagne zu werden. Dies wurde die Koalition aus EU-GegnerInnen aus der Konservativen Partei und der Labour Party, wenngleich unter Mitarbeit des einzigen UKIP-Abgeordneten im Unterhaus, Douglas Carswell. Ihr Motto war »Vote Leave, take control«. Von UKIP dominiert wurde eine zweite Anti-EU-Kampagne: »Leave.EU«. Leave.EU wurde Teil des »Grassroots Out Movement«, gegründet von den Abgeordneten der Konservativen Partei Peter Bone und Tom Pursglove, sowie der Labour-Abgeordneten Kate Hoey. Finanziert wurde diese Kampagne unter anderem von dem UKIP-Finanzier Arron Banks; weitere Unterstützung kam von George Galloway, dem früheren Abgeordneten für »Respect« (der Bewegung gegen den Irakkrieg). Die UKIP-Kampagne setzte ganz auf das Thema »Einwanderung« und trug damit wesentlich dazu bei, dass das Brexit-Votum eine Abstimmung über die britische Einwanderungspolitik wurde (vgl. A. Geddes 2014).

Es ist hier nicht der Ort, die zahlreichen Falschaussagen aufzulisten, mit denen im Brexit-Wahlkampf operiert wurde. Bemerkenswert ist, dass auch von seriösen Politikern der Hinweis auf Fakten mit der Bemerkung gekontert wurde, man sei der Beschwörung von Fakten müde, die ja zu jedem Thema gefunden werden können. UKIP bediente vor allem die Erwartungshaltung englischer ArbeiterwählerInnen mit geringer Bildung, männlich, weiß und in höherem Alter (vgl. Cowley and Kavanagh 2016, S. 113). Groß war Nigel Farages Enttäuschung, als ihm klar wurde, dass seine Partei bei den Verhandlungen mit der EU über den Austritt keine Rolle mehr spielen sollte. Seinem Rücktritt als Parteivorsitzender folgte ein chaotischer Nachfolgekampf, der noch einmal deutlich machte, dass die Parteieinheit aus einer vagen Mischung von Europafeindlichkeit und Protest gebildet wird, die schwer für ein kompetitives Politikangebot genutzt werden kann. In Sachen Brexit sieht sich UKIP aber immer noch als Hüter des Referendumsergebnisses, das die Partei als Mandat für einen sofortigen totalen Bruch (hard Brexit) mit der EU interpretiert.

6 Ist der Spuk vorbei?

Die Wahl 2017 kam für UKIP überraschend und belohnte die Partei nicht für ihre Rolle als »Motor« des Brexit. UKIP erlebte ein wahlpolitisches Debakel. Nachdem die Konservative Partei sich zur Brexit-Partei gewandelt hat, fehlt UKIP ein eigenes Thema. Der Versuch, Islamophobie zum neuen Thema der Partei zu machen, die Einwanderungsdebatte zu verschärfen (Parole: one in, one out) und mit der Forderung nach einer stark verringerten Entwicklungshilfe zu punkten, ging schief. Nicht mehr attraktiv schien auch die Selbstzuschreibung von UKIP als eigentliche »England«-Partei (vgl. E. Kaufman 2014, S. 247) bzw. als Gegenpol zur angeblichen »Großzügigkeit«, mit der die traditionellen Parteien Privilegien an Schottland und Wales verteilten. Sowohl bei der Auswahl des Führungspersonal als auch bei den (teilweise unzivilisierten) Machtkämpfen um die Nachfolge Farages, und nicht zuletzt thematisch scheint sich UKIP auf den rechten Rand zuzubewegen. Für Gegner der Partei war UKIP ohnehin schon immer die »BNP in blazers« (R. Ford et al. 2012, S. 209). Das Brexit-Thema ist endgültig zum Thema bzw. Problem der Konservativen geworden und – sofern damit die Personenfreizügigkeit innerhalb der EU verbunden ist – auch das Thema Einwanderung. Der rassistische Rand, der die Einwanderungsfrage aus biologistischen Motiven thematisiert, ist eine Marginalie in der britischen Politik. Der Linkspopulismus von Jeremy Corbyn hat bei den Parlamentswahlen 2017 erfolgreich große Teile der »left-behinds« und des Anti-Establishment-Protestes in die Labour Party zurückgeführt. Aussagen wie die von Karine Tourine-Sol (2015, S. 152) »UKIP can be described as a populist catch-all party with a potential for greater electoral support« waren wohl zu optimistisch. Der Populismus im Vereinigten Königreich ist aber nicht tot, er hat sich nur erfolgreich der beiden großen Parteien bemächtigt.

Literatur

Allen, Chris. 2014. Britain First: The ›Frontline Resistance‹ to the Islamification of Britain. *Political Quarterly* 85 (3, July–September): 354–361.

Bale, Tim, James Hampshire, und Rebecca Partos. 2011. Having One's Cake and Eating it Too: Cameron's Conservatives and Immigration. *Political Quarterly* 82 (3, July–September): 398–406.

Blinder, Scott. 2015. Imagined Immigration: The Impact of Different Meanings of ›Immigrants‹ in Public Opinion and Policy Debates in Britain. *Political Studies* 63 (1): 80–100.

Carey, Sean, und Andrew Geddes. 2010. Less is more: Immigration and European Integration at the 2010 General Election. *Parliamentary Affairs* 63 (4, October): 849–865.

Chaffin, Joshua. 2017. Political shock in the valley. *Financial Times* vom 15.08.2017: 7.

Cowley, Philip, und Dennis Kavanagh. 2016. *The British General Election of 2015*. Basingstoke: Palgrave.

Cushion, Stephen, Richard Thomas, und Oliver Ellis. 2015. Interpreting UKIP's ›Earthquake‹ in British Politics: UK Television News Coverage of the 2009 and 2014 EU Election Campaigns. *Political Quarterly* 86 (2, April–June): 314–322.

Decker, Frank, und Marcel Lewandowsky. 2017.Rechtspopulismus in Europa: Erscheinungsformen, Ursachen und Gegenstrategien. *Zeitschrift für Politik* 64 (1, März): 21–38.

Duffy, Bobby. 2014. Perceptions and Reality: Ten Things We Should Know About Attitudes to Immigration in the UK. *Political Quarterly* 85 (3, July-September): 259–266.

Evans, Geoffrey, und Jon Mellon. 2016. Working Class Votes and Conservative Losses: Solving the UKIP Puzzle. *Parliamentary Affairs* 69 (2, April): 464–479.

Feldman, David. 2014. Talking the Talk; Immigration Policy Since 1962. *Political Quarterly* 85 (3, July–September): 348–350.

Ford, Robert, und Matthew Goodwin. 2016. Different Class? UKIP's Social Base and Political Impact: A Reply to Evans and Mellon. *Parliamentary Affairs* 69 (2, April): 480–491.

Ford, Robert, und Matthew Goodwin. 2014. Understanding UKIP: Identity, Social Change and the Left Behind. *Political Quarterly* 85 (3, July–September): 277–284.

Ford, Robert, Matthew Gordon, und David Cutts. 2012. Strategic Eurosceptics and polite xenophobes: Support for the United Kingdom Independence Party (UKIP) in the 2009 European Parliament elections. *European Journal of Political Research* 51: 204–234.

Geddes, Andrew. 2014. The EU, UKIP and the Politics of Immigration. *Political Quarterly* 85 (3, July–September): 289–295.

Gibney, Matthew. 2008. Asylum and the Expansion of Deportation in the United Kingdom. *Government and Opposition* 43(2): 146–167.

Goodhart, David. 2017. *The Road to Somewhere: The Populist Revolt and the Future of Politics*. London: Hurst.

Goodhart, David. 2014. Racism: Less is More. *Political Quarterly* 85 (3, July–September): 251–258.

Goodwin, Matthew J. 2014. Forever a False Dawn? Explaining the Electoral Collapse of the British National Party (BNP). *Parliamentary Affairs* 67 (4, October): 887–906.

Huysmans, Jef, und Alessandra Buonfino. 2008. Politics of Exception and Unease: Immigration, Asylum and Terrorism in Parliamentary Debates in the UK. *Political Studies* 56 (4, December): 766–788.

John, Peter, und Helen Margetts. 2009. The Latent Support for the Extreme Right in British Politics. *West European Politics* 32 (3, May), S. 496–513.

Kassimeris, George, und Leonie Jackson. 2015. The Ideology and Discourse of the English Defence League: ›Not Racist, Not Violent, Just No Longer Silent‹. *British Journal of Politics and International Relations* 17 (1, February): 171–188.

Kaufmann, Eric. 2014: Introduction. The Politics of Immigration: UKIP and Beyond. *Political Quarterly* 85 (3, July–September): 247–250.
Kaufmann, Eric, und Gareth Harris. 2015. »White Flight« or Positive Contact? Diversity and Attitudes to Immigration in Britain. *Comparative Political Studies* 48 (12, October): 1563–1590.
Kavanagh, Dennis, und Philip Cowley. 2010. *The British General Election of 2010*. Basingstoke: Palgrave.
McLaren, Lauren. 2011. Immigration and Trust in Politics in Britain. *British Journal of Political Science* 42 (1, December): 163–185.
Mellon, Jon, und Geoffrey Evans. 2016. Class, Electoral Geography and the Future of UKIP: Labour's Secret Weapon? *Parliamentary Affairs* 69 (2, April): 492–498.
Philipps, Trevor, und Richard Webber. 2014. Superdiversity and the Browning of Labour. *Political Quarterly* (3, July–September): 304–311.
Sturm, Roland. 2017a. Eine Regierungschefin besiegt sich selbst. Die britischen Parlamentswahlen vom 8. Juni 2017. *Zeitschrift für Parlamentsfragen* 48 (4): 824–837.
Sturm, Roland. 2017b. Heilmittel oder Spardiktat? Wahrnehmungen und Realitäten der Austeritätspolitik. In *Europas Ende, Europas Anfang*, hrsg. von Jürgen Rüttgers und Frank Decker, 213–228. Frankfurt a. M.: Campus Verlag.
Sturm, Roland. 2016. Brexit – das Vereinigte Königreich im Ausnahmezustand? *Zeitschrift für Parlamentsfragen* 47 (4): 878–892.
Sturm, Roland. 2015. *Das politische System Großbritanniens*. 2. Aufl. Wiesbaden: Springer VS.
Tournier-Sol, Karine. 2015. Reworking the Eurosceptic and Conservative Traditions into a Populist Narrative: UKIP's Winning Formula? *Journal of Common Market Studies* 53 (1): 140–156.
Walker, Martin. 1977. *The National Front*. Glasgow: Fontana/Collins.
Webb, Paul, und Tim Bale. 2014. Why Do Tories Defect to UKIP? Conservative Party Members and the Temptation of the Populist Right. *Political Studies* 62 (4, December): 961–970.
Wilks-Heeg, Stuart. 2009. The Canary in a Coalmine? Explaining the Emergence of the British National Party in English Local Politics. *Parliamentary Affairs* 62 (3, July): 377–398.
Winnett, Robert, und Gordon Rayner. 2009. *No expenses spared*. London: Bantam Press.

Rechtspopulismus, Integration und Migrationspolitik in Nordeuropa – Die Volksheime unter Druck

Sven Jochem

1 Rechtspopulismus in den sozialdemokratischen Hochburgen Europas

Die nordischen Länder[1] können kaum als klassische Einwanderungsgesellschaften bezeichnet werden. Eine Arbeitsmigration, wie sie in Deutschland seit den ausgehenden 1960er Jahren zu beobachten ist, fand im Norden in diesem Ausmaß kaum statt. Seit 1954 existiert jedoch im Norden ein gemeinsamer Arbeitsmarkt mit unbeschränkter Freizügigkeit für Arbeitskräfte (vgl. Fischer und Straubhaar 1994). Abhängig von unterschiedlichen ökonomische Dynamiken in den nordischen Ländern kam es zum Beispiel zu signifikanten Wanderungsbewegungen der FinnInnen nach Schweden in den 1990er Jahren oder – wie gegenwärtig zu beobachten – der SchwedInnen und FinnInnen nach Norwegen. Im Laufe der 1990er Jahre und als Reaktion auf die Balkankriege bzw. auf die damit einhergehenden Flüchtlingsströme öffneten sich viele nordische Länder (allerdings in unterschiedlichem Ausmaße) für die Migration. Die nordischen Länder wurden somit ethnisch heterogene Gesellschaften. So ist der Anteil der im Ausland geborenen Menschen in Schweden im innernordischen Vergleich am höchsten (2013 16 %), gefolgt von Norwegen (13,9 %), Dänemark (8,5 %) sowie Finnland (5,6 %). Die klassischen Migrationsländer wie Luxemburg (43,7 %), Schweiz (28,3 %) oder

1 In diesem Beitrag wird der Begriff Skandinavien und nordische Länder synonym verwendet. Die nordeuropäische Staatenfamilie umfasst die fünf nordischen Nationalstaaten Dänemark, Finnland, Island, Norwegen und Schweden sowie die drei autonomen Regionen Grönland, Färöer Inseln und Åland. Da rechtspopulistische Parteien in Island bislang nicht in Erscheinung getreten sind, konzentriert sich dieser Beitrag auf die Entwicklungen in Dänemark, Finnland, Norwegen und Schweden. Vgl. allgemein zum Norden: in deutscher Sprache C. Förster et al. (2014), B. Henningsen et al. (2015) sowie S. Jochem (2012); in englischer Sprache D. Arter (2016) sowie Nedergaard und Wivel (2018).

H. U. Brinkmann und I.-C. Panreck (Hrsg.), *Rechtspopulismus in Einwanderungsgesellschaften*, https://doi.org/10.1007/978-3-658-23401-0_11

Australien (27,7 %) weisen deutlich höhere Werte auf. Deutschland nimmt mit 12,8 % einen mittleren Rangplatz aller OECD Staaten ein.[2]

Die nordischen Demokratien waren lange Zeit Hochburgen der Arbeiterbewegung – jüngst können sie allerdings fast schon als Hochburgen rechtspopulistischer Parteien in Europa gedeutet werden.[3] Zumindest haben die Wahlerfolge rechtspopulistischer Parteien in Dänemark und Norwegen seit den 1990er Jahren, in Finnland seit den 2000er Jahren und in Schweden seit der jüngsten Vergangenheit dazu geführt, dass klassische rechtspopulistische Themen wie Migration und nationale Kultur auf die politische Agenda gelangten und den Parteienwettbewerb in den jeweiligen Ländern veränderten.

Die nordische Migrations- und Integrationspolitik wurde mitunter als offen und integrativ wahrgenommen, da die universalistischen Wohlfahrtsstaaten des Nordens große Anstrengungen zur Integration unternahmen. Spätestens mit Beginn der 2000er Jahre trifft zumindest für Dänemark diese Wahrnehmung nicht mehr zu. Die rechtspopulistische Dänische Volkspartei konnte als Unterstützungspartei bürgerlicher Minderheitsregierungen ihren Einfluss auf viele Bereiche der Migrations-, Integrations- und Sozialpolitik ausweiten. Immer stärker habe sich der universalistische Charakter dieser Politik abgeschwächt und ein Wohlfahrtschauvinismus sei verstärkt worden, bei dem die politischen Programme nach ethnischen Kriterien abgestuft würden (vgl. A.-H. Bay et al. 2013; J. G. Andersen 2007). Die Migrations- und Integrationspolitik wurde zur Achillesferse der nordischen Wohlfahrtsstaaten erklärt (vgl. Brochmann und Hagelund 2015; C. E. Schall 2016) – auch deshalb, da durch die Austeritätspolitik der nordischen Länder seit den nordischen Finanzkrisen der frühen 1990er Jahre die budgetären Freiräume durch strikte Budgetregeln deutlich eingeschränkt wurden (vgl. Haffert und Mehrtens 2013; P. Mehrtens 2014).

In diesem Beitrag werden die Dynamiken rechtspopulistischer Mobilisierung und Politikbeeinflussung in den nordischen Demokratien vor dem Hintergrund der außernordischen Immigration analysiert. Ich argumentiere, dass die Migrationspolitik im Norden in einen Kulturkampf mündete, bei dem die rechtspopulis-

2 Diese Daten basieren auf https://data.oecd.org/migration/foreign-born-population.htm (Zugriff: 20. 03. 2018).

3 Es ist fraglich, ob die Benennung dieser Parteienfamilie als populistisch den Kern der strategischen Gemeinsamkeiten dieser Parteien ausmacht. In Anlehnung an Jens Rydgren (2017) schlage ich vor, eher von radikal-nationalistischen Parteien zu sprechen. Allerdings verwende ich hier den Begriff des Rechtspopulismus, um die Homogenität dieses Bandes nicht zu stören. Vgl. zu dieser Thematik Jörke und Selk (2017), W. Müller (2016), die Beiträge in J. Rydgren (2018) sowie aus genuin nordischer Perspektive Jungar und Jupskås (2014), A.-C. Jungar (2017) sowie A. Widfeldt (2015a; 2018).

tischen Parteien erfolgreich die Offenheit der nordischen Volksheime[4] einschränken konnten. Ein Wohlfahrtschauvinismus und eine restriktive Migrationspolitik sind ebenso Anzeichen dieses rechtspopulistischen Erfolges wie eine zunehmende Europaskepsis im Norden. Eine weitere Ressource für rechtspopulistische Mobilisierung stellt die nordische Ausrichtung auf Minderheitsregierungen dar. Die Notwendigkeit zu Kompromissen in Regierungsverantwortung konnte rechtspopulistische Parteien aber nicht durchweg entzaubern. Die RechtspopulistInnen im Norden sind gekommen, um zu bleiben und zu regieren.

2 Entstehung und Struktur rechtspopulistischer Parteien im Norden

Seit den 1970er Jahren errangen rechtspopulistische Parteien im Norden nicht nur erstmals nationale Parlamentssitze, sondern beeinflussen seither durch ihre mediale Präsenz zudem weite Teile der politischen Öffentlichkeit und der politischen Agenda. Die älteste rechtspopulistische Partei ist die Finnische Landvolkpartei (eine Abspaltung der Zentrumspartei), die bereits im Jahr 1970 10,5 % der Stimmen bei nationalen Wahlen erreichte und von 1983 bis 1990 Mitglied in finnischen Regierungen war. Diese Regierungsverantwortung und innerparteiliche Querelen führten allerdings zum Niedergang der Partei sowie zu einer vernichtenden Wahlniederlage im Jahr 1995; noch im selben Jahr wurde vom Führungspersonal der Partei als Nachfolgepartei die Partei der Wahren Finnen gegründet (vgl. Tabelle 1). Während sich die Landvolkpartei nahezu ausschließlich für die Interessen der Landbevölkerung einsetzte, übernahmen die Wahren Finnen auch Themen der Migration, der europäischen Integration sowie der nationalen Kultur[5] – wie es die neugegründeten RechtspopulistInnen in Dänemark und Norwegen bereits vorgemacht hatten. Finnland ist jedoch ein Beispiel für eine weitere konfliktbeladene Spaltung einer rechtspopulistischen Partei, bei der sich 2017 ein auf die Europa-Frage fokussierter sowie gemäßigter Teil um den Außen- und Europaminister Timo Soini von den Wahren Finnen abspaltete und die Partei Blaue Zukunft

4 Als Volksheim (folkhem) wird der schwedische und nordische Wohlfahrtsstaat mit seiner inklusiven Solidarität bezeichnet. Der Begriff wurde erstmals vom Vorsitzenden der schwedischen Sozialdemokratie, Per Albin Hansson, im Jahre 1928 geprägt. Grundlegend hierfür B. Henningsen (2013).

5 Die rechtspopulistische Thematisierung der nationalen Kultur in Finnland zielt unmittelbar auf die schwedischsprachige Minderheit im Land (und den Status der zu Finnland gehörigen autonomen Region Åland) ab; ca. fünf Prozent der finnischen Bevölkerung sprechen Schwedisch als ihre Muttersprache. Bisher gelang es den RechtspopulistInnen allerdings nicht, die offizielle Zweisprachigkeit des Landes zu beenden.

Tabelle 1 Gründungen und Wahlerfolge rechtspopulistischer Parteien im Norden

	Dänemark	Finnland	Norwegen	Schweden
	Danks Folke-parti (DF)	**Perussuo-malaiset (PS)**	**Fremskritts-partiet (FrP)**	**Sverigedemo-kraterna (SD)**
Gründung	1972/1995	1959/1995	1973	1988
1. Einzug ins nationale Parlament	1973/1998	1962/1995	1973	2010
Minimum/Jahr	7,4 %/1998	1,0 %/1999	3,7 %/1985	5,7 %/2010
Maximum/Jahr	21,1 %/2015	19,0 %/2011	22,9 %/2009	12,9 %/2014
Aktuell/letzte Wahl	21,1 %/2015	17,6 %/2015	15,2 %/2017	12,9 %/2014

Anmerkung: In Dänemark werden die Gründungsdaten sowie der erste Einzug ins nationale Parlament sowohl für die Fortschrittspartei als auch für die Dänische Volkspartei (DF) angegeben; die Angaben für die Wahlergebnisse beziehen sich nur auf die Dänische Volkspartei. Ebenso beziehen sich die finnischen Wahlergebnisse nur auf die Partei der Wahren Finnen, die Gründungsdaten hingegen auf die Landvolkpartei sowie auf die Partei der Wahren Finnen. Die schwedische Neue Demokratie (NyD) wird aufgrund ihrer sehr kurzen parlamentarischen Repräsentation (1991–1994) nicht in der Tabelle berücksichtigt.

Quelle: www.parties-and-elections.de; S. Jochem (2012, S. 101–106)

(Sininen tulevaisuus/SIN) gründete. Nunmehr prägt ein stark auf das Migrationsthema und den Kulturkampf ausgerichteter Teil um den neuen Vorsitzen Jussi Halla-aho die Partei der Wahren Finnen, ohne jedoch in der Regierung repräsentiert zu sein (da ausnahmslos alle Regierungsmitglieder der Wahren Finnen zur Blauen Zukunft gewechselt sind).

Der dänische Steuerrechtler Mogens Glistrup gründete die Fortschrittspartei (FrP) 1972 als Organisation, die seine Kritik am dänischen Steuer- und Wohlfahrtsstaat vorantreiben sollte. Unter seiner charismatischen Führerschaft entwickelte sich die FrP zur reinen Querulantin im Parteienwettbewerb und sie perfektionierte die parlamentarische Provokation als wichtigstes Zeichen ihrer politischen Arbeit. Die lose organisierte Partei büßte aber seit den 1980er Jahren stetig an parlamentarischer Macht ein. Pia Kjaersgaard bildete bereits vor dem endgültigen Ende der FrP 1995 die Dänische Volkspartei (DF). Sie setzte auf eine straffe Parteiorganisation, verminderte die Kritik an Steuer- und Sozialstaat und verstärkte vor allem die Thematisierung der Einwanderung, der kulturellen Identität und der EU-Kritik. Die Partei erreichte bei der Parlamentswahl 2001 genau 12 % der Stimmen und wurde hinter der Liberalen Venstre zweitstärkste bürgerliche Partei. Mit diesem Wahlerfolg löste die Liberale Venstre den »cordon sanitaire« auf, und die DF wurde zur sehr einflussreichen Mehrheitsbeschafferin einer Minderheitskoalition aus Liberaler Venstre (V) und Konservativer Partei (KF) bis 2011. Nach einer sozialdemokratisch geführten Minderheitsregierung ist die DF seit 2015 erneut Mehrheitsbeschafferin für eine bürgerliche Koalition, die erneut von der Liberalen Venstre angeführt wird und noch die Liberale Allianz sowie die Konservative Partei umfasst.

»Anders Langes Partei für eine starke Rückführung der Steuern, Abgaben und öffentlichen Eingriffe« war das norwegische Pendant zur frühen dänischen Fortschrittspartei und gründete sich 1973. Der charismatische Führungsanspruch von Anders Lange sowie die Kritik am norwegischen Steuer- und Wohlfahrtsstaat waren bereits im Namen ausgeflaggt. Nach dem Tod des Parteigründers übernahm Carl I. Hagen 1974 die Parteiführung und benannte die Partei 1977 nach dänischem Vorbild in Fortschrittspartei (FrP) um. Hagen konnte nicht nur die Parteiorganisation festigen, er leitete auch den thematischen Schwenk weg von Themen des Steuer- und Wohlfahrtsstaates, hin zu den Themen Migration, der EU sowie kulturelle Identität ein – woraufhin sich allerdings ein proeuropäischer und libertärer Flügel von der Partei abspaltete. Seit den 1990er Jahren konnte die Partei ihre Erfolge an den Wahlurnen ausbauen. 2013 wurde die FrP unter Führung von Siv Jensen Mitglied einer bürgerlichen Minderheitskoalition, die von der Konservativen Partei unter Erna Solberg angeführt wird. Nach der Wiederwahl der Koalitionsparteien in der Reichstagswahl 2017 trat noch die Liberale Venstre dieser Koalition bei; die Koalition ist jedoch weiterhin auf die parlamentarische Unterstützung der Christdemokraten angewiesen (vgl. S. Jochem 2018).

Eine Ausnahme dieser rechtspopulistischen Erfolge im Norden stellte lange Zeit Schweden dar. Der erste parlamentarische Durchbruch gelang der rechtspopulistischen Neuen Demokratie (NyD) 1991, allerdings scheiterte die von inneren Machtkämpfen zerrissene Partei bereits in der nächsten Reichtstagswahl 1994. Die Schwedendemokraten (SD) gründeten sich zwar bereits 1988, ihr parlamentarischer Durchbruch erfolgte allerdings erst sehr spät; die Partei, die in der Öffentlichkeit immer wegen ihrer Nähe zu rechtsextremen Bewegungen kritisiert wurde, konnte erst 2010 mit 5,7 % der Stimmen in den Reichstag einziehen. Bei der nächsten Wahl stieg der Rückhalt in der Wahlbevölkerung zwar auf 12,9 % an, aber alle Parteien verweigern (bislang) eine systematische Zusammenarbeit mit dieser Partei. Der in Schweden seit langem praktizierte Blockwettbewerb des Parteiensystems führt mit dieser Form des »cordon sanitaire« zu großen Problem in der Regierungspolitik, da die SD sich mitunter als Zünglein an der Waage zwischen den Blöcken profilieren kann.

3 Programmatik rechtspopulistischer Parteien im Norden

Das programmatische Profil der vier rechtspopulistischen Parteien im Norden näherte sich im Verlauf der Zeit durchaus an (vgl. A.-C. Jungar 2017), gleichwohl bestehen noch deutliche Differenzen (vgl. Abbildung 1). Die norwegische Fortschrittspartei ist ihrem libertären Gründungspathos noch am stärksten verhaftet geblieben. Zumindest zeigen die Daten des Chapel Hill Survey im Jahr 2014, dass sie deutlich klarer als ihre Schwesternparteien auf dem libertären Pol der ökonomischen Arbeitsverschränkung von Markt und Staat eingestuft wird. Zweitens ist die norwegische FrP beim Thema nationaler Kultur, Tradition und Stabilität nicht so eindeutig am autoritären Pol angesiedelt, wie dies für die finnische PS, die dänische DF oder die schwedische SD ausgewiesen wird. Zudem werden diese drei Parteien in ökonomischer Hinsicht als Mitteparteien ausgewiesen. In ökonomischen Fragen liegen diese drei Parteien nach Einschätzung der Experten näher bei den Positionen der jeweiligen Sozialdemokraten in Dänemark (S), Finnland (SDP) und Schweden (SAP) als die norwegische FrP oder die konservativen Parteien in Dänemark (KF), Finnland (KOK) und Schweden (M). Nach diesen Einschätzungen grenzt sich die norwegische FrP also eindeutig von ihren nordischen Schwesterparteien ab.

Neben Tradition und Autorität fokussieren die vier rechtspopulistischen Parteien des Nordens vor allem die Migrationsfrage. Seit den thematischen Neuausrichtungen in den 1990er Jahren werden in unterschiedlichsten Wahlplattformen und in der Kommunikation mit der Öffentlichkeit die Probleme der Migration thematisiert. Insbesondere in Dänemark schaffte es die DF, das Thema Migration bei nahezu allen Parteien zu einem Thema der Wahlplattformen zu machen – stärker, als dies in anderen Ländern Europas zu beobachten ist (vgl. Green-Pedersen und Otjes 2017). Gleichwohl ist dieser Fokus auf Migrationsprobleme und die Verteidigung einer nationalen Kultur nicht in allen vier Parteien gleich stark ausgeprägt. Zumindest in Hinsicht auf die offizielle Kommunikation der Partei ist die norwegische FrP bis auf den heutigen Tag und war die finnische PS bis zur Spaltung 2017 diesbezüglich eher zurückhaltend. »All four (rechtspopulistische Parteien des Nordens, *SJ*) meet the three populist radical right criteria of nativism, authoritianism, and populism, although immigration is given higher priority in DF and SD than in FrP and PS« (A. Widfeldt 2018, S. 552).

Die rechtspopulistischen Parteien Dänemarks (DF) sowie Norwegens (FrP) können auf die längste Geschichte und die wenigsten Zäsuren verweisen. Die finnischen RechtspopulistInnen (PS) weisen zwar ein ähnliches Alter in der Parteiengeschichte auf, allerdings sind dort die organisatorischen Zäsuren beachtlich. In Schweden hingegen konnten sich die RechtspopulistInnen bislang nur schwach

Abbildung 1 Programmatisches Profil der RechtspopulistInnen in Nordeuropa, 2014

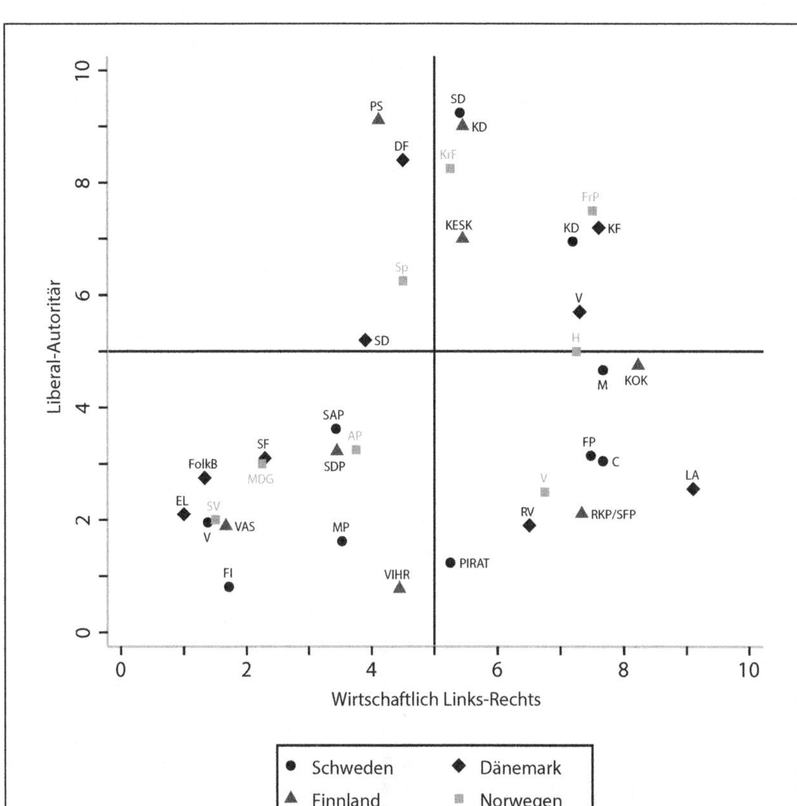

Anmerkung: Daten des Chapel Hill Expert Surveys aus dem Jahr 2014. Während in der ökonomischen Dimension klassische Fragen der Arbeitsverschränkung von Markt und Staat abgefragt werden, beziehen sich die Fragen für die liberal-autoritäre Achse vor allem auf kulturelle Fragen der Selbstbestimmung oder der Einschätzung von Tradition, Ordnung und Stabilität. Die Einstufung der Positionen basiert für Dänemark auf 11 ExpertInnenmeinungen, für Finnland auf 10, für Schweden auf 22 und für Norwegen auf lediglich 4.

Quelle: Chapel Hill Expert Survey, 2014 (https://www.chesdata.eu/our-surveys)

im Parteienwettbewerb behaupten. In jüngster Vergangenheit scheint es jedoch so zu sein, dass die Schwedendemokraten (SD) sowohl auf nationaler Ebene als auch auf kommunaler und regionaler Ebene erfolgreich Fuß fassen können.

4 Anhänger- und Wählerschaft

Die RechtspopulistInnen des Nordens sind zwar gegenwärtig erfolgreich, aber sie sind dies in einem unterschiedlichen Ausmaße – und sie sind dabei nicht vor Rückschlägen gefeit. Die größten Wahlerfolge sind vor allem in Dänemark und Norwegen zu beobachten (vgl. Abbildung 2). In Finnland konnte die PS erst 2011 ihre bis dahin eher schlechten Wahlresultate verbessern – und dann bereits 2015 in die Regierungsverantwortung gelangen. In Schweden hingegen ist die Geschich-

Abbildung 2 Sitzanteile rechtspopulistischer Parteien in Nordeuropa, 1990–2017

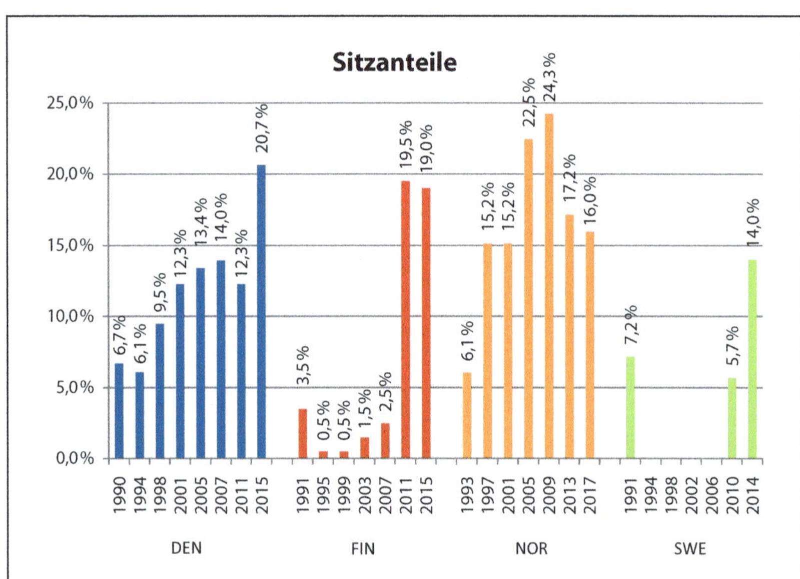

Anmerkung: Es werden die prozentualen Sitzanteile für radikal-nationalistische Parteien in den nationalen Parlamenten aufgeführt. In Dänemark spiegeln 1998 sowie 2001 die Daten für die dänische Fortschrittspartei und die Dänische Volkspartei wider; danach beziehen sich die Werte nur auf die Dänische Volkspartei. In Schweden spiegeln die Werte in 1991 die Ergebnisse für Ny Demokrati wider, danach die Werte für die Schwedendemokraten.

Quelle: Zusammenstellung und Berechnung auf der Basis von www.parties-and-elections.eu

te rechtspopulistischer Mobilisierungen von Zäsuren und Unterbrechungen gekennzeichnet. Die 1991 gegründete Ny Demokrati konnte einen Achtungserfolg verbuchen, allerdings führten innerparteiliche Auseinandersetzungen zum Zerfall der Partei und zu ihrem Ausscheiden aus dem Reichstag im Jahr 1994. Die radikalen Nationalisten der Schwedendemokraten konnten erst 2010 erstmals in den Reichstag einziehen. Mit 14 % der Parlamentssitze erzielten sie bei der nationalen Wahl 2014 einen großen Erfolg, der sie in die Nähe der Wahlergebnisse der Dänischen Volkspartei bzw. der norwegischen Fortschrittspartei brachte.

Die Erklärung der unterschiedlichen Wahlerfolge kann auf Dynamiken des Parteienwettbewerbs und Einflüsse des Wahlrechts einerseits (Angebot) sowie gesellschaftliche Mobilisierungsdynamiken und gesellschaftliche Problemwahrnehmungen andererseits (Nachfrage) zurückgeführt werden.[6] Während sich in Dänemark, Finnland und Norwegen die Parteienlandschaft seit den 1970er Jahren zusehends ausdifferenzierte, verblieb Schweden noch sehr lange dem klassisch-nordischen Fünf-Parteien-System verhaftet. In Schweden konnten die Sozialdemokraten – aber auch die bürgerlichen Parteien – lange erfolgreich das Abwandern enttäuschter WählerInnen verhindern. Da in Dänemark, Finnland und Norwegen die Parteiensysteme sich seit den 1970er Jahre rasch diversifizierten und durch das Wahlrecht keine (hohen) Hürden für kleine Parteien existieren, konnten rechtspopulistische Bewegungen sich erfolgreich auf dem Wählermarkt durchsetzen. Zudem wurden von den bürgerlichen Parteien rasch Kooperationen mit den rechtspopulistischen Parteien eingegangen, sodass rechtspopulistische Themen und Interpretationen sich stark in der Öffentlichkeit durchsetzen konnten. Dass dann aber auch in Schweden die SD sich parlamentarisch durchsetzen konnte, hat nicht nur mit Veränderungen der gesellschaftlichen Problemwahrnehmungen zu tun. Der parlamentarische Durchbruch der SD erfolgte just zu dem Zeitpunkt, als sowohl die Sozialdemokratie Schwedens (SAP) als auch die bürgerliche Allianz – vor allem die Konservative Partei Schwedens (M) – zur Mitte schwenkten (vgl. Rydgren und van der Meiden 2016; A. Widfeldt 2015b).

Auf der Nachfrageseite können als förderliche Faktoren für den zunehmenden Wahlerfolg der RechtspopulistInnen im Norden die zunehmende Migration, die gesellschaftlich umstrittene europäische Integration sowie die auch im Norden stattfindende Austeritätspolitik gelten – bei der die unteren Einkommensschichte stagnieren und sich die Schere der materiellen Gleichheit bei Einkommen sowie Vermögen rasch weitet (vgl. P. Mehrtens 2014; J. Kvist et al. 2012). Die Wähler rechtspopulistischer Parteien werden oft als klassische Modernisierungsverlierer umschrieben (vgl. H.-G. Betz 1993), was sich als Stereotyp in der medialen Auseinandersetzung widerspiegelt. Der klassische Wähler rechtspopulistischer Par-

6 Für eine Übersicht vgl. H. Kitschelt (2018) sowie A. Widfeldt (2015a; 2018).

teien sei demnach ein junger Arbeiter im privaten Sektor ohne höheren Bildungsabschluss und in einer materiell prekären Situation, der sowohl Migration als auch die politische (und gesellschaftliche) Elite mit ihrem kosmopolitischen Lebensstil ablehne.

Anders Widfeldt (2018) hat jüngst dieses Stereotyp einer Analyse auf der Grundlage von Daten des European Social Survey (2014/15) unterzogen und dabei widersprüchliche Ergebnisse zutage gefördert. Für die vier nordischen Länder kann als einzige Gemeinsamkeit gezeigt werden, dass die Ablehnung der Migration in allen vier Ländern statistisch signifikant die Wahlentscheidung erklären kann. Dies ist jedoch der einzige Faktor, der in allen vier Ländern statistisch signifikant ist. Denn die Fragen nach dem Geschlecht, nach dem Einkommen, nach dem Wirtschaftssektor oder die Einstellung gegenüber sexuellen Selbstbestimmungszielen weisen keine statistische Signifikanz auf. Die Wahlentscheidung für die *dänische* DF wird vor allem von Menschen getroffen, die keinen höheren Bildungsabschluss vorweisen können und – als einzigem Land im Norden – die politische Elite ablehnen. In *Schweden* ist vor allem die Ablehnung der Migration entscheidend, aber das Misstrauen in die Politik ist statistisch nur schwach signifikant. Die Ablehnung der EU ist nicht signifikant in Schweden, jedoch sehr deutlich ausgeprägt in *Finnland*. Nur in Finnland ist der Gender-Aspekt signifikant, nach dem vor allem Männer die PS wählen; zudem wird nur in Finnland die PS vor allem von älteren Personen gewählt. Dem oben skizzierten Stereotyp des rechtspopulistischen Wählers entspricht am ehesten *Norwegen*. Dort wird Arbeitslosigkeit, geringes Sozialkapital, Beschäftigung im privaten Sektor und die Ablehnung von Umverteilungspolitiken statistisch signifikant. Am stärksten wirken nach diesen statistischen Analysen in Norwegen das Alter und – wie in den anderen Ländern – die Ablehnung von Migration (vgl. A. Widfeldt 2018, S. 553–557).

5 Potenziale, Restriktionen und wohlfahrtsstaatliche Migrationspolitik im Norden

Die nordischen RechtspopulistInnen sind nicht nur gekommen, um in den Parlamenten zu bleiben – sie bleiben dort auch, um zu regieren. Neben der indirekten Regierungsbeteiligung der DF in Dänemark von 2001 bis 2011 sowie seit 2015 konnten jüngst in Norwegen (seit 2013) sowie Finnland (seit 2015) rechtspopulistische Parteien Regierungsverantwortung übernehmen. Lediglich in Schweden ist die SD immer noch in einen »cordon sanitaire« eingehegt, wenngleich seitens der Konservativen Partei erste Annäherungen stattfanden (vgl. Tabelle 2).

Tabelle 2 Etappen rechtspopulistischer Mobilisierung im Norden

Dänemark	Finnland	Norwegen	Schweden
1990er Jahre: Kein »cordon sanitaire«, erste Kooperationen, indirekte Wirkung auf Parteienwettbewerb **2001–2011** DF unterstützt Mitte-Rechts-Minderheitsregierungen **Seit 2015** DF unterstützt Mitte-Rechts-Minderheitsregierung	**1990er Jahre** Kein »cordon sanitaire« **Seit 2009 (EP-Wahl)** Erste Kooperationen **2011** Koalitionsverhandlungen **Seit 2015** Regierungspartei und Regierungskrise **2017** Partei gespalten: PS & SIN	**1990er Jahre** Kein »cordon sanitaire« **1997–98** FrP als Unterstützerin der Mitte-Rechts-Minderheitskoalition (Bondevik I) **2001–2005** FrP als Unterstützerin der Mitte-Rechts-Minderheitskoalition (Bondevik II) **Seit 2013** Minderheitskoalition zusammen mit Høyre (Rechte) (Unterstützung durch Christliche Volkspartei/KrF und Venstre), Wiederwahl 2017 und Ausweitung der Regierung durch Venstre	**Seit 1990** »Cordon Sanitaire« für NyD sowie SD **2006–2010** Mehrheitskoalition der Allianz für Schweden, SD nicht im Reichstag **2010–2014** Minderheitskoalition der Allianz, SD Zünglein an der Waage **Seit 2014** Rot-Grüne Minderheitskoalition, Regierungskrise, Dezemberübereinkommen (gescheitert 2015) **Seit 2017** Annäherung der M an die SD

Quelle: A.-C. Jungar (2017); A. Widtfeld (2015a; 2018); S. Jochem (2012; 2018)

Dänemark

Den größten Einfluss auf die nationale Regierungspolitik konnte die DF ausüben. Als Unterstützungspartei für die von der Liberalen Venstre geführten Minderheitsregierungen hat sie sich nach der äußerst polarisierten Parlamentswahl von 2001 (die nur neun Tage nach dem Terrorakt in New York vom 11. September 2001 stattfand) rasch als vertrauensvolle und vor allem verlässliche Unterstützungspartei profiliert. Bereits 2002 kam es durch einen Kompromiss zwischen der Regierung und der DF zu einer der stärksten Einschränkungen im dänischen Migrationsrecht seit 1983 (vgl. F. J. Christiansen 2017, S. 66). Dieser restriktive Kurs in der Migrationspolitik wurde weitgehend beibehalten bis zur Wahl von 2011.[7]

7 Dänemark kam auch in kulturellen Streitfragen im weitesten Sinne in den Fokus der globalen Öffentlichkeit. So vor allem im Zusammenhang mit dem Karikaturenstreit (2005) oder im Zusammenhang mit den Attentaten in Kopenhagen vom 14. 02. 2015.

Der dänische Parteienwettbewerb im linken Lager wandelt sich seit 2009 kurzfristig. Die Sozialdemokratie löste ihre feste Zusammenarbeit mit der liberalen (mitunter libertären) RV 2009 auf. Während die SD eine kritischere Position in der Migrationspolitik einnahm, forcierte die RV weiterhin eine uneingeschränkte Einwanderungspolitik. Die SozialdemokratInnen suchten in der Sozialistischen Volkspartei (SF) eine Unterstützerin, während die RV bei den einschränkenden Reformen im Bereich der Frühverrentung die Minderheitsregierung unterstützte. Zwar konnte die RV bei der Wahl 2011 an Rückhalt zulegen, aber es gelang den Sozialdemokraten zusammen mit der SF und der RV eine Minderheitsregierung zu bilden, unterstützt von zwei kleineren liberalen Parteien. Mit dieser Koalitionslogik wurden die Reformen im Bereich der Frühverrentung nicht angetastet; allerdings sollten die strikten Migrationsgesetze gelockert werden. Folgerichtig kam es 2012 zu Reformen, die die strikten Migrationsregeln auflockern sollten; allerdings kann deren Wirkung als eher moderat eingestuft werden (vgl. F. J. Christiansen 2017, S. 63).

Die Migrationspolitik blieb neben Fragen der ökonomischen Leistungskraft zentrales Thema bei der Wahl 2015. Obwohl Sozialdemokraten und RV vor der Wahl eine weitere Zusammenarbeit vereinbart hatten, konnten die vier bürgerlichen Parteien vor der Wahl ebenfalls eine gemeinsame Plattform verabschieden, in der eine Einschränkung der Migrationspolitik und eine Rücknahme der liberalen Reformen eingefordert wurden. Damit errangen die bürgerlichen Parteien im Parlament eine knappe Mehrheit gegenüber dem linken Lager. Zudem konnte sich die DF 2015 als stärkste Partei im bürgerlichen Lager profilieren. Trotzdem lehnte die DF eine direkte Regierungsbeteiligung ab, obwohl diese Position nur von 49 % der ParteianhängerInnen unterstützt wurde (vgl. A.-C. Jungar 2017, S. 80). Der Vorsitzende der DF, Kristian Thulesen Dahl, äußerte darauf Verständnis für die Forderungen an die Parteiführung, einer bürgerlichen Koalition offiziell beizutreten. Er führte aber auch aus, »man kann nicht automatisch sagen, dass der Einfluss in der Regierung größer ist als in der Opposition« (A.-C. Jungar 2017, S. 81; Übersetzung *SJ*).[8]

Die einschränkenden Maßnahmen in der dänischen Migrationspolitik wurden vor dem Hintergrund der Flüchtlingskrise in Europa in einer Sondersitzung unmittelbar nach der Regierungsbildung im Sommer 2015 verabschiedet. In der Öffentlichkeit vor allem in Erinnerung geblieben ist die Regelung, Flüchtlingen an der Grenze Wertgegenstände zu konfiszieren, um so deren Aufenthalt zu finanzieren. Die Restriktionen wurden seither weiter vorangetrieben. Die Integra-

8 Übersetzung des Autors: »Men, man kann inte automatiskt säga att inflytandet är större i regeringsställning än i oppositionen.«

tionsministerin Inger Støjberg (Venstre) – die als resolute Befürworterin einer einschränkenden Migrationspolitik gilt – präsentierte auf der Homepage ihres Ministeriums eine Zählung, mit der die Einschränkungen in der Migrations- und Flüchtlingspolitik seit Regierungsantritt aufgeführt werden. Zum Stand Ende April 2018 werden 73 einschränkende Maßnahmen seit Beginn der Legislaturperiode 2015 aufgelistet.[9]

Im Zusammenhang mit der Flüchtlingskrise 2015 entschied sich die bürgerliche Minderheitsregierung dafür, die Flüchtlinge ohne Kontrolle und Registrierung nach Schweden weiterreisen zu lassen. Dies führte zu Beginn des Jahres 2016 dazu, dass Schweden Passkontrollen an der dänisch-schwedischen Grenze – erstmals seit den 1950er Jahren – einführte. Die dänische Regierung führte daraufhin stichprobenartige Grenzkontrollen an der dänisch-deutschen Grenze ein, die kritische Reaktionen in der deutschen sowie europäischen Politik auslösten. Dies war ein Schritt, der allerdings kurz zuvor bereits von der norwegischen und der finnischen Regierung durchgeführt worden war (vgl. T. Etzold 2016, S. 2). Die innernordische Freizügigkeit ist seit ihrer Einführung in den 1950er Jahren damit weitgehend ausgehebelt.

Norwegen

Die norwegische FrP entschied sich – anders als die DF – zur offiziellen Regierungsbeteiligung und trat 2013 in eine bürgerliche Minderheitskoalition unter Führung der Konservativen Partei ein. Gestützt wurde die Minderheitsregierung von den Christdemokraten und der Liberalen Venstre. Die FrP konnte wichtige Ministerien übernehmen; die Parteivorsitzende Siv Jensen übernahm zum Beispiel das Finanzministerium. Nach einer Kabinettsumbildung im Dezember 2015 übernahm zudem Sylvi Listhaug das Ministerium für Immigration und Integration. Unmittelbar nach Regierungsantritt konnte die FrP noch einen Erfolg mit der Verschärfung der Migrationspolitik erreichen. In anderen Bereichen wurden der FrP rasch von den Unterstützungsparteien (und der faktischen Opposition) Grenzen gesetzt. Viele von den Zielen, die in der Parteirhetorik als bedeutsam präsentiert wurden, konnte die Partei nicht umsetzen, zum Beispiel die Liberalisierung des Alkoholverkaufs sowie die Liberalisierung von Glücksspielen (vgl. S. Jochem 2018). Vor diesem Hintergrund erreichte die FrP bei den Kommunalwahlen 2015 nur noch zehn Prozent der Stimmen; das Ende der bürgerlichen Min-

9 Vgl. die Homepage des Ministeriums http://uim.dk/ sowie die Auflistung der einzelnen Maßnahmen unter http://uim.dk/gennemforte-stramninger-pa-udlaendingeomradet (letzter Zugriff: 7.05.2018).

derheitskoalition und einer Regierungsbeteiligung der FrP erschien nur noch eine Frage der Zeit.

Die Ölpreiskrise Norwegens eröffnete allerdings eine erste Profilierungsmöglichkeit der FrP in der Regierung. Die Finanzministerin Siv Jensen (FrP) setzte sich gegen den Widerstand der Konservativen Partei durch und leitete mehr Kapital aus dem norwegischen Erdölfonds in den Haushalt der Regierung um, als nach den offiziellen Regeln vorgesehen ist. Dies erlaubte der eigentlich in ökonomischen Fragen libertär auftretenden Finanzministerin eine fulminante keynesiansische Politik, in deren Verlauf sie stark in die öffentliche Infrastruktur und den norwegischen Wohlfahrtsstaat investierte. Seit 2016 hellten sich die Zukunftserwartungen der norwegischen Bevölkerung auf, die Umfragewerte der FrP stiegen an und die der Arbeiterpartei – bis dahin mit bis zu 40 % unangefochten stärkste Partei in den Umfragen – sanken deutlich ab.

Zum anderen profilierte sich die FrP in der Flüchtlingskrise. Die seit Dezember 2015 im Amt befindliche Migrationsministerin Sylvi Listhaug (FrP) formulierte das Ziel, das restriktivste Flüchtlings- und Migrationsregime in Europa zu errichten. Als dann zusätzlich Flüchtlinge den beschwerlichen Weg über Russland nach Norwegen nahmen, forcierte die Migrationsministerin ihre Reformaktivitiäten. Sie legte ohne vorherige Verhandlung mit den Unterstützungsparteien dem Parlament ein Reformpaket vor, in dem deutliche Verschärfungen des Migrationsrechts enthalten waren. Allerdings scheiterte die Regierung bei vielen einzelnen Reformen an den Christdemokraten und an der Liberalen Venstre. Im Juli 2016 erfolgte im zweiten Anlauf der Versuch, die wohlfahrtsstaatlichen Leistungen für MigrantInnen zu reduzieren – ähnlich wie es in Dänemark zu beobachten ist (Wohlfahrtschauvinismus). Zwar befürwortete die Mehrheit der norwegischen Bevölkerung eine solche Dualisierung (vgl. A.-H. Bay et al. 2013), die Regierung scheiterte jedoch am Widerstand der Oppositionsparteien und vor allem am Widerstand der beiden Unterstützungsparteien. Trotzdem konnte die FrP zeigen, dass sie erfolgreich Regierungsgeschäfte führen kann (wie im Bereich der keynesianischen Fiskalpolitik zu beobachten war), gleichzeitig vehement für eine Verschärfung der Migrationspolitik einzustehen und auch bei Niederlagen nicht von diesem Ziel abzurücken. Mit der öffentlichen Verteidigung ihrer Position und ihrer antreibenden Rolle in der Regierung gelang es der FrP, die Schuld für die gescheiterten Reformen den Unterstützungsparteien zuzuschreiben.

Der Wahlkampf 2017 wurde vor allem vom Thema Migration und Flüchtlinge geprägt. Bereits früh zeichnete sich ein Sieg der bürgerlichen Minderheitskoalition ab. Vor allem die Arbeiterpartei vermochte ihren Niedergang in den Umfragen nicht umkehren. Die kleinen Unterstützungsparteien hingegen konnten letztlich von einer Besonderheit des norwegischen Wahlsystems profitierten: Sie bekamen knapp über vier Prozent der Stimmen und gelangten dadurch in den

Genuss von Ausgleichsmandaten. Die Opposition errang 2017 folglich landesweit mehr Stimmen als das bürgerliche Regierungslager, allerdings konnte sich das bürgerliche Lager die Mehrheit an Mandaten dank der Ausgleichsmandate knapp sichern (vgl. S. Jochem 2018).

Die Minderheitsregierung unter der konservativen Ministerpräsidenten Erna Solberg wurde – ein Novum seit 1983 – nicht beendet, sondern um die Liberale Venstre erweitert.[10] Nach langwierigen Sondierungsgesprächen einigten sich die drei Parteien am 16. Januar 2018 auf die Bildung einer erneuten Minderheitsregierung (Jeløya-plattform).[11] Die Christdemokraten konnten sich nicht zu einer Regierungsbeteiligung durchringen, kündigten allerdings eine Unterstützung an, die diese Partei zum Zünglein an der Waage macht im Lager-Wettbewerb des norwegischen Parteiensystems. Die ehemalige – in der Öffentlichkeit polarisierend auftretende – Integrations- und Migrationsministerin Sylvi Listhaug wurde Justizministerien. Sie trat jedoch aufgrund eines Facebook-Postings bereits am 20.03.2018 zurück: Sie hatte der Arbeiterpartei vorgeworfen, sie kümmere sich mehr um die Rechte von Terroristen als um die nationale Sicherheit. Dies führte zu einer Welle der Kritik seitens der Opposition und vor allem der Arbeiterpartei, immer noch die stärkste Fraktion im norwegischen Parlament. Während die Ministerpräsidentin Erna Solberg an der Ministerin festhalten wollte und den Misstrauensantrag auf die gesamte Regierung ausweitete, kündigten die Christdemokraten am Tag vor der Vertrauensabstimmung an, mit der Opposition und gegen die Regierung abzustimmen. Daraufhin trat die Justizministerin am Morgen der Abstimmung offiziell zurück, um damit eine Regierungskrise abzuwenden.

Finnland

Die finnischen RechtspopulistInnen, die Wahren Finnen (Perussuomalaiset/PS), traten erst 2015 einer Regierung bei. Ihre Mobilisierung verlief zögerlich, erst die Wahl von 2011 brachte die Partei in die Nähe einer möglichen Regierungsbeteiligung. Bereits bei dieser Wahl offenbarte sich die intern gespaltene Situation in der Partei. Während der Parteivorsitzende Timo Soini sich als kooperationsge-

10 Erstmals seit 1983 wurde vom in der Verfassung eingeräumten Recht Gebrauch gemacht, nach einer Wahl die Regierung nicht neu bestätigen zu lassen, sondern sie mit einer Partei zu ergänzen. Aus diesem Grund ist in offiziellen Dokumenten die Regierung Solberg I weiterhin seit 2013 im Amt. Auch dies ist eine institutionelle Besonderheit des Regierens im parlamentarischen System Norwegens.

11 Der Text des Koalitionsvertrages ist auf der Website der norwegischen Regierung in norwegischer Sprache abrufbar: https://www.regjeringen.no/contentassets/e4c3cfd7e4d4458fa8d3d2bb1e43bcbb/plattform.pdf

neigter Politiker im Parlament darstellte und vor allem an der europäischen Integration (und der europäischen Krisenpolitik im Zusammenhang mit der Finanzkrise) Kritik übte, gelang einem Blogger mit Anti-Migrations- und Anti-Islam-Themen, Jussi Halla-aho, ein Achtungserfolg für die PS in seinem Wahlkreis in Helsinki. Insofern zeigte sich schon bei der Wahl 2011, dass es eine »Partei innerhalb der Partei« bei den Wahren Finnen gab, die weniger Europa auf der Agenda hatte, sondern wie die DF Migration und Kultur zum zentralen Thema erheben wollte (vgl. Kuisma und Nygård 2017, S. 74 f.). Letztlich scheiterte die Regierungsbeteiligung der PS nach sehr langen Koalitionsverhandlungen an den Forderungen der PS, Finnland solle die Krisenpolitik der EU gegenüber den südeuropäischen Ländern (vor allem Griechenland) unmittelbar aufkündigen, und Timo Soini solle als Finanzminister in die Regierung eintreten. Die Konservative Partei unter Jyrki Katainen schwenkte daraufhin auf das in der finnischen Verhandlungsdemokratie übliche Muster einer Großen Koalition um, in der sechs Parteien unterschiedlichster parteipolitischer Färbung zusammen fanden – eine »anything goes« Regierung in den Worten von David Arter (2011, S. 1294). Soini brandmarkte diese Koalition unmittelbar nach Abschluss des sehr kurzen und wenig aussagekräftigen Koalitionsvertrages als eine »Koalition der Verlierer« (D. Arter 2011, S. 1293–1295; D. Arter 2015).

Trotz ökonomischer Krise und weiteren Mobilisierungserfolgen der PS aus der Opposition heraus verlief der Wahlkampf 2015 unaufgeregt. Finnland konnte bis 2015 kaum als ein hervorstechendes Einwanderungsland bezeichnet werden. So dominierten ökonomische Themen den Wahlkampf, kaum Fragen der Migration oder der finnischen Kultur. Trotz dieses eher ökonomischen Wahlkampfs – und aufgrund einer Eigenheit des finnischen Wahlrechts (vgl. S. Jochem 2016) – erlangte die PS mehr Stimmen als die Konservative Partei und sie wurde so nach der Zentrumspartei zweitstärkste Partei im bürgerlichen Lager; sie erreichte sogar mehr Stimmen und Mandate als die finnischen Sozialdemokraten (SDP). Migration und Kultur waren die wichtigsten Themen der PS im Wahlkampf. Die Konkurrenten aus dem bürgerlichen Lager sowie die SDP unterließen es, diese Themen aufzunehmen oder gar ihre eher liberalen Positionen zu revidieren. Damit gelang es der PS, als einzige Partei im Wahlkampf wahrgenommen zu werden, die sich – wenngleich sehr vereinfachend und diskriminierend – mit den Themen der Migration und der kulturellen Selbstbestimmung auseinandersetze.

Nach diesem Wahlerfolg der PS und dem offenen Prozess einer Regierungsbildung kam eine Regierungsbeteiligung der PS kaum überraschend. Obwohl Juha Sipilä, der Spitzenkandidat der Zentrumspartei (KESK) und späterer Ministerpräsident, alle Parteien auf einen 15-Fragen-Katalog antworten ließ, entschied sich die stärkste Fraktion des finnischen Parlaments rasch für eine »minimal-winning-coalition« aus Zentrumspartei, PS und Konservativer Partei (KOK).

Insgesamt wurden im finnischen Parlament keine oder nur sehr niedrige Hürden für eine Kommunikation oder Kooperation der etablierten Parteien mit der PS aufgebaut. Dies kann auch auf den konsensualen Charakter des finnischen Parteienwettbewerbs in der Demokratie der Großen Koalitionen in Europa zurückgeführt werden. Und es kann auf die Führungsstrategie von Timo Soini zurückgeführt werden, der sich in der Öffentlichkeit immer als verhandlungsbereiten und hemdsärmeligen Vertreter der Interessen der ländlichen Bevölkerung darstellte.[12] In der Öffentlichkeit und bei politischen Konkurrenten der PS wurde sicherlich auch gehofft, mit einer Regierungsbeteiligung die PS einem Realitätstest zu unterziehen, um so den »Drachen zu zähmen« (Kuisma und Nygård 2017, S. 76).

Damit geht einher, dass die PS lange Zeit eine Ein-Personen-Veranstaltung war, Timo Soini als charismatische Persönlichkeit die Partei für alle sichtbar führte. Dieser Führungsanspruch führte allerdings im Falle der PS – anders als in den Gründungsphasen der RechtspopulistInnen in Dänemark und in Norwegen – dazu, dass die Partei sich rasch eine solide Organisation gab und auch auf lokaler Ebene bestrebt war, Persönlichkeiten an die Partei zu binden (vgl. D. Arter 2013). Dabei half der PS das finnische Wahlrecht, da sie lokaler oder nationaler Prominenz – also Außenseitern des politischen Betriebs – durch das personalisierte Verhältniswahlrecht den Einzug ins Parlament ermöglicht. Für die PS wurden z. B. 2011 eine Popsängerin (Ritva Elomaa), ein Rocksänger (Pertti Virtanen) sowie ein im Land bekannter Langstreckenläufer (Toivo Juha Väätainen) ins Parlament gewählt (vgl. D. Arter 2014). Diese »buntere« personelle Besetzung kann jedoch Probleme bei der Herstellung parlamentarischer und parteilicher Geschlossenheit verursachen.

Zur Spaltung der PS kam es nach einem internen Putsch im Sommer 2017. Nachdem sich die Partei in der Regierungsverantwortung in ihren drei Hauptzielen (keine monetäre Unterstützung der EU für Griechenland, keine Kürzungen im Sozialstaat, Einschränkung der Einwanderung) nicht durchsetzen konnte, kam es innerhalb der Partei zu immer stärkerer Kritik an der Parteiführung, vor allem vom Jugendverband der Partei. Die Umfragewerte sanken, und als bei der Kommunalwahl die Partei nur noch 8,8 % der Stimmen erreichen konnte, kam es zum freiwilligen Rückzug Timo Soinis aus der Parteiführung. Mit dem Hardliner Jussi Halla-aho, er wurde bereits für Volksverhetzung bestraft, wurde ein populärer und in den digitalen Medien sicher auftretender Kritiker der Migration und des Islams als Parteivorsitzender gewählt.

12 Es ist bezeichnend, dass Timo Soini im Wahlkampf eine Koalition der PS mit dem Zentrum (KESK) und den Sozialdemokraten bevorzugte (vgl. A.-C. Jungar 2017, S. 73).

Ministerpräsident Juha Sipilä (KESK) und die Konservative Partei kündigten daraufhin die Regierungszusammenarbeit mit der PS auf. Um diese Situation aufzulösen, verließen alle Regierungsmitglieder der PS die Partei und gründeten mit der Blauen Zukunft eine neue Partei (SIN). Die SIN sicherte zwar die parlamentarische Mehrheit für die Koalition. Gleichwohl wird sie in Meinungsumfragen deutlich hinter der PS eingestuft. Die Partei wird nur von zwei bis drei Prozent der finnischen Bevölkerung als Wahlabsicht angegeben, wohingegen die PS zwischen sieben und zehn Prozent fluktuiert.[13] Den finnischen RechtspopulistInnen ist es bislang nicht gelungen, den sozialdemokratisch-libertären Konsens in der wohlfahrtsstaatlichen Migrationspolitik zu verändern. Im Unterschied zu den direkt oder indirekt regierenden Schwesterparteien in Norwegen und in Dänemark führte die Regierungsbeteiligung der PS in Finnland zu einer Spaltung der Partei sowie zum Rückgang rechtspopulistischer Mobilisierung.

Schweden

Die RechtspopulistInnen in Schweden können bislang kaum auf eine Regierungsbeteiligung hoffen; gleichwohl gelangten die Schwedendemokraten (SD) mitunter in die Rolle eines Züngleins an der Waage im Parteienwettbewerb Schwedens, der seit den späten 1990er Jahren immer deutlicher ein Wettbewerb zwischen politischen Lagern wurde. Ebenso ist zu betonen, dass die Einstellung der Bevölkerung zur außernordischen Einwanderung sehr offen und positiv ist. Zumindest ist in Umfragen aus den Jahren 2014 und 2015 des European Social Surveys in keinem anderen Land Europas die Einstellung zur Migration so positiv wie in Schweden (vgl. A. Widfeldt 2017, S. 134). Dazu kommt, dass das Thema der Migration und Integration – anders als in Finnland – auch zu Beginn der rechtspopulistischen Repräsentation im Parlament nicht allein von den Schwedendemokraten aufgegriffen wurde, sondern in fast gleicher Ausprägung (allerdings mit verkehrten Vorzeichen) von der Sozialdemokratie (SAP) (vgl. A. Widfeldt 2017, S. 136). Insofern findet in Schweden ein vehementer Kampf zwischen RechtspopulistInnen und Sozialdemokratie um die Deutungshoheit von Migration in der Öffentlichkeit statt.

Die Schwedendemokraten gründen auf der kurzlebigen Schwedenpartei, die sich ihrerseits aus rechten Bewegungen und Splittergruppen speiste. Diese Bewegungen waren an der Grenze des Rechtsextremismus und zum Teil darüber hinaus verortet. Der erste Vorsitzende der SD, Anders Klarström, war mit der Nor-

13 Die Umfragewerte beruhen auf Angaben des staatlichen Fernsehens in Finnland: https://svenska.yle.fi/artikel/2018/05/03/yles-partimatning-samlingspartiet-backar-men-forblir-anda-landets-storsta-parti (Zugriff: 7.05.2018).

dischen Reichspartei verbunden, die als nationalsozialistische Partei eingestuft werden kann (vgl. A. Widfeldt 2017, S. 138).[14] Zudem zeichnete sich das parlamentarische Auftreten der SD als sehr polternd und gewalttätig aus. Diese Faktoren führten dazu, dass die etablierten Parteien Schwedens seit Gründung der SD und vor allem nach dem parlamentarischen Durchbruch der SD einen »cordon sanitaire« aufbauten und bis heute beibehalten. Insofern war die Migrationspolitik kaum ein Thema, das zwischen dem linken und dem bürgerlichen Lager für große Konfrontationen sorgte.

Die Flüchtlingskrise in Europa und vor allem der politische Schwenk Dänemarks, die Flüchtlinge auf dem Weg nach Schweden nicht zu erfassen, führte zu einer extremen Zuspitzung der migrationspolitischen Debatte in Schweden. Während die SD jedoch den raschen Anstieg von Asylanträgen im Sommer 2015 zum Anlass nahm, ihre nationalistische Position in immer gereizterem Ton in der Öffentlichkeit zu verbreiten, näherten sich die anderen Parteien in einer zwar restriktiven, aber immer noch liberalen Position in der Migrationspolitik einander an.

Die rot-grüne Minderheitsregierung sah sich im Juni 2016 gezwungen, Einschränkungen im Bereich der Asylpolitik zu verabschieden. Damit wurde bezweckt, dass die EU sich für eine europaweite Verteilung der Flüchtlinge einsetzen sollte – hier suchte die damalige Regierung den Schulterschluss mit der deutschen Regierung. Bis auf den heutigen Tag versucht die rot-grüne Regierung in Stockholm, eine europäische Lösung in der Flüchtlingspolitik herbeizuführen.

Allerdings sieht Carly Elizabeth Schall (2016) im Regierungswechsel von 2006 die zentrale Zäsur in der schwedischen Migrationspolitik. Dieser Regierungswechsel und die Mehrheitsregierung einer bürgerlichen Allianz für Schweden – bestehend aus Konservativer Partei (M), der Liberalen Volkspartei (seit 2015 Liberale Partei), der Zentrumspartei (C) und Christdemokraten (KD) – sei deshalb so bedeutsam, da erstmals glaubwürdig und mit Erfolg eine bürgerliche Alternative zur sozialdemokratischen Hegemonie in Schweden möglich wurde. Dieser »lange, langsame« Tod der SAP (vgl. C. E. Schall 2016, S. 199) habe es ermöglicht, dass die SAP nicht mehr die Hoheit über die Deutung von »Swedishness« hatte. Und dies hätte den Raum geöffnet für ethnische Differenzierungen und – wie in Dänemark und Norwegen seit langer Zeit beobachtbaren – Forderungen nach einem Wohlfahrtschauvinismus.

Ohne Zweifel ist die Wahl von 2006 eine bedeutsame Zäsur für die schwedische Migrationspolitik. Gleichwohl kann der Erfolg der SD nicht nur auf die Schwäche der SAP zurückgeführt werden. Dieses Argument übersieht, dass zum einen die Dynamiken der europäischen Integration in Schweden immer stärker

14 Der heutige Parteivorsitzende der Schwedendemokraten, Per Jimmie Åkesson, war übrigens ein früheres Mitglied der Konservativen Partei (M).

auch Widerspruch zur dominanten Politik auslösten. Und zudem konnte die SD den politischen Raum erst dann für sich nutzbar machen, als die Konservative Partei und die Christdemokraten nachhaltig ihre Positionen nach links verschoben – und so erst den programmatischen Raum für die SD öffneten (vgl. Rydgren und van der Meiden 2016).

Tatsächlich zwang die parlamentarische Repräsentation der SD im Reichstag beide Lager zu blockübergreifenden Koalitionen nach der Wahl von 2010, in der kein Lager mehr alleine eine Mehrheit erreichen konnte. Allerdings versuchte der konservative Ministerpräsident Fredrik Reinfeldt unmittelbar nach der Wahl, die Grüne Partei ins bürgerliche Lager einzubeziehen und als Unterstützungspartei für die bürgerliche Allianz zu gewinnen. Darin war er aber nicht erfolgreich. Jedoch unterstützte die Grüne Partei Reformen der Migrationspolitik, wohingegen die SAP auch Reformen der Außen- und Sicherheitspolitik mittrug. Insgesamt kam es jedoch gegen Ende der Legislaturperiode zu immer stärkeren Blockade-Erscheinungen (vgl. S. Jochem 2011).

Diese Blockade wurde auch durch die Wahl 2014 nicht grundsätzlich aufgelöst. Zwar kam es zu einem Regierungswechsel und zur Bildung einer rot-grünen Minderheitsregierung (unterstützt anfangs von den Linkssozialisten). Rasch wurde aber deutlich, dass der Lagerwettbewerb zu einer Blockade des effektiven Regierens führt. Die SD unterliefen informelle Traditionen des schwedischen Minderheitsparlamentarismus und stimmten bei der Verabschiedung des Budgets 2015 nicht für den eigenen Entwurf, sondern für den Entwurf der bürgerlichen Allianz. Damit hatte die frisch gewählte Regierung ihr erstes Amtsjahr mit einem Budget zu bestreiten, das ihr von der Opposition aufgezwängt wurde. Obwohl die Situation ausweglos erschien, entschied sich der sozialdemokratische Ministerpräsident Stefan Löfven, die Regierung nicht aufzulösen, sondern die Regeln des Minderheitsparlamentarismus zu verändern. Die sogenannte Dezember-Übereinkunft sah vor, dass oppositionelle Parteien das Budgetrecht der Minderheitsregierung beachten sollen, und es wurden lagerübergreifende Vereinbarungen in zentralen Politikfeldern verabredet (vgl. S. Jochem 2015). Allerdings hielt diese Übereinkunft anstatt der anvisierten acht Jahren gerade einmal neun Monate. Die Christdemokraten zogen sich aus strategischen Gründen zurück, die Konservative Partei folgte ihr rasch danach. Insofern zeigt sich, wie prekär die schwedische Verhandlungsdemokratie und die schwedische Form des Minderheitsparlamentarismus sind.

Eine abweichende Interpretation wird von Lindvall et al. (2017) vertreten. Allerdings werden in dieser Studie die reinen Kooperationen gezählt, ohne deren Bedeutung und politische Relevanz zu berücksichtigen. Denn es wird hier nicht argumentiert, dass die Regierungstätigkeit in Schweden durch die SD vollständig lahmgelegt wird. Es wird lediglich argumentiert, dass kein Lager mehr seine anvisierte und im Wahlkampf beworbene Politik durchsetzen kann; in bedeutsamen Politikfeldern werden zudem die Kompromisse durch eine Verschiebung der Reform ersetzt. Insofern kann auch die große Erwartung vor der Wahl zum Reichstag im Herbst 2018 erklärt werden, da beide Lager bestrebt sind, die interne Geschlossenheit zu maximieren und gleichzeitig die parlamentarische Mehrheit anzustreben.

Die vorsichtige Annäherung der ehemaligen Vorsitzenden der Konservativen Partei, Anna Kinberg Batra, an die SD war nicht erfolgreich. Bis Dezember 2016 schloss sie noch vehement eine wie auch immer geartete Kooperation mit der SD aus. Im Januar 2017 schloss sie dann allerdings erstmals eine Kooperation mit der SD nicht aus, um so die rot-grüne Regierung zu stürzen und in gewissen Politikfeldern Übereinkünfte zu erzielen. Diese Annäherung an die SD sowie ihre anfänglich Unterstützung für die Dezember-Übereinkunft führten zu zunehmender Kritik in der Partei, woraufhin sie im August 2017 vom Parteivorsitz zurücktrat; im Oktober 2017 wurde Ulf Kristersson zum Parteivorsitzenden gewählt.

Insofern konnte die SD die Migrationspolitik in Schweden noch nicht zur Gänze verändern. Gleichwohl stört sie den schwedischen Minderheitsparlamentarismus nachhaltig. Die Migrationspolitik näherte sich einer einschränkenden Praxis wie in Dänemark und Norwegen an, allerdings sind die Regeln in Schweden noch deutlich freizügiger als in Dänemark (vgl. Brochmann und Hagelund 2015). Im Wahlkampf 2018 revidierte die SAP im April ihre liberale Position und sie räumte – zur Verwunderung und zum Ärgernis der Grünen Partei – ein Zugehen der SAP auf Forderungen der bürgerlichen Allianz ein. Dies führte in der ersten TV-Debatte der Spitzenkandidaten zur beachtlichen Situation, dass die diametral entgegengesetzten programmatischen Pole des schwedischen Parteienwettbewerbs die Möglichkeit punktueller Übereinkünfte in der Migrationspolitik nicht mehr ausschließen wollen – was für die Zukunft vor allem weitere Einschränkungen bedeuten würde (vgl. E. Stenberg 2018).

6 Gründe und Konsequenzen des rechtspopulistischen Erfolgs im Norden

Die RechtspopulistInnen des europäischen Nordens sind nicht nur gekommen, um zu bleiben; sie bleiben auch, um nicht nur zu protestieren, sondern um zu regieren und so die nordischen Volksheime in ihrem Sinne zu reformieren. Trotz programmatischer Unterschiede im Detail (vgl. A.-C. Jungar 2017) zwischen der Dänischen Volkspartei (DF), der norwegischen Fortschrittspartei (FrP), den Wahren Finnen (PS) oder den Schwedendemokraten (SD) fordern alle vier rechtspopulistischen Parteien den wohlfahrtsstaatlichen Status quo sowie eingeübte

Routinen der Konsensfindung in den nordischen Demokratien heraus. In diesem Beitrag konnte allerdings gezeigt werden, dass sich die demokratischen Möglichkeitskorridore in den Ländern für eine rechtspopulistische Mobilisierung und Reformpolitik deutlich unterscheiden und die gesellschaftliche Basis rechtspopulistischer Parteien im Norden unterschiedlich ausgeprägt ist (vgl. A. Widfeldt 2018).

Minderheitsregierungen bieten spezifische Möglichkeiten, aber auch Grenzen für rechtspopulistische Politik. Die Dänische Volkspartei konnte als Mehrheitsbeschafferin bürgerlicher Minderheitsregierungen, eingebunden in feste Unterstützungsverträge, von 2001 bis 2011 sowie seit 2015 in sehr großem Ausmaß ihre Politikziele realisieren. Dänemark steht folglich im nordischen Kontext für eine rigorose Regulierung und Eindämmung der Migrationspolitik sowie für einen fortschreitenden Wohlfahrtschauvinismus, also einer Differenzierung sozialpolitischer Leistungen nach ethnischer Zugehörigkeit und staatsbürgerlichem Status (vgl. A.-H. Bay et al. 2013; J. G. Andersen 2007). Insbesondere der dänische Fall zeigt, dass die nordischen, von der Sozialdemokratie geprägten Wohlfahrtsstaaten nicht gegen eine solche Dualisierung gefeit sind, wie Jeroen van der Waal et al. (2013) argumentieren.

Die Grenzen des Regierens in Minderheitsposition erfuhr die norwegische Fortschrittspartei. Ihre ambitionierten Reformpläne scheiterten in weiten Teilen am Veto der Unterstützungsparteien. Durch den Vergleich zwischen Dänemark und Norwegen wird deutlich, dass Unterstützungsparteien im Minderheitenparlamentarismus entscheidend für den Reformprozess sind; dies kann die DF für ihre Ziele nutzen, die FrP wird hingegen dadurch in ihren Zielen eingeschränkt. Gleichwohl gelang es der FrP ebenfalls, die Migrationspolitik restriktiver auszugestalten, allerdings (noch) in deutlich geringerem Ausmaß als dies in Dänemark der Fall ist.

Die Schwedendemokraten können bislang nicht von schwedischem Minderheitsparlamentarismus profitieren, sie werden aber auch nicht dadurch eingeschränkt. Sie sind im Lagerwettbewerb Schwedens oft das Zünglein an der Waage, können Reformambitionen sowohl des linken als auch des bürgerlichen Lagers blockieren (vgl. abweichend zu dieser Interpretation J. Lindvall et al. 2017). Da die anderen Parteien die SD (noch) in einem »cordon sanitaire« einhegen, erschwert sich die Mehrheitsbildung im Parlament. Und weder ist es dem bürgerlichen Block bislang gelungen, die Grüne Partei zur verlässlichen Kooperation zu bewegen, noch gelang dies den Sozialdemokraten mit den Mitteparteien. Eine Entschärfung der minderheitsdemokratischen Falle bei Lager-Wettbewerb – das Dezember-Übereinkommen – ist rasch gebrochen worden. Allerdings zeigt das schwedische Beispiel auch, dass die Kommunikation der Migrationsfrage von allen Parteien aufgegriffen wird, vor allem von der dominanten Sozialdemokratie. Damit kann dieses Thema nicht von den Schwedendemokraten als Alleinstellungsmerkmal verwendet werden. Gleichwohl nähert sich Schweden unter einer rot-grünen Regierung den restriktiven Regeln der Migration an, wenn auch deutlich zögerlicher als Norwegen oder gar Dänemark. Zumindest in Schweden wird die Regulierung der Migration noch in einem europäischen Kontext gesehen.

Die Wahren Finnen konnten auch in Regierungsverantwortung ihre Ziele in der Migrationspolitik nicht realisieren. Im Gegenteil führte die Verantwortung notwendiger Kompromisse in einer Koalitionsregierung dort dazu, dass sich die Partei gespalten und insgesamt an Rückhalt in der Wählerschaft eingebüßt hat. Daher konnte die rechtspopulistische Mobilisierung in Finnland bislang kaum eine Auswirkung auf die Migrationspolitik oder den Wohlfahrtsstaat haben.

Gleichwohl findet in allen vier Ländern ein Kulturkampf statt. Die Frage der Nation und der Gemeinschaft in den Volksheimen ist virulent geworden (vgl. allgemein D. Lehnert 2013, sowie für Skandinavien B. Henningsen 2013). Rechtspopulistische Mobilisierungserfolge haben einen eindeutigen Einfluss auf die öffentliche Debatte zur gemeinschaftlichen Selbstverständigung in den nordischen Ländern. Es ist nicht nur der empörte, gereizte Kommunikationsstil, der mit den RechtspopulistInnen Einzug in die nordischen Demokratien hielt (vgl. B. Pörksen 2018). Es sind auch identitäre Vorstellungen von Volksgemeinschaft sowie eine undifferenzierte Kritik an politischen Eliten, die auf die anderen Parteien ausstrahlen. Dies sind die Herausforderungen (nicht nur) für die nordischen Demokratien bzw. für deren Institutionen und Vorstellungen solidarischer Gemeinschaft. Daher sind die RechtspopulistInnen eine Herausforderung unseres Verständnisses von gemeinschaftlicher und solidarischer Demokratie (vgl. W. Müller 2016; F. Decker et al. 2015), keineswegs nur eine Belebung demokratischer Routinen. Die erfolgreichen RechtspopulistInnen in Dänemark und Norwegen zeigen durch ihre Reformpolitik, dass sie Wohlfahrtschauvinismus und restriktive Migrationspolitiken umsetzen, um so der Pluralität in entgrenzten und komplexen Gesellschaften eine alternative Ordnung entgegen zu setzen.

Literatur

Andersen, Jørgen Goul. 2007. Restricting Access to Social Protection for Immigrants in the Danish Welfare State. *Benefits* 15: 257–269.

Arter, David. 2016. Scandinavian Politics Today, 3rd ed. Manchester (UK): Manchester University Press.

Arter, David. 2015. A ›Pivotal Centre Party‹ Calls the Shots: The 2015 Finnish General Election. *West European Politics* 38: 1345–1353.

Arter, David. 2014. Clowns, ›Alluring Ducks‹ and ›Miss Finland 2009‹: The Value of ›Celebrity Candidates‹ in an Openlist PR Voting System. *Representation* 50 (4): 453–470.

Arter, David. 2013. The ›Hows‹, not the ›Whys‹ or the ›Wherefores‹: The Role of Intra-party Competition in the 2011 Breakthrough of the True Finns. *Scandinavian Political Studies* 36: 99–120.

Arter, David. 2011. Taking the Gilt off the Conservatives' Gingerbread: The April 2011 Finnish Election. *West European Politics* 34: 1284–1295.

Bay, Ann-Helén, Henning Finseraas, und Axel West Pedersen. 2013. Welfare Dualism in Two Scandinavian Welfare States: Public Opinion and Party Politics. *West European Politics* 36 (1): 199–220.

Betz, Hans-Georg. 1993. The New Politics of Resentment: Radical Right-Wing Populist Parties in Western Europe. *Comparative Politics* 25: 413–427.

Brochmann, Grete, und Anniken Hagelund. 2015. Migrationspolitik in den skandinavischen Wohlfahrtsstaaten. In *Bernd Henningsen et al. 2015*, 173–197.

Christiansen, Flemming Juul. 2017. Conflict and co-operation among the Danish mainstream as a condition for adaptation to the populist radical right. In *Odmalm und Hepburn 2017*, 49–70.

Decker, Frank, Bernd Henningsen, und Kjetil Jakobsen (Hrsg.). 2015. *Rechtspopulismus und Rechtsextremismus in Europa. Die Herausforderung der Zivilgesellschaft durch alte Ideologien und neue Medien*. Baden-Baden: Nomos Verlag.

Etzold, Tobias. 2016. Flüchtlingspolitik in Nordeuropa. Die nordischen Länder gleichen ihren Kurs immer stärker an, doch Unterschiede bleiben (Stiftung Wissenschaft und Politik: *SWP Aktuell* 78, Dezember 2016). Berlin.

Fischer, Peter, und Thomas Straubhaar. 1994. *Integration und Migration in einem Gemeinsamen Markt*, Bern/Stuttgart: Haupt Verlag.

Förster, Christian, Josef Schmid, und Nicolas Trick. 2014. *Die nordischen Länder. Politik in Dänemark, Finnland, Norwegen und Schweden*. Wiesbaden: Springer VS.

Green-Pedersen, Christoffer, und Simon Otjes. 2017. A hot topic? Immigration on the agenda in Western Europe. *Party Politics* (online first).

Haffert, Lukas, und Philip Mehrtens. 2013. From Austerity to Expansion? Consolidation, Budget Surpluses, and the Decline of Fiscal Capacity (Max-Planck-Institut für Gesellschaftsforschung: *MPIfG Discussion Paper* 13/16). Köln.

Henningsen, Bernd. 2013. Gemeinschaft versus Staat, Nation versus Europa. Nordeuropäische Gemeinschaftskonstruktionen und die modernen Traditionsbrüche. In *Gemeinschaftsdenken in Europa. Das Gesellschaftskonzept »Volksheim« im Vergleich 1900–1938*, hrsg. von Detlef Lehnert, 39–72, Köln: Böhlau Verlag.

Henningsen, Bernd, Sven Jochem, und Siegfried Frech (Hrsg.). 2015. *Das politische Skandinavien. Gesellschaft, Wirtschaft, Politik & Kultur*. Schwalbach/Ts.: Wochenschau Verlag.

Jochem, Sven. 2018. *Radikal-nationalistische Regierungspolitik – Die norwegische Fortschrittspartei* (unveröffentlichtes Manuskript).

Jochem, Sven. 2016. Die Parlamentswahl 2015 in Finnland. Herausforderungen für die Verhandlungsdemokratie. *Zeitschrift für Parlamentsfragen* 47 (1): 102–117.

Jochem, Sven. 2015: Die schwedische Reichstagswahl 2014. Regierungswechsel und Regierungskrise im schwedischen Minderheitsparlamentarismus. *Zeitschrift für Parlamentsfragen* 46 (3): 494–504.

Jochem, Sven. 2012. *Die politischen Systeme Skandinaviens*. Wiesbaden: Springer VS.

Jochem, Sven. 2011: Die schwedische Reichstagswahl vom 19. September 2010. Zur Logik einer sich auflösenden sozialdemokratischen Hochburg. *Zeitschrift für Parlamentsfragen* 42 (1): 117–130.

Jörke, Dirk, und Veith Selk. 2017. *Theorien des Populismus zur Einführung.* Hamburg: Junius.

Jungar, Ann-Cathrine. 2017. *Populism i Norden. Från marginalen mot den politiska mittfåran.* Helsinki: Arena.

Jungar, Ann-Cathrine, und Anders Ravik Jupskås. 2014. Populist Radical Right Parties in the Nordic Region: A New and Distinct Party Family? *Scandinavian Political Studies* 37 (3): 215–238.

Kitschelt, Herbert. 2018. Party Systems and Radical Right-Wing Parties. In *Jens Rydgren 2018*, 166–199.

Kuisma, Mikko, und Mikael Nygård. 2017: Immigration, Integration and the Finns Party: Issue-ownership by Coincidence or by Stealth? In *Odmalm und Hepburn 2017*, 71–89.

Kvist, Jon, Johan Fritzell, Bjørn Hvinden, und Olli Kangas (Eds.). 2012. *Changing Social Equality: The Nordic Welfare Model in the 21st Century.* Bristol (UK): Policy Press.

Lehnert, Detlef (Hrsg.). 2013. *Gemeinschaftsdenken in Europa. Das Gesellschaftskonzept »Volksheim« im Vergleich 1900–1938*, Köln: Böhlau Verlag.

Lindvall, Johannes, Hanna Bäck, Carl Dahlström, Elin Naurin, und Jan Teorell. 2017. Samverkan och strid i den parlamentariska demokratin. *SNS Demokratirapport 2017.* Stockholm: SNS.

Mehrtens, Philip. 2014. *Staatsschulden und Staatstätigkeit. Zur Transformation der politischen Ökonomie Schwedens*, Frankfurt a. M./New York: Campus Verlag.

Müller, Werner. 2016: *Was ist Populismus? Ein Essay.* Berlin: Suhrkamp Verlag.

Nedergaard, Peter, und Anders Wivel (Eds.). 2018. *The Routledge Handbook of Scandinavian Politics.* Abingdon (Oxon, UK)/New York: Routledge.

Odmalm, Pontus, und Eve Hepburn (Eds.). 2017. *The European Mainstream and the Populist Radical Right.* London: Routledge.

Pörksen, Bernhard. 2018. *Die große Gereiztheit. Wege aus der kollektiven Erregung.* München: Carl Hanser Verlag.

Rydgren, Jens (Ed.). 2018. *The Oxford Handbook of the Radical Right.* Oxford (UK): Oxford University Press.

Rydgren, Jens. 2017. Radical right-wing parties in Europe. What's populism got to do with it? *Journal of Language and Politics* 16 (4): 485–496.

Rydgren, Jens, und Sara van der Meiden. 2016. *Sweden, Now a Country Like All the Others? The Radical Right and the End of Swedish Exceptionalism* (University of Stockholm, Department of Sociology: Working Papers Series No. 25). Stockholm.

Schall, Carly Elizabeth. 2016. *The Rise and Fall of the Miracolous Welfare Machine: Immigration and Social Democracy in Twentieth-Century Sweden.* Ithaca, NY/London: Cornell University Press.

Stenberg, Ewa. 2018. En partilederdebatt som inte var lik någon annan. *Dagens Nyheter* vom 6. 05. 2018.

van der Waal, Jeroen, Willem de Koster, und Wim van Oorschot. 2013. Three Worlds of Welfare Chauvinism? How Welfare Regimes Affect Support for Distributing Welfare to Immigrants in Europe. *Journal of Comparative Policy Analysis: Research and Practice* 15 (2): 164–181.
Widfeldt, Anders. 2018. The Radical Right in the Nordic Countries. In *Jens Rydgren 2018*, 545–564.
Widfeldt, Anders. 2017. Sweden. From deviant case to populist radical right hotbed? In *Odmalm und Hepburn 2017*, 131–152.
Widfeldt, Anders. 2015a. *Extreme Right Parties in Scandinavia*. New York: Routledge.
Widfeldt, Anders. 2015b. Tensions beneath the surface – The Swedish mainstream parties and the immigration issue. *Acta Politica* 50 (4): 399–416.

Rechtspopulismus in Frankreich

Uwe Backes

1 Einleitung

Die Entfaltung des analytischen Konzepts des »Rechtspopulismus« ist in Frankreich eng mit dem Aufstieg des Front national (FN) verbunden. In einer brillanten Analyse beschrieb der französische Politikwissenschaftler Pierre-André Taguieff bereits unmittelbar nach den ersten lokalen Wahlerfolgen der Partei zu Beginn der 1980er Jahre die Rhetorik und Demagogie des bretonischen »Volkstribunen« Jean-Marie Le Pen in ihren Inhalten und Strukturen geradezu mustergültig. Die systematisierenden Analysemodelle[1], die seither in der Komparatistik entwickelt wurden, um die ideologisch-strategischen Merkmale der sich vielfach nach dem Vorbild der anhaltend erfolgreichen französischen Formation in anderen europäischen Ländern entfaltenden populistischen Parteien zu erfassen, fügten dem nichts grundsätzlich Neues hinzu.

Taguieff beschrieb Jean-Marie Le Pen als den Typus des populistischen Führers »aus dem Volk«, der für sich das Recht reklamiere, im Namen der überwältigenden Bevölkerungsmehrheit – also demokratisch legitimiert – zu sprechen und zu handeln. Er tue dies, indem er seinen Kontrahenten »aus den Pariser Salons«, den Sprösslingen der »deux cents familles« (deutsche Entsprechung: »die oberen Zehntausend«) (vgl. P.-A. Taguieff 1984, S. 119) und den etablierten Parteien (la bande des quatre; dt.: Viererbande) als deren Ablegern eine authentische Verbindung zur Volksseele, zu den »einfachen Leuten«, dem »Mann auf der Straße« abspreche. Taguieff sah darin eine geschickte Verkoppelung des antibürgerlichen und antiintellektuellen Nationalismus, wie ihn der antisemitische Journalist

1 Zuletzt versammelt bei C. Mudde 2017.

H. U. Brinkmann und I.-C. Panreck (Hrsg.), *Rechtspopulismus in Einwanderungsgesellschaften*, https://doi.org/10.1007/978-3-658-23401-0_12

Édouard Drumont (einer der Gründer der Action française[2]) entwickelt hatte, mit Stereotypen des linken Antikapitalismus. Der populistische Führer fungiere nach eigener Anschauung als authentischer Interpret des Volkswillens, wobei das Volk als nationale, ethnische, sprachliche und religiöse Einheit gedacht werde (vgl. P.-A. Taguieff 1984, S. 120). Er spiele den »gesunden Menschenverstand« (bon sens) gegen die Expertise (»Fachidioten«) der Berufspolitiker aus, die ihrerseits wiederum als eine in ihrer Volksfremdheit homogene Kaste erschienen. Er trete als Retter des Vaterlandes auf, eines Schiffes, das im Sturm zu kentern drohe, wenn das Ruder nicht herumgerissen werde. Sein politischer Diskurs sei manichäisch: die wahren Interpreten des Volkswillens hier, das abgehobene Raumschiff der Volksfeinde dort. Die Genesung kommt in Gestalt des Populisten aus dem Körper der Nation, denn die tödliche Krankheit dringt von außen ein. Der Kommunismus, den Taguieff noch als eine der zentralen externen Bedrohungen in der Rhetorik des Nationalpopulismus der frühen 1980er Jahre identifiziert, verschwindet bald im historischen Abgrund. Die beiden anderen »Seuchen« gewinnen demgegenüber an Bedeutung: die »außereuropäische Immigration« und der »Kosmopolitismus« (heute: Globalisierung/mondialisme) (vgl. P.-A. Taguieff 1984, S. 123).

Der Erfolg des FN ist mit dem Abwehrkampf gegen die außereuropäische Immigration eng verknüpft. Dieser Beitrag beginnt mit einer Erfolgsbilanz der Partei, die sich fest im französischen Parteiensystem etablieren konnte und über viele Jahre hinweg Rechtspopulismen außerhalb Frankreichs inspirierte. Die Gründe für die Mobilisierungsstärke sind dabei ebenso zu würdigen wie jene Faktoren, die das Mobilisierungspotential begrenzen. Danach soll gezeigt werden, wie sich der FN des Immigrationsthemas bemächtigte und welchen Wandel der Umgang mit ihm nach dem Wechsel an der Parteispitze vom Vater zur Tochter durchlaufen hat. Der Beitrag schließt mit einer Betrachtung der Erfolgsbedingungen des französischen Rechtspopulismus in seinem Verhältnis zur Immigrationsproblematik.

2 Die Erfolgsbilanz des französischen Rechtspopulismus

Der FN zählt zu den erfolgreichsten rechtspopulistischen Parteien in Europa. Zwar dauerte es von seiner Gründung 1972 bis zu den ersten spektakulären Wahlerfolgen mehr als ein Jahrzehnt. Doch konnte er sich seit dem erstmaligen Einzug ins Europaparlament 1984 allmählich als eigenständiger Faktor im französischen Parteiensystem etablieren. Der lang andauernde Erfolg und der tendenziell steigende

2 Unter dem Eindruck der Dreyfus-Affäre 1898 entstandene und 1936 verbotene ultranationalistische und monarchistische Gruppierung; Neukonstituierung 1947 völlig bedeutungslos.

Abbildung 1 Stimmenanteil des FN bei Europa-, Parlaments- und Präsidentschaftswahlen, 1984–2017

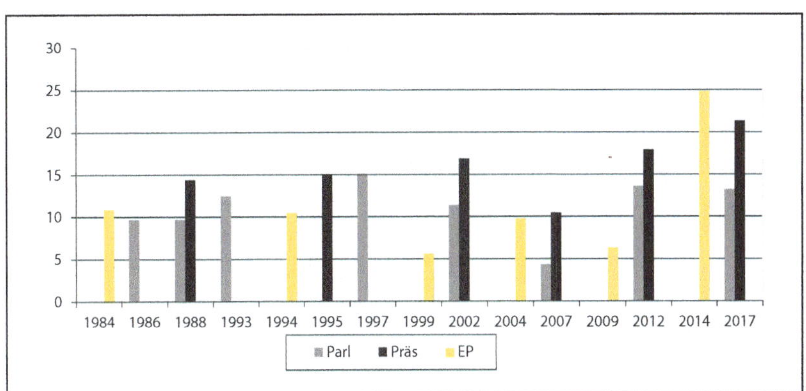

Quelle: Ministère de l'Intérieur; Parlaments- und Präsidentschaftswahlen: jeweils erster Wahlgang.

Stimmenanteil bei Wahlen (vgl. Abbildung 1) erklären seine Vorbildfunktion für viele rechtspopulistische Parteien in Europa.

Im Unterschied zu den meisten Konkurrenten im französischen Parteiensystem bewies der FN über mehr als vier Jahrzehnte beachtliche organisatorische Kontinuität (vgl. N. Mayer 2018). Zwar führte die Abspaltung der Anhänger Bruno Mégrets (1998) – zeitweilig die Nr. 2 in der Parteihierarchie – zu einer empfindlichen Schwächung der Mobilisierungsfähigkeit (vgl. P. Perrineau 1999), aber die Partei konnte sich zur Überraschung vieler Beobachter von diesem Aderlass bald erholen. Vor allem wegen der Zersplitterung der Linken gelang Jean-Marie Le Pen bei den Präsidentschaftswahlen von 2002 der Einzug in die Stichwahl gegen den Kandidaten der gemäßigten Rechten, Jacques Chirac (vgl. N. Mayer 2003). In den folgenden Jahren zeigten sich unter dem alternden Parteichef Erosionstendenzen, doch glückte im Januar 2011 ein quasi-dynastischer Führungswechsel vom Vater zur Tochter; diese hatte sich in den Jahren zuvor eine Hausmacht aufgebaut und ihren Konkurrenten, den Japanologen Bruno Gollnisch, aus dem Rennen geworfen. In der Folgezeit vermochte die Rechtsanwältin und zeitweilige Partei-Justitiarin Marine Le Pen, den unter ihrem Vater erreichten Sockel von 10 bis 15 Prozent der Wählerstimmen weiter zu erhöhen. Wie ihr Vater im Jahr 2002 zog sie 2017 bei der Präsidentschaftswahl in die Stichwahl (gegen Emmanuel Macron) ein – mit 21,3 % der Stimmen (2002: 16,8 %). Gegenüber 2002 gewann sie 5,5 Mio. WählerInnen hinzu, davon 15 % ehemalige Sarkozy-WählerInnen und 9 % »Enttäuschte der Linken« (vgl. P. Perrineau 2017, S. 9). Die Niederlagen im zweiten Wahlgang zeigten jeweils die Grenzen der Mobilisierung – und die Stärke der Lagergrenzen überschreitenden Gegenmobilisierung. Bei der Europawahl 2014 hatte die Partei mit 24,8 % ihren Zenit erreicht und alle nationalen Konkurrenten an Stimmen überrundet. Mit 24 Mandaten (23 nach dem Parteiaustritt einer der Gewählten; weitere Austritte folgten) spielte der FN eine Schlüsselrolle bei der Bildung einer eigenen Fraktion im Europaparlament (Europa der Nationen und der Freiheit/ENF), die trotz erheblicher Schwierigkeiten im Gegensatz zu früheren Legislaturperioden nach einer längeren Sondierungsphase etwa ein Jahr nach der Wahl gelang (vgl. U. Backes 2016).

Die aktive Rolle im Europaparlament (vgl. N. Lebourg 2016) kontrastiert allerdings mit der schwachen Repräsentation auf nationaler Ebene. Wenn es dem FN mit Ausnahme der Jahre 1986 bis 1988 (Einzug mit 35 Abgeordneten) nie gelang, eine Fraktion in der Nationalversammlung zu bilden, war dies die Folge des französischen Mehrheitswahlsystems mit zwei Wahlgängen (1986 galt ausnahmsweise die Verhältniswahl) und der mangelnden Bereitschaft der politischen Gegner, sich auf Wahlabsprachen einzulassen. Auch mit den acht Mandaten, die der FN 2017 in der Nationalversammlung erzielte, verfehlte er das für eine Fraktionsbildung erforderliche Mindestquorum (15 Mandate).

Schon aufgrund der schwachen parlamentarischen Vertretung blieb eine Regierungsbildung unter Einschluss des FN stets außer Betracht. Möglicherweise hat dies zur Persistenz des Wahlerfolgs der Partei erheblich beigetragen, da »Antiestablishment-Parteien« meist unter Druck geraten, wenn sie selbst ins Establishment aufsteigen (vgl. S. L. de Lange 2012). Aufgrund des (allerdings nicht immer strikten) »cordon sanitaire« der etablierten Parteien konnte sich der FN auch auf lokaler Ebene nur in wenigen Hochburgen zeitweilig als regierende Kraft verankern. Die Kommunalwahlen von 2014 vermitteln ein differenziertes Bild: Einerseits gelang es der Partei, elf Bürgermeister und mehr als 1 500 Ratsmitglieder in Gemeinden mit mehr als 1 500 Einwohnern zu stellen. Andererseits trat sie in 35 400 von insgesamt 36 700 Gemeinden gar nicht an und erreichte einen nationalen Stimmenanteil von 4,7 % – nicht mehr als im Jahr 1995 (vgl. A. Dézé 2015, S. 10). Allerdings vermochte sie bei den Regionalwahlen von 2015, die Zahl der Regionalräte gegenüber den vorherigen Wahlen zu verdreifachen.

Dennoch ist die Partei weit davon entfernt geblieben, die Macht gleichsam von unten zu erobern. Für den Erfolg der umgekehrten Strategie gibt es ebenfalls wenig Anzeichen: die Eroberung der Macht über die Rekrutierung administrativer Eliten, um Regierungsfähigkeit zu erwerben und glaubhaft nach außen zu dokumentieren (vgl. J. Gombin 2016, S. 109). Einer der wenigen Absolventen der für die Führungsrekrutierung in Frankeich so wichtigen Elite-Hochschulen (vor allem die Verwaltungshochschule École Nationale d'Administration/ENA und die aus ihr hervorgehenden »Enarchen«) war Florian Philippot, der aber der Partei

2017 den Rücken kehrte, weil er an innerparteilicher Unterstützung eingebüßt hatte. Im FN-Führungszirkel besaß er auch insofern ein atypisches Profil, als er seine politischen Fähigkeiten außerhalb der Partei (noch dazu in der »souveränistischen« Linken) erworben und erprobt hatte (vgl. de Villaines und Labat 2017), wohingegen der generationelle Wandel innerhalb des FN ansonsten zur Dominanz eines Funktionärstyps geführt hat, der im Apparat groß geworden ist und außerhalb keine ökonomische Basis besitzt. Sogar Marine Le Pen ist es nur in bescheidenem Maße gelungen, jene politische Inzucht zu durchbrechen, die durch den »cordon sanitaire«, die vehemente gesellschaftliche Gegenmobilisierung und die daraus resultierende Wagenburg-Mentalität begünstigt wird.

Über die Mitgliederentwicklung des FN herrscht wenig Klarheit; es fehlt das disziplinierende Mittel einer u.a. an der Mitgliederzahl ansetzenden staatlichen Parteienfinanzierung mit Rechenschaftspflicht und Sanktionierung von Fehlangaben. Auskünfte über den Mitgliederstand wurden von FN-Repräsentanten oft als politisches Mittel missbraucht – eine auch bei anderen französischen Parteien nicht unbekannte Praxis. Langjährige professionelle Beobachter urteilen auf der Grundlage parteiinterner Dokumente, die für 2015 beanspruchte Zahl von mehr als 80 000 Mitgliedern sei weit überhöht. Der FN habe 2015 über ca. 52 000 Beitragszahler verfügt – 10 000 mehr als 1998 (vor der Spaltung) (vgl. Crépon und Lebourg 2015, S. 436 f.).

Die jahrzehntelange organisatorische Kontinuität des FN basierte lange Zeit im Wesentlichen auf der Integrationsleistung des Parteigründers Jean-Marie Le Pen, eines blendenden Redners und Demagogen, der seine Erfahrungen aus Poujadismus und Algérie française-Bewegung nutzte, um verschiedene Strömungen der extremen Rechten (Nationalkonservative, Monarchisten, Nationalrevolutionäre, Nationalkatholiken) auf den kleinsten gemeinsamen Nenner zu verpflichten (vgl. J.-Y. Camus 1998; V. Igounet 2014). Die Abnahme der Integrationsfähigkeit des alternden Parteivorsitzenden (Parteispaltung 1998, Abwendung von Teilen der Nationalkatholiken, »Parti de la France« um Carl Lang 2009) erklärt zum Teil die Krise der 2000er Jahre. Die Tochter Marine Le Pen verfolgte in dieser Zeit eine eigene Strategie der Öffnung zur Mitte, die sie nach Ablösung ihres Vaters im Parteivorsitz zielstrebig umzusetzen suchte. Dadurch konnte die Partei ihren Einfluss auf wichtige gesellschaftliche Bereiche weiter vergrößern. Dies gilt etwa für die Arbeiterschaft, wo der FN teilweise traditionellen Vertretungen wie dem Parti Communiste Français (PCF) – seit dem Ende der Sowjetunion stark geschwächt (vgl. Courtois und Andolfatto 2013) – den Rang ablief. Der »Links-« oder »Arbeiter-Lepenismus«[3] ermutigte ein verstärktes Engagement im gewerkschaftlichen

3 Der Ausdruck »Linkslepenismus« (gaucho-lepénisme: vgl. P. Perrineau 2014, 2017; Evans 2000) hebt die Extremismus-Anfälligkeit linker Milieus hervor, während das Konzept des

Bereich – teils durch intensivierte Einflussnahme auf bestehende Gewerkschaften (syndicats), teils durch die Gründung eigener Berufsvertretungen, die enttäuschte Mitglieder der traditionellen Gewerkschaften auffingen. Bei der Europawahl 2014 erklärten 25 % der gewerkschaftlich organisierten ArbeiterInnen (traditionell ein nicht zur Wahl von Rechtsaußenparteien neigendes Milieu) ihre Unterstützung zugunsten des FN – ein Anteil, der dem FN-Wahlergebnis fast genau entsprach (vgl. Andolfatto und Choffat 2015, S. 91).

Die Partei verfügt über weit ausgefächerte Substrukturen, die es ihr ermöglichen, Tuchfühlung zu den bedeutendsten gesellschaftlichen Gruppen zu halten. Die 1973 gegründete Jugendorganisation Front national de la jeunesse (FNJ) hatte 2017 nach eigenen Angaben rund 25 000 Mitglieder im Alter zwischen 16 und 30 Jahren. Seit März 2018 wird sie von einem Verfechter des Dediabolisierungskurses[4], Jordan Bardella, geführt. Bei der Organisation von Wahlkämpfen vertraut Marine Le Pen eigenen Substrukturen wie den 2011 von Julien Rochedy (Parteiaustritt 2015) ins Leben gerufenen »Les Jeunes avec Marine«.

Die Partei hat sich früher als viele ihrer Konkurrenten im Internet und in den neuen sozialen Medien engagiert. Sie eröffnete 1994 eine Internet-Homepage – zu einer Zeit, als andere Parteien noch am technisch überholten »Minitel«-System festhielten. Seit 2006 gibt es ein Facebook-Konto. Diese Seiten werden gehegt und gepflegt, sie stehen sogar kritischen Kommentatoren offen (vgl. C. Delporte 2012).

Die Wahlerfolge haben es der Partei ermöglicht, einen zunehmenden Anteil ihrer Finanzen aus öffentlichen Mitteln zu bestreiten (2014: 40 %). 20 % wurden zuletzt aus Mitgliedsbeiträgen, etwa 10 % aus MandatsträgerInnen-Abgaben erwirtschaftet. Der Anteil der ausgewiesenen Spenden lag lediglich bei 3 % (vgl. CNCCFP 2015, S. 236–239).

Die Partei verfügt über einen eigenen, nach militärischen Prinzipien aufgebauten Ordnerdienst (Département Protection Sécurité/DPS), der dem Schutz der Parteirepräsentanten ebenso wie der Informationsbeschaffung über parteiinterne Vorgänge dient. Eine parlamentarische Untersuchungskommission kam 1999 zu dem Ergebnis, dem DPS seien zahlreiche gesetzwidrige Übergriffe anzulasten (vgl. Assemblée Nationale 1999). Wegen disziplinarischer Probleme und zu großer Nähe des DPS zu ihrem Vater griff Marine Le Pen anlässlich der traditionellen »Sommeruniversität« der Partei (September 2015 in Marseille) auf die Unterstützung eines von ihrem engen Vertrauten Axel Loustau organisierten privaten Sicherheitsdienstes zurück (vgl. Faye und Mestre 2015).

»Arbeiterlepenismus« (ouvriéro-lepénisme: vgl. F. Gougou 2016; N. Mayer 2016) den generationellen Wandel innerhalb der Milieus für die Erklärung des Wählerverhaltens betont.

4 Dédiabolisation: ein vom FN in die französische Sprache eingeführter Neologismus mit der Bedeutung Entteufelung, Entdämonisierung.

3 Immigrationskritik als Schlüsselthema der FN-Erfolge

Nicht zuletzt aufgrund seiner langen Kolonialgeschichte zählt Frankreich zu den Staaten Europas mit einer historisch weit zurückreichenden und quantitativ bedeutsamen Einwanderung. Nach der Definition der Vereinten Nationen (im Ausland geborene Personen mit dauerndem Wohnsitz in Frankreich) stieg der Immigrantenanteil in den Jahren 2000 bis 2017 von 10,5 % auf 12,8 % (Deutschland: von 11 % auf 14,8 %) (United Nations 2017, S. 29). Rechnet man jene hinzu, deren Eltern in diesem Sinne ImmigrantInnen sind, ergab sich 2010 ein Bevölkerungsanteil von 26,6 % (Deutschland: 21,9 %) (vgl. A. Albertinelli et al. 2011, S. 122). Vor allem in ökonomischen Krisenphasen wurden die negativen Begleiterscheinungen der Migration Gegenstand teils alarmistischer Kritik. In deren Zentrum standen in den letzten Jahrzehnten – vorwiegend muslimische – MigrantInnen aus dem Maghreb (2011 16 % der MigrantInnen) (vgl. P. Breuil-Genier et al. 2011). Frankreich ist eines der europäischen Länder mit dem höchsten Anteil an MuslimInnen, deren Integration in die französische Gesellschaft lange Zeit nicht als großes Problem betrachtet wurde. Die Große Pariser Moschee mit ihrem 33 m hohen Minarett im Zentrum der Hauptstadt wurde bereits 1926 als Anerkennung für die mehr als 100 000 algerischen Soldaten der französischen Armee errichtet, die im Ersten Weltkrieg ihr Leben ließen (vgl. J. Selby 2014, S. 24). Erst in der zweiten Hälfte der 1970er Jahre und vor dem Hintergrund einer ökonomischen Krise mit wachsenden Arbeitslosenzahlen zeigte sich, dass das im europäischen Vergleich großzügige, stark auf dem »droit du sol« (ius solis: Geburtsortsprinzip) beruhende Einwanderungsrecht nicht automatisch zu erfolgreicher sozialer Integration führte. Die zur Verbesserung der Lebenssituation der MigrantInnen ab den 1960er Jahren erbauten anonymen Großwohnanlagen (habitations à loyer modéré/HLM) in den banlieues (Vororte, Randzonen) großer Städte (Paris, Marseille, Lyon, Lille) entwickelten sich teilweise zu sozialen Brennpunkten, die das mitunter idealisierte Bild einer friedlichen multikulturellen Gesellschaft konterkarierten. Als Hauptproblem gilt die soziale Absonderung von Teilen der ImmigrantInnen, die aufgrund unzureichender Sprachkenntnisse und/oder verbreiteter Vorurteile über geringere Chancen auf dem Arbeitsmarkt verfügen und durch überdurchschnittliche Delinquenz auffallen (vgl. P. Bernard 2002, S. 72 f.).

Der islamistisch motivierte Terrorismus, der in Frankreich lange vor den Anschlägen vom 11. September 2001 in New York tiefe Spuren hinterließ (die algerische Groupe Islamique Armée tötete im Jahr 1995 acht Menschen bei Anschlägen auf Pariser Metro-Stationen; vgl. A. G. Hargreaves 2007, S. 110), schien in den Augen von Teilen der Bevölkerung die pauschale Islamkritik islamophober Gruppierungen zu bestätigen. Dies traf auf die zweite Welle von Terroranschlägen im Zusammenhang mit dem Syrienkrieg nach 2013 in noch höherem Maße zu. Allein am 13. November 2015 wurden bei islamistisch motivierten Attentaten an acht Stellen im 10. und 11. Pariser Arrondissement sowie in der Vorstadt Saint-Denis 130 Menschen getötet und 683 verletzt. Der Islamische Staat reklamierte dafür die Urheberschaft. Ein beträchtlicher Teil der Attentäter der Terrorwelle der Jahre 2013 bis 2016 war nordafrikanischer Herkunft, so dass die Immigration aus diesen Ländern als zentrales Sicherheitsproblem erschien (vgl. L. Jacinto 2016).

Die Immigrationskritik stand am Anfang keineswegs im Vordergrund der FN-Programmatik. Sie konzentrierte sich vielmehr auf die illegale Einwanderung, sofern sie die »Gesundheit der Franzosen« (J.-Y. Camus 1996, S. 20) gefährde. Doch erzielte die Partei ihre Wahlerfolge seit den Kommunalwahlen 1983 durch ihren populistischen Antielitendiskurs und die Verknüpfung der Immigrationsproblematik mit anderen Themen, allen voran Unsicherheit (insécurité), Arbeitslosigkeit (chômage), Kaufkraftverlust. Die Immigration firmierte bald als Erzübel, aus dem viele andere Missstände resultierten (vgl. G. Birenbaum et al. 1996, S. 360).

Offener Rassismus im streng biologischen Sinne vermied die Partei in ihren Programmen. Die Reden des Parteichefs oszillierten zwischen einem Rassismus der Inegalität kolonial-imperialer Prägung und einem Rassismus der Differenz, wie ihn die Nouvelle droite um ihren Vordenker Alain de Benoist in den 1970er Jahren entfaltet hatte. Der differentialistische Rassismus äußerte sich vor allem im Vermischungsverbot, der Propagierung der Reinerhaltung der ethnokulturellen Substanz der Nation, die durch einen zu hohen Anteil fremder Elemente gefährdet werde: »Wir haben nicht nur das Recht, sondern die Pflicht zur Verteidigung unserer nationalen Persönlichkeit und unseres Rechtes auf den Unterschied« (P.-A. Taguieff 1988, S. 52).

Die Hauptelemente der Immigrationskritik wurden Mitte der 1980er Jahre systematisiert und blieben in den folgenden Jahrzehnten weitgehend unverändert: France d'abord (Frankreich zuerst) und Les Français d'abord (Die Franzosen zuerst) als nationalistische Leitidee, verbunden mit der Feststellung einer »Krise der französischen Identität« und einem »Anstieg der Delinquenz« (vgl. J.-M. Le Pen 1985, S. 24); Kritik der allgemeinen sozialen »Entwurzelung« (déracinement généralisé) (vgl. ebd., S. 26) durch Überfremdung und »Amerikanisierung« der französischen Kultur; Sicherung der von einer »Invasion« bedrohten »schieren Existenz des französischen Volkes« (vgl. ebd., S. 113) durch das Prinzip der »nationalen Präferenz« (préférence nationale), d. h. Arbeitsplätze vorrangig für FranzösInnen (priorité d'emploi pour les français) (vgl. ebd., S. 122); Reduktion der Zahl ausländischer ArbeiterInnen (vgl. ebd., S. 160); gezielte Förderung französischer Familien (préférence familiale) (vgl. ebd., S. 125) durch vorrangige Gewährung von Sozialleistungen für FranzösInnen; Anklage der »bande des quatre« (»Viererbande« der etablierten Parteien) und des von ihnen mitverantworteten Medienkartells (désert médiatique) (vgl. ebd., S. 7), das durch einen wahrhaftigen »terrorisme intellectuel« (vgl. ebd., S. 8) Demokratie und Meinungsfreiheit unterdrücke, uniforme Denkmuster (»pret-à-penser«, in pfiffiger Abwandlung eines Terminus der Pariser Modebranche) (vgl. ebd., S. 21) verbreite und dafür sorge, dass die drängendsten Probleme Frankreichs nicht mehr ungestraft angesprochen werden könnten.

Die Schärfe der Immigrationskritik milderte sich über die Jahrzehnte kaum. Vor den Präsidentschaftswahlen von 2007 erklärte der FN, die »seit mehr als 30 Jahren von den wechselnden Regierungen betriebene Immigrationspolitik« sei die Ursache für »die meisten Übel, an denen unser Land leidet«. Dies auszusprechen sei lange Zeit tabuisiert worden, doch habe inzwischen die große Mehrheit der politischen und ökonomischen BeobachterInnen die zentrale Bedeutung der Migrationsströme erkannt. Der FN propagierte eine »realistische Politik der Umkehrung der Migrationsströme«. Wenn jede weitere Zuwanderung unterbunden sei, könne die erforderliche »Assimilationspolitik« für jene ins Werk gesetzt werden, »die unsere Sitten und Rechte respektieren, Frankreich als ihr ausschließliches Vaterland betrachten und die Pflichten akzeptieren, die aus der Gewährung der Rechte resultieren« (vgl. Front national 2007, S. 6).

Die Warnung vor einer Vermischung (métissage) von Menschen unterschiedlicher Ethnien (vgl. D. Stockemer 2017, S. 30) findet sich in den neueren Programmen der Partei nicht mehr. Ihr Verhältnis zu den Konzepten der Nouvelle droite (wie dem Ethnopluralismus, der Ethnien unterhalb der nationalen Ebene zu gleichrangigen Einheiten erklärt) ist kompliziert (vgl. J.-Y. Camus 2016). Insgesamt zielt die Partei jedoch auf die Erhaltung oder Wiederherstellung einer nationalen Identität, die als uniformes kulturelles Ganzes gedacht wird. Die Abwehr des (vor allem außereuropäisch) Fremden dient diesem Ziel. Die Programmatik ist vom Nativismus, der Verteidigung der Rechte der »angestammten Bevölkerung« (les français de souche), bestimmt, vermeidet jedoch offen rassistische Aussagen. Dies war von den ersten Wahlerfolgen an Teil einer politischen Strategie zur Gewinnung höherer Akzeptanz.

4 »Dédiabolisation« und Immigrationskritik

Die von Marine Le Pen seit Beginn ihres Parteivorsitzes angestrebte »Dédiabolisation« setzt folglich die (teilweise erfolgreichen) Versuche der Gründergeneration des FN fort, dem Ghetto der extremen Rechten zu entkommen und breite Bevölkerungskreise zu erreichen (vgl. A. Dézé 2015, S. 21). Sie treibt sie aber in einigen Punkten weiter. Mit der Immigrationsproblematik ist die Dediabolisierungsstrategie indirekt verknüpft.

Im Zentrum der Entdämonisierung steht die Befreiung von besonders imageschädlichen Elementen, vor allem dem Antisemitismus, der die Partei wie eine ideologische Sperre von einem beträchtlichen Teil der Bevölkerung fernhielt. Dies räumte ein enger Mitstreiter und seit 2009 Lebensgefährte Marine Le Pens, Louis Aliot, in einem Interview unumwunden ein (vgl. V. Igounet 2014, S. 420). Bereits kurz nach ihrer Wahl zur Parteivorsitzenden hatte Marine Le Pen im Wochenmagazin Le Point einerseits kritisiert, dass der Schriftsteller Louis-Ferdinand Céline wegen seines bekannten Antisemitismus von einer Liste für die Nationalfeiern des Jahres 2011 genommen worden sei (man müsse zwischen einem Autor und seinem Werk unterscheiden). Andererseits bezeichnete sie die NS-Verbrechen in den Lagern als »Summum der Barbarei« (vgl. M. Le Pen 2011a) und distanzierte sich so von Interpretationen der Shoah als bloßem »Detail« der Geschichte des Zweiten Weltkriegs, wie sie ihr Vater mehrfach öffentlich vorgetragen hatte – zuletzt im April 2015 mit einem juristischen Nachspiel, das im März 2017 zu einer Geldstrafe in Höhe von 30 000 Euro vor dem Pariser Appellationsgericht führte (vgl. P. Lepelletier 2018). Bekannt war Le Pen Senior auch für bizarre Sprachspiele, in denen er etwa auf Verbrennungsöfen anspielte – zuletzt in einer Polemik gegen den beliebten jüdisch-französischen Sänger Patrick Bruel (vgl. E. Hazan 2014), der öffentlich wiederholt vor der Ideologie des FN gewarnt hatte. Die Folge war eine öffentlich ausgetragene Familienfehde, die schließlich mit dem Parteiausschluss und dem Verlust der Ehrenmitgliedschaft Jean-Marie Le Pens im FN endete.

Als Marine Le Pen im Präsidentschaftswahlkampf 2017 die Mitverantwortlichkeit Frankreichs für die vom Vichy-Regime im Juli 1942 in Zusammenarbeit mit den deutschen Besatzungsbehörden organisierte Razzia und Deportation von mehr als 13 000 Juden (Sammelunterbringung unter anderem im Pariser Wintervelodrom – vélodrome d'hiver, daher rafle du vél d'hiv) in die Konzentrationslager leugnete, brach sie mit einer in der französischen Mehrheitskultur dominierenden Lesart der Übernahme von Mitverantwortung für die historischen Menschheitsverbrechen, ließ dabei aber keinen Antisemitismus erkennen. Der Politikwissenschaftler und FN-Experte Jean-Yves Camus hielt den von Beobachtern geäußerten Antisemitismusverdacht für unbegründet. Eher handele es sich um Indifferenz gegenüber der Besonderheit des Schicksals der europäischen Juden während des Zweiten Weltkriegs – die auch erkläre, warum Marine Le Pen keine Schwierigkeiten habe, mit bekannten Antisemiten in ihrer Partei weiter Umgang zu pflegen (vgl. J.-Y. Camus 2017). In einer Umfrage aus dem Jahr 2014 zeigten die Anhänger des FN wie auch der von Marine Le Pen geführten FN-Europawahl-Liste stark erhöhte Antisemitismus-Werte (vgl. D. Reynié 2014, S. 16). Solche Neigungen bediente Marine Le Pen jedoch allenfalls in subtiler Form, etwa wenn sie die Rolle von Personen wie Édouard de Rothschild oder Dominique Strauss-Kahn als

Drahtzieher in der Welt der internationalen Banken und Finanzmärkte hervorhob (vgl. M. Le Pen 2012, S. 119).

In Programmatik und Propaganda des dediabolisierten FN firmieren vorzugweise MuslimInnen als Gefahrenherd. Diese Enwicklung zeichnete sich bereits im ersten Jahrzehnt nach den Anschlägen vom 11. September 2001 ab, verstärkte sich aber seither. Vater Le Pen vermied in seinen früheren Jahren als Anhänger eines französischen Algeriens (»Algérie française«) antimuslimische Ressentiments und stand der Einwanderung aus der einstigen Kolonie keinesfalls pauschal ablehnend gegenüber (vgl. M. Eltchaninoff 2017, S. 136 f.). Unter der Tochter sind »die Mulime« zur zentralen Problemgruppe avanciert; der Kampf gegen die Immigration ist mit dem gegen die »Islamisierung« nahezu identisch geworden (vgl. P. Perrineau 2014, S. 97 f.). ImmigrantInnen aus dem subsaharischen Afrika – denen die Bevölkerung generell mit höherer Toleranz begegnet (vgl. CNCDH 2016, S. 13) – stehen dabei weit weniger im Fokus als solche aus den Maghreb-Staaten.

Eine Konstante des FN-Diskurses über den Wechsel an der Parteispitze hinweg ist die enge Verknüpfung der Themen Einwanderung (immigration), Unsicherheit (insécurité), Arbeitslosigkeit (chômage) (vgl. Alduy und Wahnich 2015, S. 78). Dabei erfolgt die Problembenennung unter Marine Le Pen meist in milderer Diktion. Aus der »préférence nationale« ist eine »priorité nationale« oder gar ein »patriotisme social« geworden (vgl. ebd., S. 104). Was Marine Le Pen von ihrem Vater aber vor allem unterscheidet, ist die verbale Republikanisierung der Islam-Immigrationsabwehr. Denn sie beruft sich in ihrer Kritik auf die Werte der Republik. Dass diese Werte in spezifischer Weise interpretiert werden, zeigt die offensive Berufung auf das Prinzip des Laizismus. Denn einerseits wird das Beten von MuslimInnen auf den Straßen muslimischer Viertel gerügt, andererseits aber die öffentliche Verwendung christlicher Symbolik als Teil einer »christlich-abendländischen Kultur« verteidigt (vgl. M. Eltchaninoff 2017, S. 142 f.). Ähnliches gilt für den Umgang mit dem Faschismusbegriff. Wenn Marine Le Pen den »grünen Faschismus«[5] attackiert, überdehnt sie den Faschismusbegriff ebenso wie den des Islam/Islamismus, indem etwa Dschihadismus und traditionell-islamischer Fundamentalismus in einen Topf geworfen werden (vgl. N. Lebourg 2012). Der Griff in das Repertoire des Antifaschismus lenkt zugleich vom Faschismusvorwurf ab, der seit langer Zeit gegen den FN erhoben wird.

Am glaubwürdigsten wirkt die Kritik am »frauenfeindlichen Islam«. Marine Le Pen – zweimal geschieden, seit 2009 in nichtehelicher Partnerschaft lebend, über längere Zeit alleinerziehende berufstätige Mutter in Führungspositionen – verkörpert jenen Typus der modernen, emanzipierten Frau, dem katholische Tradi-

5 Also den islamischen oder »Islamofaschismus« (Grün als Symbolfarbe de Islam).

tionalistInnen und IntegristInnen innerhalb wie außerhalb ihrer Partei mit tiefem Misstrauen begegnen. Von Beginn ihres Parteivorsitzes an zeigte sie zudem wenig Neigung, deren Kampf um die Illegalisierung des Schwangerschaftsabbruchs (Abschaffung der »loi Veil«) fortzuführen (vgl. S. Crépon 2015, S. 194), auch wenn das Programm der Partei teilweise noch den Geist der kompromisslosen Abtreibungsgegnerschaft atmet. Umso heftiger verteidigt sie die Freiheiten der Frauen Frankreichs, die bedroht seien, wenn man sich in manchen Vierteln nicht mehr so anziehen könne, wie man wolle: »Die massive Immigration und die multikulturelle Gesellschaft werfen die Frau um Jahrhunderte zurück« (M. Le Pen 2016). Einerseits erweckt die FN-Vorsitzende dabei den Eindruck, als seien die errungenen Frauenrechte das natürliche Entwicklungprodukt der französischen/europäischen Gesellschaft, andererseits wird dem Islam eine gleichermaßen natürliche Tendenz zugeschrieben, die Rechte der Frauen zu missachten (vgl. S. Crépon 2015, S. 196).

Das Eintreten für einen »realistischen Feminismus« geht mit der Ablehnung sexueller Diskriminierung einher. Anders als ihre Nichte Marion Maréchal-Le Pen beteiligte sich Marine Le Pen nicht an den Protesten gegen die »Ehe für alle« (marriage à tous) im Winter 2013/14. Stattdessen zögerte sie nicht, sich öffentlich gegen die Diskriminierung von Homosexuellen auszusprechen. Einer der Gründer der Partei, Roger Holeindre, begründete seinen Parteiaustritt 2011 unter anderem damit, Marine Le Pen habe systematisch Homosexuelle in teilweise führende Parteiämter gebracht. Eine von ihm angefertigte Liste enthielt 22 Namen (vgl. Lebourg und Beauregard 2012, S. 369 f.). Noch nicht auf der Liste stand Sébastien Chenu, der sich im Jahr 2014 der mit dem FN assoziierten Wahlplattform Rassemblement Bleu-Marine (RBM) anschloss (vgl. T. Denis 2016), nachdem er eine Zeitlang innerhalb der konservativen Union pour un Mouvement Populaire (UMP; seit 2015 Les Républicains/LR) eine Vereinigung für die Verteidigung von LGBT[6]-Rechten (GayLib) geleitet hatte. Chenu errang bei den Parlamentwahlen vom Juni 2017 ein Abgeordnetenmandat und wurde kurz darauf Pressesprecher der Partei. Während er kein Hehl aus seiner Lebenspartnerschaft mit einem Mann aus der Textilbranche machte, wurde die Homosexualität eines der engsten politischen Berater Marine Le Pens, Florian Philippot[7], 2014 durch die Enthüllungsstory eines Boulevardblatts bekannt (vgl. A. Zemouri 2014; de Villaines und Labat 2017).

Die Auswahl der Mitarbeiter und der Umgang mit dem Thema verleiht der Kritik am »homophoben Islam« in den Augen von FN-SympathisantInnen ebenso Glaubwürdigkeit wie der am »frauenfeindlichen Islam«. Noch in einem weiteren Punkt zeigt sich die verbale Republikanisierung der Islam-Immigrationskritik. Marine Le Pen betreibt in ihren Reden eifrig Namedropping und beruft sich

6 Lesbian, Gay, Bisexual und Transgender; also Lesben, Schwule, Bisexuelle und Transgender.
7 Vor seiner FN-Zeit war er Anhänger des Linksnationalisten Jean-Pierre Chevènement.

unter anderem auf Hannah Arendt (vgl. M. Eltchaninoff 2017, S. 80), wenn sie einen überdehnten Totalitarismusbegriff gegen die erklärten Hauptfeinde anwendet: »Wir befinden uns im Kampf gegen alle Totalitarismen des 21. Jahrhunderts! Der Globalismus und der fundamentalistische Islamismus an der Spitze!« (M. Le Pen 2013). Nur das »Vaterland« biete Schutz vor dem internationalen Chaos. Arbeiteten Linke und Rechte gleichermaßen dem Totalitarismus in die Hände, verfüge allein der FN über die Lösung für die Rettung Frankreichs vor den verheerenden Folgen der Immigration.

Als einer der Hauptverursacher der Misere gilt die Europäische Union (EU), selbst ein »technokratisches, totalitäres und freiheitsschädliches Projekt« (M. Le Pen 2011a), das die nationale Souveränität zerstöre und als Einfallstor islamischer Immigration fungiere. Der republikanisierte, die Werte der Republik beschwörende Diskurs mildert die Schärfe der EU-Kritik nicht. Sie hat im Vergleich zu den 1990er Jahren eher zugenommen – gewiss auch eine Konsequenz der Abfolge von EU-Finanz- und Flüchtlingskrise. Denn nun steht der FN in Konkurrenz zu gemäßigteren Rechtsparteien, in denen die Kritik an der europäischen Integration an Härte gewinnt (vgl. E. Reungoat 2015). Von ihnen unterscheidet den FN das Eintreten für einen neuen europäischen Staatenverbund, der – nach einer bereits von Jean-Marie Le Pen eingeführten Formel – von Brest (Bretagne) bis Wladiwostok reichen soll. Der FN plädiert daher für ein Bündnis mit Russland und dem Putin-Regime, mit dem die Partei zumindest auf der Ebene der offiziellen Herrschaftslegitimierung gemeinsame Überzeugungen verbinden: innenpolitisch die Faszination des starken Führers, der mit harter Hand regiert, Sicherheit und Ordnung garantiert, die »nationale Identität« seines Landes und »traditionelle Werte« verteidigt; außenpolitisch die Ablehnung der »globalistischen« Mächte USA und EU, die mit ihrer Dekadenz die Substanz der Nationen zerstören (vgl. M. Eltchaninoff 2017, S. 158–168). Die Extremismus-Neigung des FN kommt vielleicht in keinem anderen Punkt so deutlich zum Ausdruck wie in der Kombination der antipluralistischen Abwehrfront gegen alle anderen französischen Parteien mit der Faszination für den Putin'schen Autoritarismus.

Das Heil kommt aus dem Osten, der kulturelle Niedergang aus dem Westen: Davon scheint Marine Le Pen (wie ihr Vater) überzeugt. Lange bevor die Flüchtlingszahlen im Jahr 2015 einen Höhepunkt erreichten, geißelte die FN-Vorsitzende die EU als Hauptverursacherin unkontrollierter Immigration: »Diese gigantischen Wellen von Migranten, die die Europäische Union an unseren Küsten anbranden lässt, diese Millionen von Migranten, die die EU bei uns sich niederlassen lässt, in unseren Städten und sogar in unseren abgelegensten Dörfern, diese unverantwortliche Politik besiegelt das Verschwinden Europas, wenn wir sie nicht stoppen« (M. Le Pen 2013; Übersetzung des Verfassers).

Während die mit der EU verknüpfte Immigrationskritik an Härte gewonnen hat, sind die unter Marine Le Pen erarbeiteten Gegenmaßnahmen etwas moderater geworden. Galt unter Jean-Marie Le Pen lange Zeit die Devise »Pas de migration« (also Zuzugsstopp), wurde 2015 der Begriff des »solde migratoire« eingeführt, der auf 10 000 Personen jährlich zu begrenzen sei – d. h. die Zahl der eingewanderten Personen abzüglich der abgewanderten dürfe pro Jahr nicht mehr als 10 000 betragen (vgl. S. de Larquier 2015).

5 »Dediabolisierte« Immigrationskritik als Gewinnformel?

Die »Dediabolisierung« hat am zentralen Motiv der FN-WählerInnen allem Anschein nach nichts geändert. Ihr Hauptmotiv ist die Ablehnung außereuropäischer EinwanderInnen und der Europäischen Union, die sie hereinlasse (vgl. N. Mayer 2018, S. 445; N. Mayer 2013). Ist der Antiimmigrationskampf mithin der Schüsselfaktor, der die Erfolge des FN erklärt? Befriedigt die Partei eine Nachfrage, die ihre Konkurrenten nicht befriedigen können, weil sie aus ideologischen Gründen die positiven Effekte der Immigration betonen (gemäßigte und extreme Linke) oder die negativen Begleiterscheinungen pragmatisch gegen die positiven aufrechnen und Immigrationskritik in mehr oder weniger moderater Form vortragen (gemäßigte Rechte)?

Der Antiimmigrationskampf des FN ist durch die Dediabolisierung noch effektiver geworden. Er richtet sich nun in erster Linie gegen eine Einwanderergruppe, die seit dem Algerien-Krieg bei einem Teil der FranzösInnen schlecht beleumundet ist. Durch die islamistisch motivierten Terroranschläge wurde dieses Motiv revitalisiert, wie demoskopische Untersuchungen zeigen (vgl. CNCDH 2017, S. 19). Dies gilt insbesondere für die Jahre seit Ausbruch des Bürgerkrieges in Syrien und den Beginn der Beteiligung Frankreichs an Kampfhandlungen gegen den Islamischen Staat. Zwischen Oktober 2013 und April 2018 registrierten die französischen Antiterrorismuseinheiten nicht weniger als 78 versuchte, vereitelte oder vollendete Attentate auf französischem Territorium mit dschihadistischer Motivation. Bei den elf vollendeten Attentaten starben 245 Menschen, über 900 wurden verletzt. In 40 von 78 Fällen konnten Verbindungen der Täter in die irakisch-syrischen Kampfzonen nachgewiesen werden (vgl. S. Seelow 2018).

Mit ihrem Kreuzzug gegen den »islamischen Fundamentalismus« hat Marine Le Pen die Zustimmungswerte ihrer Partei in Wählergruppen erhöht, die zuvor nur in bescheidenem Maße erreicht worden waren: Frauen, JüdInnen, kirchentreue KatholikInnen und Homosexuelle (vgl. N. Mayer 2018, S. 443). Vor der Präsidentschaftswahl 2017 war die Zahl der Frauen und Männer, die eine Wahlabsicht zugunsten des FN bekundeten, annähernd gleich groß. Die von der

Wahlforschung nicht nur in Frankreich konstatierte traditionelle Zurückhaltung der Frauen bei der Wahl rechtspopulistischer Parteien schien mithin (vorerst?) überwunden (vgl. A. Amengay et al. 2017). Dies dürfte indes nicht nur mit der FN-Kampagne gegen den »frauenfeindlichen Islam«, sondern generell mit dem moderateren Auftreten, dem republikanisierten Diskurs und der Attraktivität der taffen FN-Chefin zu erklären sein.

Im internationalen Vergleich sticht Frankreich keineswegs durch eine besonders ausgeprägte Ablehnungshaltung gegenüber der Immigration heraus. Der Aussage »Es gibt zu viele Einwanderer in unserem Land« stimmten 2017 53 % der FranzösInnen zu (50 % der Deutschen), aber 66 % der ItalienerInnen und 61 % der BelgierInnen. Dieses Einstellungsniveau wies über den Zeitraum 2011 bis 2017 keine großen Schwankungen auf (vgl. Ipsos 2017, S. 10). Der Anteil der FranzösInnen, die infolge der Einwanderung zunehmende Probleme auf dem Arbeitsmarkt befürchteten, ging im gleichen Untersuchungszeitraum zurück (von 50 % 2013 auf 37 % 2017), lag aber noch deutlich über dem in Deutschland gemessenen Niveau (2017 30 % Zustimmung) (vgl. ebd., S. 17). Wie über viele Jahre hinweg erfasste Daten erhellen, ist das Toleranzniveau der FranzösInnen gegenüber Minderheiten gewachsen – aber die MuslimInnen sind die (im Vergleich zu JüdInnen und Schwarzen) am wenigsten geschätzte Minderheit geblieben. Zudem offenbaren die Toleranzmessungen gegenüber den MuslimInnen nach den Ergebnissen der ForscherInnen um Vincent Tiberj ein Absinken des Niveaus (vgl. CNCDH 2016, S. 13; CNCDH 2017, S. 19).

Muslimfeindlichkeit dürfte zum Erfolg des FN beitragen. Aber der Schluss von der Einstellungsebene auf die politische Verhaltensebene ist im strengen Sinne unzulässig. Untersucht man die Korrelation zwischen der Entwicklung xenophober Einstellungen und den Wahlresultaten xenophober Parteien auf europäischer Ebene, ergibt sich kein eindeutiges Muster, weil Wahlerfolge auch von sich wandelnden Gelegenheitsstrukturen und Angebotsprofilen bestimmt werden, die unabhängig von gemessenen Einstellungsniveaus sind (vgl. U. Backes 2015). Zudem handelt es sich beim FN ebenso wenig wie bei anderen erfolgreichen Rechtspopulismen in Europa um eine single-issue party (vgl. C. Mudde 1999), wenngleich das Thema Immigration den programmatischen Kern bildet. Vor allem nutzt der FN eine verbreitete Politik- bzw. Politikerverdrossenheit und präsentiert sich als *die* einzig wahre Alternative. Das populistische Element ist unter Marine Le Pen nicht schwächer geworden. »Marine 2017« lautete einer der Obertitel des Präsidentschaftswahlprogramms 2017 (vgl. Marine 2017). In den Wahlkampagnen nutzt die Parteiführerin eigene Strukturen, um ihre Person ins Zentrum zu stellen. Marine Le Pen erscheint als die einzige glaubhafte Vertreterin der Volksinteressen gegen eine mehr oder weniger unfähige und korrupte politische Elite (vgl. D. Stockemer 2016, S. 32 f.).

Zudem hat der FN »les invisibles« (die Unsichtbaren) für sich entdeckt (vgl. M. Foessel 2012): die sozial zu kurz Gekommenen, von der etablierten Politik angeblich vergessenen oder vernachlässigten FranzösInnen, die mit den ImmigrantInnen um soziale Leistungen konkurrierten und dabei oft den Kürzeren zögen.

Das Ringen mit der Linken um die sozial schwächsten Gruppen der Gesellschaft setzt einen Trend fort, den die Partei bereits in den 1990er Jahren in der Abkehr vom Thatcherismus der 1980er Jahre vollzogen hatte. Kitschelts »Gewinnformel« (Kombination von ökonomischem Liberalismus mit kulturellem Autoritarismus, vgl. Kitschelt und McGann 1995) verlor damit an Erklärungskraft. Die Schärfe der Kritik am »Ultraliberalismus« hat seither noch zugenommen, verbunden mit einer Erweiterung der sozialprotektonistischen und distributionistischen Programmatik (vgl. G. Ivaldi 2015). Auf diese Weise ist es dem FN unter Marine Le Pen gelungen, die sich generationell wandelnden Wählermilieus der gemäßigten sowie der extremen Linken zu erreichen und zeitweilig die von allen Parteien höchsten Stimmenanteile bei den ArbeiterInnen zu erzielen. 56 % der ArbeiterInnen und 69 % derer, die nach eigenen Angaben am Monatsende über knappe Kassen verfügen, wählten den FN im zweiten Wahlgang der Präsidentschaftswahl von 2017 (vgl. P. Perrineau 2017, S. 26).

Begünstigt wird dieser Trend durch den Bedeutungszuwachs einer sozialkulturellen Konfliktlinie, die eine Berliner Forschungsgruppe mit dem antithetischen Begriffspaar »Kosmopolitismus« versus »Kommunitarismus« markiert und in einem auf Einstellungsdaten basierenden Fünfländervergleich empirisch getestet hat. Die rechtspopulistischen Parteien profitieren demnach vom gesellschaftlichen Widerstand gegen die Folgen der Globalisierung. Dieser gehe überwiegend von Personen aus, die »fast ausschließlich über nationale soziale und professionelle Kontakte und ein ›stationäres‹ Human- wie Kulturkapital verfügen« (W. Merkel 2017, S. 14), während die »Kosmopoliten« vor allem aus Gruppen bestünden, die transnational vernetzt sind, häufig reisen und beruflich mobil sind.

Die neue Konfliktlinie stellt eine besondere Herausforderung für die demokratischen Großparteien dar, weil sie deren Elektorate und Klientelgruppen durchschneidet. In Frankreich hat sie zur Erhöhung der Fragmentierung und Volatilität des Parteiensystems wesentlich beigetragen (vgl. C. Pütz 2017). Dies erklärt teilweise die Krise der gemäßigten Linken und Rechten. Die wechselnden Formationen der »kommunitaristischen« gemäßigten Rechten, die sich des Themas teilweise durch eine rabiate Rhetorik und drastische Maßnahmen zu bemächtigen versuchten (vgl. O. Esteves 2016), erscheinen vielen WählerInnen offenbar als eine Kopie, der sie das Original des FN vorziehen. Und die globalisierungskritische und europaskeptische extreme Linke mit ihren universalistischen Grundorientierungen vermag die Kritik an den negativen Folgen der Immigration nicht mit gleicher Überzeugungskraft zu formulieren wie eine Formation, die auf modernisierte nationalistische Deutungsmuster rekurriert. Sie hat infolge dessen Schwierigkeiten, ihr traditionelles Elektorat zu mobilisieren. Bei einer Umfrage vom Februar 2017 erklärten 48 % der WählerInnen der Linken, die traditionellen Werte würden nicht ausreichend verteidigt und man man gewähre »dem Islam und den Muslimen in Frankreich« (vgl. P. Perrineau 2017, S. 28) zu viele Rechte.

Die erst 2016 gegründete Sammlungsbewegung der Mitte (La République en Marche) Emmanuel Macrons, die bei den Parlamentswahlen vom Juni 2017 über die Hälfte der Abgeordnetenmandate errang, stellt vor diesem Hintergrund ein politisches Experiment dar, dessen Ausgang für ganz Europa von erheblicher Bedeutung sein dürfte: Lässt sich die neue Konfliktlinie in einem dezidiert proeuropäischen Entwurf durch eine verbesserte Steuerung und Kanalisierung der Migrationsströme (vgl. J. Cossardeaux 2018) entschärfen?

Überlegungen zu den Gelegenheitsstrukturen im politischen Akteursfeld bedürfen jedoch einer Ergänzung durch eine Betrachtung des Angebotsprofils der Partei, das über die programmatische Ebene hinausgeht. Der FN hat seine Kampagnenfähigkeit unter Marine Le Pen erhöht. Die rhetorische Übermacht des Vaters wurde durch ein moderateres und doch Entschlossenheit ausdrückendes Auftreten kompensiert. Dabei hat Marine Le Pen fast alle ideologischen Elemente, die ihr Vater rhetorisch nutzte, übernommen, jedoch neu arrangiert und »republikanisiert«, zudem um Diskursfragmente der populistischen Linken Jean-Luc Mélenchons (les invisibles) ergänzt. Der doppelte Diskurs (vgl. Alduy und Wahnich 2015, S. 251) hält die traditionelle Basis zusammen, öffnet die Partei aber für neue Wählergruppen. Zugleich wurden die Mitglieder- und die Funktionärsbasis der Partei verjüngt, deren Frauenanteil erhöht (vgl. Crépon und Lebourg 2015).

Im Inneren der Partei hatte Marine Le Pen sich bereits vor ihrer Wahl zur Parteivorsitzenden eigene Basen aufgebaut, auf die sie ihre Kampagnen vorzugsweise stützt. Überdies hat sie themenzentrierte Netzwerke eingerichtet, um verschiedene Zielgruppen anzusprechen: »Racine« (Lehrer), »Marianne« (Studenten), »Audace« (junge Unternehmer), »Cardinal« (Manager), »Nouvelle Écologie« (alternative Energiequellen), »Clic« (Kunstinteressierte) etc. Seit 2016 ist die studentische Rekrutierungsplattform der Partei erweitert worden, u. a. um eine Gruppe »Jean Moulin« (benannt nach einem Résistance-Helden) bei Sciences Po in Paris und die Gruppe »Charles Péguy« an der Universität Bordeaux. Die Partei bemüht sich verstärkt um Akademiker und Führungskräfte im Öffentlichen Dienst, um Regierungsfähigkeit zu erlangen. Der Parteiaustritt des stellvertretenden Parteivorsitzenden und ehemaligen ENA-Absolventen Florian Philippot, der die zunächst als innerparteilichen Zirkel konzipierte Vereinigung »Les Patriotes« im September 2017 in eine Konkurrenzpartei transformierte, hat diese Bemühungen konterkariert. Die Krise nach der Niederlage gegen Emmanuel Macron, dem Marine Le Pen im Fernsehduell nicht gewachsen war, mündete in eine neue Offensive zur Erlangung von Koalitionsfähigkeit (Vorbereitung eines Namenswechsels [Rassemblement national], Kooperationssignale an die europaskeptische Führung der »Republikaner« und an Laurent Wauquiez) (vgl. L. Soullier 2018). Ob dies die Stellung des FN im Parteiengefüge wieder stärken wird, bleibt abzuwarten.

6 Fazit

Mit Recht gelten Nativismus und Immigrationsabwehr als zentrale Motive einer »populistischen radikalen Rechten« (vgl. C. Mudde 2017), wie sie in Europa in den vergangenen Jahrzehnten zunehmend an Bedeutung gewonnen hat. Der Abwehrkampf gegen die außereuropäische Immigration bildete das zentrale Motiv des FN von den ersten Wahlerfolgen zu Beginn der 1980er Jahre an. Mit einer Programmatik, die nahezu alle Übel mit der Immigration verknüpfte, gelang es der Partei, sich im französischen Parteiensystem zu etablieren. Nativismus im Sinne der Verteidigung der Interessen der »angestammten Franzosen« stand in der Programmatik im Vordergrund, während der traditionelle biologische Rassismus der extremen Rechten im Hintergrund blieb. Dies geschah im Bemühen, die extreme Rechte aus dem politischen Ghetto zu führen und Akzeptanz bei breiten Wählerschichten zu finden.

Die von Marine Le Pen nach der Übernahme des Parteivorsitzes betriebene »Dediabolisierung« setzte diese Bemühungen fort. Sie hat den Parteidiskurs historisch dekontaminiert (Anti-Antisemitismus) und »republikanisiert«, indem der Islamismus mit Berufung auf den Laizismus als faschistisch, totalitär, frauenfeindlich und homophob an den Pranger gestellt wird – wobei die Grenzen zwischen Islam, Islamismus und Dschihadismus zerfließen. Auf diese Weise befriedigt der FN eine Nachfrage, die seine Konkurrenten im Parteiensystem in den Augen der Sympathisanten offenbar nicht in gleichem Maße zu bedienen vermögen. In der neuen Konfliktlinie zwischen »Kosmopoliten« und »Kommunitaristen«, wie sie Berliner Forscher identifiziert haben, besetzt die Partei eine zentrale Position. Sie besticht zudem durch organisatorische Kontinuität, während die gemäßigten Parteien ebenso wie der linkspopulistische/linksextremistische Gegenpol fragmentiert sind und sich schwer tun, dem FN (seit Juni 2018 offiziell: Rassemblement national/RN) politisch Paroli zu bieten. Es bleibt abzuwarten, ob die von Emmanuel Macron gebildete neue Sammlungsbewegung der Mitte in der Lage sein wird, dem Rechtspopulismus durch eine überzeugende Verbindung von proeuropäischer Politik mit effektiver Immigrationssteuerung das Wasser abzugraben.

Literatur

Albertinelli, Anthony, Bettine Knauth, Katarzyna Kraszewska, und David Thorogood (Eds.). 2011. *Migrants in Europe: A statistical portrait of the first and second generation.* Luxemburg: Eurostat.

Alduy, Cécile, und Stéphane Wahnich. 2015. *Marine Le Pen prise au mots. Décrytage du nouveau discours frontiste.* Paris: Éditions du Seuil.

Amengay, Abdelkarim, Anja Durovic, und Nonna Mayer. 2017. L'impact du genre sur le vote Marine Le Pen. *Revue française de science politique* 67 (6): 1067–1087.

Andolfatto, Dominique, und Thierry Choffat. 2015. Le Front National et les syndicats. In *Sylvain Crépon et al. 2015*, 77–96.

Assemblée Nationale. 1999. *Rapport No. 1622 fait au nom de la commission d'enquête sur les agissements, l'organisation, le fonctionnement, les objectifs du groupement de fait dit »Département Protection Sécurité« et les soutiens dont il bénéficierait.* Paris: Assemblée Nationale, 26. 03. 1999.

Backes, Uwe. 2016. Varianten des antieuropäischen Extremismus und die Europawahlen 2014. In *European Integration and new Anti-Europeanism I. The 2014 European Election and the Rise of Euroscepticism in Western Europe,* hrsg. von Patrick Moreau und Birte Wassenberg, 47–69. Stuttgart: Franz Steiner Verlag.

Backes, Uwe. 2015. Extreme Gefahr aus der Mitte? Möglichkeiten und Grenzen politikwissenschaftlicher Diagnostik. In *Wie gefährlich ist Extremismus? Gefahren durch Extremismus, Gefahren im Umgang mit Extremismus* (Zeitschrift für Politikwissenschaft: Sonderband 2015 I), hrsg. von Eckhard Jesse, 89–111. Baden-Baden: Nomos Verlagsgesellschaft.

Bernard, Philippe. 2002. *Immigration. Le défi mondial.* Paris: Gallimard.

Birenbaum, Guy, Nonna Mayer, und Pascal Perrineau. 1996. Le FN dans la durée. In *Nonna Mayer et al. 1996*, 343–379.

Breuil-Genier, Pascal, Cathérine Borrel, und Bertrand Lhommeau. 2011. *Les immigrés, les déscendants d'immigrés et leurs enfants.* Paris: Insee.

Camus, Jean-Yves. 2017. Interview mit Pierre-Simon Assouline. Marine Le Pen est »indifférente à l'histoire des Juifs«. *Times of Israel* vom 5. 05. 2017.

Camus, Jean-Yves. 2016. Le Front national et la Nouvelle droite. In *Sylvain Crépon et al. 2015*, 97–120.

Camus, Jean-Yves. 1998. *Front national. Eine Gefahr für die französische Demokratie?* Bonn: Bouvier.

Camus, Jean-Yves. 1996. Origine et formation du Front national (1972–1981). In *Nonna Mayer et al. 1996*, 17–36.

CNCCFP, Publication générale des comptes des partis et groupements politiques au titre de l'exercice 2014. *Journal officiel* vom 31. 12. 2015.

CNCDH (Hrsg.). 2016. *Rapport sur la lutte contre le racisme, l'antisémitisme et la xénophobie.* Paris: Commission Nationale Consultative des Droits de l'Homme.

CNCDH (Hrsg.). 2017. *Rapport sur la lutte contre le racisme, l'antisémitisme et la xénophobie.* Paris: Commission Nationale Consultative des Droits de l'Homme.

Cossardeaux, Joël. 2018. Projet de loi asile et immigration: les principales mesures. *Les Echos* vom 21. 02. 2018.

Courtois, Stéphane, und Dominique Andolfatto. 2008. France – the Collapse of the House of Communism. In *Communist and Postcommunist Parties in Europe,* ed. by Uwe Backes und Patrick Moreau, 87–137. Göttingen: Vandenhoeck & Ruprecht.

Crépon, Sylvain. 2015. La politique des moeurs au Front national. In *Sylvain Crépon et al. 2015,* 185–205.

Crépon, Sylvain, Alexandre Dézé, und Nonna Mayer. 2015. *Les Faux-semblants du Front national: sociologie d'un parti politique.* Paris: Presses de Sciences Po.

Crépon, Sylvain, und Nicolas Lebourg. 2015. Le renouvellement du militantisme frontiste. In *Sylvain Crépon et al. 2015,* 435–452.

de Lange, Sarah L. 2012. Radical Right-Wing Populist Parties in Office – A Cross-National Comparison. In *The Extreme Right in Europe. Current Trends and Perspectives,* hrsg. von Uwe Backes und Patrick Moreau, 171–194. Göttingen: Vandenhoeck & Ruprecht.

de Larquier, Ségolène. 2015. Décryptage. 1995–2015: l'opération ripolinage du FN. *Le Point* vom 13.11.2015.

de Villaines, Astrid, und Marie Labat. 2017. *Philippot Ier. Le nouveau visage du Front national.* Paris: Plon.

Delporte, Christian. 2012. *Une histoire de la séduction politique.* Paris: Flammarion.

Denis, Tugdual. 2016. Front national: Sébastien Chenu, le gay pouvoir. *L'Express* vom 16.03.2016.

Dézé, Alexandre. 2015. *Le »nouveau« Front national en question.* Paris: Fondation Jean Jaurès, Observatoire Radicalités politiques.

Eltchaninoff, Michel. 2017. *Dans la tête de Marine Le Pen.* Arles: Solin/Actes Sud.

Esteves, Olivier. 2016. France. In *European Islamophobia Report 2015.* ed. by Enes Bayrakli und Farid Hafez. Washington, D.C.: SETA.

Evans, Jocelyn. 2000. Le vote gaucho-lepéniste. Le masque extrême d'une dynamique normale. *Revue française de science politique* 50 (1): 21–52.

Faye, Olivier, und Olivier Mestre. 2015. Crise au Front national. Marine Le Pen écarte le service d'ordre historique au profit d'un proche. *Le Monde* vom 3.09.2015.

Foessel, Michaël. 2012. Marine le Pen ou la captation des »invisibles«. *Esprit* 382 (2, Février 2012): 20–31.

Front national. 2007. *Programme du Front national pour les élections présidentielles: immigration.* Paris: Front national.

Gombin, Joël. 2016. *Le Front national. Va-t-elle diviser la France?* Paris: Eyrolles.

Gougou, Florent. 2016. Les ouvriers et le vote Front national. Les logiques d'un réalignement electoral. In *Sylvain Crépon et al. 2015,* 323–343.

Hargreaves, Alec G. 2007. *Multi-Ethnic France: Immigration, Politics, Culture and Society.* New York und London: Routledge.

Hazan, Eric. 2014. Antisémitisme: Jean-Marie Le Pen veut mettre Patrick Bruel »au four«. *Le Monde Juif* vom 8.06.2014.

Igounet, Valérie. 2014. *Le Front national de 1972 à nos jours. Le parti, les hommes, les idées.* Paris: Éditions du Seuil.

Ipsos. 2017. *Global Views on Immigration and the Refugee Crisis.* London: Ipsos.

Ivaldi, Gilles. 2015. Du néoliberalisme au social-populisme? La transformation du programme économique du Front national (1986–2012). In *Sylvain Crépon et al. 2015*, 163–184.

Jacinto, Leela. 2016. Le coeur du terrorisme international bat au nord du Maroc. *Slate.fr.* http://www.slate.fr/story/116881/terrorisme-maroc (Zugriff: 13.05.2016).

Kitschelt, Herbert, und Anthony J. McGann. 1995. *The Radical Right in Western Europe: A Comparative Analysis.* Ann Arbor, Mich.: University of Michigan Press.

Lebourg, Nicolas. 2016. *Les alliés du Front au sein de l'Union Européenne.* Paris: Fondation Jean Jaurès.

Lebourg, Nicolas. 2012. Marine Le Pen, l'extrême droite et l'islamophobie. *Nouvel Observateur* vom 2.05.2012.

Lebourg, Nicolas, und Joseph Beauregard. 2012. *Dans l'ombre des Le Pen. Une histoire des numéros 2 du FN.* Paris: Nouveau Monde Éditions.

Lepelletier, Pierre. 2018. Les chambres à gaz, »détail de l'histoire«. *Le Figaro* vom 27.03.2018.

Le Pen, Jean-Marie. 1985. *Pour la France. Programme du Front national.* Paris: Éditions Albatros.

Le Pen, Marine. 2016. Rede zum 1. Mai in Paris. *Front National.* http://www.frontnational.com/videos/1er-mai-2016-discours-de-marine-le-pen/ (Zugriff: 12.07.2016).

Le Pen, Marine. 2013. Rede zum 1. Mai in Paris. *Front National.* http://www.frontnational.com/videos/discours-du-1er-mai-2013/ (Zugriff: 17.08.2014).

Le Pen, Marine. 2012. *Pour que vive la France.* Paris: Jacques Grancher.

Le Pen, Marine. 2011a. »Les camps ont été le summum de la barbarie«. Interview mit Said Mahrane. *Le Point* vom 3.02.2011.

Marine 2017. 144 engagements présidentiels. Paris: Front national.

Mayer, Nonna. 2018. The Radical Right in France. In *The Oxford Handbook of the Radical Right,* ed. by Jens Rydgren, 433–451. Oxford (UK): Oxford University Press.

Mayer, Nonna. 2016. Le plafond de verre électoral entamé, mais pas brisé. In *Sylvain Crépon et al. 2015*, 209–219.

Mayer, Nonna. 2013. From Jean-Marie to Marine Le Pen: Electoral Change on the Far Right. *Parliamentary Affairs* 66 (1): 160–178.

Mayer, Nonna. 2003. Le Pen's Comeback: The 2002 French Presidential Election. *International Journal of Urban and Regional Research* 27 (2): 455–459.

Mayer, Nonna, und Pascal Perrineau (Hrsg.). 1996. *Le Front national à découvert.* Paris: Presses de la Fondation Nationale des Sciences Politiques.

Merkel, Wolfgang. 2017. Kosmopolitismus versus Kommunitarismus: Ein neuer Konflikt in der Demokratie. In *Parties, Governments, and Elites: The Comparative Study of Democracy,* ed. by Philipp Harfst, Ina Kubbe und Thomas Poguntke, 9–24. Wiesbaden: Springer VS.

Mudde, Cas (ed.). 2017. *The Populist Radical Right: A Reader.* London und New York: Routledge.

Mudde, Cas. 1999. The single-issue party thesis. Extreme right parties and the immigration issue. *West European Politics* 22 (3): 182–197.

Perrineau, Pascal. 2017. *Cette France de gauche qui vote Front national.* Paris: Éditions du Seuil.

Perrineau, Pascal. 2014. *La France au Front: Essai sur l'avenir du Front national.* Paris: Fayard.

Perrineau, Pascal. 1999. *Les électeurs frontistes et la crise du Front national.* Paris: CEVIPOF.

Pütz, Christine. 2017. Frankreichs Parteiensystem im Wandel. *Bürger & Staat* 67 (4): 204–209.

Reungoat, Emmanuelle. 2015. Le Front national et l'Union Européenne. La radicalisation comme continuité. In *Sylvain Crépon et al. 2015*, 225–245.

Reynié, Dominique. 2014. *L'antisémitisme dans l'opinion publique française. Nouveaux éclairage.* Paris: fondapol.

Selby, Jennifer. 2014. France. In *Oxford Handbook of European Islam,* ed. by Jocelyne Cesari, 23–63. Oxford (UK): Oxford University Press.

Seelow, Soren. 2013–2018, la radiographie du terrorisme »made in France«. *Le Monde* vom 29. 03. 2018: 16–19.

Souiller, Lucie. 2018. Droites: L'union des idées, pas des partis. *Le Monde* vom 8. 03. 2018: 9.

Stockemer, Daniel. 2017. *The Front National in France. Continuity and Change under Jean-Marie Le Pen and Marine Le Pen.* Cham (Schweiz): Springer.

Taguieff, Pierre-André. 1984. La rhétorique du national-populisme. Les règles élémentaires de la propagande xénophobe. *Mots* 9: 113–139.

Taguieff, Pierre-André. 1988. L'identité nationaliste. *Lignes* 4: 14–60.

United Nations. 2017. International Migration Report 2017. New York: United Nations.

Zemouri, Aziz. 2014. »Closer« revèle l'homosexualité de Florian Philippot. *Le Point* vom 11. 12. 2014.

Populisten an der Regierung

Italien nach der Parlamentswahl vom März 2018

Alexander Grasse und Markus Grimm

1 Ein politisches Erdbeben mit Ankündigung

Das politische System Italiens ist seit über 20 Jahren in Bewegung, wie sich nicht nur an den Veränderungen des Parteiensystems und den mehrfach geänderten Wahlgesetzen ablesen lässt. Die veränderten Konstellationen sind auch den sich wandelnden ökonomischen und außen- bzw. europapolitischen Herausforderungen geschuldet. Die volatilen parteipolitischen Präferenzen der Bevölkerung sind daher Ausdruck der wiederholt enttäuschten Erwartungen an die Politik, die manifesten politisch-institutionellen, ökonomischen und gesellschaftlichen Probleme des Landes zu bewältigen. Dies äußerte sich auch in der deutlichen Mehrheit für die populistischen Parteien bei der Wahl vom 4. März 2018. Die Regierung der beiden populistischen Parteien bezeichnet sich deshalb als »Regierung des Wandels« (vgl. Ansa.it 2018). Italien scheint sich in einem permanenten Krisenmodus (vgl. Kaiser und Edelmann 2016) zu befinden. In der Tat finden sich in Italien multiple Problemlagen, die eine kontinuierliche und nachhaltige Politik verhindern bzw. erschweren, allerdings finden sich auch zahlreiche Kontinuitäten und stabile Reaktionsmuster auf die externen Herausforderungen. Insbesondere die Finanz- und Wirtschaftskrise – die 2008 aus den USA nach Europa herüberschwappte, 2009 ihren Höhepunkt hatte, 2011 einen zweiten Höhepunkt erreichte und zum Ende der letzten Regierung Berlusconi führte – ist bis dato nicht nachhaltig gelöst. Nach den gescheiterten Mitte-rechts-Regierungen vermochten weder die sogenannte »Regierung der Technokraten« unter dem Ministerpräsidenten Mario Monti noch die sozialdemokratisch geführten Großen Koalitionen der Jahre 2013–2018 den hohen Anforderungen gerecht zu werden.

Nach wie vor bestehen (etwa im Bankensektor) erhebliche Risiken für die italienische Volkswirtschaft, und der seit 2016 feststellbare konjunkturelle Aufschwung ist zu schwach und fragil, als dass die Massenarbeitslosigkeit hätte ent-

H. U. Brinkmann und I.-C. Panreck (Hrsg.), *Rechtspopulismus in Einwanderungsgesellschaften*, https://doi.org/10.1007/978-3-658-23401-0_13

scheidend gelindert werden können. Zugleich wurde Italien in den letzten Jahren mit massiver Zuwanderung konfrontiert, insbesondere durch die über das Mittelmeer in großer Zahl kommenden Flüchtlinge. Politik und Verwaltung waren darauf wenig vorbereitet und schienen lange Zeit überfordert, die sich stellenden Probleme in den Griff zu bekommen – wobei eine intensive gesellschaftliche Debatte über das Selbstverständnis Italiens als Einwanderungsland entstand. Hinzu kamen die weiterhin spürbaren Auswirkungen immer wieder auftauchender Korruptionsskandale und das seit Jahren durch politische Kräfte wie Forza Italia (FI), Lega Nord (LN) sowie MoVimento 5 Stelle (M5S) forcierte Klima der »Anti-Politik« (vgl. G. Gangemi 2008; M. Grimm 2016a, S. 37). Dies verstärkte das historisch große Misstrauen der Bevölkerung nicht nur gegenüber dem System, den Eliten und Institutionen, sondern vor allem gegenüber den Parteien (84 % der Bevölkerung haben kein Vertrauen mehr in diese[1]).

Schon im Vorfeld der Parlamentswahl vom Frühjahr 2018 wurde deshalb allgemein erwartet, dass die etablierten Parteien (erneut) von den WählerInnen abgestraft würden. Sichere Prognosen zum Ausgang dieser Wahl waren allerdings – auch aufgrund des Ende 2017 abermals geänderten Wahlrechts – nicht möglich.[2] Ergebnis der Märzwahl 2018 war schließlich ein Patt: Keiner der drei Pole – weder die Mitte-rechts-Allianz, noch das Mitte-links-Bündnis, noch der M5S – erreichte eine eigene Mehrheit, so dass langwierige Verhandlungen notwendig wurden. Am Ende dieser Verhandlungen bildete sich die Allianz der Populisten aus M5S und Lega, welche weitere Unterstützung durch die postfaschistische Partei Fratelli d'Italia (FdI)[3] zugesagt bekam. Zu den zentralen Themen des Wahlkampfs im Winter 2017/18 (vgl. Stol.it vom 6.02.2018) gehörten die Migrationsproblematik und die ökonomische Krise mit ihren immer deutlicher zu Tage tretenden sozialen Folgen – vor allem im abgehängten Süden Italiens, dem sogenannten Mezzogiorno (vgl. Istituto Cattaneo und Valbruzzi 2018). Diese Kernthemen, für die die Koalition aus M5S und Lega steht, finden sich entsprechend deutlich in der Programmatik der Regierung unter Führung des parteilosen Ministerpräsidenten Giuseppe Conte (vgl. Ansa.it 2018). Obwohl diese Koalition der Populisten vor der Wahl weder von den Parteien beworben noch von den WählerInnen als wahrscheinlich erachtet wurde, verbinden sich in ihr die Versprechen der Wahlsieger zu einem he-

1 78 % der Ende 2017 Befragten hatten kein Vertrauen in die Regierung, 76 % fehlte das Vertrauen in das Parlament und für 70 % galt dasselbe auch für die Regionen sowie Städte und Gemeinden (vgl. Censis 2017).

2 Für eine ausführliche Darstellung des neuen Wahlrechts (*Rosatellum bis* bzw. *Rosatellum 2.0*) vgl. Kanter und Schmitt 2017.

3 »Brüder Italiens« (Fratelli d'Italia), der Name zitiert den Anfang der italienischen Nationalhymne.

terogenen Regierungsprogramm. Die Regierung der Populisten bedeutet in jedem Fall eine erneute Wende für das Parteiensystem Italiens.

Im Folgenden soll deshalb zuerst die sozioökonomische und politische Ausgangslage dargestellt werden, soweit diese (mit-)entscheidend für die Wahl vom 4. März 2018 und die in diesem Band untersuchten Themen ist. Danach werden die politischen Positionen der rechten und populistischen Parteien im Wahlkampf sowie im Verlauf der Verhandlungen über eine Regierungsbildung untersucht. Darauf aufbauend werden schließlich der Ausgang der Wahl sowie die Folgen für die weitere Entwicklung Italiens analysiert und bewertet.

2 Immigration als Wahlkampfthema

2.1 Italien als Vorposten Europas im Mittelmeer

Die wesentlichen Flüchtlingswege aus Nordafrika führen seit Schließung der Balkanroute über Italien. Die kleine Insel Lampedusa ist zu einem der Hot Spots der Immigration nach Europa geworden. So blieb es nicht aus, dass die Migration in Italien in den letzten Jahren zu einem zentralen Feld der politischen Auseinandersetzung wurde. Dabei ist Italien ein Staat, der sich bis vor wenigen Jahren nicht als Einwanderungsland begriff und tatsächlich stärker von Binnenmigration sowie Emigration geprägt war. In den frühen 1990er Jahren hatten der Zusammenbruch der kommunistischen Staaten und der folgende Jugoslawien-Krieg zu einer ersten massiven Immigrationswelle geführt, mit durch Schleuser organisierten Bootsflüchtlingen, vor allem aus Albanien. Die Bilder und die staatlichen Reaktionen weisen deutliche Parallelen zur Situation der letzten Jahre im Mittelmeer auf. Ähnlich wie in Deutschland resultierten aus den Erfahrungen mit dieser ersten Zuwanderungswelle keine Konsequenzen, etwa in Form einer tiefgreifenden Problemanalyse oder gar eines Einwanderungsgesetzes (vgl. C. Hermanin 2017, S. 3 f.). Dementsprechend vermochte das Land in den folgenden, ruhigeren Jahren keine konsistente Einwanderungs- und Asylpolitik zu entwickeln (vgl. J. Wahnel 2011).

Umso schwieriger ist die Bewältigung der in den letzten Jahren massiv nach Italien drängenden Zahl von Flüchtlingen. Italien pocht seit Jahren auf eine Änderung der EU-Asylpolitik und reklamiert Unterstützung aus Brüssel bei der Bewältigung der vorhandenen Probleme. Erst als das Dublin III-Abkommen[4] durch

4 Nach den Dubliner Übereinkommen – seit 2014 ist es Dublin III – ist das erste gesicherte Einreiseland für die Durchführung des Asylverfahrens zuständig. Dadurch sind die Mittelmeeranrainer in der EU einseitig stärker betroffen als die mittel- und nordeuropäischen Mitgliedsstaaten.

den Andrang hunderttausender Flüchtlinge im Sommer 2015 über die Balkanroute vollkommen zusammenbrach und Deutschland plötzlich das am stärksten betroffene Land war, kam erneut Bewegung in die europäische Debatte. Die Krise im Mittelmeer stellt jedoch nicht nur eine harte Belastungsprobe für die EU und ihr inneres Nord-Süd-Verhältnis, sondern auch für die italienische Politik und Gesellschaft dar. Die italienische Rechte griff schon mit der ersten Flüchtlingswelle aus Albanien in den frühen 1990er Jahren das Thema Migration auf und macht es seitdem immer wieder zu einem Wahlkampfthema (vgl. M. Grimm 2016a, S. 220). Auch jenseits der italienischen Rechten ist die Situation der Flüchtlinge ein wichtiges Thema in Medien und Politik, welches im Wahlkampf 2018 vor allem mit einem Attentat auf ImmigrantInnen in Macerata (3. 02. 2018) (vgl. A. Spalinger 2018) an Relevanz und Aufmerksamkeit gewann.

2.2 Migration in der politischen Auseinandersetzung

Das Thema Immigration dominierte den Wahlkampf 2018 aus dem schlichten Grund, dass die »Flüchtlingsströme« über das Mittelmeer in Italien nicht zu übersehen sind und den Alltag in vielen Regionen Italiens seit langem prägen. Im Süden landen die Flüchtlingsboote, dort sind die Aufnahmelager und die Hilfsorganisationen sehr präsent. Viele Flüchtlinge versuchen jedoch, so schnell wie möglich die Lager zu verlassen und in den Norden des Landes zu kommen. Dies geschieht einerseits, weil sie sich dort eher Arbeit erhoffen und andererseits, weil viele von Zentren wie Mailand aus (legal oder illegal) in andere EU-Staaten (etwa Frankreich) oder die Schweiz weiterreisen möchten – in denen sie Verwandte oder Landsleute kennen, die Sprache beherrschen oder sich bessere Arbeitsmöglichkeiten erhoffen.

Die Überlastung der italienischen Behörden (ähnlich wie in Deutschland im Sommer 2015) und die hohe Dunkelziffer der illegal weiterreisenden MigrantInnen führten dazu, dass im Wahlkampf 2017/18 die Parteien mit sehr unterschiedlichen, nicht gesicherten Zahlen operierten. Insgesamt dürfte die Zahl Ende 2017 aber unter den (etwa vom ehemaligen Ministerpräsidenten und FI-Chef Silvio Berlusconi) behaupteten 600 000 Flüchtlingen liegen (vgl. Stol.it vom 6. 02. 2018).[5] Die in der Überforderung begründete mangelhafte Betreuung und Versorgung der im Land lebenden MigrantInnen trägt aber in jedem Fall wesentlich zu einer ne-

5 Nach Angaben des italienischen Innenministeriums wurden 2017 insgesamt 130 119 Asylanträge in Italien gestellt. Diese Zahl erfasst allerdings nur einen Teil der ankommenden Flüchtlinge, da nicht alle einen Asylantrag in Italien stellen (können oder wollen), sondern dies in anderen Staaten vornehmen (vgl. interno.gov.it 2018).

gativen Wahrnehmung in Teilen der Bevölkerung bei, denn der Staat nimmt eine hohe Zahl an nicht registrierten MigrantInnen ohne festen Wohnsitz und ohne staatliche Versorgung in Kauf, die in den Medien und in der Öffentlichkeit als BettlerInnen, DrogenhändlerInnen oder DiebInnen auffallen können (vgl. ebd.).

Der italienische Staat trennt bei der Behandlung der Ankommenden nach politischen und wirtschaftlichen Flüchtlingen, wobei politisch Asylsuchende bevorzugt behandelt werden und die zweite Gruppe weitgehend sich selbst überlassen bleibt (vgl. Caponio und Cappiali 2017, S. 196). Zudem lag es zunächst nicht unbedingt im Interesse der italienischen Behörden, die Registrierung konsequent umzusetzen, da nur auf registrierte AsylbewerberInnen die Rückführung aus anderen EU-Staaten nach den Dublin-Regeln in das Ankunftsland angewandt werden kann (vgl. C. Hermanin 2017, S. 5). Die vom sozialdemokratischen Innenminister Marco Minniti dann schließlich 2017 konsequent durchgesetzte Umverteilung der Flüchtlinge auf ganz Italien rief in Norditalien rasch Unmut hervor und bescherte insbesondere der Lega Nord dort bereits bei den Kommunalwahlen im Juni 2016 Auftrieb (vgl. Grasse und Labitzke 2017, S. 527 f.). Umstritten war auch – allerdings in diesem Fall von den Parteien der politischen Mitte (Partito Democratico und Christdemokraten) und der Linken (wie Liberi e Uguali/LeU) – die Einschränkung der Seenotrettung durch private Hilfsorganisationen im Mittelmeer. Ein verpflichtender Verhaltenskodex für Nichtregierungsorganisationen (NGOs) erschwerte deren juristische Situation in Italien und führte zum Rückzug vieler Organisationen (vgl. C. Hermanin 2017, S. 7).

Wiewohl viele Flüchtlinge, die im Mezzogiorno landen, in den Norden Italiens und Europas weiterziehen, ist die Problematik von Immigration und Integration in Süditalien aufgrund der zahlreichen Auffanglager omnipräsent – auf den Straßen der Städte sowie in der Landwirtschaft, wo legale und illegale MigrantInnen sich als TagelöhnerInnen unter zumeist ausbeuterischen Bedingungen verdingen (vgl. C. Hermanin 2017, S. 9)[6]. Die Lage im Süden Italiens und besonders auf der Insel Lampedusa erfuhr vor allem während der großen Flüchtlingswellen aus Tunesien und Libyen seit 2011 große Aufmerksamkeit und erregte spätestens seit dem Besuch von Papst Franziskus am 8. Juli 2013 weltweites Aufsehen (vgl. vatican.va 2013).

Bis in das Jahr 2017 bestand ein breiter Konsens der italienischen Parteien, von der EU mehr Unterstützung und speziell eine Änderung der sogenannten Dublin-Regelungen zu fordern. Die Situation wurde aber nur von wenigen Parteien gegen die Flüchtlinge gewandt, sondern in der Regel eher zu einer Kritik an der Po-

6 Die ArbeiterInnen werden durch illegale VermittlerInnen, die in der Regel der organisierten Kriminalität zuzurechnen sind, rekrutiert und leben unter einfachsten Bedingungen in abseits gelegenen Lagern oder Barackensiedlungen.

litik der EU genutzt (vgl. B. Grillo et al. 2013, S. 66 f.). Es wurde im Allgemeinen betont, dass die Regelung zu Lasten Italiens durch eine solidarischere Verteilung der AsylbewerberInnen in Europa oder zumindest eine stärkere finanzielle sowie organisatorische Entlastung Italiens und Griechenlands abgelöst werden müsse. Auch der ehemalige Vorsitzende des Partito Democratico (PD) und Ministerpräsident Italiens, Matteo Renzi, betonte immer wieder die europäische Dimension der Frage. Im Wahlkampf 2018 wies er zu Recht darauf hin, dass die Dublin II-Vereinbarung 2003 von der Mitte-rechts-Regierung unter Silvio Berlusconi in der EU mitbeschlossen und im Parlament von einer Mitte-rechts-Mehrheit ratifiziert worden war (während Dublin III in die Zeit der Regierung Monti fällt) – und somit von den gleichen Parteien mit verhandelt wurde, die diese nun zuvorderst kritisieren (vgl. M. Rubino 2018b). Deshalb trat die Mitte-links-Koalition unter Führung des PD bei der Parlamentswahl im März 2018 mit der Forderung nach einer Vergemeinschaftung der Grenzsicherung im Mittelmeer an; sie unterstützte den von EU-Kommissionspräsident Jean-Claude Juncker in seiner Rede zur Lage der Union 2016 (vgl. Europa.eu 2016) entwickelten Plan, die Fluchtursachen durch Investitionsförderung in Afrika zu bekämpfen (vgl. L. Argenta 2018a, S. 5).

Entsprechende Vorschläge für einen Migration Compact hatte die Regierung Renzi bereits im April 2016 vorgelegt (vgl. Caponio und Cappiali 2017, S. 192); die Regierung Gentiloni schloss angesichts der Zögerlichkeit der EU im Frühjahr 2017 im Alleingang entsprechende Abkommen mit verschiedenen Staaten in Nordafrika (vgl. A. Grasse 2018, S. 461 f.; Grasse und Labitzke 2016, S. 523 ff.). Der italienische Innenminister Marco Minniti vereinbarte dazu im Laufe des Jahres 2017 Finanzhilfen in unbekannter Höhe mit lokalen Vertretern und Rebellenführern in Libyen, aber auch mit den Herkunfts- und Transitländern Niger und Tschad, um die Bekämpfung der Menschenschleuser in Nordafrika zu unterstützen. Diese Maßnahme erwies sich als doppelt wirkungsvoll, da die Zahl der Bootsflüchtlinge zurückging und zugleich die Beliebtheitswerte des Innenministers deutlich anstiegen (vgl. C. Hermanin 2017, S. 7). Allerdings spaltete diese rigorose Politik der Zusammenarbeit mit autoritären Staaten sowie mit den libyschen Rebellen die italienische Mitte-links-Koalition weiter und trug so zur Schwächung bzw. zur Niederlage des PD bei der Parlamentswahl im März 2018 bei. Unter dem neuen Innenminister, dem Lega-Parteichef Matteo Salvini, ist mit einer weiteren Verschärfung der Immigrationspolitik sowie mit einer strikteren Anwendung bestehender Verordnungen und Gesetze im Sinne eine forcierten Abschiebepraxis zu rechnen. Die Koalitionsvereinbarung zwischen Lega und M5S stellt die »Überwindung der Dublin-Abkommen« in den Mittelpunkt und übernimmt ansonsten viele Punkte aus dem Wahlprogramm der Lega (vgl. Ansa.it 2018).

2.3 Die Folgen des Attentats von Macerata für den Wahlkampf

Stark angeheizt wurde die Debatte über den Umgang mit den MigrantInnen im Land nach dem Amoklauf eines rechtsextremen Italieners am 3. Februar 2018 in der Kleinstadt Macerata in der Region Marken. Dieser hatte aus einem fahrenden Auto auf afrikanische MigrantInnen geschossen und diese Tat nach seiner Festnahme mit der Rache für die Ermordung einer jungen Italienerin (mutmaßlich durch einen oder mehrere Nigerianer) im Drogenmilieu der Stadt begründet. Nach der Festnahme des Täters – in die italienische Fahne gehüllt und mit faschistischem Gruß, direkt vor einem Gefallenendenkmal – wurde bekannt, dass er nicht nur verschiedene Kontakte zur rechtsextremen Szene hatte, sondern bereits als Kandidat der Lega bei den Kommunalwahlen 2017 angetreten war (vgl. A. Ananasso 2018). Lega-Chef Salvini verurteilte die Tat zwar, schob aber die Schuld auf die politische Linke, welche die AusländerInnen ins Land gelassen habe – die Tat mithin nur eine Folge der Taten illegaler EinwanderInnen gewesen sei. Inhaltlich ähnlich äußerte sich Giorgia Meloni, die Spitzenkandidatin der rechtskonservativen FdI, während die rechtsextreme Forza Nuova dem Täter gar »volle Unterstützung« versicherte. Silvio Berlusconi distanzierte sich für seine Partei FI moderat, bezeichnete die Tat allerdings als die eines »Geistesgestörten« und sprach ihr somit die politische Motivation ab (vgl. Il Fatto Quotidiano vom 3.02.2018).

Sowohl in der Zivilgesellschaft als auch in der Politik Italiens finden sich jedoch deutliche Gegenbewegungen zu der populistischen Polarisierung der rechten Parteien. Außer einer zentralen Gegendemonstration in Rom am 24. Februar 2018 (vgl. La Repubblica vom 24.02.2018) gab es zahlreiche weitere Reaktionen aus der italienischen Gesellschaft, und speziell die Parteien des Mitte-links-Bündnisses positionierten sich in dieser Frage ganz anders als die Parteien des Mitte-rechts-Lagers. Sie forderten etwa eine Auflösung rechtsextremer Parteien (vgl. Stol.it vom 19.02.2018), wobei dies in Italien allerdings rechtlich noch deutlich schwieriger ist als in Deutschland. Nach den Wahlen vom März 2018 wurde der Verweis auf »Macerata« vor allem von der Lega als generelle Begründung von Forderungen nach einer Verschärfung der Asylgesetzgebung und Schließung der Grenzen angewandt.

3 Ökonomische und soziale Faktoren für die politischen Entwicklungen und das Wahlergebnis 2018

3.1 Besondere Lasten für Italien

Die Fragen von Immigration und Integration lassen sich nicht losgelöst von den ökonomischen und sozialen Rahmenbedingungen, unter denen diese Prozesse ablaufen, analysieren. Insbesondere stellt sich die Frage, ob bzw. inwieweit wirtschaftliche und soziale Probleme als Faktoren dazu beitragen, rechtspopulistischen, rechtsextremen oder fremdenfeindlichen Parteien Auftrieb zu geben, bzw. inwiefern solche Parteien schwierige soziale Rahmenbedingungen für ihre Zwecke zu instrumentalisieren vermögen.

Mit Blick auf Italien liegt die Vermutung nahe, dass die langanhaltende Wirtschaftskrise einen entsprechenden Nährboden darstellt, auf dem die politische Verschiebung nach rechts besonders gut gedeihen kann. In der internationalen Wahrnehmung der 2008 in Europa begonnenen Finanzkrise – die schließlich eine massive, anhaltende, weite Teile der EU erfassende Wirtschaftskrise auslöste – wurde der Situation Italiens allerdings über ein Jahrzehnt hinweg nur relativ wenig Aufmerksamkeit geschenkt;[7] dies galt vor allem nach dem haushaltspolitisch bedingten Rücktritt Silvio Berlusconis im Herbst 2011. Denn anders als Griechenland, Spanien und Portugal war Italien als südeuropäischer »Krisenstaat« zu keinem Zeitpunkt Empfänger von Finanzhilfen aus dem Europäischen Stabilitätsmechanismus (ESM) oder seinem Vorläufer EFSF (European Financial Stability Facility). Im Gegenteil ist Italien – trotz eigener großer ökonomischer und sozialer Probleme – in der gesamten Krise der EU stets Nettozahler gewesen. Zudem hat das Land maßgeblich – im Umfang seiner Wirtschaftskraft – mit 17,8 % zu den europäischen Finanzhilfen an Krisenstaaten beigetragen, ohne selbst davon zu profitieren. Italien zeigte also erhebliche Solidarität und hatte dadurch massive zusätzliche Lasten zu tragen. An dieser Stelle sei daran erinnert, dass Italien das nach Deutschland von der Flüchtlingsproblematik am stärksten betroffene Land war und ist, ohne wiederum – etwa durch die Umverteilung von Flüchtlingen – selbst Solidarität der europäischen Partner zu erfahren. Alle diese Faktoren sind zu berücksichtigen, wenn man nach Erklärungen sucht, warum nationalistische und protektionistische Positionen Zulauf erlangen; das politische Koordinatensystem Italiens hat sich in der Folge in den letzten Jahren deutlich nach rechts verschoben, wie das Ergebnis der Parlamentswahl vom 4. März 2018[8] zeigt.

7 Einzige Ausnahme war die Banken-Malaise, die 2017 kurzzeitig große Aufmerksamkeit erfuhr.

8 Vgl. Abschnitt 5.

3.2 Anhaltend hohe Arbeitslosigkeit trotz konjunktureller Aufhellung und Reformen

Eine eingehendere Betrachtung der wirtschaftlichen Lage Italiens zeigt, dass die in der Zeit der sozialdemokratisch geführten Regierungen Renzi und Gentiloni seit dem Jahr 2014 erzielten Fortschritte (1,5 % Wachstum 2017, nach 0,9 % 2016) (vgl. Istat 2018a) trügerisch sind (vgl. Abbildung 1). Denn Italien bildet bei der wirtschaftlichen Erholung weiterhin das Schlusslicht der Eurozone (Durchschnitt Eurozone + 2,7 %) (vgl. Istat 2018b), und noch immer liegt das italienische Bruttoinlandprodukt unter dem Vorkrisenniveau des Jahres 2007.[9] Krisenbedingt verlor Italien seit 2008 etwa 10 % seines Bruttoinlandsproduktes (BIP) und rund 25 %

Abbildung 1 Das italienische Bruttoinlandprodukt zu Marktpreisen (Veränderung pro Quartal in Prozent, 2008–2017)

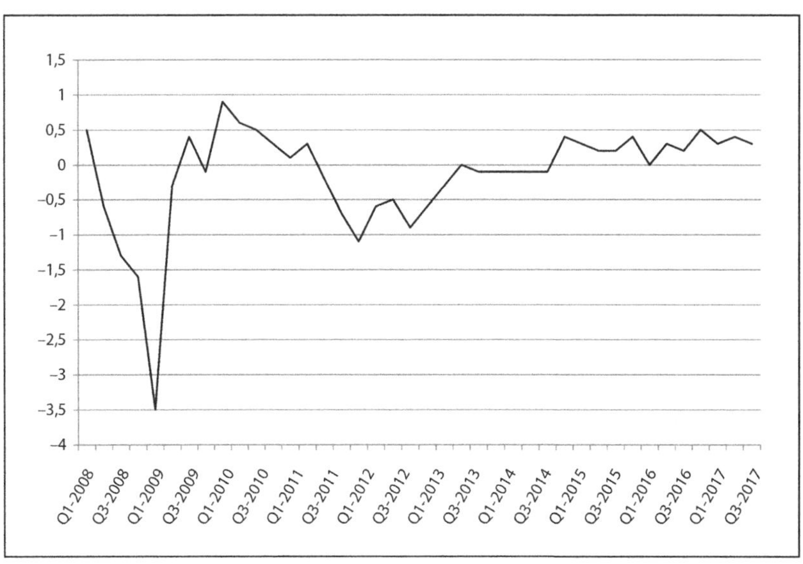

Quelle: Eigene Grafik; Datenbasis: Istat (2018d)

9 Zudem ist der derzeitige leichte Aufschwung stark exportgetrieben und konjunktureller Art, nicht strukturell bedingt. Das unterstreicht die Anfälligkeit der Erholung Italiens für exogene Schocks. Für die nächsten beiden Jahre erwartet die Europäische Kommission für Italien ebenfalls nur mäßige Wachstumsraten von real 1,5 % 2018 und 1,2 % 2019, am unteren Ende der Eurozone (vgl. Repubblica.it vom 7.02.2018).

seiner Industrieproduktion (2017 waren es noch immer beinahe 20 %) (vgl. Istat 2018c). Seit der Einführung des Euro-Buchgeldes (Verrechnungseinheit) 1999 schrumpfte die italienische Wirtschaft bis zum Jahr 2016 real um knapp 2 % (vgl. P. Tokarski 2017, S. 2).[10] Hinzu kommt, dass die historisch ohnehin großen Nord-Süd-Disparitäten im Zuge der Krise weiter gewachsen sind.[11]

Dies alles war folgenreich für den Arbeitsmarkt, die Entwicklung der verfügbaren Einkommen und mithin für die Zunahme der Armut in Italien. Zwar konnte die Arbeitslosigkeit nach dem Amtsantritt der Regierung Renzi 2014 allmählich gesenkt werden. Die gegen erhebliche Widerstände der Gewerkschaften durchgesetzte Arbeitsmarktreform (JobsAct) (vgl. J. Labitzke 2018) entfaltete im Zusammenhang mit der generellen Verbesserung des konjunkturellen Umfelds in Europa und in der Welt tatsächlich eine gewisse Wirkung. Allerdings stellt sich mindestens die Hälfte der seit 2014 hinzugekommenen eine Mio. Arbeitsplätze als prekäre Form der Beschäftigung dar. Regional differenziert sind die Arbeitslosenquoten überdies gerade im Süden weiterhin enorm hoch (vgl. Abbildung 2), mit 22,4 % in Kalabrien, 20,4 % in Sizilien, 19 % in Kampanien und 17,5 % in Apulien (vgl. Istat 2018e). Die registrierte Jugendarbeitslosigkeit bewegt sich ebenfalls trotz leichter Besserung (durchschnittlich 32 %) noch immer auf einem sehr hohen Niveau, insbesondere in Süditalien (vgl. Abbildung 3), mit Werten von 58,7 % in Kalabrien, 57,2 % in Sizilien, 56,3 % in Sardinien, 49,9 % in Kampanien und 49,6 % in Apulien (vgl. Istat 2018f). Doch nicht nur bei den ganz Jungen, auch bei den 25- bis 34-Jährigen ist die Situation äußerst schlecht: 38,8 % waren 2016 in Kalabrien als arbeitslos registriert, 31,4 % in Sizilien, 30,4 % in Kampanien, 29,7 % in Apulien und 29,3 % in Sardinien (vgl. Istat 2018g).[12]

10 Zum Vergleich: In Deutschland wuchs das BIP im gleichen Zeitraum um etwa 22 % (vgl. P. Tokarski 2017, S. 2).

11 Minimalen 16 648 Euro im Süden stand 2016 ein BIP pro Kopf von maximal 42 459 Euro im Norden gegenüber; das BIP pro Kopf war in Süditalien um 44,2 % niedriger als in Mittel- und Norditalien (vgl. Istat 2017, S. 1).

12 Die Dunkelziffer dürfte höher liegen, da aufgrund fehlender Mindestsicherung und fragmentarischer Lohnersatzleistungen eine Registrierung häufig nicht lohnt. Andererseits flüchten viele in die Schattenwirtschaft: Deren Anteil (einschließlich illegaler Wirtschaftstätigkeit) am BIP Italiens betrug nach Angaben des statistischen Amtes Italiens im Jahr 2015 im Landesdurchschnitt 14 %, in Süditalien sogar 19,1 % (vgl. Istat 2017, S. 9).

Abbildung 2 Arbeitslosenquoten in Italien: Langzeitentwicklung 2007–2017 und regionale Ausprägung (3. Quartal 2017)

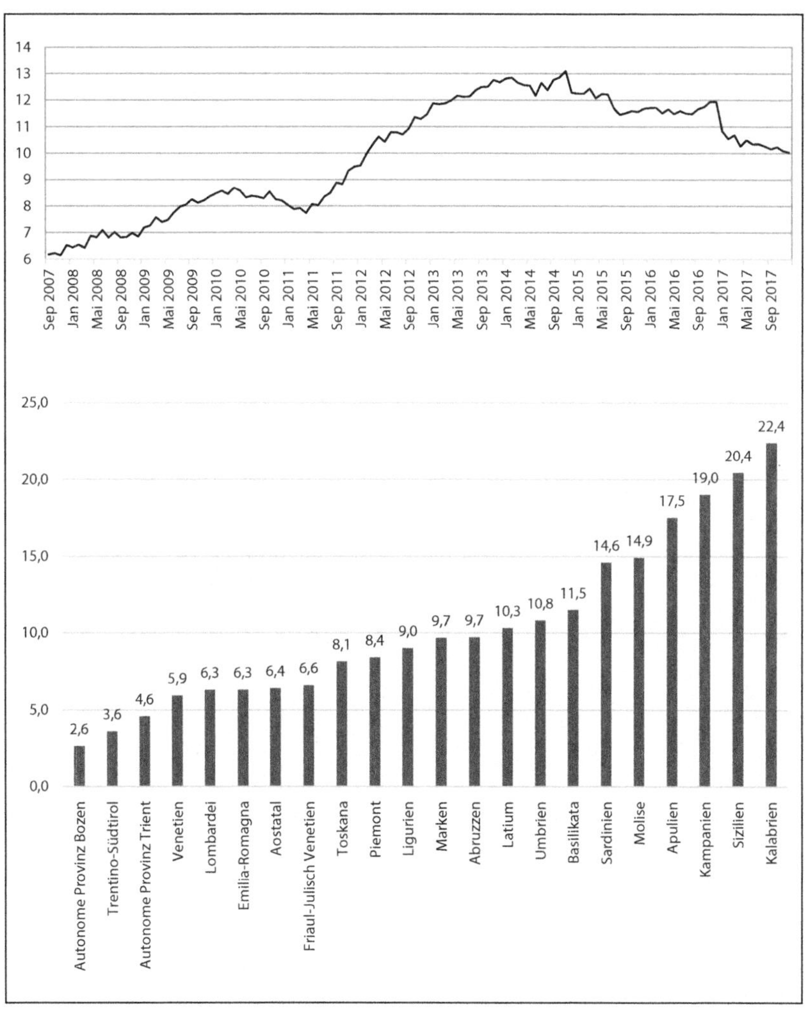

Quelle: Eigene Grafik; Datenbasis: Istat (2018e)

Abbildung 3 Jugendarbeitslosigkeit (14–25 Jahre) in Italien – Langzeitentwicklung (2008–2017) und regionale Ausprägung (2016)

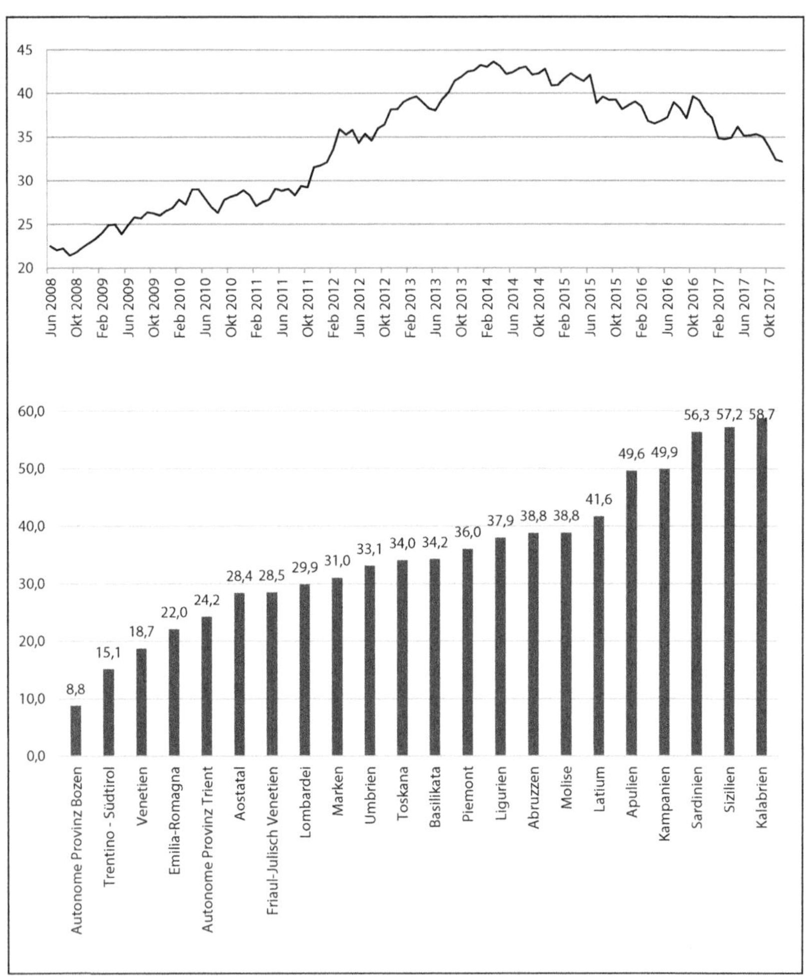

Quelle: Eigene Grafik; Datenbasis: Istat (2018f)

3.3 Wachsende Armut infolge rückläufiger Einkommensentwicklung

Die Reallöhne sanken in Italien von 2010 auf 2017 um 3,9 % (vgl. WSI 2017, S. 5). Dabei ist die Einkommensungleichheit innerhalb des Landes seit 2015 nochmals deutlich gestiegen (vgl. Banca d'Italia 2018, S. 1), Italien liegt auch diesbezüglich weit über dem Durchschnitt der regionalen Ungleichheit in der Eurozone (vgl. Abbildung 4). In Süditalien schrumpften die Einkommen aus abhängiger Beschäftigung 2011–2016 um 0,3 %, während sie im Norden und in der Mitte zumindest um 0,5 % zulegten (vgl. Istat 2017, S. 8). Insgesamt lagen die verfügbaren Einkommen süditalienischer Haushalte um 34,5 % unter denjenigen Mittel- und Norditaliens (vgl. ebd., S. 1). 2011–2016 sanken die Konsumausgaben der Haushalte in ganz Italien um 0,5 %, in Süditalien um 1,2 % (vgl. ebd., S. 5). Bei der Armutsentwicklung zeigt sich, dass sich Italiens Situation in den letzten Jahren weiter verschlechtert hat. Besonders der Süden des Stiefels und die Inseln Sardinien und Sizilien sind in hohem Maße von Armut und sozialer Ausgrenzung betroffen, wo-

Abbildung 4 Ungleichheit der Einkommensverteilung im europäischen Vergleich (Verteilungsquintil)

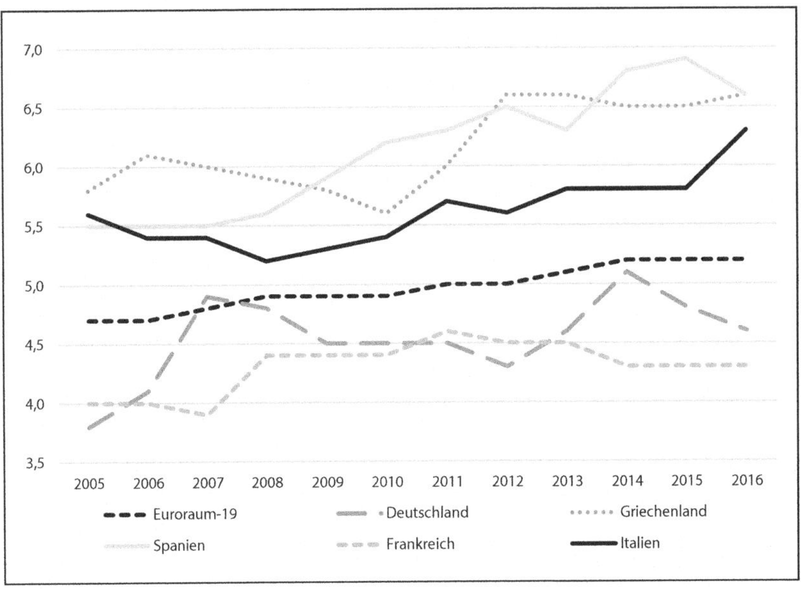

Quelle: Eigene Grafik; Datenbasis: Eurostat (2018a)

hingegen Italiens Nordwesten und Nordosten besser als der deutsche oder französische Durchschnitt abschneiden. Besorgniserregend sind jedoch die in allen Makroregionen Italiens nach oben zeigenden Verlaufskurven ab 2015 (vgl. Abbildung 5).

In der Zusammenschau wirtschaftlicher und sozialer Indikatoren ergibt sich, dass Italiens gesellschaftlicher Wohlstand mit der Einführung des Euro nicht ge-

Abbildung 5 Von Armut oder sozialer Ausgrenzung bedrohte Bevölkerung

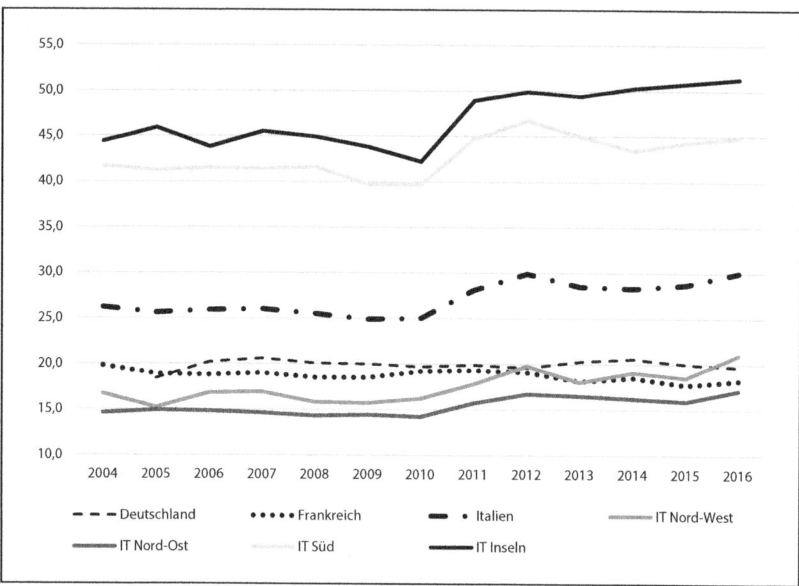

Quelle: Eigene Grafik; Datenbasis: Eurostat (2018b)*

* Definition: Summe der Personen, die armutsgefährdet sind oder unter materieller Deprivation leiden oder in Haushalten mit sehr niedriger Erwerbstätigkeit leben. Alle Personen werden nur einmal gezählt, auch wenn sie in mehreren Sub-Indikatoren vertreten sind. Als von Armut bedroht gelten Personen mit einem verfügbaren Äquivalenzeinkommen unterhalb der Armutsgefährdungsschwelle, die bei 60 % des nationalen verfügbaren medianen Äquivalenzeinkommens (nach Sozialtransfers) liegt. Unter »materieller Deprivation« werden Indikatoren zu wirtschaftlicher Belastung und Gebrauchsgütern zusammengefasst. Bei Personen, die unter erheblicher materieller Deprivation leiden, sind die Lebensbedingungen aufgrund fehlender Mittel stark eingeschränkt, und sie sind nicht in der Lage, für mindestens sechs der folgenden neun Ausgaben aufzukommen: 1. Miete und Versorgungsleistungen, 2. angemessene Beheizung der Wohnung, 3. unerwartete Ausgaben, 4. jeden zweiten Tag eine Mahlzeit mit Fleisch, Fisch oder gleichwertiger Proteinzufuhr, 5. einen einwöchigen Urlaub an einem anderen Ort, 6. ein Auto, 7. eine Waschmaschine, 8. einen Farbfernseher oder 9. ein Telefon. Als in Haushalten mit niedriger Erwerbstätigkeit lebend gelten Personen im Alter von 0–59 Jahren, die in Haushalten leben, in denen die Erwachsenen (18–59 Jahre) im vorhergehenden Jahr insgesamt weniger als 20 % gearbeitet haben.

stiegen, sondern gesunken ist. Tatsächlich sind die Nettovermögen in Italien nach Jahren der Krise rückläufig, und in vielen Familien sind angesichts des Fehlens einer flächendeckenden dauerhaften Mindestsicherung die finanziellen Reserven geschmolzen – in den unteren Einkommensschichten sogar gänzlich aufgebraucht, so dass die Verschuldung zunimmt (vgl. Banca d'Italia 2018). Forderungen nach der Wiedererlangung nationaler Souveränität im Bereich der Fiskal- und Wirtschaftspolitik, zunehmende Euroskepsis und dezidiert antieuropäische Töne sind insofern erklärbar. Hinzu kommt ein zunehmender Konkurrenzkampf zwischen den von erheblicher materieller Deprivation betroffenen italienischen Familien und den von Armut bedrohten ItalienerInnen einerseits und den ImmigrantInnen andererseits – sei dieser Konkurrenzkampf nun tatsächlich vorhanden oder nur als solcher wahrgenommen.

3.4 Wirtschaftliche Unsicherheit und Zuwanderung in der öffentlichen Wahrnehmung

Demoskopische Erhebungen belegen für den Fall Italien die Relevanz der ökonomischen Faktoren für politische Einstellungen und Parteienpräferenzen. Nach einer Untersuchung aus dem Januar 2017, also rund ein Jahr vor der Parlamentswahl im März 2018, war für die italienische Bevölkerung die ökonomische Lage (43,9 %) das mit Abstand drängendste Problem, während im selben Zeitraum in Deutschland das Problem der Einwanderung als das mit Abstand wichtigste empfunden wurde (23,5 %) (vgl. Demos & Pi et al. 2017, S. 52). Die wirtschaftliche Unsicherheit war 2017 nach Meinung der italienischen Bevölkerung das wichtigste zu lösende Problem, deutlich vor der politischen Unsicherheit und klar vor der Kriminalität (vgl. ebd., S. 44). 38,9 % der Befragten gaben an, dass sie die Einwanderung als Gefahr für die öffentliche Sicherheit und Ordnung erachten, 35,6 % betrachteten die Zuwanderung als Bedrohung für den italienischen Arbeitsmarkt. Bemerkenswert ist allerdings, dass diese Zahlen unmittelbar vor Ausbruch der Finanz- und Wirtschaftskrise 2007 – als die Situation auf dem Arbeitsmarkt noch sehr gut war (lediglich 7 % Arbeitslose) und die Zuwanderung noch deutlich geringer – höher waren, zum Teil ganz erheblich höher. Im Oktober 2007 war mit 50,7 % noch über die Hälfte der Befragten der Auffassung, EinwanderInnen seien eine Gefahr für die innere Sicherheit, und 36,7 % hielten ZuwanderInnen auch für eine Gefahr auf dem Arbeitsmarkt (vgl. ebd., S. 47). Die massive Zuwanderung nach Italien im Rahmen der Flüchtlingskrise setzte faktisch erst ab 2011 ein. Dies spricht für einen über lange Zeit hinweg recht rationalen Umgang mit den Veränderungen in den Bereichen Wirtschaft und Zuwanderung.

4 Populismus und Extremismus überall?

4.1 Politische Einordnung der italienischen Parteien

Als Folge zahlreicher politischer Skandale um Korruption und Mafia-Verbindungen (Tangentopoli bzw. Mafiopoli) zerfiel das Parteiensystem der italienischen Nachkriegszeit zwischen 1992 und 1994 nahezu vollständig. Außer einigen wenigen, kaum bedeutsamen Kleinparteien blieb lediglich die damals noch junge Lega Nord als politische Kraft erhalten. An die Stelle der alten Parteien traten neue, so dass fortan von der Zweiten Republik gesprochen wurde: Im Mitte-rechts-Lager übernahm die ad hoc gegründete Forza Italia des Unternehmers Silvio Berlusconi die Führungsrolle, im Mitte-links-Spektrum entstand eine wenig stabile Verbindung, welche den größten Teil der früheren kommunistischen Partei (PCI/PDS) und Gruppierungen des linksliberalen Flügels der untergegangenen Christdemokraten zu vereinen suchte. Diese beiden Blöcke dominierten die bipolare Phase der italienischen Politik zwischen 1994 und 2011. Die Umwälzungen des Parteiensystems setzten sich anschließend fort und führten zu einer hohen Zahl von atypischen Parteien, die nicht eindeutig zu klassifizieren sind und die oft eher Prototypen neuer Parteien in Europa waren als Kopien oder wenigstens Pendants bestehender Parteien in anderen Staaten. Dementsprechend schwer fällt es, die untersuchten Parteien und Bewegungen bestehenden Kategorien zuzuordnen. Der Charakterisierung geht deshalb eine kurze Erläuterung der Verwendung der Begriffe »Populismus« und »Extremismus« im italienischen Fall voraus, so dass abschließend eine Bewertung möglich ist, auf welche Gruppen letztlich der Terminus »rechtspopulistisch« angewandt werden kann.

Populismus definiert sich zunächst nicht über die Zuordnung im Rechts-links-Schema, sondern durch eigene stilistische und inhaltliche Merkmale, aufgrund derer generell von einer eigenen Parteienfamilie gesprochen werden kann (vgl. Decker und Lewandowsky 2012, S. 280). Dazu gehören die Ausrichtung der Kommunikation auf die »Nachfrageseite« (vgl. ebd.), Simplifizierungen, oft charismatische Führer (vgl. R. Eatwell 2004, S. 12 f.) und die Betonung von Differenzen zu herkömmlichen Parteien (vgl. M. Grimm 2016a, S. 74 f.). Inhaltlich werden basis- und direktdemokratische Elemente gefordert, häufig findet sich ein westlicher Chauvinismus statt eines ethnischen Nationalismus (vgl. Decker und Lewandowsky 2012, S. 279 f.). Hier zeigt sich bereits die inhaltliche Leere eines reinen Populismus, der sich deshalb geradezu anbietet, mit Positionen speziell der *extremen Rechten* gefüllt zu werden: RechtspopulistInnen verbinden so die direkte Demokratie mit dem vermeintlichen »Willen des Volkes«, schüren Ressentiments gegen politische, kulturelle und ökonomische Eliten, und auch die Tendenz zu einem charismatischen Führer konvergiert mit rechten Ideologien (vgl. M. Grimm 2016a, S. 75 f.).

Ideologisch beziehen sich in Italien Rechtspopulismus wie Rechtsextremismus meist auf die Grundidee der Nouvelle Droite (Neuen Rechten), nämlich die prinzipielle Autonomie und Verschiedenheit aller Rassen oder Völker (vgl. ebd., S. 79 f.). Dies bedeutet, dass die extreme Rechte in Italien sich mehrheitlich zwar nostalgisch auf den historischen Faschismus bezieht, aber nicht auf dessen ideologische Kernelemente (vgl. P. Ignazi 2003, S. 2). Vielmehr dominieren die Ideen der erwähnten französischen Nouvelle Droite sowie der Vordenker der »Konservativen Revolution« in Deutschland und in Frankreich. Extrem rechte Gruppen wie Casa Pound beziehen ihre historischen Anleihen eher aus dem deutschen Nationalsozialismus als aus dem Faschismus. In der Gegenwart gilt diesen vor allem die Entwicklung des französischen Front National als Referenzpunkt. Im Folgenden können deshalb als rechtsextrem diejenigen Parteien und Bewegungen verstanden werden, die gegen die bestehende parlamentarische Ordnung opponieren, die nationalistisch, ausländerfeindlich und kulturell im Wortsinn konservativ (also auf Bewahrung einer vermeintlich unverfälschten nationalen Kultur und Tradition) ausgerichtet sind. In einem weiteren Sinne als rechtsaußen stehend können diejenigen verstanden werden, die für eine nationale Souveränität (also in diesem Fall besonders antieuropäisch) eintreten, xenophob und nationalchauvinistisch sowie mit dem »Willen des Volkes« argumentieren – aber nicht grundsätzlich auf einen Umsturz der bestehenden Ordnung abzielen (vgl. M. Grimm 2016a, S. 82 f.).

4.2 La Lega

Im Norden Italiens dominiert seit den frühen 1980er Jahren die Lega Nord (LN), welche aus verschiedenen separatistischen bzw. föderalistischen Bewegungen (Lega Lombarda, Liga Veneta, Piemònt Autonomista) in den norditalienischen Regionen entstand (vgl. I. Diamanti 1993). Der langjährige Parteichef Umberto Bossi positionierte die Partei zwischen Separatismus und Forderungen nach regionaler Autonomie, definierte je nach Kontext die EU, den römischen Sozialstaat oder die Armen im Süden des Landes als Gegner. Bossi wusste mit dieser Form eines regionalistischen Populismus in der Regel die zahlreichen kleinen und mittleren Unternehmen sowie eine breite bürgerliche Front einzubinden bzw. für sich zu gewinnen (vgl. I. Diamanti 1996). Nach einer innerparteilichen Revolte übernahm 2013 schließlich Matteo Salvini die Parteiführung und stellte die Partei neu auf: Die LN präsentiert sich seitdem deutlich weiter rechts, klar xenophob, islam- und europafeindlich (vgl. M. Tarchi 2015, S. 268). Da die Lega im Norden – vor allem in der Lombardei und in Venetien – in zahlreichen Kommunen regiert, konnte sie als einzige rechtspopulistische Partei im Wahlkampf auf in der politischen

Realität vollzogene Maßnahmen gegen ImmigrantInnen und vor allem auf die strenge Auslegung der gesetzlichen Vorgaben gegen MigrantInnen als Beleg ihrer Einstellung verweisen (vgl. C. Ruzza 2018, S. 225). Diese ausländer- und islamfeindlichen Ausprägungen der Lega sind nicht neu, im Gegenteil finden sie sich bereits in den Anfängen der LN (vgl. M. Tarchi 2015, S. 272); allerdings waren sie unter Bossi sowie seinem kurzzeitigen Nachfolger Roberto Maroni lange marginalisiert gegenüber Themen wie der politischen und ökonomischen Autonomie bzw. der Abgrenzung Norditaliens vom Mezzogiorno.

Während die LN unter Bossi noch die Vorteile des Euro für die Wirtschaft des Nordens betonte und Norditalien als Teil Kerneuropas verstanden wissen wollte, ist die neue Lega eindeutig antieuropäisch und für den Ausstieg aus dem Euro, ohne dabei mögliche Nachteile für die Volkswirtschaft Italiens (und damit besonders für die Unternehmen in ihrem Stammland) zu thematisieren (vgl. M. Braun 2018a). Die jüngsten Wahlerfolge überdecken zudem eine innere Spaltung der Lega zwischen den Unterstützern des neuen rechtsextremen Kurses Salvinis, der sich stark an die politische Strategie von Marine Le Pen in Frankreich anlehnt, und den alten, konservativ und autonomistisch eingestellten Mitgliedern in den Kerngebieten der LN, d. h. der Lombardei und Venetien (vgl. C. Ruzza 2018, S. 224). Die Wählergruppen der LN waren schon von Beginn an so vielfältig wie die Facetten der Politik der LN (vgl. M. Tarchi 2015, S. 252 ff.); dies gründete in der Fähigkeit der Lega, durch eine enge Bindung der Basis und eine weitgehend autonome Politik der lokalen sowie regionalen Einheiten eine Identifikation der WählerInnen besonders mit den lokalen Ebenen zu schaffen. Hierdurch bildete sich eine treue Stammwählerschaft im einst klar christdemokratisch geprägten Norden heraus.

Salvini stellte die bis dahin gebräuchliche Hetze der Lega Nord gegen Süditalien ein und gründete die Schwesterorganisation »Noi con Salvini« (»Wir mit Salvini«), die vor allem im Süden Italiens ausländerfeindliche WählerInnen gewinnen sollte (vgl. C. Ruzza 2018, S. 223). Im Wahlkampf 2018 präsentierte Salvini beide Parteien als La Lega, strich also weitgehend geräuschlos das »Nord« aus dem Logo und verschob so den Markenkern der Lega von separatistischen hin zu nationalistischen Zielen (vgl. M. Braun 2018a). Der Lega ist es hierdurch sukzessive gelungen, Teile der extremen Rechten an sich zu binden, die sich zuvor eher im Umfeld der faschistischen Nachfolgeparteien fanden. Gleichzeitig scheut Salvini keine Kontakte und Kooperationen mit Organisationen der rechten Extremisten (vgl. M. Braun 2018a). Im Europäischen Parlament ist die LN 2014 ebenfalls weit an den rechten Rand gerückt und bildet seit 2015 gemeinsam mit dem französischen Front National, der Freiheitlichen Partei Österreichs und anderen die extrem rechte Fraktion Europe of Nations and Freedom (ENF). Zugleich übernahm die Lega populäre wie populistische Positionen der Forza Italia und eröffnete so einen Wettbewerb um Stimmen innerhalb des Mitte-rechts-Lagers, der sich angesichts der Schwäche Berlusconis sowie seiner FI letztlich als sehr erfolgreich für die Lega erwies.

4.3 Rechte und rechtsextreme Parteien

Trotz der Erfolge der Lega und deren einigender Wirkung auf die extreme Rechte ist der rechte Rand des politischen Spektrums immer noch sehr heterogen. Die italienische Rechte ist weiterhin eine bunte Mischung aus »moderaten ExtremistInnen«, sich bürgerlich und populistisch gebenden VertreterInnen einer konservativen Auslegung des alten Faschismus, neben NationalsozialistInnen, neoliberalen NationalistInnen und Bürgerlichen sowie (neo- oder post-)faschistischen Gruppen.

Einen Teil des radikal rechten Mitglieder- und Wählerpotenzials nimmt die geschrumpfte FI Silvio Berlusconis auf. So findet sich hier als bekannteste Exponentin dieses Lagers die »Duce«-Enkelin Alessandra Mussolini, die seit 2014 für die FI – und damit in der Fraktion der Europäischen Volkspartei (EVP) – im Europäischen Parlament sitzt. Sie hatte zuvor weitgehend erfolglos rechte Kleinparteien geführt, welche sich explizit als Träger der faschistischen Traditionspflege verstanden – nachdem die Wandlung der neofaschistischen Rechtspartei Movimento Sociale Italiano (MSI) mit der Gründung der Alleanza Nazionale 1994 aus ihrer Sicht zu weit in die Mitte geführt hatte (vgl. M. Grimm 2016a, S. 265). Mussolini verglich in früheren Jahren Immigration mit Kolonialismus und benutzte vorwiegend abwertende Bezeichnungen für MigrantInnen (vgl. ebd., S. 266). Noch im Vorfeld zur heißen Phase des Wahlkampfs im November 2017 erklärte sie in Ostia (bei Rom), einer Hochburg der rechtsextremen Casa Pound, ihr Großvater Benito hätte das »Problem der Immigranten« in drei Tagen gelöst (vgl. Il Fatto Quotidiano vom 27.11.2017). Die offizielle Linie der FI betont jedoch die Notwendigkeit europäischer Solidarität und die Einhaltung der Verteilungsquoten in der EU zur Bewältigung der Flüchtlingsfrage sowie eine Reform der Dublin-Abkommen, die 2003 von Berlusconi als Regierungschef unterzeichnet worden waren (vgl. Argenta 2018b, S. 2).

Zur Wahl im März 2018 traten Forza Italia, Lega und Fratelli d'Italia in einem Bündnis an. Im gemeinsamen Wahlprogramm ließ die FI sich auf die Rhetorik der beiden radikaleren Partner ein, so dass stärker die Bedeutung von Grenzkontrollen, die Rückführung und Ab- bzw. Ausweisung von MigrantInnen sowie vor allem Verträge mit den Herkunftsländern der MigrantInnen unter dem Punkt »Sicherheit« genannt wurden (vgl. ebd.). Diese Vorschläge – speziell die ökonomische und politische Unterstützung der Herkunftsländer – sind den Vorschlägen des PD und anderer Zentrumsparteien noch recht nah, während sowohl die Summierung unter dem Schlagwort Sicherheit als auch der Raum, welchen das Thema der Rückführung einnimmt, das Wahlbündnis deutlicher auf der Rechten verorten (vgl. Wahlprogramm Centrodestra 2018).[13] Wirtschafts- und europapolitisch sind die Gemeinsamkeiten im Mitte-rechts-Bündnis deutlich weniger ausgeprägt, da die FI die EU in ihrer bisherigen Form unterstützt sowie die europäische Währungsunion bewahren und deren Regeln einhalten will; ihre beiden Partner Lega und FdI hingegen fordern grundlegende Reformen für größere nationale Souveränität, bis hin zu einem Austritt aus der Eurozone bzw. sogar aus der EU (vgl. ebd., S. 3). Die Differenzen wurden vor der Wahl nur notdürftig bemäntelt und zuletzt teilweise offen ausgetragen. Die drei Parteien der Mitte-rechts-Allianz sprachen so aber ganz unterschiedliche Zielgruppen an, die sich partiell ergänzen – allerdings für alle WählerInnen die Unsicherheit bargen, welche Linie und welcher Partner sich nach der Wahl letztendlich durchsetzen würde. Die KernwählerInnen der FI sind weiterhin einerseits die sogenannten »Hausfrauen Berlusconis« – also geringer gebildete Wählerinnen, die überdurchschnittlich viel politische Information aus den privaten TV-Sendern beziehen – und andererseits überwiegend ältere WählerInnen; die WählerInnen der FdI hingegen sind zwar auch älter, aber im Mittel besser gebildet und häufiger im öffentlichen Dienst als die WählerInnen anderer rechter Parteien (vgl. Tecnè 2018).

Jenseits der FI und der LN finden sich elektoral unbedeutende, aber kulturell nicht zu vernachlässigende Gruppierungen am rechten Rand, die gerade mittels solcher polarisierenden Kontakte (wie Alessandra Mussolini) viele Verbindungen zu Teilen von LN, FI und FdI unterhalten. Gerade die Immigrationsfrage hat in Italien zur Polarisierung der politischen Lager geführt und extremen Gruppen wie Casa Pound oder der Kleinpartei Forza Nuova zu Aufmerksamkeit bzw. Zulauf verholfen (vgl. C. Ruzza 2018, S. 221), selbst wenn sich dies nicht in den Wahlergebnissen auf nationaler Ebene widerspiegelt. Eine vorläufige Erklärung hierfür ist, dass die extreme Rechte sich mit eigenen Kandidaturen auf wenige Hochburgen konzentrierte, in vielen Fällen aber weit rechts stehende KandidatInnen der aussichtsreicheren Parteien (besonders der Lega) unterstützt hat.

13 Zum Vergleich: Das Wahlprogramm des MoVimento 5 Stelle kennt einen eigenen Abschnitt zur Immigration, während unter der Überschrift »Sicherheit« eine Reform der inneren und äußeren Sicherheitskräfte skizziert wird (vgl. Wahlprogramm M5S 2018).

4.4 Die Fünf Sterne und der Populismus

Der MoVimento 5 Stelle (M5S) präsentiert sich in vielen Themenbereichen als populistisch im Sinne einer radikal auf die (vermeintliche) Stimmung der Bevölkerung gerichteten Politik, der Verwendung klarer Freund-Feind-Schemata und der prinzipiellen Forderung nach der Einführung bzw. Anwendung von starken direktdemokratischen Elementen (vgl. M. Grimm 2013, S. 40). Diese Position wurde von Beginn an offensiv vertreten und vor allem durch die Gründer Beppe Grillo und Roberto Casaleggio betont (vgl. B. Grillo et al. 2013, S. 224–226), die möglichst weitreichende direktdemokratische Elemente forderten und Demokratie als »Regierung auf der Seite der Vielen und nicht der Wenigen« (ebd., S. 234) verstanden. In ihrem Versuch, sich zu allen Seiten von der politischen »Kaste« Roms abzugrenzen, stellte sich der M5S aber - gewollt oder nicht - außerhalb des arco costituzionale, des Bogens der verfassungstragenden Parteien Italiens; allerdings wird dieser seit dem faktischen Ende der Christdemokraten nur noch von den Parteien der Linken und der linken Mitte vertreten. Mit dem weitgehenden Rückzug des Gründers und Wortführers Beppe Grillo wandelt sich der Populismus »Italian Style« (M. Tarchi 2015, S. 333) erneut. Der Rückzug des politisch schwer zu verortenden Grillo lässt die gewählten Abgeordneten stärker ins Licht der Öffentlichkeit treten. Bei der Regierungsbildung im Frühjahr 2018 dominierte schnell der Teil der Partei, der die Nähe zum Rechtspopulismus der Lega sucht, während die Befürworter eher linker Positionen auch durch die Verweigerungshaltung des PD gegenüber Koalitionsverhandlungen von Beginn an in der schwächeren Position waren. Erste Reaktionen Anfang Juni zeigten aber, dass zumindest ein größerer Teil der WählerInnen des M5S, der von der Linken kam, der Regierung mit den Rechtspopulisten abwartend bis kritisch gegenübersteht (vgl. N. Pagnoncelli 2018).

Auf europäischer Ebene bemühte sich der M5S rechtzeitig vor der italienischen Parlamentswahl im März 2018 um eine Abkehr von allzu rechten Positionen, strich EU- und Euro-kritische Passagen bzw. die Forderung nach Referenden zu diesen Themen aus der eigenen Programmatik (vgl. Wahlprogramm M5S 2018)[14]. Bereits Anfang Januar 2017 hatte Grillo in einer überstürzt organisierten Aktion versucht - allerdings vergeblich –, die EU-skeptische Fraktion »Europa der Freiheit und Direkten Demokratie« (EFDD)[15] im Europäischen Parlament in Brüssel zu verlassen und der liberalen Fraktion beizutreten (vgl. Repubblica.it vom

14 Zum Wahlprogramm vor 2017 vgl. M. Grimm 2016c.

15 In der EFDD ist der M5S die zweitgrößte Gruppe nach der britischen UKIP. Der Wechsel scheiterte an der mangelnden Bereitschaft der liberalen ALDE-Fraktion, die italienischen ParlamentarierInnen aufzunehmen.

9.01.2017). Selbst die Umfragen Ende Mai, parallel zur Regierungsbildung, zeigten eine weiterhin relativ hohe Zustimmung zur EU und zum Euro[16] unter den WählerInnen des M5S (vgl. A. Turco 2018; Il Fatto Quotidiano vom 31.05.2018). Die im Wahlkampf gewählte Strategie der Partei schien damit durchaus sinnvoll und erfolgreich gewesen zu sein, während die zu erwartende grundsätzliche Europa-Distanz in der Regierung mit der Lega diesen Wählerwillen der mehrheitlich europafreundlichen M5S-WählerInnen jedoch ignoriert.

Die Programmatik des M5S enthält dennoch in weiten Teilen klassisch sozialdemokratische, linke Themen, wie internetbasierte Formen direkter Demokratie, Umweltschutz, erneuerbare Energien, nachhaltige Verkehrskonzepte, Ideen einer Postwachstumsgesellschaft, Arbeitszeitreduzierung bei Lohnausgleich, eine Stärkung des öffentlichen Sektors durch Investitionen sowie die Rückholung von Privatisierungen in öffentliche Verantwortung. Wahlentscheidend war letztlich die vom M5S geplante und offensiv propagierte Einführung einer sozialen Mindestsicherung (reddito di cittadinanza). In einem Land, das keine dauerhafte Grundsicherung (wie das ALG II in Deutschland) kennt, wurde dieser Vorschlag eines staatlich finanzierten Grundeinkommens – welcher einen wichtigen Beitrag zur Armutsbekämpfung leisten könnte – zu einem schlagenden Argument.[17] Dabei wurde das Thema Armut eben nicht gegen MigrantInnen ausgespielt – anders als im Falle der Lega, welche ihre bis dato gegen den Süden des Landes gerichteten Ressentiments nun gegen ZuwanderInnen von außen richtet und arme bzw. vom sozialen Abstieg bedrohte ItalienerInnen gegen Flüchtlinge in Stellung zu bringen versucht. Der M5S zeigte sich in Bezug auf die Einwanderungsfrage im Wahlkampf vielmehr unbestimmt und vage, vermied eindeutige Positionierungen – nachdem in den Jahren zuvor die Begrenzung der Zuwanderung eine nicht unbedeutende Rolle gespielt hatte, sogar der Abschluss von »Repatriierungsmaßnahmen« gefordert worden war. Im Kern plädierte die Fünf-Sterne-Bewegung im Wahlprogramm 2018 für die Revision der Dublin-Abkommen sowie für eine Umverteilung der Schutzsuchenden in Europa, trat und tritt zugleich für einen Stopp

16 Jeweils mindestens 60 % der Befragten; je nach Umfrage auch teilweise deutlich höhere Werte.

17 Es handelt sich dabei mitnichten um ein bedingungsloses Grundeinkommen. Die in Aussicht gestellte Zahlung von 780 Euro für Alleinstehende und 1 638 Euro für eine Familie mit zwei Kindern ohne Erwerbseinkommen, bzw. die Aufstockung bei einem darunterliegenden Erwerbseinkommen, orientiert sich an der von Eurostat für Italien angelegten Armutsschwelle. Im Übrigen entspricht die Maßnahme den EU-Proklamationen von Göteborg vom 17. November 2017 zur ESSR (Europäische Säule Sozialer Rechte). Italien ist neben Griechenland das einzig verbliebene westeuropäische Land ohne auf Dauer gestellte soziale Mindestsicherung. Neben der aktiven Arbeitssuche, die von Leistungsempfängern nachgewiesen werden muss, ist gemeinnützige Arbeit bis zu acht Stunden in der Woche als Möglichkeit vorgesehen.

aller Abschiebungen in nicht sichere Drittstaaten ein. Dabei betont das Programm des M5S in besonderer Weise die Bedeutung von Hilfsprogrammen für die Herkunftsländer und den Stopp von Waffenlieferungen als Mittel zur Bekämpfung von Fluchtursachen (vgl. Wahlprogramm M5S 2018).

Der M5S bindet gegenwärtig große Teile der Enttäuschten – also jene WählerInnen, für die der erhoffte und versprochene Aufschwung weder durch die Regierungen Berlusconis noch durch die Regierung Renzi kam (vgl. M. Tarchi 2015, S. 334). Diese dürften allerdings ebenso wenig wie bei den früheren Hoffnungsträgern zu StammwählerInnen werden – es sei denn, es gelingen dem M5S nachhaltige wirtschaftliche Erfolge. 2018 haben 42 % der WählerInnen mit pessimistischer Einschätzung der ökonomischen Lage den M5S gewählt, ebenso wie überdurchschnittlich viele WählerInnen unter 45 Jahren, in prekären Arbeitsverhältnissen oder Arbeitslose (jeder zweite Arbeitslose wählte M5S) und WählerInnen mit Studienabschluss; diese Kombination legt nahe, dass der M5S besonders das Vertrauen der gut ausgebildeten, dennoch von Arbeitslosigkeit betroffenen jüngeren ItalienerInnen genießt (vgl. Tecnè 2018). Wie diese WählerInnen auf die Koalition von M5S und Lega reagieren werden, wird von den erzielten Ergebnissen abhängen und ist deshalb schwer vorhersehbar.

5 Die Wahl vom 4. März 2018: Aufräumen nach dem Erdbeben?

Die Parlamentswahl vom 4. März 2018 bedeutet einen fundamentalen Wandel des italienischen Parteiensystems. Einem Erdbeben gleich wurden die Parteien der sogenannten Zweiten Republik – also jene Parteien, welche die Politik seit 1994 geprägt haben – erschüttert und zum Teil herb geschlagen. Aus den Trümmern dieses politischen Bebens ragen nun vor allem die PopulistInnen als Wahlgewinner hervor. Fasst man die Definition von PopulistInnen und ExtremistInnen (wie in Abschnitt 4 beschrieben) großzügig, entfielen über 70 % der Stimmen für das Abgeordnetenhaus auf extremistische und populistische Parteien jeglicher politischen Couleur. Trennt man allerdings zwischen Extremismus und Populismus, wird deutlich, dass das Wahlergebnis zwar ein großes Misstrauen gegenüber »etablierten« Parteien ausdrückt, aber keinen Erdrutsch zugunsten von ExtremistInnen bedeutet. Während die populistische Fünf-Sterne-Bewegung mit 32,7 % der Stimmen[18] mit deutlichem Abstand die stärkste Partei wurde, konzentrierten sich fremdenfeindliche und extremistische WählerInnen bei der rechten Lega, welche

18 Jeweils im Abgeordnetenhaus *(Camera);* die Stimmen für den Senat weichen geringfügig von diesen Ergebnissen ab (vgl. Abbildung 6).

Abbildung 6 Stimmenanteile der wichtigsten politischen Kräfte bei der Wahl vom 4. März 2018 in beiden Häusern des italienischen Parlaments

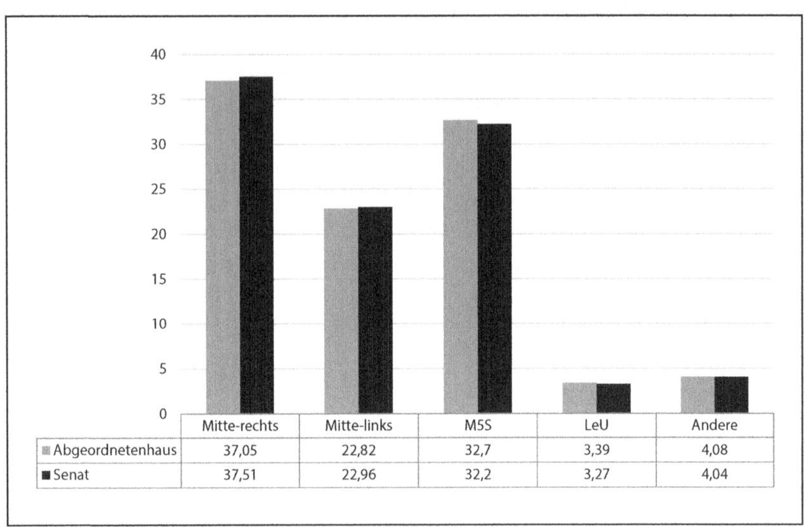

	Mitte-rechts	Mitte-links	M5S	LeU	Andere
Abgeordnetenhaus	37,05	22,82	32,7	3,39	4,08
Senat	37,51	22,96	32,2	3,27	4,04

Quelle: Eigene Grafik; Datenbasis: Tecnè 2018

mit etwa 17,4 % der Stimmen die größte Partei in der Mitte-rechts-Koalition wurde. Kleinere, offen rechts- oder linksextremistische Parteien verfehlten deutlich den Einzug ins Parlament, während im Mitte-rechts-Bündnis der kleinere Bündnispartner FdI dem rechten Rand zuzurechnen ist.

In der Summe konnten die rechten Parteien aber keinen bedeutenden Zugewinn verbuchen; das Mitte-rechts-Bündnis verzeichnete vor allem interne Verschiebungen, die eine Radikalisierung bedeuten, aber wenige Gewinne aus anderen Lagern mit sich brachten. Die FI konnte nur wenige Stimmen – vor allem aus dem liberalen Lager ehemaliger Scelta Civica-WählerInnen und aus dem Zentrum – gewinnen, verlor aber in den meisten Regionen deutlich an Lega und FdI, teilweise auch an das Lager der NichtwählerInnen. So wählte nur ca. jede/r zweite Mitte-rechts-WählerIn von 2013 nun die FI, während 2018 gut 30 % dieser Wählergruppe von 2013 zu FdI oder LN wechselten (vgl. Tecnè 2018). Die Stimmenverluste der Linken gingen zum größten Teil an den M5S, nur in sehr geringem Umfang an andere linke Parteien bzw. resultieren auch hier aus der Wahlenthaltung früherer Links-WählerInnen (vgl. Istituto Cattaneo und Vignati 2018).

Insgesamt belegt die nach den Wahlen 2013 nun 2018 erneut festzustellende starke Wählerwanderung (vgl. SWG 2018) die Volatilität des italienischen Elektorats, das nur noch in einigen wenigen Teilen als Stammwählerschaft einer der großen Parteien betrachtet werden kann. Am höchsten ist die Stabilität noch im Norden, zugunsten des Mitte-rechts-Lagers; im Süden hat hingegen eine starke Wanderung zum M5S eingesetzt, die aber nicht von Dauer sein muss. Der ehemals »rote Gürtel« in Mittelitalien wurde zur am heftigsten umkämpften Zone, mit knappen Ergebnissen für alle drei großen Blöcke (vgl. Chiaramonte und Emanuele 2018).

Die schlechte wirtschaftliche und soziale Situation war und ist dabei insgesamt ein Boden, auf dem vermeintlich einfache Lösungen und politische Rezepte leicht verfangen und rechte bzw. populistische Positionen an Zulauf gewinnen konnten. Die politische Landkarte Italiens offenbart nach der Parlamentswahl vom 4. März 2018 eine deutliche Zweiteilung (vgl. Abbildung 7).

Abbildung 7 Wahlgeographie: dominierende politische Kräfte in den Regionen Italiens im März 2018

Quelle: Eigene Grafik

Ein echter Rechtsruck zeigt sich de facto nur im Norden und in Teilen Mittelitaliens, wo die rechtspopulistisch-fremdenfeindliche Lega vor dem Hintergrund der Flüchtlingskrise mit den Themen Zuwanderungsstopp und innere Sicherheit den stärksten Stimmenzuwachs (von 4,1 % auf 17,4 %) erzielen konnte und auf Kosten der Bündnispartner (Berlusconis FI und die konservative Liste Noi con l'Italia-Unione di Centro[19]) sowie des PD besonders erfolgreich war. Im Süden verlor die Mitte-rechts-Liste deutlich an den M5S, auch weil dort weder die Lega noch die postfaschistische FdI erfolgreich waren. Gegenüber der Parlamentswahl 2013 gelang der Lega zum einen eine massive Mobilisierung aus dem Lager der NichtwählerInnen (29,5 % der NichtwählerInnen von 2013 stimmten 2018 für die Lega), zum anderen stimmten viele ehemalige WählerInnen (rund 2,7 Mio.) von FI bzw. dem Bündnis Popolo della Libertà (PdL)[20] (25,5 %) nun für die Lega, im Norden aber auch ein kleiner Teil früherer M5S-WählerInnen (vgl. Istituto Cattaneo et al. 2018a, S. 3). Innerhalb des Mitte-rechts-Bündnisses fand folglich eine Verschiebung des Kräfteverhältnisses statt, indem die Lega als stärkste Kraft die Führungsrolle übernahm, nachdem die gemäßigte FI lediglich auf 14 % der Stimmen kam (vgl. Istituto Cattaneo et al. 2018b). Von denjenigen WählerInnen, welche Immigration für das größte Problem halten, stimmten 44 % für die Lega, 11 % für FI. Dabei überboten sich die Parteien im Mitte-rechts-Bündnis im Schlussspurt des Wahlkampfes mit immer neuen Rekordzahlen bei den geplanten Abschiebungen von MigrantInnen.

In Teilen Mittelitaliens und in ganz Süditalien gab es jedoch – obwohl die wirtschaftliche und soziale Situation der Bevölkerung ungleich schlechter ist – keine klare Verschiebung nach rechts. Im Mezzogiorno wurde vielmehr der M5S stärkste Kraft (vgl. Abbildung 7). Entscheidend waren dort jedoch nicht Fragen innerer Sicherheit oder Zuwanderung, sondern soziale Themen. Die Einkommen aus abhängiger Beschäftigung waren in all denjenigen Regionen, in denen der M5S die Direktmandate erringen konnte, unterhalb des nationalen Durchschnitts, bis hinauf in die Region Marken. Armut und Arbeitslosigkeit sind in den Regionen mit dem größten Erfolg für die 5 Sterne am stärksten ausgeprägt. Die Korrelation ist unübersehbar: je prekärer die ökonomische und soziale Lage, desto stärker die Zustimmung zu dieser Bewegung. Nachwahlbefragungen und Analysen der Wählerwanderungen bestätigen, dass wirtschaftliche und soziale Themen in Süd- und Mittelitalien 2018 ausschlaggebend waren (vgl. Istituto Cattaneo et al. 2018a, S. 3): 50 % der Arbeitslosen, 39 % der prekär Beschäftigten und 49 % der StudentInnen haben in ganz Italien M5S gewählt. Auch die Angst vor einer weiteren Ver-

19 In dieser Wahlliste sammeln sich diverse Splitterparteien des christdemokratischen Zentrums, mithin ein Teil der Erben der früheren Democrazia Cristiana (DC).

20 Zur Zusammensetzung der Mitte-rechts-Bündnisse und -Koalitionen vgl. M. Grimm 2016b.

schlechterung der wirtschaftlichen Lage spielte eine große Rolle: 42 % derjenigen, die dies befürchteten, stimmten für M5S (vgl. Tecnè 2018).

Der MoVimento 5 Stelle, welcher landesweit zur stärksten Einzelpartei wurde, erreichte mit Stimmenanteilen von fast 50 % im Mezzogiorno sogar Historisches (vgl. M. Rubino 2018a). Während national der durchschnittliche Stimmenzuwachs gegenüber der Parlamentswahl 2013 7,2 % betrug, lag der Stimmengewinn im Süden bei sage und schreibe 20,7 % (vgl. Istituto Cattaneo et al. 2018a, S. 1). Der sogenannte »rote Gürtel« – die ehemaligen Hochburgen der Kommunistischen Partei bzw. später der Sozialdemokratie in den Regionen Emilia-Romagna, Toskana, Umbrien und Marken – ist nahezu verschwunden (vgl. Abbildung 7).

6 Resümee und Ausblick

In Italien lassen sich unterschiedliche Strategien im Umgang mit der Migrationsthematik feststellen. Diese reichen von einem sehr besonnenen Umgang auf der Linken und bei den AnhängerInnen des M5S bis zu gewaltbereiten oder gewaltverherrlichenden Reaktionen von Gruppen wie Casa Pound im rechten Spektrum. Die zu konstatierende Radikalisierung der Rechten ist jedoch folgenreich für nahezu das gesamte Parteienspektrum Italiens, da auch die gemäßigteren Parteien auf die Zuspitzung des Themas von rechts reagieren und sich positionieren. Während die ansonsten populistische und europakritische Fünf-Sterne-Bewegung in der Flüchtlingsfrage nach europäischer Unterstützung ruft und ansonsten eher zurückhaltend agiert, wirkt sich das Thema nun insbesondere auf aktuelle Versuche einer Neuordnung des Mitte-rechts-Spektrums aus. Die WählerInnen der Mitte-rechts-Allianz vertreten in der Zuwanderungsfrage sehr divergente Ansichten: Der liberal-konservative und pragmatische Ansatz bei den WählerInnen der kleinen Zentrumliste Noi con l'Italia-UdC und der FI steht einer ablehnenden Haltung und rechtspopulistischen Stimmungen bei vielen WählerInnen der Lega und der FdI gegenüber. Diese inhaltlichen Differenzen wurden im Wahlkampf zunächst durch die gemeinsame Hoffnung auf eine Mehrheit und seitdem durch die Zuspitzung des Führungsstreits zwischen den Parteiführern Salvini, Berlusconi und Meloni überdeckt. Im Zuge der Koalitionsverhandlungen gaben Meloni und Berlusconi der Lega ihr Einverständnis zu gesonderten Gesprächen mit dem M5S, ohne dass durch diese die Verbindung der Mitte-rechts-Parteien grundsätzlich in Frage gestellt wurde. Während Meloni der Regierung Conte für die rechtskonservative FdI ihre Unterstützung zusagte, kündigte Berlusconi für die FI an, in die Opposition zu gehen (vgl. P. Di Caro 2018). Unter diesen Vorzeichen und mit einem wiedererstarkten und juristisch rehabilitierten Berlusconi ist die Zukunft der gemeinsamen Liste jedoch fraglich, zumal in Umfragen und in den ersten beiden Regionalwahlen die Lega auf Kosten der Bündnispartner zu profitieren scheint (vgl. Il Fatto Quotidiano 31. 05. 2018).

Die Zahl der Flüchtlinge im zentralen Mittelmeerraum hat im Jahr 2017 gegenüber den Vorjahren 2014–2016 (vor allem aber dem Rekordjahr 2015) stark abgenommen (vgl. Frontex 2018) und bleibt seit dem Sommer konstant deutlich unter den Werten des entsprechenden Vorjahresmonats (vgl. UNHCR 2018). Dies ist mit bedingt durch die erwähnten Absprachen der italienischen Regierung mit Libyen sowie durch das bereits angesprochene Maßnahmenpaket des Innenministers Minniti[21] (vgl. Abschnitt 2.1). Gleichwohl ist es den politischen ScharfmacherInnen der rechten Parteien gelungen, das Thema im Wahlkampf zu instrumentalisieren und vorhandene Ängste weiter zu schüren, wie die Stimmenzuwächse der rechtspopulistischen Parteien zeigen.

Hinzu kommt, dass die Kriminalität in der abgelaufenen Legislaturperiode (2013–2018) unter den Mitte-links-Regierungen Letta, Renzi und Gentiloni zurückgegangen ist, sich die innere Sicherheit in Italien also insgesamt verbessert hat. Nach Angaben des italienischen Innenministeriums lag der Anteil der von AusländerInnen verübten Straftaten zwischen Sommer 2016 und Sommer 2017 jedoch bei 28,8 %, wobei insbesondere Diebstähle, Einbrüche und Prostitution genannt werden (vgl. M. Ludovico 2017).

Bemerkenswert ist das italienische Wahlergebnis aber gerade dahingehend, dass sich die schlechte soziale Lage zumindest in Süditalien an der Wahlurne nicht zugunsten der rechten Parteien ausgewirkt hat, obwohl die Lega erstmals landesweit angetreten ist und neben der Zuwanderungsfrage explizit wirtschaftliche Themen adressierte. Dabei sprach sie neben unteren und mittleren EinkommensbezieherInnen und Familien vor allem die Unternehmerschaft an, etwa durch die Ankündigung einer Flat Tax (Einheitssteuer) mit einem niedrigen Steuersatz von 15 %. Im Süden erzielte die Lega dennoch »lediglich« zwischen 5,2 % (Sizilien) und 10,9 % (Sardinien) der Stimmen. Dies lag aber nicht etwa nur daran, dass der Lega bezüglich ihrer Einstellung zum italienischen Süden – gegen den sie fast drei Jahrzehnte lang als »Klotz am Bein des Nordens« Stimmung gemacht und für eine Abspaltung des Nordens vom Süden gekämpft hatte – misstraut wurde: Selbst die FdI als rechtskonservative Alternative zur Lega vermochte im Mezzogiorno nicht si-

21 Hierzu gehören verstärkte Grenzkontrollen an Italiens Küsten, politische Vermittlung mit den Konfliktparteien in Libyen, Abkommen mit der libyschen Regierung und Reaktivierung der dortigen Küstenwache durch finanzielle Unterstützung, ein Verhaltenskodex für Hilfsorganisationen, Abkommen mit den Herkunftsländern der Flüchtlinge, auch im Sinne finanzieller Hilfen zur Bekämpfung von Fluchtursachen, die Einrichtung humanitärer Korridore u. a. m. Diese Maßnahmen führten aber zu erheblicher Kritik, da das Problem zurück nach Afrika verlagert, nicht jedoch gelöst werde und zu Menschenrechtsverletzungen in Nordafrika beitrage.

gnifikant mehr als die landesweiten 4,3 % der Stimmen auf sich zu vereinen (plus 1,7 % gegenüber der Parlamentswahl 2013). Dabei gibt es gerade in der Region Latium und im Süden des italienischen Stiefels traditionell ein nicht unerhebliches Wählerpotenzial für rechte Parteien, das jedoch bei dieser Wahl wesentlich durch den M5S absorbiert wurde.[22] So hatte nicht nur der MSI als direkte Nachfolgepartei der Faschistischen Partei Italiens hier immer seine regionalen Hochburgen (mit Ergebnissen von über 10 % noch in den 1980er Jahren), auch die Alleanza Nazionale als deren postfaschistische Nachfolgerin errang in Süditalien bei der Parlamentswahl 1996 bis zu 27 % (Apulien) der Wählerstimmen (1994–2006 landesweit zwischen 12,3 % und 15,6 %) (vgl. M. Grimm 2016a, S. 391).

Zusammenfassend kommt man zu folgendem Befund: Im Norden – wo die ökonomische Entwicklung seit Krisenbeginn zwar stagniert, sich die soziale Situation aber noch immer erheblich besser darstellt als im Süden und die Wirtschaftsleistung (BIP nach Kaufkraftstandards) nach wie vor weit über dem EU-28-Durchschnitt liegt – zündete das Thema Zuwanderungsstopp weitaus stärker als im Süden. Insofern besteht keine unmittelbare Korrelation und schon gar kein Automatismus, dass eine schlechte wirtschaftliche und soziale Lage zu einem Rechtsruck führt. Vielmehr kommt es darauf an, welche Angebote im Parteienspektrum zur Lösung von bestehenden Problemen gemacht werden. Mit dem M5S war offenkundig für die Mehrheit der WählerInnen in der Mitte und im Süden Italiens eine hoffnungsvolle und glaubwürdige Bewegung angetreten, die nicht auf Ausgrenzung von ZuwanderInnen, sondern auf die Bekämpfung sozialer Verwerfungen setzt – selbst wenn sie dabei auch vor Populismus nicht Halt macht und sich allenfalls ambivalent gegenüber der Migrationsthematik verhalten hat (vgl. Istituto Cattaneo et al. 2018a). Umgekehrt feit eine ökonomisch gute, zumindest bessere ökonomische Performanz nicht vor einem deutlichen Erstarken rechter Parteien, wie deren Wahlerfolge in der Lombardei, dem Piemont und Venetien zeigen. Nicht zuletzt ist der Erfolg der Lega in traditionell prosperierenden Regionen mit kommunistischer Tradition (wie der Emilia-Romagna) ein durchaus beunruhigender Befund.

Die italienischen WählerInnen haben damit in der Summe zwar für populistische Rezepte und in deutlicher Mehrheit für EU-kritische Positionen gestimmt (vgl. M. Braun 2018b), zugleich aber bisher gezögert, mehrheitlich das Heil in xenophobem Populismus und offen rechtsextremen Angeboten zu suchen. Die Wahl vom März 2018 kann daher nicht per se als Rechtsruck, sondern vor allem als Abkehr von den bisher dominierenden Parteien und deren programmatischen Angeboten verstanden werden. Bedenklich stimmen muss allerdings zum einen,

22 Bei der am 4. März 2018 parallel zur nationalen Parlamentswahl abgehaltenen Regionalwahl in Latium kam die Partei FdI auf einen Stimmenanteil von 8 %.

dass bereits in einigen Regionen des Nordens erhebliche Wählerwanderungen vom M5S zur Lega im Vergleich der Wahlen 2013 und 2018 zu konstatieren sind (vgl. Istituto Cattaneo und Vignati 2018; Istituto Cattaneo et al. 2018a), und zum anderen der Umstand, dass die Koalitionsvereinbarung der Regierung aus Lega und M5S gerade in den Fragen von Migration und Asyl doch sehr stark die Handschrift der Lega erkennen lässt und sich ein fremdenfeindlicher Kurs Bahn zu brechen droht. Entscheidend wird sein, ob sich der M5S durch die gemeinsame Regierung weiter ins politisch rechte und rechtsextreme Spektrum ziehen lassen wird oder aber den Versuch einer Profilierung gegen die Lega, die ein anderes Gesellschaftsmodell präferiert, unternimmt – gerade mit Blick auf mögliche Neuwahlen. Noch ist der Radikalismus eindeutig kein Massenphänomen in Italien, und es zeichnet sich bislang keine Situation wie in den 1970er Jahren ab, als die soziale Frage den Extremismus stark beförderte. Auch ist Xenophobie nicht tief in der italienischen Gesellschaft verwurzelt. Gleichwohl wäre eine Verbesserung der sozialen Lebenswirklichkeit weiter Teile der Bevölkerung dringend notwendig. Die Dauer der Krise zehrt, Marginalisierung und wachsende Wut könnten in kurzer Zeit in Nationalismus und weiter zunehmende Fremdenfeindlichkeit umschlagen.

Sofern die Zuwanderung über das Mittelmeer durch die europäische Grenzsicherung und die erfolgreiche italienische Kooperation mit Libyen weiter zurückgehen bzw. sich auf dem aktuellen Niveau stabilisieren sollte, könnte die neue Regierung in dieser Frage die Früchte der Regierung Gentiloni ernten. Dies bedeutet jedoch nicht zwingend, dass die Migrationspolitik in den kommenden Jahren weniger präsent und in den Medien nicht von Relevanz sein wird. Im Gegenteil: Italien sowie die gesamte EU werden sich damit weiter intensiv auseinandersetzen müssen. Die EU benötigt eine Reform des Dublin-Systems sowie eine gemeinsame Strategie zur Bekämpfung von Fluchtursachen, und Italien braucht dringend ein konsistentes Einwanderungsgesetz. Bleibt das Migrationsproblem ebenso wie das Problem der Arbeitslosigkeit ungelöst, bleiben die Forderungen nach sozialem Wandel unbeantwortet und werden die diesbezüglichen Hoffnungen der BürgerInnen (nach den Regierungen Berlusconi und Renzi[23]) nun von der Regierung aus Lega und M5S abermals enttäuscht, so könnten sich Wut und Enttäuschung gegen die EU richten und dem Euroskeptizismus der Lega weiteren Aufwind bringen. Schwenkt der M5S zu sehr auf die rechtspopulistische Linie der Lega ein, wird er seine Wählerschaft verlieren, entweder an das »Original« Lega oder – im Falle der eher linksorientierten WählerInnen – eben aus Enttäuschung über den Rechtsschwenk der Bewegung.

23 Für eine ausführliche Analyse und Bilanz der Reformpolitik der Regierung Renzi vgl. A. Grasse et al. 2018b.

Umgekehrt ist auch die Lega nicht gefeit davor, WählerInnen an andere Parteien des rechten bis extrem rechten Lagers zu verlieren, wenn sie eigene Kernthemen in der Koalition aufgibt. Allerdings ist die Kernwählerschaft der Lega – die vor allem im Norden als breit aufgestellte Volkspartei präsent ist – größer und mithin die Basis stabiler als beim M5S. Erste demoskopische Erhebungen zur »Sonntagsfrage« unmittelbar nach der Regierungsbildung ergaben deutliche Stimmenzuwächse für die Lega (plus 10,9 Prozentpunkte), während der M5S leicht verlor (minus 2,6 Prozentpunkte). Im Mitte-rechts-Lager erfolgte dies sowohl eindeutig zu Lasten von FI (minus 5 Prozentpunkte) als auch der beiden kleineren Partner. Im Mitte-links-Spektrum verloren die kleineren Parteien ebenfalls leicht, während der PD auf dem Niveau des Wahlergebnisses verharrte und damit aktuell keine ernsthafte Machtoption mehr hat (vgl. N. Pagnoncelli 2018). Verfestigt sich diese Tendenz, bedeutete dies für Italien kurz- bis mittelfristig ein Szenario des »bipopulismo« (M. Giannini 2018).

Zu den wenigen offensichtlichen und unstrittigen Gemeinsamkeiten des populistischen Bündnisses gehören ein konfrontativer Kurs gegenüber der EU, der sich auf die Verteilung bzw. Zurückweisung der ankommenden Flüchtlinge einerseits und auf die Ausgabenpolitik Italiens andererseits bezieht. Hier besteht Übereinstimmung schon deshalb, weil mit Schlagzeilen gegen Flüchtlinge und gegen Brüssel die Differenzen in anderen Politikfeldern überdeckt werden können. Innenpolitisch benötigen beide Parteien in jedem Fall Erfolge in den Kernthemen des Wahlkampfs, um die heterogene Koalition gegenüber ihren kritischen AnhängerInnen zu rechtfertigen.

Literatur

Ananasso, Agnese. 2018. Raid razzista a Macerata, spari contro gli africani: 6 feriti. Fermato italiano incensurato, *La Repubblica,* 3. 02. 2018. http://www.repubblica.it/cronaca/2018/02/03/news/macerata_sparatoria-187934230/?ref=RHPPTP-BL-I0-C12-P1-S1.12-T1 (Zugriff: 21. 03. 2018).

Ansa.it. 2018. *Contratto per il governo del cambiamento.* http://www.ansa.it/documents/1526568727881_Governo.pdf (Zugriff: 4. 06. 2018).

Argenta, Luca. 2018a. *Die europapolitischen Positionen der Partito Democratico in Italien* (Friedrich-Ebert-Stiftung: FES Italien). Rom.

Argenta, Luca. 2018b. *Die europapolitischen Positionen des Mitte-Rechts-Lagers in Italien* (Friedrich-Ebert-Stiftung: FES Italien). Rom.

Banca d'Italia. 2018. *Indagine sui bilanci delle famiglie italiane,* 12. 03. 2018. https://www.bancaditalia.it/pubblicazioni/indagine-famiglie/bil-fam2016/ Statistiche_IBF_20180312.pdf.

Braun, Michael. 2018a. Der rechte Block gewinnt. *die tageszeitung* vom 6. 03. 2018: 5.

Braun, Michael. 2018b. Triumph für die Parteien des radikalen Protests. *die tageszeitung* vom 6. 03. 2018: 4–5.

Brütting, Richard, und Birgid Rauen. 2016. *Italien-Lexikon.* 2. Aufl. Berlin: Erich Schmidt Verlag.

Caponio, Tiziana, und Teresa Cappiali. 2017. La perdurante crisi dei rifugiati, tra ipocrisia organizzata, solidarietà e crescente opposizione. In *Politica in Italia. I fatti dell'anno e le interpretazioni,* hrsg. von Alessandro Chiaramonte und Alex Wilson, 189–208. Bologna: il Mulino.

Censis. 2017. *51° Rapporto Censis sulla situazione sociale del Paese: La società italiana al 2017.* (1. 12. 2017). Rom.

Chiaramonte, Alessandro, und Vincenzo Emanuele. 2018. *L'onda sismica non si arresta. Il mutamento del sistema partitico italiano dopo le elezioni 2018.* https://cise.luiss.it/cise/2018/03/09/londa-sismica-non-si-arresta-il-mutamento-del-sistema-partitico-italiano-dopo-le-elezioni-2018/ (Zugriff: 9. 04. 2018).

Decker, Frank, und Marcel Lewandowsky. 2012. Die rechtspopulistische Parteienfamilie. In *Parteienfamilien. Identitätsbestimmend oder nur noch Etikett?,* hrsg. von Uwe Jun und Benjamin Höhne, 268–281. Opladen: Barbara Budrich Verlag.

Demos & Pi et al. (Hrsg.). 2017. Osservatorio Europeo sulla Sicurezza: X. Rapporto sulla sicurezza e l'insicurezza sociale in Italia e in Europa: »L'Europa sospesa tra inquietudine e speranza. Il decennio dell'incertezza globale«. Februar 2017.

Diamanti, Ilvo. 1996. *Il male del Nord. Lega, localismo, secessione.* Roma: Donzelli.

Diamanti, Ilvo. 1993. *La Lega. Geografia, storia e sociologia di un nuovo soggetto politico.* Roma: Donzelli.

Di Caro, Paola. 2018. Berlusconi: »Ora scendere in campo contro un governo di pauperisti«, *Corriere.it,* 2. 06. 2018. https://www.corriere.it/politica/18_giugno_02/berlusconi-ora-scendere-campo-contro-governo-pauperisti-36bc9c54-663f-11e8-a1d6-396872be4e4c.shtml?refresh_ce-cp (Zugriff 03. 06. 2018).

Eatwell, Roger. 2004. The new extreme right challenge. In *Western Democracies and the New Extreme Right Challenge,* hrsg. von Roger Eatwell und Cas Mudde, 1–16. London: Routledge.

Europa.eu. 2016. *Rede zur Lage der Union:* Juncker will Investitionen in Europa und Afrika ankurbeln. https://ec.europa.eu/germany/news/rede-zur-lage-der-union-juncker-will-investitionen-europa-und-afrika-ankurbeln_de (Zugriff: 19. 03. 2018).

Eurostat. 2018a. *S80/S20 Einkommensquintilverhältnis nach Geschlecht und nach Altersklassen – EU-SILC Erhebung.* Produktcode: [ilc_di11]. http://ec.europa.eu/eurostat/de/data/database (Zugriff: 8. 03. 2018).

Eurostat. 2018b. *Von Armut oder sozialer Ausgrenzung bedrohte Bevölkerung nach NUTS-2-Regionen.* Produktcode: [ilc_peps11]. http://ec.europa.eu/eurostat/de/data/database (Zugriff: 8. 03. 2018).

Frontex. 2018. *Anzahl der illegalen Grenzübertritte in die Europäische Union durch Flüchtlinge nach Fluchtrouten von 2007 bis 2017.* https://de.statista.com/statistik/daten/studie/479629/umfrage/illegale-grenzuebertritte-in-die-eu-durch-fluechtlinge/ (Zugriff: 26. 03. 2018).

Gangemi, Giuseppe. 2008. *Italian Antipolitics as a long run Question: »Bad Civil Societies« or »Bad Elites«?* Pifo Occasional Papers (2/2008). https://www.uni-giessen.de/fbz/fb03/institute/ifp/pifo/pifo-occasionalpaper5s-bilder-dateien/italian-antipolitics-as-a-long-run-question-201ebad-civil-societies201c-or-201ebad-elites201c (Zugriff: 27. 04. 2018).

Giannini, Massimo. 2018. *Di Maio-Salvini: »Baciami ancora? Il destino dei leader del bipopulismo«*, 26. März 2018. https://video.repubblica.it/politica/di-maio-salvini-giannini-baciami-ancora-il-destino-dei-leader-del-bipopulismo/300755/301387 (Zugriff: 27. 04. 2018).

Grasse, Alexander. 2018. Das deutsch-italienische Verhältnis in der Ära Renzi. Weitere Entfremdung oder Wiederannäherung? In *Alexander Grasse et al. 2018a*, 435–486.

Grasse, Alexander, Markus Grimm, und Jan Labitzke (Hrsg.). 2018a. *Italien zwischen Krise und Aufbruch. Reformen und Reformversuche der Regierung Renzi.* Wiesbaden: Springer VS.

Grasse, Alexander, Markus Grimm, und Jan Labitzke. 2018b. Zwischen Krisenbewältigungspolitik, Novitismus und Italia 3.0: eine vorläufige Bilanz der »Ära Renzi«. In *Alexander Grasse et al. 2018a*, 519–578.

Grasse, Alexander, und Jan Labitzke. 2017. Die Europapolitik in den Mitgliedstaaten der Europäischen Union: Italien. In *Jahrbuch der Europäischen Integration 2017*, hrsg. von Werner Weidenfeld und Wolfgang Wessels, 523–528. Baden-Baden: Nomos Verlag.

Grasse, Alexander, und Jan Labitzke. 2016. Die Europapolitik in den Mitgliedstaaten der Europäischen Union: Italien. In *Jahrbuch der Europäischen Integration 2016*, hrsg. von Werner Weidenfeld und Wolfgang Wessels, 519–528. Baden-Baden: Nomos.

Grillo, Beppe, Gianroberto Casaleggio, und Dario Fo. 2013. *5 Sterne. Über Demokratie, Italien und die Zukunft Europas.* Stuttgart: Tropen.

Grimm, Markus. 2016a. Die problematische Neuerfindung der italienischen Rechten. Die Alleanza Nazionale und ihr Weg in die Mitte. Wiesbaden: Springer VS.

Grimm, Markus. 2016b. PDL/Popolo della Libertà. In *Brütting und Rauen 2016*, 677–678.

Grimm, Markus. 2016c. MoVimento Cinque Stelle/M5S. In *Brütting und Rauen 2016*, 596–598.

Grimm, Markus. 2013. Der Movimento 5 Stelle. Zwischen Reform und Revolution. *Politische Studien* 64 (450): 38–47.

Hermanin, Costanza. 2017. *Einwanderungspolitik in Italien. Probleme und Perspektiven*, (Friedrich-Ebert-Stiftung: FES Italien). Rom.

Ignazi, Piero. 2003. *Extreme right parties in Western Europe.* Oxford (UK): Oxford University Press.

Il Fatto Quotidiano, 31. 05. 2018. *Sondaggi, centrodestra al 41 %: oggi avrebbe la maggioranza. Ma se facesse il listone unico, il M5s volerebbe oltre il 40.* https://www.ilfattoquotidiano.it/2018/05/31/sondaggi-centrodestra-al-41-oggi-avrebbe-la-maggioranza-ma-se-facesse-il-listone-unico-il-m5s-volerebbe-oltre-il-40/4394559/ (Zugriff: 4. 06. 2018).

Il Fatto Quotidiano, 3.02.2018. *Sparatoria Macerata, Salvini: »Immigrazione incontrollata porta a scontro sociale«. Saviano: »Lui mandante morale«.* https://www.ilfattoquotidiano.it/2018/02/03/macerata-forza-nuova-difende-lautore-della-sparatoria-pieno-sostegno-a-luca-traini/4134933/ (Zugriff: 20.03.2018).

Il Fatto Quotidiano, 27.11.2017. *Ostia, Alessandra Mussolini: »Tre mesi di mio nonno e si risolverebbe tutto«.* https://www.ilfattoquotidiano.it/2017/11/27/ostia-alessandra-mussolini-tre-mesi-di-mio-nonno-e-si-risolverebbe-tutto/4004026/ (Zugriff: 14.03.2018).

Interno.gov.it. 2018. *I numeri dell'asilo.* http://www.libertaciviliimmigrazione. dlci.interno.gov.it/sites/default/files/allegati/dati_asilo_2017_.pdf (Zugriff: 26.03.2018).

Istat. 2018a. *Prodotto interno lordo, indebitamento netto e saldo primario delle Amministrazioni pubbliche: anni 2015–2017.* https://www.istat.it/it/files/2018/03/CS_pil_indebitamentoAP_2018.pdf?title=Pil+e+indebitamento+delle+AP+-+01%2Fmar%2F2018+-+Testo+integrale+e+nota+metodologica.pdf (Zugriff: 8.03.2018).

Istat. 2018b. *Conti economici trimestrali, IV trimestre 2017.* http://www.istat.it/it/files/2018/03/CET_17q4.pdf?title=Conti+economici+trimestrali+-+02%2Fmar%2F2018+-+Testo+integrale+e+nota+metodologica.pdf (Zugriff: 8.03.2018).

Istat. 2018c. *Industrial production index – Monthly data (base 2010).* http://dati.istat.it/Index.aspx?DataSetCode=DCSC_INDXPRODIND_1 (Zugriff: 8.03.2018).

Istat. 2018d. *Gross domestic product and growth rates (preliminary estimate).* http://dati.istat.it/?lang=en# (Zugriff: 8.03.2018).

Istat. 2018e. *Unemployment rate – regional level (15 years and over).* http://dati.istat.it/?lang=en# (Zugriff: 8.03.2018).

Istat. 2018f. *Unemployment rate – regional level (15–24 years).* http://dati.istat.it/?lang=en# (Zugriff: 8.03.2018).

Istat. 2018g. *Unemployment rate – regional level (25–34 years).* http://dati.istat.it/?lang=en# (Zugriff: 8.03.2018).

Istat. 2017. *Report, Anno 2016: Conti economici territoriali.* Rom.

Istituto Cattaneo, Cecilia Biancalana, und Pasquale Colloca (Hrsg.). 2018a. *Elezioni politiche 2018. Il voto per il Movimento 5 stelle: caratteristiche e ragioni di un successo, 8.03.2018.* http://www.cattaneo.org/wp-content/uploads/2018/03/Analisi-Istituto-Cattaneo-Elezioni-Politiche-2018-Movimento-5-stelle-8-marzo-2018-1.pdf (Zugriff: 9.04.2018).

Istituto Cattaneo, Gianluca Passarelli, und Marco Valbruzzi (Hrsg.). 2018b. *Elezioni Politiche 2018. Chi ha vinto, chi a perso. I voti ai partiti e alle coalizioni per la Camera dei deputati,* 5.03.2018. http://www.cattaneo.org/wp-content/uploads/2018/03/Analisi-Istituto-Cattaneo-Elezioni-Politiche-2018-Chi-ha-vinto-chi-ha-perso-5-marzo-2018-2.pdf (Zugriff: 9.04.2018).

Istituto Cattaneo, und Marco Valbruzzi (Hrsg.). 2018. *Analisi della campagna elettorale,* 28.02.2018. http://www.cattaneo.org/wp-content/uploads/2018/02/Analisi-Istituto-Cattaneo-Elezioni-Politiche-2018-Analisi-della-campagna-elettorale-28.02.18.pdf (Zugriff: 9.04.2018).

Istituto Cattaneo, und Rinaldo Vignati (Hrsg.). 2018. *Elezioni Politiche 2018: le prime analisi sui flussi di voto,* 5.03.2018. http://www.cattaneo.org/wp-content/uploads/2018/03/Analisi-Istituto-Cattaneo-Elezioni-Politiche-2018-Flussi-elettorali-5-marzo-2018.pdf (Zugriff: 9.04.2018).

Kaiser, Robert, und Jana Edelmann (Hrsg.). 2016. Crisis as a Permanent Condition? The Italian Political system between Transition and Reform Resistance. Baden-Baden: Nomos Verlag.

Kanter, Karoline, und Silke Schmitt. 2017. Das neue Wahlgesetz in Italien *(Konrad-Adenauer-Stiftung: Länderbericht Italien).* Sankt Augustin, Oktober 2017. http://www.kas.de/wf/doc/kas_50405-1522-1-30.pdf?171019180546 (Zugriff: 9.04.2018).

Labitzke, Jan. 2018. JobsAct all'italiana: die Arbeitsmarktreformen der Regierung Renzi. In *Alexander Grasse et al. 2018a,* 313–341.

Ludovico, Marco. 2017. Immigrazione: Reati di stranieri, l'allerta del Viminale. *Il Sole 24ore,* 28.09.2017. http://www.ilsole24ore.com/art/notizie/2017-09-28/reati-stranieri-l-allerta-viminale-091713.shtml?uuid=AEHr3naC.

Pagnoncelli, Nando. 2018. Il sondaggio: Lega al 28,5 %, Movimento 5 Stelle al 30,1 %. *Corriere.it 01.06.2018.* https://www.corriere.it/politica/18_giugno_01/sondaggio-lega-285percento-movimento-5-stelle-301percento-3f931f96-65d2-11e8-b063-cd4146153181.shtml (Zugriff: 4.06.2018).

Repubblica.it, 24.02.2018: *Corteo antifascista a Roma, Bersani: »M5s sbaglia alla grande a non essere in piazza«.* https://video.repubblica.it/politica/corteo-antifascista-a-roma-bersani-m5s-sbaglia-alla-grande-a-non-essere-in-piazza/298072/298693 (Zugriff 26.03.2018).

Repubblica.it, 7.02.2018. La Ue alza le stime sull'Italia: »Pil a +1,5 %, ma prospettive di crescita moderate«. Il Belpaese resta in coda alla classifica della crescita europea. http://www.repubblica.it/economia/2018/02/07/news/commissione_europea_stime-188239374/ (Zugriff: 27.04.2018).

Repubblica.it, 9.01.2017: *M5s, Parlamento Ue: salta il passaggio a eurogruppo Alde. Verhofstadt: »Poche garanzie«.* http://www.repubblica.it/politica/2017/01/09/news/m5s_europarlamento_alde-155680742/?ref=search (Zugriff: 26.03.2018).

Rubino, Monica. 2018a. *Elezioni Politiche 2018, M5s sfondano al Sud: è cappotto in Sicilia e Sardegna,* Repubblica.it, 5.03.2018. http://www.repubblica.it/speciali/politica/elezioni2018/2018/03/05/news/elezioni_politiche_2018_m5s_sfondano_al_sud_verso_il_cappotto_in_sicilia_e_sardegna_lega_pd-190473002/ (Zugriff: 27.04.2018).

Rubino, Monica. 2018b. *Renzi a RepTv: »Migranti bomba sociale? Berlusconi l'ha causata con accordi Ue e guerra in Libia«,* Repubblica.it, 5.02.2018. http://www.repubblica.it/politica/2018/02/05/news/renzi_a_berlusconi_migranti_sono_bomba_sociale_firmasti_tu_gli_accordi_-188081476/ (Zugriff: 19.03.2018).

Ruzza, Carlo. 2018. Social Movements and the Italian Civil Society in Times of Crisis, In *Alexander Grasse et al. 2018a,* 207–227.

Spalinger, Andrea. 2018. *Ein Rechtsextremer schießt in Italien aus einem fahrenden Auto auf Migranten,* nzz.ch, 3.02.2018. https://www.nzz.ch/panorama/schuesse-aus-auto-in-italien-mehrere-verletzte-ld.1353901 (Zugriff: 21.03.2018).

Stol.it. 6. 02. 2018: *Wie Fremdenhass Italiens Wahlkampf anheizt.* https://www.stol.it/Artikel/Politik-im-Ueberblick/Politik/Wie-Fremdenhass-Italiens-Wahlkampf-anheizt (Zugriff: 19. 03. 2018).

Stol.it. 19. 02. 2018: *Boldrini fordert Aus für neofaschistische Kräfte.* https://www.stol.it/Artikel/Politik-im-Ueberblick/Politik/Boldrini-fordert-Aus-fuer-neofaschistische-Kraefte (Zugriff: 20. 03. 2018).

SWG. 2018. *I flussi di voto alle elezioni politiche 2018.* http://www.affaritaliani.it/static/upl2018/swg_/swg_flussi_5marzo2018.pdf (Zugriff: 27. 04. 2018).

Tarchi, Marco. 2015. *Italia populista. Dal Qualunquismo a Beppe Grillo.* 2. Aufl. Bologna: il Mulino.

Tecnè. 2018. *Analisi delle elezioni politiche. Sociologia del voto,* 5 marzo 2018. https://www.termometropolitico.it/1292189_elezioni-politiche-analisi.html (Zugriff: 27. 04. 2018).

Tokarski, Paweł. 2017. Neuer Schwung für die Eurozone. Reformspielräume und Machtverteilung in der Währungsunion. *SWP-Aktuell* 70 (Oktober 2017). https://www.swp-berlin.org/fileadmin/contents/products/aktuell/2017A70_tks.pdf.

Turco, Andrea. 2018. Sondaggi politici Noto: Italiani divisi tra pro e contro l'Europa. In *Termometrico Politico,* 4. 06. 2018. https://www.termometropolitico.it/1305761_sondaggi-politici-noto-7.html (Zugriff: 04. 06. 2018).

UNHCR. 2018. *Italien: Ankünfte von Flüchtlingen und Migranten über den Seeweg im Zeitraum Februar 2017 bis Februar 2018.* https://de.statista.com/statistik/daten/studie/521604/umfrage/bootsfluechtlinge-in-italien/ (Zugriff: 26. 03. 2018).

Vatican.va. 2013. *Besuch auf der Flüchtlingsinsel Lampedusa.* http://w2.vatican.va/content/francesco/de/travels/2013/inside/documents/papa-francesco-lampedusa-20130708.html (Zugriff: 19. 03. 2018).

Wahlprogramm Centrodestra. 2018. http://www.forza-italia.it/speciali/Programma_centrodestra_condiviso_10_PUNTI.pdf (Zugriff: 15. 03. 2018).

Wahlprogramm Movimento 5 Stelle. 2018. https://www.movimento5stelle.it/programma/index.html (Zugriff: 15. 03. 2018).

Wahnel, Julia. 2011. Die Asyl- und Flüchtlingspolitik zwischen Europäisierung und nationalen Interessen. Das Beispiel Italien. In *Europa – quo vadis?,* hrsg. von Gudrun Hentges und Hans-Wolfgang Platzer, 205–232. Wiesbaden: VS Verlag für Sozialwissenschaften.

WSI/Wirtschafts- und Sozialwissenschaftliches Institut. 2017. Neuer Europäischer Tarifbericht des WSI: Löhne in Europa steigen real nur sehr langsam – 2017 droht in etlichen Ländern wieder Stagnation oder sogar Rückgang. *Hans-Böckler-Stiftung: Presemitteilungen 2017* (1. 09. 2017). https://www.boeckler.de/pdf/pm_ta_2017_09_01.pdf (Zugriff: 27. 04. 2018).

US-WählerInnen zwischen bürgerlichem Konservatismus und Donald Trump

Von der Bewahrung eigener (Vor-)Rechte zur Ablehnung von allem Nicht-Weißen und »Unamerikanischen«

Heinz Ulrich Brinkmann

1 Zur Situation der USA in der Ära Trump

Zu Anfang seiner Bewerbung um die republikanische Präsidentschaftskandidatur wurde der politische Neuling und Milliardär Donald J. Trump von den meisten diesseits und jenseits des Atlantiks indigniert belächelt. Nach einer selbst für US-Verhältnisse Schlammschlacht ohnegleichen aber hatte Trump mit dem Wahltag 8.11.2016 eine deutliche Mehrheit des Electoral College hinter sich, dessen Wahlmänner den Präsidenten wählen.[1] Er zog eine Spur von Beleidigungen und offensichtlichen Lügen hinter sich her, wie es bis dahin sogar in den USA nicht vorstellbar war (vgl. B. Kornelius 2017, S. 293–295): Seine demokratische Gegenkandidatin Hillary D. R. Clinton, seine republikanischen KonkurrentInnen aus der Nominierungsphase, MuslimInnen, Schwarze[2], emanzipierte Frauen, aus Lateinamerika Stammende, Behinderte, JournalistInnen, selbst gemäßigt Konservative aus der Republikanischen Partei – nichts blieb verschont, was nicht seiner Meinung war, und vor allem niemand der nicht in sein Bild der USA bzw. des »wahren Amerika« Passenden.

1 Der in einem Staat relativ stärkste Kandidat erhält alle Wahlmännerstimmen (winner-take-all) dieses Bundesstaates (Ausnahmen: Maine und Nebraska). Die Anzahl der Wahlmännerstimmen pro Bundesstaat entspricht der Anzahl seiner RepräsentantInnen plus der zwei SenatorInnen (die Bundeshauptstadt Washington, D. C., erhält drei Wahlmännerstimmen); kleinere Bundesstaaten sind also überrepräsentiert durch die Formel »+ 2 SenatorInnen«.

2 In diesem Buchbeitrag wird bewusst der Ausdruck »Schwarze« statt »Afroamerikaner« verwandt, da er seit der Bürgerrechtsbewegung die allseitig anerkannte Bezeichnung war, und auch heute noch als Selbstbezeichnung weitverbreitet verwandt wird.

H. U. Brinkmann und I.-C. Panreck (Hrsg.), *Rechtspopulismus in Einwanderungsgesellschaften*, https://doi.org/10.1007/978-3-658-23401-0_14

Nach dem Zweiten Weltkrieg wurde der Populismus[3] zunehmend Teil der Geschichte der Republikanischen Partei (vgl. P. Adorf 2017, S. 861–867, 876 f., 880). Bisher aber hatte niemand diese Tendenz so offen, so radikal und so vulgär vertreten wie Trump (vgl. Oliver und Rahn 2016, S. 199–202). Noch nie hatte ein Wahlkampf die USA so tief polarisiert wie dieser. Somit stellt sich die Frage, wie es zur Wahl von Trump kommen konnte. Ferner ist zu fragen, wie es geschehen konnte, dass sich der Rechtspopulismus in der Republikanischen Partei – und damit in den USA – in den letzten Jahrzehnten so weit ausbreiten konnte. Damit kommen wir zum Thema dieses Buches: dem Einfluss, den Fragen der Migration und Integration auf die Wahlerfolge rechtspopulistischer Organisationen oder Personen haben.

2 Parteien und Populismus in den USA

2.1 Konservatismus[4] und Populismus als beständige Elemente der Politik

Die USA sind seit ihrer Gründung *konservativer* als andere demokratische Staaten, und haben deshalb eine sehr viel schwächere Sozialpolitik (vgl. W. Merkel 2016, S. 32). Während im westlichen Europa seit Ende des 19. Jahrhunderts wohlfahrtsstaatliche Programme und Eingriffe bzw. Regulierungen der Wirtschaft zunehmend akzeptiert worden sind, gab es in den USA erst seit 1933 – vor dem Hintergrund der Wirtschaftskrise – zaghafte Versuche sozialer Absicherung. Eine zweite sozialpolitische Welle initiierte Präsident Lyndon B. Johnson (1963–1968) ab 1963

3 Für eine prägnante Darstellung der Kernelemente des Rechtspopulismus vgl. den Buchbeitrag von I.-C. Panreck sowie Jesse und Panreck 2017, S. 62–67.

4 Die Begriffe »conservative« und »liberal« müssen aus ihrem jeweiligen spezifischen US-Kontext heraus verstanden werden: »Conservative« ist formal problemlos mit »konservativ« zu übersetzen. Der US-Konservatismus ist jedoch in den USA von einer Rückwärtsgewandtheit, die im Hinblick auf unternehmerische Freiheiten und auf Sozialpolitik eher an den Frühkapitalismus in Europa erinnert. Im Unterschied zum europäischen – vor allem zum deutschen – Konservatismus fehlt dem US-Begriff der stark etatistische Bezug; er ist hingegen innovativ, vor allem im technischen und ökonomischen Bereich. Wie jeder Konservatismus ist derjenige der USA auf die »Erfahrzungen der Geschichte« fixiert, vor allem auf die Verfehlungen (z. B. »Pflichtvorstellungen gegenüber dem Staat« vs. »Fortschritt« und »individuelle Selbstverwirklichung«) der Menschheitsgeschichte. Der US-Terminus »liberal« hingegen wird im Deutschen adäquat mit »links«/»linksliberal« übersetzt, da er Sozialpolitik und Staatseingriffe in die Wirtschaft umfasst. In der Gesellschaftspolitik allerdings entsprechen die »liberal« Standpunkte der Demokraten eher dem deutschen Terminus »liberal«, allenfalls »linksliberal«.. Dazu gehören Fragen der Abtreibung ebenso wie gleiche Rechte für Angehörige aller Religionen, Ethnien/»Rassen« und Lebensstile.

mit seinem »Great Society«-Programm. Der nächste relevante Schub erfolgte erst 2010 mit »Obamacare« und seiner Ausweitung des Krankenversicherungsschutzes. Mit dem westlichen Europa lässt sich diese Sozialstaatlichkeit aber noch immer nicht vergleichen.

Es gab in den USA nie eine klassenkämpferische oder sozialistische Bewegung wie im Europa des 19. und 20. Jahrhunderts, obwohl Armut und Strukturen des Arbeitsmarktes vom westlichen Europa zumindest nicht positiv abwichen: Denn die USA entstanden als Gesellschaft ohne Adel, von formal Gleichen (was indigene Völker und Schwarze ausschloss). Wem es an einem Ort nicht gefiel, der zog weiter nach Westen, nahm sich dort Land von den Indigenen (die fast vollständig ausgerottet wurden), und war als freier Bauer sein eigener Herr, weitgehend ungestört von der weltlichen Obrigkeit (vgl. J. Schissler 2011, S. 1, 7, 141 f.). Ein »starker Staat« – egal nach welchen Kriterien – entwickelte sich nie und wurde von den US-BürgerInnen stets abgelehnt. Dies galt erst recht für die Bundesebene, also eine zentrale Regierung – die sich erst in einem mühsamen und langwierigen Prozess durchsetzen konnte.

Einen ähnlichen Grad an Konservatismus gibt es auf der gesellschaftlichen Ebene, wie sich an der für westliche Industriegesellschaften weit verbreiteten und ungewöhnlich starken Kirchenbindung sowie an der religiösen Orientierung (Gläubigkeit) zeigt (vgl. T. Lütjen 2016, S. 72–77): Etwa ein Drittel der US-BürgerInnen bezeichnet sich als wiedergeborene ChristInnen, mindestens 25 % der BürgerInnen gehören evangelikalen Kirchen an.

Ebenso wie der Konservatismus ist auch der *Populismus* in der Politik der USA tief verankert. Die USA wurzeln darauf, die Freiheit des Einzelnen zu verteidigen – sei es gegen die Obrigkeit, sei es gegen die ebenso gefürchtete »Herrschaft der Massen« bzw. »Tyrannei der Mehrheit«, als welche bereits die Gründungsväter eine »reine Demokratie« in Form einer Mehrheitsherrschaft angesehen hatten.[5] Intermediäre Institutionen wie Parteien, Interessengruppen und sogar Parlamente werden als sich selbst und das »unverderbte Volk« korrumpierend mindestens misstrauisch beäugt – modifiziert allerdings durch die romantische Verklärung des »moralisch gesunden« ländlich-kleinstädtischen Lebens auf der einen Seite, gegen die »sündigen« Großstädte mit ihrer »schwelgenden« Oberschicht, den Eliten jedweder Art und den »unzivilisierten« Unterschichten samt EinwanderInnen (vgl. H. Klumpjan 1998, S. 250 f., 339). Die Rhetorik bzw. Polemik gegen »die da oben«, gegen »Washington«, gegen die Bundesinstitutionen[6], die überall regulie-

5 Vgl. A. Hamilton et al. 2007, vor allem Federalist Paper Nr. 10; s. a. ebd., Federalist Paper Nr. 51. Für eine kurze Skizzierung dieser Prämisse und des daraus resultierenden Institutionengefüges der USA vgl. E. Fraenkel 1976, S. 39–43.

6 Die einzelnen Staaten besitzen im föderalen Institutionengefüge der USA eine große Selbständigkeit, z. B. über weite Bereiche von Individual-, Wahl- und Strafrecht. In den letzten

rend eingreifen – all dies hat in den USA eine lange Tradition. Und dies wird gerade von rechts Stehenden gerne aufgegriffen, wenn es darum geht, VerfechterInnen staatlicher Programme – vor allem die Demokratische Partei – zu attackieren, sie aller möglichen Eingriffe des Bundesstaates in die Freiheit des Einzelnen zu bezichtigen, und sie als Feinde der Freiheit bzw. des Individuums zu denunzieren (vgl. T. Lütjen 2016, S. 58 f., 88 f., 97, 99 f.). Konservatismus und Populismus haben sich vor diesem Hintergrund ab den 1960er Jahren in der Republikanischen Partei zusammengefunden.

Wie für Populismus aller Art typisch (vgl. Jesse und Panreck 2017, S. 62–64, 68, 71–73), ist auch der US-amerikanische antiintellektuell, auf ein verklärtes Ideal des »common man« bezogen und von Anfang an tendenziell rückwärtsgewandt (insbesondere in Form der Glorifizierung der Vergangenheit). In den USA kamen noch nativistische[7] bzw. nativistisch-fremdenfeindliche – schon damals »mit einer religiös-moralischen Ideologie verbrämt« (H. Klumpjan 1998, S. 178; s. a. ebd., 255–257) – und rassistische Tendenzen hinzu. Als latent vorhandene Unterströmung blieb der Populismus zwar seit den 1830er Jahren überwiegend subdominant, manifestierte sich aber immer wieder im politischen Raum. Politisch organisiert wurde der US-Populismus erstmals in den 1890er Jahren mit der People's Party, als Ergebnis einer der kleinbäuerlichen Protestbewegungen (die sich auch gegen bestehende oligopolistische oder gar monopolistische Wirtschaftsstrukturen wandte). Ergebnis waren sowohl politische Reformen (u. a. plebiszitäre Elemente unterhalb der Bundesebene) und sozialpolitische Maßnahmen (Arbeitsschutzgesetze, progressive Bundes-Einkommensteuer) als auch restriktive Einwanderungsgesetze. Diese von Anfang an bestehende Ambivalenz von erzkonservativen und progressiven Tendenzen unter den PopulistInnen führt im Zeitverlauf mal zu linken und mal zu rechten Ausprägungen des Populismus.

2.2 Programmatische Unterschiede zwischen Demokraten und Republikanern

Mit den Wahlen des Jahres 1932 endete die jahrzehntelange Vorherrschaft der Republikanischen Partei in den Bundesinstitutionen, als sich die Partei außerstande zeigte, die seit 1929 andauernden Folgen der Weltwirtschaftskrise (great depres-

---

Jahren hat der U. S. Supreme Court einige Einflussmöglichkeiten des Bundes begrenzt, die noch aus der Zeit der Bürgerrechtsgesetzgebung stammen.

7 Seit den 1830er Jahren in den USA immer wieder auftauchende Tendenz, im Lande geborene EinwohnerInnen bzw. »alteingesessene« ethnische Gruppen zu bevorzugen, und ImmigrantInnen bzw. bestimmte Minderheiten abzulehnen oder zu diskriminieren (vgl. H. Klumpjan 1998, S. 177–181).

sion) zu beheben (vgl. H. Klumpjan 1998, S. 397–399). Die Republikanische Partei vertraute in ihrer Wirtschaftspolitik des »Laissez-faire« weiter auf die Selbstregulierung des Marktes. Die *Demokratische Partei* unter Franklin D. Roosevelt gewann die Wahlen des Jahres 1932 in allen Bundesinstitutionen mit dem Programm des »New Deal«, das Wirtschaftsinterventionen, eine Sozialpolitik zugunsten der unteren Sozialschichten[8] sowie größere Rechte für ArbeitnehmerInnen und Gewerkschaften vorsah (verbunden mit einer größeren Akzeptanz »religiöser Minderheiten« wie KatholikInnen und JudInnen) – und gleichzeitig die wirtschaftlich benachteiligten Südstaaten als demokratischen »Solid South« aus der Zeit des Bürgerkrieges[9] (1861–1865) beibehielt. Erstmals seit der Auseinandersetzung um die Sklaverei bzw. seit dem Bürgerkrieg nahmen die Parteien deutlich unterscheidbare, grundsätzliche Positionen ein, die sich auf immer mehr Sachfragen (issues) bzw. Politikgebiete erstreckten und erstrecken.

Die Demokratische Partei wurde zu einer »Koalition der Benachteiligten« (bzw. »der Minderheiten«) und ging nach liberal/links. Die Grundstrukturen dieser Politik behält sie bis heute bei (vgl. H. Klumpjan 1998, S. 451–456, 458–460; C. L. Prysby 2018, S. 91–95). Dies erstreckt sich von staatlicher Regulierung der Umwelt über den Abbau sozialer Ungleichheit durch sozialpolitische Maßnahmen (Unterstützung sozial Schwacher; Krankenversicherung für möglichst alle; Rentenversicherung) bis hin zu Subventionen z. B. im Bereich der Bildungspolitik (von Primarschulen bis zu den Hochschulen).

Die *Republikanische Partei* tritt für einen möglichst geringen Einfluss des Staates auf wirtschafts- und sozialpolitischem Gebiet ein, also möglichst geringe Steuern und geringe Sozialleistungen (vgl. H. Klumpjan 1998, S. 451–453, 456–458, 460–462, 465). Damit war die Partei von Anfang an für die oberen Sozialschichten attraktiv, insbesondere für UnternehmerInnen, Selbständige und leitende Angestellte. Einschränkungen von Arbeitnehmerrechten und von gewerkschaftlichen Betätigungen in der Privatwirtschaft sowie im öffentlichen Dienst haben vor allem in den republikanisch regierten Bundesstaaten seit den 1980er Jahren deutlich zugenommen (vgl. J. Schissler 2017, S. 39 f.). Im 21. Jahrhundert ist die Partei durch

---

8 Dieser Begriff geht bei unserer Fragestellung über den soziologischen Terminus der Unterschicht (in den USA teilt man diese oft auf in eine wohlfahrtsabhängige underclass und in eine working class, die wiederum aus blue collar jobs und einigen white collar jobs besteht) hinaus, er umfasst auch die untere Mittelschicht. Generell sind die Grenzen zwischen oberer Unterschicht zur mittleren und unteren Unterschicht sowie zur unteren Mittelschicht fließend.

9 Die 1854 mit dem Ziel der Sklavenbefreiung gegründete Republikanische Partei stand hierbei als »Norden« dem von der Demokratischen Partei dominierten »Süden« gegenüber. Allerdings hatte sich die Demokratische Partei 1860 (bis 1868) gespalten, denn im »Norden« war sie bereits damals die Vertretung der EinwanderInnen, vor allem in den Städten.

gesellschaftspolitische Radikalität und eine inzwischen geradezu fundamentalistische Ablehnung staatlicher Funktionen in der Wirtschaftspolitik, Sozialpolitik, Verkehrspolitik etc. gekennzeichnet.

Diese grundlegenden Unterschiede führen zu fast schon diametral entgegengesetzten Positionen beider Parteien in vielen, für die WählerInnen bzw. zumindest für große und einflussreiche Interessengruppen wichtigen Politikfeldern:

1. *Steuersystem:* Seit Präsident Ronald Reagan (1980–1988) haben republikanische Präsidenten eine Umverteilung von unten nach oben betrieben (vgl. P. Krugman 2008, S. 161, 171–175). Dies erfolgte durch Kürzungen von Sozialleistungen zu Lasten der Mittelschicht, und vor allem zu Lasten der Unterschicht, bei gleichzeitigen steuerlichen Entlastungen der hohen Einkommensgruppen. Die steuerliche Bevorzugung der hohen und insbesondere der höchsten Einkommenskategorien hat sich unter den Präsidenten George W. Bush (2000–2008) und Donald J. Trump (seit 2016) noch deutlich verstärkt. Das Mantra der Steuererleichterungen für die höheren Einkommensklassen gilt seit Reagan sogar trotz der dadurch stark steigenden Staatsverschuldung (vgl. W. Merkel 2016, S. 31 f.).

2. *Haushaltspolitik:* Seit Reagan fallen Anspruch und Wirklichkeit beider Parteien auf diesem Gebiet stark auseinander. Die früher eine Ausweitung der Kreditaufnahme zur Erreichung bestimmter Politikziele befürwortenden Demokraten propagieren seit Reagan finanzpolitische Solidität, und hatten unter Präsident William J. (Bill) Clinton (1992–2000) Haushaltsüberschüsse zum Abbau der unter Reagan stark gestiegenen Staatsverschuldung eingesetzt. Die Republikaner halten seit Reagan zwar abstrakt am populistisch vorgetragenen Ziel des Haushaltsgleichgewichtes und des »kleinen Staates« fest, haben aber als oberste Ziele Steuerentlastungen für die Reichen und eine Ausweitung des Militärapparates – da sie dies bisher nie durch Ausgabenkürzungen ausgleichen konnten, erreicht die Staatsverschuldung unter republikanischen Präsidenten stets vormals unbekannte Höhen (vgl. W. Merkel 2016, S. 31 f.). Der Republikanischen Partei eher nahestehende ökonomische Partikularinteressen (insbesondere Geschäftsleute und in der Landwirtschaft Tätige) tragen ebenfalls dazu bei, dass Ausgaben und Verwaltungsumfang nicht reduziert werden.

3. *Sozialpolitik:* Im Unterschied zu Europa blieb diese in den USA immer umstritten. Mit zunehmendem Abstand zur Weltwirtschaftskrise (ab 1929) und zum »New Deal« von Roosevelt kam es darüber immer mehr zu politischen Auseinandersetzungen. Bei der *Krankenversicherung* beispielsweise treten die Demokraten dafür ein, dass jede/r BürgerIn ein Anrecht auf Krankenversicherungsschutz hat. Die Republikaner hingegen wollen dies weitgehend den »Kräften des Marktes« überlassen.

4. *Einwanderungspolitik:* Die DemokratInnen sind für eine Legalisierung der meisten sich illegal in den USA Aufhaltenden. Die Republikanische Partei hingegen ist mehrheitlich für eine strikte Begrenzung der legalen Immigration und für eine Abschiebung der Illegalen. Zugleich sind es allerdings primär republikanisch gesinnte Farmer und Gewerbetreibende, die die meist unterhalb des Mindestlohnes arbeitenden Illegalen dringend benötigen.

5. Weitere relevante parteipolitische wie grundsatzpolitische Unterschiede bestehen auf Gebieten wie

- *Abtreibung,*
- *Außenpolitik* (inkl. Grundsatzfragen),
- *Entwicklungshilfe,*
- *Umweltschutz* (national wie international),
- Reform der *Wahlkampffinanzierung,*
- Regulierung des *Waffenbesitzes.*

3 Umbrüche im Parteiensystem

3.1 Die Stärkung des linksliberalen Elements in der Demokratischen Partei

Im Laufe der Jahrzehnte hat die Demokratische Partei ihre Position auf den Gebieten von Sozialpolitik und gesellschaftlichen Freiheitsrechten tendenziell weiter nach links bzw. in die »liberal« Richtung verschoben. In den 1960er Jahren kulminierten in der Demokratischen Partei mehrere Entwicklungen, die einen deutlichen Umbruchprozess im US-Parteiensystem einleiteten.

Als erstes ist die »*Rassenfrage*« bzw. die Frage gleicher Bürgerrechte für alle »Rassen« bzw. ethnischen Gruppen zu nennen. Bereits Ende der 1940er Jahre hatte die (weiße[10]) Basis der Partei in den Südstaaten[11] zu bröckeln begonnen, als sich die Demokraten immer stärker der Unterstützung Schwarzer verschrieben.[12] Ins-

10 Die Bezeichnung »weiß« wird in den USA fast ausschließlich im Sinne von »non-Hispanic whites« verwendet, also ohne Einbezug der »latinos«.

11 Im engeren, historischen bzw. politischen Sinne werden damit die 11 Staaten der ehemaligen Confederate States of America (CSA) aus der Zeit des Bürgerkrieges (1861–1865) bezeichnet.

12 Vor der Präsidentschaftswahl 1948 spaltete sich ein Teil der Südstaaten als States Rights Party (SRP) vorübergehend von der Demokratischen Partei ab und schickte einen eigenen Präsidentschaftskandidaten ins Rennen (vgl. H. Klumpjan 1998, S. 528–530). Diese errang jedoch nur 2,4 % bundesweit bzw. 39 Wahlmännerstimmen von vier Südstaaten.

besondere unter Präsident Lyndon B. Johnson (1963–1968) kam es zu verstärkten gesellschaftlichen und innerparteilichen Spannungen aufgrund seiner Bemühungen um Ausbau und Durchsetzung der Bürgerrechte für Schwarze sowie um einen Ausbau der sozialen Sicherungssysteme für alle BürgerInnen (vgl. H. Klumpjan 1998, S. 385–388, 411–421, 437–444, 457 f., 463–465, 527–529).[13] Die parteiübergreifende »conservative coalition« im Kongress – bestehend aus konservativen Republikanern und aus sowohl allgemein konservativen als auch rassistischen Südstaaten-Demokraten – wurde auf beiden Politikfeldern aktiv. Zwei wichtige Bestandteile der »New Deal coalition« verursachten einen tiefgreifenden Konflikt in der Demokratischen Partei: weiße Südstaaten-RassistInnen und Schwarze. Die von mehr oder weniger rassistischen Weißen dominierten Südstaaten wandten sich daher von der Demokratischen Partei ab, und der Republikanischen zu; denn diese hatte sich in Abkehr ihrer bisherigen Politik vor allem im Süden zu einem Unterstützer weißer Vorrechte entwickelt. Im Süden vollzog sich somit auch eine Angleichung an das Wählerverhalten der anderen Regionen, einschließlich dessen Bestimmungsfaktoren.

Sogar außerhalb der Südstaaten gab es Rückwirkungen. Denn die – primär von den schwarzen Ghettos des Nordens ausgehenden – »*Rassenunruhen*« der Jahre 1964 bis 1968 verunsicherten weite Teile der weißen Wählerschaft (vgl. T. Lütjen 2016, S. 55). Erfolgten diese doch vor dem Hintergrund gewaltiger Fortschritte bei der Bürgerrechtsgesetzgebung.

Langfristig ebenso gravierend wirkten sich Veränderungen im *Lebensstil* und die Proteste gegen den Vietnamkrieg auf Politik und Gesellschaft aus – auch sie führten zu Rückwirkungen auf die Demokratische Partei (vgl. H. Klumpjan 1998, S. 417–421, 440–444, 459 f.). Beginnend mit der zweiten Hälfte der 1960er Jahren entwickelte sich die Demokratische Partei in gesellschaftlichen bzw. kulturellen Fragen (»social issues«) nach links. Um 1970 herum nahmen Frauenbewegung und Schwulenbewegung Einfluss auf die Partei, 1973 kam die Abtreibungsdebatte hinzu. Allerdings entfremdete sich die Partei durch all dies zunehmend ihrer Wählerbasis – nicht nur dem Süden, sondern auch den gesellschaftlich bzw. kulturell konservativen weißen ArbeiterInnen (sogar bei Gewerkschaftsmitgliedern) bzw. den weißen unteren Sozialschichten allgemein (obwohl diese wirtschafts- und sozialpolitisch von den Republikanern nichts zu erhoffen haben), teilweise

13 Im Präsidentschaftswahlkampf 1968 spaltete sich George C. Wallace (Gouverneur von Alabama 1962–1966, 1970–1978, 1982–1986) mit seiner American Independent Party (AIP) vorübergehend von den Demokraten ab; Wallace bzw. AIP kandidierten auch außerhalb des Südens (vgl. H. Klumpjan 1998, S. 533–538). Seine Stimmen außerhalb des Südens bekam er hauptsächlich von weißen Arbeitern. Wallace errang 13,5 % und 46 Wahlmännerstimmen. Ferner war Wallace weniger erfolgreich 1964, 1972 und 1976 in den demokratischen Präsidentschaftsnominierungen angetreten.

auch den KatholikInnen. Sogar die sozialpolitischen Reformprogramme von Präsident Johnsons »Great Society« gerieten nicht nur mit den wirtschafts- und sozialpolitisch Konservativen in Konflikt, sondern auch mit jenen (bis hinein in die weiße Arbeiterschicht), die primär die Schwarzen davon profitieren sahen: Rassismus wurde ersetzt durch den Widerstand gegen wohlfahrtsstaatliche Programme (vgl. J. Schissler 2011, S. 159–162; P. Krugman 2008, S. 195–201).

Dafür gewann die Demokratische Partei an AnhängerInnen unter den liberalen überdurchschnittlich Gebildeten. Von einer Partei für die unteren Sozialschichten sowie für die KatholikInnen, die beide konservative gesellschaftliche bzw. kulturelle Werte aufweisen, wandelte sie sich zu einer Partei, die die postmaterialistischen Wertvorstellungen der von der Bildungsexpansion profitierenden Jüngeren und die verstärkt ihre Forderungen artikulierenden, bisher benachteiligten sozialen und ethnischen Gruppen aufnahm (vgl. H. Klumpjan 1998, S. 418–421, 440–444, 459f.). Zwischen traditionell die Basis der Demokratischen Partei bildenden und den neu zur Partei stoßenden Gruppen kam es zu offenen Konflikten (vgl. T. Lütjen 2016, S. 56f., 64f., 126). All dies führte zur Niederlage im Präsidentschaftswahlkampf 1968, und nach der Nominierung des linksliberalen George S. McGovern zur erdrutschartigen Niederlage 1972 – beide Male gegen Nixon. Es war vor allem die weiße Industriearbeiterschaft, die in beiden Wahlen enttäuscht von den Demokraten zu den Republikanern wechselte. Gleiches galt für den vormaligen »Solid South«.

Somit sind die Demokraten seit 1932 eine *Partei der Minderheiten und der (Links-)Liberalen,* gegen die von weißen angelsächsischen ProtestantInnen dominierten Wirtschaftsinteressen (vgl. H. Klumpjan 1998, 458–460) – wobei die Zusammensetzung der demokratischen Wählerkoalition immer wieder Änderungen unterlag. Die Gegnerschaft zu den Republikanern und der Wille zur Machterhaltung haben die Partei aber stets zusammengehalten. Langfristig als Nachteil erwies sich allerdings die Hinterlassenschaft von Präsident Jimmy Carters (1976–1980) Wirtschaftspolitik (vgl. H. Klumpjan 1998, S. 459, 461, 464): Mit deren negativen Auswirkungen hatten die Demokraten ihre seit 1932 bestehende ökonomische Kompetenzzuschreibung verloren. Marktradikaler Rhetorik und populistischen Attacken gegen »die da oben« – vor allem gegen den Umfang der Aufgaben und der Ausgaben der Bundesadministration – konnten sie nicht mehr wie früher die Erfolge der auf dem »New Deal«-Konzept beruhenden Wirtschaftspolitik entgegensetzen. Hinzu kam das partielle Realignment relevanter Teile der Wählerschaft (vgl. H. Klumpjan 1988, S. 429–431, 464–467). Außerdem brachen die Republikaner mit der Wahl von 1980 die seit 1932 weitgehend ungefährdete Dominanz der Demokraten im Kongress.

So ist es auch zu erklären, dass sich die Demokratische Partei dem seit Präsident Reagan (1980–1988) in den USA zu beobachtenden Rechtsruck nicht ganz entziehen zu können glaubte: Unter Präsident Bill Clinton (1992–2000) wurden manche sozialpolitischen und wirtschaftsinterventionistischen Gesetze abgebaut – was als Tendenz zur Mitte bzw. zur »neuen Mitte« deklariert wurde. Betroffen davon waren primär die unteren Sozialschichten, also die ehemalige demokratische Basis (vgl. W. J. Crotty 2018b, S. 25, 28).

3.2 Die Republikanische Partei unter dem Einfluss des Rechtspopulismus

Die Republikanische Partei war nie so starken Zerreißproben wie die Demokratische (als »Koalition der Benachteiligten/der Minderheiten«) ausgesetzt, da ihre Anhängerschaft sozialstrukturell und programmatisch sichtlich homogener war (vgl. H. Klumpjan 1998, S. 445, 449 f.). Aber es war gerade die Republikanische Partei, die sich immer wieder – und seit Präsident George W. Bush (2000–2008) kontinuierlich – nach weit rechts bewegte, sogar deutlich aus der allgemein akzeptierten demokratischen Mitte heraus (vgl. P. Adorf 2017, S. 861–867, 880). Von den 1930er Jahren bis in die ersten Amtsjahre von Präsident Trump lässt sich in der Republikanischen Partei eine zunehmende Opposition gegen Sozialpolitik und gesellschaftliche Veränderungen beobachten, sowie seit den 1960er Jahren eine immer deutlichere Anlehnung an rechtspopulistische Strömungen.

Trotz der großen, parteiübergreifenden Legitimität von Roosevelts »New Deal« bzw. sogar eines »liberalen Konsenses« begann bereits 1935 der fühlbare Widerstand aus Unternehmerkreisen, als die Roosevelt-Administration mit verstärkten Wirtschaftsinterventionen und deutlicheren wohlfahrtsstaatlichen Zügen agierte. Damals hatten beide Parteien jeweils ihren konservativen und liberalen/moderaten Flügel, wobei die Konservativen aus den Reihen der Republikaner als Folge der Weltwirtschaftskrise öffentlich kaum Anklang fanden – aber die Opposition aus Unternehmerkreisen fand hier ihre Heimat (vgl. H. Klumpjan 1998, S. 398–400; T. Lütjen 2016, S. 17–24). Nach dem Ende des Zweiten Weltkrieges wurde die Opposition in der Republikanischen Partei stärker. Der innerparteiliche Konflikt verschärfte sich, als unter dem republikanischen Präsidenten *Dwight D. Eisenhower* (1952–1960) der »liberale Konsens« in der Sozialpolitik wie in der Bürgerrechtsfrage nicht nur insgesamt dominierte, sondern auch in der Republikanischen Partei bestimmend war (vgl. H. Klumpjan 1998, S. 404–411, 529–531).

Mit der (äußerst knapp) verlorenen Präsidentschaftswahl von 1960 vertieften sich die innerparteilichen Gräben. Die ab 1961 erfolgende Machtübernahme des rechten Parteiflügels auf allen Stufen der Parteiorganisation leitete den vollständigen Bruch der Republikanischen Partei mit ihrer Geschichte und die Hinwendung zu einem radikalen wirtschaftlichen Konservatismus ein. Der »liberale Konsens«

galt ihr als Verstoß gegen individuelle Freiheiten, und selbst die rudimentäre Sozialpolitik wurde scharf abgelehnt: Das spätere Glaubensbekenntnis der Konservativen, dass all dies nur der erste Schritt zu einem autoritären Staatssozialismus sei, nahm hier seinen Anfang (vgl. J. Schissler 2011, S. 2–4, 13–16, 20, 26–31, 35–37, 43). Verstärkt hat sich seitdem ferner die Berufung von konservativer Seite auf die manifest destiny, der offensichtlichen Bestimmung der USA durch die »Vorsehung« als »Reich der Freiheit«. Abschluss dieses zunehmend ideologischen Prozesses war die Präsidentschaftskandidatur von *Barry M. Goldwater* 1964. Seine radikalen innen- wie außenpolitischen Positionen führten zur erdrutschartigen Niederlage (38,5 % zu 61,1 %) gegen den demokratischen Präsidenten Johnson. Mit Goldwater hatte der rechte Flügel die – letztlich dauerhafte, nur selten aus pragmatischen Gründen unterbrochene – Kontrolle über die Republikanische Partei übernommen; der gemäßigte bzw. liberale Flügel wurde zunehmend aus der Partei gedrängt (vgl. J. Schissler 2011, S. 166–171).

Auf den Konflikten innerhalb der Demokratischen Partei aufbauend, fand die Republikanische Partei bei den weißen Rassisten des vormals demokratischen »Solid South« verstärkt Anklang. Denn die Republikanische Partei hatte sich – in Abkehr von ihrer Rolle als Partei der Durchsetzung schwarzer Rechte im Bürgerkrieg (1861–1865) – immer mehr zu einer Partei der Verteidigung ökonomischer wie ethnischer Vorrechte gewandelt (vgl. H. Klumpjan 1998, S. 385–388, 437–439, 457 f., 463–465). Gegen den Texaner Johnson errang Goldwater immerhin fünf Staaten des »Solid South« (sowie seinen Heimatstaat Arizona). Die Republikaner erweiterten erstmals ihre Wählerbasis über die wirtschaftlich Konservativen hinaus, indem sie sich populistisch als Vertreter der individuellen Rechte gegen staatliche Einflüsse – vor allem der Bundesregierung – darstellten (vgl. T. Lütjen 2016, S. 40–44, 47–49, 54–56, 62–64, 99 f., 118–120). Die Berufung auf individuelle Rechte und »state rights« entwickelte sich zu gut verstandenen Codes, hinter denen sich republikanische Bestrebungen zum Abbau von schwarzen Bürgerrechten, Arbeitnehmerrechten und Sozialpolitik verbargen. Der populistisch verklärte »Kampf gegen das liberale, intellektuelle Establishment« nahm damals seinen Anfang (vgl. P. Adorf 2017, S. 865).

Ebenso hatte der Republikaner *Richard M. Nixon* (1968–1974) seine Wahlsiege 1968 und 1972[14] vermutlich eher der Zersplitterung der Demokratischen Partei zu verdanken als seinen Politikvorstellungen: 1968 war es zur Wahlabstinenz von Teilen des linksliberalen Parteiflügels gekommen, was bei einem Ergebnis von 43,4 % zu 42,7 % sehr wohl zum Sieg von Nixon geführt haben kann – selbst wenn die Abwanderung von konservativen Demokraten zu den Republikanern berücksichtigt

14 In beiden Wahlen blieben die demokratischen Mehrheiten in beiden Häusern des Kongresses ungefährdet.

wird (vgl. H. Klumpjan 1998, S. 464).[15] 1972 führte die Zersplitterung der Demokraten sowie deren für die Wählerschaft viel zu linker Kandidat George McGovern dann – erstmals – zur massenhaften Abwanderung von vielen konservativen Demokraten der weißen unteren Sozialschichten bis in die Facharbeiterschaft hinein, sodass Nixon mit 60,7 % zu 37,5 % gewann (vgl. H. U. Brinkmann 1984, S. 182).

Mit Nixons »Southern Strategy«[16] in der Präsidentschaftswahl 1968 wurde die Hinwendung zu den Südstaaten bzw. zu den dortigen Rassisten erstmals systematisiert; 1972 verlief es ähnlich. Dies erfolgte unter bewusster Inkaufnahme der Verluste von Stimmen der Schwarzen und der liberalen Republikaner in den nordöstlichen Staaten. Allein schon durch diese Entwicklung bewegte sich die Partei zunehmend nach rechts. Unter Nixons Nachfolgern wurden die Republikaner zur beherrschenden Partei im Süden. Gleichzeitig wuchs die Bedeutung des Südens, da immer mehr Weiße aus dem »Snow Belt« des Nordens (vor allem des Nordostens) in den sowohl wärmeren als auch wirtschaftlich aufstrebenden südlichen »Sun Belt« zogen (vgl. Bass und DeVries 1977, S. 22, 25, 27–32, 378 f., 404).

Die Zeit des liberalen Konsenses in der Sozialpolitik ist seit Nixons Präsidentschaft vorbei; es dominieren Attacken gegen big government, Zentralismus und Verschwendung der Steuergelder (vgl. T. Lütjen 2016, S. 81, 88–90). Mit Reagan verstärkte sich die Gegnerschaft gegen den »Wohlfahrtsstaat«. Diese populistische Rhetorik verfestigte sich in der Bevölkerung, obwohl unter republikanischen Präsidenten keine Reduzierung der Bundesverwaltung erfolgte, und statt solider Haushaltsführung das Haushaltsdefizit immer weiter anstieg (vgl. W. Merkel 2012, S. 31 f.).

Auf der kulturellen Konfliktlinie betonen die Republikaner spätestens seit Präsident Nixon ihr Image als »law and order«-Partei und als Bewahrerin traditioneller Werte, bis hin zum demonstrativen Patriotismus, dem »American way of life« sowie generell dem »good old America«. Den gesellschaftlichen Umbrüchen der 1960er Jahre und den Konflikten innerhalb der demokratischen Wahlkoalition setzte Nixon seinen Appell an die »silent majority« – eben den »wahren Volkswillen« – entgegen (vgl. H. Klumpjan 1998, S. 418–422, 448, 456 f., 461 f.). Unter weitgehender Vermeidung wirtschafts- und sozialpolitischer Themen fokussierte Nixon rhetorisch auf alle diejenigen, die sich durch die Proteste gegen den Vietnamkrieg und durch die »Rassenunruhen« in ihren politischen und kulturellen Wertvorstellungen beeinträchtigt fühlten. Die von ihm verfolgte Ideologisierung

15 Abwanderungen von primär konservativen Demokraten hatte es 1968 auch zu George C. Wallace und seiner American Independent Party (AIP) gegeben (vgl. Anm. 13).

16 Als politische Strategie erstmals ausformuliert von Kevin P. Phillips (1969, parts III., VI.); vgl. Bass und DeVries 1977, S. 27–32. Für eine neuere umfassende Bewertung vgl. P. Adorf 2016, S. 81–94.

der Politik reduzierte sich überwiegend auf symbolische Politik sowie auf einen anti-gouvernmentalen und anti-elitären Populismus (vgl. T. Lütjen 2016, S. 57 f., 62–69; T. Lütjen 2017a, S. 11). Seit Nixon haben die Republikaner immer mehr die ökonomische Konfliktlinie durch eine populistisch aufgeladene kulturelle Konfliktlinie ersetzt (vgl. T. Lütjen 2016, S. 65 f., 99 f.).

Ende der 1970er Jahre stießen zur Republikanischen Partei die Waffenlobby (National Rifle Association/NRA) mit ihrem Kampf gegen einzelstaatliche und vor allem bundesstaatliche Bestrebungen der Waffenregulierung, sowie die deutlich rechts angesiedelte und religiös fundamentale evangelikale Bewegung mit ihren rigiden Moral- und Politikvorstellungen. Die Partei wurde somit seit den 1970er Jahren immer offensichtlicher von einem evangelikalen (»Christian Right«, darunter die »Moral Majority«) und gesellschaftlich wie individuell rigorosen Moralismus programmatisch beeinflusst (vgl. M. Minkenberg 2012, S. 170 f., 176 f., 179, 181).

Mit der Wahl von *Ronald W. Reagan* (1980–1988) wurde ein im – damaligen – ideologischen Spektrum der USA weit rechts angesiedelter Republikaner Präsident. Nach seinem Einsatz für Goldwater 1964 hatte sich Reagan[17] als Kandidat in den innerparteilichen Nominierungskampagnen 1968 gegen Nixon und 1976 gegen den amtierenden Präsidenten Gerald R. Ford (1974–1976) als der konservative, gegen das politische Establishment eingestellte Bannerträger der Republikanischen Partei positioniert, war aber beide Male unterlegen (vgl. H. Klumpjan 1998, S. 418, 424 f., 428 f., 448 f.). 1980 aber wurde er republikanischer Präsidentschaftskandidat, und dann auch Präsident. Seine Wahlkoalition ging über die wirtschafts- und sozialpolitisch konservativen Republikaner hinaus, er brach erfolgreich in früher einmal wichtige Bestandteile der »New Deal«-Koalition ein. Dazu gehörten neben zehn der elf Südstaaten (Ausnahme: Jimmy Carters Heimat Georgia) die Mehrheit unter den WählerInnen ohne College-Abschluss und relevante Einbrüche bei den GeringverdienerInnen – er errang sogar die Mehrheit bei den weißen ArbeiterInnen mit Gewerkschaftszugehörigkeit, bei JudInnen sowie bei den KatholikInnen. Mit Reagan wurden die sich seit einigen Jahren formierenden Evangelikalen fester Bestandteil der Republikanischen Partei (vgl. T. Lütjen 2016, S. 76); der eher säkular eingestellte Reagan instrumentalisierte die Evangelikalen für sich, indem er seine »symbolische Politik« – insbesondere seine Rhetorik – in ihre Richtung lenkte. Andererseits gibt es seit 1980 einen gender gap in dem Sinne, dass Frauen überproportional demokratisch (unter sozialpolitischen und außenpolitischen Erwägungen), und Männer überproportional republikanisch wählen (vgl. Setzler und Yanus 2018, S. 523 f.).

---

17 1966 bis 1974 war er zwei Amtsperioden lang Gouverneur von Kalifornien, mit überwiegend pragmatischem politischen Handeln, trotz verbalradikalem Konservatismus.

Trotzdem war Reagans Wahlsieg nicht einfach eine Fortsetzung des Trends von 1968/1972: Seine Wahl hatte er primär dem wirtschafts- (starker Anstieg der Arbeitslosigkeit und eine dramatische Zunahme der Inflation) und außenpolitischen Versagen des amtierenden demokratischen Präsidenten James E. (Jimmy) Carter (1976–1980) sowie dem vormals liberalen Republikaner John B. Anderson (der als Unabhängiger kandidierte) zu verdanken (vgl. H. Klumpjan 1988, S. 427–429, 459, 461 f., 464).[18] Sicherlich auch seiner jovial-liebenswürdigen Art, die vielen WählerInnen den Schrecken vor seiner sehr konservativen Programmatik nahm.

Reagan war der erste Präsident, der bei der Beschneidung sozialpolitischer Programme ernsthafte Versuche unternahm. Er vermied jedoch alles, was seine Mittelschichten-WählerInnen hätte verärgern können. Statt seine gestiegenen Rüstungsausgaben und die Steuergeschenke an die obersten Einkommensgruppen durch Ausgabenkürzungen nicht nur bei der Unterschicht (was ihm problemlos gelungen war), sondern auch bei der (primär weißen) Mittelschicht (was von ihm angesichts deren, bis in republikanisch gesinnte Kreise reichenden Widerstandes bald aufgegeben wurde) zu finanzieren, ließ er lieber – als fiskalische Strenge propagierender Republikaner! – die Staatsverschuldung in bis dahin zu Friedenszeiten unerreichte Höhen klettern (vgl. H. Klumpjan 1998, S. 386 f., 430–433, 448 f., 456–458, 461). Die Einkommensverteilung wurde aufgrund seiner Politik noch deutlich ungleicher. Mit seiner populistischen Rhetorik verbarg Reagan erfolgreich, dass er keinen fundamentalen Kurswechsel in der Politik erreicht hatte: Ein grundsätzliche Abbau der Sozialpolitik gelang ihm ebenso wenig wie eine Reduzierung des Umfangs der Bundesverwaltung (trotz seiner weitgehenden Deregulierungen) – eine Rückkehr zum Niveau vor dem »New Deal« war einfach nicht mehr möglich; er vermochte noch nicht einmal eine »moralische Wende« in Politik und Gesellschaft zu erreichen. Seine WählerInnen aber freuten sich über die prosperierende Wirtschaft – angesichts der riesigen Staatsverschuldung war Letzteres nicht weiter verwunderlich.

Nachdem sich unter Reagans Vizepräsident und Nachfolger als Präsident, *George H. W. Bush* (1988–1992), Haushalts- und Wirtschaftslage zunehmend verschlechterten, errang der Demokrat William J. (Bill) Clinton (1992–2000) aus Arkansas die Präsidentschaft. In den Jahren der Opposition nahm in der Republikanischen Partei der Einfluss des konservativen, sich immer weiter radikalisierenden Flügels zu (vgl. T. Lütjen 2016, S. 66, 86 f., 89, 95–98, 132). Der fundamentalistische Moralismus von »New Right« bzw. »Christan Right«/»Moral Majority« dominierte immer mehr Rhetorik bzw. Programmatik der Partei, und umfasste immer größere Teile der Republikaner im Kongress. Ergebnis war eine in vielen Politikfeldern orthodox-konservative Partei, die sich zugleich als Anti-Establish-

18 Wahlergebnis: 50,7 % – 41 % – 6,6 %.

ment-Partei populistisch verkaufte. Sie fokussierte immer stärker auf die kulturellen Konflikte, hatte aber in die weiße Arbeiterschicht noch nicht langfristig einbrechen können; das aber musste sie, um trotz der Zunahme von – überwiegend demokratisch orientierten – ethnischen Minderheiten, berufstätigen Frauen und AkademikerInnen weiterhin eine Siegeschance zu haben.

Nachfolger des Demokraten Clinton wurde mit *George W. Bush* (2000–2008) ein typischer Vertreter der neu-konservativen Republikanischen Partei und erklärter Evangelikaler. Zwar hatte er gegen den Demokraten Al Gore eine Mehrheit von 271 zu 266 Wahlmännerstimmen im Electoral College errungen,[19] bei den abgegebenen Wählerstimmen aber stand es 47,9 % für Bush gegen 48,4 % für Gore. Erstmals wurden viele Forderungen der religiösen Rechten erfüllt. Und seine den Reichen gewährten Steuersenkungen waren noch großzügiger als unter Reagan; zusammen mit den Kosten für die Kriege in Afghanistan und Irak führte dies zu einer öffentlichen Verschuldung von bis dahin unbekanntem Ausmaß (vgl. T. Lütjen 2016, S. 104–113). Bush' Bilanz wurde zunehmend von diesen Kriegen bestimmt, die beide nicht in seinem Sinne verliefen – aber 2004 knapp seine Wiederwahl sicherten. Mit dem wirtschaftlichen Desaster von 2007/2008 wurden auch die wirtschaftspolitischen Dogmen der Konservativen bzw. Republikaner erst einmal hinfällig, denn die Ursache für das Desaster war ein weitgehend deregulierter Finanzmarkt.

Durch das von den Republikanern letztendlich verschuldete Wirtschaftsdesaster war es 2008 sogar dem schwarzen Demokraten Barack H. Obama möglich, Präsident zu werden (2008–2016). 2009 wurde dann die »Tea Party« gegründet, um die republikanischen PolitikerInnen noch enger an die konservative Orthodoxie zu binden und die Konfrontation mit den Demokraten bzw. mit »big government«, dem Establishment, den Eliten, denen »da oben« noch energischer zu führen (vgl. M. Minkenberg 2011, S. 284–287, 289, 293; M. Oswald 2017, S. 883, 898; s. a. P. Adorf 2016, S. 349–436; V. Williamson et al. 2011). Die ethnischen Verschiebungen in der Bevölkerung, der gesellschaftliche Wandel seit den 1960er Jahren sowie die demokratische Wirtschafts- und Sozialpolitik (vor allem die Ausweitung der Krankenversicherung auf 90 % der BürgerInnen) mündeten in den Augen der konservativen Orthodoxie in ein Land, das man nicht wiedererkannte, und daher mit aller Kraft ablehnte (vgl. J. Schissler 2011, S. 2–4; M. Minkenberg 2011, S. 289, 291–293). Systematisch verdrängt wurde hierbei, dass auch republikanische Präsidenten es nicht vermocht hatten, den Wertwandel zurückzudrehen

19 Entscheidend hierfür war der hauchdünne Vorsprung von Bush in Florida. Eine Neuauszählung umstrittener Stimmen in diesem knappen Wahlausgang wurde auf Antrag der Staatsregierung unter dem Gouverneur John E. (Jeb) Bush (einem Bruder von George W. Bush) vom – überwiegend republikanischen – Obersten Gerichtshof der USA abgebrochen.

und die rigiden Moralvorstellungen der Evangelikalen durchzusetzen. Die Republikaner – nicht nur sie, wohl aber am stärksten – kreierten immer mehr ihre eigenen Lebens- und Medienwelten (vgl. T. Lütjen 2016, S. 114, 116–118, 120–122, 132), wofür der Fernsehsender »Fox News« nur ein Beispiel ist.

Bereits in der Nominierungskampagne 2012 hatte sich gezeigt, dass die führenden republikanischen Kandidaten für das Präsidentenamt ihre »anti-Washington ideology« drastisch verstärkt hatten (vgl. J. Medzihorsky et al. 2014). Somit versprach 2016 ein Wahljahr mit außergewöhnlich harten zwischenparteilichen Konflikten zu werden, eine Zeit populistischer Attacken ohnegleichen seitens der Republikaner gegen die Demokratische Partei und deren Politikvorstellungen. Im Zeitraum zwischen den Meinungsumfragen vom Herbst 2015 und nach den ersten republikanischen Entscheidungen auf der Staatenebene (Vorwahl oder Parteiversammlungen) von Februar 2016 wurde klar, dass der innerparteiliche Kampf mindestens ebenso hart ausfallen würde (vgl. W. J. Crotty 2018b, S. 10; B. Norrander 2018, S. 41). Da die wirtschaftskonservativen und orthodox-evangelikalen Segmente der weißen Wählerschaft für ihren Wahlsieg nicht ausreichten, ging die Partei mit dem Populismus eine Symbiose ein, um die weißen unteren Sozialschichten durch die Konstruktion gemeinsamer Feindbilder zu sich herüberzuziehen.

4 Gesellschaftliche Konfliktlinien

4.1 Ideologische Spannungen

Die USA galten stets als ein Land ohne substanzielle Unterschiede zwischen den beiden großen Parteien. Das allerdings stimmte so global spätestens seit dem 1933 begonnenen »New Deal« nicht mehr, mit dem Franklin D. Roosevelt eine »Koalition der Benachteiligten« gegen die als »Partei des Big Business« bezeichnete Republikanische Partei schmiedete.

Die Fronten zwischen den Parteien in den Legislativen und sogar innerhalb der Gesellschaft sind inzwischen für US-Verhältnisse außergewöhnlich stark. Diese Entwicklung steht im Gegensatz zum vorherrschenden Trend in westlichen Industriegesellschaften seit den 1980er Jahren. In der Politikwissenschaft besteht weitgehend Übereinstimmung, dass dies überwiegend auf den radikalen Rechtsschwenk der Republikaner zurückgeht (vgl. T. Skocpol 2016, S. 10 f.). Früher undenkbar, entstehen heutzutage bei unterschiedlicher Parteiendominanz in Senat, Repräsentantenhaus und Präsidentenamt innerparteiliche Konflikte über Art und Umfang des Kompromisses zwischen diesen drei politischen Institutionen. Die Lähmung des auf Zusammenarbeit der politischen Institutionen angelegten Systems wird immer markanter (vgl. C.-A. Caro 2016, S. 101, 103 f., 107; Grossmann und Hopkins 2015, S. 120, 131–133). Rechtspopulistische PolitikerInnen wie Donald Trump nutzen dies nun wiederum für Attacken gegen das »Establishment«.

Begonnen unter Präsident Reagan (1980–1988), hat sich die ideologische Polarisierung des gesamten politischen Systems auf republikanischer Seite immer weiter verstärkt, und mit der Präsidentschaft von George W. Bush (2000–2008) einen vorläufigen Höhepunkt erreicht (vgl. T. Lütjen 2016, S. 89, 95–98, 120 f.; P. Krugman 2008, S. 177–180): In für die Republikaner besonders erfolgreichen Kongresswahlen gelangten in größeren Schüben VertreterInnen von zuerst den »Neo-Conservatives« und der »Christian Right« (insbesondere 1994), sowie nach 2009 des »Tea Party movement« (2010, 2014), in den Kongress (vor allem ins Repräsentantenhaus). Sie waren bzw. sind ideologisch verhärtet, und dogmatisch in ihrem Handeln. Dies bekamen sogar republikanische PolitikerInnen zu spüren, die im US-System der Gewaltenverteilung bzw. der Gewaltenverschränkung Kompromisse mit einem demokratischen Präsidenten anstrebten – um das System vor einer Blockade mit all ihren dysfunktionalen Auswirkungen zu bewahren (vgl. M. Minkenberg 2011, S. 290–293; Grossmann und Hopkins 2015, S. 119 f., 131–133). Die entscheidende Transformation der Republikanischen Partei in Richtung einer weitgehend rechtspopulistischen Partei erfolgte unter Reagan; seine Nachfolger mussten darauf nur noch aufbauen bzw. die Partei noch rechtspopulistischer ausrichten (vgl. P. Adorf 2017, S. 866 f., 876 f.). Der traditionelle ökonomische Konservatismus ist bei den Republikanern inzwischen in einer Minderheitenposition – die Mehrheit der Partei vertritt die populistische, kompromisslose Anti-Establishment-Rhetorik.

Unter der Präsidentschaft Obamas – also in Opposition zu einem schwarzen Präsidenten, seiner Sozialpolitik und Maßnahmen zur Bekämpfung der Wirtschaftskrise von 2007/2008 – hat sich in der Republikanischen Partei der (über großzügige Wahlkampfspenden hinausgehende) Einfluss weit vernetzter konservativer Interessengruppen und »Superreicher«[20] mit weit rechts stehenden Positionen verstärkt, die sich nur noch mit dem englischen Manchester-Liberalismus des 19. Jahrhundert vergleichen lassen (vgl. Skocpol und Hertel-Fernandez 2016, S. 682, 684–690, 693–696): Gegen den Widerstand gemäßigter Republikaner und sogar traditioneller wirtschaftlicher Interessengruppen (Chamber of Commerce,

20 Allein die Gebrüder Koch gaben 2016 fast eine Mrd. Dollar aus zur personenbezogenen Erfassung des Wählermarktes und für die Koordination mit politischen Organisationen und potenziellen Spendern (vgl. J. Braml 2017, S. 431 f.; W. J. Crotty 2018b, S. 10); zu den Kochs und ihrem »political network« vgl. Skocpol und Hertel-Fernandez 2016. Eine ähnlich generöse Finanzierung zeigen konservative Think Tanks und Organisationen wie das »Tea Party movement«, das seinerseits von Anfang an u. a. von den Gebrüdern Koch und der Tabak-Industrie finanziert wurde (vgl. T. Skocpol 2016, S. 13; M. Oswald 2017, S. 882–885). Auf der zentristischen und liberalen Seite steht dem nichts Gleichwertiges gegenüber.

Arbeitgeberverbände) – und erst recht im Widerspruch zur Bevölkerungsmehrheit – gewinnen mit fast unbegrenzten Geldmitteln ausgestattete »marktradikale Kräfte« politischen Einfluss. Diese lehnen Ausgaben für öffentliche Infrastruktur (z. B. Fernstraßen) und Agrarsubventionen ebenso ab wie das öffentliche Rentensystem, Teil-Regulierung des Gesundheitswesens, Sozialpolitik für die Armen und sogar die Organisationserlaubnis in Gewerkschaften des öffentlichen Dienstes oder deren Tarifverhandlungen sowie die freie Betätigung der Gewerkschaften in der Privatwirtschaft.

Da der Großteil der RepräsentantInnen aus sicheren Wahlkreisen kommt – sei es aufgrund der natürlichen soziodemographischen Zusammensetzung dieser Gegend oder aufgrund der willkürlich zurechtgeschnittenen Wahlkreisgrenzen (gerrymandering[21]) –, haben sie kaum zwischenparteiliche Konkurrenz zu fürchten (vgl. M. Kolkmann 2017, S. 250–254, 260). Wohl aber müssen sie in Zeiten zunehmender Polarisierung die innerparteilichen KonkurrentInnen – vor allem bei den Republikanern, und bei ihnen meist von weiter rechts – fürchten, und sich rhetorisch sowie in ihrem Handeln im Kongress gegen diese absichern. Dazu gehört die Rivalität um die begehrten Ressourcen von ökonomischen und ideologischen Interessengruppen, von reichen Geschäftsleuten (insbesondere dem »Koch political network«), von Einzelfirmen, der evangelikalen Bewegung und der rechten Medien – all diesen soll ebenfalls keine politische Angriffsfläche geboten werden (vgl. C.-A. Caro 2016, S. 95 f., 99–101, 103 f., 109; Skocpol und Hertel-Fernandez 2016, S. 682–684, 686, 689–693). Diese innerparteiliche Konkurrenz wird verstärkt durch die in Kongresswahlen geringe Wahlbeteiligung, und die noch geringere in den Vorwahlen zu Repräsentantenhaus (seit 1986 im Durchschnitt unter 20 % der Teilnahmeberechtigten) und Senat (vgl. M. Kolkmann 2017, S. 251–254); sozial Höherstehende, ParteiaktivistInnen, ideologische WählerInnen und solche mit wirtschaftlichen Eigeninteressen sind deutlich überrepräsentiert. Diese Entwicklung verstärkt die Polarisierung des politischen Systems zusätzlich.

Auf der individuellen Wählerebene haben sich die AnhängerInnen von Demokratischer und Republikanischer Partei ebenfalls auseinanderentwickelt, und sie nehmen bei der Selbstverortung auf der Liberal-konservativ-Skala sowie bei Sachfragen deutlich unterschiedliche Positionen ein (vgl. A. I. Abramowitz 2016a). Die parteipolitische Ideologisierung und Abschottung von allen anderen Einflüssen geht sogar so weit, dass selbst in Mittelschicht-Gegenden zunehmend Nachbarschaften bzw. Wohngegenden entstehen, die entweder weit überwiegend von Republikanern oder von Demokraten bewohnt sind (vgl. T. Lütjen 2017a, S. 13–15). Unter Konservativen ist diese Tendenz deutlich ausgeprägter als unter Liberalen.

---

21 Zu den allgemeinen Auswirkungen des gerrymandering vgl. C.-A. Caro (2016, S. 95–97, 108 f.). Zu den davon vor allem profitierenden Republikanern vgl. W. J. Crotty (2018b, S. 24 f.).

Parteianhängerschaften und Personen mit anders gelagerten grundsätzlichen politischen Einstellungen grenzen ihre alltäglichen Lebenswelten zunehmend voneinander ab.

Auch die Radio- und Fernsehlandschaft polarisiert sich seit den 1980er Jahren (vgl. T. Lütjen 2016, S. 116–118, 121 f.; M. Kimmel 2015, S. 20 f., 27 f., 50–66, 277). Mit der Abschaffung der auf ausgewogene Programme gerichteten sog. »Fairness-Doktrin« 1987 und 2000, sowie den neuen technologischen Möglichkeiten, differenzierten sich Radio und Fernsehen nicht nur politisch aus, sondern ihre zunehmende Einseitigkeit und ideologische Entwicklung resultierten auch in einem verschärften Ton – vom radikalkonservativen, äußerst einseitigen TV-Sender »Fox News« bis hin zu extrem rechten »hate radios«. Liberale Radiosender sind eine ganz kleine Minderheit, die übergroße Mehrheit ist konservativ ausgerichtet. Eine ähnliche Polarisierung und ein ähnliches Ungleichgewicht zeigen sich bei den »sozialen Medien«, die zunehmend traditionelle gedruckte und elektronische Medien ersetzen (vgl. C.-A. Caro 2016, S. 97).

4.2 Rassismus

Mit der Bürgerrechtsgesetzgebung von 1964/65 wurde die offene und sogar institutionalisierte Rassendiskriminierung in allen politischen, wirtschaftlichen und sozialen Bereichen der Südstaaten unter dem demokratischen Präsidenten Lyndon Johnson (ehemaliger US-Senator aus Texas) beendet (vgl. H. Klumpjan 1998, S. 385, 387 f.). Die latente, verdeckte Diskriminierung ging dennoch vor allem im Süden lange weiter. Die Benachteiligungen der meisten ethnischen Minderheiten (primär Schwarze und Latinos) auf wirtschaftlichem wie sozialem Gebiet halten bis heute an.[22] Dies gilt vor allem unter republikanischen Präsidenten (vgl. Hajnal und Horowitz 2014, S. 105–113).

Hatte man in den USA geglaubt, dass die Bedeutung des »Rassenfaktors« für Politik und Gesellschaft seit den 1960er Jahren abgenommen hat bzw. kaum noch existent ist, so wurde man durch das Ergebnis der Präsidentschaftswahl 2008 sowie die darauf folgenden Ereignisse eines Besseren belehrt (vgl. S. Piston 2010, S. 434, 437–439): Angesichts der vom Republikaner George W. Bush hinterlassenen katastrophalen Wirtschaftslage (nur noch übertroffen von der Weltwirt-

22 Dazu gehört die noch immer anzutreffende Praxis des »Redlining«, also die Kennzeichnung armer und evtl. gefährlicher Wohngebiete. Meist handelt es sich um Gebiete in Stadtzentren, in denen die (oft ärmeren) Nicht-Weißen wohnen. Banken und Versicherungen meiden Kunden aus solchen Gegenden bzw. handhaben ihre Dienste restriktiv oder zu höheren Preisen, teilweise werden sogar öffentliche Leistungen deutlich eingeschränkt.

schaftskrise 1929 ff.) wäre ein demokratischer »landslide« in den Ausmaßen etwa von 60 % zu 40 % zu erwarten gewesen (vgl. M. S. Lewis-Beck et al. 2010, S. 69–71, 75). Der seine Hautfarbe herunterspielende Demokrat Barack Obama errang jedoch nur 52,9 % gegen seinen republikanischen Konkurrenten John S. McCain mit 45,7 %. Wahlforscher haben diese Differenz von vermutlich zu erwartenden 60 % und real errungenen 52,9 % Obamas Hautfarbe bzw. dem »Rassenfaktor« zugeschrieben (vgl. M. S. Lewis-Beck et al. 2010; S. Piston 2010, S. 432, 440–447). Explizit haben mindestens 11,5 % der Gesamtwählerschaft alleine wegen seiner Hautfarbe – trotz der von einem republikanischen Präsidenten zu verantwortenden Wirtschaftslage – nicht für Obama gestimmt, sondern für den republikanischen Kandidaten McCain (vgl. Lewis-Beck und Tien 2009; Lewis-Beck und Tien 2008, S. 690). Unabhängig von der konkreten Wahl bzw. unabhängig von allen anderen Überlegungen, würden über 20 % aller Weißen per se nie für einen schwarzen Kandidaten stimmen (vgl. M. S. Lewis-Beck et al. 2010, S. 72 f.; s. a. Hooghe und Dassonneville. 2018, S. 531 f.).

Bei seiner Wiederwahl 2012 errang Obama sogar nur 51,1 %, gegenüber seinem republikanischen Herausforderer W. Mitt Romney mit 47,2 %. Die Wiederwahl eines Amtsinhabers, der sich keine großen Fehler zuschulden kommen ließ (vgl. P. Horst 2013, S. 41–45, 50–53), fällt in Präsidentschaftswahlen ansonsten höher aus. Bedenkt man, dass Obama angesichts der vom Republikaner George W. Bush hinterlassenen katastrophalen Wirtschaftslage 2008 nur 52,7 % errungen hatte, so hatte er 2012 schlichtweg Glück, zumindest 51,1 % zu bekommen: Und in der Tat sah es 2012 lange so aus, als ob sein republikanischer Herausforderer – trotz des erneuten Organisationsvorsprungs von Obama (vgl. P. Horst 2013, S. 46–49) – gewinnen würde bzw. zumindest könnte (vgl. Lewis-Beck und Tien 2012, S. 625, 628 f.; P. Horst 2013, S. 44–50, 52). Was dem amtierenden Präsidenten Obama 2012 die Niederlage ersparte, war offensichtlich nur der Hurrikan »Sandy«, der kurz vor der Wahl vom 6. November – nämlich am 29./30. Oktober 2012 – große Teile der Ostküste verwüstet hatte. Obama ergriff sofort energische, öffentlichkeitswirksame Katastrophenhilfe-Maßnahmen und sicherte allen betroffenen Gegenden bzw. Personen großzügige finanzielle Unterstützung zu – sein republikanischer Gegenkandidat Romney hatte hingegen bis dahin (als Teil der republikanischen Politik der Beschneidung von Bundeskompetenzen) die weitgehende Auflösung der »Federal Emergency Management Agency« gefordert. Erst seit diesem Zeitraum verschlechterten sich die Umfragewerte für den Republikaner Romney, und besserten sich die Umfragewerte von Obama, so dass dieser eine Woche später knapp die Wiederwahl errang (vgl. P. Horst 2013, S. 49, 52 f., 56; Velez und Martin 2013).

Der politische Widerstand gegen Obama und seine Politik wurde teilweise erst dadurch ermöglicht, mindestens aber deutlich verstärkt und auf eine breitere Basis gestellt, dass die in den USA eben noch immer weit verbreiteten Aversionen gegen Schwarze hier einen schwarzen Präsidenten als Katalysator hatten (vgl. J. K. White 2018, S. 188 f.; M. Kimmel 2015, S. 17 f., 22, 283 f.). Konservative Positionen zu »Rassenfragen« haben vor allem unter Republikanern zugenommen. Dass die »Tea Party«-Bewegung kurz nach Obamas Amtsantritt im Jahre 2009 entstand, hat sicher auch damit zu tun, dass Obama für sie das Symbol für den von ihr abgelehnten gesellschaftlichen Wandel ist (vgl. M. Minkenberg 2011, S. 283, 286–293). Ihr Slogan »Take our country back« richtet sich zwar offiziell primär gegen wachsende Staatsaufgaben – aber er richtet sich in der Realität am stärksten gegen Obamas Gesundheitsreform und gegen den Verlust der kulturellen Hegemonie der Weißen, sowie gegen alle diejenigen (Schwarze ebenso wie MigrantInnen), die sie der öffentlichen Leistungen als nicht würdig ansieht (vgl. T. Skocpol 2016, S. 13 f.; V. Williamson et al. 2011, S. 25 f., 32–35). In den Südstaaten sind die ideologische Verhärtung und die Ablehnung alles Schwarzen unter den Weißen sehr viel stärker ausgeprägt als außerhalb des Südens.

Die Vorurteile gegen Schwarze wurden nunmehr viel offener artikuliert und in alltägliches Handeln umgesetzt als dies früher der Fall war (vgl. J. Schissler 2017, S. 5, 34). Rassisten spürten zunehmend, dass es in der Bevölkerung viele mit rassistischen Ansichten gibt – was ihre verbalen und physischen Attacken sehr erleichterte. So sind auch viele in den letzten Jahren von – überwiegend weißen – Polizisten erschossenen Schwarze zu erklären. Vor diesem Hintergrund ist es nicht weiter verwunderlich, dass im Jahre 2016 ein deutlicher Anstieg rassistischer Tendenzen zu verzeichnen war (vgl. G. M. Pomper 2018, S. 68, 79; Setzler und Yanus 2018, S. 525 f.).

Der in den USA weit verbreitete Rassismus richtete sich nie ausschließlich gegen Schwarze, wenngleich er gegen sie deutlich häufiger und am brutalsten auftrat. Aber es gab in den USA stets eine dem Konservatismus eng verwandte nativistische Strömung, die sich gegen alle richtete, die nicht zur ursprünglichen Mehrheit der »White Anglo-Saxon Protestants (WASP)« gehörten (vgl. H. Klumpjan 1998, S. 177–181, 385). Das waren früher einmal JudInnen, KatholikInnen, ChinesInnen und andere AsiatInnen. In den letzten Jahrzehnten sind dies zunehmend die legalen und illegalen EinwanderInnen aus Mittel- und Südamerika (mit den vor dem kubanischen Kommunismus Fliehenden in einer Sonderrolle). Für die meisten weißen BürgerInnen sind lateinamerikanische MigrantInnen synonym mit illegalen MigrantInnen.

4.3 Der Streit um die Einwanderungsfrage

Rassismus ist in den USA also eng mit Einwanderungsfragen verknüpft.[23] Beide Bereiche werden von ähnlichen soziodemographischen Gruppen unter ähnlichen Aspekten betrachtet. Es ist auch nicht so – wie Trump es hinstellte –, dass das Thema »Immigration« vorher nicht im öffentlichen Bewusstsein war, und er es erst auf die politische Agenda brachte. Zweifellos führte Trump in die Diskussion eine erneute Zuspitzung und einen bis dahin nicht gekannten verbalen Radikalismus ein. Seitdem aber der gemeinsam von Republikanern und Demokraten eingebrachte »1990 Immigration Act« das bis dato geltende Einwanderungsgesetz relevant verändert hatte, gab es bereits hunderte von Gesetzentwürfen, die das Einwanderungssystem ändern bzw. reformieren wollten (vgl. M. Levy et al. 2016, S. 660). Das Thema »Immigration« brach also immer wieder los und führte zu großen Kontroversen in politischen Institutionen und in der öffentlichen Diskussion. Es spielte schon öfter in den Nominierungswahlkämpfen republikanischer Präsidentschaftskandidaten eine Rolle. Stets ging es darum, wer hereingelassen werde, wie viele, und mit welchen Rechten. In den Jahren vor Trumps Wahl wurden per anno ca. eine Mio. »Green Cards« vergeben. Außerdem befanden sich permanent in der Diskussion die etwa zwölf Mio. in den USA lebenden Illegalen (viele von denen bereits seit ihrer Kindheit). Der größte Teil des Zuwachses an Illegalen erfolgte in konservativeren Gegenden der USA (vgl. M. Levy et al. 2016, S. 672 f.) – und von diesen Gegenden gingen die stärksten artikulierten Befürchtungen einer Zerstörung der »American identity« aus.

In der Republikanischen Partei gab es sogar stets eine Mehrheit gegen die vor Trump existierende, relativ liberale Politik der Einwanderung, sowie gegen die letztendlich in der Realität tolerierten illegal Eingewanderten. Diese Mehrheit konnte sich aber im politischen Tagesgeschäft nicht durchsetzen: Gegen sie stand eine Ideologien und Parteigrenzen überspannende »strange bedfellow coalition«, deren Ziele die Legalisierung der illegal Eingewanderten sowie die weitere Einwanderung von landwirtschaftlichen Hilfskräften und von bestimmten Fachkräften sind (vgl. M. Levy 2016, S. 661–663, 670); diese Koalition besteht aus ethnischen Organisationen, Menschenrechtsgruppen, Bürgerrechtsgruppen, religiö-

23 Die Steuerung der Einwanderung in die USA ist bereits seit Ende des 19. Jahrhundert durch Vorliebe oder Antipathie zu bestimmten ethnischen Gruppen gekennzeichnet. Mit dem »Emergeny Quota Act« von 1921 und dem »Immigration Act« von 1924 sollte durch länderspezifische Quoten die Dominanz der Einwanderung aus West- und Nordeuropa bewahrt werden. 1965 wurde dieses Quotensystem durch den »Immigration and Naturalisation Services Act« aufgehoben: Die Zahl der EinwanderInnn nahm stark zu, der Anteil der EuropäerInnen ging deutlich zurück, und die Hispanics wurden zur größten ethnischen Minderheit. Auch die illegale Einwanderung wird von LateinamerikanerInnen dominiert.

sen Eliten, Hochtechnologie-Firmen und landwirtschaftlichen Organisationen. Ihr gelang es, viele Gesetzentwürfe zu verhindern, viele andere Gesetzentwürfe abzuschwächen, und bei gültigen Gesetzen deren Implementierung und Kontrolle zu schwächen oder sogar ad absurdum zu führen. Die Rückführung Illegaler in ihre Heimatländer – wie sie 1954/55 unter Präsident Dwight D. Eisenhower (1952–1960) mit der »Operation Wetback« durchgeführt wurde, und worauf Trump sich wiederholt berief – ist unter diesen Bedingungen nie mehr angegangen worden.

Die Bevölkerungsmeinung allerdings ist mehrheitlich schon lange in der Einwanderungsfrage festgelegt: Es ist dieser Bevölkerungsmeinung immerhin gelungen, die Bemühungen um eine Liberalisierung der Einwanderungspolitik der beiden Präsidenten George W. Bush und Barack Obama zu Fall zu bringen, obwohl beide Präsidenten sogar die Unterstützung der Führung beider Parteien im Kongress hatten (vgl. M. Levy et al. 2016, S. 661–663, 671 f.). Denn die Bevölkerung steht der Immigration »negativ-ambivalent« gegenüber, und bevorzugt mit überwältigenden Mehrheiten ein »weniger oder zumindest kein mehr« an Einwanderung. Es kann sogar von einer zunehmenden Ablehnung der derzeitigen Einwanderungspraxis gesprochen werden.

Interessanterweise geht der Wunsch für eine abstrakte Reduzierung von Einwanderung einher mit einer in der Bevölkerung ebenfalls vorhandenen breiten Unterstützung von Familienzusammenführungen, Anwerbung von Fachkräften und Aufnahme politischer Flüchtlinge – und sogar der Legalisierung von Illegalen, die sich gut integriert haben (vgl. G. M. Pomper 2018, S. 79) (und dies sogar bei einer Mehrheit der Trump-WählerInnen, vgl. B. Kornelius 2017, S. 297). Diese drei genannten legalen Immigrationsgründe decken etwa 95 % aller gewährten »Green Cards« ab. Bevorzugt werden also ImmigrantInnen – auch bereits sich illegal im Land befindliche – mit guter Integration bzw. mit guten Integrationsprognosen, die zum wirtschaftlichen Geschehen einen positiven Beitrag leisten (vgl. M. Levy et al. 2016, S. 665 f., 668 f., 674/Anm. 18). Forderungen nach einer strikten Begrenzung im Abstrakten standen also stets liberale Mehrheiten bei konkreten Einwanderungskriterien gegenüber (was bei politischen Fragestellungen bzw. bei Politikfeldern nicht so ungewöhnlich ist). Sozialleistungen sogar für legal Eingewanderte ohne US-Staatsbürgerschaft werden jedoch von einer überwältigenden Mehrheit der BürgerInnen abgelehnt. Ebenfalls eindeutig ist die Ablehnung muslimischer Flüchtlinge durch die Bevölkerung und in der Politik.

Hinzu kommt, dass eine starke Minderheit der Bevölkerung *jede* Liberalisierung bzw. Legalisierung aus rigiden moralischen Gründen ablehnt (vgl. M. Levy et al. 2016, S. 662, 670–672). Illegale werden von ihr als Gesetzesbrecher angesehen, die dafür nicht auch noch belohnt werden dürften. Vor allem unter Republikanern und ökonomisch marginalisierten Weißen ist deren Anteil hoch. Das »Tea Party movement« hat die illegale Immigration sogar zu einem ihrer wichtigsten Angriffsziele gemacht (vgl. M. Minkenberg 2011, S. 287–289; M. Oswald 2017, S. 889). Dass ein Teil der weißen Unterschicht den Demokraten abhandengekommen ist, und sich von erzkonservativ-populistischen Republikanern für ihre Politik instrumentalisieren lässt, hat eben auch mit der Immigrationsfrage zu tun (vgl. M. Kimmel 2015, S. 44 f.).

4.4 Die weißen unteren Sozialschichten und die Wirtschaftspolitik

Die geringe Wahlbeteiligung der unteren Sozialschichten, die in den USA besonders stark ausgeprägten schichtenspezifischen Unterschiede in der politischen Partizipation[24] auch außerhalb der Wahlteilnahme sowie die besser organisierten Interessengruppen der Unternehmer und der vielen konservativen Gruppierungen – sie alle tragen dazu bei, dass in den USA die unteren Sozialschichten einen sehr viel geringeren Einfluss[25] auf Politikinhalte haben als im westlichen Europa (vgl. R. Reich 2016; W. W. Franko et al. 2016, S. 351–355, 358, 363 f.). Damit entfiel ein Anreiz für PolitikerInnen, sich für deren Interessen einzusetzen. Geldspenden sind dort ebenfalls schwieriger zu holen. Zusätzlich schaden sich die unteren Sozialschichten durch ihre Anfälligkeit für rechtspopulistische PolitikerInnen, denn ihre populistische Rhetorik hat die Republikaner nicht daran gehindert, soziale Leistungen zu kürzen und seit den 1980er Jahren noch stärker einen gewerkschaftsfeindlichen Kurs einzuschlagen (vgl. P. Krugman 2008, S. 161, 166–168, 189, 193 f., 209, 216). Wenn eine Partei das – auch wirtschaftliche – Establishment verkörpert, so sind dies die Republikaner. Gerade die am meisten populistisch agitierenden Präsidenten Reagan und Trump sind diejenigen, die am stärksten von unten nach oben umverteilen – ohne dass sie von den unteren Sozialschichten elektoral abgestraft wurden (im Gegenteil!).

Sucht man nach einer Erklärung für den sich in den USA ausbreitenden Rechtspopulismus, so stößt man – neben den in Abschnitt 3.2 aufgezeigten Entwicklungen in der Republikanischen Partei – auf politische, soziale und ökonomische Prozesse, die sich in den unteren Sozialschichten bereits seit einigen Jahrzehnten abspielen (vgl. P. Adorf 2017, S. 870–874, 880 f.). Diese beschränken sich nicht auf die eigentliche Unterschicht, sondern erfassen auch untere Segmente

24 Die schichtenspezifische Partizipation war in den USA stets deutlicher ausgeprägt als in anderen westlichen Industriegesellschaften. Zwar lässt sich beispielsweise auch in Deutschland seit den 1980er Jahren ein schichtenspezifisch unterschiedlicher Rückgang der Wahlbeteiligung beobachten, aber in den USA ist diese Tendenz besonders eklatant (vgl. W. W. Franko et al. 2016, S. 353).

25 Die Responsivitätsunterschiede zwischen Demokraten und Republikanern sind eher gering (vgl. W. W. Franko et al. 2016, S. 355).

der Mittelschicht (in Einzelfällen sogar darüber hinausgehend). Genauer gesagt, handelt es sich hierbei um die Weißen in den unteren Sozialschichten sowie um alle sich benachteiligt fühlenden Weißen, die aus Arbeitsmarktgründen ebenso wie aus einer Ablehnung des gesellschaftlichen Wandels ihre Unzufriedenheit artikulieren (vgl. G. M. Pomper 2018, S. 57, 79, 81 f.). In diesen Sozialschichten waren Konkurrenzangst und chauvinistische Ablehnung gegenüber allen Nicht-Weißen schon immer stark ausgeprägt. Sie lehnen Sozialleistungen für diejenigen ab, denen sie ein »Ausruhen auf dem sozialen Kissen der USA« unterstellen (vgl. T. Lütjen 2016, S. 55 f.; P. Adorf 2016, S. 94–109). Die ehemals bevorzugte Behandlung der Weißen – vor allem der weißen Männer – nicht zuletzt auf dem Arbeitsmarkt existiert kaum noch; es ist zum Verlust ihrer vormaligen Privilegien zugunsten der früher unter ihnen stehenden Frauen, ethnischen Minderheiten und VerfechterInnen früher nicht tolerierter Lebensformen gekommen. Sie sehen sich ihrer »angestammten Rechte« beraubt und wollen dies nicht akzeptieren (vgl. M. Kimmel 2015[26], S. 12–15, Kap. 3, S. 332–334; Weller und Junn. 2018, S. 437, 439, 441–443); sie hoffen auf eine Reversibilität dieses Prozesses durch einen Politiker, der die »wahren Interessen« der (weißen) Bevölkerung vertritt.

Begonnen als wirtschaftliche Krisensymptome in den 1970er Jahren, mündete die Entwicklung bald in den weitgehenden Zusammenbruch der alten, verarbeitenden Industrien im vormaligen Industriegürtel der nordwestlichen Bundesstaaten (dem sog. »Rust Belt«). Es entstand bei den davon Betroffenen das Gefühl, abgehängt zu sein, nicht mehr gebraucht zu werden, von einer durch sie nicht verschuldeten und nicht zu beeinflussenden Entwicklung an den wirtschaftlichen und damit sozialen Rand gedrängt worden zu sein (vgl. M. Kimmel 2015, S. 17–20, 29–31, 74–79, 247 f., 278 f., 326 f.). Mit der im 21. Jahrhundert weiter voranschreitenden Legalisierung illegaler EinwanderInnen sowie der zunehmenden Integration ethnischer und religiöser Minderheiten in Gesellschaft und Arbeitsmarkt steigerte sich ihre Furcht vor einem weiteren Statusverlust; denn die unteren Sozialschichten befinden sich nicht nur per se in einer fragilen Position auf dem Arbeitsmarkt, das Bildungsniveau der legalen wie illegalen EinwanderInnen liegt vielmehr deutlich unter dem US-Durchschnitt und gefährdet somit – durch Lohnsenkung und/oder Arbeitsplatzverlust – die unteren Sozialschichten in besonderem Maße (vgl. P. Krugman 2008, S. 148 f.). Die weltweite Wirtschaftskrise hat ab 2008 diese Entwicklung noch verschärft. Ihre recht gut bezahlten Arbei-

26 In seinem essayistischen, wenngleich eindrucksvollen Buch fokussiert Kimmel zwar auf die weißen Männer, aber er zeigt auf (2015, S. 84–89; s. a. Setzler und Yanus 2018, S. 525 f.), dass die weißen Frauen der unteren Sozialschichten ebensolche konservativen Vorstellungen haben – bis hin zu traditionellen Familienbildern. Auch ihr Wahlverhalten unterschied sich 2016 nicht grundsätzlich von dem der Männer.

terjobs haben sie verloren, und sofern sie noch einen Job haben, haben sie Angst um ihn; stattdessen erlebten sie, dass Arbeitsplätze – vor allem für Geringqualifizierte – ins Ausland verlagert wurden, dass im Inland legale wie illegale EinwanderInnen sogar um schlecht bezahlte Jobs im Dienstleistungsbereich konkurrieren, und viele Jobs der Computerisierung zum Opfer gefallen sind (vgl. W. J. Crotty 2018b, S. 15, 17; R. Reich 2016). Der wirtschaftliche Strukturwandel hat stattdessen zu mehr Arbeitsplätzen für Qualifizierte und Hochqualifizierte geführt, die aber für die weniger Gebildeten nicht geeignet sind, und für die sie auch nicht weiterqualifiziert werden. Mit den europäischen Sozialleistungen für Arbeitslose lässt sich das US-Sozialsystem ohnehin nicht vergleichen: Arbeitslosigkeit in den USA bedeutet baldige Armut. Und diese ist darüber hinaus als Ausfluss der tradierten puritanischen Arbeitsethik mit dem Stigma des moralischen Versagens behaftet!

All dies gefährdet den Glauben an »amerikanische Werte«, an ein Vorwärtskommen bzw. an den sozialen Aufstieg für sich und seine Kinder[27] durch harte Arbeit sowie durch Einordnung in soziale Gemeinschaften und deren Regeln. Die vor allem in den USA sozialkonservativen Einstellungen der Arbeiterschicht in Fragen der Einwanderung, Moral, Sexualität und »Rasse« haben sie behalten, wollen sie gar durch aktives Handeln verteidigen (vgl. M. Kimmel 2015, S. 44 f., 245–247). Die Aversionen dieser zornigen Weißen richten sich gegen alle, die nicht so sind oder nicht so denken wie sie – ethnisch, religiös, sozial; überwiegend sind dies Gruppen, die sozial sogar noch schwächer sind als sie selbst (vgl. Z. Bauman 2017, S, 63–65, 110 f.). Aber sie richtet sich ebenso gegen den Staat (insbesondere »das ferne, abgehobene« Washington), der die Konzerne gewähren lässt, der all dies zulässt oder ihrer Meinung nach gar bewusst steuert (vgl. M. Kimmel 2015, Kap. 3, S. 245–248, 251–256, 334–339): sinkende Realeinkommen der unteren Schichten spätestens seit den 1990er Jahren, bei hohen Einkommenszuwächsen der obersten 5 % (vor allem des obersten 1 %); Outsourcing; Personalabbau; Kürzungen von Sozialleistungen; Furcht vor Entlassung; schlechtere Arbeitsbedingungen; geringere Löhne; prekäre Arbeitsverhältnisse in Teilzeit und zeitlich befristet. Ursachen sind veränderte Wirtschafts- und Berufsstrukturen, Deregulierungen sowie die Steuerentlastungen zugunsten der Reichen seit Präsident Reagan und noch deutlich stärker seit Präsident George W. Bush. Der Zorn der weißen unteren Sozialschichten richtet sich somit nicht primär gegen die immer noch als »erfolgreich« geltenden ManagerInnen oder die Reichen oder die Republikanische Partei als deren politische Vertretung, sondern gegen alles irgendwie Fremde, »Unamerika-

27 Der intergenerationale soziale Aufstieg – die soziale Aufwärtsmobilität – liegt in den USA inzwischen deutlich unter westeuropäischen Industrieländern (vgl. Stepan und Linz 2011, S. 852 f.).

nische«. Den wirtschaftlich und politisch Interessierten ist es also gelungen, ökonomische Verteilungsvorstellungen durch eine kulturelle Konfliktlinie zu ersetzen.

In der Politik fühlen sich die weißen unteren Sozialschichten weder vertreten noch auch nur beachtet (vgl. W. J. Crotty 2018b, S. 2 f., 17; L. M. Bartels 2016). Die sie früher schützenden Gewerkschaften sind durch die wirtschaftliche und arbeitsmarktpolitische Entwicklung, durch die Änderungen der Wirtschaftsstrukturen, aber auch durch Gesetze in den republikanisch dominierten Einzelstaaten entscheidend geschwächt worden. In den alten Industriezentren und -mittelstädten folgte der soziale Zusammenbruch dem wirtschaftlichen, was von Sozialbeziehungen über soziale Netzwerke bis hin zu einem gravierenden Drogenproblem der weißen Arbeiterschicht reicht (2016 lediglich von Trump angesprochen!).[28] Das Establishment aller Parteien sehen diese Weißen als korrupt und nur sich selbst bedienend an, die Stimmabgabe für oder gegen eine Partei betrachten sie als letztlich weitgehend nutzlos. Ihr Gefühl politischer Nicht-Beachtung bezieht sich auch auf die sich noch immer als Vertretung des »einfachen Menschen« verstehende Demokratische Partei (vgl. M. Kimmel 2015, S. 17–19, 22, 53 f., 267, 271), deren traditionelle WählerInnen sie einmal waren. Die Übernahme neuer bzw. alternativer gesellschaftlicher Wertvorstellungen durch die Demokraten – perzipiert als offener Bruch des demokratischen Führungspersonals mit dem tradierten Kodex »anständigen« öffentlichen Verhaltens bzw. dem Kodex politischer Correctness – stößt sie ebenso ab wie deren teilweiser wirtschaftlicher Positionswechsel, da sich diese seit der Präsidentschaft Bill Clintons (1992–2000) mit dem »Dritten Weg« einer Art »post Reagan-Konsens« angeschlossen hat. Die Wahl und Wiederwahl von Obama 2008 und 2012 hat der Ablehnung von Minderheiten bei vielen Weißen neue Nahrung gegeben. Sie haben sich immer weiter von der Demokratischen Partei entfernt, und folgen rechten Populisten wie dem »Tea Party movement« – 2016 dann Trump.

Der republikanische Kandidat Donald Trump war für diese sich wirtschaftlich wie politisch benachteiligt bzw. ausgegrenzt fühlenden weißen unteren Sozialschichten die ideale Projektionsfläche für ihren Zorn und für ihre Sehnsüchte (vgl. G. M. Pomper 2018, S. 57, 76, 79; C. L. Prysby 2018, S. 93–95). Trump macht sich dabei die vorstehend erwähnten Entwicklungen in der Wirtschafts- und Sozialpolitik zunutze, die jedoch letztendlich die Republikaner angestoßen hatten –

28 Einmalig in entwickelten Industriegesellschaften, hat in den USA seit 1999 die durchschnittliche Lebenserwartung weißer, gering gebildeter Männer und Frauen vor allem im Alter von 45 bis 54 Jahren deutlich abgenommen. Primäre Ursachen sind die Angst vor sozialem Abstieg sowie dessen Auswirkungen: markante Zunahmen von Jahr für Jahr an Krankheiten physischer Art, psychologischen Störungen, Selbstmorden, Arbeitsunfähigkeit, Alkohol-, Drogen- und Medikamentenmissbrauch (vgl. Case und Deaton 2015, S. 15079–15081).

Ronald Reagan, verstärkt George W. Bush, und seit 2009 die unter dem Einfluss weit rechts stehender Orthodoxie einer völlig freien Marktwirtschaft befindlichen Republikaner im Kongress. Die weißen unteren Sozialschichten – und damit ein relevanter Teil der Bevölkerung – fühlen sich von zunehmender Ungleichheit[29] und wirtschaftlicher Stagnation betroffen, befürchten sogar weitere Verschlechterungen (vgl. T. Lütjen 2016, S. 10–12, 130). Dies betrifft auch die Facharbeiterschaft im produzierenden Gewerbe, die sorgenvoll auf Globalisierung und legale wie illegale Immigration schaut. Handelsliberalisierungen zählen für einen großen Teil der US-BürgerInnen zu den wichtigsten Ursachen ihrer politischen Unzufriedenheit (vgl. B. Kornelius 2017, S. 296 f.).

Somit war der Kandidat Trump für die ökonomisch Benachteiligten auch aus Arbeitsplatzgründen attraktiv. Gibt er als selbststilisierter erfolgreicher Unternehmer doch vor, die Arbeitsplätze vor allem der ArbeiterInnen zu schützen und sogar zurückzubringen – gegen die politischen und ökonomischen Eliten in den beiden dominierenden Parteien (vgl. W. J. Crotty 2018b, S. 15, 17; G. M. Pomper 2018, S. 79, 82; B. Kornelius 2017, S. 297):

- Da ist nicht nur seine Position gegen legale wie illegale Einwanderung, die oft als Konkurrenz um die Arbeitsplätze gesehen wird.
- Er verurteilt US-Unternehmen, die ihre Arbeitsplätze ins Ausland verlagern, um Arbeitskosten zu sparen. Er kündigt sogar Sanktionen gegen diese an.
- Er ist gegen jegliche weitere Handelsliberalisierung, will sogar bestehende Vereinbarungen und Verträge mindestens restriktiv handhaben. Zölle oder Zollerhöhungen sind seine angekündigten Mechanismen.
- »Unfaire Konkurrenz« wie die von China will er nur noch zu geänderten Bedingungen auf den Markt lassen.

Hier zeigt sich eine bewährte Form (rechts-)populistischer Argumentation (vgl. Inglehart und Norris 2016, S. 5–7, 16, 31; Oliver und Rahn 2016, S. 190, 193 f., 199–202; s.a. Jesse und Panreck 2017, S. 62–64, 68, 71 f.): In einer Zeit zunehmend komplexer sozialer, wirtschaftlicher und politischer Prozesse wird nach einer einfachen, möglichst personalisierten Ursache gesucht. Politisch wirkt sich dies in der Suche nach Schuldigen aus, die primär in Form des politischen Systems bzw.

29 Soziale Ungleichheit und die politische Bevorzugung der höheren sozialen Schichten durchziehen die Geschichte der USA. Seit dem New Deal hat es aber noch nie ein solch hohes Maß an sozialer bzw. ökonomischer Ungleichheit in den USA gegeben (vgl. P. Krugman 2008, Kap. 7, S. 155 f., 164 f., 221–223). Die Ungleichheitsstruktur der USA übertrifft die aller anderen entwickelten Industriegesellschaften. Dieser Entwicklung zunehmender Ungleichheit haben sich letztlich beide Parteien nicht wirkungsvoll entgegen gestellt (vgl. Hajnal und Horowitz 2014, S. 101).

der politischen Institutionen sowie ihrer Repräsentanten (»Establishment«) und/ oder in Form der Konkurrenz durch »Fremde/die Anderen« gesehen werden. Gegen alle diese richtet sich der Zorn. Die solchermaßen Unzufriedenen warten auf einen »politischen Unternehmer« aus der Ecke des (Rechts-)Populismus, der auf ihrer (politischen) Linie liegt und der ihre Sorgen aufgreift (vgl. J. J. Dyck et al. 2018, S. 353–355). Sie sehnen sich ihre vormalige heile Welt zurück, indem »denen da oben« mal so richtig ihre Grenzen gezeigt werden oder sogar unter ihnen »aufgeräumt wird«, und indem alle störenden »Anderen« entfernt werden (vgl. B. Kornelius 2017, S. 294f., 297, 302; G. M. Pomper 2018, S. 76, 81–83). Und genau diese Funktion erfüllte der Kandidat Trump, der sich als alleiniger Vertreter der »silent majority« gegenüber allem Liberalen und Establishment-Sein ausgab. Hatten sich die Republikaner in den vergangenen Jahrzehnten der Ängste und Ressentiments weißer Unterprivilegierter überwiegend mit Hilfe von Andeutungen und Anspielungen bedient, ließ es Donald Trump seit Ende 2015 an Deutlichkeit und Aggressivität gegen alles von seinen Vorstellungen vom »wahren Amerika« Abweichende nicht fehlen. Letztlich geht diese republikanische Tradition sogar auf den Nativismus, Anti-Katholizismus etc. des 19. Jahrhunderts zurück, der alles außerhalb der »White Anglo-Saxon Protestants« Stehende ablehnte.

5 Das Nominierungsverfahren der Republikaner als Indikator eines virulenten Rechtspopulismus

Während in parlamentarischen Systemen – vor allem solchen mit Verhältniswahlrecht – rechtspopulistische, immigrationsfeindliche Parteien in allgemeinen Wahlen antreten, verlagert sich dieser Konflikt im Zweiparteien- und Präsidialsystem der USA auf innerparteiliche Nominierungswahlkämpfe.[30] Auch angesichts des mehr auf persönliche Defizite der Gegenseite zielenden eigentlichen Wahlkampfes um die Präsidentschaft, bietet der Nominierungswahlkampf innerhalb der Republikanischen Partei – vom 1. Februar 2016 bis zum Republikanischen Nominierungskonvent (Republican National Convention), 18.–21. Juli 2016 – eine

30 Die meisten Delegierten zu den innerparteilichen Nominierungskonventen (national conventions) werden in regelrechten Vorwahlen (primaries) bestimmt, ein geringerer Anteil in Staaten/Gebieten mit Parteiversammlungen (caucuses oder conventions auf der lokalen Ebene). In den meisten Präsidentschaftsvorwahlen dürfen – je nach Staat – entweder nur als Anhänger der jeweiligen Partei Registrierte teilnehmen (closed primary), oder aber zusätzlich dürfen als Unabhängige Registrierte an der Vorwahl einer der beiden Parteien teilnehmen (semi-closed primary); in den Staaten mit open primary dürfen alle als Anhänger einer Partei oder als Unanhängige Registrierte an den Vorwahlen irgendeiner der beiden Parteien teilnehmen. An caucus/convention dürfen nur als Parteianhänger Registrierte teilnehmen.

aussagekräftige Basis, um die Stimmabgabe für den politischen Senkrechtstarter Donald Trump zu untersuchen.

Eine solche Person wie Donald Trump – radikal, vulgär, ungebildet, ohne jede politische Erfahrung, aber steinreich – ist nur möglich in einem System wie den USA,

- in dem jeder sich selbst zum Kandidaten erklären kann, in dem also weder die Parteiorganisation noch die Vertreter der Parteien in den gewählten politischen Ämtern eine Rolle spielen;
- in dem »die da oben«, vor allem die Bundesebene, mit einer so starken Ablehnung konfrontiert sind (vgl. T. Lütjen 2016, S. 58 f., 88 f., 97, 99 f.);
- das ökonomisch wie ethnisch tief gespalten ist, in dem es klare Abgrenzungen zwischen sozialen und ethnischen Gruppen gibt, sogar eine klare Hierarchie existiert, und in dem diese Grenzen oft mit Verachtung und Gewalt gezogen werden (vgl. J. K. White 2018, S. 190).

Traditionelle republikanische Positionen spielten für Trump im Nominierungswahlkampf und im eigentlichen Präsidentschaftswahlkampf eine eher geringe bis gar keine Rolle, mit Ausnahme der von ihm sogar noch intensivierten Anti-Establishment-Rhetorik und der Steuererleichterungen zugunsten der Reichen (vgl. T. Lütjen 2017b, S. 278). Seine Hauptpunkte im innerparteilichen Nominierungswahlkampf ebenso wie im eigentlichen, zwischenparteilichen Wahlkampf um das Präsidentenamt, sind

1. seine Forderungen zur strikten und deutlichen quantitativen Begrenzung der Einwanderung (insbesondere das Verbot der Einwanderung von MuslimInnen), zur sofortigen Abschiebung aller Illegalen, sowie zur Errichtung einer Super-Mauer an der Grenze zu Mexiko (für die Mexiko auch noch zahlen solle) (vgl. J. K. White 2018, S. 188 f.);
2. seine Attacken gegen Handelsliberalisierungen, die den Unternehmen und den ArbeitnehmerInnen in den USA schadeten (vgl. Inglehart und Norris 2016, S. 10 f.).
3. seine Ausfälle gegen die Frauenbewegung, emanzipierte Frauen allgemein, manchmal auch gegen Behinderte, sowie gegen alles, was seiner Meinung vom »Amerikanischen« widerspricht (vgl. Inglehart und Norris 2016, S. 5–7).

Trump nutzte geschickt die in den USA weit verbreitete Anti-Establishment-Haltung, die in der Republikanischen Partei mit einer weit rechts stehenden Ideologie kombiniert ist; er traf diese Tendenz besser als seine überwiegend ebenfalls mit rechter Anti-Establishment-Rhetorik auftretenden – aber selbst dem politischen Establishment angehörenden – Mitbewerber (vgl. J. J. Dyck 2018, S. 353–355; T. Lütjen 2017b, S. 274–280; P. Adorf 2017, S. 861, 868, 872–874). Er konzentrierte sich nämlich weitgehend auf populistische Rhetorik in Richtung der sich benachteiligt fühlenden weißen unteren Sozialschichten und der Abstiegsängste verspürenden mittleren Sozialschichten, die politisch desillusioniert sind, aber den alten Zeiten nachtrauern. Offen fremdenfeindliche bzw. letztlich rassistische Positionen (was RepublikanerInnen bis dahin immer »dezent« umschrieben hatten) nahmen bei Trump einen breiten Raum ein, gerechtfertigt als Schutz der Arbeitsplätze vor der Billig-Konkurrenz von MigrantInnen (vgl. T. Lütjen 2016, S. 9–11, 61, 126); die Billig-Konkurrenz aus dem Ausland attackierte er ebenfalls (vgl. J. K. White 2018, S. 188). Bei all dem half ihm, dass die Demokratische Partei diese Schichten vernachlässigt hatte, da sie sich zum Vorreiter kulturellen bzw. gesellschaftlichen Wandels gemacht hatte. Diese kulturelle Konfliktlinie – gegen »die da oben«, gegen Wertwandel und Änderung der Lebensstile, gegen »liberale Eliten«, Anti-Intellektualismus – spielte in den weißen unteren Sozialschichten eine relevante Rolle für die Wahlentscheidung zugunsten von Trump (vgl. T. Lütjen 2016, S. 126–129).

Weder negative statements von bekannten Republikanern noch die skeptischen bis ablehnenden Medien der republikanischen Rechten schadeten Trump; im Gegenteil vermochte er diese umzumünzen in einen Beweis für seine Anti-Establishment-Rolle. Seit Herbst 2015 führte Trump kontinuierlich die Meinungsumfragen im republikanischen Kandidatenfeld an, er legte zwischen Februar und Juni 2016 eine Siegesserie im parteiinternen Nominierungswahlkampf hin (vgl. B. Norrander 2018, S. 42–46, 52 f.). Sogar primitive Frauenverachtung, Verächtlichmachung von Behinderten und Veteranenbeleidigungen konnten seinen Siegeszug nicht bremsen. Die sich bedroht fühlenden weißen unteren Sozialschichten trugen ihn über dies ebenso hinweg wie über die Realitätsferne seiner (am Wunschdenken der Abgehängten orientierten) »inhaltlichen« Wahlversprechen – und sie waren das entscheidende Wählersegment in der Präsidentschaftswahl vom 8. 11. 2016 (vgl. Inglehart und Norris 2016, S. 5, 16, 31; J. Schissler 2017, S. 5 f.).

Das unübersichtliche republikanische Bewerberfeld von 17 KandidatInnen, ohne einen klaren Favoriten, und seine Bekanntheit als Hauptdarsteller der reality TV show »The Apprentice« (Der/die Auszubildende) vermögen Trumps Erfolge nicht zu erklären. Vielmehr wählten ihn Angehörige der sich benachteiligt fühlenden weißen unteren Sozialschichten aufgrund seiner politischen Positionen, da diese ihren eigenen Einstellungen entsprachen, und sie von ihm eine neue »Größe« der USA sowie für sich selbst Arbeitsplätze erhofften (vgl. W. J. Crotty 2018b, S. 2 f., 17). Trump-UnterstützerInnen unterschieden sich von den UnterstützerInnen der anderen republikanischen KandidatInnen am stärksten bezüglich rassistischer Einstellungen (vgl. A. I. Abramowitz 2016a). Immigration spielte für sie ebenfalls eine herausragende Rolle – außerdem ist hierbei der »Übeltäter« auch physisch leicht auszumachen. Viele seiner WählerInnen waren keine traditionellen republikanischen WählerInnen, oder nehmen ansonsten selbst an Präsidentschaftswahlen kaum teil. Insoweit hatte Trump also einen mobilisierenden Effekt für die ansonsten politisch weniger aktiven US-BürgerInnen der weißen unteren Sozialschichten.

Seit 1965 hat es quer über das ideologische Spektrum immer wieder innerparteiliche Konflikte über die Immigrationspolitik gegeben, aber der Erfolg in Form einer Immigrationsbegrenzung blieb ihnen versagt. Trotz einer skeptischen bis ablehnenden Öffentlichkeit kam es eher zu Liberalisierungen denn zu Einschränkungen der Immigration. Auch die illegale Immigration schwoll weiter an, es kam sogar zu Millionen von Legalisierungen – im Gegensatz zu anders intendierten Gesetzen und zur Bevölkerungsmeinung (vgl. M. Levy et al. 2016, S. 661–663). Nicht weiter verwunderlich, war und ist der überwiegende Teil der Trump-AnhängerInnen der Meinung, dass die politischen Institutionen bei der Unterstützung von Minderheitengruppen und Minderheitenrechten zu weit gegangen seien – also den Problemen kleiner Gruppen mehr Aufmerksamkeit schenkten als Problemen, welche die Mehrheit der Bevölkerung bzw. das »wahre Volk« betrafen. Die allermeisten seiner AnhängerInnen waren und sind denn auch der Ansicht, die USA hätten ihre Identität bereits weitgehend verloren (vgl. W. J. Crotty 2018b, S. 2, 15).

Vor allem in der Vorphase 2015 und in der Nominierungsphase ab Februar 2016 hatten die schrillen statements des TV-erfahrenen Trump diesem ungeteilte Medienaufmerksamkeit gesichert, da er einen hohen Unterhaltungswert versprach (vgl. B. Norrander 2018, S. 34, 38, 40 f., 54): Die ihm gewidmete Sendezeit war von Anfang an deutlich höher als die seiner republikanischen GegenkandidatInnen zusammengenommen, und auch deutlich höher als Hillary Clinton und Bernard Sanders im demokratischen Nominierungsprozess zusammen. Die hieraus gezogenen Vorteile waren so groß, dass sich seine kaum vorhandene Kandidatenorganisation nicht negativ auswirkte, er sogar im Verhältnis zu seinen KonkurrentInnen vergleichsweise wenig Geld ausgab.[31]

Trotz seines Hochschulabschlusses war und ist das Ausmaß seiner Unwissenheit bemerkenswert. Diesen Nachteil verwandelt er aber in seinen Vorteil, indem er sogar ganz offen damit prahlte und sich damit zu einem Teil des einfachen Volkes zu machen suchte. In Zeiten, in denen vor allem das politische Establishment in Washington im Zentrum der Kritik steht, sehen ausreichend viele WählerIn-

31 Gleiches kann für den zwischenparteilichen Präsidentschaftswahlkampf gesagt werden, in dem Trump lediglich etwas über 300 Mio. Dollar ausgab, Clinton aber knapp 700 Mio. Dollar (vgl. J. Braml 2017, S. 429).

nen das offenbar als Zeichen der viel gewünschten »Bodenhaftung«, der Volksverbundenheit. Da schaden ihm – zumindest bei seiner Kernanhängerschaft – weder seine sechs Bankrotte, seine ausgeprägten Steuervermeidungen, noch die seinen AnlegerInnen, GeschäftspartnerInnen und StudentInnen (der Trump University) beigebrachten finanziellen Verluste (vgl. C. L. Prysby 2018, S. 96 f.). Viele von Trumps AnhängerInnen wurden und werden von seinen großsprecherischen Forderungen sowie Attacken gegen alle möglichen als Verursacher Gesehenen angezogen. Am wichtigsten sind anscheinend Emotionen wie Furcht, Ressentiments und Misstrauen.

6 Wahlkampf und Wählerverhalten in der Präsidentschaftswahl 2016

6.1 Agieren der KandidatInnen

Trump gelang es, im zwischenparteilichen Wahlkampf um die Präsidentschaft seine Basis aus der Zeit des republikanischen Nominierungswahlkampfes weitgehend bei sich zu halten. Hinzu kamen diejenigen gesellschaftspolitisch und wirtschaftspolitisch Konservativen aus dem republikanischen Lager, dem »Tea Party movement« und der religiösen Rechten, die traditionell auf dem rechten Flügel der Republikanischen Partei stehen: Diese waren zwar nicht mit ihm als Person, seinem »Stil« und vielen seiner artikulierten Zielvorstellungen einverstanden – aber sie hofften, dass er gute Leute um sich versammeln werde, die seine persönlichen Defizite ausglichen, und für eine innen- wie außenpolitisch erfolgreiche republikanische Politik sorgten. Ähnlich war es unter Präsident Reagan gewesen – hatte allerdings bereits bei Präsident George W. Bush (2000–2008) nicht geklappt, der lediglich die weniger qualifizierte, aber dogmatische, zweite Garnitur seines Vaters George H. W. Bush (Präsident 1988–1992) übernommen hatte.

Was Trump nicht gelang, das war, über seine Vorwahl-Koalition sowie die traditionellen Republikaner hinauszugreifen, und breite Wählerschichten anzusprechen. Somit standen sich in der allgemeinen Wahl mit dem Republikaner Donald Trump und der Demokratin Hillary Clinton zwei KandidatInnen mit historisch schlechten Beliebtheits- bzw. Umfragewerten fast gleich stark gegenüber, mit leichten Vorteilen für Clinton (vgl. C. L. Prysby 2018, S. 87, 96–100). Vom Ablauf her war Trumps Präsidentschaftswahlkampf weitgehend eine Kopie der republikanischen Vorwahlen, lediglich verschärft um die republikanischen Aversionen gegen die linksliberale, intellektuelle Hillary Clinton.

6.2 »Themen« im Wahlkampf

Hauptthemen im Präsidentschaftswahlkampf waren letztlich die *persönlichen Verfehlungen* der beiden Kandidaten (vgl. C. L. Prysby 2018, S. 87, 96):

- Trump geriet unter Feuer von Teilen des republikanischen Establishments, des demokratischen Establishments, Medien und KünstlerInnen vor allem wegen seiner frauenverachtenden Sprüche und »Erfolgserzählungen«. Sogar einige bekannte und einflussreiche Republikaner wandten sich von ihm ab (vgl. G. M. Pomper 2018, S. 71–73; Inglehart und Norris 2016, S. 5). Bei seinen AnhängerInnen aus den Reihen der weißen Unterprivilegierten schadete ihm dies jedoch ebenso wenig wie seine Verächtlichmachung von Behinderten.
- Hillary Clinton wurde angegriffen wegen der über ihren Privatserver gelaufenen dienstlichen E-Mails (als Außenministerin), teilweise auch wegen der klientelistischen Personalpolitik der Clintons im Weißen Haus 1993–2000, einiger undurchsichtiger Finanzströme im Zusammenhang mit der Familienstiftung des Clinton-Ehepaares, und ihrer generell guten Kontakte zum Wall Street-Establishment (vgl. W. J. Crotty 2018b, S. 3–7, 11, 14, 20 f.). Außerdem wurde im Verlauf des Nominierungsparteitages (Democratic National Convention) und im Wahlkampf bekannt, dass ihr Nominierungswahlkampf gegen Bernard Sanders einige unsaubere Züge trug.

Trotz großer Unterschiede zwischen Clinton und Trump ging es um *politische Zielvorstellungen* (vgl. C. L. Prysby 2018, S. 91 f.) im eigentlichen Wahlkampf – in Wahlreden wie in den Massenmedien – meist nur dann, wenn Trump wegen seiner politischen Zielvorstellungen angegriffen wurde. Wenn Trump oder Clinton sich einmal zu Sachfragen äußerten, so haben sie die klassischen republikanischen bzw. demokratischen Grundpositionen vertreten. Negative Aufmerksamkeit hat höchstens Trump erregt mit den Lieblingszielen der Republikaner seit Ronald Reagan: vollständige Privatisierung der Rentenversicherung und Wieder-Privatisierung der Krankenversicherung (vgl. J. Schissler 2017, S. 31). Die Themenstruktur der Massenmedien war ähnlich, sodass von dieser Seite her ebenfalls kaum eine Auseinandersetzung mit den politischen Zielvorstellungen der Kandidaten erfolgte – noch nicht einmal mit den Themenprioritäten der Wählerschaft: Wirtschaft und Arbeitsmarkt (vgl. G. M. Pomper 2018, S. 75, 79).

Die *wirtschaftliche Lage* der USA und vor allem der *Arbeitsmarkt* spielten dagegen 2016 eher indirekt eine Rolle (vgl. G. M. Pomper 2018, S. 74 f., 79, 82). Außer in Zeiten des Vietnam-Krieges 1968 oder im Gefolge des »War on Terror« 2004, waren in den USA die nationale Wirtschaftslage sowie die Entwicklung der persönlichen Einkommen stets die wahlentscheidenden Faktoren. 2016 waren die

Folgen der von Präsident George W. Bush verursachten internationalen Wirtschafts- und Finanzkrise von 2007/2008 jedoch noch deutlich zu spüren: Trotz gewaltiger, von Präsident Obama vor allem in die Rettung der Banken und maroder Großunternehmen gesteckter Summen – auf Kosten der bereits unter George W. Bush stark gestiegenen Staatsverschuldung – waren die Ergebnisse für die Bevölkerung wenig zufriedenstellend. Zwar wurde der Wirtschaftskreislauf wieder in Gang gebracht, die Auslastung der Unternehmen stieg, und die Arbeitslosigkeit verminderte sich von (offiziell) 10 %[32] in der tiefsten Krise auf (für die USA »normale«) 5 % Anfang 2016 – aber das Wirtschaftswachstum hatte sich bis Ende 2016 wieder abgeschwächt (vgl. M. S. Fifka 2016, S. 2).

Die unteren Sozialschichten allerdings hatten von der relativen wirtschaftlichen Erholung am allerwenigsten profitiert (vgl. W. J. Crotty 2018b, S. 24 f., 27); zugleich waren sie die größten Verlierer der Globalisierung sowie des wirtschaftlichen Strukturwandels, und sie erfuhren die stärkste Konkurrenz von den legalen wie illegalen MigrantInnen. Offensichtlich aber hatte im Jahre 2016 keine Seite allzu großes Interesse daran, die wirtschaftlichen Entwicklungen und Fehlentwicklungen in der eigenen Regierungszeit breit zu diskutieren. Die wirtschaftliche Entwicklung bzw. die Unzufriedenheit mit dieser spielte eine relevante Rolle bei der Attraktivität von Trump in den weißen unteren Sozialschichten (vgl. C. L. Prysby 2018, S. 98, 100). Auch der weitgehend unbekannte, 74 Jahre alte Senator Bernard Sanders hatte mit seinem »eher linken« Populismus im demokratischen Nominierungsprozess vor allem bei den jüngeren WählerInnen[33] davon profitiert, dass diese ihre wirtschaftlichen Zukunftschancen zunehmend skeptisch sahen und eine aktivere Sozialpolitik sowie einen Abbau der Einkommensunterschiede befürworteten (vgl. B. Norrander 2018, S. 35, 39, 47–52); zeitweise konnte er sogar fast mit Hillary Clinton gleich ziehen (Endergebnis: 43,1 % zu 55,2 %). Trump wie Sanders waren exemplarische »insurgent candidates«, die gegen das Establishment ihrer jeweiligen Partei aufbegehrten und die mit der politischen Elite sowie mit dem politischen Handeln der Bundesinstitutionen Unzufriedenen um sich sammelten (vgl. J. J. Dyck et al. 2018).

Unter AnhängerInnen beider Parteien gab es also eine weit verbreitete Unzufriedenheit über die große Diskrepanz zwischen Versprechungen bzw. Wahlprogrammen von Parteien und KandidatInnen auf der einen Seite, und dem politischen Handeln der späteren Amtsinhaber auf der anderen Seite; am deutlichsten wurde dies bezüglich der Frage des wirtschaftlichen Wohlergehens bzw. der wirtschaftlichen Bedürfnisse weiter Bevölkerungskreise (vgl. W. J. Crotty 2018b, S. 1 f.,

32 Für 2011 ging J. Braml (2012, S. 36) von real 18 % aus.

33 Unter den Millennials (bzw.: Generation Y) errang Sanders 71 Prozent, Clinton 28 %. 2008 waren es Obama 58 %, Clinton 38 %.

22–28; Oliver und Rahn 2016, S. 194–196, 200 f.). 52 % der WählerInnen sahen die Wirtschaftslage als das wichtigste Problem an, deutlich mehr als Terrorismus (18 %) und Immigration (13 %). Von Letzteren wählten allerdings 2/3 Trump (vgl. C. L. Prysby 2018, S. 95). Tendenziell stimmten primär an Wirtschaftsproblemen ausgerichtete WählerInnen eher für Clinton, primär auf die Einwanderungsfrage Fokussierte eher für Trump (vgl. Inglehart und Norris 2017, S. 446).

Trotz der überragenden Bedeutung der Wirtschaftslage und der weit verbreiteten Unzufriedenheit damit in den unteren Sozialschichten bzw. bis weit in die Mittelschicht hinein, ging Hillary Clinton jedoch nicht deutlich genug auf die Wirtschaftslage und vor allem auf den Arbeitsmarkt ein. Ihr Wahlkampfslogan »Stronger Together« betonte eher kulturelle Aspekte bzw. den gesellschaftlichen Zusammenhalt; das aber schreckte die weißen unteren Sozialschichten eher ab – umso mehr, als die Demokraten über alle Erwähnungen ethnischer Vielfalt die »Nicht-Minderheiten«-Gruppe der Weißen nach deren Eindruck kaum erwähnten. Der wirtschaftliche Aufschwung unter Obama sowie die in der Wirtschafts- und Sozialpolitik seit Reagan (auch unter dem Demokraten Bill Clinton!) deutlich benachteiligten unteren und mittleren Sozialschichten (vor allem außerhalb der Ballungszentren) spielten keine relevante Rolle in der demokratischen Programmatik und Wahlkampfstrategie. Diese Vernachlässigung vormals traditioneller demokratischer Positionen machte den Weg frei für Trump, der die Unzufriedenen umwarb, und ihnen Versprechungen über eine substanzielle Verbesserung ihrer materiellen Lage machte (vgl. C. L. Prysby 2018, S. 93–95, 97 f., 100) – indem er Verteilungsaspekte weitgehend durch kulturelle Konflikte ersetzte. Bei dem knappen Wahlausgang von 2016 trugen mehrere Faktoren zur Niederlage von Hillary Clinton bei – die weitgehende Vernachlässigung der Wirtschafts- bzw. Arbeitsmarktpolitik durch Hillary Clinton vor dem Hintergrund ihrer bekannten Nähe zu Wall Street war einer der entscheidenden.

6.3 Die bemerkenswerte Bedeutung des Faktors »Geschlecht«

Trotz des in den USA offensichtlichen Rassismus zeichnete sich bereits 2008 im demokratischen Vorwahlkampf zwischen den beiden amtierenden Senatoren Barack Obama und Hillary Clinton ab, dass es Gruppierungen gibt, die es noch deutlich schwerer haben als Schwarze: Vermutlich ruft niemand in den USA so gravierende Aversionen und explizite Widerstände hervor wie eine Frau, die selbstbewusst, ehrgeizig und sogar emanzipiert, intellektuell und explizit linksliberal ist. Und wenn diese Frau dann noch die Ehefrau eines führenden Politikers ist, wird in weiten Kreisen der Bevölkerung von ihr demonstrative politische Zurückhaltung erwartet – aber eben keine eigenständigen politischen Aktivitäten (vgl. J. Schissler 2017, S. 25). Gerade in den gesellschaftspolitisch konservativsten Gegenden – dem Süden und dem Mittleren Westen – schlägt einer solchen Frau (vor allem unter weißen Männern) eine Ablehnung entgegen, die sich nur aus einem traditionsbehafteten, tiefen Konservatismus erklären lässt. Solche Einstellungen hatten Hillary Clinton schon im demokratischen Nominierungsverfahren des Jahres 2008 den Sieg gekostet.[34] Es zeigte sich 2008, dass gerade im Süden und Mittleren Westen viele lieber für einen »Schwarzen« stimmten als für eine Frau wie Hillary Clinton (vgl. P. Horst 2009, S. 269 f., 277 f.). Obama war besonders erfolgreich in den Parteiversammlungen und in den tendenziell ländlicheren Staaten (vgl. P. Horst 2009, S. 264, 267, 269–271); hier fanden offensichtlich Obamas überlegene Wahlkampforganisation und traditionsbehaftete Frauenbilder zusammen. Einen weiteren Schwerpunkt hatte Obama in Südstaaten mit einem hohen Anteil schwarzer Vorwahl-TeilnehmerInnen.

Für Trump war es also nicht nur risikolos, sondern konnte sogar zur Einbindung traditioneller bzw. konservativer Republikaner und der alten Familienbildern verhafteten weißen unteren Sozialschichten in seine Wählerschaft beitragen, dass er Hillary Clinton permanent und massiv persönlich attackierte bzw. verunglimpfte (vgl. A. I. Abramowitz 2016a). Clinton symbolisierte geradezu das Establishment – in einer von politischem Misstrauen und Wechselstimmung[35] dominierten politischen Atmosphäre wie 2016 war das kein guter Ausgangspunkt. Außerdem war ihre persönliche Glaubwürdigkeit erschreckend gering. Generell überwogen die negativen Einschätzungen die positiven Einschätzungen ihrer Person (vgl. C. L. Prysby 2018, S. 90–94, 96–100). Für RepublikanerInnen bildete sie geradezu ein Hassobjekt. Ohne diese negative Einschätzung ihrer Person wäre es sicherlich nicht zu dem für sie schädlichen Skandal[36] (und im Unterschied zu

---

34 William J. Crotty (2018b, S. 4 f.) weist jedoch auf gravierende Mängel in Hillary Clintons Kampagnen- und Finanzorganisation in 2008 hin.

35 Nach Franklin D. Roosevelt geschah es lediglich ein einziges Mal, dass eine Partei länger als zwei Amtsperioden (8 Jahre) den Präsidenten stellte, und das war Reagans Vizepräsident George H. W. Bush 1988 – der jedoch nach nur einer Amtszeit 1992 gegen Bill Clinton verlor. So leicht eine Wiederwahl nach der ersten Amtszeit ist, eine dritte Amtszeit ist für eine Partei fast schon unmöglich. Eine »Wechselstimmung« nach zwei Amtsperioden ist also die Regel, was sich (ceteris paribus) stets in einem – im Vergleich zur Wiederwahl nach der ersten Amtsperiode – um über 4 Prozentpunkte schlechteren Stimmenanteil des Kandidaten der den Präsident stellenden Partei niederschlägt (vgl. A. I. Abramowitz 2016b, S. 659). 2016 kam noch hinzu, dass Präsident Obama aufgrund seiner Hautfarbe bereits 2008 und 2012 niedrigere Stimmenanteile errungen hatte, als in der jeweils spezifischen Situation zu erwarten gewesen wäre. Ferner wirkten sich die schlechten Bewertungen von Hillary Clinton als Person aus. Trotz all dieser Faktoren errang Trump fast 2,9 Mio. Stimmen weniger als Hillary Clinton.

36 Inwieweit eine FBI-Mitteilung in dieser Sache vom 28. 10. 2016, die von der Möglichkeit einer erneuten Untersuchung aufgrund neu gefundener E-Mails sprach, sich negativ auf Clinton

Trump was es ihr einzig relevanter) gekommen, dass sie aus Bequemlichkeit ihre dienstlichen E-Mails (als Außenministerin) über ihren privaten Server hatte laufen lassen (vgl. G. M. Pomper 2018, S. 69–71, 74 f. 77 f.). Ihre Verflechtungen mit »Wall Street« kamen aber immer zur Sprache. Alle Vorwürfe gegen sie wurden von seriösen und kompetenten Stellen widerlegt – Trump aber setzte seine Falschmeldungen bzw. Anschuldigungen fort.

Es ist sicherlich nicht übertrieben, wenn man die Quintessenz zieht: Nur gegen einen so demagogischen, weitgehend inhaltsleeren und letztlich vulgären Kandidaten wie Donald Trump hatte Hillary Clinton überhaupt eine Chance – anfangs sah jeder sie als Siegerin. Und immerhin hatte sie die Mehrheit der Wählerstimmen gewonnen, trotz aller zu vermutenden Wahlmanipulationen zugunsten der Republikanischen Partei. Gegen einen ebenso konservativen, aber sich anders verhaltenden republikanischen Kandidaten – z. B. gegen den hispanisch-stämmigen Senator von Texas, Rafael Edward »Ted« Cruz (Vertreter des »Tea Party movement«) (vgl. J. J. Dyck et al. 2018, S. 353) – hingegen hätte sie wohl erst recht keine Chance gehabt, ihm sogar weitere Teile der demokratisch gesinnten Wählerschaft in die Arme getrieben. Auf der anderen Seite hätte aber ihr Gegenkandidat im demokratischen Nominierungswahlkampf[37] – der parteilose (aber der demokratischen Senatsfraktion angehörende) Senator Bernard Sanders (vgl. J. J. Dyck et al. 2018, S. 351 f.) – auch gegen Trump nicht den Schatten einer Chance gehabt (vgl. C.-A. Caro 2016, S. 93). So moderat sich seine Vorschläge aus europäischer Sicht anhören, für die USA stand er einfach zu weit »links«. Hinzu kam, dass er sich offen als »demokratischer Sozialist« bezeichnete – in den USA der Todesstoß mindestens auf der Ebene der PräsidentschaftskandidatInnen.

auswirkte, ist Gegenstand etlicher Diskussionen (vgl. G. M. Pomper 2018, S. 70–72, 74, 77 f.). Am 6. 11. 2017 gab das FBI bekannt, dass nichts für Hillary Clinton Negatives gefunden worden sei. Bei dem extrem knappen Ausgang in mehreren Bundesstaaten könnte dies natürlich eine Rolle gespielt haben. Auf jeden Fall ist das Vorgehen des FBI kurz vor dem Wahltermin (und angesichts des erwarteten knappen Ausganges) präzedenzlos in der Geschichte der USA.

37 Zum Nominierungswahlkampf in der Demokratischen Partei vgl. W. J. Crotty 2018b, S. 3–7, 11 f.; B. Norrander 2018, S. 34–43, 47–55.

6.4 Das Wahlergebnis: Wahlverhalten in sozialen Gruppen

Die Wahlbeteiligung in der Präsidentschaftswahl 2016 lag mit 54,7 % aller Personen im wahlberechtigten Alter bzw. 59,3 % aller real Wahlberechtigten im langjährigen Mittel.[38] Bei den Wählerstimmen erhielt Hillary Clinton mit 48,2 % fast 2,9 Mio. mehr als Donald Trump mit 46,1 %[39], der allerdings mit 306 zu 232 Wahlmännerstimmen im Electoral College einen eindeutigen Sieg davontrug (vgl. W. J. Crotty 2018b, S. 21 f.).[40] Trump verdankt sein Amt letztlich seinen äußerst knappen Siegen in drei wichtigen Staaten (Vorsprung Michigan 0,2 %, Pennsylvania 0,8 %, Wisconsin 0,8 %) (vgl. G. M. Pomper 2018, S. 59–61) sowie der Überrepräsentation kleinerer Staaten im Electoral College.[41] Nicht vergessen werden dürfen allerdings Wahlmanipulationen und Wahlbehinderungen, meist in republikanisch dominierten Bundesstaaten;[42] überwiegend handelt es sich um administrative Maßnahmen, die sich primär gegen Schwarze, LateinamerikanerInnen und Jüngere richten, aber auch allgemeine Manipulationen von Wahlcomputern umfassen können. Die Zahl der hierdurch betroffenen (potenziellen) WählerInnen schätzte das »U. S. Bureau of the Census« für 2016 auf bis zu sechs Mio. (vgl. G. Palast 2016); es gibt aber auch höhere Schätzungen (vgl. M. Berg 2017, S. 23, 27 f.).[43]

Trumps Wahlkoalition in der (zwischenparteilichen) Präsidentschaftswahl bestand aus den sich benachteiligt fühlenden Weißen aus dem innerparteilichen Nominierungswahlkampf, ergänzt um den größten Teil der wirtschaftspolitisch konservativen, traditionellen RepublikanerInnen der Mittel- und Oberschicht

38 Die Zahl der real Wahlberechtigten ergibt sich aus: alle in den USA lebenden Personen im wahlberechtigten Alter, minus Personen ohne US-Staatsbürgerschaft, minus derzeit oder ehemals einsitzende Verbrecher, denen die Wahlberechtigung aberkannt wurde, plus im Ausland befindliche potenziell Wahlberechtigte; vgl. http://www.electproject.org/2016g. (Zugriff: 17. 08. 2017).

39 In beiden Häusern des Kongresses behielten die Republikaner allerdings ihre komfortable Mehrheit, bei nur geringen Verlusten (vgl. W. J. Crotty 2018b, S. 23 f.). Sie dominieren somit alle Bundesgewalten (incl. dem U. S. Supreme Court mit seiner mehrheitlich konservativen Ausrichtung). Ähnlich sieht es auf der Ebene der Einzelstaaten aus.

40 Zur Diskussion über die Wahlchancen von Trump vgl. M. Jung 2017, S. 41 f., W. J. Crotty 2018b, S. 14, 19, und G. M. Pomper 2018, S. 69–71 vs. T. Lütjen 2016, S. 123, 130 f., 133. Eine Mischung aus Ambivalenz und Vorsicht kennzeichnete auch das traditionelle Symposium der Wahlprognostiker der American Political Science Association (APSA), trotz einer leichten Tendenz für einen Clinton-Sieg (vgl. J. E. Campbell 2016, S. 651–653).

41 Die Verzerrung war also deutlich stärker als bei George W. Bush 2000.

42 Ähnliche Hinweise gab es bereits bezüglich Bush 2000, nicht nur bei seinem sehr knappen Vorsprung in Florida (vgl. P. Krugman 2008, S. 214).

43 Aufschlussreich ist die Darstellung des ehemaligen Präsidenten Jimmy Carter, der die andauernde Verletzung zentraler Kriterien für faire Wahlen kritisiert (vgl. J. Alber 2009, S. 39); s. a. W. Merkel 2016, S. 33.

(vgl. B. Kornelius 2017, S. 288; P. Adorf 2017, S. 880 f.). Er konnte somit 88 % der registrierten republikanischen ParteianhängerInnen auf sich vereinigen, ähnlich wie Hillary Clinton mit 89 % der registrierten DemokratInnen; dies deutet auf eine gewisse, wenngleich etwas abgeschwächte Konstanz beider Lager hin. Insgesamt lagen Trumps Schwerpunkte unter männlichen Wählern, Weißen, Älteren, weniger Gebildeten und im Süden oder im Landesinneren Wohnenden (vgl. G. M. Pomper 2018, S. 66–69, 81). Das Absinken der Wahlbeteiligung im Vergleich zu 2012 sowie Trumps relativ geringer Anteil an Wählerstimmen verdeutlichen, dass er zwar in den weißen unteren Sozialschichten einen gewissen Anstieg der Wahlbeteiligung zu seinen Gunsten erreichte (die relevanteste Verschiebung in dieser Wahl!), dieser aber kompensiert wurde durch eine auf ihn als Person bezogene Wahlabstinenz in den höheren Sozialschichten der eher republikanisch Wählenden sowie durch Hinzugewinne Clintons in den oberen Bildungsgruppen.[44]

Zu einem Zeitpunkt, an dem eine klare Wechselstimmung im Lande herrschte und fast 70 % das Land – aus welchen Gründen auch immer – unter Präsident Obama in die falsche Richtung gehen sahen (vgl. J. E. Campbell 2016, S. 650 f.), hatte es Trump geschafft, dass hauptsächlich sein Politik»stil« die Debatten in Politik und Gesellschaft dominierte. Aber dieser weitgehend von Rechtspopulismus gekennzeichnete Stil, die Anti-Establishment-Rhetorik, die einfachen Lösungen für komplexe, schon seit Jahrzehnten sich verschärfenden Probleme kamen an: Seine Stammwählerschaft im innerparteilichen Nominierungswahlkampf bestand überdurchschnittlich aus männlichen, weniger gebildeten, weißen, über 45 Jahre alten, gläubigen, sich benachteiligt fühlenden WählerInnen aus ländlichen und kleinstädtischen Gebieten; diese Gruppierungen machten fast 1/3 der WählerInnen in der Präsidentschaftswahl aus, und sie stimmten überwiegend für Trump, der hier noch relevant zulegen konnte (im Vergleich zu den republikanischen Kandidaten von 2008 und 2012) (vgl. W. J. Crotty 2018b, S. 2 f., 22 f.).[45] Von den Wählerinnen entschieden sich nur 54 % für Hillary Clinton, 42 % stimmten für Trump (Wähler: 41 % zu 53 %); von den weißen Wählerinnen entschieden sich sogar 52 % für Trump (Männer: 62 %), von den weißen Frauen ohne Hochschulabschluss waren es gar 62 % (Männer: 72 %).[46] Ergänzt wird dieses Bild durch

---

44 Ähnliche Überlegungen stellt Gerald M. Pomper (2018, S. 69) an.

45 Vgl. auch zum Folgenden die ausführlichen Darstellungen des Wahlverhaltens soziodemographischer Gruppen bei B. Kornelius 2017, S. 304–307; G. M. Pomper 2017, S. 65–69.

46 In den jeweiligen soziodemographischen Gruppen haben Frauen zu 10–12 Prozentpunkten mehr für Hillary Clinton gestimmt als Männer – was jedoch dem allgemeinen Trend entspricht in den vergangenen Präsidentschaftswahlen (vgl. G. M. Pomper 2018, S. 67 f.; Setzler und Yanus 2018, S. 525 f.).

die relevanten Einbrüche von Trump bei Gewerkschaftsmitgliedern (vor allem in den Staaten des vormaligen Industriegürtels), bei denen Clinton mit 51 % den geringsten demokratischen Stimmenanteil seit Jahrzehnten erzielte. Von den weißen Evangelikalen stimmten 81 % für Trump (selbst der »born again« G. W. Bush hatte 2004 nur 78 % gewonnen). Weiße sind traditionell die aktivste Wählergruppe, sie machten 2016 etwa 70 % der Wählerschaft aus. So ist es zu erklären, dass Trump einige der traditionell demokratischen Staaten – die eben durch die alten Industrien des »Rust Belt« geprägt sind – auf seine Seite ziehen konnte, sogar Michigan und Wisconsin (vgl. B. Kornelius 2017, S. 302 f.). Berücksichtigt man allerdings die im Lande dominierende Wechselstimmung und Unzufriedenheit, sind seine 46,1 % enttäuschend – obwohl Hillary Clinton mit ihren 48,2 % gegen einen republikanischen Kandidaten wie Trump ebenfalls unzufrieden sein muss[47].

Generell wählen Gebildetere, Jüngere, Frauen (vor allem berufstätige) und Minderheiten die Demokraten; dies zeigte sich auch 2016 wieder, wenngleich in vielen Gruppen etwas schwächer ausgeprägt als 2012 (vgl. G. M. Pomper 2018, S. 66–69). Allerdings haben unter den LateinamerikanerInnen (bei insgesamt unterdurchschnittlicher Wahlbeteiligung) vor allem die Kuba-Stämmigen traditionell für die konservativeren, republikanischen Kandidaten gestimmt. Die Schwarzen sind 2016 nicht in dem Umfang zur Wahl gegangen wie für Obama (vgl. M. Berg 2017, S. 23); gleiches galt sogar für die Frauen (vgl. S. A. MacManus 2018, S. 131, 143–145). Auch die eher Jüngeren hatten eine unterdurchschnittliche Wahlbeteiligung, ebenfalls zu Lasten von Clinton (vgl. S. A. MacManus 2018, S. 132). Ebenso im Falle der unteren Sozialschichten[48] schaden diese Gruppierungen durch ihre niedrige Wahlbeteiligung also vor allem sich selbst!

Emotional mögen sich die weißen unteren Sozialschichten als Sieger fühlen. Ob sie neu geschaffene Arbeitsplätze erhalten und ihr Idealbild der USA wieder bekommen – das allerdings ist eine offene Frage. Denn auch innenpolitisch erscheint Trumps Programm als unausgegoren: Die Steuern will er senken, am stärksten für die Reichen (vgl. B. Kornelius 2017, S. 297; M. S. Fifka 2016, S. 2). Gleichzeitig will er die Ausgaben für die Verteidigung erhöhen. Aber auch ein gewaltiges Infrastrukturprogramm für alle möglichen Bereiche will Trump auflegen – obwohl die Republikaner auf der Ebene des Bundes und noch mehr der Einzelstaaten in den letzten Jahren zunehmend darauf bestanden, dass Infrastruktur keine öffentliche Aufgabe sei, sondern dem Markt überlassen werden müsse.[49]

47 Vgl. Abschnitt 6.3.

48 Vgl. S. 374.

49 Daran hat sich bei den Republikanern im Kongress auch unter Trump nichts geändert. Außerdem hat Trump alle wirtschaftlich relevanten Positionen in der Exekutive mit Vertretern von Unternehmerinteressen besetzt (vgl. J. W. Crotty 2018b, S. 29).

Seine weniger qualifizierten AnhängerInnen könnten hier also die Jobs finden, die ihnen die Republikanische Partei lange verweigert hat – so das Programm wirklich durchkommt.

7 Rechtspopulismus in der Präsidentschaftswahl 2016

Es zeigt sich, dass eine Kombination von kultureller und ökonomischer Unzufriedenheit in den weißen unteren, weniger gebildeten Sozialschichten notwendig war, um einem Rechtspopulisten wie Trump ihre Stimmen zuzuführen:

- Die kulturelle Unzufriedenheit resultierte aus dem gesellschaftlichen Wandel, in dem sich die USA seit den 1960er Jahren befinden, und dem sich die Demokratische Partei von Anfang an öffnete. Als Reaktion darauf wandte sich ein wichtiger Teil der ehemaligen demokratischen »New Deal«-Koalition – Arbeiterschicht bzw. untere Sozialschichten – von der Demokratischen Partei ab, die sie nicht mehr als ihre politische Heimat betrachteten. Sie wurden WechselwählerInnen, wandten sich der populistisch auftretenden Republikanischen Partei zu, oder nahmen kaum noch an Wahlen teil – oder alle drei Varianten, wenngleich zu unterschiedlichen Zeiten. Hinzu kam die rassistisch begründete Ablehnung Präsident Obamas in nicht geringen Teilen der Wählerschaft.
- Im Zuge der bereits in den 1970er Jahren beginnenden, weitgehenden Deindustrialisierung vor allem des Nordostens (»Rust Belt«) wurden diese sozialen Unterschichten zunehmend ökonomisch und sozial marginalisiert. Hierfür machen sie primär die Verlagerung der Industrien in Billiglohnländer, die Konkurrenz durch legale MigrantInnen und noch stärker die Konkurrenz durch viele (vor allem lateinamerikanische) illegale MigrantInnen verantwortlich – Faktoren, die erst später und sukzessive ihre Auswirkungen entfalteten (Beispiel NAFTA, das Nordamerikanische Freihandelsabkommen: Gründung zum 1.01.1994).

Für die Wahl von Trump 2016 reichten die traditionellen republikanischen, also wirtschaftskonservativen und evangelikalen WählerInnen nicht aus. Hierzu bedurfte es zusätzlich derjenigen vormals demokratischen Wählerschichten, die bereits seit den 1960 Jahren für Populismus anfällig waren, und die seine Wählerbasis im innerparteilichen Nominierungswahlkampf der Republikanischen Partei darstellten. Ihre ökonomische und soziale Marginalisierung ließ sie im innerparteilichen Nominierungswahlkampf sowie im eigentlichen, zwischenparteilichen Präsidentschaftswahlkampf zu WählerInnen des Kandidaten Trump werden. Denn dieser verkündete und verkörperte patriotische und ökonomische Heilsversprechen noch besser als die anderen republikanischen KandidatInnen, und seine radikalen aber einfachen Mittel zur Ausschaltung von ungeliebter Konkurrenz durch »unamerikanische« Gruppierungen waren sehr viel eingängiger als der »soft populism« seiner (ebenfalls sehr konservativen) republikanischen KonkurrentInnen (vgl. Oliver und Rahn 2016, S. 190, 193 f., 199–201; P. Adorf 2017, S. 861 f., 872–874). In ihrer wirtschaftlichen Situation, und sich durch niemanden vertreten fühlend, konzentrierten die weißen unteren Sozialschichten bzw. die sich abgehängt Fühlenden ihren Zorn letztlich auf die Konkurrenz durch legale und illegale MigrantInnen (vgl. Z. Bauman 2017, S. 66 f., 110 f.; Hooghe und Dassonneville 2018, S. 531 f.).

Inglehart und Norris (2016, S. 2–5, 9–18, 28–31) haben also recht, dass sich »ökonomische Ungleichheitsthese« bzw. »wirtschaftliche Unsicherheitsthese« und die »kulturelle Gegenreaktionsthese« nicht ausschließen. Gemäß ihren Ausführungen kann die wirtschaftliche Ungleichheit in westlichen Gesellschaften weniger erklären als die These der kulturellen Gegenreaktion (die um Positionen zur Einwanderungsfrage ergänzt wurde). Wenn aber wie im Fall der USA die Gründe so ineinander verwoben sind, sich so sehr aufeinander beziehen – dann ist eine Quantifizierung beider Gründe für die »Fallstudie USA« sehr schwierig. Zweifellos profitierten die rechtspopulistischen Artikulationen der Republikanischen Partei vor allem von den 1960er bis zu den 1980er Jahren von der kulturellen Gegenreaktion ehemals demokratischer WählerInnen (primär aus den weißen unteren Sozialschichten). Die durch Trump 2016 in die Wählerschaft eingebrachten, seinen Sieg im innerparteilichen Nominierungsverfahren (und damit in der nachfolgenden Präsidentschaftswahl) erst ermöglichenden WählerInnen aus den weißen unteren Sozialschichten hatten sich also bereits seit den 1960er Jahren aus kulturellen Gründen von der Demokratischen Partei abgewandt, und sich (wenngleich anfänglich nur vorübergehend) immer mehr der populistisch auftretenden Republikanischen Partei zugewandt; seit den 1970er Jahren gerieten sie in eine ökonomisch abgehängte oder zumindest als unsicher empfundene Lage, was sie dann für populistische Parolen der Republikaner empfänglich machte – bevor sie sich (wirtschaftlich wie sozial weitgehend abgehängt und politisch orientierungslos) seit Ende 2015 dem fast schon extremistischen, kulturell eingefärbten Rechtspopulismus von Donald Trump zuwandten. Inglehart und Norris (2017, S. 447, 452; s. a. B. Meuleman et al. 2018, S. 188 f., 196–205) stellen fest, kulturelle Faktoren (Migration, Lebensstile etc.) seien entscheidend dafür, weshalb bestimmte Personengruppen rechtspopulistische, xenophobe Parteien wählten; die Höhe von deren Wahlerfolgen werde aber weitgehend durch Wirtschaftslage, wirtschaftliche Unsicherheitsgefühle, den Anstieg ökonomischer sowie sozialer Ungleichheit bestimmt. Die politische Entwicklung seit den 1960er Jahren in den USA weist somit relevante Überschneidungen mit der Hypothese von Inglehart und Norris auf.

Für die Gesamtwählerschaft war 2016 die Wirtschaftslage der wichtigste Problembereich (52 % der Wählerschaft); Terrorismus (18 %) und Immigration (13 %) – Trumps Schwerpunkte seit Ende 2015 – hingegen waren zwar quantitativ weniger bedeutend (vgl. W. J. Crotty 2018b, 22 f.; G. M. Pomper 2018, S. 79–82), jedoch wirkte sich der Problembereich Immigration im Umfang von mehreren Prozentpunkten zugunsten des Wahlergebnisses von Trump aus (vgl. G. M. Pomper 2018, S. 80; s. a. Hooghe und Dassonneville 2018, S. 531 f.). Allerdings zeigte sich bei all diesen Problembereichen eine deutliche Polarisierung zwischen den WählerInnen von Clinton und von Trump – vor allem bei Trumps sich ökonomisch bedroht fühlenden WählerInnen aus den weißen unteren Sozialschichten (vgl. B. Kornelius 2017, S. 295–297; Oliver und Rahn 2016, S. 201). Aber eine weit verbreitete Unzufriedenheit mit der eigenen wirtschaftlichen Lage sowie mit den nicht eingehaltenen Versprechen von PolitikerInnen und Parteien war parteiübergreifend festzustellen (vgl. W J. Crotty 2018b, S. 1 f.).

So lange keine der beiden Parteien in der Lage oder willens ist, die beiden Problembereiche

- berufliche Sicherheit und akzeptable Löhne
- illegale Migration (sofern es denn überhaupt lösbar ist)

zu lösen, so lange werden die unteren Sozialschichten für eine populistische Ansprache jedweder Art empfänglich bleiben (vgl. M. Kazin 2016). Die dahinter stehenden, den Rechtspopulismus fördernden sozioökonomischen Prozesse sind: geringer politischer Informationsstand, Vorurteile gegenüber anderen »Rassen« und Ethnien, ökonomisch marginalisiert, sich von allen ausgegrenzt fühlen – und dies alles kombiniert mit dem USA-typischen unreflektierten Flaggen-Patriotismus.

Literatur

Abramowitz, Alan I. 2016a. Donald Trump, Partisan Polarization, and the 2016 Presidential Election. *Sabato's Chrystal Ball* (June 30, 2016). (http://www.centerforpolitics.org/crystalball/articles/donald-trump-partisan-polarization-and-the-2016-presidential-election/). (Zugriff: 17. 10. 2017).

Abramowitz, Alan I. 2016b. Will Time for Change Mean Time for Trump? *PS: Political Science and Politics* 49 (4, October 2016): 659–660.

Adorf, Philipp. 2017. Feindliche Übernahme oder Fortführung eines bewährten Kurses? Eine Analyse von Donald Trumps Sieg unter Berücksichtigung der Transformation der Republikanischen Partei. *Zeitschrift für Parlamentsfragen* 48 (4): 861–882.

Adorf, Philipp. 2016. *How the South was won and the nation lost: The roots and repercussions of the Republican Party's Southernization and Evangelization.* Bonn: Bonn University Press.

Alber, Jens. 2009. Tocqueville lebt. Über die Demokratie in Amerika nach der Obama-Wahl. *WZB-Mitteilungen* 123 (März 2009): 34–41.

Bartels, Larry M. 2016. Political Inequality and American Democracy. *extensions* Winter 2016: 4–8.

Bass, Jack, und Walter DeVries. 1977. *The Transformation of Southern Politics: Social Change and Political Consequence Since 1945.* New York: Meridian Books.

Bauman, Zygmunt. 2017. *Die Angst vor den anderen. Ein Essay über Migration und Panikmache.* Bonn: Bundeszentrale für politische Bildung.

Berg, Manfred. 2017. Von Barack Obama zu Donald Trump. Martin Luther Kings Traum vor dem Ende? *Aus Politik und Zeitgeschichte* 67 (18, 2. Mai 2017): 22–28.

Braml, Josef. 2017. The Party Is Over: Zum Zustand der Parteien und des politischen Systems in den USA. *Zeitschrift für Parlamentsfragen* 48 (2): 423–439.

Braml, Josef. 2012. Die Wirtschafts- und Finanzkrise – Indikator und Katalysator innerer Schwächen der USA. In *Lösche und Ostermann 2012*, 31–49.

Brinkmann, Heinz Ulrich. 1984. Nominierungswahlkämpfe in den USA. Die Entwicklung des Verfahrens zur Nominierung des Präsidentschaftskandidaten in der Demokratischen Partei. *Zeitschrift für Politik* 31 (2, Juni 1984): 175–191.

Campbell, James E. 2016. Introduction (Politics Symposium: Forecasting the 2016 American National Elections). *PS: Political Science and Politics* 49 (4, October 2016): 649–654.

Caro, Céline-Agathe. 2016. Trump ist bloß die Krönung. Die Polarisierung der U.S.-Politik als Ergebnis langfristiger Trends. *Auslandsinformationen* 32 (2): 92–111.

Case, Anne, und Angus Deaton. 2015. Rising morbidity and mortality in midlife among white non-Hispanic Americans in the 21st century. *Proceedings of the National Academy of Sciences* 112 (49, December 8, 2015): 15078–15083.

Crotty, William J. (Ed.). 2018a. *Winning the Presidency 2016.* New York: Routledge.

Crotty, William J. 2018b. Not an ordinary election: The Presidential Race of 2016. In *William J. Crotty 2018a*, 1–33.

Dyck, Joshua J., Shanna Pearson-Merkowitz, und Michael Coates. 2018. Primary Distrust: Political Distrust and Support for Insurgent Candidacies of Donald Trump and Bernie Sanders in the 2016 Primary. *PS: Political Science & Politics* 51 (2, April 2018): 351–357.

Fifka, Matthias S. 2016. It's Still the Economy, Stupid! *(Atlantische Akademie Rheinland-Pfalz: Atlantische Themen 7/2016).* Kaiserslautern.

Fraenkel, Ernst. 1976. *Das amerikanische Regierungssystem. Eine politologische Analyse.* 3. Aufl. Opladen: Westdeutscher Verlag.

Franko, William W., Nathan J. Kelly, und Christopher Witko. 2016. Class Bias in Voter Turnout, Representation, and Income Inequality. *Perspectives on Politics* 14 (2, June 2016): 351–368.

Grossmann, Matt, und David A. Hopkins. 2015. Ideological Republicans and Group Interest Democrats: The Asymmetry of American Politics. *Perspectives on Politics* 13 (1, March 2015): 119–139.

Hajnal, Zoltan L., und Jeremy D. Horowitz 2014. Racial Winners and Losers in American Party Politics. *Perspectives on Politics* 12 (1, March 2014): 100–118.

Hamilton, Alexander, James Madison, und John Jay. 2007. Die Federalist Papers. Urspr. 1787/88; hrsg. und übersetzt von Barbara Zehnpfennig. München: C.H. Beck Verlag.

Hooghe, Marc, und Ruth Dassonneville. 2018. Explaining the Trump Vote: The Effect of Racist Resentment and Anti-Immigrant Sentiments. *PS: Political Science and Politics* 51 (3, July 2018): 528–534.

Horst, Patrick. 2013. Die US-Präsidentschaftswahl vom 6. November 2012: Obamas Wiederwahl dank verbesserter Zukunftserwartungen, Hurrikan Sandy und einer effektiven Kampagne. *Zeitschrift für Parlamentsfragen* 44 (1): 38–58.

Horst, Patrick. 2009. Die Präsidentschaftsvorwahlen der US-Demokraten 2008: Wie Barack Obama gegen Hillary Clinton gewann. *Zeitschrift für Parlamentsfragen* 40 (2): 259–279.

Inglehart, Ronald F., und Pippa Norris. 2017. Trump and the Populist Authoritarian Parties: *The Silent Revolution* in Reverse. *Perspectives on Politics* 15 (2, June 2017): 443–454.

Inglehart, Ronald F., und Pippa Norris. 2016. Trump, Brexit, and the Rise of Populism: Economic Have-Nots and Cultural Backlash (Harvard University, John F. Kennedy School of Government: *HKS Faculty Research Working Paper Series,* RWP 16-026). Cambridge, Mass.

Jesse, Eckhard, und Isabelle-Christine Panreck. 2017. Populismus und Extremismus. Terminologische Abgrenzung – das Beispiel der AfD. *Zeitschrift für Politik* 64 (1, März 2017): 59–76.

Jung, Matthias. 2017. Stopp dem Demoskopenbashing! Warum Umfrageergebnisse doch nicht so schlecht sind. *Die Politische Meinung* 62 (543, März/April): 40–45.

Kazin, Michael. 2016. Trump and American Populism. Old Wine, New Bottles. *Foreign Affairs* 95 (6, November/December 2016): 17–24 (http://foreignaffairs.com/articles/united-states/2016-10-06/trump-and-american-populism). (Zugriff: 27.03.2017).

Kimmel, Michael. 2015. *Angry White Men. Die USA und ihre zornigen Männer.* Zürich: Orell Füssli Verlag.

Klumpjan, Helmut. 1998. *Die amerikanischen Parteien. Von ihren Anfängen bis zur Gegenwart.* Opladen: Leske + Budrich.

Kolkmann, Michael. 2017. »Return to Unified Government«: Zur Zusammensetzung des US-Kongresses nach den Wahlen vom 8. November 2016. *Zeitschrift für Parlamentsfragen* 48 (2): 249–270.

Kornelius, Bernhard. 2017. Die US-Präsidentschaftswahl vom 8. November 2016: Trumps Triumph. *Zeitschrift für Parlamentsfragen* 48 (2): 287–310.

Krugman, Paul. 2008. *Nach Bush. Das Ende der Neokonservativen und die Stunde der Demokraten.* Bonn: Bundeszentrale für politische Bildung.

Levy, Morris, Matthew Wright, und Jack Citrin. 2016. Mass Opinion and Immigration Policy in the United States: Re-Assessing Clientelist and Elitist Perspectives. *Perspectives on Politics* 14 (3, September 2016): 660–680.

Lewis-Beck, Michael S., und Charles Tien. 2012. Election Forecasting for Turbulent Times. *PS: Political Science and Politics* 45 (4, October 2012): 625–629.

Lewis-Beck, Michael S., und Charles Tien. 2009. Race Blunts the Economic Effect? The 2008 Obama Forecast. *PS: Political Science and Politics* 42 (1, January 2009): 21.

Lewis-Beck, Michael S., und Charles Tien. 2008. The Job of President and the Jobs Model Forecast: Obama for '08? *PS: Political Science and Politics* XLI (4, October 2008): 687–690.

Lewis-Beck, Michael S., Charles Tien, und Richard Nadeau. 2010. Obamas Missed Landslide: A Racial Cost? *PS: Political Science and Politics* 43 (1, January 2010): 69–76.

Lösche, Peter, und Anja Ostermann (Hrsg.). 2012. *Die Ära Obama. Erste Amtszeit.* Bonn: Bundeszentrale für politische Bildung.

Lütjen, Torben. 2017a. Die große Entzweiung. Wie Amerika in politische Echokammern zerfiel. *Aus Politik und Zeitgeschichte* 67 (18, 2. Mai 2017): 09–15.

Lütjen, Torben. 2017b. Zeiten des Aufruhrs: Die Vorwahlen zur US-Präsidentschaft 2016 und der Vormarsch der Partei-Außenseiter. *Zeitschrift für Parlamentsfragen* 48 (2): 271–286.

Lütjen, Torben. 2016. *Partei der Extreme: Die Republikaner. Über die Implosion des amerikanischen Konservatismus.* Bielefeld: transcript Verlag.

MacManus, Susan A. 2018. Women and the 2016 Presidential Election: Unrealistic Expectations of Cohesiveness. In *William J. Crotty 2018a*, 129–149.

Medzihorsky, Juraj, Levente Littvay, und Erin K. Jenne. 2012. Has the Tea Party Era Radicalized the Republican Party? Evidence from Text Analysis of the 2008 and 2012 Republican Primary Debates. *PS: Political Science and Politics* 47/2014 (No. 4, October 2012): 806–812.

Merkel, Wolfgang. 2016. Der Warnschuss des 8. November. Donald Trump und die Demokratie in Amerika. *WZB Mitteilungen* 154 (Dezember 2016): 31–34.

Meuleman, Bart, Eldad Davidov, und Jaak Billiet. 2018. Modeling Multiple-country Repeated Cross-sections. A Societal Growth Curve Model for Studying the Effect of the Economic Crisis on Perceived Ethnic Threat. *methods, data, analyses* 12 (2): 185–209.

Minkenberg, Michael. 2012. Religion und Politik unter der Präsidentschaft Barack Obamas. In *Lösche und Ostermann 2012*, 164–185.

Minkenberg, Michael. 2011. The Tea Party and American Populism Today: Between Protest, Patriotism, and Paranoia. *dms – der modern Staat. Zeitschrift für Public Policy, Recht und Management* 4 (2): 283–296.

Norrander, Barbara. 2018. The Conventional Versus the Unconventional: Presidential Nominations in 2016. In *William J. Crotty 2018a*, 34–56.

Oliver, J. Eric, und Wendy M. Rahn. 2016. Rise of the *Trumpenvolk:* Populism in the 2016 Election. *The ANNALS of the American Academy of Political and Social Science* 667 (September 2016): 189–206.

Oswald, Michael. 2017. Die Tea Party: Wie die Republikanische Partei und der Konservatismus über eine strategische Protestbewegung verändert wurden. *Zeitschrift für Parlamentsfragen* 48 (4): 882–898.

Palast, Greg. 2016. (Vorteil für Trump:) Wie bei US-Wahlen betrogen wird (Interview). (http:/www.n-tv.de/politik/Wie-bei-US-Wahlen-betrogen-wird-article18316756.html?). (Zugriff: 2.08.2016).

Phillips, Kevin P. 1969. *The Emerging Republican Majority.* New Rochelle, NY: Arlington House.

Piston, Spencer. 2010. How Explicit Racial Prejudice Hurt Obama in the 2008 Election. *Political.Behavior* 32 (4, December 2010): 431–451.

Pomper, Gerald M. 2018. The Presidential Election: A Troubled Democracy. In *William J. Crotty 2018a,* 57–86.

Prysby, Charles L. 2018. Explaining the Vote. In *William J. Crotty 2018a,* 87–102.

Reich, Robert. 2016. The Revolt of the Anxious Class. *Huffington Post* (12/14/2015; Updated Dec. 14, 2016). (http://www.huffingtonpostr.com/robert-reich/the-revolt-of-the-anxious_b_8806988.html). (Zugriff: 7.05.2017).

Schissler, Jakob. 2017. *Donald Trump – der Wahlkämpfer. Donald Trump – der Präsident – Gelebte Demokratie?* unv. Manuskript, Sauvo (Finnland).

Schissler, Jakob. 2011. *Das rechte Amerika.* Aachen: Shaker Verlag.

Setzler, Mark, und Alixandra B. Yanus. 2018. Why Did Women Vote for Donald Trump? *PS: Political Science & Politics* 51 (3, July 2018): 523–527.

Skocpol, Theda. 2016. The Trevails of American Democracy in the Tea Party Era. *Extensions* Winter 2016: 10–15.

Skocpol, Theda, und Alexander Hertel-Fernandez. 2016. The Koch Network and Republican Party Extremism. *Perspectives on Politics* 14 (3, September 2016): 681–699.

Stepan, Alfred, und Juan J. Linz. 2011. Comparative Perspectives on Inequality and the Quality of Democracy in the United States (Review Essay). *Perspectives on Politics* 9 (4, December 2008): 841–856.

Velez, Yamil, und David Martin. 2013. Sandy the Rainmaker: The Electoral Impact of a Super Storm. *PS: Political Science and Politics* 46 (2, April 2013): 313–323.

Weller, Nicholas, und Jane Junn. 2018. Racial Identity and Voting: Conceptualizing White Identity in Spatial Terms. *Perspectives on Politics* 16 (2, June 2018): 436–448.

White, John Kenneth. 2018. The Election in Perspective. In *William J. Crotty 2018a,* 174–195.

Williamson, Vanessa, Theda Skocpol, und John Coggin. 2011. The Tea Party and the Remaking of Republican Conservatism. *Perspectives on Politics* 9 (1, March 2011): 25–43.

Personenregister

H. U. Brinkmann und I.-C. Panreck (Hrsg.), *Rechtspopulismus in Einwanderungsgesellschaften*, https://doi.org/10.1007/978-3-658-23401-0

C

G

H

I

J

M

N

O

P

T

Y

Z

Sachregister

Die Namen von Organisationen sind überwiegend unter ihrer Original-Bezeichnung aufgeführt; s. a. das Verzeichnis der Abkürzungen.

H. U. Brinkmann und I.-C. Panreck (Hrsg.), *Rechtspopulismus in Einwanderungsgesellschaften*, https://doi.org/10.1007/978-3-658-23401-0

B

C

D

E

F

G

H

I

M

T

U

V

X

Z

Tabellenverzeichnis

H. U. Brinkmann und I.-C. Panreck (Hrsg.), *Rechtspopulismus in Einwanderungsgesellschaften*, https://doi.org/10.1007/978-3-658-23401-0

Abbildungsverzeichnis

H. U. Brinkmann und I.-C. Panreck (Hrsg.), *Rechtspopulismus in Einwanderungsgesellschaften*, https://doi.org/10.1007/978-3-658-23401-0

AutorInnen

Backes, Uwe, Prof. Dr., Hannah-Arendt-Institut für Totalitarismusforschung e. V. an der Technischen Universität Dresden und Technische Universität Dresden, Institut für Politikwissenschaft
uwe.backes@mailbox.tu-dresden.de

Brinkmann, Heinz Ulrich, Dr., Politologe, Alfter

Grasse, Alexander, Prof. Dr., Justus-Liebig-Universität Gießen, Institut für Politikwissenschaft
alexander.m.grasse@sowi.uni-giessen.de

Grimm, Markus, Dr., Justus-Liebig-Universität Gießen, Institut für Politikwissenschaft
markus.k.grimm@sowi.uni-giessen.de

Hutter, Swen, Prof. Dr., Zentrum für Zivilgesellschaftsforschung, Wissenschaftszentrum Berlin für Sozialforschung und Freie Universität Berlin, Fachbereich Politik- und Sozialwissenschaften
swen.hutter@wzb.eu

Jesse, Eckhard, Prof. Dr., Technische Universität Chemnitz, Institut für Politikwissenschaft
eckhard.jesse@phil.tu-chemnitz.de

Jochem, Sven, Prof. Dr., Universität Konstanz, Fachbereich Politik- und Verwaltungswissenschaft
sven.jochem@uni-konstanz.de

H. U. Brinkmann und I.-C. Panreck (Hrsg.), *Rechtspopulismus in Einwanderungsgesellschaften*, https://doi.org/10.1007/978-3-658-23401-0

Loch, Dietmar, Prof. Dr., Université de Lille (Campus Cité Scientifique), Institut de Sociologie et d'Anthropologie
dietmar.loch@univ-lille.fr

Panreck, Isabelle-Christine, Dr., Westfälische Wilhelms-Universität Münster, Institut für Politikwissenschaft
isabelle.panreck@uni-muenster.de

Pelinka, Anton, Prof. Dr., Universität Innsbruck, Institut für Politikwissenschaft; 2006–2018 Central European University, Dept. of Political Science, Budapest
anton.pelinka@uibk.ac.at

Rochtus, Dirk, Dr., Katholieke Universiteit Leuven, Faculteit Letteren, Campus Sint-Andries Antwerpen
dirk.rochtus@kuleuven.be

Sturm, Roland, Prof. Dr., Friedrich-Alexander-Universität Erlangen-Nürnberg, Institut für Politikwissenschaft, Erlangen
roland.sturm@fau.de

von Beyme, Klaus, Prof. Dr., Universität Heidelberg, Institut für Politische Wissenschaft
klaus.von.beyme@urz.uni-heidelberg.de

Wilp, Markus, Dr., Westfälische Wilhelms-Universität Münster, Zentrum für Niederlande-Studien
mwilp@uni-muenster.de

Abkürzungen

AfD	Alternative für Deutschland
ALDE	Allianz der Liberalen und Demokraten für Europa
ALG	Arbeitslosengeld
a. M.	am Main
Anm.	Anm.
BBC	British Broadcasting Corporation; dt.: Britische Rundfunkanstalt
BDP	Bürgerlich-Demokratische Partei Schweiz
BIP	Bruttoinlandsprodukt
BNP	British National Party; Britische Nationalpartei
Brexit	British exit; Kurzbezeichnung für den Austritt des Vereinigten Königreichs aus der Europäischen Union
BZÖ	Bündnis Zukunft Österreich
C	Centerpartiet; dt.: Zentrumspartei (Schweden)
CBS	Centraal Bureau voor de Statistiek; dt.: Zentrales Amt für Statistik (Niederlande)
CD&V	Christen-Democratisch en Vlaams; dt.: Christlich-Demokratisch und Flämisch (Belgien)
CDA	Christen-Democratisch Appèl; dt.: Christlich-Demokratischer Aufruf (Niederlande)
CDU	Christlich Demokratische Union Deutschlands
CSU	Christlich Soziale Union (Deutschland)
CVP	Christlichdemokratische Volkspartei der Schweiz
CZ	Tschechische Republik

H. U. Brinkmann und I.-C. Panreck (Hrsg.), *Rechtspopulismus in Einwanderungsgesellschaften*, https://doi.org/10.1007/978-3-658-23401-0

DN	Démocratie Nationale; dt.: Nationale Demokratie (Belgien)
DF	Dansk Folkeparti; dt.: Dänische Volkspartei
DPS	Département Protection Sécurité; dt.: Abteilung für Schutz und Sicherheit (Frankreich)
DVU	Deutsche Volksunion
EMRK	Europäische Menschenrechtskonvention
ERC	European Research Council; dt.: Europäischer Forschungsrat
ESS	European Social Survey; dt.: Europäische Sozialwissenschaftliche Umfrage
EU	Europäische Union
EVP	Europäische Volkspartei
EWR	Europäischer Wirtschaftsraum
f.	folgende (Seite)
FdI	Fratelli d'Italia; dt.: Brüder Italiens
FDP	Freie Demokratische Partei (Deutschland)
FDP.Die Liberalen	Freisinnig-Demokratische Partei. Die Liberalen (Schweiz)
ff.	folgende (Seiten)
FI	Forza Italia; dt.: Vorwärts Italien
FIDESZ	Ungarischer Bürgerbund
FN	Front National; dt.: Nationale Front (Frankreich); Juni 2018 umbenannt in Rassemblement National (RN), dt.: Nationale Sammlung
FN	Front National (2012 umbenannt in: DN/Démocratie Nationale); dt.: Nationale Front bzw. Nationale Demokratie (Belgien)
FPÖ	Freiheitliche Partei Österreichs
FrP	Fremskridtspartiet; dt.: Fortschrittspartei (Dänemark)
FrP	Fremskrittspartiet; dt.: Fortschrittspartei (Norwegen)
FvD	Forum voor Democratie; dt.: Forum für Demokratie (Niederlande)
GB	Great Britain; dt.: Großbritannien
GLP	Grünliberale Partei Schweiz
H	Høyre; dt.: Rechte (bzw. »Konservative«) (Norwegen)
i. Br.	im Breisgau

Jobbik	Jobbik Magyarországért Mozgalom; dt.: Bewegung für ein besseres Ungarn
KD	Kristdemokraterna; dt.: Christdemokraten (Schweden)
KESK	Suomen Keskusta; dt.: Finnische Zentrumspartei
KF	Konservative Folkeparti; dt.: Konservative Volkspartei (Dänemark)
KOK	Kansallinen Kokoomus; dt.: Nationale Sammlungspartei (Finnland)
KPF	Kommunistische Partei Frankreichs; deutsche Bezeichnung für die Parti communiste français (PCF)
KrF	Kristelig Folkeparti; dt.: Christliche Volkspartei (Norwegen)
LDD	Libertair, Direct, Democratisch (bis Januar 2011: Lijst Dedecker); dt.: Libertär, Direkt, Demokratisch (Belgien)
LdU	Landesring der Unabhängigen (Schweiz)
LeU	Liberi e Uguali; dt.: Freie und Gleiche (Italien)
LGBT	Lesbian, Gay, Bisexual and Transgender; dt.: Lesben, Schwule, Bisexuelle und Transgender
LMP	Lehet Más a Politika; dt.: Politik Kann Anders Sein (Ungarn)
LN	Lega Nord (per l'indipendenza della Padania); dt.: Liga Nord (für die Unabhängigkeit Padaniens) (Italien)
LPF	Lijst Pim Fortuyn; dt.: Liste Pim Fortuyn (Niederlande)
M	Moderata samlingspartiet (kurz: Moderaterna); dt.: Moderate Sammlungspartei (kurz: Die Moderaten) (Schweden)
M5S	MoVimento 5 Stelle; dt.: Fünf-Sterne-Bewegung (Italien)
Mio.	Million(en)
MP	Member of Parliament (also Mitglied des britischen Unterhauses)
MR	Mouvement Réformateur; dt. Reformbewegung (Belgien)
MSI	Movimento Sociale Italiano; dt.: Italienische Sozialbewegung
NF	National Front; dt.: Nationale Front (Großbritannien)
NGO(s)	Non-Governmental Organization(s); dt.: Nichtregierungsorganisation(en)
NKO	Nationale Kiezersonderzoeken; dt.: Nationale Wähleruntersuchungen (Niederlande)
NPD	Nationaldemokratische Partei Deutschlands
NSDAP	Nationalsozialistische Deutsche Arbeiterpartei
N-VA	Nieuw-Vlaamse Alliantie; dt.: Neu-Flämische Allianz (Belgien)
NyD	Ny Demokrati; dt.: Neue Demokratie (Schweden)
NZZ	Neue Zürcher Zeitung

Open VLD	Open Vlaamse Liberalen en Democraten; dt.: Offene Flämische Liberale und Demokraten (Belgien)
ÖVP	Österreichische Volkspartei
PCF	Parti communiste français; deutsche Bezeichnung: Kommunistische Partei Frankreichs (KPF)
PD	Partito Democratico; dt.: Demokratische Partei (Italien)
PDS	Partei des Demokratischen Sozialismus (Deutschland)
Pegida	Patriotischen Europäer gegen die Islamisierung des Abendlandes (Deutschland)
PiS	Prawo i Sprawiedliwość; dt.: Recht und Gerechtigkeit (Polen)
PP	Parti Populaire; dt.: Volkspartei (Belgien)
PS	Parti Socialiste; dt.: Sozialistische Partei (Belgien)
PS	Parti Socialiste; dt.: Sozialistische Partei (Frankreich)
PS	Perussuomalaiset; dt.: Wahre Finnen
PvdA	Partij van de Arbeid; dt.: Partei der Arbeit (Niederlande)
PVV	Partij voor de Vrijheid; dt.: Partei für die Freiheit (Niederlande)
REP	Die Republikaner (Deutschland)
RN	Rassemblement National; dt.: Nationale Sammlung; bis Juni 2018 Front National (FN), dt.: Nationale Front (Frankreich)
RV	Radikale Venstre; dt. Radikale Linke (Dänemark)
S	Socialdemokraterne; dt.: Sozialdemokraten (Dänemark)
SAP	Sveriges socialdemokratiska arbetareparti (kurz: Socialdemokraterna/S); dt.: Sozialdemokratische Arbeiterpartei Schwedens
SCP	Sociaal en Cultureel Planbureau; dt.: Planungsamt für soziale und kulturelle Fragen (Niederlande)
SD	Sverigedemokraterna; dt. Schwedendemokraten
SDP	Suomen Sosialidemokraattinen Puolue; dt.: Sozialdemokratische Partei Finnlands
SED	Sozialistische Einheitspartei Deutschlands
SF	Socialistisk Folkeparti; dt.: Sozialistische Volkspartei (Dänemark)
SIN	Sininen tulevaisuus; dt.: Blaue Zukunft (Finnland)
SP	Sozialdemokratische Partei der Schweiz
SP	Socialistische Partij; dt.: Sozialistische Partei (Niederlande)
SPD	Sozialdemokratische Partei Deutschlands
SPÖ	1945–1991 Sozialistische Partei Österreichs; seit 1991 Sozialdemokratische Partei Österreichs

SS	Schutzstaffel (Deutschland)
SVP	Schweizerische Volkspartei
u. a.	unter anderem
UdC	Unione di Centro; dt.: Union der Mitte (Italien)
UK	United Kingdom (of Great Britain and Northern Ireland); dt.: Vereinigtes Königreich (Großbritannien und Nordirland)
UKIP	United Kingdom Independence Party; dt.: Partei für die Unabhängigkeit des Vereinigten Königreichs
V	Venstre; dt.: Linke (Dänemark)
V	Venstre; dt.: Linke (Norwegen)
v. a.	vor allem
VB	Vlaams Belang; dt.: Flämisches Interesse (Belgien), gegründet Ende 2004 als Nachfolgepartei des Vlaams Blok (VB)
VdU	Verband der Unabhängigen (Österreich)
vgl.	vergleiche
vs.	versus
VVD	Volkspartij voor Vrijheid en Democratie; dt.: Volkspartei für Freiheit und Demokratie (Niederlande)
z. B.	zum Beispiel
zzgl.	zuzüglich

The manufacturer's authorised representative in the EU is Springer Nature Customer Service Centre GmbH, Europaplatz 3, 69115 Heidelberg, Germany. If you have any concerns regarding our products, please contact ProductSafety@springernature.com

Printed and bound by CPI Group (UK) Ltd, Croydon, CR0 4YY
23/04/2026
02095653-0001